史學年報

（五）

史學年報

第十周年紀念特刊

林志鈞題

內政部登記證警字[illegible]號　中華郵局特准掛號認為新聞紙類

史學年報一二三四期目錄

第一期

第二期

第三期

＊以上三期均絕版＊

第四期

◆本期定價大洋七角◆

第十週年紀念特刊

史學年報第二卷第五期（總數第十期）總目

第十週年紀念特刊

閻貞憲先生遺稿五種

洪業

數年前，偶於街書攤上，見册葉文稿九册，佳錦裝潢，雖已殘蝕破蔽，疑是故家珍藏物，流落已久；買歸後，細閱之，乃知其爲清康熙時、山東昌樂閻貞憲先生遺稿也。其中七册選劉宋、齊、梁、人，爲小傳數百，不知其書何名，然大略删約南史及沈、蕭、等書爲之，間加論贊，無甚發明；且頗有缺遺，殆未成之作耳。餘二册爲樸齋閒筆，野老絮談，消暑絮言，淵源譜，藝師錄，計五種；雖皆短小之作，然或可補朝野史乘之闕，或足見貞憲學行之純；因爲點定，以待刊傳。近史學年報以十年紀念徵文，遂鈔錄以應；踰慚乞醯，聊愈覆瓿云爾。

按嘉慶己巳 1809 昌樂縣志鄉賢傳云：

閻世繩字貢紳，號樸齋，諡季子。三歲失怙，值明季板蕩，隨母陳氏避亂山中。少能力學。國朝定鼎，入泮，壬子[1672]選貢，繼北闈，丙辰[1676]進士第二，選庶常，御試高等，擢侍青宮，累官左春坊左諭德，兼翰林院修撰。前後纂修會典，鑑古集覽，校閱日講易經解義。恩賚殷渥，載皇恩紀略。中年後告歸，惟殘書數篋自隨，曰：十餘年寄食長安，守拙無能，依然故我，未嘗知爲官之樂，亦不知爲官之苦，安分知止，吾士風味也。杜門家居，以課子孫爲事；鄉黨有備才，必勤之學；來學者，諄諄教以實行。於邑東南闢敬業堂，延及門之士；設義學二區，顏曰：集義，由義，以處孤寒。自題其楹曰：九重雨露深哉，有夢何曾忘北闕；十載風霜過矣，餘閒且自樂東皋。又曰：清獻之焚香，了凡之造命，未能行焉，竊嘗讀，作做耕，庶克承其舊業；于公之駟馬，王氏之三槐，何可當也，高其門，大其族，惟靜聽乎天心。年七十四卒。病中命子孫曰：吾仕不爲卑，年不爲不壽，身後亦無所憾，惟草野偷安，君恩未報耳。後以曾孫彌綸貴，誥贈工部尚書。

傳雖不詳貞憲生卒年月，而據樸齋閒筆自云：生於崇禎六年癸酉二月十九日 28/iii/1633。縣志於藝文門載安丘張貞所爲閻貞憲先生諡議，文中記其卒於丙戌二月二十八日 11/iii/1706；信卒時得年七十四也。諡議曰：

奉直大夫、東宮講官、左春坊左諭德、兼翰林院修撰、丹巖閻公、以丙戌二月二十八日，卒於里第；門生某某、鄉族某某、以公道德節義、學實著聞，宜錫嘉名，以闡懿行；聚族三何，定諡貞憲。先生壬子[1672]拔萃，與貞同籍，相知最深，屬爲之議，曰：公北海名家，嚴陵者歟；賦質異敏，氣禀中和；含章挺生，介性不偏；少無子弟之過，壯多長者之言；試京兆而薦賢書，擢禮闈而魁多士；更以才望，拔躋禁林，稱一代之醇儒，潄六藝之芳潤；纂修國史，羣推義例精嚴；進秩宮僚，共說剴切明暢；抱以人事君之義，不辭黃閣陳書；矢爲國薦賢之忠，惟恐白駒興歎；觀稼有作，一時推揚，館院得人，千秋法鑑；形爲歌詠，覺諸文苑而無慚；凡有撰述，列之儒林而允愜；肯發鐙火、依稀寒窗，從衛簡編，誰知膴仕；動息中乎規矩，萬鍾何加；步趨比乎準繩，一介弗苟；不與令公牛面，肯爲丞相掃門；斯誠立節義之大閑，敦直方之古道者也。及其解組辭榮，角巾歸里，經年不晤長吏，數月不出戶庭；惟以扶倫常、化強暴、砥名行、厚民俗、爲務；深恚寒淵、足輸葬測；守身純固，可式浮靡；後進單門，獎成孔亟，田畯野叟，講讓謳歌；人驚名高，已忘身貴矣。抑且忠信根於至性，孝友蘇乎衆服；修譜牒以重本源；設義塾以教寒士；溯祖宗之積累，力崇先獻；撫子姓之衆多，動皆弦誦；長君領解額，遙翔步於蓬瀛；羣策振家聲，咸流徽於翰墨；自非後人之昌熾，曷徵大德之懿昭；貞憲爲謚，又何愧焉！於戲！求英雖名，偏端莫磬；舉其一節，足例生平。考之謚法：純行不爽、莫定也，中正精粹、莫純也，恭儉莊敬、莫禮也，皆可以清白守潔之貞、槩之矣。聰明睿智、莫獻也，溫良好德、莫康也，疏中通理、莫靈也，皆可以博聞多能之憲、槩之矣。貫之門人，日允；貫之鄉族，亦無不日允；而貞始敢詮次之，以信天下後世云。

識中「不與令公牛面，肯爲丞相掃門」數語，殆隱約貞憲解職歸里之由；樸齋問筆、淵源譜、中雖皆述其事，然亦不詳。初疑此事發生於康熙己巳1689，被劾革職者、皆翰、詹、中人，或長生殿一案牽連所致。追檢趙執信觀海集上、有昌樂過閣論德前輩話舊詩云：

蒼髯茅屋正蕭然，往事隨君到眼前；荷鍤漫嗤嗟牛走，擔衣同是懼蛇年；青門夜月三更夢，丹水秋風十畝田；莫倚濟樵說生計，神州來去海浮天。

雖以同年去官爲說，未云同案株累。而王士禛居易錄卷一云：

翰林院署前積沙、號沙堆。形家言：衙門風水所係。明嘉靖初、張璁、桂萼、用事，去之，詞林幾至空署。近當事欲並開東西門，稍去其沙，數月間、孟讀學端士、沈讀學宗子（上墉）、王侍讀龍洲（鴻緒）等、七人，皆去位。曹祭酒峨嵋（禾）、朱讀學天叙（典）、趙宮贊伸符（執信）、亦以他事詿誤去。其驗如此。

益可知七人之去位，與趙秋谷之免官，非同出一案。漁洋歸咎風水，而不詳事由，殊堪惱人。七人中、除貞憲外、今僅知金德嘉有居業齋文集十卷，別集十卷，見四庫總目卷一百八十三別集存目中；余求之久，未能得。惟德嘉爲馬教思撰傳，載於耆獻類徵卷一百十七，文中云：

命東宮講官遴選詞臣，院長列名以請，先生與焉。然性疎，不能道請，報謝，與人爲過從歡。……居無何，院中有所彈劾，先生仰天太息曰：嗟乎！好惡何常，反覆手耳；且人生枯菀，不有命耶！遂買舟踏河以歸。

而彭定求南畇文稿卷六有金德嘉傳：

先生品行端愨，當名場馳騖、標榜傾輿之會，泊焉自守，以浮競自恥；其所作、俱落落自抒胸臆，儼若鼎彝法物，視夫纂組雕繢之工，蓋如也。以故鬱鬱不得志。一旦致仕以歸，同朝無不歎息云。

然則馬、佘、二人事可與閻事相參證，蓋當時聖祖方崇飾右文，熊賜履、李光地、高士奇、徐乾學、王鴻緒、諸大臣，多以道學、文史、標榜，傾軋，黨附離合，翻覆風雨，而翰林清署，遂以不寧。趙執信飴山文集卷七有田需墓誌。需以康熙二十六年 1687 引疾歸里，而秋谷云：

蓋君之始歸，而館閣多故，詞臣斥逐者，蓋數十人。

閻、馬、佘、諸君適逢其會，既無所阿附，遂勢孤援薄，易受摧殘耳。貞憲自記其與徐乾學之關係云：

雖不常晤對，而一見必脫略形迹，極其親愛。列翰、詹，十餘年，但守拙安貧，不能曾監師意者，間亦有之。後己巳不合當道，輻進指參江南孟亮揆、浙江沈上墉、山西王鍾靈、北直田成玉、江南馬教思、浙江[按應作湖廣]佘德嵩、及余七人。或曰：師意。然臨別握手，出廿四金之贈，抑又何也？但世兄三人、無一來相慰藉，又不能無疑焉。總之，事涉可疑，不敢忘恩也。

原稿於「十餘年」下舊作「未嘗敢疎」，圈去，改作「守拙安貧」。於「輻建」下原有一字，「或曰」上二十餘字，「師意」下十餘字，皆以濃墨塗去，不復可辨識。按翰林貶黜、多由掌院題參，貞齋所爲馬教思傳似指前薦後劾、同出於一院長，故憤其好惡無常。考王士禛池北偶談卷四：

康熙二十五年[1686]東宮出閣講書，乃召江寧巡撫都御史湯公斌以禮部尚書兼詹事。時詹事爲郭公棻，少詹事爲耿公琦、歸公允肅；三公皆仍其舊。未幾郭遷閣學，即以湯公爲正，不另補。東宮初出閣，欽定講官五[?]人，湯、郭、二公外，則滿洲正詹尹泰，少詹耿淑，左春坊中允閻世繩，左春坊贊善徐與喬也。郭既遷去，以右春坊諭德徐潮補之。予以少詹事予告在乙丑[1685]九月。出閣在丙寅[1686]閏四月。

而據東華錄、郭棻之遷內閣學士在六月丁巳；據榕齋閒筆、皇太子會講，賜宴文華門外，在八月；可知馬教思之選與東宮講筵、當在二十五年 1686 八月之後，二十八年 1689 五月罷職以前。張廷玉詞林典故雖不列歷年東宮講官，然據其所列翰林院掌院學士姓名(卷七題名上)

康熙二十五年三月

張英(由侍讀學士陞任江南桐城人)

庫勒納(再以禮部侍郎兼任)

康熙二十五年十二月

李光地(由內閣學士調福建安溪人)

康熙二十八年五月

徐元文(再以文華殿大學士兼任)

可見前薦後劾馬教思之院長、如不爲滿人庫勒納，則必是安溪李光地。按光地孫清馥所輯榕村譜錄合考(在榕村全集內)卷上，光地以康熙二十五年 1686 七月到京，九月(月疑有誤)改掌院學士，二十六年 1687 三月十九日陛辭歸里，雖疏乞終養，而聖祖僅予假一年，且懸掌院缺、不他授，以速其還。二十七年 1688 奔赴太皇太后喪，以三月二十九日到京，仍任掌院學士，直至二十八年 1689 五月、然後左遷通政司通政使。據聖祖實錄卷一百四十一：二十八年：

五月甲辰〔初九〕調翰林院掌院學士李光地爲通政使司通政使。……乙巳〔初十〕以戶部尚書徐元文爲文華殿大學士。……戊申〔十三〕諭大學士等：翰林院掌院一官，職任緊要，必文字淹通、衆所推服者，始克勝任；凡翰林撰擬之文，亦須掌院詳加刪潤，然後成章。朕觀邇來竹草率從事，衙門事務，廢弛殊甚；聞明代大學士有兼管掌院之例，大學士徐元文著兼管翰林院掌院學士事。

而據淵源譜述徐元文

歷官至大學士。余己巳〔1689〕罷職，來視余于邸舍，扼腕歔欷，情意綢繆。

則七人之被劾，自不出於元文；僅云其官大學士，不言其兼掌院學士事，似邸舍慰藉，當在五月十三日以前；且譜云「福建指麾……七人」，然則彈章殆出於安溪歟？

如其然，則貞憲不必錯怪徐乾學矣。「或曰師意」之疑、誤也。光地於二十六年 1687 冬已發乾學於彼、外親而內忌，陽助而陰攻，遂終身怨之；詳記於榕村語錄續編卷十三中。光地安肯於二十八年 1689 受乾學意參劾院中人物乎？且乾學澹園集卷八，有送孟端士詩二首。其一云：

送別銜杯五月天，火雲如蓋玉河邊；行裝累積三千卷，薄宦窮愁二十年；白髮相看成老大，紅塵那及住林泉；禁廬舊例緣緗在，把卷低徊發浩歎。

孟亮揆亦被劾解職七人中之一也。乾學雖操權術，善於牢籠士心，貌爲親熱，然亦好執人文字爲據，以圖傾陷；彼於七人，如果陽與而陰擠，則握手贈金可耳，安肯爲詩如此貽人以柄乎？

雖然、貞憲處於十載風雲之中，未能了了於當時黨派分合之勢，正足以見其居官安分守己，寡交而鮮聞。且其雖深致疑於乾學，猶終不背忘恩，益可見其一團忠厚之氣，甚可嘉也。

昌樂縣志謂貞憲「有文集、雜著、行於世」，而咸豐己未 1859 青州府志卷四十七云：「有文集、雜著、藏於家」。縣志傳文皆引皇恩紀略。皇恩紀略之名亦見於樸齋閒筆中。閒筆又云：有皆游記，南游艸。凡此，皆今所不見者也。可見者、僅此九冊遺稿而已。

茲所印者二冊。淵源譜、拳師錄、原佔一冊。樸齋閒筆、野老絮談、清署絮言、原以次居又一冊內。樸齋閒筆原作於甲子 1684·其乙丑 1685 以後，筆路稍異·殆續作於戊寅 1698 也。清署絮言之筆路，與閒筆之前部相同，且無所改竄；疑是甲子 1684 前後所作，故取以爲五種之冠。次以淵源譜、蓋作於丙子 1696；次以拳師錄、觀其筆路、與淵源譜同也。野老絮談筆路甚似樸齋閒筆之後部，或亦戊寅 1698 年所記；故用為五種之殿。此僅粗依著作之先後，以定次第耳。若論所述事物之年代，則絜謨當居最先，所記明末清初昌樂變亂，皆郡、縣、志所未詳者。閒筆記一人之事，至戊寅 1698 而止，宜居最後也。自戊寅 1698 至丙戌 1706 貞憲卒時，尚有八年，是否別有續記，今亦無考。縣志於貞憲子愉傳云：愉以「庚辰 [1700] 成進士，授庶常，迎其父就養京邸；日與二三客同館，話言往事；愉洗腆稱兕，色養兼備」。當時之樂何如！豈無文字以紀其盛？惜其不見於今也。

貞憲殆以久困於場屋，遂精於制藝，故終獲高第。今觀其遺稿，則詞章似非所長。在當時以鴻博制科人物、增備翰林後，恐當降居下等矣。然學以行為先，觀其畢生孜孜然以安分守貧、積德餘慶為務，恐亦非當時朝野名流所能及也。其汲汲然以培植陰德，為科名根柢，唯恐科名及身而止；在輕薄者觀之，或竟以為迂腐。然其暮年樂境、亦足自豪，蓋善其道以求、而得之者也。況即今檢青州、昌樂、二志，可見其子、孫、曾、玄、每代有進士、一人、或二人，其舉人、拔貢、入庠、食廩者、其數十，且多以純行、善政、榮顯，豈不可羨耶？嗚呼，孰謂善人無報哉！

二十七年七月十八日

清署絜言

三歲而孤，其季子也；抱恨終天，生平大缺。性最拙，凡賭博及戲玩等項，俱格格不入。少時見牌骰等物，先慈必令毀之。讀書不能記，閱過書籍，開卷甚熟，掩卷不能舉其詞。性褊急，常發，不及持，轉甚悔，然胸無滯物也。好靜坐，少飲酒；夏月數日不飲，亦不嗜也。存心忠厚，自覺是長處。凡人相託，必盡心力，若力不能，亦心中惆悵者久之。質樸無文，與人輒以誠告。設教二十年，雖無長處，亦覺盡心無愧。受先人遺田十餘畝，後皆東命鬻賣，常云：做秀才當進可以戰，退可以守，勿恃目前氣旺，浪費一空，及日暮途窮，齊追難支矣。家貧設教，工課之餘，必身履南畝，手持一編，不敢輟也。為諸生，極不喜謁見官長；不得已，逐隊登堂，必退避人後；不欲逢官之色笑為榮也。科歲等試優等，以及兩闈中式，不敢以場藝自矜得意，作名士態也。不好浮華，文房無精器，無華屋亭榭，衣食粗糲，怡然也；非為起家寒素，亦性使然耳。撫諸男，濟濟甚喜；見儕讀書，或佻達，輒不樂者永日。兩榜年誼，不敢不篤；拔貢同譜，尤加親厚；念先君戊辰 [1628] 選拔，棄世後，存問孤寡者寥寥，不能無感。先世積代忠厚，先嚴力學求償，食報於余，所謂不發於身，發於子孫也；若余才學疎淺，何敢博第。每望諸子勤學，科名自我而始，勿自我而止，更須培植陰德，爲科名根柢。能知足，不作分外想；以自己不如人處甚多，僥倖一官，已屬奢得。仕途拙守，非能恬退，寔無肆應之才幹，亦無營求之心思。家人有過，一經責治，不可觀絮。生平不曾服藥。

・　・　・　・　・

淵源譜

生我者父母，成我者君相；恩同覆載，豈藏高厚存，而豈忘之耶？余以藐孤成立，困頓諸生中廿餘年，由黌宮而入太學，登賢書，成進士，翔步翰苑，珥筆春坊，近天子之聖顏，侍太子之講幄，拜金闕，趨玉堦；雖建立無補于國家，而身邀恩寵，竊有光于梓里。溯本窮源，其拔我泥途之中，而升之雲霄之上者，非衆老師之德，而誰之德耶？於是援筆記之，想其音容，識其里居，彷彿其爲人；裝潢一册頁；每展閱，焚香下拜，以答知我之恩；且以示後世子孫，知先人之受知者、某人某人，得識所欽仰云。　丙子臘月晉陵艸艸閒人書

吳老師諱臣輔，字濟之，北直盧縣人，癸未[1643]進士，己丑[1649]提學。余十七歲春應童子試，錄入第一名；題：「約我以禮，欲罷不能」文一篇。後升陝西臨鞏道參議。憶余三歲而孤，長兄十歲，仲兄六歲；先慈撫藐諸孤，日夜飲泣，茹荼含辛；及長兄十六歲遊泮，慈心少慰；仲兄早殤，外侮叠加，其增感慘者，難以筆悉。余遊泮後，漸有起色。先慈嘗摩頂喜曰：爾兄弟二人同做秀才，我可見爾父于地下矣。詎知喜却是悲耶！今憶此言，淚不禁涔涔下也。其成我身而慰我母者，非我老師之大恩哉！此進身之始，不敢忘也。吾師來校士時，約近四旬，面白，微鬚，常有笑容，修短合度，豐雍適匀。

施老師諱閏章，字尚白，號愚山，江南宣城人，己丑[1649]進士，丙申[1656]提學。科試，余列平等前列；歲試，一等四名；是年食餼，二十四歲也。題目：「好之者不如樂之者」，次題：「惻隱之心，仁之端也」。時先慈仙遊四載矣。不得以朝廷之餼、奉甘旨而娛親心也，痛哉！後己未[1679]薦博學弘詞，欽授翰林侍讀；余追隨瀛洲；時聆教益；如是者五載；卒於都門，得年六十餘歲。爲人端方，寡言笑。詩壇推爲名家，就正者頓增聲價，赤面，有鬚，目分雌雄，口少吃，中身居肥瘠之間。

劉老師諱昌臣，號山雍，乙未[1655]進士，湖廣武陵人，

己亥[1659]提學。余二十七歲，考居一等一名；題：「求為可知也」，「齊人有言曰」至「不如待時」；梅臺嘉獎。自登、萊、試畢，駐節齊陵；臨諸生晉謁，即呼余名，見之，喜曰：本道閱文，意其老宿，却青年也，必中之技，勉之勿怠。余自此喜而自信，頗動科名之想矣。癸卯[1663]又科試，居第四，胞姪恪第一，先兄第十；發卷時諭曰：子文退步，不如向日。余汗流浹背，莫知所措。然兄弟叔姪同列高等，亦一時之榮；題：「一簞食」四句，次題：「雖存乎人者」兩句。歷十年，壬子[1672]拔監，試京兆，獲雋，叩老師於京邸。晤時甚喜，曰：吾期爾當早飛矣，倘遲至今耶，科名如蒸物然，當一氣呵成，不可停火再炊也。命取笥中余試牘「敦厚以崇禮」及「一鄉之善士」一節文，而加賞識；乃己酉[1669]提學淮上周老師（諱龍甲字緜公壬辰[1652]進士）所錄首卷，不意吾師愛我之至，猶藏之篋中，惓惓不置，如此。晤時溽暑蒸人，揮汗不止，即令侍者取汗巾與之，仍慨許余窗稿發刻；其情切意懇，至今每念及，不忘知己之感也。為人清潔自好；面帶黃色，微鬚，中身若不勝衣。候補，年逾五旬。與人淡如菊，有道之士。

楊老師諱[illegible]，字東始，河南新鄉人，丙戌[1646]進士，丁亥[1647]殿試，戊申[1668]巡鹽兩浙，庚戌[1670]提學。余錄首卷；題：「君子之道，孰先傳焉，孰後倦焉」，次題：「聖人既竭目力」二段。時成均祭酒題為選拔文行兼優入監讀書一疏，奉行考取；余蒙取中通省第十七名；題：「老者安之」三句，詩「成王之孚」二句。計入學後，歷二十餘年，應秋闈者五次，每被擯落，幾不欲生；但得寸進，不困頓諸生中，而竟貢入太學，意稍自慰矣。老師之恩不啻千金之錫；況借此階，得以列賢書于京兆也。窮蹙之中，何敢或忘哉！校士時年近六旬，中身，微鬚，雍容和雅，令人可親。丙辰[1676]後余列丙清，晤世兄於京邸，吾師尚健。後二年卒；余猶約同人遙致奠焉。

徐老師諱元文，號立齋，江南長洲人，己亥[1659]狀元，壬子[1672]升國子監祭酒。余是年六月貢入成均；試題：「夫子溫良恭儉讓」一節；拔之前列；遂分撥助教河南楊贊老師修道堂中。八月應順天鄉試，中式。又二年，丙辰[1676]，欽授庶吉士，吾師為翰林院掌院，教習庶吉士，余北面請業焉。每五日入院，登堂，背書，日讀易經一頁，古文一篇，唐詩二首，此定例也。數月丁內艱去；澤州陳老師來教習，散館。服闋，歷官至大學士。余己巳[1689]罷職，來視余于邸舍；抱腕慰藉，情意綢繆；教勿以得失介意，即歸田亦當讀書。且云：此乃革職，非革官，其進士翰林之體格自任，不可輕自貶損也。坐語移時，非如他人之過門投刺而已。及旋里後，吾師即捐館矣。可勝歎哉！爲人恬淡寡欲；中身，面白，無鬚。常諷其長兄健菴老師不必太廣聲氣，則靜穆可知。拜相時年幾六旬，手不釋卷。

徐老師諱乾學，字健菴，江南崑山人，庚戌[1670]探花，欽授編修，壬子[1672]順天鄉試總裁。余薦列賢書，得附韓元少，[菼]，翁寶林[叔元]，二名公後塵，亦竊自幸焉。丙辰[1676]選入翰苑，與衆同年二十餘人追隨函丈，時承雅座相邀，歡飲竟日，極師弟之樂。後供事大內南書房，聖眷優隆，御賜堂匾曰「傳學明辨」。雖不常相晤對，而一見必脫略形跡，極其親愛。列翰、詹、十餘年，但守拙安貧，不能善體師意者，間亦有之。後己巳[1689]不合當道，福建指參江南孟亮揆，浙江沈上墉，山西王鉞璽，北直田成玉，江南馬教思，浙江金德嘉及余七人。或曰：師意。然臨別握手，出卅四金之贈，抑又何也？但世兄三人無一來相慰藉，又不能無疑焉。總之，事涉可疑，不敢忘恩也。爲人天性伉爽，有權謀，廣聲氣，結納名流，善待權要，氣燄赫奕；識者知其必敗。余歸田未幾，果有其禍。年六十歲。體肥，面白，無鬚，近視，目僅一線，短項，肩圓，如僧，如閣，一望知爲偉人。

解老師諱幾貞，字蘭石，陝西韓城人，壬辰[1652]進士，壬子[1672]戶部員外，分校順天鄉試，詩經房考。得余卷，大稱賞，薦居前茅；題：「仲尼焉學」一章，「修道之謂教」，「后稷教民」三句，詩題：「服之無斁，綿茲一人」二句，「羣黎百姓」二句，「自今以始」四句。癸丑[1673]不得聯捷，吾師甚扼腕歎息。閱乙卯[1675 應作甲寅 1674]提督江南學政，余以十月從遊，與會試諸同門晨夕侍左右；諄諄笑語，娓娓不絕；雖少年無此興致。且善記，舉往年所作文字，批評，銜口誦之，不遺忘一字。閱卷甚公；亳州有佳作極多；請託者且浮于額，吾師閉戶自定，於權要者稍狥一二；旣而喜其文，又不忍棄，遂將權要者擯之，曰：若狥請託，而棄單寒，天理安在，且伊其奈我何哉！一州盡取眞才，同人爲之歎服。後校他處，皆如是例。至[乙卯1675]八月歸家，擬計偕北上，拜辭于金陵，情意綢綿，贈賚甚厚，約後會有期。次年丙辰[1576]入詞林；有使到都，又承遠貺，爲之照料都費。不意即於是年染病而歸，不得再叩絳帳矣。後世兄來令德平時，南北相隔，亦未晤也。爲人敦厚長者，體豐，面白而大，鬚鬍甚偉，環眼，重頦，有威容。時年六十餘矣。

宋老師諱德宜，號蓼天，江南長洲人，乙未[1655]進士，丙辰[1676]官吏部侍郎，欽點會試總裁。負朝野重望，名士多歸其門。沉重，寡言笑，身軀雄偉，面方耳大，聲亮，語弘，絕似文濤公一流人。拜大學士；與祥麟，威鳳，非世所數見者。但年衰，常服參太過；忽形容枯槁，不可救藥，卒至于敗。世兄大業能接武本天，承其家學；而長世兄駿業多才謀，善丹青，為內庭供奉，錚錚有聲云。

李老師諱天馥，號容齋，別號湘北，江南合肥人，河南籍，戊戌[1658]進士。壬子[1672]入監，吾師為國子監司業，與立齋共事。後丙辰[1676]選授庶常，追步西清；已升講讀學士。數承款召，莊筵雅座，每祓不虛焉。歷官少宰，及大司馬；承惠頗多，都門米珠薪桂，時賴舉火。為人寬弘有度，端重不佻，愛人情至，常若憂人之憂者。中身赤面，微鬚，體在豐腴之間，一望知其福德兼厚人也。世兄丹壑中己未[1679]進士，復入翰苑；豈非天之厚報哉。

李老師諱霨，字坦園，直隸高陽人，丙戌[1646]進士，丙辰[1676]官大學士，欽點會試總裁，命未下日，世兄其凝得夢：吾師乃是總裁，會元是閻可鈺。師云：吾已總裁數次，必非我也。及命下，果驗；但未知會元之姓閻否。入闈，即以夢遍語同考。至揭榜，而余在二名；名次雖不合，而吾姓亦少，何鬼神之不測如是耶！幸選西清，吾師大有力焉。十餘年追隨，未得稍報一二，追心寔自媿耳。為人氣象沉毅，有威，身短，體腴，面白，鬚黃，額廣而高，後項肉折如疊。年六十餘而卒。其功諸甚大，不敢私述。

吳老師諱正治，字廣菴，湖廣漢陽人，己丑[1649]進士，丙辰[1676]官禮部尚書，欽點會試總裁。余春闈後趨謁，叩謁，一見甚喜，極讚其闈墨之佳。數年拜相，恬淡寡靜，不露圭角。時帶笑容，身體修長而瘦，鶴行鵠立，雪鬚飄飄，似神仙中人；不曾見有慍色。年約六旬餘。致政歸，門人餞治筵春明東門外，臨別欷歔不已，與令人悽愴，作數日思。詎料此一別遂成永訣耶！乙亥[1695]有中州之遊，因便至楚，渡江詣漢陽，晉叩吾師之靈，并拜師母，登堂灑淚，不禁今昔之感。

蔡老師諱啟僔，字崑暘，浙江德清人，庚戌[1670]狀元，欽授修撰，壬子[1672]順天鄉試總裁。余倖列賢書，中十八名。及公車北上，吾師已降調歸里，不得瞻拜丰采，大為悒悒。壬戌[1682]其姪諱升元復傳臚第一；晨夕話言，略悉家況清寂，不久聞已賦玉樓。蒙其恩，不得見其面，受其賜，不得酬其知者，於吾師有深媿已。

田老師諱六善，字象一，山西陽城人，丙戌[1646]進士，丙辰[1676]官左副都御史，欽點會試總裁。為人厚重質樸，體豐而長，虎背熊腰，面方，口巨，鬚髯疎朗，有威容，己未[1679]地震，致政歸田，門人猴餞于彰義門外，猶記優人演浣紗前訪後訪二齣也。臨別，黯然神傷，悽然欲淚。年餘，同人製錦巵十餘，俱鐫名遠寄，爲千春壽。師復札云：吾每舉某杯，如見某年兄也。其不相忘如此。課子甚嚴。世兄沅中甲子鄉試，爲吾鄉趙伸符所賞識。

徐老師諱倬，字方虎，浙江德清人，癸丑[1673]進士，授翰林院編修，分校會試詩經房。得余卷甚喜，極力首薦，意欲奪元；然文有定價，不能強也，遂置第二。聞報北上，即刻晉叩，不勝歉慰；論壬子[1672]同售于北榜，則同年也，論春闈之知遇，則師生也；登堂之時，先彼此交拜，展同年之情，遂偏受二拜，不答，行師生之禮。自此隅坐隨行，一定不易矣。旋教以殿試規矩，期列前甲，多方扶掖。後叨選庶常，更加教誨，倍極懇摯，賜書，賜詩，雖自己子弟不如也。己巳[1689疑當作己未1679]給假南還，遨遊江湖間四五載，來京，余升春坊，而師之論俸在後；後升司業，又以內憂去，余大失所恃，不禁愴然。幸世兄元正獲雋京兆，乙丑[1685]捷南宮，選列庶常，得晨夕對晤，見世兄如見吾師，稍愜心期耳。及己巳[1689]歸來，吾師又補官，升侍讀，蒙上眷顧，命爲癸酉[1693]北闈總裁。揭榜後，人言嘖嘖，爲垣中彭無山[鵬]所糾，掛冠南歸。聞之，不勝悵然。世兄能襲前跡，將來未可量。爲人豪邁不羈，愛賢如渴；精于詩詞，善書。其容稜稜有奇氣，巨口露齒，兩顴有峯，鬚微而爽，身修而瘠。年六旬而登鐵。文壇之宿將，非畏怯輩所能及也。今在籍。丙辰[1676]會試題：「君子義以」節，「誠者天之」節，「人有恒言」節。

顧老師諱汧，字伊在，江南長洲人，癸丑[1673]進士，丙辰[1676]授翰林院編修，分校會試詩經，與徐老師同事。薦余卷，亦有力焉。年三旬餘，有曲江風度，冲和可親，笑容可掬，秀色可餐，玉笋班中仙子也。追隨兩淸，共事時多，如纂修會典，常領教益，匪伊朝夕。至月下花間，莊筵雅座，又每每相招，極其歡洽，不令作拘束態。後官至閣學，余乃歸里；其咳息慰藉，贈言，賜贐，非復他人之可比。歷升禮部侍郎，丁內艱去。服未闋，忽奉旨授爲河南巡撫；時尙家居，豈非寵眷異數哉！乙亥[1695]初夏謁吾師于中州，極盡情禮，相待甚優；而與世兄晤語，亦惓惓無已也。不數日辭歸，在師意亦不介介也。今在籍。

杜老師諱立德，字純一，直隸寶坻人，癸未[1646]進士，丙辰[1676]官大學士。時殿試後，選庶吉士；例，滿、漢、中堂入殿，東立，每進士十名一班，魚貫入殿，面上跪，以序讀姓名籍貫；當上意者，上點之；出班，兩邊立。余名在三甲，吾師啟奏曰：此會試第二名，文章極好；上悅，遂中選。識之衆人之中，而置之清華之地，吾師之德，高厚難名；子子孫孫當俎豆不祧矣。

陳老師諱廷敬，號説巖，戊戌[1658]進士，山西澤州人，丙辰[1676]掌院，教習庶吉士；徐立齋老師丁憂去，命吾師掌院，教習焉。散館時，師之維持甚多。歷官戶部尚書。為人端直簡點，面白，鬚黃，中身在肥瘠之間。約六旬餘矣。

世繩字寶詒，別號丹崖，丙辰[1676]進士，山東昌樂人，官至左春坊諭德。幼孤，母氏撫之成立。舌耕十八載，纔登賢書。天性迂拙，不計生產；自諸生以及登朝，不諳時務，落落寡和。歸田來，惟課讀課耕為務，閒時飲酒，看花，安分，守貧，不敢作一妄想，是其所長，非矯強也。能存心忍耐，外侮之至，付之一笑，然有勢不能容，雖制盛怒之氣，倏而自悔，已無及矣。自顧謭劣，蒙皇天之眷，邀君相之知，為科名中人，為清班中人，諸子森森，諸孫濟濟，曾孫羅列，一堂四世，夫婦偕老，白首齊眉；人所不能得者，而余兼得之，雖邀于天眷者厚，亦培於祖德者深也。丙子[1696]秋闈，長男又領解矣。

塾師錄

余生於癸酉[1633]八歲庚辰[1640]，先慈命出就外傅，時仲兄十一歲，同讀書臥佛寺。後館多故，師不暇擇，或一年數師，或經年無師，或有師名、無師實，求一專學二年者，無有也。然一字之師，古人不忘，况其裨益不少，啟蒙之功，何可忘也！由今追昔，庶展卷瞭然，宛如當日執經受業云。

邢縉字組綬。八歲從學，啟蒙之師。扑責太酷。在臥佛寺中。

田慶曾字介眉。九歲從學，在觀音菴。戊子[1648]拔貢，官至福建按察。余丙辰[1676]在都，得與同朝；在官之師，較在家之師更有益也。

王某，壽光人。

李某，壽光人。

李逢春字百華。

李漢。

吳道二字仁甫。

劉甲世字尊一。教規嚴肅。從學二次。

趙麟字朗卿。[樸齋閣本作「儉卿」]課幼有方。

李懈徵字解東。天資穎悟。從學二次。己丑[1649]入學。

呂延字廷玉。

庚寅[1650]從劉尊一。辛卯[1651]與高侗如伴讀矣。

• • • • • •

樸齋閒筆

甲子[1684]匏繫都門，長夏無事；忽媿碌碌虛度歲華，因憶從前閱歷；竊念五十年如昰夕也，援筆自敘。

余厲行其季也。崇禎六年癸酉二月乙卯十九日辛巳[28/iii/1633]戊戌時生。先嚴庚寅生，是年四十五歲。先慈壬辰生，是年四十二歲。又二年乙亥[1635]先嚴棄世，余三歲，音容笑語不能記。八歲庚辰[1640]始從師，邢字紺綬尚峻厲。先慈愛子甚，每請寬假；亦因孀孤泣噎難堪耳。繼從田老師於臥佛寺東之觀音堂，即今任河北副使者，爾時尚未列黌宮。辛巳[1641]長兄[世則]十六歲，入泮，完婚，先慈甚喜，以門戶稍支持。乃骨肉凌轢不休，從二兄某柒銀完贓[贓?]，堵門酗詈。二姊所適非類，賣妻鬻子女，辱我門風；賴先慈委曲保全一甥某置膝下；後爲之完婚成家矣。及壬午[1642]兵破城邑，先慈攜家避於東南之淳于莊趙大舅家。時冬月，日暮，忽喧兵突至，競奔竄伏山岩谷穴中；後歸家，無恙也。癸未[1643]讀書於東門趙小韓家。甲申[1644]闖賊陷京師，大選僞官。知門樂縣者賈姓，法嚴人畏。皇清定鼎，土寇蜂起，攻城甚烈，旋潰平息；余十二歲矣。從李解東學。屢易其師，師無專功，胸中夢夢也。乙酉丙戌[1645-1645]從趙煥卿學，稍有明機，然文好泛濫，總無當處。丁亥、戊子[1647-1648]、從劉尊一，呂廷玉，又從李解東。己丑[1649]府考，及進學，俱第一；文宗吳諱臣輔，題：「約我以禮，欲罷不能」。秋娶劉氏，病瘵，次年庚寅[1650]卒。是年鍾文宗歲試，三等前列。辛卯[1651]娶趙氏。壬辰[1652]與高侗如讀書南巷。癸巳[1653]設教馮寶先齋中，及門：崔寅，王鴻珣，張燕公，等。臘月先慈棄世；嗚呼二十年苦節，余纔成立，未有一日之養，遽爾長逝也；痛哉尚忍言耶！憶含殮時，爲貧所累，終天何補！甲午[1654]三月殯。是年倫生。乙未[1655]設教劉連如家，及門：劉國瑛，國瑰，國賓，國衡，趙璟，趙珩，趙如璋，王紹日，族弟士楨，姪恪，從孫廷獻，等，皆先後受業焉；一坐九年，至癸卯[1663]止。丙申[1656]服闋，析產：西宅一區，濃田十六畝，即今大齊廟東九畝，井塋東七畝，是也。科試，三等，以錄遺觀場，編號於明遠樓上。戊戌[1658]歲試，一等四名，補廩；題：「好之者不如樂之者」，

「惻隱之心，仁之端也」；文宗施諱問章。己亥[1659]存女生；移居街西今宅。庚子[1660]科歲，一等一名；題：「求爲可知也」，「齊人有言」五句；文宗劉諱昌臣。壬寅[1662]三十歲，愫生。棲霞有于七之亂，鄰邑震驚；幸即撲滅。科歲，一等三名；恪第一；仍劉文宗也；題「賢哉回也」節，「雖存乎人者」四句。癸卯[1663]秋闈，改策論取士。甲辰[1664]偕館，在家，從學者又日衆；及門：田居仁，處仁，楊允升，允中，克儉，徐鳴庚，王嶋，等。乙巳[1665]脩生，丙午[1666]春，旱。科歲試，三等；論題：「子在齊聞韶」；文宗王瓏。遺才進場。丁未[1667]愉娶。戊申[1668]地震，己酉[1669]春，科歲試，一等一名；題：「敦厚以崇禮」，「一鄉之善士」節；文宗周諱龍甲。庚戌[1670]惺生。買劉宅；自此有客座矣。辛亥[1671]科歲，一等一名；題：「「君子之道，孰先傳焉」三句，「聖人旣竭」二段；文宗楊諱毓蘭。壬子[1572]春，拔貢，二十三名；題：「老者安之」三句，「成王之孚」二句。二十餘年困諸生中，忽出學宮，如脫重負矣。六月赴都入監，肄業千佛菴中。潦倒日久，已無意科名，而是科竟售；功名早晚，豈非命哉！癸丑[1673]孟[延愽]孫生。春闈下第。設教於田介眉老師宅，世兄如蘭，如蕙，竹問業焉。是年三藩反，滇，黔，閩，粵，蜀，楚，浙，陝，延蔓俱變。甲寅[1674]春存女嫁，十月從房師解校文江南。時兵戈滿地，霜雪在天，千里遠遊，淒然在目。除夕寄何容署內。乙卯[1675]抵安慶，滕廬，鳳，穎，淮，還何曲，已中秋矣。江寧校道畢竣，束裝北歸；抵家乃九月初旬。是年愉進學。考[延愽]孫生。丙辰[1676]成進士；殿試，三甲九名；選翰林院庶吉士，習滿書。懔生。冬家眷北上，借居陳飛布年伯宅，自課愫、恪、磆。丁巳[1677]移寓三元菴，與日照李恩菴比鄰；日接談，忘形交也。戊午[1678]春家眷旋里。長兄來。秋散館，御試清書，第二；題：甘霖應禱賦，論一篇；又試觀稼排律二十韻；授檢討。脩鑑古輯覽。懍娶。己未[1679]春闈，分校濟四房；得士八人；榜眼孫卓，癸亥[1683]册封安南歿於全州；庶常陸祖脩；其六人，皆候選知縣也。京城地震。山東饑，流離死亡，十之七八。秋瀛臺賜宴泛舟及絲紵魚稿。旅中清暇，不廢披閱；有前後來論文者：安時吉，蔣有德，王弘基，江景滕，鄭廷俊，傅商霖，方從義，管章，俱賴大士也；又甲子[1684]：山東呂渭，熊府宗，馮廷符，每往復甲乙，消岑寂云。庚申[1680]春家眷再北上，寓施乍之官舍，辛酉[1681]以女病還，抵家不數日而女亡；相別五年，不見其歿，痛何能堪！是年懷，恪，同進學，康熙二十年也。吳逆滅；十二月二十日大赦。邀覃恩得榮贈先人，不勝欷呼矣！壬戌[1682]愉同壻來都門，議菲女。愔娶。孫女寶生。癸亥[1683]孫圧生。秋愔來省。又地震。是年臺灣平。甲子[1684]春𢡟來省。長兄以廷試來；一別六年，聚首言歡，老兄老弟悲喜交集矣。惺進學。校閱日講易經解義，告成。

乙丑[1685]二月充纂修會典官。六月陞右中允。七月轉左。冬愉、惺、來都。丙寅[1686]閏四月欽點皇太子講官，文華殿侍講。八月皇太子會講，賜宴文華門外，頒賞給表裏；戒皇恩紀略。惺娶。孫留住生。愉，拔貢。丁卯[1687]元宵賜宴乾清宮；滿、漢、大學士，六部正卿，都、通、大，翰、詹、掌院，與講官與焉。愉來都，應北闈試。愔補廩。八月會典草藁成；開復停陞。九月二十日陞右春坊右諭德。十月二十二日轉左。愔生孫升。十二月太皇太后升遐，哭臨，守孝。戊辰[1688]二月家眷北上，居潘家河沿路西；愔、惺、懌、及孫倬、佶、同來，自爲訓課焉。助祭祈穀壇。送太皇太后梓宮於沙河，升祔禮成，頒賜表裏。六月孫倬入學。八月𢡟來京。九月愉來京。十月充武殿試受卷官，領欽賜十二兩。二十日恩詔賜緞三疋。是月愉生第三男。己巳[1689]二月二日家眷同里。五月被劾革職；其同罷者七人：侍讀學士孟亮揆，沈上墉，侍讀王鎮璣，贊善田成玉，編修馬教思，金德嘉；大半守拙無能者。六月旋里。十餘年寄食長安，依然故我，未嘗爲官之樂，亦不知罷官之苦，安分知止，寒士風味也。庚午[1690]春左臂染火症，閱奉纍纍如珠，下至手腕，醫藥不効，幾于殘痺，經年漸愈。孫倬娶。冬月以食指日繁，衰病難以綜理，命諸男析居。辛未[1691]夏有黔中之遊，雖應校文之約，寔爲貧所使；有黔遊記。是年愔三男幽生。壬申[1692]懌娶。癸酉[1693]曾孫同生。北宅新造一房，稍棲身焉。甲戌[1694]九月長兄辭世，時六十九歲。乙亥[1695]三月謁顧夫子中丞于中州；訪錢啟侯縣分于黄岡；八月歸；有南遊艸；家計稍借以給。丙子[1696]春懌入學。愉秋闈中式，第一，喜不自勝，以皇天眷佑，承先有人也。丁丑[1697]同月兩曾孫相繼殤殞，痛入心脾，悽不可言矣。修造門房。戊寅[1698]夏次孫廷佶入學，二十四歲也。

· · · · ·

野老絮談

余生於癸酉，崇禎之六年[1633]也。時即多故，傳檄旁午，里中騷然。十三年庚辰[1640]大饑，流殍載道，余八歲矣。猶記東關有萬人坑，深丈餘，填幾滿。甲申[1644]國變犯闕，京師失守。自成僭位，傳檄天下；天下望風投服；城市鎮店沿門書「投天順民」四字。大選僞官，半屬秦，晉之人；余邑令賈姓者，山西舉人也；奉僞勅法尙嚴厲，訊問皇親一案，人心股栗。不數月皇淸驅逆，流寇西竄。天下盜賊蜂起，所在皆然，不可枚舉。獨昌城之盜，其渠魁則有趙憤寬，泥溝人，初爲快手；糾合多衆，衣甲旗幟色尙紅。有陳仁、陳三、兄弟，庠生也；平日好弓馬，乘亂騷擾於東南。萬東方、壽光人，蜂屯於東北，旗幟皆用白。秦仰津橫行於西南，延蔓鄭母，臨朐，一帶。諸寇相蟠結焉。離城十里外，皆爲盜藪，名爲打幫；不入夥者，入城避難。六月初一日各處諸賊糾集，擔土而來，環繞攻城。時城內難民男婦數萬，皆登陴固守。後賊入郭，以雲梯附城而上；賴闔合作，〔炳翰〕僞令賈，雖皇淸定鼎皆投冊候旨，而戮力同心守城，與有功焉。嗣後攻城屢屢，燒毀南關一帶附城房屋，烟燄沖天；兼東南風利，城中昏黯，天日無光；噫城之不破，亦幾希耳，豈非天哉！旋擒奸細數人，正法，而賊乃退，又□月賊又攻城，四關爭殺，而西北攻城尤急，以西北城卑而可以步登也。賊當咆哮之際，而大兵突至，如自天而下，斬首無算，返殲至開山門外，擒擄賊婦無數；元帥乃本朝滿岡山也，兵屯城中，斤斤皆滿。此後餘賊奉旨招撫，元兇亦漸次殲除焉。

燕京大學哈佛燕京學社北平辦公處出版書籍

古籀餘論　孫詒讓著　刻本二册　實價一元五角

尚書駢枝　孫詒讓著　刻本一册　實價八角

張氏吉金貞石錄　張塤著　刻本二册　實價一元八角

馬哥孛羅遊記第一册　張星烺譯　鉛字本一册　定價三元

歷代石經考　張國淦著　鉛字本三册　實價四元

王荊公年譜考略　蔡上翔著附年譜推論熙豐知遇錄　楊希閔著　鉛字本六册　實價五元

碑傳集補　閔爾昌纂錄　鉛字本二十四册　定價二十元

殷契卜辭　附釋文及文編　容庚，瞿潤緡同著　二十二年六月出版　珂羅版本三册一函　定價每部十元

武英殿彝器圖錄　容庚著　二十三年二月出版　珂羅版二册一函　定價二十二元

甲骨文編　孫海波著　二十三年十月出版　石印本五册一函　定價十四元

善齋彝器圖錄　容庚著　二十五年五月出版　夾連紙三册一函　定價二十元

燕京學報　現已出至二十三期　（一至四期售罄）五至十二期每期定價五角　十三至二十三期每期八角（廿期十週年紀念專號定價二元）

中國明器（燕京學報專號之一）　鄭德坤，沈維鈞合著　二十二年一月出版　鉛字本一册　定價一元

唐代長安與西域文明（燕京學報專號之二）　向達著　二十二年十月出版　鉛字本一册　定價二元

明史纂修考（燕京學報專號之三）　李晉華著　二十二年十二月出版　鉛字本一册　定價二元

嘉靖禦倭江浙主客軍考（燕京學報專號之四）　黎光明著　二十二年十二月出版　鉛字本一册　定價二元五角

遼史源流考與遼史初校（燕京學報專號之五）　馮家昇著　二十二年十二月出版　鉛字本一册　定價二元五角

明代倭寇考略（燕京學報專號之六）　陳懋恆著　二十三年六月出版　鉛字本一册　定價二元八角

明史佛郎機呂宋和蘭意大里亞四傳注釋（燕京學報專號之七）　張維華著　二十三年六月出版　鉛字本一册　定價二元五角

三皇考（燕京學報專號之八）　顧頡剛，楊向奎合著　二十五年一月出版　鉛字本一册　定價四元

宋元南戲百一錄（燕京學報專號之九）　錢南揚著　二十三年十二月出版　鉛字本一册　定價三元

吳愙齋先生年譜（燕京學報專號之十）　顧廷龍著　二十四年三月出版　鉛字本一册　定價六元

國策勘研（燕京學報專號之十一）　鍾鳳年著　二十三年十月出版　定價三元

中國參考書目解題（燕京學報專號之十二英文本）　鄧嗣禹，畢乃德合編　二十五年六月出版　鉛字本一册　定價三元

南戲拾遺（燕京學報專號之十三）　陸侃如，馮沅君合著　二十五年十一月出版　鉛字本一册　定價二元

宋詩話輯佚（燕京學報專號之十四）　郭紹虞校輯　二十六年八月出版　鉛字本二册　定價七元

中英滇緬疆界問題（燕京學報專號之十五）　張誠孫著　二十六年十二月出版

元代社會階級制度（燕京學報專號之十六）　蒙思明著　二十七年四月出版

總代售處：北平隆福寺街文奎堂

宋代制舉考略

聶崇岐

制舉興於漢，盛於唐，而餘緒延及於宋；雖與貢舉同爲選士之典，猶分別而稱，原有異也。漢世州郡歲舉秀才孝廉，上於公府，後世稱之爲貢舉。倘國有大事，皇帝思聞人所欲言，每特下制詔，令舉賢良方正能直言極諫之士，以求時政闕失，詢民間隱瘼，後世名之曰制舉。蓋貢舉爲常選，而制舉則必待詔而行。迄於有唐，貢舉既有明經進士等科，制舉亦爲目滋繁，多至百數。[1] 宋之貢舉，初法於唐，後乃稍變；而制舉亦較唐代多所損益，若方以漢之賢良，其相差幾不可以道里計矣。

科舉典籍，列朝具備；其專考制舉沿革者蓋少。第漢制尙簡，關於賢良典故，兩漢會要，已足參攷；而徐松登科記考，亦可窺唐制之梗概。惟有宋三百餘年，制舉情況，尙無專述可觀。不揣固陋，略就暇晷參稽所得，排比成編，用請益於精熟天水一朝掌故者。

一　宋代制舉之沿革及科目

宋太祖受周禪，武事之餘，頗重文教，因於乾德二年正月詔設賢良方正等科，曰：[2]

……炎劉得人，自賢良之選；有唐稱治，由制策之科。朕嘗慕前王，精求理本，焦勞罔怠，寤寐思賢，期得拔俗之才，訪以經國之務。其置制舉三科：一曰賢良方正能直言極諫，二曰經學優深可爲師法，三曰詳閑吏理達於教化，……自設科以來，無人應制。得非抱儒雅［者］恥局於常調，效噤直者難擢於有司，必欲直對朕躬，以伸素業？士有所蘊，予能嘉焉。今後不限內外職官，……黃衣布衣，並許直詣閤門，進奏請應；朕當親試，以進時賢。所在州縣，無隱朕意！

是爲宋設制舉之始。先是，周世宗顯德四年十月，曾應張昭之請，斟酌唐制，置賢良方正能直言極諫、經學優深可爲師法，詳閑吏理達於教化三科。[3] 惟抵周之亡，迄無一人應詔。乾德之設制舉，蓋重申前朝之令，故詔詞有「復置制舉三科……自設科以來，無人應制」之語，而所置科目，亦皆同於顯德也。

太宗之世，制舉無聞。真宗咸平時，既屢試應制陳言之士，復於景德二年七月，用盛度等議，損益舊令，增廣制科，其詔曰：[4]

……朕纂紹丕圖，憲章前古，……尙虞耿介之秀，遁逸於丘園；高尙之姿，隱淪於屠釣。……俾進善之未周，或俟時而興歎。今復置賢良方正能直言極諫，博通墳典達於教化，才識兼茂明於體用，武足安邊，洞明韜略運籌決勝，軍謀宏遠材任邊寄等科，……許文武羣臣草澤隱逸之士，應此科目。

是爲景德六科。迨大中祥符元年，時方東封西祀，粉飾昇平，以天書符瑞，誇示四夷，於是上封者言：[5]「兩漢舉賢良，多因兵荒災變；今受瑞建封，不當復設。」因之六科一時悉罷。後此二十年間，迄未復置焉。

仁宗天聖七年閏二月，夏竦等請復制舉，廣其科目，以收賢才。於是下詔酌改景德之制，置賢良方正能直言極諫，博通墳典達於教化，才識兼茂明於體用，詳明吏理可使從政，識洞韜略運籌決勝，軍謀宏遠材任邊寄六科；又置高蹈丘園，沈淪草澤，茂材異等三科：是爲天聖九科[6]。此後歷二世，四十餘年，制舉從未罷廢。雖景祐中，「宰相以賢良……多名少實，欲一切罷之」[7]，然以衆意未同，迄未見諸施行。

神宗紹統，新黨秉政，凡百事務，胥爲更張，因「進士已罷詩賦，所試事業，即與制舉無異；至於時政闕失，即士庶各許上封言事」[8]，遂於熙寧七年五月，將舊日賢良各科，並詔停罷。時廟堂之議，尙未僉同，特以當軸者忌賢良對策，每過切直，推行新政，恐受阻害，廢之之心，已非一日，故雖有馮京之異議，終不敵呂惠卿等之決心[9]：斯亦新舊黨爭之一端也。

哲宗初元，舊黨得勢，一切施爲，力反熙寧，因之停罷方及十年之制舉，又用劉摯等議，重爲設置；[10]第所復者，僅賢良方正能直言極諫一科而已。[11]洎紹聖元年，哲宗親政，修倣元祐，賢良之科，又被停廢。[12]自是以還，三十餘年，元祐之學，懸爲厲禁，制舉諸科，終北宋之世，遂不復置。

高宗南渡，士大夫以靖康之禍，歸罪新黨。於是紹聖以來之所是者，今多以爲非；而昔之所非者，今多以爲是。政事更張，胥含此意；而賢良方正能直言極諫一科，遂於紹興元年正月，又得復設；[13]迄於南宋之季，百餘年間，未再廢焉。

二　書判拔萃博學宏詞皆非制科

宋史選舉志，於制舉一節，雜叙書判拔萃及博學宏詞，頗似二科亦屬制舉。第觀宋代，雖偶有誤稱拔萃爲制舉之人，但爲數綦少，餘多祇爲單獨一科，不與制舉相混。至於博學宏詞，則向無目爲制舉者。宋史一誤再誤，致一代典制，虛相不明，是豈容不辨！

考宋會要分列制舉及書判拔萃於兩部，可見二者不容混爲一談。又據諸書所記，若李燾續資治通鑑長編，陳均皇朝編年綱目備要，王應麟玉海，皆云太祖建隆三年八月即置書判拔萃，越二載，乾德二年正月，始設「制舉三科」。夫書判拔萃不冠制舉而獨冠制舉於三科者，是當時不以書判拔萃屬之制舉明矣。且陳均記仁宗臨軒策士，有曰：「天聖八年……六月親試書判拔萃及武舉。……秋七月，策制科」。[14]馬端臨述宋登科人數，亦云：「天聖八年……制科二人，拔萃一人。……景祐元年……制科三人，拔萃四人」。[15]二氏皆以書判拔萃及制科並列，未予合而爲一。餘如呂祖謙述宋制舉不列書判之科，[16]徐度記宋制舉亦無拔萃之目：[17]凡此種種，皆足爲宋人不以書判拔萃爲制舉之明證。徒以天聖七年增廣科目，中有拔萃武舉，後人不察，遂誤列拔萃於制科之中，因是苗昌言條奏制舉，乃立「天聖十科」[18]之號。訛謬相傳，遂有宋史之舛誤焉。

博學宏詞，初曰宏詞科，立於紹聖初元，本爲預儲兩制人材而設，與制舉之以振拔非常之士爲目的者，用意迥異。故陳均記宏詞及制科置罷曰[19]：「紹聖元年……五月……立宏詞科。……九月罷制科。」馬端臨記宋登科人數曰[20]：「紹聖三年……制科二人，宏詞科八人。」兩宋館閣錄記湯思退李屋題名曰[21]：「湯思退字進之……博學宏詞進士出身。……李屋字仲言……制科出身。」二者皆宏詞制科並舉，未嘗相混：可知宋人本不視二科爲一類。宋史久以蕪雜乖謬著，今益可見其訛誤之一斑矣。

三　應制舉者之資格及看詳事例

乾德之設制舉也，以國基初造，需材孔殷，爲廣招徠，於資格之限制不得不寬，故其詔有[22]「今後不限內外職官，前資現任，黃衣布衣」，皆得與試之語。咸平之際，仕途漸狹，制舉諸科遂詔禁以「貼館職及任轉運使者」[23]充選。館者，昭文館，史館，集賢院之謂。宋世，三館爲儲材之地，凡帶館職者，若直昭文館，直史館，直集賢院，以及集賢校理之類，率不數年即躋清顯；而轉運使監刺諸州，亦爲重任，非浮沈於下僚者比，無須藉制舉以求登庸也。

天聖增益科目，於取士之途，雖廣闢多門，而資格之限制，則較前加甚，其詔[24]曰：

> ……今復置賢良方正能直言極諫，博通墳典明於教化，才識兼茂明於體用，詳明吏理可使從政，識洞韜略運籌決勝，軍謀宏遠材任邊寄六科。應內外京朝官，不帶臺省館閣職事，不曾犯贓，及私罪輕者，並許……應上件科目。……又置高蹈丘園，沈淪草澤，茂才異等三科。

……應奉澤及貫舉人與工商雜類者，並許……應上件科目。州縣體量，實有行止，別無玷犯，……轉運使覆案，審訪鄉里名譽；……其開封府委自知府審訪行止，……委官文行可稱者，即……送尚書禮部，……具名奏聞。……

非但舊日所禁者，不得應舉，即帶御史臺、中書、門下、尚書三省職事者，亦皆屏於制科之外；且分職官布衣於兩試，擇材則更及乎私行，不似往昔之祇較短長於一日矣。

越四年，景祐初元，法又稍變。時仁宗親政未久，樂事更張，以臣下建請酌改天聖之制，乃於二月下詔，[25]曰：

……賢良方正能直言極諫等六科，自今應京朝官，幕職州縣官，不曾犯贓罪，及私罪情輕者，並許應。內京朝官須是太常博士以下，不帶省府推判官，館閣職事，並發運、轉運、提點刑獄差任者。其幕職州縣官，須經三考以上，其見任及合該移人沿邊不搬家地分及川廣福建等處者，候回日許應。高蹈丘園……三科，應進士諸科取解不獲者不得應。

蓋其限制，一，凡職官須持躬廉謹；二，京朝官階位須不在太常博士以上，且不兼各省判官，開封等府推官判官，又無三館，龍圖秘閣等職，更非各路監司；三，節度觀察兩使推官，各州府司士司法等參軍，各縣知縣丞尉主簿，役官須及三考；四，沿邊及川廣州縣以情形特殊，向不許攜眷赴任之地，見任官及應即輪選者，須待任滿；五，布衣必須鄉舉獲隽。以上數者必須相合，始得與試。嗣以條例過嚴，舉人衰足，不得不稍寬其制，因於慶曆六年九月詔許幕職州縣官不及三考亦得應舉，[26]復於嘉祐二年九月制準「太常博士而下充三省開職及提點刑獄以上差使選人，不限有無考第……並聽奏舉。」[27]終以所試較難，問津者迄不甚多也。

哲宗初政，催復賢良，循日成規，勢須更易。於是職官布衣既合為一試，幕職州縣官未經考者亦得與於考試。[28]洎高宗再設制科，其詔復有「不拘已仕未仕命官不拘有無出身」[29]皆得應試之語，惟特申嚴擇材以行之旨，不許犯贓私罪人充數而已。此後百餘年間，條貫迄無更變，紹興之令，遂奉行至有宋之亡焉。

至於應制舉之事例，初亦甚簡，後乃漸繁。乾德之設三科，既令州郡舉送，復任懷材抱器者，自行薦達，並許直詣閣門，進其所業，[30]以須召試。洎乎景德，法令稍更，初之許直詣廷對者，至是必須先經中書門下，試其可否，以名奏聞，然後御試。蓋「考其否臧必先於公府，別其翹楚乃揭于王庭」；[31]古制如斯，令應遵守。惟自此之制，則仍率由舊章，因而不改。夏竦爲丹陽主簿上章聖皇帝乞應制舉書，其辭[32]曰：

……若陛下必擇狂夫之言，思納愚者之慮，垂旒下拱，渴待忠讜，則臣願以賢良方正能直言極諫科召赴制試。……若陛下以枕石漱流爲進，則臣世居市井；若陛下以含榜丹桂爲材，則臣未忝科第；若陛下以鳩杖斷背爲德，則臣始臨剃冠；若陛下以荷戈挫弦爲勇，則臣生本編剃。若陛下令臣待詔公車，條問急政，對揚綦應，指陳時事，猶可與漢唐諸儒，方轡並軌而較其先後。……

大胄不斷，殊非謙以自牧之道。特以國家典制如斯，世風隨化，甚至南面者「再三激賞」。[33]是無怪衆人之僉不以爲非矣。

天聖之際，條格漸多，應舉者不論有官無官，皆須繳進策論五十首，且詔：[34]

……應內外京朝官……乞應……科目，……所業……委兩制看詳。如詞理優長，具名聞奏，……差官試論，……合格即御試。……草澤及貢舉人……乞應科目，……所業本州看詳。委寔詞理優長，即上轉運使，……選有文學再行看詳。其開封府委自知府……選有文學佐官看詳。委寔文行可稱者，即以文卷送尚書禮部委列官看詳，選擇詞理優長者，具名聞奏，……差官試論，……合格即御試。

此外更限自薦者僅有官人許直詣閤門，布衣應詔則須在本貫投狀。其事例之繁雜，較初設科時之簡易，與不啻霄壤之別也。

慶曆六年，宰相賈昌朝與參知政事吳育不和，以育才識兼茂登第，遂兼惡及賢良方正等科；停罷既勢有未能，裁抑乃不容稍緩；因用監察御史唐詢之議，奏准禁止自舉，凡應制科者，率須由人論薦，[35]不得投牒妄請。從此自薦之制遂廢。

惟識拔異材，本屬難事，薦人應選，亦豈易言。范仲淹一世偉人，其舉丘良孫應制科狀[36]有「學術稽古，文辭貫「道之語，而歐陽修論舉館閣之職劄子[37]乃有丘氏「偷竊他人文字，干謁權貴以求薦舉」之奏。歐陽公久以忠讜知名，其言當非無據。夫以范公之明，尚不免見欺於人，則碌碌者當更不必論列；而制舉必須由人舉送始得應試之能否勝於自薦，則殊爲疑問矣。

神宗而後，制舉兩廢兩復，其應試資格雖已由嚴而稍寬，第投報程序，則依仍天聖慶曆舊貫，迄於宋室之亡，二百餘年，未嘗一加更易焉。

四　考試上——閣試

周顯德中設制舉，由吏部掌其事，其布衣則須先由州府考試，方得解送。[38]宋初置三科，廢布衣州府之試，許一體與命官直詣閤門，進其詞業，自請應舉；看詳合格，即與殿試。蓋以斯典久廢，其事不得不易也。迨真宗時制即稍變，宋會要曰[39]：

咸平二年四月十五日賜應制舉人林陶同進士出身。陶既試學士院，不及格。帝方欲招來俊茂，故特獎之。

可知當時已增學士院一試。至景德增科，又申命由中書門下先加程試，如器業可觀，具名聞奏」。[40]然後臨軒親策。惟學士院爲掌詔令機關，中書門下又大政所從出，皆不宜於考試場所；故大觀七年遂改差官試於祕閣[41]——祕閣者，庋藏圖籍之所也。自是以後，因而不改；故宋人記述，每有閣試之辭。至孝宗乾道中，始又命應制舉人就試於中書焉。[42]

咸平學士院之試，其制不詳。景德中書門下程試則爲論六首，一日完成。[43]迄於南渡，無論試於祕閣，試於中書，皆未更易。惟六論字數則自大觀之後，每首限五百字以上，方爲合格。[44]其論題範圍，主爲九經、兼經、正史，旁及七書、國語、荀子、揚子、孟子、管子、文中子等書；正文之外，兼經亦兼取注疏。[45]如嘉祐六年祕閣試題：[46]一曰王者不治夷狄，出春秋隱公二年公羊傳何休注；二曰劉愷丁鴻孰賢，出後漢書卷六十七丁鴻傳及卷六十九劉愷傳；三曰禮義信足以成德，出論語子路篇樊遲學稼章包咸注；四曰形勢不如德，出史記卷六十五吳起傳贊；五曰禮以養人爲本，出漢書卷二十二禮樂志；六曰既醉備五福，出毛詩大雅生民之什既醉章鄭玄箋。六題之中，三經，三史，三正文，三箋注；而首論爲經——此則隱示尊儒崇道之意，爲賢科所遵行，未之或改者。若論題之必探義疏與否，向由試官裁定：主寬易者，每多避而不取，好艱深者，常故務用隱僻。迨元祐七年始明令毋於正義出題，[47]紹興二年亦下詔權罷疏義。[48]洎孝宗初政，雅志求賢，更命並傳注而廢之，[49]以誘多士。第爲時不久，旋又再變：淳熙五年，既以臣僚之請，復用注疏；[50]後七年，又用李𤇍之言，祇取正文。[51]二十年中，制度數易，亦可見士大夫意見之紛歧，持衡者之毫無定策矣。

至閣試六題，又有明數暗數之分。馮珂曰[52]：

……紹聖元年閣試舜得萬國之歡心論，出史記樂書，「舜彈五弦之琴，歌南風之詩而天下治。夫南風之詩者，生長之音也，舜樂好之，樂與天地同意，得萬國之歡心，故天下治也」。此謂暗數。重華成六德論，出毛詩皇皇者華箋注。此謂明數。

蓋直引書之一二句，或稍變換句之一二字爲題者爲明數；顛倒書之句讀，竄伏首尾而爲題者爲暗數。明數尚易知，暗數則每撲朔迷離，令人難明究竟，故李燾譏之，謂「類於覆物謎言。」[53]舊制，六題明暗相參，暗數多不過半。洎淳熙四年祕閣之試，典試者承近習貴璫之旨，故難其政，皆出暗題，致無人及格。[54]嬖近之意，以爲閣試不入等則不能殿試，可免衆人對策直言相攻；其用心可謂毒而且巧。第士大夫不思爲國求材，反甘爲佞倖及閹人鷹犬，豈不大可痛心也哉！

閣試所試各論，文中必須述題之出處，又須全引題之上下文。其不知題之出處者，自不得爲「通」，即知出處而不全引上下文亦爲「粗」而不得爲全通。[55] 舊制，六論以四通爲及格。迨淳熙中，因已廢注疏出題，閣試過易，增爲五通。[56] 是後未再增減。試卷「通」足合格，又須分等。等有五，而慮其一二兩等，第三等即爲上，及第四等即得召試。惟景祐前後，此制稍變，張方平舉朱寀充館閣職名曰：[57]

……臣等昨來勅差赴祕閣考試制舉人等，內有應賢良方正能直言極諫科國子監直講朱寀，所試六論，考中第四等下。據舊制，閣試第四等下並預廷對。只因景祐中年第四等人數稍多，報罷之。以此璨承近例，不得召試。……

可知第四等又分上下。景祐以前，及第四等下者即得召應殿試，至景祐以後必第四等上始能對應廷策也。

咸平學士院，景德中書門下之試，所差試官不詳。天聖以後祕閣，及乾道以後中書諸試，典試之官，有前執政，如皇祐元年之丁度，[58] 皇祐五年之高若訥，[59] 皆從參知政事罷任不久。有風憲官，如景祐五年之晏殊，[60] 慶曆二年之賈昌朝，[61] 皆現任御史中丞。有兩制官，如天聖八年之盛度，[62] 熙寧二年之司馬光，[63] 皆現任翰林學士；元祐二年之彭汝礪，[64] 紹聖元年之朱服，[65] 皆現任中書舍人。有館職，如景祐元年之王舉正，[66] 時方直集賢院，皇祐五年之楊察，[67] 時方直史館。有尙書省官，如元祐二年之蘇轍，[68] 時方爲戶部侍郎；紹聖元年之劉定，時方爲左司郎中。[69] 更有時差事務繁冗之三司使，[70] 如富弼二年之張方平是也。蓋試官之點派，必皆選文學知名之士，初不限官階之大小，特主試者資歷稍崇峻耳。

試官之中，有主試，有參詳；此外更差監封彌，監謄錄，及對讀，監門，巡鋪等官。如淳熙四年中書之試，所差官有：[71]

中書舍人趙良臣爲制舉考試官，太常少卿兼崇政殿說書齊慶冑，左司諫蕭燧並爲參詳官，宗正寺主簿胡南逢爲監封彌官，大理寺主簿[illegible]爲監謄錄官，武學諭王[illegible]爲對讀官。

其制多仿貢舉。至試官之數，皆視應制舉人多寡而定，淳熙四年七月中書後省奏曰：[72]

……昨來召試止係李壁一名，宜差制舉考試官一員，參詳官一員。今召試四人，稍多，欲於參詳官內，增差一員，比附省試差知等舉【舉等】官例。

考驗次閣試，試官有時四人，有時三人，有時二人，而以四人時爲多；若二人則祇天聖八年及乾道七年兩次，三人亦僅淳熙四年及十三年兩次而已。

閣試雖不若貢舉禮部試之嚴，惟試官選派，亦皆至「臨期特降御筆點差」，至引試前一日，即宣押入院，然亦有「臨院引試」限於一日者。[73] 此無他，恐不肖者緣弊也。

五　考試下——御試

宋人謂閣試及格曰「過閣」。制舉人過閣，即由皇帝親試。

故曰「御試」。又以御試多在崇政殿或集英殿，故又稱「殿試」。乾德初設三科，僅有御試，「試策一道，以三千字以上，取文理俱優，當日成者爲入等。」[74] 此制歷南北兩宋，相沿不改。惟有時文辭字數不足，亦可例外錄取，如景祐元年，張方平對策不及三千言，特擢爲祕書省校書郎知崑山縣是也。[75]

御試策題，多由兩制擬呈皇帝擇選，[76] 亦常命宰相代撰。[77] 其題初頗傷於繁冗，如咸平四年四月賢良制策曰：[78]

……策曰：「三皇步，五帝驟，三王馳，五霸騖。」斯則皇帝王霸之異致，其誠奚分？亦聽聽業之殊途，其義安在？稽紹之旨，臨御之方，亦有始終，存諸典故。加以綿周始之三十六王，劉氏承之二十五帝，受授之端，治理之要，咸當銓次，務究本原。而又周有亂臣，孰爲等級？秦師正統，奚所發明？勒燕然之石者，默於何官？勒陰山之勝者，指於何帥？十代之興亡足數，九州之風俗宜陳。辨六相之後先，論三傑之優劣。兩漢求巢，何以始於四科？衛霍功名，何以顯於諸將？究元凱之本係，叙周召之世家，述九流之指歸，謀五禮之沿革。六經爲教，何者急於時？百氏爲書，何者合於道？漢制丞相，孰爲社稷之臣？晉室公卿，孰是廊廟之器？天策府之學士，升輔弼者誰？凌煙閣之功臣，保富貴者有幾？須自李唐既往，朱梁已還，經五代之亂離，見歷朝之陵替。豈以時運之所繫，教化之未孚耶？或者修皇家之闕除，閉我朝之盛許耶？是宜考載籍之舊說，稽前史之遺文，審釋羣疑，咸以書對！

支離瑣碎，頗類今日大學入學試驗之國學常識。以此取士，而曰能得非常之人，寧非奇談？故在當時，有識之士，已多加非難。天聖八年五月范仲淹上時相議制舉書曰：[79]

……今朝廷……復制科……斯文不振，在此一舉。然恐朝廷命試之際，謂所舉之士皆能熟經籍之大義，知王霸之要略，則反屑屑而雜問。或將訪以不急之務，雜以非聖之書，辨二十八宿之躔度，計七十二賢之德行，如此之類，何所補益？蓋欲詰其所未知，限其所必習，不以教育爲意，而以去留爲功。……如此則制科之設足以賤多士之心，不足以救斯文之弊。……願相府……且責於兩制，如能命試之際，先之以六經，次之以正史，該之以方略，濟之以時務，使天下賢俊翕然修經濟之業，以教化爲心，趨聖人之門，成王佐之器，十數年間，異人傑士必穰穰於王庭矣。……

而繼此更有直上封事言制科策題者，李覯曰：[80]

皇祐元年……上封者言，……近來御前所試策題，其中多爲名數，及細碎經義，乃是又欲采其博學，竟不能觀其才用，豈朝廷求賢之意耶？乞將來御試策題中，止令問治亂，興安危，用之則明昌，捨之則危削，稽古之已試，當今之可行者十餘條，限三千字以上。或所對文理優長，識慮深遠，其言實可行於世，其論最有補於時者，即爲優等。若文意不常，別無可采者，即爲末等。……所有名數及細碎經義，更不詳問。如此則不爲空言，可得實效。

自此封事滴達後，隨即下詔，命撰策題官，「先問治亂安危大體，其餘所問經義名數，自依舊制。」[81] 以是嘉祐二年制策曰：[82]

……方令庶務小康，至化猶鬱；兵或獲戢，邊備猶勞；學校雖興，賢才殊鮮。官冗而浮食者衆，民豐而失職者多。陰陽爽和，災沴間作；經濟逸於常道，淫巧溢於舊尚。賦調尚衆，倖門猶啟。豈朕明有未燭，德有未孚？致咎之來，在予爲懼！自昔繼體守文之君，承前聖之烈，藉累世之資，致岡寧之隆，臻頌聲之美。惟建武中興，稱修文德；正觀特起，驟致太平。豈天時之協符，將人事之有濟？功業遐疾，奚其不同？側席求治，望古猶愧。……今公卿大夫，與朕總萬略，美風俗，而吏治未甚淳，民德未甚厚，豪右踰制，姦猾冒禁，以至守宰之任，猶艱擇聞，厨傳侈於使客，徭役迫於下貧，始有愁歎之聲，未弭饑饉之氣。豈綱化之弗類，而關治之漸衰歟？昔舜舉錯於賢良，公孫對以文學，深陳政道，並先術數。仲父治國之器，內史爲士之柄，威宣格詞，將安設施？至于春秋之稱一元，洪範之推九類，何行而正其本，何施而延其福？……

其設題務問，頗有兩漢之俗，較之咸平四年制策，眞改善多多矣。

乾德咸平，諸科制策是否一題，其制不詳。天聖增復九科，賢良茂才同試異策，迨景祐元年又合而爲一。[83] 洎五年六月用詳定科場條貫所言，乃詔：[84]「賢良方正能直言極諫、博通墳典明於教化、才識兼茂明於體用，及茂材異等四科並同試策題；詳明吏理可使從政、洞識韜略運籌決勝、軍謀宏遠才任邊寄凡三科，各爲策題」。惟應後三科者甚少，且無一過閣與殿試者，故今所見景祐以後策題皆爲前四科制策焉。

對策之制，必須「先引出處，然後看事」。[85] 引出處者，引原策題之謂也。如熙寧三年孔文仲策曰：[86]

對：臣伏惟陛下下明詔，降清問，講求萬事之統。……臣竊畏闇不如大體，惟陛下省納焉。聖策曰，「在昔明主之宰天下，……」臣聞天下之務有大小，而人君用之有先後。……聖策曰，「朕承祖宗之業，……」此見陛下虛心訪道之誠，……臣竊聞之，……所欲被於萬物，化行於四方，未有不自治心始也。……聖策曰，「蓋人君即位必求端於天下而正諸己」。……」此見陛下畏天防己恐懼修省之盛德也。臣聞……

大致除首尾外，皆分段逐引題文，然後發揮己意；不如是則不能入選。此制當眞宗時已然，[87] 至南渡未改，第不知乾德時如何耳。

御試差官典試，亦如閣試，有兩制，有侍從，資序高低不一，其人數亦不全同。如乾德四年八人，咸平四年八月七人，景德二年[88]四人，天聖以後，則率六人。其職務分配，景德以前不詳，天聖八年始倣賢科遵行之例，試官分初考制策官，覆考制策官，及詳定編排官，皆爲一人。[89] 蓋全依貢舉殿試之制。惟有時因諸官意見紛歧，亦每臨時差官重定，嘉祐六年司馬光論制策等第狀[90]曰：

……臣近蒙差赴崇政殿後覆考應制舉試卷，內有蘇轍所對策辭理俱高。……臣與范鎮同議，以轍爲第三等，范爲第四等，詳定官已從覆考。竊聞初考官以爲不當，朝廷更爲之差官重定，惟從初考，以轍爲不入等。

此次於六試官之外，另行差官，本出於不得已，乃特例，非永制。至封彌謄錄亦與閣試無異，上所引司馬光奏章，「

稔南號」蓋即封彌暗號：是亦可見宋代殿試制度之一斑矣。

御試制舉，爲國家大典，故上自宰執，下至帶職庶僚，皆須陪侍。[91] 歐陽修參知政事時有崇政殿試賢良晚歸詩，曰：[92]

禁柳蕭疏馬轡長，初寒人意自淒涼。鳳城斜日留殘照，玉闕浮雲結夜霜。老負漁竿貪國寵，病須樽酒送年光。歸來解帶西風冷，衣袖猶霑玉案香。

御試皆一日完結，故大臣率須平明即入，抵晚方退；若有職司者則更不必論矣。王珪有被詔攷制科呈胡武平內翰二首，其一曰：[93]

奉詔金門草聖題，平明趨過殿西堤。宮牀賜筆官名早，繡案焚香上策時。時論只應收俊傑，皇心非不監安危。玉堂詞客承恩久，幾度曾來辭御扃。

兩詩並觀，猶依稀可見當年情景也。

制舉目的，既爲拔取非常之材，國家待遇自不能不較貢舉爲優異。故景德二年有令開封府待投牒制舉人以客禮之詔；[94] 而殿試時，更爲舉人「於殿廊張幕爲次，垂簾設几，大官賜膳，酒醪茶飲無不畢供。」[95] 洎天聖而後，其制漸壞。景祐元年，宋庠上賢良等科廷試設次劄子，請復舊制曰：[96]

竊見近者試制策舉人並武舉人于崇政殿，皇帝陛下親臨，留神求賢，殿門異席，……誠見聖心欽渴儁英豪之舉也。然臣以謂有司……苟從便易，乖戾舊章，……甚不稱求賢之意。伏覩賢良方正茂材等就試之日，並與武舉人雜坐廡下。洎撤韻寫卷皆俯伏甎上。自晨至晡，乾餒飲食。飢虛勞倦，形于嘆噓。雖欲綴成文，何以盡其蘊奧。又武舉人等，才術膚淺，讀品誠稀，挽弓試射，與兵卒無異；使天子親策之士，並日較能，此又國體之深可惜者也。……伏願申詔近臣，檢詳舊史，作爲定式，付於攸司。……仍乞或有武舉雜科，不令同日試。……

奏上，即詔「御試制科舉人，自今賜坐次於殿廡，仍令大官給食。武舉人以別日試之。」[97] 惟有時仍難盡滿人意，故李覯慶曆二年應茂材異等下第寄祖秘丞詩[98]曰：

……晴日及孟秋，皇恩賜親試。崇崇九門開，高高二闕邃。……上司隔簾幃，欲望不可跂。中貴當櫃闥，搜索衣服底。呼名授之坐，數席鋪冷地。健兒直我前，武怒足防備。少小學賢能，謂可當貴喜。一朝在檻阱，兩目但愕眙。……

牢騷滿腹，情見乎詞，是所謂優禮者，亦不過爾爾。

御試亦分五等，上二等向不授人，第三等即爲上第。其等第由初考官擬定，覆考官加以審核，然後由詳定官編排。如元祐五年御試賢良，宋會要述其經過曰：[99]

王普所對策，初考第四等次，覆考第四等，詳定從覆考。司馬槱初考第五等，覆考第四等次，詳定從初考。上官均初考第五等，覆考不入，詳定從初考。

倘詳定官與初覆考意見過爲不同，亦每臨時差官編排，如上引司馬光論制策等第狀所述，即關於此種情形者。

御試中等，常有因故被擯棄者。鄭獬爲汪輔之狀[100]曰：

臣伏見守京兆法曹參軍……任輔之，進士出身，應才識兼茂明於體用科，策試已中選，爲臺官沈起妄有彈奏，遂不受勅差恩。……

李燾述輔之被彈之故曰：[101]

嘉祐四年八月乙亥，御崇政殿試應才識兼茂明於體用科……汪輔之……入等。監察御史裏行沈起言其無行，黜之。……

是因行檢不修被斥者。王珪<u>僕</u>安簡公元墓誌銘曰：[102]

……公諱元，……應賢良方正科……試崇政殿，除建康軍節度推官。會有欲中傷宰相者，遂密言公與連姻，命遂中格。人莫知所以然。蓋宰相嘗上遊子娶邵氏，邵偶與公同姓耳。宰相既不能自辨，公亦無言而去。……

是爲人誤認與宰相連姻被斥者。按宋代貢制兩舉，皆有避親嫌之例。惟此本無親，而妄遭擯棄，則未免可惜矣。

六　科分及待遇

漢策賢良，唐試制舉，向無定期；宋初亦然。故乾德二年四月初試之後，四年五月又試，中間僅隔二年。此後停三十四年，至咸平四年乃又開科，且於四月八月，一年兩試。至慶曆六年，始更變舊章，詔制科並隨貢舉，於是賢良之選，遂亦有固定年歲。惟月日則仍無定：如皇祐五年爲八月十五日，治平元年爲九月十二日，熙寧三年爲九月二十四日；元祐六年爲九月八日。[103] 前後相差，至有在一月以上者；特其時均爲秋季耳。

宋代制舉之詔雖數數下，而御試則僅二十二次。[104] 入等者不過四十一人。今表列登科諸人於左，並附等次科目及官職焉。

年月	科名	姓名	等第	原官	遷官
乾德二年五月	賢良方正	穎贄		博州軍事判官	著作佐郎
咸平四年三月	仝上	查道	四	祕書丞	右正言直史館
	仝上	王曙	四次	定國軍節度推官	著作佐郎
	仝上	陳越	四		將作監丞
咸平四年八月	仝上	何亮	四次	祕書丞	太常博士
	仝上	孫僅	四次	懷州防禦推官	光祿寺丞

	仝上	孫僅	四	舒州團練推官	光祿寺丞直集賢院
	仝上	丁遜	四	成安縣主簿	光祿寺丞直集賢院
景德二年九月	仝上	錢易	四次	光祿寺丞	祕書丞
	仝上	石待問	四次	廣德軍判官	殿中丞
景德四年閏五月	仝上	陳絳	四次	著作佐郎	右正言
	仝上	夏竦	四次	丹陽縣主簿	光祿寺丞通判台州[10]
天聖八年七月	仝上	何詠	四	太常博士	祠部員外郎通判永興軍
	茂材異等	富弼	四次		將作監丞知長水縣
景祐元年六月	賢良方正	蘇紳	四次	太常博士	祠部員外郎通判洪州
	才識兼茂	吳育	三	大理寺丞	著作佐郎直集賢院通判湖州
	茂材異等	張方平			校書郎知崑山縣
景祐五年七月	賢良方正	田況	四	太子中允	太常丞通判宜州[106]
	仝上	張方平	四次	校書郎	著作佐郎通判睦州
慶曆二年八月	才識兼茂	錢明逸	四次	殿中丞	太常丞通判廬州
慶曆六年八月	賢良方正	錢彥遠	四	太常博士	祠部員外郎知潤州
皇祐元年八月	仝上	吳奎	四	殿中丞	太常博士通判陳州
嘉祐二年八月	才識兼茂	夏噩	四	明州觀察推官	光祿寺丞
嘉祐四年八月	仝上	陳舜俞	四	明州觀察推官	著作佐郎
	賢良方正	錢藻	四	宣德縣尉	校書郎無為軍判官

嘉祐六年八月	賢良方正	王介	四	著作佐郎	秘書丞知靜海縣
	才識兼茂[107]	蘇軾	三	福昌縣主簿	大理評事簽書鳳翔判官公事
	仝上	蘇轍	四次	澠池縣主簿	校書郎商州軍事推官
治平元年九月	賢良方正	范百祿	三	著作佐郎	秘書丞
	仝上	李清臣	四	和川縣令	秘書郎
熙寧三年九月	賢良方正	呂陶	四	太常博士	升一任堂除差遣
	仝上	孔文仲	三	台州司戶參軍	發赴本任
	仝上	張繪	四次	太廟齋郎	判司部尉
元祐三年九月	賢良方正	謝悰	四次		賜進士出身除初等職官
元祐五年九月	仝上	王普	四	左宣德郎知合江縣	遷一官除簽判差遣
	仝上	司馬槱	五	河中府司理參軍	賜同進士出身堂除初等職官
	仝上	王當	五		堂除簿尉
紹聖元年九月	仝上	張成	五[108]	劍南西川節度推官華州州學教授	宣德郎簽判差遣
	仝上	吳儔	五	左通直郎	升一任與堂除
	仝上	陳暘	五		初等職官堂除
乾道七年十一月	仝上	李垕	四		制科出身

據右表，可得統計如下：一，布衣登科者七人：陳越，富弼，張方平，謝悰，王當，陳暘，李垕；餘二十四人均為職官。二，再登科者一人，張方平。三，策及三等者四人：吳育，蘇軾，范百祿[109]，孔文仲[110]。四，兄弟登科者四人：錢明逸錢彥遠及蘇軾蘇轍，而二蘇又同一年。五，父子登科者三人：錢易及彥遠兄弟。六，一族登科者四人：錢濂及錢易父

子。若尤爲世所稱道者，則孫暨孫僅皆狀元及第又登制科是也。

又據表，每有應詔者資格同，對策等第同，而遷擢不同者。如夏竦蘇轍，同以縣主簿應詔，同以第四等次登科，而竦則擢光祿寺丞通判台州，轍僅遷校書郎商州軍事推官；兩者相較，相差一級。又如富弼謝悰同以布衣應詔；同以第四等次登科，而弼則授將作監丞知長水縣，悰僅賜進士出身，除初等職官：二人待遇，亦不一致。抑又何哉？此無他，前後制度不同故耳。

考宋待制策登科者，若布衣則照進士之例：策入三等者視進士第一人，四等視第二第三人，四等次視第四第五人，且有時更加優遇。如大中祥符元年貢舉，進士第一人釋褐授將作監丞，第二第三人並授大理評事，皆與通判差遣；第四第五人並授節度觀察兩使推官。[111]而陳越富弼一入四等，一入四等次，均由布衣直授將作監丞，幾如進士第一人及第：此皆屬破格者。

至對有官人登制科者，則依等第升擢：入三等者多與超擢，入四等者，率升一資，入四等次者稍與遷轉；惟有時亦不守典則。如錢易石待問均列四等次，而一由光祿寺丞擢秘書丞，一由廣德軍判官遷殿中丞，依宋史[112]所述遷轉之制，二人皆升兩資。此不循常制之例也。

宋以三館爲儲材之地。太宗時，進士第一第二人初及第即有授館職者。[113]眞宗時，制舉登科，亦常即授直史館或直集賢院之類。其後制雖稍變，但「進士第三人以上及第者，並制科及第者，不問等第，只一任回」[114]尚可與館職之試，待遇雖低而未甚低也。迨仁宗末年乃大殺其制。

初，嘉祐二年，定間歲貢舉之法。朝議以科舉頻數，高第之人倍衆，擢任恩數，宜損於舊，於是三年閏十月下詔曰：[115]

……高第之人；且常不次而用，若循舊例，終至濫官，甚無謂也。自今制科入第三等與進士第一，除大理評事，簽書兩使幕職官，代還升通判，再任滿試館職。制科第四等與進士第二第三，除兩使幕職官，代還改次等京官。制科入第四等次與進士第四第五除試銜知縣，代還遷兩使職官。

此較舊制，約降一等。迄神宗時，新政漸興，又與減損，熙寧二年十二月詔曰：[116]

今後制科入第三等，進士第一人及第者，第一任回，更不與堂除差遣，及不試充館職，並令審官院依例與差遣。

比之嘉祐，又降一等。洎哲宗初政，諸事多反熙寧，制科待遇，又同嘉祐，[117]惟增第四等次賜進士出身，第五等間賜同進士出身耳。

高宗重開賢良，舊章多加改訂，命「凡策列四等以上賜制科出身，第五等賜進士出身，不入等亦加恩與簿尉差遣」。[118] 蓋較元祐以來之制，又稍整齊畫一。是後終宋之世，未再更變焉。

其他關於制科待遇之瑣細記錄，尚有足述者：一曰召試館職，必須有人薦送。張方平賦性孤介，不事造請，第二次制舉登科後，通判任滿，以無舉主，未得召試。[119] 是其一例。

二曰：召試館職，制科出身者可用策論代詩賦。葉夢得曰：[120]

祖宗故事，……制科一任回，必入館，然須用人薦，且試而後除。進士聲律因其習，而制科亦多由進士，故皆試詩賦一篇。唯富鄭公以茂材異等起布衣，……既召試，乃以不能爲詩賦懇辭，詔試策論各一首。自是遂爲故事。制科不試詩賦自富公始。至子瞻復不試策而試論三篇。

三曰制科出身，可免選官。李燾曰：[121]

嘉祐八年十二月己卯，詔以國子博士陳舜俞制科第四等，著作佐郎安燾，……進士第三人，與免選官，自今著爲例。

四曰制科出身，爲記注候選之人。李燾又曰：[122]

治平元年十二月丙午，……上問修起居注選何等人。中書對近例以制科，進士高等，與館職有材望者兼用。

凡此皆爲宋掌故者，不可不知也。

七　宋人對制舉之稱謂及意見

制科之設，本爲拔取非常之材，故歷朝例備重視焉；宋代甚至有錄御試策卷進御及焚於陵廟之舉。歐陽修曰：[123]

眞宗尤重儒學，今科場條例皆當時所定。至今每親試進士，已放及第，自十人以上御試卷子，並錄本於眞宗影殿前焚燒。制舉登科者亦然。

其制至南渡未改。宋會要曰：[124]

御試舉人唱名畢，其正奏名進士第一甲策文並寫作冊進御，并進景靈宮，及焚進諸陵。今李垕策文，伏乞摹寫。詔依例修寫。

此在上者之重視也。又宋人多稱制舉爲大科。蓋其考試，遠較進士明經爲難，非博聞強記者勿敢輕試，故大之也。富弼祭范仲淹文曰：[125]

某昔初冠，識公海陵，……未知學文，公實教之；俾就制舉，我試大科，公實激之。……

范純仁祭富弼文曰：[126]

嗚呼我公，一代師臣，……策中大科，王佐之資。……

陳師道贈蘇軾兄弟詩並注曰：[127]

大科異等因其常。注，東坡兄弟皆登賢良科。

此大科一詞之見於詩文者。王銍曰：[128]

夏英公……嘗丹陽主簿，胡旦作薦書，見其人物文章，薦試大科，遂知名。

文瑩曰：[129]

……錢子高明逸，始中大科，知潤州。

吳處厚曰：[130]

……江南李覯通經術，有文章，應大科，召試第一。

邵伯溫曰：[131]

……富韓公初遊場屋，穆伯長謂之曰：「進士不足以盡子之才，當以大科名世」。……范文正公……曰，「有旨以大科取士，……已同諸公薦君矣」。又爲另闢一室，皆大科文字。

此大科一詞之見於諸家筆記者。至南渡後，更有用諸章奏者。宋會要曰：[132]

……監察御史潘慎言，制舉以待非常之才。……既號大科，欲予衆望，必鄉評共許，士行無瑕，無愧斯名，始可應舉。

蓋英宗與吳奎問答，已有稱制舉爲大科之事。[133]上既如此，自無怪臣下之靡然從風矣。

宋人既以重視制舉，稱爲大科，而亦間予各種科目以簡稱，如賢良方正能直言極諫科，有時簡稱賢科。文莊集序曰：[134]

……綜文章，取賢科，位宰執，……在本朝有鄭國文莊夏公。……

又多稱爲賢良。劉敞曰：[135]

……吳君長文……以明經選于禮部，調……資信軍判官，……舉賢良，對策直言。……

曾鞏曰：[136]

……職方郎中推，……舉賢良，不就。……

呂祖謙曰：[137]

乾德二年，賢良，國實。……

若茂材異等科，則簡稱茂材。李覯[138]曰：

……今茲竊爭名舉茂材，州郡不明，以妄庸人充賦。

王闢之[139]曰：

眉山蘇洵少不喜學。……年二十七始發憤讀書。舉進士，又舉茂材，皆不中。

惟亦有稱他科爲賢良者。如李覯應茂材異等科，而曾鞏與覯書，[140]有「足下應賢良，爲第一人召試」之語。又如汪輔之應材識兼茂明於體用科，而鄭獬留別汪正夫詩[141]有「正夫方舉賢良」之注。是蓋以賢良爲諸科之首，故以之泥稱他科耳。

以上乃對科名本身而言。若對應舉人，亦每好用簡稱。如對賢良方正能直言極諫者，每被呼爲賢良。蘇頌同范百祿啟[142]曰：

……伏審入造明庭，恭承大問，擢際異等，光映素聞。伏以賢良祕丞，學綜本原，言有閫域。……

吳處厚[143]曰：

公［夏竦］舉制科，廷對罷，方出殿門，遇楊徽之。見其少年，邀與語曰，「若大位則不知，唯事吟詠，願以賢良一篇，以卜他日之志。」……

韓元吉同李屋啓[144]曰：

……大廷發策，盡復天聖之規；多士嚮風，復見元光之盛。……伏以賢良學士，奧學自于家傳，敏識殆其天賦。……

而登才識兼茂明於體用科者，亦稱賢良。曾慥[145]曰：

……夏竦賢良家藏李太白墨迹十八字。……

至應舉求第者，常亦以其所應科目呼之。如韓琦有送邵亢茂材兩歸詩，[146]李覯有送陳次公茂材詩，[147]黃公度有和韻陳賢良華表詩，[148]韓元吉答李埜啓[149]稱爲「賢良李君」；邵陳等均舉制科報罷者也。若歐陽修與李覯書，[150]不稱茂材而呼爲「賢良先生」，或亦如科名之以賢良一詞概諸科之意乎。

由宋人之稱制舉爲大爲賢，足可見其重視之至矣；惟亦有一二特識之人，不甚以爲然者。蔡襄[151]曰：

……今之取士，所謂制科者，博學强記者也。……

司馬光[152]曰：

……國家雖設賢良方正等科，其實皆取文辭而已。……

葉夢得[153]曰：

……制科……程試既不過策論，故所上文亦以策論中率，然多猶未免場屋文辭。……

胡寅[154]曰：

……制策亦空言取人，……應科者旣未必英才，而臨問之日往往牖與微隱，窮所難知，務求博洽之士，而直言極諫之風替矣。

蓋重之者多以其難於將試，輕之者率病其徒取空言。唯其不以空言爲然也，故每有思求實效者。司馬光之行制策劄子[155]曰：

……臣竊以國家本設六科，蓋欲以上觀朝政之得失，下知元元之疾苦，非爲士人設此以爲進取之階也。臣昨考覆考試舉人所試策，竊見上等三人，所陳國家大體，社稷至計，其間甚有可采者。伏望陛下取止本留之禁中，……以爲龜鑑；副本下之中書，令擇……而行之，使四方之士，皆知朝廷求直言……非以飾虛名，將取其實用也。

籍朝野上下，視制舉爲士人進身之一階已久。大廷試策，不過觀其記誦，察其辭藻；至於用其所言，則早不存於君相意念之中。故雖大聲疾呼，亦安能發當道者之聾，振秉鈞者之聵哉！

八　結論

自來法度，鮮有一成不變者；制舉亦然。宋世賢良諸科，雖遠規兩漢，篤究其內容，則迥非昔比。漢策賢良，並有大事，不詔不舉；至宋則逕假如貢舉之例，輒有定期：此其不同者一。漢策賢良，所問多屬時政，即徵引典籍，儘本諸古爲今；宋題瑣細，多問典章名數，或竟與時政無干：此其不同者二。漢策賢良，親試以前無繁絮之攷試，而對策字數亦無限；宋制則非徒有關試或省試之故爲刁難，而策文不至三千字以上者不予錄取：此其不同者三。漢策賢良，稱旨者每得不次之升擢；宋人布衣高第者，位不過八品，官不過州倅，職官登科亦僅遷轉兩資，即爲優遇：此其不同者四。漢策賢良，目的每在旁求直言；宋廷祇重文采，直言者反常遭擯斥：此其不同者五。蓋漢策賢良，出於求治之衷；宋舉制科，流宕所及，徒爲讀書人多開一進身之徑而已：此其所以深爲有識者所譏也。

竊謂，宋人之推崇制舉可謂至矣，擧爲拔取非常之材，稱爲期待傑出之士。其意以爲制擧所持以取士之策論，遠超於貢擧之詩賦帖經，謂既可由策以觀其識，復可藉論以察其學，識學兼優，眞材斯得，不似詩賦等之徒取虛文也。殊不知，能言者未必能行，而篤行者又每不好多言。策論衡材，亦不過取其言之是否成理，至能否力行，則決非由幾千文字所得體識。是以夏竦由賢良方正登科，而負姦邪之稱；汪輔之以材識兼茂應詔，乃有輕薄之誚：則所謂制擧以策論取人，亦不過爾爾；而不察實際，妄爲推崇者，亦可以休矣！

注：

1 王應麟困學紀聞卷十四，葉十二下（光緒八年四川刻本）謂唐制擧有八十六科。徐松登科記攷凡例葉七上（南菁書院叢書本）謂有百餘科。今從徐說。

2 宋會要稿册一百一十一，選擧一〇之六，北平圖書館影印本。

3 薛居正舊五代史卷一百一十七，葉八下，五洲同文書局石印本。

4 宋會要稿册一百一十一，選擧一〇之一〇至一一，李燾續資治通鑑長編（卷六十，葉十六上，浙江書局本），王應麟玉海（卷一百一十六，葉十八下，浙江書局本），馬端臨文獻通考（卷三十三，葉七下，圖書集成公司本）皆與宋會要稿同。惟徐度却掃編（卷下，葉三上，學津討原本）多詳明吏理達於從政一科，而亦曰六科，其爲誤增甚明。又陳均皇朝編年綱目備要（卷七，葉七下，日本影宋本）無武足安邊而有詳明吏理可使從政，亦誤。

5 李燾續資治通鑑長編卷六十八，葉十六上至下。

6 宋會要稿册一百一十一，選擧一〇之一六。

7 劉敞公是集卷四十一，葉十二下至十四上。武英殿聚珍板叢書本。

8 李燾續資治通鑑長編卷二百五十三，葉七下。

9 宋會要稿册一百一十一，選擧一一之一四。又琬琰集删存卷三，葉二十五下，民國二十七年引得編纂處鉛印本。

10 劉摯忠肅集卷四，葉十六下。畿輔叢書本。

11 宋會要稿册一百一十一，選擧一一之一五。

12 仝上，選擧一一之一七。

13 仝上，選擧一一之二〇。

14 皇朝編年綱目備要卷九，葉十五下。

15 文獻通考卷三十二，葉九下。

16 歷代制度詳說卷一，葉二上。續金華叢書本。

17 卻掃編卷下，葉三下至四上。
18 文獻通考卷三十三，葉九下。十科者，乃併拔萃於上述天聖九科而言。
19 皇朝編年綱目備要卷三十四，葉五下，又葉八上。
20 文獻通考卷三十二，葉十止。
21 卷七，葉一上，又葉七上。武林掌故叢編本。
22 宋會要稿册一百一十一，選舉一〇之六。
23 仝上，選舉一〇之七。
24 仝上，選舉一〇之一六。
25 仝上，選舉一〇之二一。
26 仝上，選舉一〇之二五。
27 仝上，選舉一一之五。
28 仝上，選舉一一之一五。
29 仝上，選舉一一之二一。
30 仝上，選舉一〇之六。
31 仝上，選舉一〇之一一。
32 文莊集卷十六，葉一上至三上。四庫全書珍本初集。
33 吳處厚青箱雜記卷五，葉三上至下。涵芬樓鉛印本。
34 宋會要稿册一百一十一，選舉一〇之一六。
35 劉攽彭城集卷三十八，葉一上至二上。武英殿聚珍版叢書本。
36 范文正公集卷十八，葉五上。歲寒堂刊本。
37 歐陽文忠公全集卷一百零一，葉六下。四部備要本。
38 文獻通考卷三十三，葉七下。
39 册一百一十一，選舉一〇之七。
40 宋會要稿册一百一十一，選舉一〇之一一。
41 宋史卷一百五十六，選舉志，葉十七下，浙江書局本。
42 岳珂愧郯錄卷十一，葉八上。學海類編本。
43 文獻通攷卷三十三，葉七下。
44 宋會要稿册一百一十一，選舉一〇之一六。
45 仝上，選舉一一之一九，又一一之二一。
46 蘇軾東坡後集卷十（端方刻七集本）及蘇轍欒城應詔集卷十一（四部叢刊本）皆有六論。
47 宋會要稿册一百一十一，選舉一一之一九。
48 仝上，選舉一一之二二。
49 李心傳建炎以來朝野雜記卷十三，葉二上。函海本。
50 仝上，葉六下。
51 宋會要稿册一百一十一，選舉一一之三七。
52 愧郯錄卷十一，葉七上。
53 葉紹翁四朝聞見錄丙集葉三十五上至三十六下。知不足齋叢書本。
54 李心傳建炎以來朝野雜記卷十三，葉六上。
55 岳珂愧郯錄卷十一，葉七下。
56 李心傳建炎以來朝野雜記卷十三，葉三下。
57 樂全集卷三十，葉四下至五下。四庫全書珍本初集。
58 宋會要稿册一百一十一。選舉一一之一。
59 仝上，一一之二。
60 仝上，一〇之二二。
61 仝上，一〇之二四。
62 仝上，一〇之一八。
63 仝上，一一之一二。
64 仝上，一一之一五。
65 仝上，一一之一九。
66 仝上，一〇之二一。
67 仝上，一一之二。
68 仝上，一一之一五。
69 仝上，一一之一九。
70 仝上，一一之五。
71 仝上，一一之三三。
72 仝上。
73 仝上。
74 仝上，一〇之六。
75 此據宋會要稿册一百一十一，選舉一〇之二三。惟續資治通鑑長編卷一百一十四，葉十八下謂吳育所對不及三千字，特擢之。按此科育入第三等，爲制舉上第，但不應以字數不足者充其選。故從會要。

76 仝上，一〇之一三。

77 仝上，一一之二三。又岳珂愧郯錄卷十一，葉九下。

78 宋會要稿冊一百一十一，選舉一〇之八。楊億武夷新集卷十二（浦城遺書本）有咸平四年四月制策二道，與此不同。至八月之制策，則係用億所擬者。

79 范文正公集卷九，葉一上至二下。

80 續資治通鑑長編卷一百六十七，葉六上至下。

81 仝上。

82 胡宿文恭集卷二十九，葉一上至二下，武英殿聚珍版叢書本。

83 宋會要稿冊一百一十一，選舉一〇之一八至二二，天聖八年賢良何詠，茂材富弼，同試異題。景祐元年，賢良蘇紳，體用吳育，茂材張方平同題。

84 宋會要稿冊一百一十一，選舉一〇之二三，作景祐五年。續資治通鑑長編卷一百二十二，葉四上，及玉海卷一百一十六，葉二十七下，皆作寶元元年。攷此詔下於六月，至十一月方改元寶元，故從會要稱景祐五年。

85 宋會要稿冊一百一十一，選舉一一之二二。

86 舍人集卷一，葉四上至二十三下，豫章叢書本。

87 景德四年，夏竦登賢良第，其對策已如此。見文莊集卷十二，葉一上。

88 宋會要稿冊一百一十一，選舉一〇之六，又一〇之九，又一〇之一二。

89 續資治通鑑長編卷一〇九，葉八上。

90 司馬溫公文集卷七，葉九上至一〇上。康熙四十七年夏縣署刊本。

91 宋會要稿冊一百一十一，選舉一一之三〇。

92 歐陽文忠全集卷十四，葉一下。

93 華陽集卷三，葉七下，武英殿聚珍版叢書本。

94 續資治通鑑長編卷六十二，葉四下。

95 宋庠元憲集卷二，葉一上，湖北先正遺書本。

96 仝上。

97 續資治通鑑長編卷一百八十四，葉十一下。

98 直講李先生文集卷二十五，葉七上，四部叢刊本。

99 冊一百一十一，選舉一一之一九。

100 鄖溪集卷十二，葉十上，湖北先正遺書本。

101 續資治通鑑長編卷一百九十，葉七上。

102 華陽集卷二十七，葉十九上。

103 宋會要稿冊一百一十一，選舉一〇之二五。又一一之二，一一之一〇，一一之一六。

104 乾德四年，皇祐五年均曾親試制舉，但無及格者，故表中僅列一十科。

105 宋會要稿未言通判台州事，此據王珪吳文莊公誌神道碑（華陽集卷三十五，葉五上）。又司馬光涑水記聞（卷三，葉七上，涵芬樓鉛印本）載誠應制舉登科，拜大理評事，通判台州。秩滿，遷光祿丞，直史館。蓋不甚確。

106 范純仁，范忠宣公集卷十六，葉二下（歲寒堂刊），太子太保宣簡田公神道碑謂以著作佐郎舉賢良，遷太常丞，通判江寧府。王安石臨川集卷九十一，葉一下，（四部叢刊本）太子太傅致仕田公墓誌銘，同范文。

107 宋會要稿謂二人應賢良方正科。沈遘西溪集卷五，葉八上，（浙江書局本）有應才識兼茂明於體用科新授河南府澠池縣主簿錢藻可試秘書省校書郎充商州軍事推官制。

108 宋會要稿謂三人皆入第三等。唯畢沅續資治通鑑卷八十四，葉一上至下，（中華書局聚珍仿宋本）謂列第五等。由各人升擢觀之，以續通鑑為是。

109 宋會要稿冊一百一十一，選舉一一之一一，謂百祿列四等。考范祖禹資政殿學士范公墓誌銘（范太史集卷四十四，葉二下，四庫全書珍本）載百餘策入三等，以不爲宰相所喜，故僅遷一官。蓋試官定爲三等，後又改爲四等也。

110 蘇頌中書舍人孔公墓誌銘（蘇魏公集卷五十四，葉一上至二下，道光壬寅刻本）言文仲策爲富道所惡，不得推恩。王闢之澠水燕談錄卷六，葉三下，（涵芬樓鉛印本）及其他宋人記述，叙此事者甚多，亦新舊之爭一段公案也。

111 李燾續資治通鑑長編卷六十八，葉十四下。

112 卷一百六十九，職官志葉一上至下，及葉十六。

113 端拱二年進士第一人陳堯叟，第二人曾會，釋褐即爲光祿寺丞直史館。見李燾續資治通鑑長編卷三十，葉十二上。

114 歐陽修文忠全集卷一百一十四，葉六上，論館閣取士劄子。

115 李燾續資治通鑑長編卷一百八十八，葉十四下。

116 宋會要稿册一百一十一，選舉一一之一二。

117 仝上，選舉一一之一五，有元祐六年七月詔書，與嘉祐三年詔同。

118 仝上，選舉一一之二二。

119 張方平樂全集附王鞏所撰行狀。

120 石林避暑話錄卷二，葉一下。涵芬樓鉛印本。

121 續資治通鑑長編卷一百九十九，葉十七下。

122 仝上，卷二百零二，葉十五下。

123 歸田錄卷二，葉一下。涵芬樓鉛印本。

124 册一百一十一，選舉一一之二九。

125 范文正公集附褒賢集卷一，葉十七下。

126 范忠宣集卷十一，葉六下。

127 后山詩注，卷一，葉九下。四部叢刊本。

128 默記卷中，葉五上。學海類編本。

129 湘山野錄卷下，葉八上。學海類編本。

130 青箱雜記卷七，葉三下。

131 邵氏聞見錄卷九，葉一上。涵芬樓鉛印本

132 册一百一十一，選舉一一之三四。

133 李燾續資治通鑑長編卷一百零九，葉八下。

134 夏竦文莊集闕所附。

135 公是集，卷五十三，葉十五下，翰林學士吳君前夫人趙氏墓誌銘。

136 元豐類稿卷四十三，葉一下。虞部郎中戚公墓誌銘，四部叢刊本。

137 歷代制度詳說卷一，葉二下。

138 直講李先生文集卷二十五，葉四上，上吳舍人書。

139 澠水燕談錄卷四，葉六下。

140 直講李先生集卷二，葉六上，附薦書。

141 鄖溪集卷二十六，葉十一下。

142 蔡忠惠集卷二十七，葉四下。乾隆四年遜敏齋刊。

143 青箱雜記卷五，葉二下。

144 南澗甲乙稿卷十二，葉十五上。武英殿聚珍版叢書本。

145 高齋漫錄葉十一下。墨海金壺本。

146 安陽集卷四，葉四下。乾隆四年安陽縣署刊本。

147 直講李先生文集卷三十五，葉十三上。

148 莆陽知稼翁集卷四，葉八上。南城李氏刻宋人集乙編本

149 南澗甲乙稿卷十三，葉二十五上。

150 歐陽文忠全集卷一百五十，葉二上。

151 蔡忠惠集卷十八，葉二上，國論要目。

152 司馬溫公文集卷五，葉十一下，論選舉狀。

153 石林避暑話錄卷四，葉十三上。

154 文獻通考卷三十三，葉五上。

155 司馬溫公文集卷六，葉十五下。

燕京大學哈佛燕京學社北平辦公處出版書籍

南戲拾遺 （燕京學報專號之十三）陸侃如馮沅君合著　二十五年十二月出版　鉛字本一冊　定價二元

王國維先生於宋元戲曲史中，對於南戲曾爲系統之研究，惜爲材料所限，頗有待補充者。近數年關于南戲輯佚之著作，如趙景深先生之宋元戲文本事，錢南揚先生之宋元南戲百一錄，雖號爲精博，可補王作，然猶有未盡者。前王國維錢南揚先生等所知而未見之九宮正始一書，著者忽于二十五年五月得其早期精鈔本（約五十一卷），因輯錄考訂，成爲此書。

全書分上下二卷，卷首有導言，對于九宮正始之作者及其他有所探討。上卷包括南戲七十二種，均爲前人未曾引用之新資料。下卷包括南戲四十三種，雖經前人所引用，然尙有若干曲之增加。此書雖名爲拾遺，然其貢獻之大，實不亞于其他各書也。

宋詩話輯佚 （燕京學報專號之十四）郭紹虞校輯　二十六年八月出版　鉛字本二冊　定價七元

本書所立之編例，其性質不同詩話者不輯，其出于依托者不輯，其或流傳不廣而確知有鈔本者不輯。分上下二卷，上卷爲補輯，下卷爲全輯。補輯者雖有傳本而不全，如王直方詩話，古今詩話等。全輯者，則爲完全散佚之著，其中有曾見著錄，如蔡寬夫詩話，洪駒父詩話等。有未見著錄，僅見稱引者，如三蓮詩話，李君翁詩話等。均加以分別校補，且附加按語，不特材料之出處，板本間字句之異同，由是以明；而訂訛正誤之處，每多卓見。

中英滇緬疆界問題 （燕京學報專號之十五）張誠孫著　二十六年十二月出版　鉛字本一冊　定價二元五角

本書分兩編，十八章，四十九節，首冠緒論，爲全書之綱領。第一編前論，詳述歷代中緬關係及緬何爲我屬邦之史實，博引繁徵，反駁英人謂「滇緬本可不屬中國」之謬論。第二編本論，研究中英歷次關于滇緬交涉之經過，考其得失之因素，對于勘界事始末敘述詳明，足供留心邊事及勘界者之參攷。

元代社會階級制度 （燕京學報專號之十六）蒙思明著　民國二十七年四月出版　鉛字本一冊　定價二元

全書共分五章：第一章，討論元前社會固有經濟階級；第二章，討論元代特創之種族階級；第三章，說明種族階級與經濟間之衝突與調和；第四章，描述調和之後元代階級之實際狀況；第五章，敘述元代階級制度崩潰之經過。取材豐富，組織完整。其所討論之中心問題雖限于階級制度，而實際其範圍所及，乃包含元代社會之一般情形；對于元代社會能從動的方面看出其轉變之經過，更覺可貴。

總代售處：北平隆福寺街文奎堂

匕器考釋

曹詩成

I 引言

「匕」乃我國古代食器之一，散見于詩易三禮諸書。其形制，論者不一，與「柶」、「梜」、「匙」、「箸」諸物，尤互相錯謬，不可究詰，以致古籍莫讀，古制莫辨，其爲憾也，不祇一名一物之廢其義而已。今不忖簡陋，冒爲斯篇，以與博物諸君商榷而就正焉。

II 匕之初形

1說文匕部匕字云：

匕，相與比敘也，從反人。匕亦所以用比取飯，一名柶。凡匕之屬皆從匕。

詩成疑器物之「匕」，當爲象形，不應與比敘之「匕」並論。蓋古人造字，先具體而後抽象，先象形而後會意；「匕」，器物，豈得反從會意之「匕」而假借乎？2說文釋例云：

匕字蓋兩形各義，許君誤合之也。比敘之匕，从反人，其篆當作𠤎，部中𠦝頃卬卓艮从之；一名柶之匕，蓋本作𠤎，象柶形，與勺篆作𠀁相似，其物本相似也。

3說文通訓定聲云：

按此字象形。據比下古文作𣬉，知匕古文作𠤎，从倒干。

4說文部首訂云：

至若匕柶之匕，象匕形，以本爲之……然則名柶之匕，有象柶正面形而作𠤎者，比下之古文其實二𠤎爲之，是其證也。又曾伯雨簠黎簋有匕𠤎二形，一左一右，皆象側面，與匕形相似。

由三家之說，知器物之「匕」，應屬象形，許氏實誤。然「匕」所象之形，三家各異：釋例謂「象柶」，定聲謂「象倒干」，部首訂謂「象正柶」，皆非。「柶」似「勺」，有斗，可以挹流質，「勺」之篆爲「𠀁」，似「勺」中有物，

「匕」之篆作「𠤎」，二畫相連，非「柶」中有物之象；又「匕」之古文作「𠤏」，尤與柶異。部首訂譌以「柶之正面」釋之，亦覺不類。通訓定聲「倒千」之說，似近之，然于六書無所取義，故亦難從。詩成以「𠤎」「𠤏」二字，當象「叉」形，亦即古「匕器」之原形。其證有四：

（一）

5詩小雅大東：

有饛簋飧，有捄棘匕。

毛傳云「匕所以載鼎實」。大東又云：

有捄天畢，載施之行。

鄭箋云「祭器有畢者，所以助載鼎實」。6特牲饋食禮云：

宗人執畢先入

鄭注云「畢狀似叉，蓋爲其似畢星取名焉」。按人間有「畢器」[1]，天上有「畢星」，其狀如叉，今觀「畢星」之圖(第一圖)實爲確論。「畢」既似叉，則「匕」亦似叉：大東云「有捄棘匕」，「有捄天畢」。「有捄」二字，不應有二種意義。毛傳與上云「長貌」，與下云「畢貌」，而以「畢」爲「掩兔之畢」，則「畢」呈網狀，與「長貌」之說，自相矛盾。故鄭箋不從，釋「畢」狀如叉，而以「畢」爲「助載鼎實」之用，與「匕」之「載鼎實」者相近，則「匕」狀亦如叉，似甚可能。7詩周頌良耜云：

殺時犉牡，有捄其角。

鄭箋云「捄，角貌」。牛之兩角分歧，厥狀如叉，正與「畢」同，「有捄」爲形容叉狀之辭，尤屬可據。「有捄棘匕」，即「其[2]狀如叉之棘匕」也。

（二）

「匕」說文篆作「𠤎」，與「鳥」作「[illegible]」、「能」作「[illegible]」、「熊」作「[illegible]」、「鹿」作「[illegible]」等字之足形相似。鳥獸以爪抓物，亦如人之以「匕」取物，故「匕」象其形。鹿之足分歧如叉狀，鳥能熊皆有爪，呈多叉狀，知「匕」亦叉之象形。

（三）

8周禮冬官考工記矢人云：

夾其陰陽，以設其比，夾其比，以設其羽。

鄭注云「比，謂括也」。9說文矢部云：

矢，弓弩矢也，从入，象鏑栝羽之形。

段注云「栝作括者，誤。栝謂丫也」。木部曰「栝，矢栝隱弦處，歧其端以居弦也」。徐箋云「上象鏑，下象栝，引而長之作入，乃見其形」。「比」即「匕」之重文，可以互通，「栝」亦名「比」，蓋以其狀似叉，同于點物之「匕」也。

（四）

10易震卦云：

震驚百里，不喪匕鬯。

王注云「匕，所以載鼎實」。詩大東云：

有捄棘匕

毛傳云「所以載鼎實」。11儀禮士昏禮云：

匕俎從設，北面載，執而俟。匕者逆退，復位于東門，北面，西上。

12儀禮公食大夫禮云：

雍人以俎入，陳于鼎南，旅人南面加匕于鼎，退。大夫長盥洗，東南，西面，北上……大夫既匕，匕奠于鼎，逆退，復位。

13儀禮士喪禮云：

陳一鼎于寢門外，當東塾，少南，西面。其實特豚，四鬄去蹄……覆匕，東柄……舉者盥，右執匕，郤之，左執俎，橫攝之。入阼階前，西面錯。錯俎北面。右人左執匕，抽扃，于左手兼執之。取鼏，委于鼎北，加扃，不坐，乃朼載，載兩髀于兩端，兩肩亞，兩胉亞，脊肺在于中，皆覆，進柢，執而俟……主人拜賓如朝夕哭。卒徹，舉鼎，入升，皆如初奠儀。卒朼，釋匕于鼎，俎行，朼者逆退。甸人徹鼎。

14儀禮士虞禮云：

陳三鼎于門外之右，北面，北上。設扃鼏，匕俎在西塾之西……鼎入，設于西階前，東面，北上，匕俎從設。左人抽扃鼏。匕。佐食及右人載。卒，朼者逆退，復位。

15儀禮特牲饋食禮云：

主人降，及賓盥出。主人在右及佐食舉牲鼎，賓長在右及執事舉魚腊鼎。宗人執畢先入，當阼階南面。鼎西面錯，右人抽扃，委于鼎北。贊者錯俎加匕。乃朼。佐食升肵俎，鼏之，設于阼階西。卒載，加匕于鼎。

16儀禮少牢饋食禮云：

鼎序入，雍正執一匕以從，雍府執四匕以從，司士合執二俎以從，司士贊者二人合執二俎以相從入。陳鼎于東方，當序南于洗西，皆西面，北上，膴爲下。匕皆加于鼎，東枋。俎皆設于鼎西，西肆。肵俎在羊俎之北，亦西肆。宗人遣賓就主人，皆盥于洗。長朼。

17禮記雜記云：

枇以桑，長三尺，或曰五尺。

鄭注云「枇所以載牲體者」。孔疏云「從鑊，以枇升入于鼎；從鼎，以枇載入于俎」。

詩成按：由上之記載，知「匕」之用途，爲由鼎中取肉，加之于俎也。此雖禮經之文，實則古漁獵時代最簡單而最普徧之食肉方法。其法：將魚獸之全體或分體入「鼎」「鑊」中煮之，熟則以「匕」出之，置于「俎」上，以刀或手裂噉之。
18禮記檀弓杜蕢諫平公云『蕢也，宰夫也，非刀匕是共，又敢與知防」，史記項羽紀樊噲曰「人爲刀俎，我爲魚肉」，皆泛言「匕」「俎」爲飲食之具，非專于宗廟祭祀見之也。「俎」爲平而四足之小案，只可盛肉，不可盛汁，故此取肉之「匕」，以有銳鋒之叉爲最宜。既可刺肉，又可比去其汁。若「匕」爲「勺」狀（見三圖）則取肉必帶汁，不便于「俎」上證之矣。

由以上四證，知「匕」之形似「叉」。其知之也，以字之源及漁獵時代食肉生活之需要，故曰「匕之初形」。其爲用也，當遠在周人制禮之前。蓋周初已入高級農業時期，人類食物漸以穀蔬爲主，「俎」上之肉，多設而不食，禮畢歸之于家，然古風猶存，太古之生活，尚可想見也。「匕」之質料爲「桑」與「棘」。詩「有捄棘匕」，禮記「枇用桑」是也。

第一圖 畢宿

（見吳之英天文圖考卷三）

天文圖考錄參天歌云：恰似爪叉八星出，附耳畢股一星光，天街兩星畢背旁，天節耳下八烏幢，畢上橫列六諸王，王下四皂天高星。

第二圖 畢

（見聶氏三禮圖卷十三）

詩成按：聶氏此圖差近之。惟聶氏以畢匕形不同，故繪畢形迥異而匕則大誤。畢匕形相似見上文及註二。

第三圖 枇

（見聶氏三禮圖卷十三）

詩成按：此圖拘于說文「匕一名柶」之說，不知柶乃匕之變形，非匕原形。（詳見後）鄭注儀禮有司徹「疏匕」「挑匕」云「此二匕者，皆有淺斗」，彼二匕為挹汁，僅有淺斗，則匕牲之匕無斗可知，賈疏云「在湆有汁，在俎無汁」。知俎平面，不能盛汁。若如聶圖，則匕牲能無匕汁乎？（鄭注賈疏見儀禮有司徹，袖海山房十三經本，卷四十九，頁十二上）

第一圖
（見劉續三禮圖卷四）

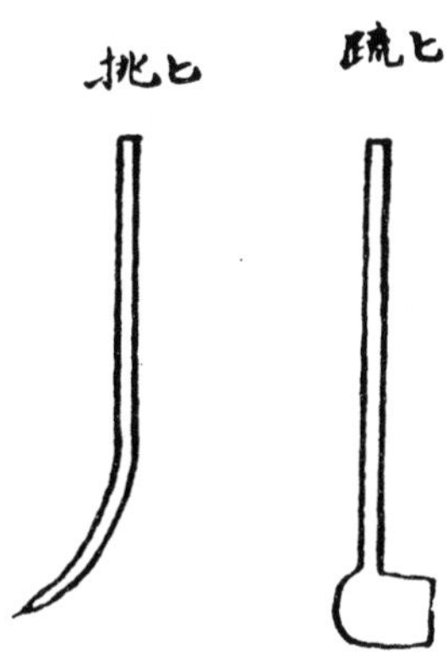

詩成按：劉氏云「挑匕載牲體於俎者也，又可挹湆、飯黍。疏匕疏通其葉，取清者也」。是以「挑匕」同上「匕牲之匕」矣，不知名曰「挑匕」者，止以其異于「牲匕」也。且「挑」應作為「桃」。劉氏亦未深考也。「疏匕」當疏其柄以為飾，若疏通其葉，何以盛汁？其圖簡略幾不成物，不知何所據而云然。劉圖不及聶圖遠甚，後不錄。

第五圖
匕
詩成訂正
（依指尺，當原形十分之一）

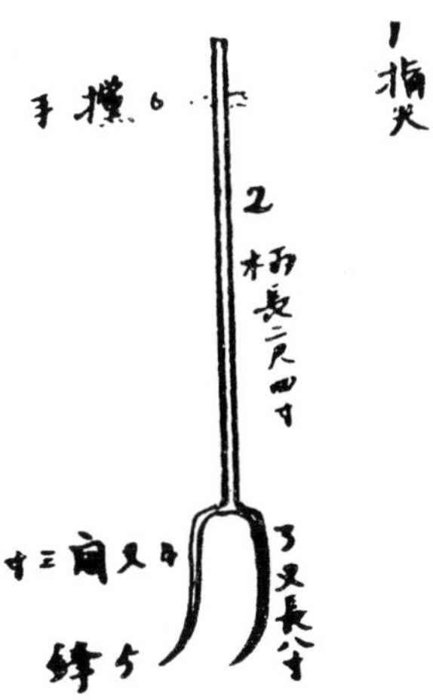

1. 指尺：本圖所用尺寸數目，皆依古尺。然古尺不可得，今依聶氏三禮圖卷十一指尺之說，以一指橫度為一寸，即指尺一尺，約當今裁造尺六寸餘。又聶氏謂指尺即桑尺，蓋十黍為寸，十指為尺也。本篇所用皆詩成之指尺，庶幾與古制未遠乎？

2. 禮記，雜記云「枇以桑，長三尺，或曰五尺」。鄭阮三禮圖云「匕以載牲，長二尺四寸，葉博三寸，長八寸」。又云「畢似天畢，以載牲體，葉博三寸，長八寸，中鑲去一寸，柄長二尺四寸」。鄭圖為匕之變形，故有葉，非叉狀（詳見後）然其尺寸與漢已相近，似有所據。二家之說，皆以匕之全長，在三尺左右，即今二尺左右。最宜于由鼎出肉于俎，短則易為鼎鑊中之沸湯傷及于手，長則重而匕易毀折。本圖以便于繪製，尺寸一依鄭圖，其實日用之匕，適宜為度，不必拘及分寸也。知柄長二尺四寸者，由鄭圖「畢柄二尺四寸」知之也。畢之葉長寬皆與匕同，則柄亦當同，匕圖誤佚柄字。（以上鄭阮三禮圖，見玉函山房輯佚本，頁十九下）

3. 叉長依鄭圖「葉長八寸」。

4. 叉間依鄭圖「葉博三寸」。

5.知其有鋒者，以便于刺肉也。見上文。羅氏舉圖，其叉之兩端分而向外，殊誤。依匕古文作𠤎，當爲匕之正面形，篆文作匕。當爲匕之側面形，則匕之兩叉當不行而鋒端漸向上，如手之持物，不易失墜，若直其鋒，則利于刺不利于持矣。今訂正如圖。

6.此橫木即𠤎之一橫，用以護手者。然亦可無，故匕無之，今以虛線代之。

III 匕之變形

人類生活，旣由漁獵而漸入農業；其主要食物，亦由肉類而漸變爲穀類。叉狀之「匕」，漸覺不適于匕飯，故肥其兩股，使呈葉狀，而仍銳其鋒，以便刺肉，於是「匕」成兩用之器矣。匕旣失其叉之作用，而兩葉之「匕」，反覺不便，故再變而爲一葉。此「匕首」，「矢匕」之所以得名也。玆詳之如下：

（一）兩葉之匕

19鄭阮三禮圖云：

畢似天畢，以載牲體。葉博三寸，長八寸，中鏤去一寸爲義。柄長二尺四寸，漆其柄末及兩葉，皆朱。

「畢」「匕」同形，前巳言之，鄭圖之「畢」，卽「兩葉匕」也。然「畢𣅒」似叉，並無葉象，故羅氏不從，繪「畢」作叉股狀，甚是。但「匕」之有葉，事實已然，非鄭臆造，故鄭似誤而實非誤也。鄭之誤，在以「畢」「匕」異形，故強有叉者爲「畢」，無叉者爲「匕」，蓋考之未精也。20少牢饋食禮云：

廩人概甑甗匕與敦于廩爨。

鄭注云「廩人掌米入之藏者，甗如甑一孔，匕所以匕黍稷者也」。賈疏云「云匕所以匕黍稷者也者：上雍人云匕者，所以匕肉，此廩人掌米，故云掌黍稷也」。此爲「匕」用于取飯之證。用于飯，則有葉可知。今當論者，乃周人祭器中匕牲之「匕」與匕飯之「匕」，是否一用「叉匕」、一用「葉匕」？抑同用「葉匕」而「叉匕」已廢？經無明文，未敢武斷。以詩大東「棘匕」與「天畢」及禮記雜記「畢用桑，刋其柄與末」觀之，周人似仍用「叉匕」匕牲。而以「葉匕」匕飯，至漢人則只知有「葉匕」而不知有「叉匕」矣。

（二）一葉之匕

21鄭阮三禮圖云：

匕以載牲體，長二尺四寸，葉博三寸，長八寸，漆丹柄頭。

此卽一葉之「匕」，漢人以爲「匕牲」「匕飯」之「匕」，而異于「助載鼎實」之「畢」者也。易震卦云：

震驚百里，不失匕鬯。

孔疏云「先儒皆云：匕形似畢，但不兩歧耳」。亦指此一葉之「匕」而言。此器匕牲、匕飯，皆較雙葉者爲適用，故其形制亦最爲普徧。「匕首」、「矢匕」之名，皆因此「匕」而得，其勢蓋可想而見也。此「雙葉」、「單葉」之「匕」，其葉皆爲平面，無斗——凹處——因「匕牲」「匕飯」皆無有斗之必要——古人食飯用手[3]，故知飯爲乾飯，無汁——鄭注儀禮有司徹「疏匕」、「桃匕」云「此二匕者，皆有淺斗」。「桃匕」、「疏匕」以取湆（即汁）僅有淺斗，則「牲匕」、「飯匕」無斗可知，聶氏不解鄭意，妄爲斗狀，謬甚。

（三）匕首與匕之關係

[22]史記刺客列傳云：

曹沫執匕首劫齊桓公。

索隱云「匕音比，劉氏云：短劍也。鹽鐵論以爲尺八寸，其頭類匕，故云匕首也」。按「匕首」短劍，則其有「葉」有「鋒」可知；「類匕」，則其所類爲「一葉之匕」可知。蓋「叉匕」則有「鋒」無「葉」，「匕柶」則有「葉」無「鋒」，皆不類劍也。「匕首」與「葉匕」互證，其制愈明。

（四）矢鏃與匕之關係

[23]左傳昭二十六年傳云：

齊子淵捷從洩聲子，射之。中楯瓦。繇朐汰輈。匕入者三寸。

杜注云「匕，矢鏃也」。孔疏云「今人猶謂箭鏃薄而長闊者爲匕」。[24]冬官考工記矢人云：

刃長寸，圍寸，鋌十之，重三垸。

孫詒讓[25]周禮正義云「戴震謂：『矢匕，中博。刃長寸，自博處至鋒也』。程瑤田云：『余見古矢鏃不爲匕。豐本銳末，自其半而漸殺之……』按：古矢鏃，蓋有豐本及薄匕兩制，其鋒皆一寸，戴程兩說並得通……方言云：『凡箭鏃胡合嬴者四鐮，或曰拘腸三鐮，謂之羊頭；其廣長而薄鐮，謂之錍，或謂之鈀』。郭注云：『鐮，稜也』。楊氏所謂四鐮三鐮胡合嬴者，即豐本銳末之制，廣長而薄鐮者，即古薄匕之制」。

由上之記載，知矢鏃之「中博」、「長闊」而「薄」者亦謂之[4]「匕」。與「一葉之匕」形制相似，其得名也，亦當與「匕首」同。然則「匕」「矢匕」亦可互證。

第六圖

雙葉匕（即鄭圖畢）

（依指尺當原形十分之一）

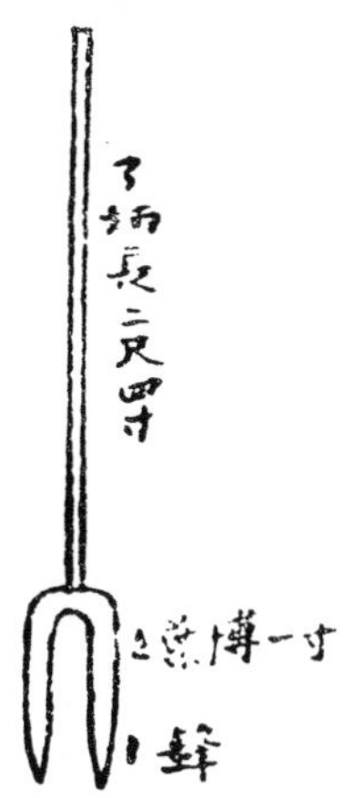

1.知有鋒者：以其用于匕牲以刺肉。又此匕再變爲單葉匕，單葉匕似匕首有鋒，故此亦有鋒。

2.知每葉爲一寸者：鄭圖云「葉博三寸，長八寸，中鏤去一寸」。即三寸之葉，中鏤去一寸而成二葉，非每葉三寸也。下云「兩葉皆朱」，始爲鏤後之葉。

3.柄長依鄭圖。

第七圖
單葉匕
(依指尺當原形十分之一)

1.說如第六圖。

2.知葉博三寸者：見鄭圖「葉博三寸」。博者，指其最博處也。其形似葉，有鋒，兩端漸殺可知。

3.葉爲平面無斗，說見上文。

4.知柄長二尺四寸者：依鄭圖「長二尺四寸」。詳見第五圖。2.

VI 匕之再變形

「匕」之形制，既由「叉」而「葉」，由「匕牲」而「匕飯」；久之，人類之食慾日增，食之藝術日進，故有量少質美，精法烹調之汁狀食物出，而應用于此類食物之工具，亦因之而生。「桃匕」，「疏匕」，「挏」是也。

（一）桃匕

26 儀禮有司徹云：

雍人授次賓疏匕與俎，受于鼎西，左手執俎左廉，縮之。郤右手，執匕枋，縮于俎上，以東面受于羊鼎之西。司馬在羊鼎之東，二手執桃匕枋以挹湆，注于疏匕，若是者三。

鄭注云「桃謂之畝。讀如或舂或抗之抗。或作桃者，秦人語也。此二匕者，皆有淺斗，狀如飯橾。桃長枋，可以抒物于器中者」。又 27 有司徹云：

次賓縮執匕俎以升，若是以授尸。尸郤手受匕枋。坐，祭之。嚌。覆手以授賓。賓亦覆手以受。縮匕于俎上，以降。

鄭注云「嚌湆者，明其湆肉加耳。嚌之，以其禸味」。詩戚按：由經文「桃匕以挹湆」——湆即汁——知此「桃匕」有斗，凹陷如勺。由經文「司馬在羊鼎之東，二手執桃匕枋以挹湆」，知其柄之長度與「牲匕」「飯匕」相若，鄭注「桃長枋，可以抒物于器中」是也。由「桃匕」之「桃」，知其形制有似「桃器」之可能。28 爾雅釋器云：

斛謂之疀

郭注云「皆古鍬鍤也」。邢疏引方言云「燕之東北，朝鮮洌水之間，謂之斛。宋魏之間，謂之鏵，或謂之鍏。江淮南楚之間，謂之臿。趙魏之間，謂之喿」，29詩周頌臣工云：

命我衆人，庤乃錢鎛。

毛傳云「錢，銚」，30說文云：

銚…一曰田器。

段注云「銚，斛，喿，三字同」，31儀禮正義以「桃」即「斛」、「銚」，「槮」應作「橾」，然則「桃」、「斛」、「銚」，「䟽」、「𣂁」、「鍤」、「臿」，「槮」、「橾」、「喿」，皆一字之異文；「錢」、「鏵」、「鍤」、「鍬」，皆一器之異名。今河北人用以起土者猶名「鍬」，吾晉人猶名之曰「錢」。32辭源錢字下引農政全書圖，正與今所用者同，其制固不難求而得也。詩成以「桃匕」即「單葉匕」之肥其葉，去其鋒，加以淺斗而成者，故亦名「匕」。其不用「勺」者，因「勺」以取醴取水，此淺汁尙味，故作淺斗之「匕」以限制其量也。

（二）疏匕

33聶氏三禮圖引舊圖云：

疏匕以棘爲之，長二尺四寸，葉長八寸，博三寸，其柄葉通疏，皆丹漆之。

記「桃（舊圖作挑）匕」云：

柄葉長短廣狹與疏匕同

聶氏因之作圖，二圖並同，惟于「疏匕」繪以疏刻之象。詩成以舊圖聶氏並誤。第一，「疏匕」之斗，大于「桃匕」：有司徹云「二手執桃匕枋以挹湆，注于疏匕，若是者三」，則「疏匕」之容積，大于「桃匕」可知。第二，「疏匕」之柄，短于「桃匕」，其說有四：（1）以「桃匕」出汁于鼎，再注之于「疏匕」，是「疏匕」柄短，不及于鼎中取汁也。若謂禮不厭其繁，則匕牲匕飯，何以無用二匕之文乎？（2）「疏匕」爲食者以物直接入口之器，人以手持柄，不宜過長，若亦二尺四寸，合八寸之葉，共三尺二寸，「尸郤手受匕枋嚌之」，甚不便矣。（3）聶氏引舊圖云「俎長二尺四寸，廣尺二寸，高一尺」，今「疏匕」長三尺二寸，是「匕」長于「俎」矣，而經云「覆于俎上」，「縮于俎上」，亦覺不類。（4）鄭注云「此二匕者。皆有淺斗，狀如飯橾。桃長枋，可以抒物于器中者」。前云「二匕」，後特云「桃長枋」，則「疏匕」無長枋可知。舊圖之說，恐後人所妄竄，非鄭圖也。

「疏匕」之形制，今已知者，爲「斗大于『桃匕』」，「柄短于『桃匕』」，其詳則記載闕如。惟詩成疑「疏匕」即「柶」。今更當于「柶」之記載中求之。

（三）柶

「柶」為祭醴或飲醴之器。古人行禮時，以「勺」由「尊」中取醴，實之于「觶」，加一「柶」于「觶」上。飲者以「柶」由「觶」中取醴，注于地，以祭，然後以「柶」飲之。飲畢，置「柶」于「觶」中。[34]儀禮士冠禮云：

贊者洗于房中，側酌醴，加柶，覆之，面葉……賓受醴于戶東，加柶，面枋……冠者即筵坐，左執觶，右祭脯醢，以柶祭醴三。興。筵末坐，啐醴，建柶。

[35]儀禮士昏禮云：

贊者酌醴，加柶，面枋……婦升席。左執觶，右祭脯醢，以柶祭醴三，降席，東面坐，啐醴。

[36]儀禮聘禮云：

宰夫實觶以醴，加柶于觶，面枋……賓祭脯醢，以柶祭醴三，庭實設。降筵，北面。以柶兼諸觶，尚擸。坐，啐醴。公用束帛。建柶。北面。

由上之記載，知「柶」有「柄」（即枋），有「葉」（即擸），有「斗」。可加于「觶」上，可建于「觶」中，則其形制甚小，絕類今之「調羹」。

又「柶」古人用以楔死者之齒。又用以含飯。[37]儀禮士喪禮云：

楔齒用角柶……宰洗，建柶于米，執以從……主人左扱米，實于右（詩成按：死者口之右部），三實，一貝。左中亦如之。

「柶」又為取「鉶羹」之器。士虞禮云：

尸祭鉶，嘗鉶。

[38]少牢饋食禮云：

上佐食羞兩鉶。取一羊鉶于房中。坐設于韭菹之南。下佐食又取一豕鉶于房中以從。上佐食受，坐設于羊鉶之南。皆芼，皆有柶。尸扱以柶，祭羊鉶，遂以祭豕鉶，嘗羊鉶。

[39]公食大夫禮云：

賓興。受。坐祭。捝手。扱上鉶以柶，辯擩之，上鉶之間祭。

按「鉶」，「鼎」屬，大于「觶」，則取「鉶羹」之「柶」，當大于取醴之「柶」。[40]聶氏三禮圖謂「醴」「鉶」二「柶」，有淺深之別，近是。惟其用在「祭鉶」，「嘗鉶」，為直接入口之器，不宜過于長大，聶氏引舊圖云：

柶長尺。櫏博三寸。曲柄，長六寸。漆赤中及柄。

差近之。知「柶」為「曲柄」者，「柶」狀似「勺」，「勺」即「斗」，[41]廣雅云「龍蝕蒲料杓」：「斗」似北斗星，[42]

詩大東云「維北有斗，不可以挹酒漿」。今「斗星」曲柄深斗，厥狀甚明。

「柶」何以名「匕」？43士冠禮注云「柶狀如匕」。44說文「匕……一名柶」。45方言云「匕謂之匙」。46周官玉府「大喪共……角柶」，鄭司農注云「角柶，角匕也」。詩成以「柶」者，「疏匕」也，非「匕牲」「匕飯」之「匕」。「疏匕」斗深柄短，與「牲匕」迥異，而「以祭」「以啐」，則與「醴柶」「鉶柶」並同，知「疏匕」即「柶」。其所異者，「疏匕」有刻飾而「柶」無之。聶氏誤讀注疏，遂以「匕牲」之「匕」為「柶」狀，不知「俎」為平面，不可盛汁，片肉可以折獄也。

第八圖

桃匕

（依指尺當原形十分之一）

1.葉之形似鏟，尺寸未詳。
2.有淺斗，依鄭有司徹注。
3.柄長與葉匕同，見上文。

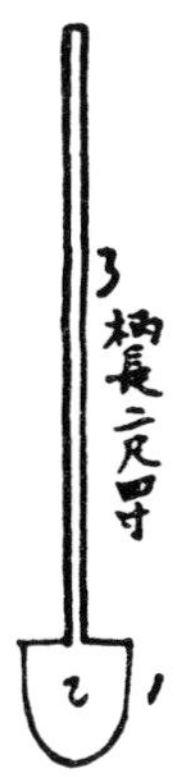

第九圖

柶（疏匕同）

（依指尺當原形二分之一）

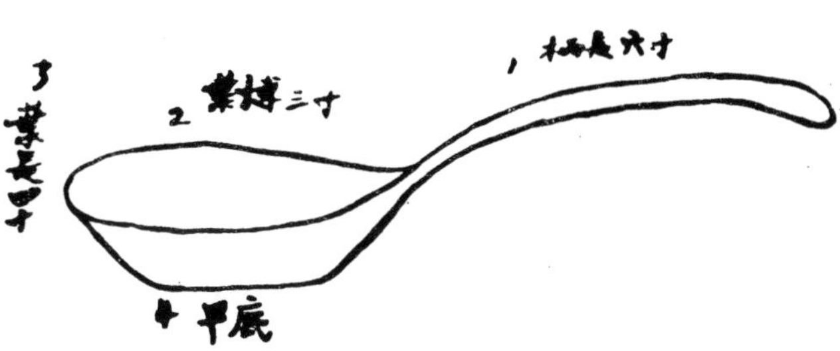

1.柄長，依聶氏引舊圖「曲柄，長六寸」。
2.葉博，依聶氏引舊圖「葉博三寸」。
3.葉長，聶氏引舊圖云「柄長尺」，一尺之柶，去六寸之柄，則葉長四寸。
4.平底，儀禮有司徹有「匕俎」，謂以疏匕從于俎上，中實以肉汁。而以俎互相授受，則疏匕為平底可知。

V 匕之三變形

「匕」之再變而三變，由于人類之食物，由穀類植物，再進而爲蔬類植物，食蔬之具，則莫善于「箸」。久之，人類之烹飪方法愈精，杯盤之設愈備，一舉「箸」而百物皆具。筵席之間，匕牲匕飯之「匕」漸失其原有之地位，而「箸」與焉。「箸」以代「匕」，復得「匕」名，故曰「匕之三變」。茲申述如下。

（一）箸一名梜或筴。

[47]禮記曲禮云

　羹之有菜者，用梜。其無菜者不用梜。

鄭注云「梜猶箸也。今人或謂爲梜提」。[48]管子弟子職云：

　左執虛豆，右執梜匕。

注云「梜，猶箸也」。詩成按：「梜」同「夾」，有夾取之義。[49]周禮夏官司弓矢云：

　大射，燕射，共弓矢如數，并夾。

鄭注云「并夾，矢箙也」。[50]聶氏三禮圖云「王射，則射鳥氏主取矢。其矢著侯高，人不能及，則以并夾取之」。知「夾」有夾取之義。以「梜」取菜取飯，則是今「箸」。又[51]廣雅云：

　筴謂之箸。

「筴」，言其爲柱狀物也。[52]儀禮士冠禮云：

　筮人執筴。

[53]禮記曲禮云：

　龜爲卜，筴爲筮。

鄭注云「筴或爲蓍」。知「筴」即卜筮之「蓍草」。其狀如柱，「箸」似之，故亦名「筴」。

（二）箸一名匕

管子弟子職云：

　左執虛豆，右執梜匕，周旋而貳，唯嗛之視。

諸子菁華注引纂詁曰「謂左執虛若豆，右執梜若匕，周旋回視，有食盡者，則隨而貳益之」。此以「梜匕」爲二物也。詩成以「虛豆」，「梜匕」，皆雙字名詞，如今人言「盎瓶」，「比梳」，「房屋」，「橋樑」，等是。「梜匕」又謂其爲「似夾之匕」，與「疏匕」，「桃匕」之名「匕」者同。「梜匕」又訛爲「梜提」。鄭注禮記曲禮云「梜，猶箸也，今人或謂爲梜提」。[54]說文「匙，匕也」，段注云「亦作鍉。是支切。十六部。地理志朱提縣，讀如此字」。知由「匕」而「匙」而「鍉」而「提」，「梜提」即「梜匕」也。[55]江永鄉黨圖考食禮考云「箸即梜匕也」。則前賢已言之矣。

「箸」又名「匕箸」。[56]三國志魏書董卓傳云：

　卓豫施帳幔飲，誘降北地反者數百人於坐中，先斷其否，或斬手足，或鑿眼，或鑊煮之，未死，候轉杯案間，會者戰慄，亡失匕箸。

又57蜀志劉備傳云：

曹公從容謂先主曰「今天下英雄，惟使君與操耳，本初之徒，不足數也」。先主方食，失匕箸。

按「匕箸」，論者謂「匕」與「箸」，「匕」即「羮匙」，「箸」即今「箸」。詩成以「匕箸」即「箸」，亦雙字名詞，蓋漢人語也。58方言「箸筩」，郭注云「箸筩盛朼箸籫也」，「羮匙」與「箸」形制迥異，不應置于同一器中，知「朼箸」實「箸」。「匕箸」又叚借爲「相與比箸」之義，說文「匘」字下云「从匕。匕，相匕箸也」。亦可知漢人「匕」「箸」連用，已成習慣，不必強分爲二也。「匕箸」又祇爲「匙箸」，康熙字典「箸」字云「匙箸，飯具」，即以「匙箸」爲「箸」也。59淵鑑類函器物部引正譌「匙箸以竹爲之」，則亦是「箸」。若「羮匙」則以木或角，不以竹。

(三)古箸大于今箸

古人食物用手。「箸」用以由「鑊鼎」中取菜，或「甑」中取飯以實于「豆」，故其長當如「匕牲」「匕飯」之「匕」。管子弟子職「右執梜匕，周旋而貳」又云「柄尺不跪」，注云「豆有柄，長尺，則立而進之」。則「梜匕「亦當甚長，方得立而由「柄尺之豆」加飯于長者之「豆」也。曲禮云「飯黍毋以箸」，江永云「當以手」，亦知「箸」爲共用之器，若每人持「箸」，豈得云「毋以箸」乎？

(四)箸之資料。

由「梜」從木，「筴」、「箸」、「筯」從竹，知「箸」以木或竹爲之。60史記龜策列傳云

紂[6]有諛臣，名曰左彊，誇而目巧，教爲象郎，將至於天。又有玉床，犀玉之器，象箸而羮。

則亦有以象牙爲之者，詩成以象可爲「箸」，則犀竹之屬。亦可爲之，文不備耳。

第十圖　箸（依指尺，當原形十分之一）

知長三尺左右者，從第六第七等圖「匕葉長八寸、柄長二尺四寸」而得也。

VI 結論

或曰：「匕」之初形，似叉，以匕牲體一；變而似葉、以取

飯；再變而有淺斗，以挹汁；旣如所論。若「箸」之形甚簡，其製也甚易，何以反在「牲匕」「飯匕」之後？詩成曰：「箸」之形雖簡，其運用也則不易，如筆之形雖簡，而學書則甚難也。古人用具，亦先易後難，故先一柄之「匕」而後兩柱之「箸」。且「箸」以代手，古人食物用手，故「箸」之用不著。或者又曰：古人食菜，當自野菜始，野菜產自天然，穀物產自人工，何以食菜之具，反出食粟者之後乎？詩成曰：「箸」之用於取菜，當自貴族階級始，所謂「鉶羹」者是也。「鉶羹」尙味，有汁有菜，汁中取菜，則須用「箸」，若用手則必探臂器中，不便甚矣。至平民之「疏食菜羹」，其旨在以菜充飢，菜多于汁，以手取之，與肉飯同，無需于「箸」，樊遲請學爲圃，子曰「吾不如老圃」，朱子集解云「種菜蔬曰圃」，知周時已有園圃農業，食蔬之「箸」，當以園圃蔬菜爲對象。或者又曰：然則「箸」之普徧爲用，當在何時？詩成曰：當在秦漢之際，[61]史記留侯世家，高祖以酈生之語告張良，良曰「誰爲陛下畫此計者？陛下事去矣！」高祖問故，良曰「臣請藉前箸爲大王籌之」。集解引張晏曰「求借所食之箸用指畫也」。又三國志董卓傳「會者戰慄，亡失匕箸」，則每食人各有箸可知。[62]史記絳侯周勃世家「景帝居禁中，召條侯賜食，獨置大胾，無切肉，又不置櫡。條侯心不平，顧謂尙席取櫡」。不設箸，則無以食，知漢人食肉，不以手矣。蓋我國古史，除漢而後，截然爲一新時代，文物制度，莫不皆然，俎豆之事，籩豆之制，周人視爲日常生活者，而漢人已曠日不識其底蘊。好古之士，當於三代求之也。

註一　說文「畢」篆文作「畢」，「从田从𠦒，象形」。籀文作「𤰜」。卜辭作「𠦒」；按「𠦒」即「畢」之原形，後从「田」以會意。「𠦒」說文云「箕屬」，「畢」說文云「田網」。知「畢」之象形有二說，說文並存之。大東毛傳從「田網」之說。鄭云「象叉」，則叉，說也。詩成以鄭說近是：「𠦒」即古「叉」狀之農器，用以于地中取禾稈者。「𠦒」爲其原形，向上者爲叉，向下者爲柄，中二橫乃木體之象形或指事。段注「上象其有所盛」是也。籀文作「𤰜」，即「叉」形。其用雙畫者，如「匚」籀文作「𠥓」然。卜辭作「𠦒」，亦是「叉」中有物之象，不必爲「箕」。詩大東所言天上之畢，有「斗」「箕」「牽牛」「織女」，皆與農事有關，知「畢」亦農器。且「畢敖」實象「𠦒」（見第一圖）不象「罕」。故知「𠦒」爲木體之象形或指事。若「田網」則否「𠦒」不成物矣。說文「箕屬」之說，與鄭說相似，「箕」「畢」皆農器，「箕」以簸穀物，「畢」以叉禾稈，皆有「叉」義，故云「箕屬」。「掩兎」之「畢」，當爲假借，非象形，許氏亦誤。廣雅玉篇「畢」字皆從「網」作「𦊨」，亦假以「畢」字象「網」之象形，故增「网」以別之。今識人多誤認作叉義，謂說三歧不等，成長時，製爲農器，名曰「鏵叉」，世「畢」之遺歟。

註二　禮曰：禮記雜記「枇用桑，長三尺，或曰五尺。畢用桑，長三尺，刊其本與末」，孔疏云「枇亦刊其本與末」，「畢」「匕」之制全同，其所異者，即在「畢」有歧而「匕」無歧耳，故易震卦孔疏云「匕形似畢，但不兩歧耳」，今以「匕」形似叉，則「畢」「匕」何以別乎？詩成曰：此正釋禮者誤結之所在也。「畢」「匕」本相似，「畢」爲農器，其形長而大，「匕」爲匕牲之器，其形短而小，此其別也。禮用「畢」爲指揮之具，並非專爲「助載鼎實」而設。儀禮大射「司馬正東面，以弓爲畢」鄭注云「畢所以教助執事者」，孔疏云「若周禮執戈爲鞭度然」。特牲饋食云「宗人執畢先入」，士冠禮注云「宗人有司主禮者」。意者，古人田獵，故行禮時，司禮者執農器之「畢」先導，有失禮者則以「畢」指揮之。其形似「匕」，故又可「助載鼎實」，爲得以「助載鼎實」者爲叉，而「載鼎實」者反不得爲叉歟。

註三　禮記曲禮「共飯不澤手」，鄭注「禮，飯以手」。又云「乾肉不齒決」，鄭注「堅，宜用手」。

註四　矢之末端接結處，亦謂之匕（見I）彼以其似「叉匕」，此以其似「叉匕」：彼之得名也早，此之得名也晚，非同時以兩端皆名匕也。

註五　「桃」字或作「挑」，依儀禮正義改正。（胡培翬著，見皇清經解續編，卷一百零六，頁三十九上）

註六　「射有獲臣」之說，未必可據。惟古人用象齒爲弭，確爲事實。詩魯頌泮水「元龜象齒，大賂南金」是也。此云象齒，知古人以象齒爲弭，不必自射。

引用書籍編章卷數頁數注

1 說文解字段注匕部，世界書局影印本，八篇上，頁四〇六。

2 說文解字詁林匕部，醫學書局本，八上，頁3639上。

3 說文通訓定聲履部，積山書局本，十二，頁二十下。

4 說文解字詁林匕部，醫學書局本，八上，頁3639上。

5 詩小雅大東，掃葉山房十三經本，卷十三，頁二下。

6 儀禮特牲饋食禮，掃葉山房十三經本，卷四十五，頁十三上

7 詩周頌良耜，掃葉山房十三經本，卷十九，頁二十二上。

8 周禮冬官考工記矢人，掃葉山房十三經本，卷四十一，頁十八下。

9 說文解字段注矢部，世界書局影印本，五篇下，頁二二八上。

10 易震卦，掃葉山房十三經本，卷五，頁十六上。

11 儀禮士昏禮，掃葉山房十三經本，卷五，頁十八上。

12 儀禮公食大夫禮，掃葉山房十三經本，卷二十五，頁二下。

13 儀禮士喪禮，掃葉山房十三經本，卷三十六，頁八上。

14 儀禮士喪禮，掃葉山房十三經本，卷四十二，頁一下

15 儀禮特牲饋食禮，掃葉山房十三經本，卷四十五，頁十三上。

16 儀禮少牢饋食禮，掃葉山房十三經本，卷四十七，頁三下。

17 禮記雜記，掃葉山房十三經本，卷四十一，頁八上。

18 禮記曲禮，掃葉山房十三經本，卷十，頁二十九。

19 聶氏三禮圖，長沙山房通志堂本，頁二十上。

20 儀禮少牢饋食禮，袖海山房十三經本，卷四十七，頁二下。
21 鄭阮三禮圖，長恩山房輯佚本，頁十九下。
22 史記刺客列傳，開明二十五史本，頁212•2。
23 左傳昭二十六年，袖海山房十三經本，卷五十二，頁八。
24 周禮冬官考工記，袖海山房十三經本，卷四十一，頁十八下。
25 周禮正義，四部備要本，卷八十一，頁四上。
26 儀禮有司徹，袖海山房十三經本，卷四十九，頁十二上。
27 儀禮有司徹，袖海山房十三經本，卷四十九，頁十二上。
28 爾雅釋器，袖海山房十三經本，卷五，頁二十三下。
29 詩周頌臣工，袖海山房十三經本，卷十九，頁十一下。
30 說文解字段注金部，世界書局影印本，十四篇，頁七四五下。
31 儀禮正義，皇清經解續編蜚英書局石印本，卷一百六下，頁三十九上。
32 辭源金部，商務本，頁三九。
33 聶氏三禮圖四部叢刊本，卷十三，頁四上。
34 儀禮士冠禮，袖海山房十三經本，卷二，頁八上。
35 儀禮士昏禮，袖海山房十三經本，卷五，頁十九下。
36 儀禮聘禮，袖海山房十三經本，卷二十一，頁十下。
37 儀禮士喪禮，袖海山房十三經本，卷三十六，頁二上又六上。
38 儀禮少牢饋食禮，袖海山房十三經本，卷四十八，頁六上。
39 儀禮公食大夫禮，袖海山房十三經本，卷二十五，頁四上。
40 聶氏三禮圖，四部叢刊本，卷十三，頁六上。
41 廣雅疏證，皇清經解點石齋石印本，卷九十三下，頁三十九。
42 詩小雅大東，袖海山房十三經本，卷十三，頁四下。
43 儀禮士冠禮，袖海山房十三經本，卷二，頁六上。
44 說文解字段注，世界書局影印本，八篇上，頁四〇八上。
45 方言，四部叢刊本，卷十三，頁十一上。
46 周官天官長府，袖海山房十三經本，卷六，頁十二上。
47 禮記曲禮，袖海山房十三經本，卷二，頁十五。
48 管子弟子職，諸子菁華商務本，卷十一，頁六十一。
49 周禮夏官司弓矢，袖海山房十三經本，卷三十二，頁九上。
50 聶氏三禮圖，四部叢刊本，卷八，頁二上。
51 廣雅疏證，皇清經解點石齋本，卷九十三，頁三十九下。
52 儀禮士冠禮，袖海山房十三經本，卷一，頁三下。
53 禮記曲禮，袖海山房十三經本，卷三，頁二十一。
54 說文解字段注，世界書局影印本，八篇上，頁四〇八。
55 鄉黨圖考食禮考，致和堂本，卷七，頁二十上。
56 三國志魏志董卓傳，開明二十五史本，頁934•3。
57 三國志蜀志劉備傳，開明二十五史本，頁1008•2
58 方言，四部叢刊本，卷五，頁二。
59 淵鑑類函，卷三八五，器物部，匕箸條，頁四下。
60 史記龜策列傳，開明二十五史本，頁274•2。
61 史記留侯世家，開明二十五史本，頁171•3。
62 史記絳侯周勃世家，開明二十五史本，頁175•1。

卜辭所見之殷代家族制度

葛啓揚

本篇徵引書籍簡稱

1 前　殷虛書契前編
2 後　殷虛書契後編
3 殷虛文字　戩壽堂所藏殷虛文字
4 拾遺　鐵雲藏龜拾遺
5 徵文　簠室殷契徵文
6 新　新獲卜辭寫本
7 福　福氏所藏甲骨文字
8 龜甲　龜甲獸骨文字

第一節　家族的組織

一　殷代已有家族的組織

殷代已有家族的組織，這有四點可證明。第一，殷人的祖先觀念已很發達。如卜辭中有

高祖王亥（後上第二十一頁）
高祖乙（後上第三頁）
高妣己（前一第三十四及第三十五頁）
高妣庚（前一第三十六頁）
且丙（前一第二十二頁）
且戊（前一第十三頁）
妣乙（前一第三十一頁前六第二十七頁）
妣己（前一第三十及第三十八頁）
父甲（前一第二十四頁）
父乙（前一第二十四第二十五及第二十六頁）
母甲（前一第二十八頁）
母丙（前一第二十八頁）
兄甲（前一第三十八頁）
兄丁（前一第三十九頁）

等各有拜祖性的人名。又如尙書盤庚中有

古我先王暨乃祖乃父，胥及逸勤

及

肆上帝將復我高祖之德

等崇拜祖先的話。又前於保定發現殷代的勾刀三把，其一銘曰：

大祖日己，祖日丁，祖日乙，祖日庚，祖日丁，祖日己，祖日己。

其二銘曰：

祖日乙，大父日癸，大父日癸，中父日癸，父日癸，父日辛，父日己。

其三銘曰：

大兄日乙，兄日戊，兄日壬，兄日癸，兄日癸，兄日丙。

三刀影片俱見羅振玉印夢郼艸堂吉金圖卷中古兵。於勾刀上勒記祖父兄之名，非祖先觀念發達，當不有此。

第二，殷人的子孫觀念已產生。這一因卜辭中有

多子孫甲（後下第十四頁）

其帝弗孫（殷契卜辭七百三十二）

之文。二因尙書盤庚中二見「孫」字。

第三，殷代已具備家族親屬的名稱。如卜辭中備載

祖（前一第十頁前四第十六及第十八頁編第七頁二十七背）

妣（前一第三十一及第三十二頁）

父（前一第二十四及第二十六頁）

母（前一第二十八及第二十九頁）

兄（前一第三十九及第四十頁）

弟（殷契卜辭一百二十八乙）

妹（前二第三十九頁殷契卜辭七百六十九殷虛文字第三十五頁）

鵬案：羅振玉殷虛書契考釋謂「妹」爲地名，並疑即酒誥之妹邦。商承祚殷虛文字類編謂「妹」又借爲昧爽字。然據殷虛文字「貞妹其至在二月」及「乙未帝妹□□□」之文考之，則「妹」又爲女子之稱，疑即兄妹之妹。

夫（前二第二十頁前四第二十五頁殷虛文字第三十八頁二乙）

妻（前四第二十五頁後上第十四頁後下第十頁）

妃（前四第二十四頁）

妾（前四第二十五頁後上第六頁）

姪（前一第二十五頁前四第二十六頁）

兒（前七第四十頁後下第四頁）

女（前四第二十五頁前八第九頁殷虛文字第三十四頁）

子（後下第十四頁）

孫（後下第十四頁殷契卜辭七百三十二）等家族親屬的名字。又尚書微子篇也有「祖」字，盤庚中也有「高祖」「祖」「父」「孫」等名。

第四，殷人的家族觀念已發達。這一因卜辭中習見家（前一第三十頁前四第十五及第四十頁前七第三十八頁後上第二十二頁後下第四十二頁徵文天象一及十二徵文雜事百三十六殷契卜辭七百四十五習拾遺第一頁新三百三十九）字。二因尚書中有這幾段話：

往哉生生，今予將試以汝遷，永建乃「家」。（盤庚）

今我民用蕩析離居，罔有定極，爾謂朕曷震動萬民以遷？肆上帝將復我高祖之德，亂越我「家」，朕及篤敬，恭承民命，用永地于新邑。（盤庚）

微子……曰，父師少師，我其發出狂，吾「家」耄遜于荒，今爾無指告予，顛隮，若之何其!?（微子）

盤庚微子皆以家爲重，尤其是微子，他見到殷室將亡，那種憂鬱煩悶的神情，完全表露在言外。

二殷代的家族是社會組織的單位

卜辭云：

癸未□令旅族□□□（前四第三十二頁）

貞令族衆□□（前五第七頁）

己卯卜玄貞令多子族從虎侯□蔡□王史五月（徵文人名三十二）

貞□多子族令從□□□王史（後下第三十八頁）

王□□令五族伐羊（後下第四十二頁）

所謂「旅」及「多子」，都是族的名稱。我們就這些例子看，如云令某族云云，及令某族從某王侯云云，又如云「令五族伐羊」，可知殷代各種職務的分配是以族爲基礎，而軍事的編制也是以族作單位。

卜辭又云：

貞乎王族衆旋又（案：下缺）（徵文人名五十七）

勿乎王族盤于旋（徵文人名五十八）

貞□□王族（前五第七頁）

「王族」是商朝的王家，他們也自成一族，所以有「王族」之稱。他們是社會的領袖階級，商朝一代的王位，總沒出他們一族。

三商代的家族是一個父系的組織

商代的家族是一個父系的組織，這有兩點可證明。第一、商人傳位皆以男系爲中心。史記殷本紀及三代世表所列商代的君主，共有三十個，都是男的。其他古書，如詩書春秋左傳世本竹書等，也沒提到商代有女主。

第二，商代的政治皆由男子主持。尚書牧誓曰：

王曰，古人有言曰，牝雞無晨，牝雞之晨，惟家之索。今商王受惟婦言是用，昏弃厥肆祀弗答，昏棄厥遺王父母弟不迪。……今予發，維恭行天之罰。

這是周武王發進兵討商王受至牧野下的誥誓。意思是說，女子不應當干政，而商王受竟大行不義，惟婦言是用，所以我（案：武王自稱）要起兵，除掉這背天逆理之人，這是大意。武王生在殷周之際，他以商王受用婦言爲逆理，是商人輕視婦女可知。商人輕視婦女，自然不許婦女干政。所以商代的王都是男的（說已見前），商代的大臣如伊尹（案：前八第一頁及後上第二十二頁均見伊尹之名）咸戊（案：前一第四十三頁見咸戊之名，王國維古史新證第四章疑周書君奭所言巫咸即咸戊）傅說（案：見史記殷本紀）祖己（案：見尚書高宗肜日）祖伊（案：見尚書西伯戡黎）微子（案：見尚書微子）比干（案：見史記殷本紀）箕子（案：見史記殷本紀）等，商代的諸侯如西伯（案：見尚書西伯戡黎）北伯（案：見王國維古史新證第五章引光緒庚寅直隸淶水縣張家窪所出北伯器文）等，也都是男的。

四殷代的家族像一個宗教的組織。

殷人的祖先觀念很發達，因此殷人拜祖先的風氣特別盛，而家族也就很像宗教的組織。羅振玉殷虛書契考釋卜辭第六，依貞卜的事類，分卜辭爲八目，屬於卜祭的有一百零六片，約佔卜辭總數之半。董作賓新獲卜辭寫本後記，又本羅氏體例，分卜辭爲九類，共收集九十九版，屬於卜祭的有二十七版。卜祭之辭這樣多，自然那時祭祖先的風氣很流行。

殷人祭高祖，如云：

癸卯卜□貞□□高祖王亥□□□（後上第二十一頁）

也祭高妣，如云：

癸未貞其□卜于高妣丙（前一第三十三頁）

貞之于高妣己（前一第三十四頁）

祭祖，如云：

貞之于祖乙豕（殷虛文字第四頁，乙）

之于祖丁窡一羊（殷虛文字第五頁，三）

也祭妣，如云：

乙亥子卜來己酒羊妣己（前八第十二頁）

尞于妣乙一牢羅二牢（前一第三十二頁）

祭父，如云：

貞之犬于父甲（前七第二十五頁）

貞之于父庚犬（前一第二十六頁）

也祭母，如云：

貞之于母庚二牛（前一第二十九頁）

母庚牡一（前一第二十九頁）

他們依逆祖先的生日，就要卜祭，如云：

壬戌卜貞王賓示壬翌日亾尤（前一第一頁）

示壬生於壬日（案：白虎通姓名有「殷以生日名子」之文，殆謂殷人取十干或十二支之一爲名），故於壬日卜祭。又如：

辛巳卜貞王賓且辛翌日亾尤（前一第十一頁）

且辛生於辛日，故於辛日卜祭。又如：

癸酉卜貞王賓示癸彡日亾尤在十月（前一第二頁）

示癸生於癸日，故於癸日卜祭。卜祭也有先後差數日的，如云：

丙申卜貞王賓大丁彡日亾□（前一第四頁）

這是提前一日。又如：

丁卯卜貞王賓且己翌日亾尤（前一第二十三頁）

這是提前二日。又如：

丁未卜貞王賓南庚彡日亾尤（前一第十三頁）

這是提前三日。又如：

丁亥卜貞王賓卜壬彡日亾尤（前一第九頁）

這是提前五日。又如：

癸亥卜□貞之于示壬賓（前一第一頁）

這是退後一日。又如：

癸酉卜之于且辛二牛今日用（前一第十一頁）

這是退後二日。但是這種情形，在卜辭中很少見。

祭祀凡以妣配食，殷人的常例，是以妣的生日爲卜日，如云：

丙寅卜貞王賓大乙奭妣丙翌日亾尤（前一第三頁）

這是以妣丙配食，以丙日爲卜日。又如：

辛丑卜貞王賓大甲奭妣辛彡日亾尤（前一第五頁）

這是以妣辛配食，以辛日爲卜日。又如：

癸酉卜貞王賓中丁奭妣癸彡日亾尤（前一第八頁）

這是以妣癸配食，以癸日爲卜日。

用牲祭祀的日子，完全依卜辭所云，所以不一定在卜祭的那一天。卜辭上說在當時，即於當時用牲。如云：

丙辰卜貞康且丁其牢茲用（前一第二十一頁）

甲子卜貞武乙丁其牢茲用（前一第二十一頁）

丙午卜貞文武宗其牢茲用（前三第二十三頁）

卜辭上說在當日，即於當日用牲。如云：

癸酉卜之于且辛二牛今日用（前一第十一頁）

卜辭上說在某月，即於某月用牲。如云：

癸未卜貞賁于□十小牢卯十牛䍧十二月用（前四第七頁）

辛巳卜□貞埋三犬賁五犬五豕卯四牛一月（前七第三頁）

甲戌卜貞之小乙小牢七月（前一第十六頁）

所用之牲，或以馬，如云：

貞□馬于祖（拾遺第三頁十二甲）

或以牛，如云：

寶龜三牛（新三百八十二）

貞燎于□三小牢卯一牛沈十牛（前七第二十五頁）

或以羊，如云：

丁酉卜（案：下缺）妣乙以羊（殷虛文字第七頁十一）

乙巳卜賓貞三羊用于且乙（前一第九頁）

或以犬，如云：

癸卯卜以貞之于父甲犬（前一第二十六頁）

貞之于父庚犬（前一第二十六頁）

有時羊，豕，犬三牲合用，如云：

貞帝□三羊三豕三犬（前四第十七頁）

有時犬，豕，牛三牲合用，如云：

辛巳卜□貞禘三犬燎五犬五豕卯四牛一月（前七第三頁）

酒有時也用作祭品，如云：

己酉卜禰丁丁巳酒（前三第二十三頁）

貞我一月酒二月烟（前一第三十九頁）

用牲的數目，亦由卜決定，故卜辭中常見

乙巳卜賓貞三羊用于且乙（前一第九頁）

貞之于且辛十牢（前一第十二頁）

貞之于母庚二牛（前一第二十九頁）

這一類的話。其數或一，如云：

且乙用一牛（前一第十頁）

母庚用一牡（前一第二十九頁）

或二，如云：

且辛二牛（前一第十頁前二第二十三頁）

母庚二牛（前一第二十九頁）

或三，如云：

且乙三羊（前一第九頁）

母己二小牢（前一第二十八頁）

或五，如云：

大戊五牢（前四第十六頁）

妣庚五牢（前一第二十五及第二十六頁）

或十，如云：

且乙十白豕（前七第二十九頁）

父乙十牢（前一第二十四頁）

或三十，如云：

丁三十牛（前四第三十四頁前五第三頁）

妣庚二十牢（前四第八頁前八第十二頁）

或四十，如云：

壬亥四十牛（前四第八頁）

或一百，如云：

彈百牛（前五第八頁）

第二節　婚姻制度

一殷代的婚制是多妻制

這有兩點可證明。第一，由卜辭考查，知祖乙之配有二：

曰妣己（前一第三十四頁後上第二及第三頁）

曰妣庚（後上第二及第三頁）

祖丁之配有二：

曰妣己（前一第十七及第三十四頁後上第三頁）

曰妣癸（後上第三頁）

武丁之配有三：

曰妣辛（前一第十七及第三十七頁後上第四頁）

曰妣癸（前一第十七頁後上第四頁）

曰妣戊（後上第四頁）

殷代一人有兩三個配，自然殷代的婚制是多妻制。

第二，卜辭曰：

辛丑卜於冂妾（後上第六頁）

可知殷代有妾制。卜辭又曰：

癸丑壬冂妾示癸妾妣甲（案：下缺）（拾遺第一頁八）

殷代有妾制，妾而稱妣，這更足以證明殷代的婚制是多妻制。

揭案：卜辭中有「父甲一牡，父庚一牡，父辛一牡」（後上第二十五頁）及「貞之于父庚，貞之于父辛」（殷虛文字第七頁）之文，一片中列舉三父或二父之名，郭沫若卜辭中之古代社會說是多夫制的表徵，王國維殷卜辭中所見先公先王考謂指諸父（案：包括伯叔父）而言。嚴則以為殷代社會以男系為中心，不會有多夫制存在。姑誌數語，以待佐證。

二殷代已有婚嫁之禮

卜辭云：

乙未帝妹示冂冂（殷虛文字第二十五頁）

這是冒帝妹。又云：

己卯（案：下缺）帝姪（案：下缺）如壬（案：下缺）（前四第二十六頁）

這是冒帝姪。又云：

貞改帝女史冂（案：下缺）从人若从（殷契卜辭一百五十六首）

這是冒帝女。又云：

（案：上缺）庚寅帝好（殷契卜辭一百八十一乙）

這是貞帚好。又云：

壬寅卜其（案：下缺）帚姘（殷契卜辭一百八十四）

這是貞帚姘。又云：

貞帚㛷之子（前三第三十三頁）

這是貞帚㛷。又云：

甲辰卜（案：下缺）帚妹（新五十）

這是貞帚妹。「帚」字於卜辭中假為「歸」字。說文云，「歸，女嫁也」，則帚妹，帚姪，帚女，帚好，帚姘，帚㛷，帚妹等，實含有出嫁之意。然則殷代有婚嫁之禮可知。

三 殷人婚娶有迎婦之禮

卜辭云：

丁亥卜御貞史后七亶（案：下缺）（殷契卜辭六百三十一）

貞御帚好于高（殷文典證一百十三版）

貞御帚好于申（龜甲一第二十二頁）

貞今御帚好（殷虛卜辭第二百七十四版）

己酉御女（殷虛卜辭第九百二十一版）

「御」字據召南鵲巢之詩，意為迎接。然則「御女」意即迎婦，而「御帚好」于某，意即出迎新婦到男家可知。

第三節 繼統法

一 商代傳位或以弟及或以子繼

史記殷本紀曰：

湯崩，太子太丁未立而卒，於是迺立太丁之弟外丙，是為帝外丙。帝外丙即位二年崩，立外丙之弟中壬，是為帝中壬。帝中壬即位四年崩，伊尹迺立太丁之子太甲，……是為帝太甲。……伊尹……褒帝太甲，稱太宗。太宗崩，子沃丁立。……沃丁崩，弟太庚立，是為帝太庚。帝太庚崩，子帝小甲立。帝小甲崩，弟雍己立，是為帝雍己。……帝雍己崩，弟太戊立，是為帝太戊。帝太戊立，……殷復興，諸侯歸之，故稱中宗。中宗崩，子帝仲丁立。……帝仲丁崩，弟外壬立，是為帝外壬。……帝外壬崩，弟河亶甲立，是為帝河亶甲。……河亶甲崩，子帝祖乙立。……祖乙崩，子帝祖辛立。帝祖辛崩，弟沃甲立，是為帝沃甲。帝沃甲崩，立沃甲兄祖辛之子祖丁，是為帝祖丁。帝祖丁崩，立弟沃甲之子南庚，是為帝南庚。帝南庚崩，立帝祖丁之子陽甲，是為帝陽甲。……帝陽甲崩，弟盤庚立，是為帝盤庚。……帝盤庚崩，弟小辛立，是為帝小辛。……帝小辛崩，弟小乙立，是為帝小乙。帝小乙崩，子帝武丁立。……帝武丁崩，子帝祖庚立。……帝祖庚崩，弟祖甲立，是為帝甲。……帝甲崩，子帝廩辛立。帝廩辛崩，弟庚丁立，是爲帝庚丁。帝庚丁崩，子帝武乙立。……武乙震死，子帝太丁立。帝太丁崩，子帝乙立。……帝乙崩，子辛立，是爲帝辛，天下謂之紂。

揚案：史記三代世表以小甲雍己大戊爲大庚弟，殷本紀以爲大庚子。漢書古今人表以中丁外壬河亶甲爲大戊弟，殷本紀以爲大戊子。又漢書古今人表以祖乙爲河亶甲弟，殷本紀以爲河亶甲子；漢書古今人表以小辛爲盤庚子，殷本紀以爲盤庚弟。王國維殷卜辭中所見先公先王續考謂由卜辭考證，商代世系以殷本紀所記爲近。惟王氏考證祖乙爲仲丁之子，而殷本紀以爲河亶甲，則亦有問題。

這是一篇商代世系的記載。爲淸晰眉目起見，茲再列表如次：

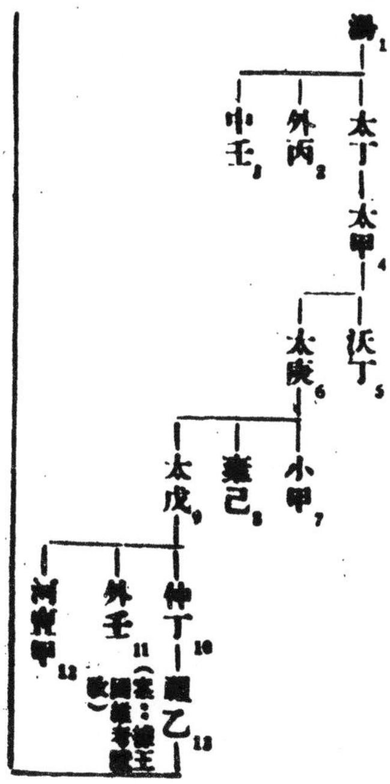

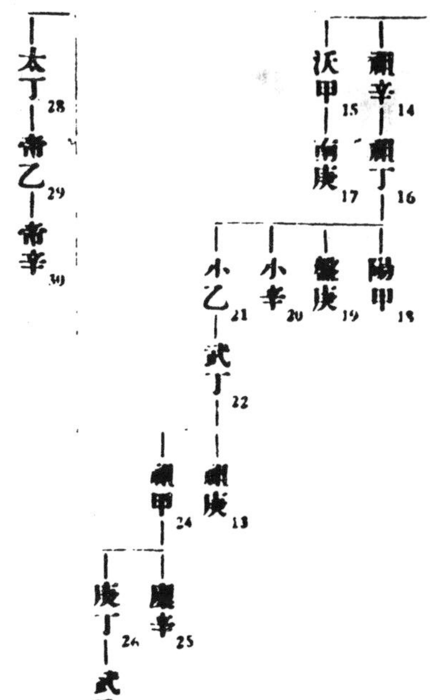

上列三十帝，以帝及兄的凡十三帝，曰中壬，曰大庚，曰雍己，曰大戊，曰外壬，曰河亶甲，曰沃甲，曰南庚，曰盤庚，曰小辛，曰小乙，曰祖甲，曰庚丁；以子繼父的凡十二帝，曰外丙，曰沃丁，曰小甲，曰仲丁，曰祖辛，曰武丁，曰祖庚，曰廩辛，曰武乙，曰太丁，曰帝乙，曰帝辛；以兄之子繼位的凡四帝，曰太甲，曰祖乙，曰祖丁，曰陽甲。

二殷代王位繼承有用卜之制

卜辭曰：

丙申卜王（徵文典禮第一版）

案：此文於同書同版凡四見。

癸未卜王（徵文典禮第二版）

癸巳卜行王（徵文典禮第三版）

（案：上缺）卜王（徵文典禮第三版）

己未卜王（徵文典禮第三版）

癸卯卜王十二月（前五第三十九頁）

卜辭中習見「卜王」之辭，證以昭公十二年傳楚共王卜嗣子的故事，和昭公二十六年傳王子朝對諸侯說這樣的話：

昔先王之命曰，王后無適，則擇立長，年鈞以德，德鈞以卜。

可知卜辭中所謂「卜王」，意思就是卜繼承的王。

三殷人繼承，父母有決定嗣子之權

卜辭曰：

戊午卜王于母庚祐子辟月（徵文帝系第一百三十五版）

這可證母有決定嗣子之權。史記伯夷列傳曰：

伯夷叔齊，孤竹君之二子也。父欲立叔齊，及父卒，叔齊讓伯夷，伯夷曰，父命也，遂逃去。叔齊亦不肯立而逃亡。國人立其中子。

孤竹君欲立叔齊，那伯夷就不肯繼位。這可證父有決定嗣子之權。

四殷代有立嫡之制

尚書微子曰：

微子若曰，父師少師，殷其弗或亂正四方，……父師若曰，王子，天毒降災荒殷邦……。

父師稱微子為王子，這是為什麼？史記殷本紀曰：

帝乙立，殷益衰，帝乙長子曰微子啟，啟母賤，不得嗣。少子辛，辛母正后，辛為嗣。

原來微子是殷王辛的庶兄，因為他的母親不是正后，所以他未得繼位。辛是正后所生，所以辛做王了。

附參攷書目

一　史料

1 羅振玉殷虛書契前編（民一序影印本）

2 羅振玉殷虛書契後編（民五羅氏印本）

3 羅振玉夢郼艸堂吉金圖（民六至七羅氏影印本）

4 王襄簠室殷契徵文附考釋（民十四年天津博物院印本）

5 董作賓新獲卜辭寫本附後記（見民十八年安陽發掘報告第一期，國立中央研究院歷史語言研究所刊行）

6 明義士殷虛卜辭（民六上海Kelly and Walsh, Ltd. 摹寫石印本）

7 容庚殷契卜辭（民二十二年燕京大學哈佛燕京社印本）

8 商承祚福氏所藏甲骨文字（金陵大學中國文化研究所叢刊甲種）

9 林泰輔龜甲獸骨文字（抱古齋藏）

10 姬佛陀戩壽堂所藏殷虛文字（民六倉聖明智大學影印本）

11 葉玉森鐵雲藏龜拾遺附考釋（民十四年葉氏印本）

12 尚書注疏（四部備要本）

13 史記（同文書局影殿本）

二　前人論著

1 羅振玉殷虛書契考釋（決定不移軒排印本）

2 羅振玉殷虛書契考釋（永慕堂印本）

3 羅振玉殷商貞卜文字考（宣統三年玉簡齋印本）

4 王國維古史新證（見民十六年十月國學月報第二卷第八九十合刊王靜安先生專號，北平樸社發行）

5 王國維殷卜辭中所見先公先王考（見觀堂集林卷九）

6 王國維殷卜辭中所見先公先王續考（見觀堂集林卷九）

7 王國維殷周制度論（見觀堂集林卷十）

8 王國維戩壽堂所藏殷虛文字考釋（民六倉聖明智大學影印本）

9 王國維古本竹書紀年輯校（見王忠慤公遺書）

10 郭沫若卜辭中之古代社會（見中國古代社會研究）

11 郭沫若甲骨文字研究（民二十年上海大東書局發行）

12 郭沫若殷周青銅器銘文研究（民二十年上海大東書局發行）

13 聞　宥殷契文字孳乳研究（見東方雜誌第二十五卷第三號）

14 容　庚周金文中所見代名詞釋例（燕京學報第六期單行本）

15 商承祚殷虛文字類編（民二決定不移軒刊本）

16 葉玉森殷契鉤沈（民十八年北平富晉書社影印本）

17 許　慎說文解字（四部叢刊本）

18 陸懋德由甲骨文考見商代之文化（見清華學報第四卷第二期）

19 程　憬商民族的氏族社會（見國立中山大學語言歷史學研究所週刊第四集第三十九四十及四十二期）

20 溫丹銘殷卜辭婚嫁考（見中山大學文史研究所月刊第一卷第五期）

21 林義光論殷人祖妣之稱（見國學叢編第二期第一冊）

22 吳其昌中國家族制度中子孫觀念之起源（見女師大學術季刊第一卷第三期）

23 劉盼遂甲骨中殷商廟制徵（見女師大學術季刊第一卷第一期）

24 長野朗中國社會組織（上海光明書局發行）

哈佛燕京學社北平辦公處出版書籍廣告

燕京學報第二十期目錄　本期爲十週年紀念專號　定價二元

燕京學報第二十一期目錄　定價八角

燕京學報第二十二期目錄　定價八角

燕京學報第二十三期目錄　定價八角

清代東三省移民與開墾

劉選民

漢族東北移民，爲時悠久，燕秦開置遼西五郡[1]，漢武帝元封三年（公曆紀元前一〇八年）更置玄菟樂浪臨屯眞番四郡[2]，兩漢銳意經營，其地方建置與官吏登庸皆與內地無異；民人開墾拓殖，戶口逾百萬，就稠密而言，較湘鄂粵桂黔諸郡猶有過之[3]。其後雖經唐設安東都護府[4]，明置遼東都司[5]，然以異族迭繼崛起，掠擄不寧，移民銳減。明代中葉，遼河流域猶有人口三四十萬[6]；迨明末女眞建國，遼東戰禍頻發，居民徙避，其地遂成甌脫。繼以清初厲行封禁，東北移民，一時挫斷；中葉而後，內地以人禍天災，流民出關覓食，勢若河決，滔滔不可復止矣。

明萬曆間，建州左衛酋目愛新覺羅努兒哈赤崛起長白山麓，征撫環近女眞諸部落，東取渥集瓦爾喀，北收索倫鄂倫春諸部；徵集壯丁，編爲勁旅，以窺中原[7]。及清人入關，鼎定燕京，滿洲八旗大部移入內地，鎮戍諸省[8]，而明代寓居遼東漢民，不堪戰禍，或避徙入關，或遷居朝鮮北境[9]；是以清順治初年，遼東諸地遂成荒蕪甌脫之狀。順治十八年（公曆一六六一年）奉天府府尹張尙賢論遼東形勢曰：

「河[遼河]東城堡雖多成荒土，獨奉天遼陽海城三處稍成府縣之規，而遼海兩處仍無城池，如蓋州鳳凰城金州不過數百人。鐵嶺撫順惟有流徙諸人，不能耕種，又無生聚，隻身者逃去大半，各有家口者僅老死此地，實無益於地方，此河東腹地之大略也。河西城堡更多，人民稀少，獨寧遠錦州廣寧人民湊集，僅有佐領一員，不知地方如何料理，此河西腹裏之大略也。合河東河西之腹裏觀之，荒城廢堡，敗瓦頹垣，沃野千里，有土無人，全無可恃，此內憂之甚者[10]」。

順治末年，其荒涼尙如此，順治初當可臆見矣。

清人陷瀋陽，建盛京，即以遼東殘破甌脫，思有以開拓規復之。天聰六年（一六三〇年）命修蓋州城，移民實之；又令德格類岳托經營，自耀州資界開墾至蓋州南[11]。順治元年

（公曆一六四四年）以荒地無主者分給流民及官兵屯種，有主者令原主開墾，無力者官給牛具籽種[12]。六年（一六四九年）出示曉諭著原住關外遼人歸還遼東[13]。同年，定地方官招集流民法，不論原籍別籍，編入保甲，開墾無主荒田[14]。八年（一六五一年）諭以山海關荒地甚多，民人願出關開墾者，令山海道造册報部，分地居住[15]。十年（一六五三年）遂設遼陽府（附以遼陽海城二縣），頒佈遼東招民開墾條例，其應招之墾民，官給地畝牛種口糧，而招攬民戶者，則勵以官銜。盛京通志記：

「是年定例遼東招民開墾，至百名者，文授知縣，武授守備；六十名以上，文授州同州判，武授千總；五十名以上，文授縣丞主簿，武授百總；招民數多者，每百名加一級。所招民每名口給月糧一斗，每地一晌，給種六升，每百名給牛二十隻[16]」。

墾令既頒，雖稍有應招者[17]，然以戰禍之餘，「民人畏出關如虎」；迄順治末，誠如張尚賢所云：「沃野千里，有土無人」也。

清廷以招墾乏效，遂定遣送流人出關，拓殖遼東[18]。順治間流人發遣多安插於奉天之尚陽堡鐵嶺撫順諸地及吉林之伯都訥寧古塔[19]，以備開墾屯種。時清廷於盛京置有官莊，以供內廷陵寢之需[20]，乃以流人分撥各官莊充壯丁耕種。大清會典事例載：「順治初年……有罪之家所籍入之奴僕，均撥給官莊，以充壯丁」；又謂：「奉天曠土甚多，令府尹廣置官莊，多買牛種，酌量發遣之人，足應差使外，餘儘令其屯種，所收米穀，依時豐歉，照例輸納，設倉收儲[21]」。而所撥流人，爲數甚夥，「且倍於兵」，約在萬五千之衆[22]。

康熙初，羅刹擾邊，乃改撥流人至吉林黑龍江二省，以備邊陲[23]。康熙十五年（一六七六年），發流人數千戶至吉林船廠[24]，二十三年置黑龍江將軍於黑龍江城（今璦琿），以罪犯與披甲爲奴[25]，其後陸續發遣流人至齊齊哈爾墨爾根三姓拉林阿勒楚喀諸處[26]。雍正間，則更北抵索倫達呼爾布特哈等地[27]。時清廷征羅刹，惟恃舟師，初設船廠於吉林烏拉，造艦四千餘艘，撥流人數千戶任水軍[28]，其後繼於齊齊哈爾黑龍江城分駐水師，俱以流人充之也[29]。康熙間發遣至黑龍江省者，遂數千人[30]；就嘉慶而論，每歲至者無慮數百，分隸諸城，計齊齊哈爾約三千餘名，餘城亦千名[31]；所謂餘城者，指呼蘭布特哈（今訥河）墨爾根黑龍江呼倫貝爾等，是則爲數亦在萬人以上。至于發遣吉林者，爲時尤早；順治間已有遣至寧古塔伯都訥者，康熙初，船廠流人衆至數千戶，其後復分發至三姓阿勒楚喀拉林諸地，故其數亦不在江省之下。合三省之數，歷順康雍百年間之繁殖，東三省之流人當在十萬以內也[32]。

康熙初，中原雖漸見安定，而民人苦內地殘破，遂多有出關覓食者。就奉天一處而論，順治末年合奉天錦州二府，不過五千五百餘人，迨康熙七年（一六六八年）則增至一萬六千餘人，殆增數倍[33]。清廷遂懷疑懼，於康熙七年撤遼東招民開墾條例[34]，封禁東三省。其封禁之故，約有三點：一以祖宗發祥之地，恐滿族漢化；一以吉林人參為滿族生計所繫，不欲漢人指染；一以圍場所在，防民人闌入捕獵。

清人視東三省為發祥之地，康熙二十二年（一六八二年）聖祖上諭，即曰「盛京為國家肇基之地[35]」；雍正二年（一七二四年）世宗諭滿人子弟曰：

「我滿洲人等，因居漢地，不得已日與本習相遠，惟賴烏喇寧古塔等處兵丁不改易滿洲本習耳。今若崇尚文藝，則子弟之稍穎悟者俱專於讀書，不留心於武備矣。……將朕所降諭旨及此奏請之處，曉諭烏喇寧古塔等處人等知悉，並行知黑龍江將軍，共相勉勵，但務守滿洲本習，不可稍有疑貳[36]」。

然百年之後，世宗不幸言中，道光六年（一八二六年）上諭曰：

「吉林為我朝根本之地，該將軍等既聽流民潛住……流民初為傭工，繼則漸向旗人佃種田畝；迨佃種既多，旗人咸耽安逸，不知力作，必致生計日蹙，且耳濡目染，習成漢俗，不復知有騎射本藝，積重難返，其害豈可勝言[37]」！

清初有見及此，乃行封禁，俾保滿族騎射慓悍之風[38]。

人參為東三省特產，散處奉天之額爾敏哈爾敏，吉林之烏蘇里綏芬釐拉米瑪延山英額山東山及黑龍江之蒙古爾山等地[39]。明季，女真賴販賣人參，獲利至豐；清初遂設官採掘，監督甚嚴[40]，設有官蔘局，置協領一員佐領二員，以主其事。乾隆三十二年（一七六七年）定每歲應放蔘票一千七百五十二張送交內務府[41]。漢民以人參利厚，三四月間相率入山偷採，九十月纔歸，歲不下萬餘人[42]。清廷百計防止，乃於山海關置大吏一員，佐領八員，驍騎八員，兵三百六十四名，專稽私參，入者處死[43]；於奉天沿岸海口置協領率兵巡緝，其有拏獲私參，報明山東巡撫議叙[44]；復於吉林設卡倫凡百零六處，置兵稽查[45]。防範雖稱嚴密，然仍無法杜絕，尤以泛海入遼東者為最，至是乃有封禁置邊之舉。

清初，東三省設有圍場，略別為御圍，王多羅束圍，鮮圍等，御圍供皇室狩獵，王多羅束圍供內務府採捕應奉，鮮圍供入旗士卒射獵演武，分別置於今海龍輝南東豐西豐一帶，號稱一百零五圍；置有圍場協領一員，坐辦圍場事務協領一員，翼長佐領二員，辦事驍騎校二員，辦事驍騎二員，梅倫驍騎校八員，委官八員，專達兵二百名。復分設卡倫十二處，各置官一員，兵二十名，看守圍場[46]。然以圍場地面遼闊，難以禁絕私越打捕，誠如同治七年（一八六八年）上諭所云：「吉林圍場原爲長養牲畜以備狩獵之用，設堆置卡，封禁甚嚴，乃該處游民借開荒之名，偸越禁地，私獵藏牲，斬伐樹木，迨樹木既盡，又復竄之而他[47]」，清廷遂有封禁之設施。

封禁東三省徙於山海關置官防限，爲效殊微，蓋自海道可登遼東，自蒙地可入奉吉腹裏，故有柳條邊之建置，純爲封禁而設，與明代之設遼東邊牆，可謂背道而馳矣[48]。所謂柳條邊者，乃編柳木爲柵，高數尺，柵外浚濠，深寬丈許，以禁越渡[49]。西南自長城狐子峪起，東北行過廣寧之北至開原，折爲二枝：一自開原東南下，過興京之東，鳳凰城之東南，止於鴨綠江口；一東北上，至吉林城北[50]。除於山海關設官稽査外[51]，柳邊設門二十，各置防禦一員，筆帖式一員，門尉二員，兵三四十名，專司査核[52]，有「私越者，必置重典」[53]。柳邊之創建，順治末年，廣寧至開原一段已略有設置[54]，然徒爲防範應招墾民闖入養息牧牧場等處而已。康熙初，墾民漸增，始於康熙元年（一六六二年）設法庫邊門，置官稽査。及招墾令廢，除於山海關禁民移入外，復以流民自熱河循大小凌河入遼東，乃於康熙十四五年（一六七五——六年）陸續設置白土廠清河九官臺松嶺子新臺白石嘴諸邊門，康熙十八年（一六七九年）又設鳴水堂梨樹溝等邊門，至是自山海關至開原之柳邊，規模粗具焉。其後，流民遂北越遼河入吉林腹地，或泛海入遼東。清廷無已，復於康熙二十年（一六八一年）設自開原至吉林城北之諸邊門，以防流民自蒙地闖入吉林圍場；二十一年，續設自開原至鴨綠江口之諸邊門，以防流民自海道潛入吉林蔘場也[55]。

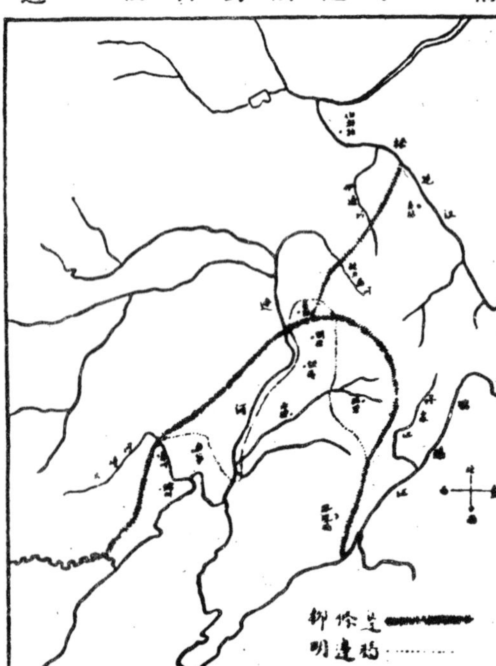

清初柳條邊圖

明之設邊牆，乃防禦女眞兀良哈之剽掠，淸之設柳邊，則僅在乎「限內外」「禁出入」；故明邊牆建築堅固，時加修浚，經時悠久，而淸之柳條邊則設置簡陋，邊吏復疏於巡察，隨而廢頹，是以乾隆初年，柳邊漸壞，形同虛設。乾隆元年（一七三六年）刊之 Description géographique, historique, chronologique, politique, et physique de l'empire de la Chine, par Du Halde 載：「柳條邊設有邊門數處，然晚近多廢頹矣[56]」。乾隆十年，御史和其衷亦曰：「向來各邊，俱編木爲柵，以限內外，以禁越渡。……乃聞近年以來，總理大臣，漫無稽查，該管各員，遂因之怠玩，附近邊門數里，尙有壞柵，離邊門遠稍者，多成坦途，不惟大夥私參易于透漏，亦恐違禁貨物任意出邊[57]」。柳邊既廢，流民出關者徒增，淸廷爲厲行封禁計，遂有勒令寄居東三省漢民歸還原籍之嚴令。乾隆五年（一七四〇年）上諭曰：

「寄居奉天府流民，設法行遣，陸續令回原籍。奏旨情願入籍之民，准令取保入籍，其不情願入籍者，定限十年，令其陸續回籍[58]」。

十五年，流民歸籍期滿，復頒諭曰：

「奉天府流民歸籍一案，今已滿十年，請將不願入籍而未經飭令回籍者，令地方官確查實數，速行辦理；此外有無游手無業，未經驅逐之人，亦確查辦理。並令奉天沿海地方官多撥官兵稽查，不許內地流民再行偸越出口，並行山東江浙閩廣五省督撫嚴禁商船，不得夾帶閒人，再山海關喜峰口及九處邊門，皆令守邊旗員沿邊州縣嚴行禁阻，庶此後流民出口可以杜絕[59]」。

自乾隆五年頒令，定限十年，除置有產業者得編入奉天民籍，及所有商賈工匠傭工爲旗人所資藉者許其居住外，餘概須歸還原籍。山東直隸督撫奉旨轉飭邊門海口，民人如無貿易營運，不得出關[60]。禁赴東三省者徒限於農人，其封禁政策之所在，固可具見矣。

乾隆初，既厲行封禁，非但漢民禁止移入，即漢人罪犯之發遣與乎官吏漢員之簡放，俱著停止。乾隆元年諭：

「黑龍江寧古塔吉林烏拉等處地方，若概將犯人發遣，則該處聚集匪類多人，恐本處之人漸染惡習，有關風俗。朕意嗣後滿州有犯法應發遣者，仍發黑龍江等處，其漢人犯發遣之罪者，應改撥於各省煙瘴地方[61]」。

二十一年又諭，東三省等地不便安插罪犯，以後有應發該處者，著永行停止，改撥他省[62]。自是漢人流犯遂多改撥新疆雲貴兩廣等處[63]。至于東三省官員之簡放，淸初原定滿漢不分，乾隆後始裁漢缺。如盛京五部[64]，侍郎以次，滿漢任之，至乾隆八年（一七四三年）始將漢郎中、員外郎、主事等缺裁汰，專用滿員65。五部之下，隸以奉天府府尹。府尹一職，初不分滿漢，自乾隆十六年（一七五一年）以滿員開列66，尋爲定例67。就乾隆前九十二年間，府尹凡五十二人，內漢缺三十四，旗下漢缺十七，滿缺僅一人而已68；而州縣簡放，知州知縣凡二百九十二人，內漢缺二百四十七，旗下漢缺二十八，滿缺十八69。至乾隆十六年定：「嗣後奉天府縣缺出，專用滿州人員」70。此外，柳邊以外之州縣，亦同時廢罷。雍正間，原於吉林烏拉設有永吉州，寧古塔設有泰寧縣，伯都訥設有長寧縣，俱直隸奉天府尹；自封禁令行，遂裁泰寧長寧二縣，改吉林州爲廳，隸吉林將軍焉。

明末，流賊爲禍，內地殘破，京畿諸省，受害尤烈；繼以清初旱魃大災，饑饉隨之。難民流離，不安於耕，農人生計困憊，已達極點。康熙十八年（一六七九年）內地諸省大饑，流民四處覓食，蝟集京師。翌年二月，諭以設法救濟安插71；是年四月，遍置粥廠收容，而四方流來京師者益衆，窮於處置72。流民聚於京畿，鮮有歸還原籍者，其流出關外，蓋勢所使然，清廷既無以其善後，亦惟有默許之而已。自康熙三十年（一六九一年）至四十年（一七〇一年）間，山東山西直隸京畿諸處迭次大饑，尤以山東爲烈73。乾隆八年（一七四三年）天津府河間府等地大旱，流民自山海關喜峰口古北口出外覓食，見阻於關吏，高宗憫恤難民，密諭關吏放流民出口74。翌年，山東河南天津災民復大批出關75。天災而外，賦役額苛與乎戶口繁殖亦爲移民之副因。清初承明季賦役之疲弊，農民已呈涸竭，及漕運賦役繼起，遂益見困窮；小農借貸週轉，卒陷破產，而田畝淪入土豪地主之手。康熙二十三年（一六八四年）上諭：「今見山東人民逃亡畿京近地及邊外各處爲非者甚多，皆由地方勢豪侵佔良民田產，無所倚藉，乃至如此」76。迨康熙末年，生計漸見安定，而生產力亦日增，戶口因而繁殖，農村人口過剩，不待凶年，遂有離鄉覓食，漂流各處，山東地狹民稠，其例尤著。康熙五十五年（一七一六年）上諭曰：「今太平已久，生齒甚繁，而田土未增，或有言開墾者，不知內地實無開處，今在口外種地者甚多」77。乾隆之際，號稱昇平，人口更見稠密，而高貸利肆虐，農民轉於溝壑，流民出邊，爲勢之所趨也。

出關流民，多自直隸山東山西諸省，尤以山東一省爲夥。康熙十八年諸省大饑，山東被災最甚，安丘縣粟價飛騰，民人扶木括草以爲食，賣妻鬻女，十有五六；長山平原諸縣，亦饑亡載道78。四十二年，聖祖南巡所見，新泰蒙陰沂州剡城等處黎民，被災甚苦79。是年，以濟南府所屬海豐利津嘉化，兗州府所屬甯陽滋陽泗水金鄉單縣鄆城曲阜費縣等地歉收，著免錢糧；又以東平新泰蒙陰沂州萊蕪受水災，亦免錢糧[80]。山東天惠稀薄，地瘠民稠，出關流民，佔其泰半。榮成縣志載：「地瘠民貧，百倍勤苦，所獲不及下農，拙於營生，歲歉則輕去其鄉，奔走京師遼東塞北[81]」。康熙五十一年（一七一二年）上諭謂：山東民人往口外墾地者，多至十數萬[82]，其爲數之衆可見矣。

康熙初，雖於山海關及建柳條邊，禁流民入遼東，遂多有自喜峰口古北口入蒙地耕種者。康熙二十二年（一六八二年）有禁口外種地漢人娶蒙婦之諭[83]。三十七年（一六九一年）南懷仁隨欽差大臣入蒙古，道出喜峰口，途經喀喇沁翁牛特巴林烏珠穆沁諸旗，至喀爾喀東臣汗部。其遊記所載，謂喀喇沁旗有土屋墾田，西遼河附近有漢戶五十；又謂翁牛特旗土地饒沃，不少田畝[84]。五十一年上諭；僅就山東一省，移入蒙地者達十餘萬，其自山西直隸入蒙者，尚無統計。其移民之夥，遞增之速，由於蒙古王公貪圖租利，招誘流民開墾。高宗聖訓載：

「康熙年間，喀喇沁扎薩克等地方寬廣，每招募漢人，春令出口種地，冬則遣回；於是蒙古貪得租之利，容留外來人民，迄今多至數萬[85]」。

清廷以蒙地流民日增，懼因而潛入東三省，康熙十八年間，遂設有山海關至開原之柳邊；二十年，又建開原至吉林城之柳邊，以防流民竄入。又定流民入蒙開墾之法，須先行領取印票，年限八百張[86]。雍正元二三年間（一七二三——一七二五年）陸續設古北口張家口歸化城三同知，稽查口外漢民，造册報部，以資杜漸防微[87]。然以邊吏怠惰，印票竟成具文[88]，流民入蒙，其勢有增無減也。

康雍間，流民耕種蒙地，初猶限於沿柳邊之喀喇沁土默特諸部，繼而北向蔓延西遼河流域之翁牛特阿魯特科爾沁諸部，至乾隆初，則更伸入哲里木盟之郭爾羅斯科爾沁諸旗，尋越柳邊而入吉黑腹地，於是流民遂有假道蒙古源源移入東三省者。清廷深感其弊，一面禁民出口，一面劃出毗連柳邊之開墾地界，以杜潛越。乾隆十五年（一七五〇年）飭沿邊州縣官吏，嚴禁流民出喜峰古北諸口[89]。三十七年，又頒禁止出邊開墾蒙古地畝令[90]。嘉慶十一年（一八〇六年）議定私募開墾處罰條例，禁蒙古各旗扎薩克王公台吉等私招漢民開墾，違者罰俸革職；租地之漢民則處以徒刑，並解回原籍[91]。爲防範流民東漸計，特於哲里木盟與奉天吉林柳邊毗連一帶，劃出開墾地界，許其耕種居住，嚴禁越界開墾，違者嚴懲。嘉慶五年（一八〇〇年）於郭爾羅斯前旗，東自穆什河西至巴延吉羚克山二百三十里，南自吉林伊通邊門北至吉住舖一百八十里，劃爲開墾地界[92]。十一年，於科爾沁後旗昌圖額克地方，東自吉林柳條邊西至遼河一百餘里，南自威遠堡柳條邊北至白水塔河約四十五里，劃爲開墾區域[93]。十七年，又於該部東自蘇巴爾漢河至西遼河一百二十里，北自太平山南至柳條邊五十二里，劃爲開墾地[94]。以上各設通判一人稽查，不許續增一畝一戶，如有越界私墾者，按私募開墾條例治罪[95]。至于原有耕種居民，設若驅之口內，勢必流離失所，亦非地方之福，乃姑爲設官治理，以防續增；除由理藩院派遣同知通判駐劄蒙地外，復擇當地良善爲鄉長總甲牌頭，以協稽查。每歲春秋二季，將所屬種地漢民戶籍田畝，製成清册，呈報各司員州縣，另一部存部統衙署，隱匿不報者，照私募開墾條例治罪[96]。清廷防範，雖稱周密，然爲效殊微，觀乎嘉慶道光二朝上諭，屢有切責蒙地員司，奉行不力，以致某處越邊開墾，某處續增若干戶若干畝等語。咸豐而後，中原多故，內憂外患，不暇兼顧邊陲，且以封禁令弛，呼蘭諸處次第開放，而流民遂漸少假道蒙地者矣。

此外，尚有自海道登遼東或自山海關混入者。雍正十一年（一七三三年）於金州置寧海縣，於復州義州設知州學正吏目諸民官[97]。翌年增設奉天理事通判二員，一駐奉天府蓋平縣，轄海蓋復金四州縣；一駐錦州府錦縣，轄寧廣義錦四州縣[98]。其設縣治置民官，皆在遼東半島沿岸，足徵流民泛海登陸甚衆。自山海關混入者爲數亦屬不少，乾隆八九年間，京畿諸省大饑，流民大批結夥出關，十一年上諭，責奉天府府尹嚴備疏於防範，致出關者衆至數萬人[99]。自康熙二十年至雍正十二年（一六八一——一七三四年）之五十餘年間，奉天戶口增加一倍，而耕種地畝則增八倍強[100]。奉天墾地既見稠密，流民勢必越柳條邊潛入吉黑諸地。雍正四年（一七二六年）上諭有「船廠等處開墾地畝，禁止旗民互相典賣」之語[101]，可見是時已有流民雜居吉林諸處。同年於船廠設永吉州，於寧古塔設泰寧縣，於伯都訥設長寧縣，置民官治理[102]；並奏准：「寧古塔船廠等處設立州縣，打牲烏拉船廠新設知州兼轄管理；其拉林河等地畝不准開墾，交與伯都訥知縣嚴行禁止[103]」。是知雍正年間，吉林城寧古塔伯都訥打牲烏拉拉林諸處已有流民潛居耕種者矣。

乾隆初，柳邊廢弛，流民出邊者更夥。除邊門附近尚有壕柵，離門稍遠，多成坦途。黑龍江述略謂「乾隆中葉，游民絜家闖出者，已不能驅之復入[104]」。乾隆二十七年（一七六二年）遂頒寧古塔等處禁止流民條例：

「乾隆二十七年定寧古塔等處禁止例。凡寧古塔地方開檔家奴及官莊年滿，除入民籍人等係世守居住，不能遷移者，令照舊種地納糧；其本年查出寧古塔流民、安插吉林烏拉伯都訥等處，將丈出餘地撥給耕種，入籍納糧。吉林烏拉伯都訥種地流民，編入保甲，入册交糧。嗣後倘復有流民潛入境地者，將看守邊門官員嚴參議處」[105]。

然流民移入之勢，非一紙具文所能止。吉林外記：「吉林土著民人甚少，而外來者謂之抱腿兒，大抵永平府屬山東人居多」[106]。可見吉林居民大多來自內地。乾隆三十四年（一七六九年）查出阿勒楚喀拉林新來流民二百四十戶，嘉慶間，吉林廳新來流民一千四百五十九戶，長春廳六千九百五十三戶[107]。此項流民更北沿松花江、蔓延黑龍江省南境[108]。嘉慶九年（一八〇四年）黑龍江將軍那彥成有「內地民人有來黑龍江貿易者准其攜眷居住」之語[109]，其潛入之夥可概見。

乾隆末，柳邊既廢，民人源源流出。四十一年（一七七六年）頒諭再事嚴禁：

「盛京吉林爲本朝龍興之地，若聽流民雜處，殊於滿洲風俗攸關。但承平日久，盛京地方與山東直隸接壤，流民漸集，若一旦驅逐，必致各失生計，是以設立州縣管理。至吉林原不與漢地相連，不便令流民居住，今聞流寓漸多，著傅森查明辦理，並永行禁止流民，毋許入境」[110]。

然嘉慶初，流民出邊之勢，並不因之稍抑，反而愈聚愈衆，嘉慶八年（一八〇三年）上諭曰：

「伊〔高堪額〕於關外路上見出關民人，或係雙身，或攜眷屬，紛紛前往傭工貿易，緣關外地方，傭趁工價比內地較多，若遇邊災年分，山東直隸無業貧民均赴該處種地爲生，漸次搭蓋草房居住，是以愈聚愈衆」[111]。

流民移入之數既衆，設依旨概行驅逐，勢必流離失所，無法安插，與其任令私墾偷種，既干禁令，復難治理，於是地方官吏乃有奏請「准流民將私墾地畝升科入册」者，爲朝廷嚴旨申斥，頒諭厲行封禁。嘉慶十六年（一八一一年）上諭：

「嘉慶十六年諭，戶部奏覆吉林將軍賽冲阿查奏伯都訥流民納丁入册一摺，……內地流民出口私墾，本干禁例，迨人數衆多，難以驅逐。閱數年查辦，仍懇請編丁入戶，不過以此後申嚴例禁，令不得再有私墾爲解。該將軍等視同具文，並不實力查辦，殊非清源節流之道，著通諭直隸山東山西各督撫，轉飭各關隘及登萊沿海一帶地方，嗣後內地民人有私行出口者，各關門務遵照定例實力查禁。若有官吏互相容隱，私行縱放，一經查出，即據實參處；如此各省關禁，一律申明，使出口之人漸少，則私墾之弊不禁自除[112]」。

然道光六年（一八二六年）竟於吉林省舒蘭霍倫等處，查出流民一千餘戶，男婦老幼共五千數百名[113]，其勢未肯稍減；於是朝廷姑爲設官治理，以防續增，而地方因之開發，商賈傭工相繼而至。東三省之開放設治，遂如怒箭在弦，有不得不發之勢矣。

下文將論東三省開放之源起與漢民移墾之實況。爲明其淵源計，試爲補述淸代東三省之土地制度。原東三省之地畝，就其土地性質而言，可大別爲五類：曰皇產地，如戶、禮、工、三陵等官莊；曰官有地，如內務府官莊，官兵隨缺地，伍田地，臺站丁地，駐防莊屯地；曰私有地，如王公莊田，旗田及普通民地；曰公有地，如廟地，義田，學田，善堂祠堂地等；曰蒙地，包括哲里木盟之科爾沁郭爾羅斯扎賚特杜爾伯特諸旗。爲便於敘述計，按其開墾沿革，別爲旗人屯地與民人開墾地。所謂旗人屯墾地者，指戶、禮、工、三陵、內務府等官莊，王公旗丁之地畝，駐防官兵隨缺地、伍田地、臺站丁地、駐防莊屯等；民人開墾者則指原有陳民地，私墾淸丈升科地，各項開放地及蒙地。至于公有地，爲數甚微，不及備述。

淸順治間設盛京戶禮工等部，即撥給地畝，派遣壯丁耕種，以所收供各部之需。戶部官莊設於盛京興京撫順遼陽遼中海城蓋平鐵嶺法庫新民彰武諸處，凡百一十六所，三十二萬二千三百一十畝；禮部官莊設於遼陽撫順岫巖盛京興京柳河通化諸地，凡四十二所，五萬四千八百零四畝；工部官莊設於海城岫巖本溪開原鳳凰城遼陽牛莊錦州等處，共三十四所，六萬三千八百五十三畝；三陵官莊設於昭陵、福陵、永陵附近，共二十一萬八千零五十六畝；內務府官莊乃以明末無主皇莊充之，分設於興京盛京開原遼陽等地，乾隆十年增至七十一所，約五十七萬四千八百二十畝；總計官莊地畝達一百二十三萬三千八百五十三畝[114]。

旗田之設，由於淸人入關前，以關外土曠人稀，乃以滿洲八旗分地屯種[115]。天聰間，於廣寧東西閭陽驛，備牛種農具，令牛彔率步卒屯田。崇德五年（一六四〇年）令官兵於義州築城開屯[116]。順治五年（一六四八年）因地瘠糧不足支，展邊開墾，移旗丁於鐵嶺承德遼陽錦州諸處，定八旗官員家丁，每各給地三十六畝[117]。康熙十八年（一六七九年）以丈出奉天民人私墾成熟地畝，東自撫順西至寧遠州，南自蓋平北抵開原之三十二萬九千四百四十九頃三十畝，撥二十七萬六千二百二十二頃八十畝作爲旗地，畀新滿洲（指留居東三省之滿族）屯種[118]。

就乾隆間之記載：奉天省旗地凡六百二十七萬五千八百三十八畝[119]，吉林省旗地六百三十三萬七千三百六十畝[120]。黑龍江省無旗田之設，惟康熙二十二年以後，以俄羅刹故，始設莊屯，其制與旗田異。

清人鼎定北京，以內大臣留守盛京，設兵駐防三省諸處；各城官員兵丁酌給地畝，以資贍養。例於半餉之外，撥予熟地若干，作爲隨缺地。乾隆三十一年（一七六六年）定協領五十晌，佐領四十晌，防禦三十五晌，驍騎校三十晌，領催二十晌，兵丁十六晌，曠缺應官之地，即行撤回。合奉吉二省，官兵隨缺地達二百七十六萬二千七百八十二畝[121]。而駐防八旗附設有牧馬廠，設壯丁餧養，乃撥給壯丁地畝墾種，名之曰伍田，僅設於奉天，約三十一萬一千九百十一畝[122]。至于所謂站丁地者，清初即有二十六驛站，二十七邊臺，常馳報差使者曰站丁，任巡查柳邊者曰臺丁，筆帖式領催等官，各撥荒地五十晌，而正丁餘丁各撥十六晌，共約六十三萬三千四百三十畝[123]。至于駐防莊屯，以康熙間羅刹之役，為陲猶虛，乃有設官屯之議。康熙二十二年（一六八四年）遣兵戍黑龍江城（今璦琿）屯田，是爲江省屯墾之始[124]。二十五年，命索倫達呼種黑爾根地，令盛京官兵耕種黑龍江城地，戶部遣員監督[125]。乾隆二年（一七三七年）設呼蘭莊屯，令盛京將軍選習耕稼八旗壯丁四百，攜眷前往屯墾；每壯丁撥地六十畝，十丁爲一莊，凡四十二莊，酌予月糧牛種草房[126]。乾隆間，陸續增設齊齊哈爾吉林等處莊屯，共設二百二十七所，壯丁二千二百四十六名，墾地達三十萬三千八百三十三畝[127]。

以上旗人屯墾地已略述其梗概，至于民人開墾地，則以清廷忽而招墾，忽而封禁，其制至爲繁雜，名目紊亂，爲之目眩。茲略述其變遷沿革，以明[illegible]開放之源起。順治初年，遼東招墾，其開墾之地畝，自順治十五年起科；至康熙初撤招墾令，二十二年遂以奉天起科地入册，是爲紅册地[128]，時原額新增地僅三十一萬二千八百五十九畝餘[129]。其附麗於紅册地者，則有旗民隨帶地。清開國初有所謂「帶地投誠」者，即民人帶地投入旗下。康雍間，多有復歸民籍，其出旗之際，地本屬民有者，許其攜帶出旗[130]。至于旗內開戶人（即旗籍止戶之奴僕自創一戶冒入旗籍者）亦准其帶地出旗[131]。出旗以後，其地即按民人升科地例起科，注入紅册。「紅册地」而外，有所謂「餘地」，乃旗丁民人私墾紅册地傍之地畝。雍正十二年，丈出蓋平界內餘地六萬餘畝，是爲「餘地」名目之始。清廷遂令旗民自首，將餘地報官，升科移入紅册[132]。迨至乾隆三十年（一七六五年）始以「餘地」之名起租。是年丈出旗人餘地三十三萬六千一百晌，民人自首餘地七萬四千七百晌[133]，分別按差徵租，是即所謂「額徵民人餘地」也[134]。乾隆間，流民潛入私墾者漸衆，清廷一面申令嚴禁，一面令流民以私墾地自首，按「首報私開地」[135]名目升科；至于隱匿不報者，則定加賦懲罰之例，名其地曰「額徵加賦餘地」[136]。此外尚有一項餘地，名曰「民典旗餘地」，即旗人餘地典賣與民人者。就乾隆三十年，丈出旗人餘地三十餘萬畝，五年後，典出者四萬二千餘畝[137]；朝廷以其地本屬官有，乃改令民人承種，按則輸租，而產生「民典旗餘地」之名目。

旗人地畝，非但餘地多有出賣，即原額紅册地亦陸續典與民人者。蓋以旗人素習騎射，不慣耕稼，初而誘流民佃種，坐收租利，耽享安逸[138]；及年月既久，戶口漸增，餉額有定，習於奢華，絀於撫術，生計日見困蹙，遂以旗地抵押，向佃民借貸，因而淪為民地，甚或逕出典賣。雍正二年（一七二四年）乃下諭禁止[139]。七年，又頒旗人不交產例：

「八旗地畝原係旗人產業，不准典賣，向有定例，今竟有典賣與民者，但相沿已久，著從寬免其私相授受之罪。各旗務將典賣之地，一一清出，奏請動支內庫銀，照原價取贖，如逾限不贖，不論本旗及別旗人，均准照價承買」[140]。

清廷既以內帑代贖，適足以助長旗人仰賴之性。乾隆三十四年（一七六九年）改定官代取贖，而於十年內陸續扣該旗人俸餉抵償[141]。三十八年，就孝天一處，待贖旗地達十二餘萬畝[142]。終乾隆之末，一面屢申嚴禁，一面籌議取贖；然旗人惰性習成，以有限之財帛，填無底之溝壑，於是清廷不得不另謀防止之道矣。

清人以東三省地畝，流民私墾地日增，而旗人地畝多出典賣，勢盡歸漢民之手，封禁徒具空名，乃有京旗移墾東三省之議，以謀抵制。乾隆初，御史舒赫德[143]、范咸[144]、梁詩正[145]等奏議，以京畿閒散旗人日增，既謀生乏術，復浪費成性，不若使之移墾東三省，以實根本，而杜私墾之弊。乾隆六年（一七四一年）遂定移京旗屯墾吉林省拉林阿勒楚喀等地。九年，移京旗閒散七百五十名，翌年又撥二百五十名。自二十年（一七五五年）至二十四年（一七五九年）陸續移京旗二千名[146]。官備治裝銀兩、口糧、草房、牛種，然結果旗人不耐耕作，相率逃回京旗等處[147]；而其地畝，則「始而僱流民力田，久之多為民有」[148]。乾隆三十四年查出拉林阿勒楚喀流民二百四十二戶，其成效可見，是年遂裁汰移墾之舉。

乾嘉之交，流寇蜂起，及其救平，國庫大耗，而八旗生計，益見艱重，宗仁乃決意再事移墾京旗[150]。十九年（一八一四年），將軍富俊奏准拉林試墾章程，富俊鑒乾隆間移墾之失敗，故首以奉天吉林旗下漢人代墾，十年以後，地畝成熟，始撥京旗移住[151]。富俊勘公拉林西北雙城堡荒地九萬餘晌，撥奉天吉林旗下漢人三千戶爲屯丁，每丁給地三十晌[152]。道光元年（一八二一年）宣宗以代墾瞬屆十年，令自道光四年起，每年移三百戶，以湊三千之數[153]。是年，將軍富俊又奏請籌開伯都訥屯田[154]，道光四年裁准[155]。富俊以雙城堡代墾屯丁由各據勉強撥派，致多潛逃，遂改定漢民充佃戶，惟令四人聯保，以防典賣旗產。道光五年（一八二五年）詔墾佃戶一千一百二十七戶，分撥爲四十二屯；六年，九百十七戶，撥爲三十一屯；七年，一千五百五十六戶，撥爲四十八屯，共計三千戶，一百二十屯[156]。惟雙城堡伯都訥移墾結果，殊出乎清廷之熱願。雙城堡原定容納京旗三千戶，每年移駐二百戶，實則道光二年移者二十七戶[157]，三年五十三戶[158]，四年五十八戶[159]，五年七十四戶[160]，六年一百八十九戶[161]，七年八十五戶[162]；以上合計不過四百八十七戶，與原定相去尙遠。至于伯都訥招民代墾，雖已漸次成熟，惟清廷迄未撥遣京旗移駐；蓋以道光承嘉慶之虧耗，財政窘迫，鴉片役起，中原多事，移墾之舉，乃行擱置，而墾地遂歸民有。八旗旗田既相率典賣，而京旗移墾復徒勞無功，更以強隣覬覦，邊陲告急，招民開墾之議遂沛然而興，雖頑固重臣猶欲堅持封禁之策，然以時勢所迫，不得不趨向開放之途矣。

道光際，鴉片戰敗，清廷積弱暴露，俄皇尼古拉一世，任木里斐岳福爲西伯利亞東部總督，窺覘黑龍江流域。時中原外有英法聯軍之煎，內有太平天國之迫，遂爲俄人所乘，以咸豐八年璦琿條約與十年北京俄約，喪黑龍江以北烏蘇里江以東之地；於是東三省形勢岌危，朝野臣工遂多有奏請開放招民實邊者。咸豐四年（一八五四年）黑龍江將軍奕格奏請出案招佃開墾，以實邊陲。七年，御史吳焯復奏以黑龍江呼蘭城迤北地方，荒原百餘萬晌，平坦肥沃，奏請招民開墾。清廷遂命黑龍江將軍派員查勘具奏[163]，是年六月將軍奕山奏覆，謂自綽羅河起至通肯河止，可墾地凡百二十萬餘晌，請撤封禁，招民開墾，以裕度支[164]。然朝廷反對開放者，輒以「有礙旗人生計」爲辭[165]，更以英法聯軍之逼迫，清廷無暇兼顧，遂行擱置。十年，北京中俄約成，喪地千里，邊患益切；黑龍江將軍特普欽奏請開放呼蘭，其說有四：一曰充實邊陲，以禦俄人；一曰安插流民，以杜私墾；一曰招墾徵租，以裕俸餉；一曰封禁參珠，不若放墾之有益民生[166]。然其足動朝聽者，厥爲江省俸餉之籌解；蓋是時國庫困窘，已達極點，而東三省俸餉素仰給內地，初由京師戶部關領，軍興後則由各省撥解，遂至拖欠無常[167]。自咸豐二年（一八五二年）太平軍興，至光緒十三年（一八八七年）之三十五年間，江省拖欠俸餉達二百七十餘萬兩[168]。積欠既久，將士枵腹從公，而外患日亟，兵少差繁，竟視披甲為畏途[169]。是以特普欽之奏議，更側重俸餉之籌措；謂該處共有開荒百二十餘萬晌，開墾之初，令交押荒租錢每晌二吊一百文，五年後，按年起租，每晌六百六十文，即以十萬晌計，每年可收六萬六千吊，值銀二萬六千兩，若以百二十萬晌計，則徵租達三十一萬二千兩，足敷江省全年歲額俸餉之用[170]。

清廷以內地軍餉尚感困乏，無力兼顧邊省，遂納特普欽之議[171]；然以是年英法聯軍陷京師，文宗蒙塵熱河，翌年七月崩於行宮，開放之議，遂被擱置。同治元年（一八六二年）特普欽重申前議，並謂是時呼蘭流民積至四千餘名，私墾地達一萬五千餘晌，既難悉行驅逐，又苦於無法安插，與其任令流民私墾，不若開放徵租，以充俸餉[172]。是年十二月，清廷遂明令「允特普欽奏招墾黑龍江荒地[173]」。至于吉林省地畝，將軍景淳等於咸豐十一年援案奏准開放該省西北部拉林河流域一帶，自是而後，始陸續開放東三省諸荒矣。茲為便於敘述計，以地域為經，以年代為緯，分述其放墾設治之沿革如次。

一　黑龍江省之放墾

江省地處北僻，處處與強鄰接壤，洎雍正乾隆間於黑龍江城墨爾根齊齊哈爾呼蘭諸處設立官莊，為邊境興屯之嚆矢；時猶封禁綦嚴，故流民潛入晚於吉林省。迨咸豐末，將軍特普欽奏准開放呼蘭所屬蒙古爾山等地，始為東三省弛禁放荒招民實邊之啟端，其後諸荒援案開放，關係至巨。光緒二十九年（一九〇三年）副都統程德全承命辦理荒務，會同將軍達桂陳請變章，概行開放，其效益著。然以地處偏鄙，開放地域僅限於江省南部：曰呼蘭河流域，曰通肯河流域，曰嫩江流域。

甲　呼蘭河流域

呼蘭河位於江省南部，注入松花江；其地饒沃，氣候適宜，且不患氾濫，故開墾至早。乾隆初於呼蘭設官莊，嘉道二朝，江省諸城賴以接濟[174]。嘉慶初，漸有流民潛入，至咸豐時，移入者更夥[175]，其勢浸出江省旗戶之上[176]。咸豐十年於呼蘭城屯附近查出流民二千五百餘名，私墾地達八千餘晌。同治元年於大荒溝等處查出流民四千一百餘名，私墾地達一萬五千餘晌[177]。此外尚有所謂「八旗老圈牛力地」「八旗牛力地」等名目，俱屬旗地私招流民墾種者。咸豐末，八旗老圈牛力地逹四千五百餘晌，而八旗牛力地則二萬三千餘晌[178]。咸豐十年既奏准開放，遂勸令上項私墾地畝首報升科，並制有「呼蘭放荒章程」，其法每方里估計毛荒四十五晌，以七成作三十一晌五畝徵租，每晌應交押荒租錢二吊一百文，五年後，每晌歲納大租六百五十文[179]。翌年，巴彥蘇蘇等處放出毛荒七萬六千八百餘晌，先後徵收壓租錢計銀二萬八千八百餘兩[180]。同治元年，特普欽奏謂「自招墾以來，農民日漸增多，現核計已放墾地十四萬晌，招民二千一百餘戶[181]」。淸廷以墾民日增，是年乃於巴彥蘇蘇置呼蘭廳，設民官治理焉。

呼蘭地方既設民官，漢民不復隸呼蘭城守尉管轄；又以取締旗人私墾地畝，旗人驟失租利，反對開放之議遂復囂然。同治六年（一八七六年）冬，德英就江省將軍，翌年八月奏請停止開放，謂「呼蘭招墾新荒，績頗未能踴躍，擬請暫行停放，以杜流弊，而裕旗丁生計[182]」。時朝廷附德英者頗有其人，同治十年竟從其議。呼蘭雖停放新荒，然江省俸餉仍乏籌措之道，且禁民開墾，私墾轉增，則有礙封禁。同治十二年（一八七四年）豐紳繼任，即於光緒三年（一八七七年）重申開放之議，並請於呼蘭設旗屯，安插京旗，以維旗人生計[183]，淸廷許之。光緒六年，巴彥蘇蘇放出毛荒三萬四千八百二十八晌，而京旗移墾則一無所成[184]，遂專事放荒招民開墾焉。茲將其放墾經過表列如次：

地段	年代	查出熟地	放出荒地	備考
呼蘭城	咸豐十年	八·〇〇〇晌		旗招民墾
	同治元年至十三年	四六·三九九		民墾
	光緒元二年	二四四·三二五		民墾
	光緒六年	九〇一	三七〇	民墾
	又	一一五		民墾呼蘭秦穆兩界
	七年	一三·七七五	一三·五一九	民墾
	又	六·〇二六	一·〇三三	民墾呼蘭秦穆榆樹溝青界
	八年	一四·三五〇	一二·三三〇	民墾
	又	八·六二五	二六六	民墾、札喀鑲旗五台站
	十九年	三八·〇六五	八〇·九二五	民墾
	二十三年	七一·二〇〇	一二·三〇〇	民墾
總計		四五一·七七七	一一九·七四一	共五七一·五一八晌
巴彥蘇蘇	咸豐十年	一五·〇〇〇		旗招民墾，大[illegible]溝
	十一年	一四〇·〇〇〇		旗招民墾
	咸豐十一年至光緒六年	二五四·三三三		民墾
	光緒六年	八九·六七三	三八·五三三	民墾
	七年	七·七四九	一一·四四八	民墾
	九年	五·八六八	二六·一一二	民墾
	十八年	一二·九三〇	一〇·四一〇	民墾
	光緒十七年至二十一年		八〇·九二五	民墾
	二十一年		五八	民墾

三十一年	一・二三七		民墾
三十二年	三・七八八		民墾
三十三年	八三八		民墾
總計	五三一・四一六	一六七・四八六	共六九八・九〇二晌
同治四年	二五・八〇〇		民墾
光緒四年	三三・四七六		京旗民佃
又		三三・七四四	旗招民墾
又	四三二		民墾
五年	四・一〇三		京旗民佃
七年	二一・〇〇〇	三三・七四四	京旗民佃
十七年	七〇	一〇・〇〇〇	民墾
二十年	七・一九二		京旗代墾
二十一年	一六・四三〇		京旗代墾
又	二・六二一	七九七	民墾
光緒十七年至二十一年		二七・四〇七	民墾
總計	一〇一・一二四	一〇五・六九二	共二〇六・八一六晌
共計	一・〇八四・三一七	三九二・九一九	共一・四七七・二三六晌

[185]

自上表觀之，呼蘭河流域之放墾，以呼蘭城巴彥蘇蘇北團林子三處爲中心。其招墾以前，該處至爲荒蕪，康熙二十二年設黑龍江將軍，僅於該地置卡倫八處，雍正十二年始置呼蘭城，設兵駐守。迨咸豐末開放而後，以墾民日衆，亟須設民官治理，同治元年即於呼蘭城設廳，置同知巡檢，三年移治巴彥蘇蘇，光緒十一年又於北團林子添設綏化廳，置理事通判。黑龍江述略記光緒初放墾情形曰：「三城相望，沃庶富饒，商賈因之輻集，漢民居戶不下十有餘萬，尤以呼蘭廳城爲最」[186]。光緒三十一年遂升呼蘭廳爲府，還治呼蘭城，而於舊治設巴彥州，並分巴彥呼蘭境添設木蘭蘭西二縣焉[187]。

乙　通肯河流域

咸豐十年特普欽奏請開放呼蘭，曾以通肯荒地同時入奏，其後德英有再禁呼蘭之議，將軍安定遂於光緒六年奏請禁通肯而開放呼蘭[188]。十年，京旗移墾呼蘭之際，將軍文緒負主封禁其地，故是年上諭有「克音通肯團墳墾荒，既據查明流弊甚多，即著永遠封禁」之語[189]。十二年四月，恭鏜繼文緒爲江省將軍，翌年復奏請開放通肯，上「籌辦開墾黑龍江省邊瀕之呼蘭所屬通肯地方事宜疏」：謂封禁之論有五，而開放之利有十，內四欵皆以江省俸餉爲言[190]；然梗於「有礙旗人生計」之說，擱置未議。十五年將軍依克唐阿重申論之[191]，亦未奏效。迨至二十一年將軍增祺奏以折衷之策，議一面招民開墾，一面安設旗屯，以資贍養旗人生計[192]。時值甲午戰爭，各省撥解無着，遂納其議；旨諭：「通肯一段着即開禁，與克音湯旺河觀音山旗民一律租種，每年所得租錢，即留備軍餉之用」[193]。增祺之放荒辦法，定旗民兼放，且酌留克音一段作旗屯，預限一年，如限滿無旗人認領時，再行搭放民戶[194]。然結果旗人認領者寥寥，所謂旗屯者，徒具公名矣。

通肯河流域放出荒段有四：一曰通肯段，自齊齊哈爾城東境至通肯河流域，包括今青岡明水拜泉通北海倫望奎諸縣地；二曰克音段，自通肯河支流克音河至呼蘭河北岸，包括今綏楞慶城鐵驪諸縣地；三曰湯旺河段，自小興安嶺南抵松花江北岸，湯旺河流域，約當今湯原縣境；四曰觀音山段，自璦琿城南至黑龍江與小興安嶺間荒地，約當今佛山縣境，惟該地處偏僻，報領者甚稀，故是時該段荒地無放出者。茲將各段放墾經過表列如次：

段名	地域	丈放年代	放出額地 年代	放出額地 荒地	放出額地 熟地	報竣年代
通肯段	通肯	光緒二十一年	光緒二十四年	二二四·〇〇〇晌		光緒三十三年
			二十五年	九四·四〇〇		
			二十八年	三八·二五二		
			二十九年	一二·七五〇		
			三十年	二〇八·一六六		
			三十一年	三·八九〇		
			三十二年	一七二·八七九		
			三十三年	一二·五二四		
			共	七六六·八六一		
	柞樹崗	光緒二十一年	光緒二十五年	五二·六八五		光緒三十三年
			二十八年	三·三七一		
			三十二年	一五六·六九六		
			三十三年	一三·五五三		
			共	二二六·三〇五		
	巴拜	光緒二十四年	光緒三十年	三五一		光緒三十三年
			三十二年	四七六·二七五		
			三十三年	二·四九一		
			共	四七九·一一七		
	依克明公	光緒三十二年	光緒三十二年	一五七·八〇三		光緒三十四年
			三十三年	九一·三五〇		
			共	二四九·一五三		
	明水泉子	光緒二十四年	光緒三十二年	二五·二〇一		光緒三十三年
	總計			一·七四六·六三七		
克音段	克音	光緒二十一年	光緒二十五年	八四·四九九		光緒三十二年
			二十八年	五·七四八		
			二十九年	八·九五二		
			三十年	一七·五六三		
			三十一年	一·四三五		
			三十二年	一〇·一二七		
			共	一二八·三二五		
	鐵山包	光緒二十年（旗下屯田）	光緒三十四年		五四·〇〇〇	光緒三十四年

總計	一八二・三一五						
湯旺河段	光緒三十一年	光緒三十一年	三六・〇六八	五・四四九	共六四六・八五二	光緒三十四年
		三十二年	三五三・七〇一	一・六〇〇		
		三十三年	二五〇・〇三四			
共計					二・五七五・八〇四晌	

[195]

通肯河流域放墾，以通肯段成績爲最，其地初屬呼蘭副都統所轄，自光緒二十四年（一八九八年）放墾，翌年始於通肯設副都統，至三十年乃以通肯河支流海倫河北岸新墾地置海倫廳，三十四年遂升爲府，領靑岡拜泉二縣；以靑岡縣轄柞樹岡墾地，以拜泉縣轄巴拜依克明公明水泉子等放墾地[196]。湯旺河墾地於三十一年（一九〇五年）置湯原縣，爲便於管轄計，以之隸松江南岸吉林省依蘭府，至三十四年始撥歸江省興東道[197]。至于克音段以其放出墾地不多，遂以克音河與努敏河間墾地附於綏化縣[198]，而鐵山包墾地則附於餘慶縣也[199]。

丙　嫩江流域

光緒三十年（一九〇四年）日俄之役，東三省適逢其衝，淸廷割奉吉之地爲戰場。江省將軍達桂副都統程德全等奏請全體開放，招民實邊，遂於齊齊哈爾設墾務總局，專司其事[200]。是時除陸續放出通肯河流域諸荒外，其所放荒地大抵限於嫩江流域：一爲東入嫩江之訥謨河段，一爲西北入嫩江阿倫河之甘井子段，一爲西入嫩江之綽爾河段，其放出經過，表列如次：

荒段	丈放年代	放出年代	放出荒地	放出熟地	共計	繳價年代
訥謨河	光緒卅一年	光緒卅二年	五三五・九一八晌		共六六六・七七九	光緒三十四年
		三十三年	一三〇・八六一			
甘井子	光緒卅一年	光緒卅二年	二一三・七三六	一四・一六九	共二四五・六九〇	光緒三十四年
		三十三年	一七・七八五			
綽爾河	光緒卅一年	光緒卅三年	四三・〇〇〇			光緒卅三年
共計					一・〇五五・四六九晌	

[201]

以上放墾荒段，淸初以其地爲索倫達呼爾諸打牲部落所居，總名之曰布特哈。康熙二十年（一六八四年）設布特哈滿洲總管，至光緒二十年間，以其地漸有墾民居住，乃改爲副都統，治訥謨河北岸。二十二年奏准放墾，以訥謨河附近所放荒地較多，宣統二年（一九一〇年）於其地設訥河直隸廳。至于甘井子綽爾河墾地，仍歸西布特哈總管彙轄，雖光緒三十四年曾有擬設布西直隸廳之議，然其設縣尚待民國以後也。[202]

二　吉林省之放墾

吉林省地畝饒沃，乾隆間流民潛墾者已夥，至咸豐末，江省詔准放荒招墾，遂亦援開放呼蘭例放出諸荒。其放荒略著成效者，乃該省西北部與南端而已，其東北邊徼尚多榛蕪也。放墾荒段：曰拉林河流域，曰松花江上游流域，曰圖們江流域，曰牡丹江流域，曰烏蘇里江流域。

甲　拉林河流域

拉林河在松江南岸，與呼蘭河相距隔江之遙。乾隆初移京旗至其地屯墾，然以旗人不耐耕稼，「始而顧覓流民代為力田，久之地多為民有」。咸豐末，吉林將軍景淳援案奏准開放，十二月詔許開放涼水泉南界舒蘭迤北土門子一帶荒地約十萬晌，阿勒楚喀迤東蜚克圖站荒地八萬餘晌，雙城堡餘荒四萬餘晌。[203] 茲將其放墾經過表列如次：

地名	地段	放墾年代	開墾地畝	勘則年代
	圍荒	咸豐十一年	四五九・五二〇畝	光緒十四年
雙城堡	已荒墾地	未詳	八一・六一九	同上
	八千晌納租地	道光二十年	八九・五二〇	同上
	恆產夾界	咸豐十一年	一〇六・三三六	同上
拉林	所屬墾地	未詳	二八九・四〇九	同上
	續存圍荒	咸豐十一年	二三八・九一二	同上
	板子房墾地	未詳	四〇・〇八九	同上
阿勒楚喀	瑪珽河	光緒五年至十三年	一八一・七一九	未詳
	蜚克圖站迤東地	咸豐十一年	一・七六二・五五二	光緒十一年
五常堡	夾信溝涼水泉	咸豐五年	一・一七四・〇九四	未詳
共計			四・四三三・七七〇畝	

[204]

拉林河流域放墾，以阿勒楚喀所屬蜚克圖河地為最。光緒六年（一八八〇年）吉林將軍銘安奏謂：「蜚克圖河東原係圍場禁山，其間邊荒南北二百餘里，東西三百餘里，渺無人煙，無須治理。咸豐十一年奏准開放蜚克圖河東等處荒地，遠近民人領種謀生，日聚日衆，二十年來，生齒日蕃盛，商賈漸頻，命盜詞訟，愈增愈多」，是以奏請設置民官治理[205]；八年遂於其地葦子溝設賓州廳，於五常堡雙城堡設廳，而於拉林瑪延等地設巡檢[206]。

乙　松花江上游流域

其地東抵拉林河，南至柳條邊，西與北為松花江所圍繞，即吉林外記所謂「江帶一方，田沃萬頃」者也。清初隸伯都訥廳管轄，以安插發遣流人見著。康熙間以禦羅剎故，漸有開墾其地者。雍正四年（一七二六年）設泰寧縣，然以民人稀少，復於乾隆元年裁汰[207]。迨至乾隆二十七年頒「寧古塔等處禁止流民例」，命伯都訥流民入籍，私墾地升科入冊[208]，勘定原額陳民地九萬九千九百七十八畝[209]。乾嘉間，流民出邊爲勢益盛，自乾隆二十七年（一七六二年）至嘉慶十七年（一八一二年）之五十年間，陳民開墾地增加倍半，而流民私墾地則添十萬餘畝[210]；就嘉慶十六年之統計，流民凡九千五百四十八戶[211]。是以十五年吉林將軍賽沖阿諭曰：「迄今五十年來，生齒日衆，……更兼近年以來，外省流來攜眷民人數千戶……新寄民人已及萬戶[212]」。於是奏設理事同知，置伯都訥廳治理[213]。

道光初，富俊奏准京旗移墾伯都訥，以民人代耕，然京旗迄未移往，其地遂歸民有，自是流民潛墾者益衆。道光二十七年間查出於拉林河左岸附近之珠爾山開荒，前後私墾逵八千餘晌，而伯都訥城附近之八里荒，其東之蒿梨場隆科城，東北之北卜坎，俱勘出私墾地畝[214]；咸豐末，遂援例奏准開放其地矣。至于其上流之伊通圍荒亦隨同放出，時尚有圍場二十一處[215]。同治二年（一八六四年）續將東自伊勒們河西至伊通河之伊巴丹等五圍開放，可墾地約二萬八千六百六十五晌；又將東自兩嶺西至伊勒們河之伍拉庫等二圍開放，可墾地約八千二百餘晌[216]。其放出經過表列如次：

地名	地段	放墾地代	開墾地畝	勘明年代
伯都訥	蒿梨場	咸豐十年	一二四・八六六	光緒十四年
	新城局八號荒墾	道光四年	一・六〇六・七〇一	光緒十三年
	八里地	道光十九年以私墾地升科	三四〇・〇〇〇	光緒十四年
	珠爾山	同治六年	二一二・一九四	光緒十四年
	北坎下	未詳	三二・六〇八	光緒十四年
吉林府所屬	舒蘭	咸豐十一年	五六四・三六五	光緒十二年
	漂河樺皮甸子	同治五年	九七・六二六	光緒三年
	烏林溝	同治五年	一九・一一一	光緒十二年
伊通	圍場邊荒八牌地	咸豐十一年	八八七・九八二	光緒十二年
	圍場荒溝河	同治七年	三三九・九九七	同上
		光緒七年	二七・三五六	同上
		八年	五五七・四四七	同上
		九年	一二五・九八八	同上
		十年	五三・九三三	同上
總計			四・九九一・一七四畝	

[217]

光緒初，以墾地聚於伯都訥城東孤榆樹，故光緒三年移伯都訥廳署駐孤榆樹；三十二年升之爲府，易名新府，還治伯都訥，而於孤榆樹置榆樹縣。吉林城附近放墾地，向隸吉林府，至三十四年始置樺甸縣，宣統元年（一九〇九年）置舒蘭縣。至于伊通圍場，嘉慶十九年（一八一四年）原設有分防巡檢，至光緒八年（一八八二年）以墾民日衆，乃升爲伊通州，二十八年於所屬磐山置磐石縣[218]。

丙　圖們江流域

圖們江流域康熙間列爲禁山圍場，設琿春協領，專司稽核。及咸豐中俄約成，東烏蘇里江以東，其地遂成東陲邊要。咸豐以來，禁令漸弛，始稍有私墾圖們江北岸者。光緒初，以俄人窺覘，而韓民越墾者漸衆，遂有開放招民實邊之議。光緒四年（一八七八年）吉林將軍銘安什奏請澈查私墾地畝，淸丈升科[219]，七年，又請開放東自蘇密西至靑頂子諸荒二十七處，約十餘萬晌；是年旨允廢除吉林南部禁山圍場舊制，厲行移民殖邊，設放墾局於南崗琿春東五道溝黑頂子等處[220]。然以其地與韓境相隔一江之遙，韓民游墾者浸出漢民之上，光緒末之統計，其地漢民六萬五千五百六十一人，而韓民則達七萬八千八百二十五人[221]。茲將中韓開墾地表列如次：

地名	漢民開墾地畝	韓民開墾地畝
馬牌	四八・七三六畝	三六・〇一二畝
東盛湧	四三・二七四	四・四九四
光霽峪	三五三	五七・四四八
[illegible]存	一五〇・九九八	
黑頂子	六・六二二	二二・五六七
和龍峪	一一・一三〇	三五・五〇〇
銅佛寺	一一四・〇八六	八・九四七
涼水泉子	四五・〇七〇	二・三六〇
八道溝	五七・二九八	一一・四九八
頭道溝	一一八・四〇六	一一・一〇九
二道江	五五・六二二	
局子街	一〇一・〇八四	三三・五一一
稽查處		四九・五二五
六道溝	三一・〇六〇	六・一二一
白草溝	七一・〇八九	四・二二二
共	八五四・八二八	二八三・三三四
總計	一・一三八・一六二畝	

[223]

韓民游墾既衆，交涉日繁，其地設治益急不容緩，光緒二十八年（一九〇二年）遂設延吉廳，治南崗（局子街），宣統元年（一九一六年）升府，並於琿春添設同知廳，二年，於和龍峪設和龍縣，析琿春西北延吉東境設汪淸縣，以資治理[222]。

丁　牡丹江上游流域

牡丹江上游流域包括今寧古塔阿克敦等地，在張廣才嶺之西松嶺之東；乾隆間已有流民游居，至光緒四年（一八七八年）將軍銘安始奏准開放[224]，翌年起遂陸續放出阿克敦諸荒。茲將其放出經過表列如次：

放出年代	放出荒地	放出熟地
光緒五年		二七・七四八畝
六年		一・七〇〇
七年		三七五
八年	九九・七七三	一四五
又	一九五・九八八	
又	四・九三四	
共	三〇〇・六九五	二九・九六八
總計		三三〇・六六三畝

[225]

光緒六年銘安奏請該地墾民已達四百餘戶，請於阿克敦城設縣，翌年遂置敦化縣[226]。

戊 烏蘇里江上游流域

其地指烏蘇里江左岸穆稜綏芬兩河流域。清初隸寧古塔副都統，至光緒七年，以其地與俄界毗連，寧古塔琿春等處邊防扼要，遂以吳大澂爲督辦[227]。次年，銘安奏謂非建官設治無以制侵越，請設綏芬縣，未果；乃議招民實邊，詔准設招墾局於三岔口[228]，陸續放出綏芬河穆稜河上流荒地。二十五年擬於穆稜河蜂蜜山地方設招墾局，未幾拳變起，民戶逃亡，墾局亦撤。至二十八年始復派員設總局於穆稜河街，並設分局二：一在蜂蜜山，一在呢嗎口（穆稜河與烏蘇里江合流處）。三十三年又添設分局二所：一在穆稜河南，一在河北[229]。其放出經過表列如次：

流域	地段	放出年代	放出地畝	報竣年代
綏芬河	三岔口	光緒七年	一二・四〇〇晌	光緒十八年
穆稜河	上流	光緒十一年	六〇〇	光緒十八年
	蜂蜜山及呢嗎口	光緒二十六年	二〇二・二七三	光緒三十二年
		三十三年	一一九・四四五	
		三十四年	六七・三四七	
	南岸	光緒三十三年	七〇・〇〇〇	
	北岸	同	八〇・〇〇〇	
總計			五五二・〇六五晌	

[230]

三岔口設墾局最早，光緒二十八年乃設綏芬廳治之；旋以拳亂撤墾局，綏芬廳遂移治寧古塔，至宣統元年始復於其地設東寧廳，並添設穆稜縣於穆稜河上流，呢嗎口廳於呢嗎口地。至于放出地畝，以蜂蜜山爲最，光緒三十四年設密山府治理焉[231]。

二 奉天省之放墾

奉天省地畝，柳邊以內本任民人耕種，所封禁者惟柳邊以外東與北部之諸葠山圍場而已。咸豐末，黑龍江吉林諸荒次第開放，而碩果僅存之奉天諸封禁山場亦多爲民人潛墾，於是地方官吏遂陸續奏請開放其地。

甲　東邊外地

所謂東邊外地者指奉天省東南部，自龍崗山脈以南，鴨綠江以北，柳條邊以東，包括今鳳城安東寬甸桓仁輯安通化臨江諸縣地；以其位於柳邊東境外，習稱之為「東邊外地」也。[232]其地本屬長白山永陵龍脈及內廷供奉貢品之採捕地，故歷年封禁綦嚴。道光間漸有流民潛入，聚於鳳凰城東靉江西岸。道光二十七年（一八四七年）查出該處私墾地四十二所，乃盡逐私墾流民，設卡倫十八處置兵稽查，以期杜絕[233]；然以山陵重疊，交通不便，官方稽查不週，流民復伺隙潛入。同治二年（一八六二年）私墾地達三萬餘畝，乃詔以私墾地升科，准予試墾[234]。八年（一八六八年），查出鳳凰門迤南至旺清門北，已墾熟地九萬六千餘晌，民人約十萬餘口[235]。九年，查出鳳靉二門東北一帶，已墾熟地十四萬餘畝[236]。十一年，查出靉門外已墾熟地十二萬五千餘畝，又西自柳邊東至渾江，南接前查地北至哈爾敏河口墾地六十九處，約十萬三千一百餘畝[237]。是以同治末年，渾江以西，柳邊以東，鴨綠江以北，已墾熟地達百三十五萬餘畝矣。

光緒初，鳳城靉陽城廠旺清諸邊門外續有開放試墾者，而大東溝之地，亦於光緒元年（一八七五年）綏靖盜匪，安插民屯，於鞍子山設墾局[238]。二年，將軍崇厚奏准於鳳凰城設鳳凰城直隸廳，於大東溝設安東縣；三年，於六甸設寬甸縣，於六道河設懷仁縣，於頭道江設通化縣。二十八年，析通化縣境添設輯安臨安二縣[239]。茲將光緒末開墾地畝表列於下：

縣名	民墾地畝	縣名	民墾地畝
鳳城	一三五・一〇三畝	通化	二〇一・八六三畝
安東	五七二・三八二	輯安	一一五・七一七
寬甸	五〇〇・二五七	臨江	三六・一七一
懷仁	三一一・六〇八		
總計	一・八七三・一〇一畝		

[240]

然大清會典則謂「東邊開墾地凡二萬二千七百八十頃有奇」[241]，與上表所列相去約四十萬餘畝，疑會典所記囊括興京岫巖莊河諸縣升科地也[242]。

乙　圍場地

圍場者乃供御獵採捕與八旗士卒演武之地。清初封禁甚嚴，設有柳邊防範，及其開放，乃稱曰圍荒。清初設圍場於奉天北部及吉林南部，然吉林伊通磐石等處圍場，已隨吉林諸荒次第開放，獨以奉天圍場稽查尚嚴，是以開發較晚。

奉天圍場在柳條邊龍崗山脈之北，省界之南，東至哈雅爾嶺，西至威遠堡，約當今輝北（海龍）輝南柳河東豐西安西豐諸縣地。清初劃為一百零五圍，屬海龍輝南者二十圍，屬東豐者二十二圍，屬西安者九圍半，屬西豐者三十五圍半，其境界不明者十八圍[243]。又就地勢而論，可別為東流水圍與西流水圍，東流水圍者指東入松花江之輝發河流域，西流水圍指西入遼河之柴赫河流域，其分界在西安東豐間之薩哈爾嶺（[illegible]又[illegible]）[244]。西流水圍約當西安西豐縣境，而東流水圍則指東豐海龍輝南諸縣地。此項區別僅限於光緒二十五年以後而言，是時以前東流水圍僅指東豐境，海龍輝發不列入也。

與奉天圍場毗連之吉林諸荒，自同治以來，陸續開放耕種，而鹿隻往來之通道遂斷。同治十三年（一八七五年）乃廢行圍，自是圍場荒廢，而官兵亦弛於察視。至光緒五年（一八七九年）查勘，發覺流民潛入私墾，為時已久；那丹伯土口子梅河大沙河一帶（皆在海龍境）居民阡陌相連，且有山東難民陸續至該地蓋搭窩棚，冀圖久居。時清廷以既難盡行驅逐，姑予安插，劃定圈界，准令升科開墾，並置總辦治理。至是盡徙大圍場內私墾流民至柳河南北兩岸，依大圍沿山掘長壕，就河者則設立封堆，設那丹伯四卡倫，以防潛越續增。西自土口子東至大溝，東北至色力河，長約二百五六十里，南北寬約百餘里至四五十里不等，做東邊外地開放章程，將私墾熟地升科。前後共撥鮮圍二十處，放出荒熟地一百零二萬餘畝，設圍場總辦於海龍，是為圍場局部開放之始[245]。

光緒二十一年（一八九五年）戶部侍郎良弼奏請開放西流水圍，未竣事而去任[246]。翌年，將軍依克唐阿奏准開放海龍西界之四十五圍［即西流水圍］，設墾局於威遠堡及開原縣商家臺；時值降雪，僅放出四萬餘畝[247]。至光緒三十年間，前後共放出荒熟地三百零二萬二千餘畝[248]。至于東流水圍荒，則以光緒二十五年金州租借，難民內徙，將軍文興增祺遵旨籌辦開放東流水四十圍圍荒，以便安插。二十七年設墾局，放出荒地一百一十六萬七千二百餘畝；三十三年撥丈，共約二百萬餘畝[249]。

光緒五年局部開放海龍鮮圍，遂設海龍廳；二十八年東西流水圍陸續開放完竣，乃於西流水圍設西安西豐二縣，於東流水圍設東平縣，於柳河設柳河縣，升海龍廳為府，轄以上四縣[250]。宣統元年（一九〇九年）更於海龍東添置輝南廳[251]。茲將光緒末已墾地畝表列如下：

縣名	民墾地畝	縣名	民墾地畝
海龍	一•四〇七•三二六畝	柳河	二八四•三〇九
東平	一•一七三•九八〇	西豐	一•三三一•九六四
輝南	三〇四•八九五	西安	一•五九六•三一九
總計			六•〇九八•七九三畝

[252]

丙　牧廠地

牧廠地者指牧場馬廠馬場之地，為八旗士卒牧畜之用。奉天設有牧廠多處，然面積最大者有三：曰養息牧牧場，曰大凌河牧場，曰盤蛇驛牧場，俗稱「盛京三大廠」。其地本在封禁之列，自嘉慶中葉，流民潛墾者既衆，乃爰許民人試墾，至同治光緒間，始次第開放也。

養息牧牧場一作陽什穆或楊檉木牧場[253]，其地在今新民縣北新開河流域；東北二處界科爾沁左翼前旗賓圖王地，西抵東土默特旗，南至柳邊，約當今彰武縣境。其地有養息牧河，因而得名。東西長約百五十里，南北約二百五十里，別為新蘇魯克與陳蘇魯克，新蘇魯克者即新開河上流之北至該河與西來支流會合處之地也。

養息牧牧場之設置年代，大清會典事例：「順治初議准於盛京養息牧地方設牛羣十羊群六[254]」，而清朝文獻通考順治二年條記：「楊檉木牧廠在錦州府廣寧縣北二百一十里，彰武臺邊門外[255]」，可推知約置於順治二年；惟東三省政略則謂置於康熙三十一年（一六九二年），實誤以是年科爾沁左翼前旗與土默特旗合獻東蘇魯克作新蘇魯克牧群一節混為一談也。

乾隆間，流民越柳邊潛墾養息牧牧場者漸衆，嘉慶十年（一八〇五年）查出該處私墾地二萬四千四十六晌，除將有礙牧地之九千四百四十六晌平毀外，餘一萬四千六百晌撥與蒙民耕種[256]。十八年（一八一三年）奏准放出試墾十六萬八千畝，並准雇用民人開墾，或租予民人耕種，或與民人合夥分撥。光緒二十三年（一八九七年）將軍依克唐阿始奏准開放[257]，翌年勘丈，計共放生荒四十九萬一千餘畝，熟地十二萬一千五百餘畝，學田香火地五千六百餘畝，新陳蘇魯克東草牧廠地六十五萬餘畝，牧丁拌地四萬餘畝[258]，另彰武縣所屬私墾升科地二十三萬二千七百七十八畝[259]。前後共丈放一百八十五萬四千八百七十八畝。至光緒三十二年（一九〇六年）將軍趙爾巽設局清丈，查出開放生熟各地達二百六十三萬七千餘畝[260]。

養息牧牧場自嘉慶十八年准予試墾之際，即已置有新民廳及總管，辦理放墾事宜。光緒二十六年增祺奏報放竣，請設撫民同知，未覆；至二十八年始於其地設彰武縣，治橫道子。

大淩河牧場在大淩河流域，位於右屯衛以西，鴨子廠養山以東，潰山堡四甬碑以南至海一帶之地，東西八九十里，南北五六十里，其設置約在順治五年間[261]。康熙二年（一六六二年）遼禁民人偷墾，乾隆十三年（一七四八年）以馬羣裁減，乃劃牧場西界十里之地撥給八旗官兵耕種，作爲贍養；東自杏山北濠溝，西至鴨子廠，南至七里河，北至金廠堡，四周設有封堆，以杜私墾偷種[262]。五十六年（一七九一年）更以荒地三十一萬八百餘畝設莊頭壯丁開墾之[263]。嘉慶間，松筠奏准於大淩河西廠東界招募錦屬旗丁試墾，撥地十二萬三千八百餘畝；後因風濤沙壓，將不堪耕種之地報部注銷，僅勝地三萬餘畝。道光五年（一八二五年）旗丁達淩阿德等續請試墾大坨子等六處間荒八千餘畝。然所謂旗丁開墾者，仍實出於招誘流民佃種；是以嘉慶十七年（一八一二年）二十一年（一八一六年）及道光二年（一八二二年），將軍松筠慶惠富俊東明等先後奏請開放，惟俱擱置未覆，道光九年（一八二九年）且奉有嚴旨不准再議[264]。

迨至咸豐七年（一八五七年）將軍慶祺奏准局部開放，分廠佃種升科；其大淩河西馬廠正身，仍不准開墾[265]。甲午戰後，馬羣倘爲逃盡，地多佔墾，名存實去，積弊日深，於是將軍增祺奏裁馬政，請將大淩河牧廠地畝放墾升科，以裕餉源。光緒二十七年（一九〇一年）詔准設局丈放，越年告竣，共放出五十萬九千四百餘畝[266]。此外尚有嘉慶年間經錦州副都統奏准錦屬旗丁開墾大淩河西廠東界之試墾地，即日後所謂之試墾續墾地或錦屬二十二處歸公地也。然此項地畝所入租賦多被承催旗員飽入私囊，故光緒末增祺趙爾巽等先後請丈放收價；三十一年（一九〇五年）設墾局，放出生熟各地二十一萬三千七百餘畝[267]。大淩河牧場自設局丈放而後，未設新治，蓋其牧地在柳邊以內，清初即屬錦州府統轄矣。

盤蛇驛牧場，一作顏象子牧場，在廣寧縣南五十里，今盤山縣境，東西六十里，南北三十里；其設置年代未詳，似與大淩河牧場同時設置，或稍晚之[268]。盤蛇驛牧場原有官地約百萬餘畝，同治初年曾招民承種，交納官租，至光緒末，將軍增祺奏請將各牧廠地無論官租私墾，一律丈放收價。二十九年（一九〇三年）設局，越三載放竣，放出荒熟地五十七萬四千二百餘畝[269]。三十二年（一九〇六年）以該處墾務日繁，遂以廣寧南境及盤蛇驛牧場全境置盤山廳[270]。茲將牧廠地放墾地畝表列如次：

牧廠	放出年代	項目	放出地畝
養息牧牧場	嘉慶十年	私墾地	一四六・〇〇〇畝
	十八年	試墾地	一六八・〇〇〇
	光緒二十三年	生荒	四九一・〇〇〇
	又	熟地	一二一・五〇〇
	又	學田香火地	五・六〇〇
	又	牧地	六五〇・〇〇〇
		牧丁排地	四〇・〇〇〇
		彰武升科地	二三二・七七八
	二十四年至三十二年	荒熟地	七八二・一二二
共			二・六三七・〇〇〇
大凌河牧場	光緒二十七年	牧地	五〇九・四〇〇
	三十一年	廿二廳歸公地	二一三・七〇〇
共			七二三・一〇〇
盤蛇驛牧場	光緒二十九年	荒熟地	五七四・二〇〇
總計			三・九三四・三〇〇畝

以上為奉天柳條邊以外諸封禁地之開放經過，至于柳邊以內本許民人墾種升科；乾隆時民墾地約一百六十餘萬畝[271]，至光緒末，則增至四百二十萬四千一百六十畝[272]。乃添設廳縣治理；光緒二十六年（一九〇〇年）設綏中縣，二十八年設興仁縣（三十四年改名撫順縣）及鎮安縣，三十二年設遼中本溪二縣法庫莊河二直隸廳[273]。

四　哲里木盟蒙地之放墾

哲里木盟蒙地在奉天北境，吉林西北境，黑龍江西南境，凡四部十旗：曰科爾沁左右翼六旗，曰郭爾羅斯前後二旗，曰扎賚特旗，曰杜爾伯特旗。清初封禁甚嚴，凡口內居民有出邊開墾蒙地者，按私開牧場例治罪；其蒙古王公台吉私招民人開墾者，則分別按已未得受押荒租錢罰俸革職有差。嘉慶以還，邊禁漸弛，郭爾羅斯前旗首招民開墾，科爾沁左翼諸旗繼之。甲午戰後，山西巡撫胡聘之於光緒二十三年（一八九七年）奏請開放蒙地[274]。庚子拳變，俄人乘機踞據東三省，兩江總督劉坤一及兩湖總督張之洞於二十七年會奏變法事宜，亦請放墾蒙地[275]。三十一年（一九〇五年）姚錫光上「實邊條議」，詳論開放蒙地之利[276]。翌年清廷以日俄戰役業已結束，而中東鐵道穿行蒙地，亟須殖民實邊，以杜侵佔，遂命掌管理藩院肅親王善耆入內蒙古東部視察。是年三月十九日啟程，至五月二十一日返京，歷時二月；其奏摺亦以蒙荒開放之舉，為實邊之要圖，惜以事寢未行[277]。三十三年（一九〇七年）東三省改革官制，徐世昌等議設蒙務司，掌理哲里木盟蒙旗開發事宜；而姚錫光則主揀派大員，專辦蒙荒墾務，以期專一[278]。翌年，清廷從錫光議，設東三省蒙務總局，以朱啟鈐為悖辦[279]。

所放蒙荒大別為二項：一為蒙旗招墾，一為官局丈放。蒙旗招墾者，即以民人私墾地丈放升科，如郭爾羅斯前旗及科爾沁左翼三旗；官局丈放者，則以北部諸旗或因接近鐵道預防侵佔，或因公私債項抵注償還，先後由三省將軍丈放，始舉辦於扎賚特旗，踵而行之者有科爾沁右翼三旗及杜爾伯特郭爾羅斯諸旗。就放墾區域而言：科爾沁左翼三旗之於遼河上流，郭爾羅斯前旗之於伊通河，科爾沁右翼三旗及扎賚特旗之於洮兒河，杜爾伯特郭爾羅斯後旗之於中東路兩旁。茲按流域分述諸旗放墾經過如次：

甲　遼河上流流域

遼河上流流域之放墾地，約當科爾沁左翼中後二旗東部及前旗東南部；東與東南接柳條邊，北抵郭爾羅斯前旗界，西南至前旗南端，西北界自養息牧河河源起，過馬連秋河上游，傍遼河北上，經新遼河西遼河會流處之北，至郭爾羅斯前旗界，包括柳邊外遼河及東遼河流域[280]。

科爾沁左翼前旗地，一作扎薩克多羅賓圖郡王地，自乾隆間已有流民潛墾。乾隆四十九年（一七八四年）分賓圖郡王地耕種民人與蒙人有交涉訟事時，著歸鐵嶺縣辦理。嘉慶間，蒙古王公貪圖田租之利，私招民人耕種。道光二年（一八二二年）查出賓圖郡王地及達爾漢親王地共招有流民二百餘戶，墾成熟地二千餘晌。翌年又勘出該旗招留民人一百零三戶，熟地一千五百四十六晌；乃為劃出耕種地界，嚴禁王公續招。六年（一八二六年）復查出該旗及卓哩克圖王地新招流民七百六十餘戶，乃再行頒令內禁，命官吏嚴防各口[281]。迨至咸豐禁令漸弛，同光間始陸續丈放，至光緒末統計，該旗民墾地達七萬七千餘晌矣[282]。

科爾沁左翼後旗，一作和碩博多勒噶臺親王地，或簡稱博王地，其招墾沿革與前旗大致相同。嘉慶七年（一八〇二年）詔允安插該地流民耕種，十一年為之設理事通判，於昌圖額勒克稱昌圖廳[283]。十七年（一八一二年）以墾民激增，有碍封禁，乃劃出開墾地界，以禁越墾[284]。同光間次第開放，至光緒末，墾地達二十七萬一千二百十二晌[285]。光緒三年（一八七七年）升昌圖廳為府，六年（一八八〇年）析科爾沁左翼後旗南境與前旗東境墾地置康平縣[286]。

科爾沁左翼中旗，一作扎薩克和碩達爾漢親王地，其放墾地可別為新舊墾地：舊墾地即私墾始至同治之末，今奉化懷德縣境，新墾地則指光緒初至清末之墾地，今遼源州之地也。舊墾地自乾隆時已有流民耕種，乾隆四十九年（一七八四年）著歸開原縣辦理[287]。嘉慶八年（一八〇三年）達爾漢親王招佃開墾，流民麕集，遂於頞勒克道設巡檢[288]。道光元年（一八二一年）遵理藩院借地養民條例，放出八家鎮荒地，六年續放七里界荒地，又屢放愛寶市等處荒地[289]。於是道光元年添設分巡照磨於梨樹城，五年設分防經歷於八家鎮；至光緒三年乃於梨樹城設奉化縣，於八家鎮設懷德縣[290]。光緒末，懷德奉化二縣民墾地達六十五萬一千四百零六畝[291]。

咸豐初，達爾漢親王招墾鄭家屯荒地，光緒六年（一八八〇年）為之設主簿，二十五年續放鄭家屯以南荒地，三年後乃於鄭家屯設遼源州[292]。三十三年（一九〇七年）該旗王公因債務被控，乃丈放所屬采哈新甸荒地，以押租錢抵償[293]。前後實北放荒六萬二百餘晌[294]。茲將光緒末科爾沁左翼三旗民墾地表例如次：

旗名	招墾年代	墾闢晌數	設治沿革
前旗	嘉慶年間	七七・〇〇〇晌	光緒六年以東境設康平縣
後旗	嘉慶十七年	二七一・二一二	嘉慶十一年設昌圖廳，光緒六年以南境設康平縣
中旗	道光元年 光緒三十三年	六五一・四〇六 六〇・二〇〇	光緒三年設奉化縣、懷德縣・二十八年設遼源州
共		一・〇五九・八一八晌	

附遼河流域蒙荒放墾區域圖

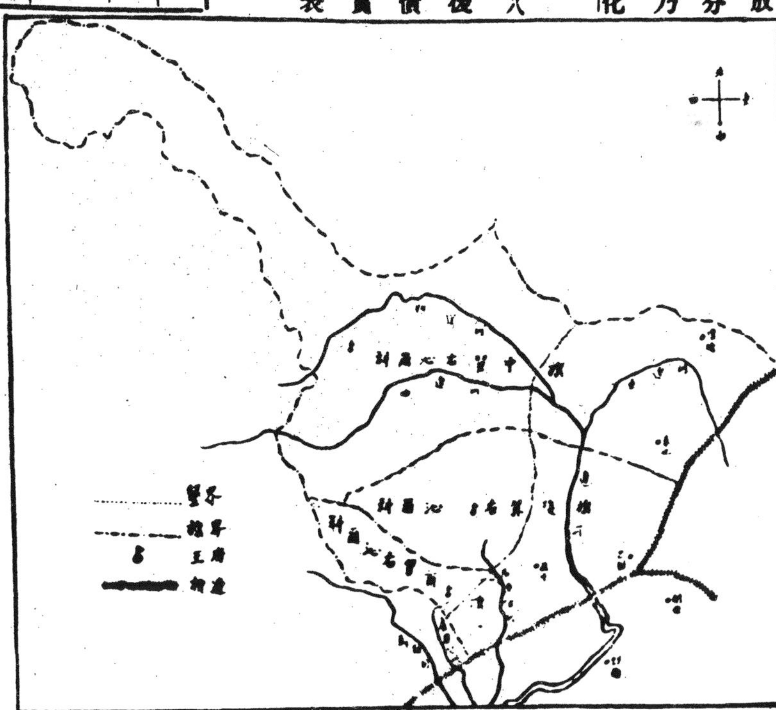

乙　伊通河流域

伊通河流域招墾地在郭爾羅斯前旗南部，東南界柳條邊，西南接達爾漢親王地，西北界自長嶺縣北起，過伏龍泉鎮，經鎮國公府南至松花江，東北界抵松花江，約當伊通河流域[295]。乾隆五十六年（一七九一年）該旗扎薩克公恭格喇布坦以其牧地招民墾種，地多租少，流民趨之若鶩[296]。嘉慶四年（一七九九年）吉林將軍秀林派員踏查丈量，已開墾熟地達二十六萬五千六百四十八畝，民人二千三百三十戶[297]。翌年遂於長春堡設長春廳，置理事通判，是為蒙地設官之始；並劃出開墾地界，許原住民人耕種，嚴禁續增越墾[298]。嘉慶十一年，流民增至七千餘戶，十三年又增三千一十戶，十五年新來流民六千九百五十三戶[299]。降至道光初年，雖經三令五申，然以王公貪圖地租之利，流民潛入如故。道光四年（一八二四年）新舊民墾地達二百七十萬餘畝[300]。其後復於咸豐元年（一八五一年）至六七年及光緒十一年至十八年（一八八五——一八九二年）陸續放出墾熟地畝共計四十三萬餘晌[301]（四百三十萬餘畝），較嘉慶四年時，已增二十倍矣。茲將光緒末該旗墾熟地畝表列如次：

地域	招墾年代	墾闢晌數	設治沿革
長春府	嘉慶四年	四三〇・〇〇〇晌	嘉慶四年設長春廳，光緒十五年升府
農安縣	道光八年	二四一・一六一	光緒十五年設縣
伏龍泉	光緒十六年	一六八・八六〇	
新安鎮	光緒十九年	五〇・三五〇	光緒三十三年設長嶺縣
長嶺子	光緒三十三年	二一〇・二〇〇	
新安鎮	三十三年	三〇〇・〇〇〇	
共		一・四〇〇・五七二晌	

長春堡自嘉慶四年招墾之始，即設有長春廳，至光緒十五年升府，並添設有農安縣。三十二年（一九〇七年）丈放新安鎮以北荒地約三十萬晌，遂於長嶺子地方設長春縣[302]。

附伊通河流域放墾區域圖

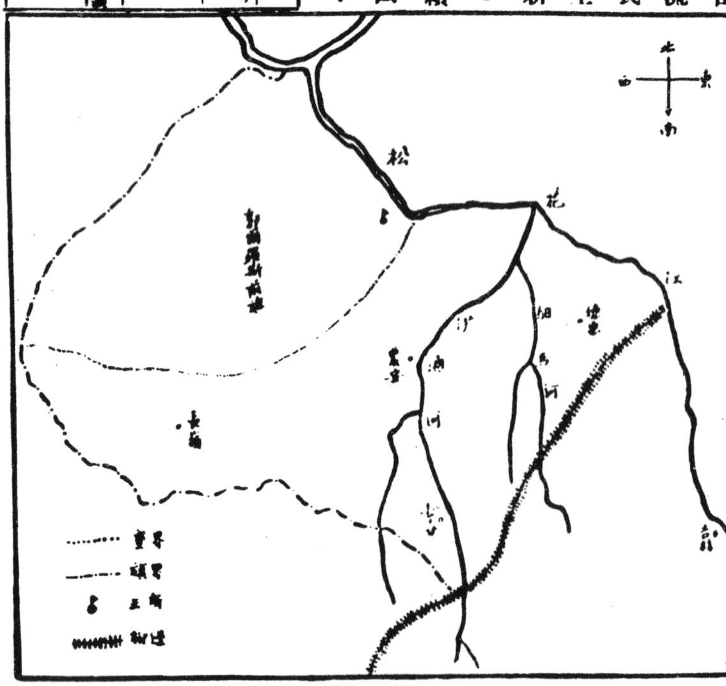

伊通河流域蒙荒放墾圖

丙　洮兒河流域

洮兒河流域放墾地畝，在科兒沁右翼三旗之東南部扎賚特旗之東南及東北部，東界郭爾羅斯前旗，東南及西南接達爾漢親王地，東北與北界自嫩江口起至呼爾達河源，西界自綽勒河下游起東北行經圖什業圖王府與扎薩克圖王府之東南抵黑龍江省界，折而西北上至呼爾達河源；此外，並附有扎賚特旗東北部之罕爾罕河流域[304]。

扎賚特旗南部，平原土沃，宜放蒙荒，以該旗為最早。所放區域以洮兒河嫩江匯流處附近為一段，綽爾河近岸為一段，罕達爾罕河為一段。光緒二十五年（一八九九年）將軍恩澤力陳俄國築道通哲里木盟為期迫近，宜殖民實邊，以防侵佔，請於扎賚特旗先行試辦放墾[305]。是年十二月詔准開放扎賚特旗章程十三條，其首次開放之區域，南以郭爾羅斯前旗為界，東迄嫩江，西接馬里頭及蘇額公旗，南北長三百里，東西寬約三十至六十里，可耕地約百餘萬晌[306]。翌年派員至該旗踏定丈放，然以拳匪之亂，延至二十八年（一九〇二）始行開辦。自是年起陸續放出各段踏荒，至三十一年報竣，共放熟地二萬九千六百九十晌，荒地四十五萬六千九百八十一晌；三十二年續放洮兒河南岸餘荒八千七百九十九晌，三十四年又放罕達罕河流域餘荒四千四百七十一晌[307]。光緒三十年（一九〇四年）遂於洮兒河南荒段設大賚廳，並於綽爾河塔子城及罕達罕河景星鎮設兩經歷焉[308]。

科爾沁右翼前旗，一作扎薩克多羅扎薩克圖郡王地，該旗王公烏泰負債累累，光緒初屢招民入開墾，以押租抵償。光緒十七年（一八九一年）來墾者達千餘戶，耕種洮兒河夾岸荒地，然以王公辦理不善，釀成巨案，事平，清廷著令原墾地報領升科。是時洮南境升科之地約一萬九千五百三十九晌，開通境五千八百二十五晌，靖安境一萬七千五百晌[309]。至光緒二十八年（一九〇二年）將軍增祺奏准開放，是年十月設墾局，至三十年九月報竣，共放荒地六十二萬五千餘晌[310]。三十二年（一九〇六年）又續放他拉根新荒並七十七道嶺及綽勒木黃羊圈等處餘荒，共放出八萬九千零六十三晌[311]。三十四年續放洮兒河北繞其力北山等荒，宣統元年（一九〇九年）報竣，共放出十九萬四千餘晌[312]。光緒末，洮兒河迤南一帶次第放竣，三十年（一九〇四年）以洮兒河南岸雙流鎮居荒中段，乃於其地設洮南府，並於府東北白城子地方設靖安縣，於府南七井子地設開通縣[313]。

科爾沁右翼後旗，一作扎薩克鎮國公地（鎮國公又稱四藏公或蘇額公），自扎薩克圖旗蒙荒放出既著成效，該公旗亦成知地租之利，漸有招民開墾者；及耕民日衆，蒙漢生釁，訟案迭出，光緒三十年（一九〇四年）將軍增祺遂援照扎薩克圖旗成例開放，劃出洮兒河南岸寬長百餘里之地，奏明放墾。是年五月設局，三十二年正月報竣，共放荒地四十六萬餘晌[314]。三十四年（一九〇八年）復劃出洮兒河北岸荒地一段歸圖什業圖墾局丈放，共放出二十萬晌[315]。將軍趙爾巽以該旗放荒以後，政務繁般，乃於三十一年奏准於荒段適中解窩堡地方設安廣縣[316]。

科爾沁右翼中旗，一作扎薩克和碩圖什業圖親王地，該旗牧地私墾者甚少，至光緒三十一年將軍趙爾巽遵旨籌辦蒙荒，始遣員至王府議放邁東一帶開荒，北越茂改吐山南迄得力四台，南北長三百六十里，東西寬約四十里[317]，翌年正月設局丈放，共放出一萬三千一百二十一方，即五十九萬零四百四十晌[318]。三十三年又展放茂改吐山之阿力加拉嘎一帶荒地，南北長六十里，東西寬四十里[319]，計放出八萬一千五百五十八晌[320]。三十四年復以債逋續放高力坂，即霍勒阿木台兩河之荒地一百三十方里[321]，其放出晌數據政治官報載凡十六萬晌[322]。三十三年擬於放墾地設治二處，北曰醴泉，南曰開化[323]；至宣統元年（一九〇九年）始於霍勒河北岸設醴泉縣，兼攝開化鎮也[324]。

旗名	丈放年代	放出晌數	設治沿革
科爾沁右翼中旗	光緒三十二年	五九〇•四四〇晌	宣統元年設醴泉縣
	三十三年	八一•五五八	
	三十四年	一六〇•〇〇〇	
科爾沁右翼前旗	光緒十七年	熟地四二•八七四	光緒三十年設洮南府及靖安開通二縣
	二十八年至三十年	六二五•〇〇〇	
	三十二年	八九•〇六三	
	宣統元年	一九四•〇〇〇	
科爾沁右翼後旗	光緒三十年至三十二年	四六〇•〇〇〇	光緒三十二年設安廣縣
	三十四年	二〇〇•〇〇〇	
札賚特旗	光緒二十八年	熟地二九•六九〇	光緒三十年設大賚廳
	三十一年	四五六•九八一	
	三十二年	八•七九九	
	三十四年	四•四七一	
共		二•九四二•八七六晌	

附洮兒河流城放墾區域圖

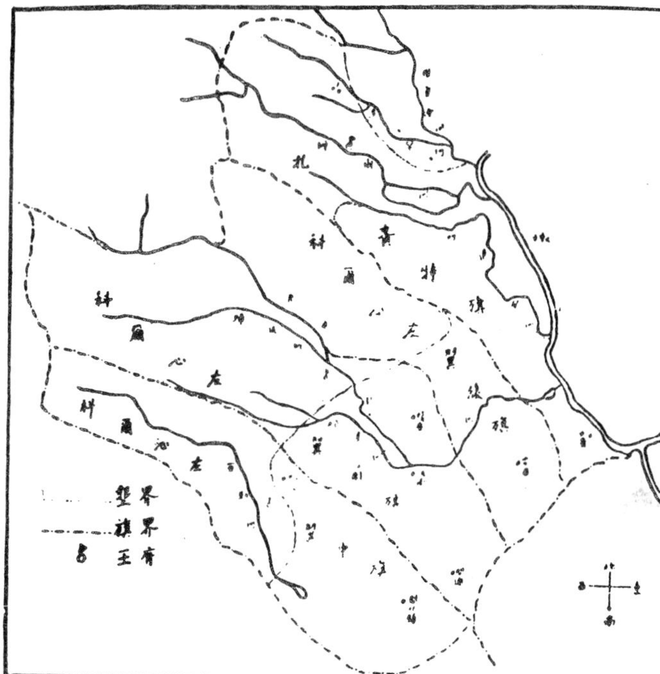

丁　中東路兩旁之蒙荒

中東路假道黑龍江，其所經蒙旗爲杜爾伯特旗及郭爾羅斯後旗；清廷爲預防俄佔計，光緒末年將鐵道兩旁蒙荒先後放出。自光緒二十五年（一八九九年）恩澤奏准試辦札賚特旗蒙荒既著成效，二十七年將軍薩廉遂奏准出放郭爾羅斯後旗東北部鐵道兩旁荒地，於是設有沿江鐵道兩行局丈放[325]。二十九年（一九〇三年）該旗王公勸蘇隆扎布以債務私將達花泡佬虎背等七十井荒地丈放作抵，爲將軍所禁阻；復賄將該地押與俄公司，釀成巨案[326]。及交涉議結，始由沿江鐵道二行局丈放。所放荒地共分四段：曰沿嫩江段，曰鐵道迤西段，曰鐵道兩旁段，曰鐵道兩旁城地餘荒。三十一年（一九〇五年）放出該旗鐵道迤西段十五萬二千八百六十六晌，翌年又放出五萬九千四百九十晌。三十三年（一九〇七年）放出沿江段十三萬零一百七十九晌。是年又放出鐵道兩旁段二十九萬零五晌[327]。至于鐵道兩旁城地，因地較瘠，無放出者。光緒三十二年將軍程德全奏准於該旗南部松花江北岸設肇州廳，並於鐵道迤西地方設肇州廳分防，以便治理[328]。

杜爾伯特旗所放蒙荒亦多在該旗東北部鐵道迤東及嫩江沿岸。所放區域可分爲四段：曰迤東段，曰迤西段，曰鐵道兩旁段，曰沿江段。光緒三十年（一九〇四年）將軍達桂奏准出放牧境迤東一帶荒地，三十一年放出荒地四萬五千六百八十二晌，熟地三千一百三十六晌；次年又放出荒地七萬六千四百五十四晌，熟地六千九百二十八晌。光緒三十一年同時放出鐵道兩旁荒地十二萬二千九百八十二晌，翌年又放出八萬五千四百三十五晌，另熟地一千零九十晌。光緒三十二年將軍程德全奏准出放沿江段及迤西段荒地，三十三年遂放出該江段荒地四萬四千零十三晌，次年又放出熟地一千一百三十九晌；而迤西段則放出一萬二千四百六十六晌。[329]光緒三十二年乃於迤東段墾地設安達廳；此外，三十四年原擬於迤西段設林甸縣，未果。[330]茲將該二旗放墾蒙荒表列如次：

旗	地段	放出年代	放出荒地	放出熟地	設治沿革
郭爾羅斯後旗	鐵道迤西段	光緒三十一年	一五八・八六六晌		光緒三十二年設肇州廳
		三十二年	五九・四九〇		
	沿江段	三十三年	一三〇・一七九		
	鐵道兩旁段	三十三年	二九〇・〇〇五		
杜爾伯特旗	迤東段	光緒三十一年	四五・六八二	三・一三六	光緒三十二年設安達廳
		三十二年	七六・四九四	六・九二八	
	鐵道兩旁段	三十一年	一二二・九八二		
		三十二年	八五・四三五		
	沿江段	三十三年	四四・〇一三		
		三十四年		一・一三九	
	迤西段	三十三年	一二・四六六		
共			一・〇一九・五七二	一二・二九三	
總計			一・〇三一・八六五晌		

附中東路兩旁蒙荒放墾區域圖

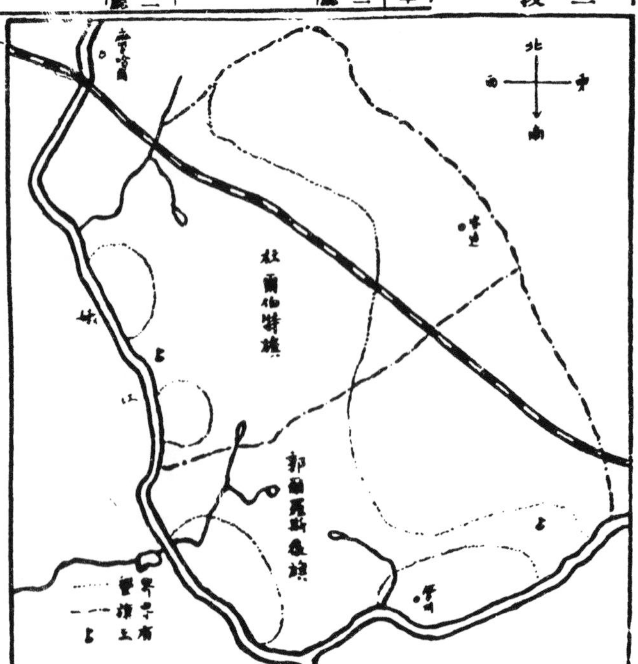

中東路兩旁蒙荒放墾圖

東三省移民，中西學者已多有鴻篇論著發表[331]，惟大抵側重民國以來之移民概況，其於移民之沿革，開放之源起，放墾之經過，少有作系統之研究者。本文非敢謂有所創獲，僅將散見檔籍之諸資料，鉤稽蒐集，拾掇成篇，以供學者之參攷，而明清代東三省開發之蹤跡。此外尚有欲附論於此者，即東三省之創置行省與清代移民之關係。

考東三省之地，淸人入關之初，僅以內大臣留守，駐紮盛京，轄三省全域。迨康熙年間，以羅刹擾邊，始建盛京吉林黑龍江三將軍[332]，至乾隆初，乃採用東三省之名[333]，然其地方建置與內地諸省迥異。淸代中原諸省設有總督巡撫，其下置布政按察諸使，統理軍民，並另設將軍副都統，以轄八旗；而東三省則無督撫之設，此其一也。東三省除置將軍外，復有所謂盛京五部[334]，各置侍郎，直隸北京六部尙書。五部之設，其位初與將軍抗衡，厥後奉天府尹歸五部兼轄，將軍威望漸輕，而五部權力遂重，其制亦爲內地諸省所無，此其二也。東三省之設縣治，初僅限柳邊以內，柳邊以外，自淸初至咸豐末之二百年間，迄無民官之設，實爲內地諸省所罕見。是則所謂東三省者，徒具行省之虛名矣。蓋以淸人視爲祖宗發祥之地，厲行封禁，創制畸異，無足怪也。

順治間，柳邊以外，僅設章京一人駐寧古塔，轄地北抵外興安嶺，東迄海濱，其地遼闊荒涼可見。迨俄人沿江南下，如入無人之境，始於康熙初年添置黑龍江將軍副都統鎭守。尼布楚約成，柳邊以外，吉林省僅設將軍副都統各一，而江省則設將軍及副都統三。淸人於內地諸省佈置週詳，獨於「發祥之地」疏於設備，致啓外人覬覦。淸人昧於遠見，抑招民開墾之策，厲行封禁，設非內地民人冒履險阻，百折不撓，開發荒土，以臻於開放設治；則咸豐年間，俄船南下，朝野臣工驚惶失措之際，雖或謂遣民實邊，爲時已無及矣。

流民出關覓食，本爲饑饉所驅，勢不獲已；設淸朝善後得宜，民人安土重遷，何肯輕去鄉土！而爲政者不謀治本之道，削減賦稅，使耕者有其田，徒於關口邊防置兵稽核，以冀杜絕流民潛入，其失計之處已如洞觀燭火。及流民旣已潛住，朝廷不爲因勢利導，以荒蕪之野變爲饒沃之田，許流民私墾地升科耕種，坐收租賦之利，而地方得以開發；反耗無限之財帛，遷移京旗屯墾，卒至勞而無功，而墾地淪爲民有。迨至咸豐初年，俄人窺覘，猶斤斤旗人生計爲辭，苟非中原多事，東三省之軍餉內地籌解無着，則其開放設治，尙不知有待何日!?同治而後，江省呼蘭首先放墾，而吉林諸廳繼之，地方開發，民人麕聚，徵收租賦與乎辦理訟事，日見繁雜，因而設縣治建民官，以利治理。

光緒末年，州縣日闢，交涉日繁，舊局新司，紛列駢存，旗署民官，陰相掣肘，互分畛域，其官制之改革，已屬急不容緩之舉；然促成東三省之改制，實繫於俄人踞據東三省之役。庚子俄人陰圖獨併三省未成，轉啓日俄戰釁，於是朝野遂悟非改革官制無以挽危局。光緒三十一年（一九〇五年）侍郎沈家本奏以東三省形勢岌危，請統三省設一總督，授以全權，便宜行事[335]。翌年將軍趙爾巽更奏請倣照歐美治理屬地之制，設盛京行部[336]。是年十月乃派親王載振民政部尚書徐世昌等赴東三省察視；十一月返京，力主改制[337]。三十三年三月，遂有改革東三省官制之諭旨[338]：倣內地設行省，置總督巡撫，以總督轄三省軍政外交，而巡撫治一省政令。行省公署設二廳：一曰承宣，附以交涉，旗務、民政、提學、度支、勸業諸司，掌核機要；一曰諮議，彌定章制。此外另設提法司屬以刑事，及蒙務總局辦理放荒[339]。至于地方建置，自同治開放以來，已陸續設有府廳州縣，惟大抵限於心腹之地，如吉林省之於西北與西南境及江省之於南境；其邊陲要衝，倘無設治也。至是乃於吉林省東北境設東北路兵備道，置府三廳州一縣四；於江省東境設興東兵備道，置縣二；於東北境設璦琿兵備道，置府廳各一；於西北境設呼倫兵備道，置府廳各一[340]；設民官，置墾局，厲行放墾，招民實邊，於是行省規模始大備焉。

鼎革而後，招墾事工、時斷時續，至民國十六七年間，華北諸省大饑，流民復大批移入東三省。時至今日，東三省之移民問題尤爲遠東紛爭癥結之一，時人學者多有鉅著論及，無待贅言；本文聊述其嬗變之跡，以明其淵源云爾。

註一　史記匈奴傳。五郡者：曰上谷郡，今察哈爾宣化至獨石口之地；曰漁陽郡，今密雲至承德；曰右北平，今平泉凌源之地；曰遼西郡，今朝陽遼陽一帶，遼河以西之地；曰遼東郡，今遼河以東至朝鮮平安北道一帶。（二十四史，清光緒二十四年上海集成圖書公司鉛印本）

註二　前漢書卷二八地理志。玄菟郡在遼東郡以東，鴨綠江佟家江流域。樂浪郡在朝鮮北境，今咸鏡以南迄江原道。臨屯眞番二郡早罷於昭帝始元五年，即公曆紀原前八二年。（參後漢書東夷傳）

註三　前漢書卷二八地理志列漢代諸郡戶口：

郡名	戶	口	地域
玄菟郡	四五・〇〇六	二二一・八四五	朝鮮北境
樂浪郡	六二・八一二	四〇六・七四八	鴨綠江佟家江流域
遼西郡	七二・六五四	三五二・三二五	遼河以西
遼東郡	五五・九七二	二七二・五三九	遼河以東
桂陽郡	二八・一一九	一五六・四八八	湖南境
江夏郡	五六・八四四	二一九・二一八	湖北境
牂牁郡	二四・二一九	一五三・三六〇	貴州境
南海南	一九・六一三	九四・二五三	廣東境
鬱林郡	一二・四一五	七一・一六二	廣西境

註四　唐高宗總章元年（公曆六六八年）滅高麗，置安東都護府於平壤，至上元三年（公曆六七六年）徙安東都護府於遼東郡故城，即今遼陽城。（舊唐書高宗本紀）

註五　明洪武八年（公曆一三七五年）設遼東都司於遼陽，二十年（公曆一三八七年）設大寧都司於大寧新城，今熱河平泉縣內東北百里之黑城，繼設奴兒干都司於奴兒干地，今混同江口廟街附近。成祖靖難之役，撤大寧都司，天順間復撤奴兒干都司，其地遂統歸遼東都司據轄。參遼東志（明畢恭修，九卷，據日本大正元年翻刻明正統八年本重印）及全遼志（明李輔修，六卷，據明嘉靖四十四年本重印）。

註六　遼東志卷三兵食志。

註七　觀清太祖武皇帝弩兒哈赤實[illegible]故宮博物院鉛印本，民國二十一年出版），其征取女眞諸部落，輒盡收其壯丁以還，而不置兵鎮戍，蓋欲編制滿洲八旗，以供驅馳也。

註八　清順治元年，八旗大部轉戰中原，以內大臣何洛會留守盛京，其鎮守兵數頗難確知；然就乾隆間駐防東三省八旗觀之，騎兵二萬六千六百一十一，步兵一萬七千一百一十七，合四萬三千七百二十八名，（清朝文獻通考，民國二十四年至二十五年上海商務影印本，卷一八二兵志四）順治初當不及其半數。以三省遼闊之域，僅駐區區之數，較明代中葉，遼東一隅即駐兵十二萬四千七百二十七名；（遼東志卷三兵食志）其地之荒涼，八旗移入之寡，於此可見矣。

註九　明代中葉，遼東居民不過四十餘萬，而熊廷弼遣兵護遼東難民入關者瀕數十萬；（聖武記，清魏源撰，十四卷，民國十七年上海中華書局據古微堂原刻本校印，卷一頁十八下）按聖武記載：「遼瀋大震，瀋城供軍民盡竄，數百里無人跡」。（卷一頁十六上）

註一〇　天聰東華錄（清王先謙編，清光緒十七年上海廣百宋齋活字版校印本）卷七頁六下。

註一一　同上卷七頁六下。

註一二　大清會典事例（清崑岡等纂，清光緒二十五年石印本）卷一六六戶部開墾條。

註一三　順治東華錄卷十三頁二上

註一四　大清會典事例（光緒本）卷一六六戶部開墾條。

註一五　清朝文獻通考卷一頁四八五八。

註一六　盛京通志（清魏樞等纂，四十八卷，清乾隆元年王河序刊本）卷二三頁一下。

註一七　遼東招民開墾令頒後，僅有招頭陳達德以功授知縣。（順治東華錄卷二三頁十一下，順治十一年五月丁酉條）

註一八　歐洲諸國嘗以流人擧荒開拓殖民地，例如帝俄之於西伯利亞，葡萄牙之於巴西，英國之於澳洲，法國之於圭亞那 Guiana 新喀利多尼亞羣島 New Caledonia 皆是，而清人發遣之舉，尤著先鞭。(See George Kennan, Siberia and the Exile System. London, 1891)

註一九　大清會典事例：「順治十四年題定，凡賣鐵[illegible]戶與販[illegible]私鑄者，流徙尙陽堡。十六年諭，貪官贓至十兩者，流徙席北（伯都訥）地方。十八年定，凡反叛案內流人犯，俱流徙寧古塔」。（光緒本，卷七四四刑部名例律遷徙地方四）雞林舊聞錄：「雲南既平，凡附屬吳三桂之漢人，悉配戍於上陽堡」。（吉林地志，民國魏聲龢撰，民國二年吉東印刷社鉛印本，頁九上）[illegible]：「[illegible]順治有流徙漢人」。

註二〇 盛京官莊略別爲戶部官莊，禮部官莊，工部官莊，三陵官莊及內務府官莊等，分設於奉天各縣，所佔地畝，列表如次：

名稱	面積
盛京戶部官莊	三二二・三一〇畝
盛京禮部官莊	五四・八〇四
盛京工部官莊	六三・八五三
三陵官莊	二一八・〇五六
內務府官莊	五七四・八三〇
總計	一・二三三・八五三

（清朝文獻通考卷五及八旗通志，清鄂爾泰修，清嘉慶元年武英殿刊本，卷七二）

註二一 大清會典事例（光緒本）卷一二一九內務府雜例及卷一〇九三奉天府職官治賦。

註二二 龍沙紀略（清方式濟撰，小方壺齋輿地叢書本）卷七頁三七六下：「竊見國家立官莊，給牛種，一兵卒之力，歲納糧十石，則地固非瘠而力亦可用。今流人之賞旗者，且倍於兵，使而行之，則歲徵不啻萬計」。按乾隆間八旗駐紮奉天兵數，合騎步前鋒共一萬五千八百九十五名，（清朝文獻通考卷一八二兵志四）耕治間約當其中，故流人約在一萬五千餘人。

註二三 寧古塔紀略（清吳振臣撰，昭代叢書本）載：「時羅車國（俄國）人造反，到烏龍江諸處搶貂皮，錄其餘。其國在大洋東，相去萬里。所產多羅絨，漆器最精，人皆深鼻高眼，綠睛紅髮，其猛如虎，善放鳥鎗。……滿洲人皆畏之，將軍上疏求救，即令檄凡流人隨旗下及年踰六旬者，皆一概當役」。（頁四下）自康熙而後，漸少發遣奉天尚陽堡者，柳邊紀略（楊賓撰，遼海叢書本）載：「康熙初，又有發遣黑龍江寧古白登訥，即有發尚陽堡者，止居奉天府城，而尚陽堡爲墟矣」。（卷一頁九下）

註二四 扈從東巡日錄（清高士奇撰、遼海叢書本）卷下頁六上。

註二五 柳邊紀略卷一頁十一下。

註二六 大清會典事例（光緒本）卷七四四刑部名例律。

註二七 讀例存疑（清薛允升撰，清光緒三十一年刊於京師本）卷六名例律下頁六七上。

註二八 扈從東巡日錄載：「康熙十五年春，移寧古塔將軍駐鎮於此［吉林烏拉］，建木爲城，倚江而居，所統新舊滿洲兵二千名，並徙直隸各省流人數千戶居此。修造戰艦四千餘艘，雙帆樓櫓，與京口戰船相類」。（卷下頁六上）黑龍江述略（清徐宗亮撰，清光緒二年序，觀海堂叢書本）載：「水師之興，在康熙二十二年征羅剎時，原以漢種爲軍，其後定爲額兵。……國初取水手皆烏喇寧古塔流人，閩廣兩湖原籍居多」。（卷五頁六下）

註二九 呼蘭府志（民國黃維翰修，民國四年鉛印本）卷九頁三下及柳邊紀略卷一頁十一下。

註三〇 黑龍江述略卷三頁六上。

註三一 黑龍江外記（清西清撰，嘉慶十五年序本）卷六頁一上。

註三二 帝俄曾遣軍犯至西伯利亞拓殖，自公曆一八二三年（道光三年）至一八八七年（光緒十三年）之六十五年間，凡七十七萬二千九百七十九人。(George Kennan, Siberia and the Exile System. Vol. I p. 98)

註三三　康熙初年奉天編審原額新增之統計：

年代	人口　新增	合計
順治十五年至十八年	——	五・五五七
康熙七年	一一・○八六	一六・六四三
康熙十二年	九・○八○	二五・七二三
康熙十五年	九九○	二六・七一三

此項戶口俱屬移民，盛京通志曰：「於時（康熙五年）州縣新設，戶無舊籍，丁鮮原額，俱係移民，三年起科。其徙民於康熙七年歸併承德開原鐵嶺三縣為民，即於本年起科。其續到者，仍三年起科」。（盛京通志卷二三頁一至五）

註三四　同上卷二三頁一上。

註三五　康熙東華錄卷二九頁四上。

註三六　吉林通志（清李桂林修，清光緒十七年修刊本）卷一頁十七上。

註三七　道光東華錄卷十四頁五上。

註三八　嘉慶八年（一八○三年）上諭：「山海關外係東三省地方，為滿洲根本重地，原不准留寓民人雜處其間，私墾地畝，致礙旗人生計，例禁有年」。（嘉慶東華錄卷十五頁七下）

註三九　戶部則例（清載齡等，清同治十三年刊本）卷三三頁一上。

註四○　柳邊紀略卷三頁四下。

註四一　盛京典制備考（清崇厚撰，滿家叢書本）卷六頁一七八。

註四二　柳邊紀略卷一頁七上。

註四三　柳邊紀略載：「山海關設和敦大一員，佐領八員，驍騎八員，兵三百六十四名，移永平府通判一員，稽查客旅登記而已。……人參惟朝廷及王公藏額得入，餘皆不得入，入者死。是以參貫不敢公行向路守者，或夜縱放入，或畫賄守車轄載許入。康熙己巳（二十八年，公曆一六八九年）庚午（二十九年）間，天子屢責守關吏，或死或徙；路不行乃從他口入，亦有泛海自天津登州來者矣」。（卷一頁五上）

註四四　戶部則例卷三三頁一五上山海關稽私章程。

註四五　同上卷三三頁十三下。

註四六　盛京典制備考卷六頁一七二關稽驗稽查事宜條。

註四七　清朝續文獻通考卷三頁七五一五。

註四八　明中葉沿遼河流域建邊牆，目的為開拓遼東，防禦兀良哈女眞部族之侵掠；清之建柳邊，為封禁東三省，防止民人潛入開墾。

註四九　扈從東巡日錄（卷下頁三下），皇朝經世文編（清賀長齡輯，清光緒十三年上海廣百宋齋校鉛印本）卷三五頁一上，乾隆十年御史和其衷之「根本四計疏」，柳邊紀略卷一頁十上，吉林外紀卷三頁三上，及 Du Halde, Description géographique, historique, chronologique, politique, et physique de l'empire de la Chine; et la Tartarie chinoise. 1736, Paris. English translation. Vol. II. pp 244 等文獻，對柳邊之形狀，記載甚詳

詳，惟柳邊高度，衆說紛紜，或謂高三四尺一二尺，或謂四尺五寸，或謂七八尺，實則柳樹生長甚易，年代既殊，難拘泥於文字也。

註五〇 D'Anville, Nouvel Atlas de la Chine, 1737, Mep. 19 Liao-toung 盛京通志卷首「盛京輿地全圖」、大清會典圖（清托津等纂 清嘉慶二十三年重修本）「盛京圖」。

註五一 山海關稽査綦嚴，漢人欲出關者須呈請兵部或印官衙門起漢文票，至關時赴通判衙記檔驗放；入關時，搜査貂蔘，始査館放行。（柳邊紀略卷一頁五上）

註五二 盛京通志卷十九職官志。

註五三 嘔從東巡日錄卷下頁三下。

註五四 順治十八年，奉天府尹張尚賢論遼東形勢曰：「河西自山海關以東至中前所衛後所沙河寧遠連山塔山杏山松山錦州大凌河，北面皆邊，南面皆海，所爲一條邊矣。獨廣寧一城，南至閭陽驛狖山站有屯衛海口，相百餘里，北至我朝新插之邊，相去數十里，東至盤山驛高平嶺以至三岔河之馬圈，此河西邊海之大略也」。（皇朝經世文編卷八十頁三上）所謂「北面皆邊」一「北至我朝新插之邊」者，即指「插柳爲邊」之柳條邊也。

註五五 柳條邊之建置年代，史無明文，惟於邊門建設與設官年代，或可略推知之。今表列如次：

邊門	建設年代	設官年代	今處
鳴水堂門	康熙十八年	康熙三十八年設兵十人，乾隆六年設防禦	寧遠
白石嘴門	康熙十四年	康熙十四年設防禦	同上
梨樹溝門	康熙十八年	康熙十八年設兵十人，乾隆六年設防禦	同上
新臺門	康熙十四年	康熙十四年設防禦	寧遠錦州
松嶺子門	同上	同上	錦州義州
九官臺門	康熙十五年	康熙十五年設防禦	義州
清河門	同上	同上	同上
白土廠門	同上	康熙三十八年設兵十人，乾隆六年設防禦	廣寧
彰武臺門	康熙二十六年	康熙二十六年設防禦	新民
法庫門	康熙元年	康熙廿三年設兵十二人，三十三年設防禦	法庫
威遠堡門	未詳	康熙二十一年設防禦	開原
英額門	未詳	同上	同上
旺清門	未詳	同上	興京通化
鹻廠門	未詳	同上	興京懷仁
靉陽門	未詳	同上	鳳凰城寬甸
鳳凰門	未詳	同上	鳳凰城安東
布爾圖庫門	未詳	康熙二十年設防禦	昌圖
赫爾蘇門	未詳	同上	奉化
伊通門	未詳	同上	長春
巴彥佛羅門	未詳	同上	同上
法特哈門	未詳	同上	吉林

（盛京通志卷十六頁九上及清朝文獻通考卷一八二兵志四）

註五六 Iu Hadle, English translation, Vol. II p. 244.

註五七 皇朝經世文編卷三五頁，上。

註五八　大清會典事例（光緒本）卷一五八戶部戶口流寓異地條。

註五九　同上。

註六〇　乾隆二十六年上諭。（見同上）

註六一　同上卷七四四刑部名例律。

註六二　皇朝政典類纂（清席裕福纂，清光緒二十九年圖書集成局鉛印本）卷二七六頁十五上。

註六三　黑龍江志稿（民國張伯英等修，民國二十一年—二十二年鉛印本）卷二六頁五五上。

註六四　清人入關前，盛京設官詳備，順治元年定都北京，悉裁舊制，盛京官不備設，而以內大臣鎮守，戶禮兵工四曹屬焉。順治十五年設盛京禮部，十六年設戶部工部，康熙元年設刑部，三十一年設兵部，是爲盛京五部。雍正八年設滿洲尚書總之，尋罷，盛京節六部。位與將軍抗衡，隱相牽掣，厥後兼轄奉天府尹，其權力遂重矣。

註六五　大清會典事例（清托津等纂，清嘉慶二十三年重修本）卷十九頁十一下。

註六六　同上卷八二三頁二上奉天府官屬。

註六七　乾隆五十四年戶部奏准：「奉天府尹一缺，向例不分滿洲漢軍。查此缺四十餘年俱簡放滿員，自未便仍照舊例開列漢員，嗣後即以滿員開列」。（見同上）

註六八　Shuhsi Hsu, China and Her Political Entity, N. Y. 1924, p. 61.

註六九　同上。

註七〇　大清會典事例（嘉慶本）卷八二三頁二上。

註七一　聖祖聖訓（十朝聖訓，清光緒年活字板印本）卷二一頁六上，康熙十九年二月丁卯條：「上諭戶部，前因各省饑饉，已發官賑濟，今京師附近地方，流入甚多，朕心深爲憫側，若不盡行安插，令得其所，難以生全」。

註七二　同上卷六頁六下，康熙十九年四月條。

註七三　同上卷二二恤民二，及卷四十蠲賑三。

註七四　高宗聖訓卷七五頁四上。

註七五　同上卷七五頁六下。

註七六　聖祖聖訓卷四四頁五上。

註七七　康熙東華錄卷九七頁四上。

註七八　參安丘新志（清馬世珍修，道光二十年列本）卷一，平原縣志（清黃懷祖修，乾隆十四年列本）卷九，長山縣志（清倪企璞修，嘉慶六年列本）卷四。

註七九　聖祖聖訓卷二二頁七上。

註八〇　同上卷四十頁三下。

註八一　榮成縣志（清李天騭修，道光二十年列本）卷三頁二上。

註八二　聖祖聖訓卷八頁三上。

註八三　大清會典事例（光緒本）卷九七八理藩院戶丁婚姻條。

註八四　Du Halde, French Text, Tome IV, pp 388. 390.

註八五　高宗聖訓卷二六八頁四下。

註八六　大清會典事例（光緒本）卷九七八理藩院戶丁稽查種地民人條。

註八七　同上卷一五八戶部戶口流寓異地，嘉慶十五年條。

註八八　同上卷九七八理藩院戶丁稽查種地民人條。

註八九　參註59

註九〇　大清會典事例（光緒本）卷九七九理藩院耕種地畝條。

註九一　同上卷九七八稽查種地民人條。

註九二　同上卷一五八流寓異地條。

註九三　同上卷九七八稽查種地民人條。

註九四　同上卷九七九耕種地畝條。

註九五　理藩院則例（理藩部纂修，清光緒三十四年排印本）卷十頁十上。

註九六　大清會典事例（光緒本）卷九七八稽查種地民人條。

註九七　雍正東華錄卷二三頁二上。

註九八　同上卷二四頁十下。

註九九　高宗聖訓卷七六頁一上。

註一〇〇　自康熙二十年至雍正十二年之五十二年間，奉天州縣戶口及開墾地畝，表列如次：

州縣	康熙二十年 人口	康熙二十年 地畝	雍正十二年 人口	雍正十二年 地畝
承德縣	二·九四三	三四·一九六畝	三·四六九	一五二·五〇四畝
遼陽州	三·三九三	一九·九三五	四·五三九	二三〇·〇八五
海城縣	三·五五八	三〇·八八一	三·七五七	一八五·二八六
蓋平縣	一·〇二八	一六·二六四	一·三五二	一五五·〇九三
復州			三·二〇四	二一九·六一六
寧海縣			一·一六七	七七·一〇一
開原縣	二·一六二	三三·四〇七	二·四三九	九六·一七〇
鐵嶺縣	二·一二一	二八·一一九	二·四七七	八九·二四四
錦縣	六·八〇二	六〇·六一〇	一二·一三九	六九二·五七二
寧遠州	五·二七一	四八·五八六	七·五四九	五四六·四六五
廣寧縣	二·四五六	二〇·六九八	二·八九二	一八一·八三一
共計	二八·七二四	[illegible]·八五五	四六·〇八四	二·六二五·九六七

（盛京通志卷二三戶口及卷二四田賦）

註一〇一　大清會典事例（光緒本）卷一一一九，八旗都統九，田宅。

註一〇二　清朝文獻通考卷二七，頁七二七六。

註一〇三　大清會典事例（光緒本）卷一一一九，八旗都統九　田宅。

註一〇四　黑龍江述略卷四頁十六下。

註一〇五　清朝文獻通考卷十九頁九〇二二。

註一〇六　吉林外記（清薩英額撰，皇朝藩屬輿地叢書本）卷八頁十下。

註一〇七　清史稿（民國柯劭忞等纂，民國十六年鉛印本）食貨志一頁四上。

註一〇八　黑龍江述略：「漢民至江省貿易，以山西爲最早，市肆有逾百年者。……次則山東河民，多以販牛爲事，出入蒙境甚稔；而備值開墾，則直隸山東爲多」。（卷六頁七上）按黑龍江述略列於光緒初年，所謂「設肆逾百年者」，約當乾隆之末也。

註一〇九　仁宗聖訓卷八九頁一下。

註一一〇　乾隆東華錄卷八四頁十三下。

註一一一　仁宗聖訓卷六十頁二上。

註一一二　大清會典事例（嘉慶本）卷一三四頁二四上。

註一一三　吉林通志卷三三頁十九上。

註一一四　大清會典（光緒本）卷二五盛京戶部卷四十盛京戶部卷六二盛京工部，八旗通志卷六八及七三，清朝文獻通考卷五。

註一一五　八旗通志卷六六頁一上。

註一一六　清史稿食貨志一頁二一下。

註一一七　清朝文獻通考卷五頁四九〇五。

註一一八　同上。

註一一九　奉天省八旗旗田地畝表：

地名	面積	地名	面積
興京	二九七・二〇二畝	撫順	二二九・〇〇九畝
開原	二八〇・〇七九	遼陽	一四八・〇九一
鐵嶺	八六五・七四四	法庫門	六七・八五八
威遠堡門	二二・八七八	英額門	一二・六七二
鳳凰城	二〇〇・八七三	復州	三八八・二三二
熊岳	一八八・三三九	金州	三三六・七二二
山海關	一〇・七二四	岫巖	二一二・一〇二
蓋州	六七・七三〇	牛莊	四八七・一六四
廣寧	・五一九・四九六	錦州	三七七・一五七
義州	五四七・一二五	清河門	五三・四二三
九關台門	二三・二一八	總計	六・二七五・八三八

（八旗通志卷七一頁三至六）

註一二〇　吉林省八旗旗田地畝表：

地名	面積	地名	面積
吉林城	一・九〇五・一一六畝	寧古塔	五九一・二五〇
伯都訥	三九四・七二〇	三姓	六三三・九二〇
琿春	一一五・九三〇	阿勒楚喀	九八六・四〇三
拉林	六九四・一二九	打牲烏拉	五八〇・〇〇〇
烏拉	一九三・二九二	雙城堡	一・五一一・四五四
五常堡	三六・九七八	伊通	一三二・〇八〇
額穆赫索羅	七九・〇六五	伊通門	一三五・六〇〇
赫爾蘇門	一七七・三六六	布爾圖庫門	五七・四五一
巴彥佛羅門	一一三・〇〇六	總計	六・三三七・三六〇

（吉林通志卷三十頁七至十七）

註一二一　官兵隨缺地設於康熙中（清史稿食貨志一頁十一上），其制可參攷大清會典事例（光緒本）卷一六二戶部田賦盛京吉林黑龍江各駐防官兵田莊條。時以六畝爲一晌，至同治光緒間則以十畝爲一晌。奉天隨缺地畝數，見東三省政略（民國徐世昌輯，清宣統三年自序鉛印本）卷八旗務篇奉天省頁七一上，吉林省者則見吉林通志卷三十頁七至十七。黑龍江省以駐防官莊代之，故無隨缺地之設。附奉天吉林隨缺地如下：

地名	隨缺地	地名	隨缺地
奉天城		遼陽	二九・〇九七畝
岫巖	四九・〇八五	廣寧	二四・〇〇〇
巨流河	一一・九二〇	白旗堡	一二・六〇〇
小黑山	一八一・〇九〇	閭陽驛	一二・九四〇
彰武台門	二三・〇一〇	牛莊	二二・六七四
鐵嶺	一三・一四〇	興京	九九・四六〇

地名	伍田	地名	伍田
撫順	一二・八四〇	法庫門	二・六一〇
鳳凰城	三八・〇四〇	金州	五九・九四三
復州	三五・〇七五	蓋州	一九・五八九
熊岳	五四・八六九	錦州	五二・〇二〇
小淩河	一二・〇〇〇	寧遠	一二一・〇二〇
中後所	一三・〇二〇	中前所	一二・〇〇〇
義州	五一・四五六	白土廠門	一・三四六
清河門	一・六一〇	英額門	二・五六八
城廠門	八七〇	吉林城	六七七・三四〇
寧古塔	二三一・〇八〇	伯都訥	一九七・九二〇
三姓	二九八・〇〇〇	琿春	一九・〇四〇
阿勒楚喀	一〇六・五二〇	拉林	九〇・〇〇〇
烏拉	一二一・三六〇	雙城堡	六七・四〇〇
五常堡	四・一〇〇	伊通	三五・〇八〇
額穆赫索羅	二〇・四四〇	總計	二・七六二・七八二畝

註一二二　伍田地畝數表列如下：

地名	伍田	地名	伍田
奉天城	一一八・二七五畝	遼陽	一一八・一八〇
巨流河	六・九〇〇	白旗堡	三・七四〇
小黑山	二・〇八九	牛莊	五・〇四〇
鐵嶺	八九二	法庫門	三・〇〇四
撫順	三五〇	金州	七・五二四
鳳凰城	二・二〇〇	復州	二六・四六四
蓋州	二・四一四	熊岳	一三・七六九
中前所	一・〇七〇	總計	三一一・九一一畝

（東三省政略卷八旗務）

註一二三　吉林外記卷三頁四下，大清會典事例（光緒本）卷一六一田賦盛京吉林黑龍江駐防官兵莊田條。其義站丁地畝數，見盛京通志卷十七驛站，茲表列如下：

所屬	地名	額地	地名	額地
盛京將軍所轄	沙河站	一五・六七六畝	東光站	一七・三七一
	寧遠驛	一八・七三四	高橋驛	一三・一六八
	小淩河驛	五・〇九七	十三山驛	一三・七〇八
	廣寧驛	一三・四四二	小黑山驛	三七・三五二
	二道境驛	三七・一一三	白旗堡	二七・八八三
	巨流河驛	一一・三二五	舊邊驛	一一・三〇九
	盛京驛	九・三九〇	十里河驛	五・三四七
	東京驛	一・一一五	狼子山驛	四・七七六
	甜水站	四・七四一	連山關驛	六・四七五
	通遠堡驛	三・五一七	雪裏站	五・〇六〇
	鳳凰城驛	四・六三六	高麗堡驛	三・〇七〇
	易路驛	五・三三三	嚴千戶屯驛	五・九一五
	法庫驛	五・六六〇	沙爾湖驛	一・九五〇
	開原驛	七・九八七	噶布喇村驛	四・三九二
	木奇驛	四・〇七八		
吉林將軍所轄	巴彥俄佛洛門等七臺	二四・〇六〇	一統門等六臺	一四・五六〇
	赫爾蘇門等八臺	九・三〇〇	布爾圖庫巴爾漢門等七臺	一三・八九〇
	烏拉等九站	七九・六〇〇	金州俄佛洛等十七站	一〇六・四三〇
黑龍江將軍所轄	茂欣逸素等十驛	三〇・六八〇	墨爾根村等十驛	四〇・三〇〇
總計	六三三・四三〇畝			

註一二四　黑龍江志稿卷八頁二上。

註一二五　大清會典事例（嘉慶本）卷一三七頁二下。

註一二六　同上頁四上。

註一二七　黑龍江述略（卷四頁四上），黑龍江志稿（卷八頁六至九）吉林通志（卷三十頁三上）記駐防莊屯微有出入，可互為校正，茲列如次：

地名	莊數	壯丁	額地
齊齊哈爾	三〇	三〇〇	一八・〇〇〇畝
墨爾根	一五	一五〇	九・〇〇〇
黑龍江城	四〇	四〇〇	二四・〇〇〇
呼蘭	五〇	五一〇	三〇・六〇〇
吉林城	五〇	三四六	一五二・四八三
寧古塔	一三	一三〇	一五・六〇〇
伯都訥	三	六〇	七・二〇〇
三姓	一五	一五〇	一八・〇〇〇
阿勒楚喀	六	六〇	七・二〇〇
拉林			
烏拉	五	一四〇	二一・七五〇
共計	二二七	二・二四六	三〇三・八三三畝

註一二八　按「紅册地」之源起，康熙二十二年以奉天州縣田賦入册，時呼之曰民地，民田，原額地，新升科者曰新增地，尚無「紅册地」之名。（盛京通志卷二四田賦）雍正十一年謂：「盛京界內紅册地一萬九千六百二十一畝一分，丈出餘地六萬八千八百八十畝零一分」，（同上頁十上）至是始有「紅册地」與「丈出餘地」之對稱。大清會典事例又曰：「雍正十三年，……如紅册內開載之另地」，（光緒本，卷一五九戶部田賦）乾隆三十一年查辦奉天額外開墾地畝謂：「如有餘地在三十畝以上，於十分中分出二三分為各城兵丁隨缺地畝；餘仍令原業主承種，註載紅册」。（清朝文獻通考卷五頁四九〇五）由是可知始於康熙初，至雍乾際乃有「紅册地」之名矣。

註一二九　盛京通志卷二四頁一及六。

註一三〇　戶部則例：「八旗另戶漢軍出旗為民，無論離京遠近，其老圈並自置各旗地，均准隨帶出旗。並令開明坐落四至頃畝，報領旗記檔，造册二本，咨送戶部，一存部備查，一轉發入籍州縣存案」。（卷十頁六上帶地出旗條）

註一三一　雍正十二年上諭：「八旗別載册籍之人，原係開戶家奴，冒入正戶，後經自行首明；及旗人抱養為子，有願出旗為民者，其入籍何處，均聽其便，本身田產並許帶往」。（清史稿食貨志一頁九下）

註一三二　「餘地」之名始見於雍正十二年上諭，乾隆二十七年令此項餘地自首，是年奉天自首餘地七千二百八十二畝。（開原縣志，清全祿修，清咸豐七年刊本，卷五）

註一三三　清朝文獻通考卷五頁四九〇六。

註一三四　額徵民人餘地包括民人徵糧餘地，額徵民人徵租餘地，餘租地，額徵餘租地，民人餘租地，民餘地，額徵民餘地，額徵三則餘地，民人三則餘地等名目。

註一三五　首報私開地乃流民私墾地經自首報官者，包括止額首報墾闢地，民人私開地，滋生地，原滋生地，滋生餘地，民人首報餘地等名目。

註一三六　額徵加賦餘地乃流民私墾隱匿或不報之地畝。陸乾四十六年查出奉天吉林此項地畝達一萬三千八十八畝，乃定隱匿報之例，每畝議徵八分。按奉天民人升科地本定每畝徵銀三分，今徵八分，蓋示懲警也。（清朝文獻通考卷五頁四九〇六及大清會典事例，光緒本，卷一一八九，八旗都統田宅條）此項地畝包括加賦地，增賦餘地，查出流民私開地，查出民人私墾地等名目。

註一三七　大清會典事例（光緒本）卷一一八九，八旗都統田宅條。

註一三八　道光東華錄卷十四頁五上。

註一三九　八旗通志卷六六頁十上。

註一四〇　清朝文獻通考卷五頁四八九九。

註一四一　八旗通志卷六六頁二七上。

註一四二　同上頁三二下。

註一四三　乾隆二年御史舒赫德上八旗開墾邊地疏，主先募漢人出關代爲成熟，數年後始移京旗屯種；甚或仍令漢人承種，京旗坐收租利。（皇朝經世文編卷三五頁三上）清廷以漢人出關，有礙封禁；滿漢移墾，二重勸帑；漢人代耕，旗人坐享其成，勢不親自耕種，必復出於典賣之途，故未採納其議。

註一四四　乾隆五年御史范咸重申移墾之議。（見同上卷三五頁四下）

註一四五　六年御史梁詩正更以國家財政大局爲言，痛論明瞭，遂定移墾之計。（同上卷三五頁五上）

註一四六　大清會典事例（光緒本）卷一一二七，八旗都統兵制條。

註一四七　乾隆二十二年定京旗潛逃處罰之例，可知京旗逃亡者甚夥。（大清會典事例，光緒本，卷一一一六，八旗都統戶口條）

註一四八　吉林通志卷三一下頁四上。

註一四九　清朝文獻通考卷十九頁五〇三二。

註一五〇　仁宗聖訓卷六十頁七下　嘉慶十七年上諭。

註一五一　吉林通志卷三一下頁五至九，拉林試墾章程。

註一五二　仁宗聖訓卷六十頁十五下。

註一五三　宣宗聖訓卷一二九頁一下。

註一五四　吉林通志卷三一下頁四八下。

註一五五　宣宗聖訓卷一二九頁四下，道光四年十一月甲寅上諭。

註一五六　清朝續文獻通考卷八頁七五六六。

註一五七　宣宗聖訓卷一二九頁四上。

註一五八　同上卷一二九頁十下。

註一五九　吉林通志卷三一下頁三六下。

註一六〇　同上卷三一下頁四二下。

註一六一　同上卷三一下頁四四下。

註一六二　同上。

註一六三　咸豐東華錄卷四三頁七上，咸豐七年二月甲午上諭。

註一六四　同上卷四五頁九下。

註一六五　黑龍江將軍奕山論曰：「詳稽所以封禁之故，略有五端：論地脈則恐礙蕃山珠河，論牧場則恐妨旗民生計，更恐奸民聚集，勾結爲匪。奴才等反覆推求，知其中情節萬無一可虞者。擬請嗣後呼蘭荒山，自乾隆時試採一次，旋見蕃衍，久經停採；布雅悼瑚等河，自嘉慶二十二年試採一次，亦未得珠，具見奕山奏中，況稼穡之與珠寶孰輕孰重」？（皇朝經世文編卷三三頁十上）黑龍江述略論反對開放之癥結曰：「呼蘭全境論之，旗民已成屯聚者不及十分之二三，使如吉林省例，大興屯政，廣設民官，則歲入不可數計。內可省司農度支之繁，外可杜鄰敵覬覦之漸，固本實邊，莫善於此。黑龍江省籍在位者，出入內廷，聲氣聯絡，輒舉國制法禁，以根本重地旗丁生計爲詞，力阻開屯，勢若拒敵，雖歷年內外臣工愷切上陳，不能稍爲展拓；推原其故，則以廣民屯必增民官，久而改郡行省，將旗營等諸內省駐防，畢數百年權利，拱手而去，非僅區區一城之得失也。私慮既深，公忠有所不惜，古今同之，識者所爲撫時而興嘆慨已」！（卷三頁十三下）

註一六六　特普欽奏請開放原疏，見呼蘭府志卷十二頁二下。

註一六七　同上卷三頁七上。

註一六八　黑龍江述略卷五頁八上。

註一六九　同上卷五頁九上。

註一七〇　是時二吊五百文值銀一兩（黑龍江述略卷四頁八上），故六萬六千吊值銀二萬六千兩。

註一七一　咸豐十年開放呼蘭之明令未發見於檔籍，惟文宗十年十一月壬午上諭，准吉林荒地援案開放招墾（咸豐東華錄卷六六頁九下），可知呼蘭地方於是年十一月以前，業經詔許開放矣。

註一七二　呼蘭府志卷十二頁五下。

註一七三　同治東華錄卷十七頁四六上。

註一七四　黑龍江外紀卷四頁六上：「呼蘭倉儲最裕，餘城額實不足，積欠動十萬石，遇水旱倚呼蘭接濟。其由嫩江運自呼蘭者，齊齊哈爾墨爾根二城也。由黑龍江運自呼蘭者，黑龍江城（瑷琿）也」。又呼蘭府志卷八頁四下：「乾隆以後，由呼蘭運糧二十萬石或數萬石，餉齊齊哈爾黑龍江墨爾根三城，歲以爲常」。

註一七五　黑龍江述略卷三頁十二下：「咸豐同治之際，直隸山東游民出關謀食，如水赴壑。迨知呼蘭地利之厚，競赴屯莊傭工。積日既久，私相佃質，占地益廣，聚徒益繁」。又卷二頁九下：「咸豐同治之間，民屯大起，直隸山東游民流出關外者趨之若鶩，獄訟因以日滋」。

註一七六　同上卷四頁十五下：「黑龍江省全境……旗戶生息休養二百餘年，僅及四萬，丁口亦僅及二十五萬；散處山谷市集之間，地闊人稀，已可概見。而呼蘭三城興屯之後，不滿二紀，民戶已及三萬，其不入冊籍歸類聚居，以及游手謀生者，更不可以指計」。

註一七七　呼蘭府志卷十二特普欽咸豐十年與同治元年之奏疏。

註一七八　參同上卷三「八旗老圈牛力地考」。按八旗老圈牛力地者，乃指呼蘭城東七十里綽羅河口北至穆敏河口封禁地以外之公荒地，即所謂之「公中閒荒地」；其地本祇准旗戶耕種，禁流民開墾。及咸豐四年奕格與七年吳傑有弛禁招墾之請，流民聞風趨至，旗戶遂將「公中閒荒地」爭先圈佔，招民私墾，收取租利，故名曰「老圈地」。「八旗牛力地」者，則指私租與流民之呼蘭旗地。「牛力」者，官給旗丁以牛糧之謂也，故稱其地曰牛力地。

註一七九　呼蘭府志卷三頁十一下。

註一八〇　黑龍江歷任將軍墾務奏稿（佚名輯，四卷，國立北平圖書館鈔本）卷一頁十九至二一，咸豐十一年八月二十八日特普欽奏。

註一八一　同上卷一頁二六至三二，同治元年七月二十七日特普欽奏。

註一八二　同上卷一頁四一至四二，同治七年八月十八日奏。

註一八三　同上卷二頁二一至二三，光緒三年十一月十日奏，及清朝續文獻通考卷八頁七五六九將軍文緒奏豐紳京旗移墾呼蘭辦法一節。

註一八四　呼蘭京旗移墾，自光緒五年（一八七九年）起，招該處旗下壯丁（漢人）代墾，至十一年期滿，墾熟地畝達一萬零二百餘晌，乃着手移駐京旗，然結果願移者僅九戶；其後復不耐寒苦，相率逃亡，僅餘三戶，亦泣求將軍咨回。清廷以移駐乏效，遂以其地歸壯丁耕種升科。（清朝續文獻通考卷八頁七五六九及頁七五七〇）

註一八五　呼蘭府志卷三頁八至十一。東三省之放荒，向由流民報墾，按則納租，故該民多有賄賂放荒委員，虛報地畝，或私侵佔挾逃荒地，故是以所報畝數，難免有不實之處，然未嘗不可藉此以窺放墾之大略及移民之概況也。

註一八六　黑龍江述略卷二頁十一下。

註一八七　呼蘭府志卷一頁六。

註一八八　黑龍江歷任將軍墾務奏稿卷二頁二四至二七，光緒六年十二月奏。

註一八九　光緒東華錄卷六六頁十九上。

註一九〇　皇朝經世文續編（清葛士濬輯，清光緒十四年圖書集成局鉛印本）卷三三頁十上。

註一九一　黑龍江歷任將軍墾務奏稿卷三頁四至六，光緒十五年十二月二十三日奏。

註一九二　增祺「開闢閒荒敬陳管見摺」論開放通肯曰：「齊齊哈爾屬境旗屯以東直抵通肯河西岸有荒一段，縱約百餘里，橫約二百餘里；呼蘭北境通肯克音地方有荒一段，約八十餘萬晌；巴彥蘇蘇迤東松花江北岸，自陽旺河迄于黑河口有荒一段，南北約百餘里至二三十里不等，東西長約六七百里；黑龍江城以南觀音山，帶亦有荒地一二百里；以四處計之，如放地二百餘萬晌，即先收押租京錢三四百萬吊」。又擬安插旗人生計之法曰：「現擬將通肯柞樹岡等處荒場放歸北團林子五屯章程分配旗屯，令其照章納租，以佐軍餉，從此盡為旗產，可以世業，其田不准私典盜賣，以代永遠生計」。（見同上卷三頁三二至三六）

註一九三　同上卷三頁四一至四三。

註一九四　同上卷四頁一至三，增祺恩澤奏「遵旨現在通肯克音兩處荒廢業經勘竣劃分田段屯定章程覆陳摺」。

註一九五　本段參黑龍江志稿卷八經政墾丈，黑龍江省墾務要覽（清例煙甫編，清宣統元年鉛印本）第二卷縣務統計表頁五至九及第三卷縣務圖說，黑龍江財政沿革利弊說明書（黑龍江清理財政局編，宣統二年冬刊本）卷上頁九「黑龍江歷年放出省旗各段荒熟地畝數目表」。

註一九六　清朝續文獻通考卷三〇八頁一〇五三〇。

註一九七　同上卷三〇八頁一〇五三二。

註一九八　黑龍江財政沿革利弊說明書卷上頁九。

註一九九　清朝續文獻通考卷三〇八頁一〇五三〇。

註二〇〇　黑龍江志稿卷八頁三四上。

註二〇一　同上卷八政略丈，黑龍江務要覽卷二頁五至九及卷三縣務圖說。黑龍江財政利弊沿革說明書卷上頁九。

註二〇二　清朝續文獻通考卷三〇八頁一〇五三一及一〇五三三。

註二〇三　吉林通志卷四頁四上。

註二〇四　同上卷三一上頁五至七。

註二〇五　皇朝經濟文編（清求自強齋主人輯，清光緒二十七年慎記書莊石印本）卷三七頁四下。

註二〇六　清朝續文獻通考卷三〇七頁一〇五二二。

註二〇七　同上，雍正十二年民人僅二百零一口，墾地一百四十畝。

註二〇八　大清會典事例（嘉慶本）卷一三四頁十六上。

註二〇九　吉林通志卷二九頁十二下。

註二一〇　乾隆嘉慶間私墾地畝表列如次：

年代	流民私墾地	旗民私墾地
乾隆四十二年至四十三年	七三・九一一畝	
四十六年至四十七年	九〇四	
嘉慶六年	八・四六四	五七・二八一
八年	四・〇一五	
十二年	一〇四	五〇・八五一
十四年	一・九四九	
十七年	一五・九七〇	三二・九三八
合計	一〇五・三一七	一四一・〇七〇

（吉林通志卷二九頁十二下）

註二一一　戶部則例卷四戶口安插流民章程頁十二下。

註二一二　吉林通志卷六十頁四十八下。

註二一三　清朝續文獻通考卷三〇七頁一〇五二二。

註二一四　吉林通志卷三一上頁三下。

註二一五　同上卷四頁二二下。

註二一六　大清會典事例（光緒本）卷一六七闕類。

註二一七　吉林通志卷三一上頁一至三。

註二一八　清朝續文獻通考卷三〇七頁一〇五二一至一〇五二二。

註二一九　延吉邊務報告（東三省政略卷一附）第二章頁一至四。

註二二〇　同上第二章頁四上。

註二二一　東三省政略卷一延吉篇警政頁四九上。

註二二二　同上延吉篇屯頁五八至六一。

註二二三　清朝續文獻通考卷三〇七頁一〇五二三至一〇五二四。

註二二四 延吉邊務報告第二章頁二下。

註二二五 吉林通志卷三一上頁三。

註二二六 皇朝經濟文編卷三七頁五下及清朝續文獻通考卷三〇七頁一〇五二五。

註二二七 延吉邊務報告第二章頁三下。

註二二八 東三省政略卷二紀芬篇建置頁三上。

註二二九 同上卷二蜂蜜山篇頁十四上。

註二三〇 光緒七年及十一年放出之荒地參吉林通志卷三一上頁七下，餘參東三省政略卷三蜂蜜山篇頁十四上。

註二三一 清朝續文獻通考卷三〇七頁一〇五二五至一〇五二六。

註二三二 此外尚有「東邊外開墾地」「東邊外升科地」等名目，參東三省政略卷七奉天省及奉天省墾務。

註二三三 道光東華錄卷五五頁一下。

註二三四 穆宗聖訓卷一四六頁三下。

註二三五 同治東華錄卷八十頁四二下。

註二三六 同上卷八八頁二五下。

註二三七 穆宗聖訓卷一四六頁十九下及頁二十上。

註二三八 皇朝經世文續編卷二九頁六下。

註二三九 光緒東華錄卷十四頁十八下及清朝續文獻通考卷三〇六頁一〇五一二。

註二四〇 奉天郡邑志（東三省政略卷六附）卷三興京府及鳳凰廳。

註二四一 大清會典（光緒本）卷十七盛京戶部。

註二四二 按興京民墾地一千五百五十八畝，岫巖十萬零五千一百八十六畝，莊河二十三萬九千三百八十三畝。

註二四三 盛京典制備考（清崇厚撰，滿蒙叢書本）卷六頁一七二。

註二四四 西安縣志（清錢實第等修，嘉慶十六年刻本）卷一。

註二四五 皇朝經世文續編卷四八頁七上，光緒五年盛京將軍岐元「開墾事宜辦理完竣請官公給疏」論開墾闢放概甚詳。

註二四六 東三省政略卷七附奉天省墾務頁十二下。

註二四七 西安縣志卷七。

註二四八 東三省政略卷七附奉天省墾務頁十二下及清史稿食貨志一頁二三下。

註二四九 同上卷七附奉天省墾務頁十二下及頁十五下，參清史稿食貨志一頁二三下。

註二五〇 清朝續文獻通考卷三〇六頁一〇五一四。

註二五一 奉天郡邑志卷四錦州府。

註二五二 同上卷四海龍府。

註二五三 蒙古游牧記卷一頁十三下。

註二五四 大清會典事例（嘉慶本）卷四〇八頁一上。

註二五五 清朝文獻通考卷十二頁四九五九。

註二五六 大清會典事例（嘉慶本）卷一三七頁十四上。

註二五七 同上（光緒本）卷一六一盛京牧場條。

註二五八 奉天郡邑志卷二頁二五下，參東三省政略卷七附奉天省墾務頁十四下。

註二五九 東三省政略卷七財政奉天省頁十八下。

註二六〇 同上卷七附奉天省墾務頁十四下。

註二六一　大清會典事例：「順治年間定：每年春秋二季，擇日爲馬祭神。……夕祭以青帛送獻大凌河騍馬羣三十匹，次日朝祭以綵帛送獻大凌河牝馬羣千三百匹」。（光緒本，卷一二〇六內務府牧畜蕃馬條）又曰：「順治五年題准奉天中前所前屯衛中後所三處地畝，令八旗均分爲爲牧廠」，（同上卷一一六一田賦盛京牧廠條）是知約設於順治五年間。

註二六二　同上卷一一六一田賦盛京牧廠條。

註二六三　同上（嘉慶本）卷一三七頁十三上。

註二六四　道咸同光四朝奏議（清王延熙輯，清光緒二十八年上海久敬齋石印本）卷五四頁一下。

註二六五　文宗聖訓卷三四頁十二上。

註二六六　東三省政略卷七附奉天省墾務頁十二上，並道咸同光四朝奏議卷二九頁十七上，增祺奏丈放大凌河牧廠摺稿。

註二六七　同上卷七附奉天省墾務頁十三上。

註二六八　大清會典：「設牧廠於盛京曰大凌河。大凌河廠在錦縣界外，牧廠一處。……又坐落廣寧縣南界甌脫子牧廠一處，東至羊圈湖，西至四方臺，南至甜水井，北至無量殿，東西寬六十里，南北長三十里」。（光緒本，卷九六盛京內務府條）

註二六九　東三省政略卷七附奉天省墾務頁十三下。

註二七〇　奉天郡邑志卷二頁六下錦州府盤山廳。

註二七一　乾隆間民人原額地共四十萬三千三百五十畝，而民人餘地則一百二十萬六千九百零二畝。（盛京典制備考卷七頁二〇〇至二二六）

註二七二　奉天郡邑志各州縣之民墾地畝數。

註二七三　清朝續文獻通考卷三〇六頁一〇五一二。

註二七四　光緒政要（清沈桐生輯，宣統元年南洋官書局石印本）卷二十三頁八下。

註二七五　同上卷二十七頁四十七下。

註二七六　籌蒙芻議（清姚錫光撰，清光緒三十四年鉛印本）卷上頁二十三上「續呈實邊條議以固北圉說帖」。

註二七七　同上卷下頁一上「經營東四盟蒙古條議」，並東三省政略卷二蒙務下籌蒙篇頁九上。

註二七八　東三省蒙務公牘彙編（清朱啓鈐輯），卷一頁十至十四「揀派大員專辦內蒙墾務摺」。

註二七九　東三省政略卷二蒙務下籌蒙篇頁十一上「會同三省巡撫考查蒙務情形並揀派大員督辦摺」。

註二八〇　東三省政略第八函哲里木盟蒙旗放荒圖。

註二八一　自乾隆至道光間流民潛墾辦法見大清會典事例（光緒本）卷九七八戶丁稽查種地民人條。

註二八二　東三省政略卷二蒙務下頁四十上。

註二八三　同上卷二蒙務下頁四一下。

註二八四　大清會典事例（光緒本）卷九七九理藩院耕牧種地畝條。

註二八五　東三省政略卷二蒙務下頁四十上。

註二八六　皇朝經世文編卷二八頁六下，東三省政略卷二蒙務下頁四一下。

註二八七　大清會典事例（光緒本）卷九七八戶丁稽查種地民人條。

註二八八　東三省政略卷二蒙務下頁四一下。

註二八九　同上卷二蒙務上頁九上。

註二九〇　清朝續文獻通考卷三〇六頁一〇五一四。

註二九一　東三省政略卷二蒙務下頁四十上。

註二九二　同上頁四十二下。

註二九三　同上蒙務上頁九上。

註二九四　清史稿食貨志一頁二八上。

註二九五　東三省政略第八函哲里木盟蒙旗放荒圖。

註二九六　吉林通志卷二九頁十一下。

註二九七　同上，參大清會典事例（光緒本）卷九七八戶丁稽査種地民人條。

註二九八　大清會典事例（光緒本）卷一五八戶口流寓異地條。

註二九九　仁宗聖訓卷一〇八頁四下，嘉慶十一年七月乙丑條；卷二四頁五上，嘉慶十三年五月壬午條；卷一〇九頁八下，嘉慶十五年十一月壬子條。

註三〇〇　宣宗聖訓卷一二九頁十一上，道光四年四月丙午條。

註三〇一　吉林通志卷二九頁十一下。

註三〇二　東三省政略卷二蒙務下頁三九上及頁四十上。

註三〇三　清朝續文獻通考卷三〇七頁一〇五二〇，參東三省政略卷二蒙務下頁四四上。

註三〇四　東三省政略第八函哲里木盟蒙旗放荒圖。

註三〇五　黑龍江（中東鐵路商業部編，湯爾和譯，民國二十年商務本）頁二三。

註三〇六　同上頁三二。

註三〇七　黑龍江財務要覽卷三財務圖說二六下。

註三〇八　東三省政略卷二蒙務上頁十五上。

註三〇九　同上卷二蒙務上頁十下。

註三一〇　同上卷七財政附奉天省財務頁十二下及四下。

註三一一　同上卷二蒙務下頁三八上，參同上卷二蒙務上頁十下。

註三一二　清史稿食貨志一頁二七下，參東三省政略卷二蒙務下頁三八下。

註三一三　東三省政略卷二蒙務下頁四二至四三。

註三一四　同上蒙務上頁十四上，參同書卷七財政附奉天省財務頁五上及頁十三上。

註三一五　同上卷七財政奉天省財務頁十五下。

註三一六　同上卷二蒙務下頁十三上。

註三一七　同上卷二蒙務上頁六下、

註三一八　同上卷七財政附奉天省財務頁五上，五十四晌為一方。

註三一九　同上卷二蒙務上頁六下。

註三二〇　同上卷二蒙務下頁三八上。

註三二一　同上卷二蒙務上頁六下。

註三二二　「奉天省の土地制ト地税制度」引政治官報（滿鐵調查月報第十二卷第七號頁二三）。

註三二三　東三省政略卷二蒙務上頁六下。

註三二四　清朝續文獻通考卷三〇六頁一〇五一五。

註三二五　東三省政略卷二蒙務下頁四四上。

註三二六　同上卷二蒙務上頁八六上「紀郭爾羅斯後旗三喇嘛債案始末」。

註三二七　黑龍江省墾務要覽卷二墾務統計表頁五十九。

註三二八　東三省政略卷二蒙務下頁四四上。

註三二九　黑龍江省墾務要覽第一篇墾務統計表頁一上放出熟地表，頁五上放出荒地表，參東三省政略卷二蒙務下頁三九下。

註三三〇　清朝續文獻通考卷三〇八頁一〇五三五。

註三三一　何廉著 Population Movement to the Northeastern Provinces in China, The Chinese Social and Political Science Review, Oct. 1931.

曾勵恒著 Chinese Migration to the Three Eastern Provinces, Shanghai.

陳達著 Chinese Migration, Shanghai, 1923.

C. Walter Young, Chinese Colonization and the Development of Manchuria, Honolulu, 1929.

C. Walter Young, Chinese Labor Imigration to Manchuria, Chinese Economic Journal, Vol. 1, No. 7, July 1927.

朱偰著「滿洲移民的歷史和現狀」，見東方雜誌第二十五卷第二期。

陳翰笙著「難民流亡東北」，見國立中央研究所社會科學研究所集刊第二號。

長井租平著滿洲の農業移民，昭和七年，南滿鐵道株式會社出版。

註三三二　順治三年（一六四六年）改內大臣為昂邦章京，康熙元年（一六六二年）改為鎮守遼東等處將軍，四年改為鎮守奉天等處將軍，乾隆十二年（一七四七年）又改為鎮守盛京等處將軍。

順治十年（一六五三年）設昂邦章京於寧古塔，康熙九年（一六七〇年）改為鎮守寧古塔等處將軍，十五年移駐吉林，乾隆二十二年（一七五七年）改為吉林將軍。

康熙二十二年（一六八三年）備征羅刹（俄人）設鎮守黑龍江等處將軍於黑龍江城（璦琿）。

註三三三　「東三省」之名，乾隆十三年（一七四九年）上諭調東三省官兵征金川（乾隆東華錄卷二八頁三八上），是為始見於載籍者。二十七年（一七六二年）十二月上諭又謂：「嗣後遇東三省副都統城守尉缺出，或由京師遣往，或於他省調補」。（同上卷五六頁八下）自是東三省之名遂屢見。

註三三四　順治十五年（一六五八年）設禮部，十六年設戶部工部，康熙元年（一六六二年）設刑部，三十年設兵部，是為盛京五部。

註三三五　光緒政要卷三十一頁五十二上。

註三三六　同上卷三十二頁十八上。

註三三七　載振等於光緒三十二年十月十一日（公曆十一月廿六日）離京赴齊齊哈爾，至十一月初九日自瀋陽抵京。（North Chi a

Herald 1906/4/435, 661, 1907/1/59）

註二三八 光緒東華錄卷二〇五頁七上。

註二三九 吉江二省開發較晚，因地制宜，設司多有裁併；以文案處代承宣廳，以秘書處代咨議廳；吉林設有交涉民政、提學、度支四司及勸業道與旗務處，江省則設民政、提學、度支三司及旗務一處。（東三省政略卷五官制奉天省吉林省黑龍江省）

註二四〇 吉林省東北路兵備道領有密山臨江依蘭三府，虎林廳綏遠州，及方正樺川富錦饒河四縣。江省興東兵備道領有大通湯原二縣，瑷琿兵備道領有瑷琿直隸廳及黑河府，呼倫兵備道領有呼倫直隸廳及臚濱府。

顧亭林之經濟思想

熊德元

傳略 本於東譜張譜

（先生生於明萬曆四十一年癸丑，卒於清康熙二十一年壬戌——公元一六一三年至一六八二年。）

先生初名絳，更名繼紳，字忠清。乙酉更名炎武，字寧人，又名圭年。嘗自署曰蔣山傭。學者稱為亭林先生。顧氏為江東望族，五代時，由吳郡徙徐州；南宋時，遷海門；已而歸吳下；遂為崑山人[1]。寧人少時，落落有大志；耿介絕俗，不與人苟同[2]。年十四為諸生，與里中歸莊善，同遊復社，時有「歸奇顧怪」之名[13]。

乙酉清兵入南京。其時寧人奉母氏避兵於常熟之郊。七月乙卯，崑山陷。癸亥常熟亦陷。嘗清兵之圍常熟也，寧人方應崑山令楊永言之辟，與嘉定諸生吳其沆及歸莊共起兵，奉故鄖撫王永祚以從夏文忠公彝仲於吳江。東授公兵部司務事。既不克，永言遁去，其沆死之。寧人與玄恭幸得脫。及城陷，母王氏聞之遂不食，凡十五日而卒。遺言後人，莫事二姓[4]。寧人既膺母教，遂常懷復明之思。

時有怨家欲陷之，乃僞裝出遊京口，僞部，更改名蔣山傭。會家僕陸恩叛投里豪，復欲告寧人通海。乃亟擒之，數其罪，沉之水。僕婿謀報怨，遂繫寧人於奴家。勢甚危，有為代其門生刺以求救於錢謙益者，止之不得，乃列揭文於通衢以自白[5]。旋得路舍人澤溥者為之愬冤，其事遂解。乃東徂，墾田於章邱長白山下以自給。庚子由太原大同以入關，又北走榆林。康熙甲辰往代州墾田。每言馬伏波田疇，皆從塞上立業，欲居代北。曰：「使我有澤中千牛羊，則江南不足懷也[6]。」然苦其地寒，但經其始，使門人掌之，而身出遊。戊申自山東入京師，會萊州黃培詩獄起，多所株連，及於寧人。乃馳赴山左，自請繫勘。獄釋，復如京師。自是往還河北諸邊塞者凡十年[7]。己未始卜居陝之華陰。嘗謂：「秦人慕經學，重處士，持清議，實與他省不同。……然華陰綰殺關河之口；雖足不出戶，而能見天下之人，聞天下之事。一日有警，入山守險，不十里之遙；若志在四方，一出關門，亦有建瓴之便。」乃定居焉。寧人置田五十畝於華下以供晨夕。「而東西開墾所入，別貯之以備有事。觀此則寧人之志所學，固欲待時而用，未嘗一日忘乎光復之大計也[9]。」每出遊，輒以二馬二騾載書自隨。所至阨塞，即呼老兵退卒詢問曲折。或與平日所聞不合，則即坊肆中發書勘正之；或徑行平原大野，無足留意，則於鞍上默誦諸經注疏，偶有遺忘，則即發書而熟復之。其好學也如此[10]。

每歷勝地，必訪名士。卿大夫之致位卿處者，無不慕寧人之名而爭致之。唯不喜榮利；當道權貴，拒不與通[11]。方熊賜履之明史館事也，以書招之爲助，辭焉。戊午特開博學鴻詞科，同邑葉渭學訒菴，長洲韓侍講慕廬，欲以寧人應薦，復以死辭[12]。自是絕跡不至都中。己未三月出關，作嵩少之遊。庚辛妻王氏卒於崑山，寄詩輓之而已。壬戌正月，因墜馬疾作，初九日丑刻捐館華陰，時年七十矣。無子，自立從子衍生爲嗣。族人奉喪歸葬崑山之千墩[13]。

寧人於書無所不闚，尤留心經世之學。晚益篤志六經，以謂經學息而後邪說起，宋儒興而理入禪宗，此不務本之咎也。乃闡揚聖人之道，倡爲訓詁之學，以求挽頹風於禪宗之末。故其言曰：「博學於文，行己有恥。」而大旨則謂：夫人「自一身以至於天下國家，皆學之事也；自子臣弟友以至出入往來辭受取與之間，皆有恥之事也。……士而不先言恥，則爲無本之人；非好古多聞，則爲空虛之學。以無本之人而講空虛之學，吾見其日從事於聖人，而去之彌遠也[14]。」是以論當時之理學，則詆爲禪宗；論文章，則凡非有關於經旨世務者，皆謂之巧語。由斯以言，寧人之學「大抵主於斂華就實，救弊扶衰[15]。」自經史以至國家典制，都邑掌故，與夫聲韻、金石、輿地、天文儀象、河漕、兵農之屬，莫不窮源究委，條理燦然。其有裨於世風學術者，非淺鮮也[16]！史稱清代治學有根柢者，以寧人爲最，豈虛語哉[17]？

至若負用世之略，慨然以天下自任，以匹夫匹婦不被其澤爲恥，又何其壯也！

寧人早歲即致力學術之途，生卒未嘗一日廢書。更以精力絕人，故著述特多。惟刊行於世者，僅什之五；存目者亦什之一[18]。其餘未刻者：或原稿，或抄本，聞多散於吳中。年來變亂頻仍，城鄉焦土，則寧人之書殆成灰燼矣！使歐陽公作於今日，睹其凋零胥滅，得不爲之喟然歎息哉？

註一 江藩漢學師承記卷八顧炎武。

註二 全祖望亭林先生神道表，見朱記榮輯亭林遺書補遺十種。

註三　張諧穆案徵堂雜記云：「元恭歿，余以詩哭之，又為文祭之曰：『先王道喪，士習儒俠。孔子有言，必也狂狷。歸奇顧怪，一時之選。』云云。」按四字出於此。

註四　遺言曰：「我雖婦人，身受國恩，與國俱亡，義也。汝無為異國臣子，無負世世國恩，無忘先祖遺訓，則吾可瞑於地下。」見亭林餘集先妣王碩人行狀。

註五　謙益已降清，寧人恥求救於彼。寧人之風，可謂高矣。

註六　亭林文集卷六與潘次耕書。

註七　江藩漢學師承記卷八顧炎武。

註八　亭林文集卷四與三姪書。

註九　鄒實甫顧亭林學說。

註一〇　仝上。

註一一　劉紹攽撰傳。

註一二　寧人與葉訒菴書有云：「七十老翁何所求，正欠一死。若必相逼，則以身殉之矣。」見亭林文集卷三。

註一三　仝註二。

註一四　亭林文集卷三與友人論學書。

註一五　清史稿儒林傳顧炎武。

註一六　仝註九。

註一七　仝註一五。

註一八　附錄第二顧亭林著述舉目。

第一章　經濟概說

第一節　節慾

日知錄有云：「今將靜百姓而改其行，必在制民之產。使之甘其食，美其服，而後教化可行。風俗可善乎[1]？」是謂民以私產，衣，食為人類之慾望存焉。遂之則安，否則必亂。故為國者必制其產，甘其食，美其服而後可治也。

然人慾無窮，而所以遂之者有限。若任其以有限之物，塞無窮之慾，則國之財用必竭，驟至上下交困。且縱慾之弊，必至啟淫奢之風。傷廉害義，何可紀極。是故非倡節儉不足以杜其弊。其言曰：「……布帛必精，悉民五色。惟所服用，但禁綺繡無益之飾……以充府藏之急乎？此救乏之上務，富國之本業，使管晏復生，無以易此。方今纂組日新，侈薄彌甚。斲雕為樸，意亦可行之會乎[2]？」是以「抑浮止競」乃「人君御物之方[3]。」國奢示儉乃君子之行，而宰相之事也[4]。

顧氏生平既以節儉自勵[5]，而又以之訓人。其於禮也，則曰「寧儉[6]」。故喪宜節[7]，非宜薄[8]。於國，則曰「寓封建之意於郡縣之中」。蓋此制之行，則冗費可省，費省而國無乏財之虞矣[9]。凡此又皆顧氏節儉之論也。

我國古今論慾望者，略分三派：一曰絕慾，一曰縱慾，一曰節慾。夫絕慾則反乎人情；縱慾則流於浪費；偏頗消極，皆所以阻礙經濟思想之發達者，吾未見其可也。惟節慾一說，頗能折衷。既顧人類慾望而求其所以滿足之道，復節之以免於浪費之弊。且所謂節慾者、節其奢望而已。故凡奢侈靡之事，皆國可為。即云侈靡，而能節之以度，不以為常，偶爾之舉，亦何害焉？今之論者，或以節慾猶有礙經濟發展。吾意不然；近世如俄意德諸國，競行統制經濟，施其關稅政策，雖事關財政，然觀其於奢侈無益之品，或禁其生產，或抑止其輸入，是非鼓勵節儉而何？乃俄意德經濟之發展殆有加焉。豈節慾之說病於我而利於彼哉？故曰不然也。

然今日亦有一說，至視經濟學為純粹之科學，唯學理是究。至其對於國家社會之影響，非所計及。（惟財政學與國際貿易之類，則尚不能離國家社會以研究也。）由斯以言，則節慾之說容有未當。惟自國家社會而論，不可厚非，則確論也。

第二節　分工

「民有相資之用，邦乃大和。」此斯密亞丹之言也[10]。夫相資由於分工。而今日所謂分工：曰職業分工，曰手續分工，曰區域分工。然以顧氏所處時代，尚無手續分工之明例。故僅明乎職業分工與區域分工而已。

顧氏之論分工也，必任人擇其性之所近，非可強行。故其言曰：「夫天下之士：有道德而不願仕者，則為人師；有學術才能而思自見於世者，其縣令得而舉之，三府得而辟之，亦可以無失士矣[11]。」此分工自由之說也。

士農工商謂之四民。其說雖始於管子[12]，顧氏亦然贊之。且四民各有所事。「四民交利，然後上無乏用，而下亦阜安[13]。」此又相資之意也。

夫粵鎛宋削，產各有宜，不分工則遷地弗能良，既分工則地盡所美。我國南部，水足土肥，宜於耕耘。故曰：「古之邊屯，多於沙磧，今則大河以南，厥土塗泥，水田揚州，陸田潁壽，修羊杜之遺跡，復上元之舊屯[14]。」至北部乾瘠，人民於農事亦不甚習，故只宜於牧畜，其言曰：「予暨鴈門之北，五台之東，應募墾荒。……彼地有水而不能用，當事遣人到南方求能造水車，水磑，水磨之人……大抵北方……畜牧之獲，饒於耕耨[15]。」

至若國與國之間，水土亦各有所宜，滋殖不一，有餘不足，彼此相需。顧氏有見及此，因主國際通商，懋遷有無，俾各遂其慾。利病書有云：「夷中百貨，皆中國不可缺者。夷必欲售，中國必欲得之[16]。」斯乃區域分工之理也。

然顧氏素重禮法，頗嚴階級之分。故曰：「天下有道：小德役大德，小賢役大賢，故貴有常尊，賤有等威，所以辨上下而定民志也[17]。」是以私人之子，不得服官[18]。貧賤之輩所以事人[91]，而不可雜，雜則亂矣[20]。由是以觀，顧氏雖言分工自由，然終未打破階級觀念也。

第三節　物價與供求之關係

今日經濟學中所謂貨物供求之變動，其涵義有二：曰供求量之變動，曰供求表之變動。前者乃供求之數量，隨物價之漲落以爲增減，而供求自身固未嘗變更，此今日普通所謂供求律也（Law of Demand and Supply）。後者乃物價之高低，因供求之變更以爲升降，而供求之大小斯變矣。是二者蓋事所常見，理至顯明，毋容贅述。然昔之經濟學家，知供求決定物價者多，而悉乎物價亦影響供求數量者少，意何明於彼而昧於此哉？若顧氏則可謂兼明二義者矣。

觀利病書有云：「……顧其始也，一引（鹽）之直爲粟數斗，而其後或三倍焉。夫直廉則市者衆，……直高則趨利者不赴[21]。」反之，粟之直高，則供之者衆，直低則供之者寡，此物價所以影響供求也。田功論云：「……蓋近邊之地，久荒不耕則穀貴，……必地闢耕廣則穀賤[22]。」蓋久荒不耕，則五穀生殖必少，五穀少而需之者如故，是以其價昂。耕廣則五穀生殖必多，多而需之者如故，是以其價廉。此又供求之所以決定物價也。

惟物價之高低，必藉錢之多寡以爲表示。而錢亦有時而盈，有時而缺。設百物之供求不改，錢多則錢賤而物貴。錢少則錢貴而物賤，此亦自然之理也。顧氏深明乎此。因曰：「……銀愈貴，錢愈難得，穀愈不可售[23]。」夫「銀愈貴，錢愈難得，」乃惡幣驅逐良幣所致，容於顧氏貨幣學說及政策一章述之。至「穀愈不售」之義，政明末民間交易多以錢[24]，錢既難得，則錢貴而穀賤，有錢者雖穀賤而不願買，而糶者以價過低亦不甘賣；故錢愈難得而穀愈不可售，蓋勢使之然也。

綜觀顧氏所言，較之今日理論，雖不免失之粗疏，而方之斯密亞丹可與媲美也。

第四節　財利之觀念

夫孔子儒家之祖，吾未見其諱言財利，第取與之間必合於義，必有益於民而已。故曰：「見利思義[25]。」「不義而富且貴，於我如浮雲[26]。」又曰：「君子喻以義，小人喻以利[27]。」而後人不察，以爲凡言仁義爲君子，言財利爲小人，豈孔子之意哉？蓋所謂「君子」「小人」，士與平民之代稱也[28]。迨宋儒出，如朱熹則曰：「或問義利之辨，只是爲人爲己之分。」程子則曰：「凡有一毫自便之心皆是利。」其去孔孟之意甚遠，而阻窒經濟思想之進步深矣。

顧氏遠紹儒宗，於財利之說，頗能得其眞諦。故其論財利也，則曰：「古之人君未嘗諱言財也。所惡於利者，爲其必至於害民也。」又曰：「苟爲後義而先利，不奪不饜，錢之與干所宜重爲懲創，以儆天下之貪鄙者，莫先乎此[29]！」然顧氏於治國之道，首重教化，以財爲末政，愛民爲先務。其言曰：「古人以財爲末，故舜命九官，未有理財之職。周官財賦之事，一皆領之于天官冢宰，而六卿無專任焉。……能宰相，廢司徒，以六部尚書爲二品，非重教化，後財貨之義矣。[30]」「爲人上者，可徒求利而不以斯民爲慮哉[31]？」是以爲士者，避居錢穀之任，權課之司。若乃後世之攘臂相爭，禮義淪亡，又非顧氏所可也[32]。

凡上所謂財利，係指理財與租賦權課而言。至人民之私財則以爲「……解吾民之慍者，必在乎阜吾民之財，而自阜其財，乃以來天下之慍[33]。」「故欲使民興孝弟，莫急於生財。……財足而化行，人人親其親，長其長，而天下平矣[34]。」然私財亦必近於均平而後可，若有富者，有貧者，則難相安矣。蓋富則樹怨深，而人思奪之也。且人富則重其生而難使，於是絕吭伏劍不出素封千戶之家；感慨自裁多在婢妾賤人之輩。故曰人不可富者，以其富而逸義寡恥也[35]。於天子之財，則主藏之於民，不宜聚之于上，此「用天下之私以成一人之公」之意也。其所謂「大利[36]」，則所以利民；「末利[37]」則商賈百姓之所逐，士人所宜避[38]，而國家所不可與爭者[39]。

至於財之本身，則合錢幣而言之，故曰：「……不知錢幣之本爲上下通共之財[40]。」其論天子之財，又嘗謂：「不可以爲常額[41]。」是又以財字而兼收人之義矣。

夫財之形態多端，是以昔日學者，有輕此重彼之見，如重商學派則以金銀爲財富之最好形態，特申禁令，不使流至他邦。迨斯密亞丹出，始力闢其謬[42]。我國明代自英宗正統三年後以銀爲常賦[43]，雖緣錢乏之病，解送之便，而君上亦未始不重金銀，如神宗聞呂宋產金銀，即遣人勘驗[44]，可以爲證也。其於國外貿易，由市舶司掌之。一以通華夷之情，一以遷有無之貨。至以徵收之利，減戍卒之費，禁海賈，抑奸商，使利權在上，則更屬重要。於番舶回棹所載現銀，則課以加增餉[45]，斯亦抑銀出口之意。蓋當時我國之錢輸至日本，不亞前代[46]。朝廷既有懷來遠人之意，不欲申禁止之令，故爲法以稅之也。由此以觀，明季殆亦以金銀爲最好之財富，而顧氏親見其事，心知其非，因曰：「倚銀而富國，是恃酒而充飢也！以此自愚，而其敝至于國與民交盡[47]。」

第五節　均富主義

均富者，儒家之所崇，而亦顧氏之所重者也。惟以顧氏觀之，均富之意有二：人君與庶民均富，百姓彼此均富，及現代分配理論之涵義是也。

夫財富聚於上，乃「絕民用以實千府，猶塞川源而爲潰汙也[48]。」是謂國之不祥[49]。藏富于民，則輸運可常足，戶部不困[50]，民般而國富矣。故言錢則謂爲「上下通共之財[51]；」言鹽則曰「鹽之爲利，固王者所與百姓共也[52]。」此人君與庶民均富之意也。

「民之所以不安，以其有貧有富。貧者至於不能自存，而富者常恐人之有求而多爲吝嗇之計，于是乎有爭心矣。夫子有言：『不患貧而患不均[53]。』」故曰：「今所患，患弗均耳[54]。」顧氏之意蓋于此言矣。蓋明末之際，土地多被豪強兼併故也[55]。

民間財富既曰必均，然其法奈何？曰：「行宗法，限私租而已。」夫宗法行則矜寡孤獨廢疾者皆有所養，由是均無貧而財用足[56]。至於限禁私租，則頗有近代分配理論之涵義，而其基本之理由，則爲「……土地王者之所有，耕稼農夫之所爲[57]。」土地既天子所有，故占有者不應高其租；耕稼農夫所爲，地主不能沒其功。前者爲地租之理論，後者則合地租與工資而言之也。

日知錄云：「吳中之民，有田者什一，爲人佃作者十九，其畝甚窄，而凡溝渠道路，皆并其稅於田之中。歲僅秋禾一熟。一畝之收不能至三石，少者不過一石有餘。而私租之重者至一石二三斗，少亦八九斗。佃人竭一歲之力，糞壅工作，一畝之費可一緡，而收成之日，所得不過數斗。至有今日完租，而明日乞貸者。故既減糧額，即當禁限私租，上田不得過八斗。如此則貧者漸富。富者亦不至於貧[58]。」由此可知顧氏對於地租，乃主張由政府規定成減，且更以裁減私租爲均富之策，而保護佃農之法也。

至顧氏對於地主，因私租過高，遂存厭惡之心。故曰：「……仲舒所言，則今之分租；荀悅所言，則今之包租也。然猶謂之豪民，謂之兼併之徒。宋以下則公然號爲田主矣[59]。」此顧氏均富一貫之主張也。

註一　日知錄卷十二人聚。

註二　日知錄卷十紡織之利。

註三　日知錄卷十三宋世風俗。

註四　日知錄卷十三儉約。

註五　參閱亭林文集卷四與李中孚書。

註六　日知錄卷十五停喪。

註七　全上。

註八　日知錄卷十五厚葬。

註九　參閱亭林文集卷一郡縣論六。

註一〇　嚴復譯斯密亞丹著原富部甲上篇一論分功之効。

註一一　亭林文集卷一郡縣論九。

註一二　日知錄卷七士何事。

註一三　日知錄卷十一以錢爲賦。

註一四　亭林文集卷六田功論。

註一五　亭林文集卷六與潘次耕書。

註一六　參閱天下郡國利病書福建。

註一七　日知錄卷二弘人之子百僚是試。

註一八　仝上。

註一九　日知錄卷十三貨者事人。

註二〇　見註十七。

註二一　利病書浙江上。

註二二　亭林文集卷六田功論。

註二三　日知錄卷十一以錢爲賦。

註二四　明時鈔法既壞，乃至銀錢併用。然銀之數量有限，故流通亦多止于都市，至鄉井則多用錢也。（參閱明史卷八一食貨志五錢鈔）。

註二五　論語憲問篇。

註二六　論語述而篇。

註二七　論語里仁篇。

註二八　論語有云：「君子之德風也　小人之德草也。」董仲舒所言：「皇皇求財利常恐匱乏者，庶人之意也；皇皇求仁義常恐不能化民者，大夫之意也。」此孔子之本意也。又孟子曰：「無恆產而有恆心者，惟士爲能；若民則無產因無恆心。」是孟子所謂「士」、即孔子之所謂「君子」；「民」即孔子之所謂「小人」。故孔孟皆主張不民皆研究利字以維持其生活。

註二九　日知錄卷十二言利之臣。

註三〇　日知錄卷六財者末也。

註三一　日知錄卷十二言利之臣。

註三二　參閱上註。

註三三　日知錄卷六懋遷有無化居。

註三四　日知錄卷六未有上好仁而下不義者。

註三五　見顧亭林者爲中醫事。

註三六　利病書浙江上有云：「……籠利者不能防業貨之　故金銀錢十內歸而藏，下不得食，轉輸爲鈔，官以爲任，而商不與其盈。其在滄海，滋被而不售，滋販賈以自給，則視財之益寡。夫此豈非與民爭錙末之利適以失大利哉？」

註三七　參閱上註。

註三八　參閱日知錄卷十二言利之臣。

註三九　仝註三七。

註四〇　日知錄卷十二財用。

註四一　亭林文集卷一郡縣論七。

註四二　嚴復譯原富部丁上篇一論商宗計學之失。

註四三　明史卷七八食貨志二賦役。

註四四　明史卷三二三外國傳四呂宋。

註四五　參閱明史卷八一食貨志五市舶及侯厚培著中國國際貿易小史頁五一至五四。

註四六　武堉幹中國國際貿易史商品條。

註四七　亭林文集卷一錢糧論上。

註四八　日知錄卷十二財用引學鐵全書。

註四九　仝上。

註五〇　見註四八引蘇轍語。

註五一　日知錄卷十二財用。

註五二　利病書浙江上。

註五三　日知錄卷六庶民安故財用足。按論語季氏篇云：「不患寡而患不均，不患貧而患不安。」恐顧氏所引「貧」字或「寡」字之誤。

註五四　利病書山東下東昌府志田賦論。

註五五　參閱上篇第二章第三節經濟狀況。

註五六　日知錄卷六庶民安故財用足。

註五七　日知錄卷十蘇松二府田賦之重。

註五八　全上。

註五九　全上。

第二章　顧亭林之農業政策

第一節　重農之思想

中國一農業國也，故人民重農之思想至今未改。矧有明之世，工業既屬幼稚，而商業亦不發達，海外懋遷猶禁令時申，閉關自守之習，依然如昔，是以農事乃人民主要之職業。全國戶口，農民殆居十之八九[1]。而國家政事：如兵防，水利，賦稅，漕糧之類，臧否興革，動輒影響農之盛衰。農業既為國本，本傷則國危矣。情勢如斯，國人重農，實無足怪者也。

亭林有云：「天下之大富有二：上曰耕，次曰牧。國奢然。秦陽以田農而甲一州，烏氏倮以畜牧而封君，此以家富也。秦穎栗而都尉，非子蕃息而秦胙，此以國富也。事有策之甚迂，為之甚難，而卒可以并天下之國，臣天下之人者，莫耕若[2]。」又曰：「……非任土以成賦，重穡以帥民，而欲望教化之行，風俗之美，無是理也[3]。」由此觀之，顧氏乃以耕牧為富國之本，重農為國家教化之政。是以官吏之考績，必「土地闢，田野治，樹木蕃，溝洫修，城郭固，倉廩實。……而其大者，則人民樂業而已[4]。」然其道何由？則曰：「今之君人者，盡四海之內為我郡縣，猶不足也，人人而疑之，事事而制之，科條文簿，日多於一日；而又設之監司，設之督撫。以為如此，守令不得以殘害其民矣。不知有司之官，凜凜焉救過之不給，以得代為幸，而無肯為其民興一日之利者。民烏得而不窮？國烏得而不弱？率此不變，雖千百年而吾知其與亂同事日甚一日者矣！然則尊令長之秩，而予之以生財治人之權，罷監司之任，設世官之獎，行辟屬之法，所謂寓封建之意於郡縣之中，而二千年以來之敝，可以復振。後之君苟欲厚民生，強國勢，則必用吾言矣[5]。」「且使為令者得以省耕斂，教樹畜，而田功之獲，果蓏之收，六畜之孳，材木之茂，五年之中，必當倍益，從是而山澤之利亦可開也。[6]」明乎此，則知顧氏農業政策之先務矣。

若乃農業之特性：如依賴自然，周轉遲緩，與夫土壤之宜否，地力之有無，顧氏亦頗爲深悉。[7]蓋嘗留爲耕種之事，[8]於農事多所經歷故也。

第二節 田制

顧氏於土地之分配，則主「均富」；欲行均富，輒稱井田，而均田與永業口分之法次之。故云：「金史食貨志言：『金起東海，其俗純實，可與返古。初入中夏，民多流亡，土多曠閒，遺黎惴惴，何求不獲？于斯時縱不能復井地溝洫之制，若用唐之永業口分以制民產，放其租庸調之法以足國計，何至百年之內所爲經劃紛紛然與其國相終始邪？其弊在於急一時之利，踵久壞之法。……』其論金時之弊，至爲明切。[9]」其於均田，則曰：「……必有英雄特起之君，用于一變之後。[10]」

夫井田之法，其說紛紜，而均田與永業口分之制，亦難詳悉。[11]要之此三者皆所以使土地分配均平，百姓各私所受，境內無貧富懸殊之弊。且每人受田多寡，皆以當時之需要爲準，故家給人足，無待於外也。然井田之制行，人民「出入相友，守望相助，疾病相救。……是以和睦而教化齊同，力役生產可得而平也。[12]」顧氏尤崇井田，[13]殆以此故也。

除上述三制之外，猶有學田屯田之法，民田官田之別。顧氏所謂屯墾之法，皆于下節詳論，而所謂官田，則學田[14]、屯田而已，餘則均爲民田。[15]蓋明末官田制度大壞，每每官有其田而民納其糧。故日知錄云：「國家失累代之公田，而小民乃代官佃納無涯之租賦。事之不平，莫甚於此！[16]」是以官田民田必也爲之界限，以清積弊，斯則顧氏之至意也。

第三節 實施之方法

同權量正經界 「夫關石和鈞，大禹以之興夏。謹權量，審法度，而武王以之造周。……有王者起，同權量，正經界，其先務矣。[17]」蓋經界正，權量同，則田地之廣狹可一，阡陌之淆混無虞，然後田可均而井地可復也。[18]然其法奈何？使「長吏畫一而度之，以鈔準尺，以尺準步，以步準畝，以畝準賦；倣江南魚鱗冊式而編次之。[19]」則經界正而賦稅均矣。[20]此顧氏於已闢田地清丈之法也。且欲仿隋冀州刺史趙煚銅斗鐵尺之制，置於市肆之中，以爲標準。如是則度量亦可齊矣。[21]

寓兵于農開闢邊荒 惟明代承平既久，人口繁殖，原有之田，時虞不敷。迨啟禎之世，大火連歲，賊寇橫行，受害之區，廬舍一空，田疇荒蕪，[22]地利廢棄，民財凋竭。顧氏覩歷其境，亟思有以救之，不使國有曠土。且當流寇起于秦蜀，卒兵疲于征勤，司農竭于供應，故滿洲入關，所向莫敵，而明室以亡。其所以至此者，殆兵與農分而已矣。

夫「判兵與農而二之者，乃三代以下之通弊[23]。」「遇歲一儉，郡縣之租稅悉不及額。軍無見食，東那西挾。倉庾空虛，而郡縣無復贏蓄以待用。或者水旱洊至，閭里蕭然，農民菜色，而郡縣且不能以振救，而坐至流亡[24]。」其意蓋謂國家不可一日無兵備。以中國之大，養兵必多。所費必鉅。今兵農既分，勢將取給于民；然年有旱澇，歲有凶荒，租賦必有時而缺，軍之食餉亦必不繼，於是軍心散漫，士無鬥志。在邊則邊防久弛，在衛則衛守久空，若不得已而加徵于民，勢之所趨，則不至老弱轉徙溝壑，少壯流為盜賊不止。是以邊備之弛，賊寇之起，與人民之流亡失所，罔不由於兵農之分。欲矯其弊，則非寓兵于農不為功。故顧氏于屯墾之制，贊三致意焉。

墾田　夫所謂墾，復有荒墾、邊墾之法。荒墾墾于內地，所以闢荒蘇民也。令有司課民開墾，「使無牛者借人牛以耕種，而為之芸田以償之。凡耕種二十七畝而芸七畝。大略以是為率。使民各標姓名于田首以知其勤惰。禁飲酒游戲者[25]。」田主不疾力耕者，則籍其田以予新甿[26]。邊墾墾于邊境，所以務農實邊也。或「募土豪之忠義者，官為給助，隨便開墾。略計所耕可數千頃，明年此時便收地利，可食饒粟。況耕田之甿又皆可用之兵，萬一有警，家自為守，人自為戰，比于倉卒遣戍，亦萬萬不侔。無屯田之名，而有屯田之實；無養兵之費，而又可潛制驕猂之兵；不惟可以制虜，而又以防他盜之出入。不數年間，邊備隱然。以戰則勝，以守則固[27]。」此寓兵于農之意而又寓屯田之意于墾田之中也。或設勸農之官，予以數十萬金錢，「毋問其出入。而二年之後，以邊粟之盈虛為殿最。此一人者，欲邊粟之盈，必疾耕，必通商，必還定安集。邊粟而盈，則物力豐，兵丁足，城圉固[28]。」此又官勸民墾之法也。

屯田　所謂屯：亦有邊屯、衛屯之制。「邊屯屯于各邊空閒之地，且耕且戰者也。衛屯屯于各衛附近之所，且耕且守者也[29]。」其法「給軍田，立屯堡，且耕且守。人受田五十畝。賦糧二十四石：半贍其人，半給官俸及城操之軍。有警，朝發夕至。天下何病乎有兵，而烏乎復立兵[30]？」

整飭衛所屯田之制　至明代原有衛所屯田之制，亦可變通整飭，不必盡衛所之軍而廢之，田而奪之。其言曰：「請于不變之中而寓變之之制，因已變之勢而復創造之規。舉尺籍而問之，無缺伍乎？缺者若干人，收其田以新兵補之。大率伍而問之，皆勝兵乎？不勝者免，收其田以新兵補之。五年一閱，汰其羸，登其銳，而不必世其人。若然，則不費公帑一文而每衛可得若干人之用。推之天下，二百萬之兵可盡復也。矧今日駐驛南中，輓漕之卒，歲省數倍，以爲兵則強，以爲農則富[31]。」凡此諸端，皆寓兵于農之意，富國強兵之策也。

治地以方　不使國有曠土，固顧氏所力贊者矣，然亦非盡闢天下之土而爲之田也，又必有治地之法。其言曰：「古先王之治地也，無棄地而亦不盡地，田間之涂九軌，有餘道矣；遺山澤之分，秋水多得有所休息，有餘水矣；是以功易立而難壞，年計不足而世計有餘。後之人一以急迫之心爲之，商鞅決裂阡陌而中原之疆理蕩然；宋政和以後圍湖占江，而東南之水利亦塞。（【原注】宋史劉韐傳：「鑑湖爲民侵耕，官收其租，歲二萬斛。政和間涸以爲田，衍至六倍。」文獻通考：「圩田湖田多起於政和以來，其在浙間者，隸應奉局上其在江東者，蔡京秦檜相繼得之。大概今之田昔之湖，徒知湖中之水可涸，而不知湖外之田將皆而爲水也。」）於是十年之中，荒恒六七，而較其所得，反不及于前人。子曰：『無欲速，無見小利。』夫欲行井地之法，則必自此二言始矣[32]。」故邊荒必屯必墾，而涂道水利亦不可不講也。

修水利　利病書有云：「河湖溝澗，天設之水利也；池塘堰壩，人爲之水利也。有能興廢而疏濬之，其爲田功，利孰大焉[33]！」然人或知之而不爲，或爲之而未善，不爲則水乾土積，山澤之氣不通。致古之通津巨瀆，今日多爲細流，而中原之田，夏旱秋潦，年年苦病矣[34]。防之未善，則霖雨橫決[35]，田疇既毀，人畜魚蝦，其害或有甚於不防者。由是以言，爲今之計究何爲而後可？夫「河政之壞也，起于貪水之民貪水退之利，而占佃河旁汙澤之地，不才之吏因而籍之於官，然後水無所容而橫決爲害[32]。」是「非河犯人，而人自犯之」也[37]，此其一。邊湖之甿，圍湖成圩。湖田雖成，而湖外之地賴以瀦注者則殆矣[38]，此其二。「今（明代）之治水者：堤之，障之，偏之，束之，使之無以容其流，而不得不發其怒[39]。」此其三。「大啟以前，無人不利于河決者，侵尅金錢，則自總河以至于閘官無所不利；支領工食，則自執事以至于游閒無食之人無所不利；其不利者，獨業主耳！……于是頻年修治，頻年衝決，以馴致今日之害，非一朝一夕之故矣。國家之法使然，彼斗筲之人焉足責哉[40]？」此其四。故言水利必先申國法，務正人正[41]。次則遺山澤之分，地之窪下者爲汙澤，使秋水得有時休息。大川使道，小水毋塞[42]，湍急者宜防，以免衝洗之禍；平緩者宜洩，庶收灌溉之功[43]。「古道之壅通者，決去漲沙，增高堤防，疏瀹溝洞，開壩通閘，則斯民庶乎其無旱潦之厄矣[44]。」湖之已汙而爲田者，「泥沙壅遏不能積水，雖廢其田無益也。況湖亦未必盡可為田，其稍低處所，就責限為田。得利之人，復去泥沙，築成河道，俾之通流。稍有淤淺，即時挑復。則田不妨而湖不涸，兩利俱存矣[45]。」

至於「築堰溉田，為利最大，厥工亦最難。歲出樁資，歲勤力夫。苟無法以變通之，則利源反為害叢矣。故議者謂：篠簡之宜置也，掐築之宜堅也，衙崩之宜稽也，堰長之宜擇也。夫冊宜清，桐口宜石，而灌序之宜定也。蓋簡置則樁可省，築堅則堤無潰，衙崩稽而補修有數，乾沒者何以作其奸？堰長擇而督率得人，規避者何所施其巧？夫冊綜以清，斯為無偏苦之憂；桐口砌以石，斯無盜挖之弊。若上四下六之次序有定，則上壩下壩之分，顧各得所稱。水利者信乎其為美利而積於不涸之源，流于不竭之溝也[46]。」

聚民於鄉　經界之正，土地之闢，與夫水利之修，必也人民鄉居耕作，然後可為。故顧氏主聚民於鄉，其意一以闢土地，重農事；一以簡徭役，省獄訟；再則以杜倖進閒散之人，而息錐刀末利之爭。日知錄云：「……泊于末造，役繁訟多，終歲之功，半在官府。而小民有『家有二頃田，頭枕衙門眠。』之諺。（【原注】見書縣志）已而山有負嵎，林多伏莽，遂舍其田園，徙于城郭。又一變而求名之士，訴枉之人，悉至京師，輦轂之間易於郊垧之路矣。錐刀之末，將盡爭之。五十年來，風俗遂至于此。……人聚於鄉而治，聚于城而亂。聚於鄉則土地闢，田野治，欲民之無恒心，不可得也[47]；聚于城則徭役繁，獄訟多，欲民之有恒心，不可得也。……欲清輦轂之道，在使民各聚于其鄉始[48]。」然欲使民聚於鄉，必先輕徵賦，省獄訟，俾民安於畎畝。民既安矣，又何徙焉[49]？至若圖久長之計，莫善于徵本色，並免稅錢，使民務本。蓋「……任土之利載興，易貨之弊自革。弊革則務本者致力，利興則趨末者回心。游手于道塗市肆者可易業于西成，託跡于軍籍釋流者可返躬于東作。所謂下分如流水之原，緊人于包桑之本者矣[50]。」

調節穀價　明季之世，貨幣經濟漸趨發達，是以農民所冒危險，除年歲之豐凶，復受制于貨幣之盈虛。蓋此二者均足以影響農產之價格也。日知錄云：「當豐歲則賤糶，米價不足以充緡錢。遇凶年則息利倍稱，不足以償逋貸。豐凶既若此，農者何以望焉？……夫糴甚貴，錢甚輕，則傷人；糴甚賤，錢甚重，則傷農。農傷則生產不專；人傷則財用不足。故王者平均其貴賤，調節其輕重。使百貨流通，四人交利，然後上無乏用，下亦阜安[51]。」是故平均穀帛之貴賤，調節錢幣之重輕，亦農政之先務矣。

荒政　然均平調節之法奈何？夫顧氏所謂「荒」，有「錢荒」，有「穀荒」。錢荒者，乃錢難得，穀帛賤而人情窘迫之謂也[52]。救之之法，在乎散斂以時，則錢之重輕調矣[53]。穀荒者，民食不足之謂也。救之之道，在乎徵民本色。以所收「夏麥秋米及豆草一切，……貯之官倉。至來年青黃不接之時而賣之，則司農之金固在也。而民間省倍徙之出[54]。」如是則穀帛之貴賤平矣。竊以前後二法，實互為表裏。若兼而用之。則錢穀之荒可無虞矣。民不傷而農安于畎畝，何至復有賤糶貴折，棄本趨末之弊哉？

第四節　鹽礦牧畜

鹽　「夫鹽之為利，固王者所與百姓共也。謀國者以為加賦於畎畝，不若取財于川澤，是故不得已專之[55]，」因有官鹽。「顧其始也，一引之直為粟數斗，而其後或二倍焉[56]。」其在邊地，則「趨利者不赴。趨利者不赴，則粟常乏。」「其在緣海，鹽積而不售。竊販鬻以自給，則私鹽之盜起[57]。」且「行鹽地分有遠近之不同，遠於官而近于私，則民不得不買私鹽。既買私鹽，則興販之徒必興。……此地利之便，非國法之所能禁也[58]。」官鹽之弊如此，而禁私鹽之效又如彼。為今之計，欲言利民必改行鹽之法，崇劉晏之制。「……但于出鹽之鄉，設鹽官收鹽戶所煮之鹽，轉鬻于商人，任其所之（不分畛域）自餘州縣不復設官（若鹽官也）[illegible]開，去鹽鄉遠者，轉官鹽于彼，貯之。或商絕鹽貴，則減價鬻之。謂之常平鹽。官獲其利，而民不乏鹽[59]。」于是「天下皆私鹽，則天下皆官鹽也[60]。」行鹽之弊既革，而上下交利矣。竊者或謂鹽乃民所日需，非可權也。吾意顧氏必明此理，而所以權之者，「不得已」耳。未可厚非也。

礦　明代礦冶，數行數罷。迨萬曆二十四年，復行開採[61]。旋以興構兩宮二殿，帑藏空虛，又更行權礦之法，以數國用[62]。當時不過權宜之計，其後遂以為常。初止一隅，繼且幕亂。始也有礦則採，有礦稅則權。後則不問有無，且包礦包稅；故力物竭而國益困[63]。而中使藉以橫行，羣小因之肆志，離人父子，折人妻孥，掘人墳墓，毀人田廬，民聞慘狀，殆不忍聞[64]。且朝廷「所遣中使一，而隨附之者不啻百也。中使所取于民者十。而羣小之侵漁者不啻千也。其獻于皇上者百，而諸人所攘竊者又不啻萬也。雖曰朘民，實則剝己，又安得不匱[65]？」故當時奏請報罷者，頗不乏人[66]。採礦權礦之弊，從可知矣！

顧氏亦嘗有云：「自萬曆中礦稅以來，求利之方紛紛且數十年，而民生愈貧，國計亦愈窘[67]。」是顧氏亦不主權礦。然則天子親市之乎？是又非所宜。蓋天子必將招好貨之譏，而百姓將起爭利之心[68]。然則閉而不採乎？是亦非所以為富國之道。故顧氏之意，謂礦藏必發於農興之後，掌之縣令之手。故其言曰：「……使為令者得以省耕斂，教樹畜。而田功之穫，果蓏之收，六畜之孳，材木之茂，五年之中，必當倍益，從是而山澤之利亦可開也。夫採礦之役，自元以前，歲以為常，先朝所以閉之而不發者，以其召亂也。譬之有窖金焉，發于五達之衢，則市人聚而爭之；發於堂室之內，則唯主人有之，門外者不得爭也。今有礦焉，天子開之，是發金于五達之衢也；縣令開之，是發于堂室之內也。利盡山澤而不取諸民，故曰『此富國之制也[69]。』」

牧畜　至於牧畜，天下大富之一，而僅次于耕者也[70]。故曰：「使我有澤中千牛羊，則江南不足憤也[71]。」其稱文景之富，則曰：「衆庶街巷有馬，仟伯（〔原注〕阡陌同字）之間成羣。乘牸牝者，擯而不得會聚[72]。」斯又重馬之意矣。至言馬政，則崇漢唐宏獎民間私畜之制，而斥後魏元人禁馬之令。明承元禁之後，故永樂有解馬禁之論，洪熙復令民間畜官馬者，二歲納駒一匹，俾得以餘力養私馬。迨宣德六年遂有獻馬之效。然顧氏以此猶小為之而小效者也。未及修漢唐復馬之令也[73]。

註一　按今日之估計，我國農民猶佔全國人口總數四分之三。明代當有過之無不及。

註二　亭林文集卷六田功論。

註三　日知錄卷十一以錢為賦。

註四　亭林文集卷一郡縣論三。

註五　亭林文集卷一郡縣論一。

註六　亭林文集卷一郡縣論六。

註七　亭林文集卷六田功論有云：「……大荒之後，地力未盡，畝必倍收四易。然而有三難：大農告絀，出數十萬金錢求利十三四年之後。一難。……天有旱澇，歲有豐凶。若何承矩之初年種稻，霜早不成，幾于阻格。三難。」

註八　參閱上篇第二章顧亭林先生傳略。

註九　日知錄卷二九外國風俗。

註一〇　參閱日知錄卷十後魏田制。

註一一　井田之法，其說紛紜。據漢書卷二四上食貨志所載，大略以八家共井，各私百畝，耕公田十畝，餘二十畝為廬舍。然有地肥磽，故更定上田夫百畝，中田夫二百畝，下田夫三百畝，餘夫亦以口受田如比。二十受田，六十還田。

均田之制，以「桑田」為「世業」。可買賣以平其有餘不足。「露田」為國有。及年而受，年老則免，身歿則還。（見魏書卷一一〇食貨志六太和九年詔書。）

唐代之田，丁男十八以上給田一頃。以二十畝為「永業」，餘為「口分」。老及篤疾廢疾者，人四十畝。寡妻妾三十畝。當戶者增二十畝。田多可以足其人者為寬鄉，少者為狹鄉。狹鄉受田減寬鄉之半。工商寬鄉減半，狹鄉不給。凡庶人徙鄉及貧無以葬者，得賣「世業」。自狹鄉而徙寬鄉者，得并賣「口分」。（見新唐書卷五一食貨志）

註一二　漢書卷二四上食貨志。

註一三　按守望相助，寓兵于農之意也。疾病相救，宗族養恤之政也。教化齊同，乃國之先務。力役生產均平，乃賦稅應有之原則。凡此四者，皆顧氏之所欲行，故崇井田。

註一四　所謂「學田」者，府縣以贍學校之田也。（見利病書福建泉州府新志田土。）

註一五　日知錄卷十蘇松二府田賦之重有云：「有王者作，咸則三壤，謂宜遣使案行吳中，逐縣清丈，定其肥瘠高下爲三等：上田科二斗，中田一斗五升，下田一斗。山塘塗蕩以升以合計者，附于冊後，而概謂之曰『民田』。惟學田屯田乃謂之『官田』。則民樂業而賦易完。」

註一六　仝上註。

註一七　日知錄卷十斗斛丈量。

註一八　按顧氏之意，欲復井田。然所謂同權量，正經界，并非專爲復井田而言。即其他剗壞畸侵之制，亦必用之也。

註一九　日知錄卷十地畝大小。

註二〇　攷顧氏所謂正經界，其目的有二：一以清天下之田。一以均百姓之賦，故井爲之。

註二一　日知錄卷十斗斛丈量。

註二二　亭林文集卷六田功論有「今日中土、瀰漫蒿萊」之句。

註二三　亭林文集卷六軍制論。

註二四　日知錄卷九守令。

註二五　日知錄卷十後魏田制。

註二六　亭林文集卷六田功論。

註二七　仝上。

註二八　仝上。

註二九　利病書北直隸上屯田條。

註三〇　亭林文集卷六軍制論。

註三一　仝上。

註三二　日知錄卷十治地。

註三三　利病書鳳寧徽。

註三四　參閱上註。

註三五　日知錄卷十二河渠。

註三六　仝上。

註三七　仝上。

註三八　日知錄卷十治地原註。

註三九　日知錄卷十二河渠。

註四〇　仝上。

註四一　日知錄卷十二河渠。

註四二　仝上。

註四三　參閱利病書北直隸中。

註四四　利病書浙江下。

註四五　仝上。

註四六　利病書陝西上。若乃省縣水利應如何設施修治、利病書蘇松常鎮、各有詳論。且事屬河政工程，難以盡述，故本段僅言其概略而已。

註四七　顧氏引洪武二十一年八月戶部郎中劉九皋言：「古者狹鄉之民遷于寬鄉，蓋欲地不失利，民有恆業。今河北諸處，自兵後田多荒蕪，居民鮮少。山東山西之民，自入國朝，人口日繁。宜令分丁徙居寬閒之地，開種田畝。如此，國賦增而民生遂矣。」（見日知錄之餘卷四頁五。【風雨樓叢書本】）

註四八　日知錄卷十二人聚。

註四九　參閱上註前段。

註五〇　日知錄卷十一以錢爲賦引白氏長慶集言。

註五一　仝上。

註五二　日知錄卷十一以錢爲賦。

註五三　詳第四章顧亭林之貨幣學說及政策。

註五四　亭林文集卷三病起與薊門當事書。

註五五　利病書浙江上。

註五六　仝上。

註五七　仝上。

註五八　日知錄卷十行鹽。

註五九　仝上。

註六〇　仝上。

註六一　明史卷八一食貨志五坑冶。

註六二　萬曆二十年　月「十六日己卯夜半，傳出旨諭　開礦抽稅，爲因三殿兩宮未完，帑藏空虛，權宜採用。……」又「聖諭內閣，朕前段殿，召制宣諭之事：其礦稅等項，爲因兩宮三殿未完，帑藏空虛，權宜採用。今國用不敷，難以停止，當何以行。待兩宮三殿落成，該部會議停止。其餘今合行者，擬旨來。」（見文秉著定陵註略卷四頁七）

註六三　戶部尚書趙世卿疏云：「皇上第以礦官耳，今且爲禍矣。稅止一隅耳，今且恭謨矣。稅也有礦則採，有礦稅則權。今則不問有無，且包礦包稅矣。物力幾何？從實則此處，安得不匱？」（見定陵註略卷四頁三十二。）

註六四　見給事中蕭近高疏。（定陵註略卷四頁九引。）

註六五　仝註六三。

註六六　參閱明史卷八一食貨志五坑冶，及定陵註略卷四。

註六七　日知錄卷十二言利之臣。

註六八　參閱上註。

註六九　亭林文集卷一郡縣論六。

註七〇　亭林文集卷六田功論有云：「天下之大富有二：上曰耕，次曰牧。」又日知錄卷三豳有云：「吾未見廄有肥馬，野有餓莩而能國者。」

註七一　亭林文集卷六與潘次耕書。

註七二　日知錄卷十馬政【原註漢書食貨志】。

註七三　仝上。

第三章　顧亭林之工商業政策

第一節　商業

顧氏於懋遷之事，頗爲重視。故言勸農之官，則曰「必通商[1]」。釋「懋遷有無化居」之旨，則曰[2]「化者貨也，（原註：古化貨二字多通用）遷而不積，則謂之化。留而不散，則謂之貨。唐虞之世，曰化而已。至殷人始以貨名，仲虺有不殖貨利之言，三風有殉于貨色之警，而盤庚之誥，則曰不肩好貨。於是移化之字爲化生化成之化。而厚斂之君，發財之主，多不化之物矣[3]。」後人謂儒家輕商。以余度之，殆亦不明化貨之義而已。蓋儒家所惡者貨也，化何害焉？而化必藉商賈，苟其不龍斷罔民，又胡爲乎征之賤之哉[4]？故顧氏所謂「賤賈」，非盡天下之賈人而賤之，更非因賤賈人而廢懋遷也。斯儒家之眞意矣。

懋遷既重，當繼以利行商之法。故必「達其道路[6]」，昏其橋梁[7]。如是「則舟車所至，人力所通，無不蕩蕩平平者矣[8]。」顧氏又以物價之低昂，貨幣之盈虛，亦足以阻百貨之流通。因引白氏長慶集策論，謂「……王者平均其貴賤（貨），調節其重輕（錢），使百貨流通，四人交利[9]。」此化居利民之義也。

至乃明代「關市之征，……明初務簡約。其後增置漸多。行齎居鬻，所過所止各有稅。其名物件，析榜于官署，按而徵之。惟農具書籍及他不鬻于市者勿算。……凡四百餘所。其後以次裁併十之七[10]。」顧氏既欲利行商，因主能鈔關、省榷課[11]。如論福建行鹽，其言曰：「時逢平世，市絕擔征，則商固可執策而取餘，官亦可持籌而收稅。乃今坐引加課，駢拇枝指，牽尾跋胡，得以錙銖，失以什伯，于是商日困而榷日替矣[12]。」

我國國際貿易，當漢之時，始通西域，盛于唐初，以至明季中葉。迨清代海禁盡開之後，更大盛矣。自唐迄明，其蓄貨管理征榷之事，各以市舶司掌之。自萬曆二十五年以官司禁止，邊民仇恨，乃漸趨衰落。顧氏以夷中百貨，皆中國不可缺者。夷必欲售，中國必欲得之。以故聖訓雖絕日本，而浙福廣三市舶不廢。蓋東夷有馬市，西夷有茶市，江南海夷有市舶。所以通夷狄之情，遷有無之貨，收徵稅之利，減戍守之費。又以禁海賈，抑奸商，使利權在上。可謂可獻矣[13]。」

觀此數言，知顧氏殆以國際懋遷爲不可少，而市舶不可不設。故主「……復祖制，市舶仍立于泉，移安邊館于此焉。而軍門鎮之。責使由此入省，而洛泉可以直達。他番如朱從規，許通互市。而權從廣例，此又出魚鹽之外。其利如川方至，以佐軍興，而奇贏所操多矣。嗟！民之常賦不加，魚鹽處之得宜，而市舶又善通之，何不安生而爲盜乎[14]？」

惟海市既興，勢必先有通商之策以杜流弊。因引唐順之之言曰：「舶之爲利也，譬之礦焉。封閉礦洞，驅斥礦徒，是爲上策。度不能閉，則國收其利權而自操之，是爲中策。不閉不收，利孔漏洩，以資姦萌嘯聚其間，斯無策矣[15]。」今日我國國際貿易之不振，實坐無策之故，而不能操之自我所致。讀此三策，然後嘆昔人見事之明也。

第二節　工業

明季工業猶多屬家庭手藝，且當時庶民所需，衣食爲重。食既取之于農，而衣則不可不有賴于工。夫棉麻我國所產，而北邊之民乃有號寒之苦，其故維何？不知紡織而已。若紡織之利興，則民少游惰，教化易行。非徒服可美，國可富也。故日知錄有云：「今邊郡之民，既不知耕，又不知織，雖有材力而安於游惰[16]。」茲以延安一府爲例，計四萬五千餘戶，不下三女子，固已十三萬餘人。設人人織績，一歲一束，其爲利益非不甚多；再使四鄰之內，同心戮力，數年之間，布帛必積。恣民五色，惟所服用。率而行之，富強之效，快脆之化，豈難致哉？此救乏之上務，富國之本業，雖管晏復生，無以易此也[17]。顧氏重紡織之意，從可知矣。

註一　亭林文集卷六田功論。

註二　尙書益稷篇：「懋遷有無化居，烝民乃粒，萬邦作乂。」

註三　日知錄卷二懋遷有無化居。

註四　孟子公孫丑篇中。

註五　日知錄卷十三貴廉。

註六　日知錄卷十二街道。

註七　日知錄卷十二橋梁。

註八　日知錄卷十二街道。

註九　日知錄卷十一以錢爲賦。

註一〇　明史卷八十一食貨志五商稅。

註一一　日知錄卷十一，鈔。按續通考鈔關始于宣德四年，蓋以通鈔法者也。鈔既停則宜罷之。

註一二　利病書福建。

註一三　仝上。

註一四　仝上。

註一五　利病書福建洋稅考。

註一六　日知錄卷十紡織之利。

註一七　參閱上註。

第四章　顧亭林之貨幣學說及政策

第一節　貨幣思想

夫貨幣之功用，大要有三：一曰交易之媒介，二曰價值之權度，三曰價值之儲藏。顧氏之言曰：「古之爲富者，蓄粟而已。爲其交易也，不得已而以錢權之[1]。」此交易媒介之謂也。又曰：「古人制幣以權百貨之輕重[2]。」此價值權度之說也。於錢糧論下則謂：「吾未見罷任之倉官，專家之斗級，負米而行者也。必鬻銀而後去[3]。」於日知錄乃又云，

「使萬室之邑，必有萬鍾之臧，臧繦（錢貫也。）千萬；千室之邑，必有千鍾之臧，臧繦百萬。」[4]此價值儲藏之意也。

貨幣之爲用既宏，則鑄造之際，不可不謹審以濟其功。故幣材必爲堅剛可久之質，輕便易齎之物[6]。而幣之輪郭必周正，字文必明潔。亦以仿古不愛銅、不惜工之意[7]。所謂字文，止于標其重量價值，鑄以花紋，而朝代年號則不宜有。蓋以「錢者，歷代通行之貨，雖易姓改命而不得變古。後之人主不知此義，而以年號鑄之錢文。于是易代之君，遂以爲勝國之物，而銷毀之。自錢文之有年號始也。……古錢銷盡，新錢愈雜。地既愛寶，火常克金。遂有乏銅之患[8]。」至於鑄品，則必歸一律，不可龐雜以亂天下[9]。此顧氏所提造幣之要件也。或謂不愛銅則錢重，人民必喜而臧之，致有錢少之虞。竊以顧氏所言，重在「輪廓周正，字文明潔」，略做不愛銅之意以爲之而已。即云錢大銅多，使天下之錢皆同大小，錢之值不減于銅價鑄費之和，則無惡幣驅逐良幣之患。人民尚乎臧之毀之耶？

且當貨幣經濟尚未發達之際，人民多喜貨物貨幣，尤好金屬之貨物貨幣。故歷代紙幣，屢行莫遂，雖曰法未盡善，然人情習俗所趨，殆其主要原因[10]。夫所謂金屬貨物貨幣，其值必與其所含金屬之値相等[11]。倘前者高于後者，則民不樂用。我國制錢，亦金屬貨物貨幣也，是以欲惜銅而有不能者[12]。至乃制錢所含之銅之値高于錢之值，則民將臧之銷之矣。竊以顧氏所謂「不愛銅」，恐非此意也。

至於貨幣理論，凡今日數量學說與格雷興謨法則之觀念，亦顧氏所深悉。其言曰：「錢既難得，穀帛益賤[13]。」又曰：「上不收錢，錢不重也[14]。」錢難得，以錢少而重。不收錢，則民間之錢必多而輕。凡所謂重輕云者，皆與物價相較而言。是以顧氏之語，實寓貨幣數量學說之意也[15]。

日知錄云：「銀愈貴，錢愈難得[16]。」錢法論曰：「今之錢則下而不上。僞錢之所以日售，而制錢日壅，未必不由此也[17]。」夫銀值錢多而值銅反少，則民將毀銷其錢以爲銅而易銀。故錢日少而難得。僞錢出，其質雖不若制錢，而爲用則一。于是人民將毀制錢，改鑄僞錢以罔利。故僞錢日售，而制錢日壅。此處所謂銀與錢（僞錢），惡幣也。制錢，良幣也。惡幣驅逐良幣，格雷興謨法則之真諦在乎此矣[18]。

第二節　金融政策

錢　顧氏之論錢法也，曰：「莫善于國朝之錢法，莫不善于國朝之行錢。……國朝自洪武至正德十帝而僅四鑄。以後帝一鑄。至萬曆而制益精。錢式每百重有十三兩。輪廓周正，字文明潔。蓋倣古不愛銅惜工之意，而又二百年來無錢之介。市價有恆，錢文不亂，民稱便焉。此錢法之善也。然至于今，物日重，錢日輕，盜鑄雲起，而上所操以衡萬物之權至于不得用，何哉？蓋古之行錢者，不獨布之于下，亦收之于上。……自上下，自下上，流而不竭者，錢之為道也。今之錢則下而不上。偽錢之所以日售，而制錢日壅，未必不由此也。請略倣前代之制，州縣之存留支放，一切以錢代之。使天下非制錢不敢入官而錢重，錢重而上之權重[19]。」

且「自天啟崇禎廣置錢局，括古錢以充廢銅。于是市人皆擯古錢不用，而新鑄之錢彌多彌惡，旋鑄旋銷。寶源寶泉二局，祇為奸蠹之窟。故嘗論古來之錢凡兩大變：隋時盡銷古錢，一大變；天啟以來，一大變也[20]。」不但此也。當時行省之間，如「河南陝西則更名自行錢，不相流通。既非與民同利之術，而市肆之猾，乘此以欺愚人，窘行旅[21]。」行錢之弊，一至於此[22]。是以顧氏以為欲一市價，裕民財，其必用開皇之法別鑄新錢矣[23]。

顧氏既崇開皇及明初之錢法，玆述兩代幣制之概略，以明顧氏之旨意。隋書食貨志云：「高祖既受周禪，(改元開皇)以天下錢貨輕重不等，乃更鑄新錢。背面肉好，皆有周郭，文曰五銖。而重如其文。每錢一千重四斤二兩。是時錢既新出，百姓或私有鎔鑄。三年四月詔四面諸關，各付百錢為樣。從關外來，勘樣相似然後得過。樣不同者，即壞以為銅入官。詔行新錢已後，前代舊錢，……所在用以貿易不止。四年詔仍依舊不禁者，縣令奪半年祿。然百姓習用既久，尚猶不絕。五年正月詔又嚴其制。自是錢貨始一，所在流布，百姓便之。是時見用之錢，皆須和以錫鑞。錫鑞既賤，求利者多私鑄，不可禁約。……乃令有司括天下邸肆見錢，非官鑄者皆毀之。其銅入官。而京師以惡錢貿易，為吏所執有死者。數年之間，私鑄頗息[24]。」

明史食貨志云：「太祖初置寶源局于應天，鑄大中通寶錢，與歷代錢兼行，以四百文為一貫，四十文為一兩，四文為一錢。及平陳友諒，命江西行省置寶泉局，頒大中通寶錢大小五等錢式。即位頒洪武通寶錢，其制凡五等：曰當十、當五，當三、當二，當一。當十重一兩，餘遞降至重一錢止。各行省皆設寶泉局與寶源局並鑄，而嚴私鑄之禁。……尋令私鑄錢作廢銅送官，償以錢[25]。」

綜觀顧氏之言及史乘所載，顧氏欲行之錢法，從可知矣。夫錢乃「上所操以衡萬物之權[26]。」權歸于上而利大也[27]，故造幣之權必歸之天子，而嚴私鑄，此其一。欲禁私鑄，給錢用，則須取公私銅器悉以充鑄，俾官銅日富，而私鑄私銷之弊自除。雖一時不免困民[28]，然欲制錢法，而備銷錢鑄錢，上下相蒙，則此日之錢，固無長存之術矣。是非禁私銅不爲功[29]，此其二。既云必用隋開皇之法，則將盡變天下之錢而一之，此又創一錢幣之意也。此其三。議者或謂顧氏主張盡天下之銅而鑄之爲錢，得不有濫鑄之弊？錢多物貴之虞？是又不足慮者，蓋顧氏猶有輕重散斂，操縱調節之法[30]，雖錢多不足患也。此其四。至于鑄錢輪郭必周正，字文必明潔，以防僞造，止竊蝕，便於識別。前已述之綦詳，茲不贅焉。

銀　明代貨幣除制錢而外，尚有銀鈔之屬。鈔則數行數止，卒至不用[31]，銀則自英宗正統元年以之代租[32]，自是遂爲常制。而民不能辨，乃有入市之輿[33]。顧氏親見其弊，不能無說焉。

夫「天地之間，銀不益增，而賦則加倍，此必不供之數也[34]。」且明季市舶之來日多（明中葉），國際懋遷日盛，交易付值之際，必有恃于銀[35]。銀之量有限，而爲用則日廣，勢必有流通之術以濟其窮，俾下無竭涸之虞，司農無仰屋之嘆。故曰：「今日之銀猶夫前代之錢也，乃歲歲徵數百萬，貯之京庫，而不知所以流通之術。于是銀之在下者，至于竭涸，而無以繼上之求。然後民窮而盜起矣[36]。」

天下既皆用銀，「而民間遂巧詐滋甚。非直紿市人，且或用以欺官長[37]。」一在昔僞造黃金與以鉛錫錢交易者，尚有棄市決殺之懲；「今僞銀之罪，不下于僞黃金，而貫　鉛錫錢交易。宜比前代之法，寘之重辟。庶可以革奸而反樸　。」然預防之法，則應仿漢制設辨銅令丞，以齊錢品[39]。如是則奸僞自息，而刑罰自省矣。至於用銀，除鄉辟征課不以銀之外，倘能上下流通，僞巧不作，則無往而不可也[40]。

若夫金銀比價之所以日增者，則由于金用不節而已。按洪武十八年金一兩當銀五兩。三十年猶是也。迨永樂十一年則金每兩當銀七兩五錢，旋復漲至十兩。是「豈非承平以後，日事侈靡，上自宮掖，下逮勳貴，用過乎物之故與[41]？」

至銀之爲幣，（非錢幣）顧氏以爲唐宋以前未之有也。按許僩之攷證，則以周末至漢，則盛行黃金。魏晉而後，金始日少，銀始日多。而錢重難致遠，勢不得不趨于銀，由此言之，唐宋以前固已用銀。惜引證太少，雖爲的論，此說尚未可定也[42]。

鈔　「鈔法之興，因于前代末以銀爲幣而患錢之重，乃立此法[43]。」「宋張詠鎮蜀，以鐵錢重，不便貿易，于是設質劑之法，一交一緡，以三年爲一界而換之。天聖間遂置交子務[44]。」此鈔之始也[45]。竊攷貨幣之演進，莫不先有硬幣而後有紙鈔。蓋文化愈進步，工商百業愈發展。於是交易之數量，遠過往昔。初則惡銅鐵鑄錢之重，繼則併棄金銀而用楮紙，至于今日，則票據之用尚矣。我國明代之際，人民多以貨幣必貨而幣也，故銅鐵廢而用金銀。且喜其堅剛可久。是以紙幣雖便而不爲所取。此經濟發展，貨幣演進自然之程序，不可勉強者也。

顧氏有云：「今日上下皆銀，輕裝易致，楮幣自無所用。故洪武初欲行鈔法，至禁民間行使金銀以奸惡論，而卒不能行。及乎後代，銀日盛而鈔日微。勢不兩行，灼然易見。乃崇禎之末，倪公元璐掌戶部，欲行之。其亦未察乎古今之變矣[46]。」至「以鈔之不利，而幷錢禁之。廢堅剛可久之實，而行輭熟易敗之物，宜其弗順人情而卒至于滯閼。後世興利之臣，愼無言此可也[47]。」若強而行之，則獄訟滋多，奸先百出。鈔終不可行，而黎庶先受其困。不亦因民之非乎[48]？是以「宣德三年六月己酉，詔停造新鈔。已造完者，悉收庫不許放支。其在庫舊鈔，委官選揀。堪用者，備賞賚；不堪者，燒燬。天子不能與萬物爭權，信夫[49]！」

藉曰有可行之會，値不得已之時[50]，以之便易懋遷，亦必從宋人之論，以錢爲本（即今日準備之謂也），不能以空文行[51]。「稍有滯礙，即用見錢，」以存古人母子相權之意[52]。更須倣宋三年一界之制[53]，以救昏爛之窮；申行鈔之法，以杜倒換出入之弊[54]；或庶乎其可也。

行錢之法　至行錢之法：一曰征権以錢，二曰散斂以時。蓋征権以錢，則天下非制錢不敢入官，上下流通，而惡幣不售。散斂以時，則錢之市値有恆。至散斂之法，即所以調節金融。其目的在乎預防錢荒，穩定物價，非獨使錢之市價有恆而已也[55]。日知錄有云：「民有餘則輕之，故人君斂之以輕；民不足則重之，故人君散之以重。凡輕重斂散之以時則準平[56]。」意謂民間之錢多則錢輕而物貴，物貴則傷民；錢少則錢重而物賤，物賤則傷農。若在上者，散之以重，斂之以輕，各得其時，如齊武帝、唐憲宗者[57]。則貴賤平均，重輕調節，於是錢荒不起，百貨通流，而四民交利矣[58]。

註一　亭林文集卷一錢糧論上。
註二　日知錄卷十二財用。
註三　亭林文集卷一錢糧論下。
註四　日知錄卷十二財用。
註五　日知錄卷十一鈔有「廢堅剛可久之貨」一語。
註六　仝上有「鈔法之興，因前代末以銀爲幣而患錢之重，乃立此法」之語。
註七　亭林文集卷六錢法論。
註八　日知錄卷十一錢法之變。
註九　仝上。
註一〇　詳下段鈔。
註一一　Keynes, *A Treatise on Money*. (1930), p.7.

"Commodity money is Composed of actual units of a particeelar freely-obtainable, non-monopolised Commodity which happens to have been chosen for the familiar purpose of money, but the supply of which is governed like that of any other commodity-by scarcity and cost of poodnc ion."

註一二　蓋若惜銅而使錢之値高于其所含銅之値，則民不樂用矣。

註一三　日知錄卷十一以錢爲賦。

註一四　亭林文集卷六錢法論。

註一五　「貨幣數量說（Quantity Theory of money）之敘述，學者之間並不一致。但其原理大致相同。大體言之：一國貨幣數量增加，其他條件不變，則其價值下落，物價上漲；貨幣數量減少，其他條件不變，則其價值騰貴，物價下落。」（見趙蘭坪貨幣學。）

註一六　日知錄卷十一以錢爲賦。

註一七　亭林文集卷六錢法論。

註一八　「格雷聖姆法則（Gresham's law）所謂格氏原則，就是惡幣驅逐良幣於流通之外（Bad money drives good money）。見崔曉岑幣制與銀行。

註一九　亭林文集卷六錢法論。

註二〇　日知錄卷十一錢法之變。

註二一　仝上。

註二二　參閱上篇第一章經濟狀況節。

註二三　日知錄卷十一錢法之變。

註二四　隋書卷二四食貨志。

註二五　明史卷八一食貨志五錢鈔。

註二六　亭林文集卷六錢法論。

註二七　仝上。

註二八　蓋收銅時，胥吏刁民藉端鼓詐，任意尅扣。名爲收銅，實爲勒取，故曰「厲民」。（見日知錄卷十一錢法之變黃汝成案語）。

註二九　參閱日知錄卷十一錢法之變（頁三一至三二）。

註三〇　詳本節末段。

註三一　參閱明史卷八一食貨志五錢鈔及日知錄卷十一鈔。

註三二　明史卷七八食貨志二賦役。

註三三　亭林文集卷一錢糧論上。

註三四　仝上。

註三五　日知錄卷十一銀有云：「九年（正統）閏七月戊寅朔，復開福建浙江銀場。乃倉糧折輸變賣無不以銀，後遂以爲常。蓋市舶之來多矣。」

註三六　日知錄卷十二財用。

註三七　日知錄卷十一銀。

註三八　仝上。

註三九　仝上。

註四〇　參閱第五章賦稅節。

註四一　日知錄卷十一黃金。

註四二　參閱許楣鈔幣論通論六。日知錄卷十一銀。

註四三　日知錄卷十一鈔。

註四四　仝上。

註四五　仝上原註有云：「至唐憲宗時之飛錢，則今之會票而已。……鈔乃宋時所創，施于邊郡。」

註四六　日知錄卷十一鈔。

註四七　仝上。

註四八　仝上。

註四九　仝上。

註五〇　日知錄卷十一鈔原註有云：「鈔乃宋時所創，施于邊郡。金人踵而用之。皆出于不得已。」

註五一　仝上。

註五二　仝上原註。

註五三　仝上。

註五四　仝上。

註五五　亭林文集卷六錢法論。

註五六　日知錄卷十二財用。

註五七　「齊武帝永明五年九月丙午，詔以粟帛輕賤，工商失業，良由圜法久廢，上幣稍寡。可令京師及四方出錢億萬，糴米穀絲綿之屬。其和價以優黔首。」「元和八年四月，敕以錢重貨輕。出內庫錢五十萬貫，令兩市收買布帛。每端匹醜估加十之一。十二年正月，又敕出內庫錢五十萬貫。令京兆府揀擇要便處，開場依市價交易。」是上段所載雖所以平均錢帛之貴賤，然皆不外為行錢之法也。

註五八　日知錄卷十一以錢為賦。

第五章　顧亭林之歲計理論及政策

第一節　歲出

「晉荀勗之論，以為省官不如省事，省事不如清心。昔蕭曹相漢，載其清靜，民以寧一，所謂清心也。抑浮說，簡文案，略細苛，宥小失，有好變常以徼利者，必行其誅，所謂省事也。探本之言，爲治者，誠此可無紛紛於職官多寡之間矣。」[1]蓋清心則事簡，事簡則官省，官省而後國家歲出可省也。

夫明代官俸，初以米，或折以鈔。其後鈔不行而代以銀，於是俸薄至不足以贍其家，天下少廉吏矣[2]。故顧氏之於行政支出，主張官宜省而祿宜厚。以言兵備，國家不可一日無之。然其養給之鉅，非百姓所能供。故主行屯墾之制以寓兵于農[3]。其在沿海與外蕃交易各地，則吏可取之于市舶所征[4]，是以歲可無兵之費也。

至顧氏所言州縣歲出，頗有量出為入之意。其言曰：

「法之敝也，莫甚乎以東州之餉而給西邊之兵，以南郡之儲而濟北方之驛。今則一切歸于其縣。量其衝僻，衡其繁簡，使一縣之用常寬然有餘。又留一縣之官之祿。亦必使之溢于常數。而其餘者，然後定為解京之類。……其非時之辦，則于額賦支銷。若盡一縣之人，用之而猶不足。然後以他縣之賦益之，名為協濟[5]。」至于教育，則主廢生員以省考試科舉之費，而民困以蘇矣[6]。

第二節　歲入

顧氏以國家之政事宜簡，仍未脫量入為出之說。因重歲入。其大要則主「藏富于民[7]」，減輕賦歛[8]。復以邦計有常，不必恃額外之求，故忌收助餉[9]。以免上下交相為利之弊[10]。然顧氏所主量入為出之意，屬于積極，與前代不同。蓋顧氏不僅主節流，而更力求開源以足國用[11]。竊以氏之主張，實介乎量出為入與量入為出之間，中庸之道也。若于君主專制之世，以量出為入為歲計之原則，則苛暴之君將為所欲為，用錢如泥沙，毫不體念民艱；若以消極之量入為出為歲計原則。天下之賦不加，國家之財用一定，如是則國家無由進步。故前後二法，皆不無偏重之弊。今若開闢田野，利盡山澤，以增其源，再任源以作賦，源日增而賦日多，賦收多，則國用足。國用既足，則何圖而不遂哉？此殆顧氏之本意也。

至歲入之種類：有鹽稅、有關榷、有京貢、有漕糧，此外尚可有市舶之利、徭役之征。凡此數者，容于賦稅節論之，茲僅舉其名而已。若乃州縣歲入，則以田賦為常額，協濟為補助，前已述之矣。

第三節　田賦

（一）　徵賦之原則

我國以農立國，農困則國亦困；農足則國亦足。夫農民困足之原因雖多，而田賦制定之良否，殆其主要所在。顧氏既重農：故于制賦之道，皆三致意焉。「田賦必均而後可久[12]，」此其一。薄賦歛以「藏富于民[13]，」此其二。徵本色，不責民之所無，「官府省敲扑之煩[14]，」此其三。徵賦以時[15]，歲額有定[16]，此其四。凡所謂田賦必均，徵賦以時，不責民之所無，官府省敲扑之煩，與斯密亞丹之平、信、便、嚴四例，約略相近[17]。至于薄賦歛以藏富于民，則古今中外之言財政者，未嘗有異詞也。

（二）　整理田賦之方法

同權度正經界　徵賦之法既定，則可從而言田賦興革之制矣。夫賦之不均，其原因甚多：斗斛丈尺匪一，一也；肥瘠高下不分，二也；清丈造報失實，三也；飛灑詭寄，四也；徵科不遍，五也。權度匪一，則斗斛地畝有大小之分。

按顧氏所言明時，北方之量，鄉異而邑不同。至有以五斗一斗者。」閩之內兩斗并行。至其土地，有以二百四十步爲畝者，有以三百六十步爲畝者，有以七百二十步爲畝者。(【原註】大名府志：有以一千二百步爲一畝者。) 其步弓，有以五尺爲步，有以六尺、七尺、八尺爲步[18]。」如真定之轄五州，二十七縣；蘇州之轄一州七縣。無論所轄。即其廣輪之數，真定已當蘇之五。而蘇州糧二百三萬八千石，真定止一十萬六千石。然猶南北異也。若同一北方也，河間之繁富，二州十六縣。登州之貧寡，一州七縣。相去殆若莛楹，而河間糧止六萬一千，登州乃二十三萬六千。……若在一邑，則同一西南充也。而負郭十里，田以步計，賦以田起。二十里外，則田以緪量不步矣。五十里外，田以約計不緪矣。官賦無定數，私價亦無定估。何其懸絕也！惟是太平日久，累世相傳。民皆安之以爲固然不自覺耳。夫王者制邑居民，則壤成賦，豈有大小輕重不同若此之甚哉[19]？」權量之參差若此，人得以意長短廣狹其間。故以畝準賦，以斗計租者，已不足信矣。

且夫田土「即一鄉之中，近河渠而沃衍者爲肥，其餘爲瘠；河渠之深者爲肥，淺者爲瘠；深而有源者爲肥，無源者爲瘠。初以肥瘠稅畝，然未必一一皆中。況農之勤惰又自爲肥瘠于其間？又非鄉田爲之也。聞之故老云：『鄴田翔鳳鄉最肥，往時信國量田，民故決湖浸其田。信國謂爲水鄉，特輕其稅，畝升八合有奇。』即此知科之重輕，亦非平賦之準也[20]。」是以「土田之高下不均，而起科之輕重無別。或膏腴而稅反輕，瘠鹵而稅反重[21]。」

所謂「量田者，欲以覈實也。覈實者，欲使小民不當虛糧，國家不失額也。詎以增額爲功？當事者或誤聽人言，慮其虧折，乃短小其弓步，使至於道路。不容留其田外之溝塍[22]。」國家之歲入雖增，而百姓不堪其苦矣！

再則有司每圖取合原額，致真數不明。如廣平府志所載：明初奉旨開墾之田，永不起科。而洿下磽瘠，多屬無糧。其後「一概量出作數，是以原額地少，而丈出之地反多。有司恐畝數多，取駭于上而貽害于民。乃以大畝該小畝，取合原額之數。自是上行造報，則用大地以投黃冊。下行徵派，則用小畝以取均平。是以各縣有以小地一畝八分折一畝。遞增至八畝以上折一畝。既因其地之高下而爲之差等。又皆合一縣之大地，投一縣之原額，以敷一縣之糧科。而賦役由之以出。此後人一時之權宜爾[23]。」雖不取駭于上，貽害于民，然亦要非久長大公之策也。

爲今之計，欲行度田均丈。必先「同權度」，「正經界[24]」。仿銅斗鐵尺之制，頒行天下以爲常法[25]。再「檄諸州縣長吏，畫一而度之。以鈔準尺，以尺準步，以步準畝，以畝準賦[26]。」別其肥瘠高下，分爲三等或五等[27]。「仿江南魚鱗冊故事[28]，編而次之。舊所籍不齊之額，悉能去而括其府之見存者。均攤于諸州縣之間。一切糧稅，馬草、驛傳、均徭、里甲之類，率例視之以差[29]。」如是或可近于均平。

除飛灑虛懸之弊　明代田賦之弊。尤有所謂飛灑虛懸諸端。往往「無田之家，而冊乃有田。有田之家，而冊乃無田。其輕重多寡，皆非的數。名爲黃冊，其實僞冊也。何言乎飛灑？富人多田，患苦重役。乃以貨賂姦胥。某戶灑田若干畝，某戶灑田若干分釐，某戶灑糧若干升斗，某戶灑糧若干合勺。積數戶可灑田以畝計。灑糧以斗計。積數十戶，可灑田以十計，灑糧以石計。而胥手則歲收其糧差之算。其被灑之家，必其昧不諳事，或樸儒不狎官府者也。甚有家無立錐之業，而戶有田畝糧差之需。至歲傭其身以輸猶不給。孰知而閔之乎？……何言乎虛懸？趙甲有田而開與錢乙；錢乙復開與孫丙；孫丙復開與李丁；李丁復開與趙甲，李丁有開，趙甲不收，則併田與糧而沒之矣。然飛灑者，損人以裕己者也。……至虛懸則一切欺隱以負國課耳。又有弊者，則專貨胥手，悉以田歸胥手戶，糧亦隨之。胥手乃徑裕其田。而糧則于十年之中，歲灑合勺于一里百戶之內，漸以消鎔。此以影射爲姦者也。又有糧存而田不稱。則捏則官田，以一埋十。此以那移爲姦者也。又有買田十而止開其八九，仍遺一二于原戶。又或收田而不收糧，俾貧主受其害，而已得減輸。此以買戶爲姦者也，又有田本輕則。而開作重則。田本八九而多開爲十。以歸于人，因得輕稅之田。此以賣戶爲姦者也。又有買戶已收其田矣。而于賣戶則不爲除。使一田而兩戶根差。此以乾沒爲姦者也。或欲加之糧也，則不加於戶之田畝。而以重則移輕則。或歲爲之飛灑。見其糧之增也，則反評爲虛懸。此以欺罔爲姦者也。凡此神妖鬼怪，不可殫述！墳于紅圖，不可改矣，則改于黃冊。印于黃冊，不可易矣，則公爲洗補。不得于小里，則貨都總妄坐于小里；不得于都總，則貨縣總妄坐于都總；縣歷屆更代不常，其爲故智一也。不惟是也，每遇一丁差之際即類，取富戶之賄，爲之厚減其產以呈于官，俾得輕鮮。適有發其隱者，即復晤斷該吏，盜庫冊洗補而改移之。……凡此皆意外不可窮之奸，幸而發之，而官不爲之竟其數。然則睥睨者又何所畏而不爲哉？……

「欲于開佘之時，官爲履畝。俾戶插田號，親爲丈量。則于丈量之時，又濟通里胥，寅減以從輕。既不得一一皆實。而況籍之于丈量之冊者，又未必一一對記于黃冊。此徒爲之勞擾也。欲以稅契爲準，則論之故事。實錢實契者，自恃無他，率不稅契。而中有姦弊者，反稅契以爲他日事發之證。此又稅契之不可憑也。凡此弊端，雖巧于爲術者，皆未有能剔其隱，然則終付之無可奈何而已乎？嘉靖六七年間，都水曹山嘗爲之法。視戶之田多糧少者，謂爲飛洒，則以田而駁糧。糧多田少者，謂爲虛懸。則以糧而駁田，若近矣。而孰知姦民之善弊者，糧灑于人，則必扣糧而減田，田既虛懸，則必揑則以從糧。曾未有多少形迹可稽。其有多少形迹可駁田而駁糧者，多良民之被害于弊書者也。故山清查之法，爲良民之害者十七八。而所得于弊戶之情者纔十二三。又非計之得者也。[30]」民奸之習熟神鬼，誠有令人莫測。今不殫煩而錄之于此，蓋以明當時之實情也。

「自今觀之，積蠹雖難以盡釐，而清查亦不容但已。試舉其淺近者言之，凡有數端：一曰開首告之門。凡書手之弊，本人知之，他書知之；各戶之弊，本戶知之，本里人戶知之。今須先令各書手，各人戶自首其弊。或嚴刑以威之使言，或寬法以誘之使言。其自首不盡者，許他書手出首。又不盡者，許本里知因人出首。自首者准免本罪。其首他書手，他人戶者，亦准免本身應得之罪。即以弊書弊戶之贓贖充賞。其有不自首而事發覺者，則重懲之而沒入其田。凡得書手之弊竊，則把其陰罪。而令舉首以自贖。又兼行投匭之法。以一例十，以十例百，循而求之，弊源或可塞也。

「二曰嚴保勘之法。册之將造也，令各花戶各將舊管新收，開除實在分爲四項：某鄉某項某則田若干，糧若干，麥若干。其新收開除者，備開收除某都某圖某人，令逐年里長所管十甲首爲一册，互相保結。又合一圖十里長所管百戶爲一册，互相保結。又合一都百里長所管千戶爲一册，互相保結。其册一樣二本，官爲鈐印。一存在官，一給與執炤，以後但有虧弊，連坐保結之人。其各年各都各圖田糧必須總撒相合。有一不合，即爲姦弊，尤不可不究也。

「三曰清書手之戶。姦書作弊，多以己戶爲之出沒。須查其田多而糧少；或田少而糧多；或前屆少而今屆多；或前屆多而今屆少；或有田而無糧；或有糧而無田；或欲埃糧以民田爲官田；或欲灑糧以官田爲民田。一一究其下落，則不必盡窮花戶而其端已可概見矣。

「四曰明收除之數。夫造册收除，不過一買主一賣主而已。即寄在他戶，亦即所寄之戶。開會此除彼收，本無不明。而奸人則詐爲輾轉。甲除與乙戶，乙戶又除與丙戶。至三至四。有除而無收。即爲虛懸如前所云矣。其爲此者，非實有是數者。不過滲入其田。使官府不能窮詰耳。今若嚴爲之禁，如趙甲既開與錢乙，錢乙則不得復開于孫丙，周戊既開與吳己，則吳己不得復開與鄭庚。但有展轉，即係虧弊。究問如律，沒入其田，庶幾其可也。

「五曰草田糧重會之弊。夫造冊開會，田糧本一事也。如某除與某人某鄉則某項田若干。該糧若干，該麥若干，其買主照數收戶。各以過橋數為據。此其授受甚明，而其事甚約也。而姦胥欲為蠹弊，乃賄買該吏，欺誑官府。會田一番，會糧又一番，會麥又一番。既得縱其求索，而糧不隨田，因得以輕為重，以重為輕，以多為寡，以寡為多，弊始百出矣。如謂數目難清，則田糧相隨者反難，而田糧分為二者反易乎？如謂查算不及，則一番反不徑約，而兩番反為便利乎？此積一府數十年之弊所當力變者也。

「六曰禁洗補之弊。今夫民間之質劑不敢洗補，防變詐也。士人之書疏不敢洗補，嫌不恪也。況黃冊之造以獻天府，以定官賦，以察民僞，重大莫加焉。乃容有洗補乎？蓋姦狡之徒，正以此行其變幻之術。重改而輕，輕改而重。多改而寡，寡改而多。有改而無，無改而有。趙甲改而錢乙，錢乙改而孫丙。或掩飾既遂而復反之，或清查不及而卒不變，奸始不可窮矣。今宜于清審既定，通造黃冊，雖一字不許洗補。如其有之，當痛懲其人，即十易不為過。蓋巧者足以眩人之目，而一察之于天日，則纖悉畢見。以杜禁權埋之姦，亦或一道乎？[31]」

七曰制魚鱗圖冊。夫「所制丈量之法，有魚鱗圖。每縣以四境為界。鄉都如之。田地以坵相挨如魚鱗之相比。或官或民，或高或圩，或肥或瘠，或山或蕩，逐圖細注。而業主之姓名隨之。年月買賣，則年有開註。雖變遷不一，田則一定不移。是之謂以田為母，以人為子。子依乎母而的的可據。縱欲詭寄埋沒而不可得也，此魚鱗圖之制也。自此制一廢，以田隨戶以戶領田。戶既可以挪移，而母即因之變亂，母依乎子，變動不拘官民，肥瘠、高圩、山蕩，存于籍者，特其概爾。名是而實非，于是圖虧角折之虛糧不可勝計，而縣總操欺隱灑派之權[32]。」故曰：「按凡丈量田地，必如國初之制，造為魚鱗圖，始可以杜絕奸弊[33]。」「魚鱗圖歸戶冊。縣總者，收貯在庫，官府掌之。鄉總者，收貯在鄉，里老掌之。皆丈量官用，有印信與官以掌之。縣鄉相對，總撒相符，前後相符。不便奸人得以磨滅易改，則在在之田賦當清矣。[34]」

八曰厚官吏之祿。祿厚則吏多勉為廉、而弊將自除，奸巧自息。有此八者，飛灑虛懸之弊，或可蠲其八九、而賦亦可均也。

普及田賦之征　「明初承元末大亂之後。山東河南多是無人之地。洪武中詔有能開墾者，即爲己業，永不起科。至正統中，流民聚居，詔令占籍。景泰六年六月丙申，戶部尚書張鳳等奏：『山東河南北直隸幷順天府無額田地，甲方開荒耕種，乙即告其不納稅糧。若不起科，爭競之塗，終難杜塞。今後但告爭者，宜依本部所奏減輕起科則例，每畝科米三升三合，每糧一石科草二束。不惟永絕爭競之端，抑且少助倉廩之積。』從之。戶科都給事中成章等劾鳳等不守祖制。不恤民怨，帝不聽[35]。」此當時士大夫之言論也。「然自古無永不起科之地，國初但以招徠墾民，立法之過，反以啟後日之爭端。而彼此告訐，投獻王府勳戚及西天佛子。（「原註」）見實錄成化四年二月。）無怪乎經界之不正，賦稅之不均也[36]。」揣顧氏之意，以爲有田必有賦，張鳳等之言是矣。非此則不均也。

賦斂宜薄　田賦必均，此不移之律也。然均而重之，則仍非所宜。故必薄斂。是以古者「制什一以正其供。」漢文景之世，嘗「至三十而稅一，或幷蠲不征。其爲民惠澤，甚渥也[37]。」明初賦于民者，亦甚輕也，上田不過五升三升，下田則五合三合。天下之民，咸得其所。獨蘇松二府之民，則困于重賦而流離失所，蓋明初籍沒田地，有司一依租額（佃農年納田主之穀租也。）起糧，每畝四五斗，七八斗至一石以上。且沒入之後，私租變爲官糧。小民須于各倉送納，運涉江湖，動經歲月。或遇風波盜賊以致累年拖欠不足。於是蘇松田稅自古未有若是之重者。以農夫蠶婦，凍而織，餒而耕，供稅不足，則賣兒鬻女；又不足，然後不得已而逃，以至田地荒蕪，錢糧年年拖久。徒有重稅之名，殊無重稅之實[38]。此猶籍沒田地，雖重而有限。乃「嘉靖六年，嘉興知府趙瀛建議：田不分官民，稅不分等，則一切以三斗起徵，蘇松常三府從而效之。自官田之七斗六斗，下至民田之五升，通爲一則。而州縣之額，各視其所有官田之多少輕重爲準，多者長洲，至畝科三斗七升；少者太倉，畝科二斗九升矣[39]。」夫民田之賦，向輕于官田，以五升與七斗六斗較，則相去十餘倍，今通以三年左右徵之。是民田之賦，幾六倍于昔。而官田減半。是以「國家失累代之公田，而小民乃代官佃納無涯之租賦。事之不平，莫甚于此[40]。」

且明正統而後。以銀折賦[41]，「于是糧之重者愈重[42]。」蓋明初民間所納官糧，皆以米麥，或折以鈔布。其後鈔不行，以銀代之[43]。所收之銀，貯之京庫，不使下行。銀數不增，而征無已時。民間遂有乏銀之患。故銀日重，穀帛日賤，而官乃歲收定額之銀，於是賦亦日重矣。（因銀貴而穀帛賤，故賦稅無形加增。）當時俚諺有云：「將錢買田，不如窮漢娶眠。」「有田腐門戶，因田成禍門。[44]」「永豐謠曰：『永豐圩接永寧鄉，一畝官田八斗糧。人家種田無厚薄，了得官租身即樂。前年大水平斗門，圩底禾苗沒半分。里胥告災縣官怒，至今追租如追魂！有田追租未足怪，盡將官田作民賣。（依租額計糧，故糧重。）富家得田貧納租，年年舊租結新債。舊租了，新租促，更向城中賣黃犢。一犢千文任時估，債家算息不算母。嗚呼！有犢可賣君莫悲，東鄰賣犢兼賣兒。但願有兒在我邊，明年還得種官田。』讀此詩，知當日官佃之苦，即已如此。[45]」由是人民之苦于重賦，可從而知也。至自萬曆以後，軍餉頻增，更所弗堪矣。

「至于今日佃非昔日之佃，而主亦非昔日之主。則夫官田者，亦將與冊籍而俱銷，共車牛而皆盡矣。猶執官租之說以求之，固已不可行。（【原註】隋書李德林傳：「高祖以高阿那肱衞國縣市店八十區賜德林。車駕幸晉陽，店人上表稱地是民物。高氏強奪于內造舍。上命有司料還價直。」則是以當代之君而還前代所奪之地價，古人已有之矣。　又考後漢書，譙元子瑛，奉家錢千萬于公孫述以贖父死。及元卒，天下平定，元弟慶以狀詣闕自陳。光武勅所在還元家錢。則知人主以天下爲心，固當如此。）而欲一切從民田以復五升之額，即又駭于衆而損于國。有王者作，咸則三壤，謂宜遣使案行吳中，逐縣清丈，定其肥瘠高下爲三等：上田科二斗，中田一斗五升，下田一斗。[46]」「倣江南魚鱗冊式而編次之。[47]」「一一山蕩塗蕩，以升以合計者，附于冊後，而概謂之曰民田。惟學田屯田乃謂之官田，則民樂業而賦易完。視之紹熙以前猶五六倍也。豈非去累代之橫征，而立萬年之永利者乎？[48]」以是推至全國，此外更罷折銀，或使其上下流通以杜銀貴賦重之弊。若乃國家之賦稅歲有定數[49]，非時之辦則由額賦支銷[50]。不變其常額，加徵自不宜有。蓋如是則財不聚于上，而民阜于下[51]。此顧氏減輕賦斂、藏富于民之策也。

徵科以時　賦既均輕，年有定額，歲費自有國計。不收助餉以養僥倖之徒[52]。再則農事之收穫有時，科征亦當在其功畢之後。日知錄載「唐元宗天寶三年制曰：『每歲庸調八月徵收。農功未畢，恐難濟辦。自今已後，延至九月三十日爲限。』」昔人體念民艱可謂至矣！及「代宗廣德二年七月庚子，稅天下地畝青苗錢以給百官俸。（【原註】田一畝稅錢十五。）所謂青苗錢者，以國用急不及待秋，方苗青而徵之，故號青苗錢。主其任者爲青苗使。（【原註】此與宋王安石所行青苗錢之名同而實不同。彼則當青黃未接之時，貸錢于貧民，而取其息本，謂之常平錢。民間名爲青苗錢耳。）遂爲後代豫借之始。[53]」而後代更于春初即出榜開征，其病民又甚矣[54]。如「蠶事方興，已輸縑稅。農功未艾，遽斂穀租。上司之催督旣嚴，下吏之威暴愈促。有者急賣而耗其半直，無者求假而費其倍息[55]。」夫所謂豫借者，征不以時之謂。病民殊甚！顧氏名之爲「食苗之政」[56]，殆欲絕之也。

貴徵本色　明代自英宗正統元年以銀折糧，至神宗萬曆九年改行「一條鞭法」，自是以爲常賦[57]。民雖得除編之便，而又不勝征銀之苦矣！顧氏言：「往在山東，見登萊並海之人多言穀賤。處山僻不得銀以輸官。今來關中，自鄠以西至于岐下，則歲甚登，穀甚多，而民且相率賣其妻子。至徵糧之日，則村民畢出，謂之人市。問其長吏，則曰：『一縣之鬻于軍營而請印者，歲近千人。其逃亡或自盡者，又不知凡幾也！』何以故？則有穀而無銀也，所獲非所輸也，所求非所出也[58]。」此其一。

「夫銀非從天降也，丱人則旣停矣，海舶則旣撤矣，中國之銀，在民間者已日消日耗。而況山僻之邦，商賈之所絕迹，雖盡鞭撻之力以求之，亦安所得哉？故穀日賤而民日窮，民日窮而賦日詘。逋欠則年多一年，人丁則歲減一歲。率此不變，將不知其所終矣！」此其二。

「今之言賦，必曰錢糧。夫錢錢也，糧糧也，亦惡有所謂銀哉？且天地之間，銀不益增，而賦則加倍，此必不供之數也[60]。」此其三。

「吳徐知誥從宋齊丘之言，以爲錢非耕桑所得，使民輸錢，是教民棄本逐末也。于是諸稅悉收穀帛紬絹。是則昔人之論取民者，且以錢爲難得，以民之求錢爲不務本也。而況于銀乎？[61]」此其四。

徵銀而貯之京庫，「銀愈貴，錢愈難得，穀愈不可售。使民賤鬻而貴折，則大熟之歲反爲民害[62]。」無形之中而增賦民矣。此其五。

「以一州縣之賦，繁矣。戶戶而收之，銖銖而納之，不可以瑣細而上諸司府，是不得不資于火。有火則必有耗，所謂耗者，特百之一二而已，有賤丈夫焉，以爲額外之徵，不免干于吏議；擇人而食，未足厭其貪惏。於是藉火耗之名爲巧取之術，蓋不知起于何年。而此法相傳，官重一官，代增一代，以至于今。于是官取其羸十二三，而民以十三輸國之十。里胥之輩又取其羸十一二，而民以十五輸國之十。其取則薄于兩厚于銖。凡徵收之數，兩者必其地多而豪有力，可以持吾之短長者也。銖者必其窮下戶也，雖多取之不敢言也。于是兩之加焉十二三，而銖之加焉十五六矣！薄于正賦而厚于雜賦。正賦耳目之所先也，雜賦其所後也。于是正賦之加焉十二三，而雜賦之加焉或至十七八矣！解之藩司，謂之羨餘。貢諸節使，謂之常例。責之以不得不爲，護之以不可破。而生民之困，未有甚於此時者矣。[63]」且「銀輕而易齎，……易齎則多取之而猶以爲少。非唐宋之吏多廉今之吏貪也。勢使之然也！然則銀之通，錢之滯，吏之寶，民之賊也[64]。」「此窮民之根，匱財之源」，而「啟盜之門」也[65]。此其六。

一鈔法之興，因于前代未以銀爲幣。而患錢之重，乃立此法。……及乎後代，銀日盛而鈔日微，勢不兩行，灼然易見[66]。」是銀通而鈔法遂壞之故也。此其七。

至若徵錢，亦常有錢荒之患[67]。使民不務本而趨末[68]，馴至錢重穀賤，或錢輕穀貴。傷農傷民，要非爲賦之善善者。[69]

徵銀徵錢之弊乃至於此，然則爲之奈何？以顧氏之意，惟有盡徵本色。然亦有變通之法，非盡廢銀錢之征也[70]。其言曰：「愚以爲天下稅糧，當一切盡征本色[71]。」天下歲入之糧，悉委縣令收之以爲一縣祿用。有餘則解京：曰貢，曰賦若盡一縣之人，用之猶不足。然後以他縣之賦益之。名爲協濟[72]。」「除漕運京倉之外，其餘則儲之于通都大邑。而使司計之臣，略倣劉晏之遺意，量其歲之豐凶，稽其價之高下，糶銀解京以資國用。一年之計不足，十年之計有餘。小民免稱貸之苦，官府省敲扑之煩。郡國有凶荒之備，一舉而三善隨之矣[73]。」「其在通都大邑，行商麕集之地，雖盡徵之以銀，而民不告病。至于遐陬僻壤，舟車不至之處，即以什之三徵之而猶不可得[74]。」此變通征銀之法也。「凡州縣之不通商者，令盡納本色，不得已以其什之三徵錢[75]。」此變通徵錢之法也。蓋顧氏以爲錢輕而樂，而于上不收錢。因謂：「凡州縣之存留支放，一切以錢代之。使天下非制錢不敢入官，而錢重」矣[76]。倘人君更能調節制錢之重輕，平均穀帛之貴賤。則錢荒不生，而人農不傷。故鄉僻亦可征什三之錢，而其所以不盡徵錢者，欲使民務農，且以儲糧爲凶荒之備也。

攷顧氏之意，天下之賦既盡征本色，更爲變通之法以濟其窮。則民無折輸之苦，而有任土之便。於是務本者致力，趨末者回心，游手于道途市肆者，可易業于南畝，託迹于軍籍釋流者，可返躬于東作。火耗之弊自除，啟盜之門乃塞，鈔法亦或可行。凶荒庶乎有備，民可安而國可富矣。

後之論者，以爲徵銀非當時一切弊端之源，而徵本色乃「不合事實」，「因噎廢食」之消極措置[77]。是誠也，何不知顧氏之甚也。夫顧氏所主張之田制：首曰井田，次曰均田及口分永業之法。凡此諸制，或徵其力役，或科以穀帛，皆任人民所有而賦之。未聞征銀也。且鼎代之際，幣制方略具近世之雛形而已。民間物物交易，如以粟易器之法，所在多有。而民亦使之。即顧氏欲行之幣制，亦以銅錢爲主，金銀爲輔。蓋金銀非鑄幣，成色重量難齊。以之征賦，必弊端百出。是以徵錢尚有可言。徵銀則雖以今日之理論衡之，亦未有當也。（今日賦稅之征，均以本位幣計之。其以輔幣輸納者，不能超過一定數額。我國在昔通用銀兩，而流弊叢生，故有廢兩改元之舉。然其貽害田賦，至今猶未已也。）

綜而觀之，顧氏徵本色之意，在行其所主張之田制、幣制、荒政、重農諸旨。非專爲除徵銀之弊而言，亦何消極之有？況徵銀本爲不良之政，而爲權宜之計，猶有變通用銀之法。又何言乎「因噎廢食」？食既爲害，即不噎亦將廢之耶？聞者，萬事皆準于幣，若行本色之徵，容有未便。殊不知處明代而言 以幣爲賦，人民非徒不見其利，而方且引以爲病也。故以今日之勢，盱衡往昔之事，每不免失之狹隘，殆非持平之論。如斯密亞丹者，生于顧氏之後。猶言：「物值之不變者，莫如功力，穀次之，金銀爲下。」「故租稅貢賦之事，制折色者，使一時；而任土物者，可久遠。」是以徵本色之主張，至十八世紀末，尚未息也。今人烏可以此責顧氏哉？[78]

許槤曰：「至我朝乾隆嘉慶之間，弊極矣！銀之流布于天下者，已足天下之用，而民間地丁皆徵錢，官爲易銀上庫，無如亭林所言用銀之害。將使無漏卮之耗，難長此不廢可也。[79]」致明時之徵銀，直徵于民，故胥吏藉火耗之名，重重詐索。清代乃官收民錢，爲之易銀上庫，此間接征銀之法也。且時代不同，環境匪一，其利弊得失，殆不可同日而語。再者顧氏所惡于徵銀，以其徵賦有火耗兌換之弊，若他事用銀則未嘗非之也。亦何害之有？至云清代銀已足天下之用，而當顧氏之時，上以重賦斂銀，聚之于上，不使下流，故銀常不足。倘輕賦而通之使上下下上，則銀亦或不至于不給，是何足爲顧氏病哉？

開源節流　夫田賦者，乃常年定額之徵，國家財政所繫，不能歲有而歲無，是必求其所以爲久長之計。故曰：「必有生財之方，而後賦可得而收也。[80]」此開源之意也。其論漕運有云：「……千里帆檣，一時不絕。于以見國家財賦之廣，東南財賦之盛。永國脈而壯國威者，在此舉矣。豈前代所能及哉？然富盛之餘，民則必耗。征役之數，民力多竭。[81]」故主省食粟之士，罷繁冗之政，禁文繇之服，節食用之務。[82]此節流之意也。源開而流節，則國無乏財之虞，而民不覺賦役之苦矣。「經國者其長計熟慮之哉！[83]」

第四節　力役

（一）　明代徭役之弊

明史食貨志載太祖「即位之初，定賦役法，一以黃册爲準。册有丁有田。丁有役，田有租。租曰夏稅秋糧凡二等。夏稅無過八月，秋糧無過明年二月。丁曰成丁，曰未成丁，凡二等。民始生籍其名，曰不成丁。年十六曰成丁。成丁而役，六十而免。又有職役優免者：曰里甲，曰均徭，曰雜泛，凡三等。以戶計曰甲役，以丁計曰徭役，上命非時曰雜役。皆有力役雇役。府州縣驗册丁口多寡，事產厚薄，以均適其力[84]。」「貧者效力，富者輸財。各用其有餘，而不強其所不足[85]。」亦法之便者。「其後，稍憑實于簿籍，寄耳目于里胥，則豪民巨室終身不一勞。下戶單丁三年而兩役，故奸胥黠總始得恣智巧于其中。此乃以弱之肉爲強之食[86]。」而奸民復有所謂詭寄之法：「多田之家，或詭入于鄉宦舉監，或詭入于生員吏承，或詭入于坊長里長，或詭入于竈戶貧甲，或以文職立寄莊，或以軍職立寄莊，或以軍人立寄莊。夫鄉宦于各縣占產，寄莊猶可言也，而本縣寄莊何爲者哉？軍官占產寄莊猶可言也，而軍人寄莊何爲者哉？率不過巧爲花分，以鄉圖爲壑耳[87]。」「避重而就輕者也[88]。」力役以是不均。

而乃「寬狹磽腴不同鄉而同役，貧富有無不同貲而同征，奔亡僑徙不同土而同隸，強弱衆寡不同殖而同派。丁多家給者以衆輸加輕，（蓋其丁多則衆擧爲易，其門高則賦差可承[89]。）丁少家窘者以力單加重。又販籍避徭，里胥賣籍爲奸，每巧避失實，豪右脅賦，轉相截匿。貧弱抑勒，暗賴科差。而里之豪有力者，新門差徭名目，即又更賦諸十甲。（按明制「以一百十戶爲一里。推丁糧多者十戶爲長。餘百戶爲十甲。甲凡十人，歲役里長一人，甲首一人。歲一里一甲之事，先後以丁糧多寡爲序。凡十年一周，曰排年[90]。」）十甲多單下戶，易虐使，往往陽浮科斂之所出倍于所征者[91]。」而田夫野人，生子黃口以上即籍于官。吏索丁錢，急于星火。故貧者益貧，富者益富[92]。益以「審編官有止報上六則，無上三則。或三則聊具數戶，却無多丁者。甚至上上等縣亦無上上則。門者自謂以一縣之民承一縣之差，不必苛求上則。不知上擬爲中，是上戶與中戶同力矣；中擬爲下，是中戶與下戶同力矣。縱與貢差已減，力數及編差不足，勢必派之下下。暗損貧民，差徭不均，卒之貧者愈窮。貽累上戶，久之富者亦貧矣[93]。」其所以貧富俱病者，總務棄而民數汩也[94]。

且「富商巨賈，家累萬金而地止數十畝者，往往有之。假令據地審差，則力穡務本之民不勝其困，而逐末者流反得以倖免矣[95]。」此則代力役不均之徵兆也。

（二）　條鞭法

迨萬曆九年條鞭法行，「總括一州縣之賦役，量地計丁，丁糧畢輸于官。一歲之役，官爲僉募。力差則計其工食之費，量爲增減；銀差則計其交納之費，加以增耗。凡額辦派辦，京庫歲需與存留供億諸費，以及土貢方物，悉併爲一條。皆計畝徵銀，折辦于官。[96]」當時有稱便者，有以爲不便者，顧氏乃爲之論其利弊而發其得失焉。

利病書條鞭法議曰：「蓋聞議條鞭之便者，曰不坐頭役，無討索包賠之苦；不僉大戶，無侵牟償補之虞；不應里甲，無輪當支應之煩；不審均徭，無詭寄賄托之弊；此其大略耳。惟是以一縣之力，供一縣之役，則衆而易舉也；以一年之輸分十年之限，則輕而易辦也；併銀力二差。合公私諸費，則名目簡而易知也；富人不近官，役人不坐名，則覬覦使而易安也；官給直于募人，不得反覆抑勒，則市猾屈而易制也；此其利殆不可算也，即單丁下戶亦有紫纖之增。然一日之備金可具也，寧遽損乎？[97]」此其利也。

「舊法編審均徭，有丁銀門銀而無地銀，則以資本產業隱括資論也。今去其門銀而以地銀易之，則田家偏累，而賈販之流，握千金之資，無隴畝之田者，徵求不及焉。此農病而逐末者利也。上八則人戶，猶有丁門二銀。今去其門銀而易以地銀，未有加也。下下丁戶，止有丁銀，舊無門銀。今丁糧既無差等，而又益以地銀，是下戶病而中人以上利也。竟之屬城，固有畢舉墾墳，地利盡闢者，以地科差可矣。至如東南沂費郯滕皆荒棄不耕之地，西南曹單金城皆瀕河被水之區，當其受災，一望無際，顆粒不收，秋夏稅糧猶累里排包納，更加地差，則里排亦不能支矣。是成熟之田利而荒棄之田病也。[98]」此其弊也。

顧氏更「以爲商人利，則宜講抑末之術；以爲荒田病，則宜求除豁之計。而遽指爲條鞭之害者，祇緣介長攝僉役之保任，里胥失編審之騙局，少地者不復漏差，有官者不得濫免，故爲是紛紛之說耳。豈足以病畫一之法乎？[99]」然或額外之差增于上，額派之數亂于下。致徭役之外，附以條鞭也。[100]或「以出錢而放免者，有豪戶之漏丁也，有弱戶之鬼納也。又貧戶之艱于金而願輸力者，不得遂也。至受僱而應募者，則或一役而三四人共之，或一夫而二三夫之役，或一馬而供八足十二蹄之奔走。大概市野豪有專其利，而又有賣募頭之錢。民貧而任負荷者，不得實入其劑，其中必有可以無募而願充者，有可以裁長僱之額而參用短僱之法者，有可于短僱內先儘不能納金之戶而以其力抵之者。……故條鞭之法，固有不可不一者，亦有不可一者，殆亦此類是與？天下之法，未有有利而無害者，第操其大體而時伸縮之。斯得法外之意而善之善矣。故曰「有治人，無治法。[101]」「今的幾條鞭。地論肥瘠，而徵銀之多寡既異。丁論貧富[102]，而戶口之高下懸殊。名雖條鞭而實爲調停之法。……是變通用中之政。得聖賢之遺意，即以達于天下，似無不可行者。而經久不易之法端是矣[103]。」

顧氏嘗以明代力役不均，因主廢生員之制，減僧道之田。蓋生員無雜泛之差，而雜泛之差盡歸小民[104]。僧道則田或數百畝而徵役未嘗及之。貧民無田，往往爲徭役所困[105]。今條編之法行，糧差合一，計畝而征之。則僧道生員無所逃役。顧氏之力贊條編者，此又一故也。

至于徵科之均平，則有賴乎田畝數額之覈實、土地肥瘠之分明。若夫合征之多寡，則當以從輕爲是。凡此已詳田賦一節，茲不復論焉。

或謂條鞭之法，乃「計畝徵銀，折辦于官。」而顧氏善之。與其徵本色之主張，得不自相矛盾乎？竊謂不然，請言其故：蓋顧氏所以然贊條鞭法者，取其畫一、簡易、均平，非取其徵銀也。況「條鞭」乃一切之名，正不必鞭銀而後可謂之爲條鞭法。故其言曰：「條編者，一切之名而非一定之名。糧不分廒口，總收類解亦謂之條編。差不分上下，以丁地爲準，亦謂之條編。糧差合而爲一，亦謂之條鞭。其目夥矣。天下有治人，無治法，顧行之者何如，豈必膠柱而談哉[106]？」又曰：「天下之法，未有有利而無害者，第操其大體而時伸縮之。斯得法外之意而善之善矣[107]。」

觀顧氏之言，則知條編乃一切之名。而其內容及行施之法，非有一定。今若「計畝徵本色，折辦于官。」亦可謂之條編。此其一。天下之法，有利亦有弊，第視行之者何如耳。不必行條編即非徵銀不可。此其二。善用法者，則操其大體而自爲伸縮。所謂操其大體者，取條編畫一、簡易、均平之法也。所謂自爲伸縮者，去其弊，存其利，以爲改徵本色之地也。此其三。是以顧氏並非持條編以自壞其徵本色之主張，第未明言而已。後之論者，不可不審也。

（三）　杜詭寄輕重役

夫條編之行，均徭不審，產有更易，田無增減。故富產多者，不得自下陞上；貧產多者，不能以上擦下。里胥造冊，無所施其詭寄之巧；士大夫居間，無所行其請託之智；而里老供報，更不能有賄買之弊。是以昔之詭寄諂托，乃一掃而絕[108]。然若條編之法不行，則詭寄之弊當另有杜塞之方，輕重之役當更爲調停之法。茲將顧氏之意，述之於次：

「民之爲詭寄者，非好爲是紛紛也，不過欲避重役而就輕役耳。縣令曾承芳，凡于寄莊附籍等戶，皆僉以重差。此最善于摘弊者。間有跡同而非詭者，則在臨時審察之。大率其者十過一二，而肸者則十之六七也。其竈戶亦宜定爲之限。每戶辦鹽一丁，准免田若干畝。鹽丁優免之外，悉照民戶編差。則詭寄竈戶者，宜可少革矣[109]。」廢昔日之生員，行辟舉之法，而幷存生員之制，（新制）減其額，嚴其教，而後詭寄生員者，亦可少革矣[110]。

然「概而論之，昔之册無弊，而繼則有弊。繼也弊少，而今則弊多。豈今之人盡不如昔哉？亦由官府有以驅之耳。官府之驅之者何？政苛而役重。民困不啻水火，甘犯王誅以逃一日之命，豈其得已哉？何言乎重役？館驛館夫倍役目者，率百數十金。巡鹽應捕倍役目者，四五十金。縣府庫子倍役目者，率二三十金。司獄司獄卒倍役目者，率一二十金。一入其中，富者破家而貧者亡命，豈其初則然哉？用度日侈，誅求日濫，包攬之市棍日肆，吏卒之需索日繁耳。又況皇木解戶之類，倭米大戶之類，聽者喪魄，談者輒爲吐舌哉[111]！」爲今之計，「非調停重役不可[112]。」而其法則「莫若與時推移。每及攢造之年，視耗損益均剩之。而倣丘文莊丁田相配之法，以田一頃配人一丁，當一夫差役。田爲母，人爲子，子隨母而益損。所籍即豪有力數溢于額輒裒之。口即羸弱下戶額不及數，仍減算。即戶歲滋，足成賦，不責其羨。即㳂浮，則例概權減，不爲加科。常使民寡征求之擾，而優其力。國有民人之實，而無其名。是謂不齊中之齊，而公私兩便之術或不出此。若必料民數而盡籍之册，將戶未必增而民先告瘁，孰與夫聽民自便之爲得也？後之籍民者，毋寧使人謂令令實生我而謂令後我以生乎[113]！」

國家既立輕役之法，猶須濟之以均適之政，均官民僧道田之則例[114]。毋使地無立錐而戶留差銀，田連阡陌而籍無夫力，一也。整飭吏治，確清積弊[115]，使民巧不生，二也。審田畝，覆戶口[116]，杜虛浮之弊，三也。節用度，寡誅求，以紓民力，四也。「而大要則在賢有司耳。有子產之智，則民不能欺。有西門豹之威，則民不敢欺。非此二子而有惻隱爲民興利除害之心，即不能盡洗而更之，亦可以得十之六七矣[117]。」如是則力役可均。而民安畎畝也。

第五節　漕運

（一）明代漕運之弊

顧氏於國家歲入，獨主有「漕運京倉」一項。大抵漕運之法，在昔偶見于兵爭之會而已。乃「戰國以來，兵革不息，于是千里饋糧，因值遠近，以應供輸。而漕輓之術始興。然事已兵休，稍復無事，猶不至于甚病。及秦皇使天下飛芻輓粟，……使監祿鑿渠，運糧深入越地。當是時，丁男被甲，丁女轉輸，苦不聊生。蓋漕運始爲生民大困，而先王之制蕩然矣。[118]」此後兩漢六朝、唐宋元明，代各有之，至清末始廢也。

攷明代漕運之法凡五變：「始而海運，繼變而海陸兼運，又變而為支運，追支運變為兌運，兌運變為長運，至長運而制始定[119]。」

夫長運者，以河以陸[120]。陸則有逾次之苦，而河則「泉源樂塞，有疏濬之勞；閘閘蓄洩，有供役之煩；人力牽輓，有工給之費；且徐呂洪流之泛濫，淮揚襟喉之阨塞，又有意外之變[121]。」此弊之在河道者。利病書載北運之弊：「一曰軍前民後之狃成說；二曰盤兌供億煩費；三曰官斤難備；四曰船難僱覓，多索詐延挨；五曰水脚知少不時給；六曰各關搜貨納稅稽留；七曰風濤漂沒；八曰丁字沽剝，張家灣車運繁難；九曰到京難積，最苦風雪偷盜；十曰批文號關；十一曰米色解煩多，腳費不足[122]。」此弊之在漕政者。又曰：「東南之米有軍運，有民運。軍運以充六軍之儲，民運以供百官之祿也。夫軍運以十軍僱運米四百石或五百石，民運以一民而亦運米四百石或五百石。軍運以軍法為漕法，一呼百應，人莫敢犯；民運以田里小民，供役遠道，語言鄙俚，衣服村陋，人人得而凌之。軍運經各該衙門，無抑勒需求；民運經各該衙門，動以遲違情由，問擬工價并諸雜色使用。每一處輒費銀十五六兩，少亦不下十兩。軍運過洪閘，一錢不須，凡洪夫閘夫共與挽拽；民運每過一洪，用銀十餘兩，過一閘，用銀五六錢，所過共三洪五十餘閘，而費可知矣。其最苦者，船戶皆江淮奸民，慣造此船，裝載官糧。糧一入船，其顧使糧長，不啻奴隸；每日供奉船戶及撐駕夫，不啻奉其父母。蓋糧在船中，即糧長身家所繫，吞聲忍氣，曲為順從，勢不得不然也。其最所畏者，軍船凌虐，象惡之軍，故將己船撞損；微有損傷，即便蜂擁民運之船，百般挾詐，不厭其求不止也。此其苦之在途者。至入京撥船之需索，入倉交納之艱難，又有不可勝言者。凡充是役，鮮不傾家[123]！」此弊之在民運者也。

（二） 改良漕運之法

漕運之弊既如斯之甚，顧氏以為為今之計，惟有禁飭河運，用紓漕政；抹適負之累，以紓漕卒之苦；嚴濫賦之禁，以恤兩河之夫；平黃河之溢，以祛洪衝之患[124]；引汴徐呂之水，以緩湍急之勢[125]。再則將「自糧併運至京帶，使民出所有以益軍；軍出餘力以代民[126]。」如是則河道無滯，而運事庶乎有濟也。

第六節 酒酤榷酤之稅

日知錄云：「武帝天漢三年，初榷酒酤。昭帝始元六年，用賢良文學之議，罷之。而猶令民得以律占租，賣酒升四錢，遂以為利國之一孔。而酒禁之弛，實濫觴於此。……至唐代宗廣德二年十二月，詔天下州縣各量定酤，酒戶隨月納稅。除此之外，不問官私，一切禁斷。自此名禁而實許之，意在權錢而不在酒矣。……至今代則既不權緡，而亦無禁令。民間以酒為日用之需，比於饔飧之不可闕，若水之流，滔滔皆是。厚生正德之論，莫有起而持之者矣。[127]」推顧氏之意，征權之事，亦所以為厚生正德之計。不可專以為人為利，與今日租稅之社會原則相近也。至論鹽之稅，則已於農業一章論之矣，茲不贅焉。

註一　日知錄卷八吏胥。
註二　參閱日知錄卷十二俸祿。
註三　詳第二章。
註四　利病書福建有「收徵稅之利　減皮字之費」之語。
註五　亭林文集卷一郡縣論七。
註六　全上生員論中。
註七　見日知錄卷十二財用。
註八　參閱日知錄卷十蘇松二府田賦之重。
註九　日知錄卷十二勤儉。
註一〇　全上。
註一一　詳第三節。
註一二　利病書北直隸中。

註一三　日知錄卷十二財用。
註一四　鈔見日知錄卷十一以錢為賦。
註一五　日知錄卷十一權量。
註一六　利病書常鎮。
註一七　嚴譯原富部戊下　國之賦有式而無數者。
註一八　日知錄卷十一斗斛丈尺。
註一九　日知錄卷八州縣賦稅。
註二〇　利病書浙江下田賦書。
註二一　日知錄卷十地畝大小條[illegible]。
註二二　利病書江蘇常鎮。
註二三　日知錄卷十地畝大小。
註二四　日知錄卷十斗斛丈尺。
註二五　全上。
註二六　日知錄卷十地畝大小。
註二七　參閱日知錄卷十蘇松二府田賦之重及亭林文集卷一郡縣論七。
註二八　魚鱗圖冊田之高下肥瘠，[illegible]。
註二九　利病書北直隸中田賦志。
註三〇　利病書浙江中田賦志。
註三一　全上。
註三二　利病書江蘇常鎮。
註三三　全上。
註三四　全上。
註三五　日知錄卷十開墾荒地。

註三六　仝上。
註三七　利病書浙江田賦書。
註三八　日知錄卷十蘇松二府田賦之重杜宗桓上巡撫侍郎周忱書。
註三九　仝上。
註四〇　仝上。
註四一　明史卷七八食貨志二賦役。
註四二　日知錄卷十一俸祿。
註四三　參閱上註。
註四四　利病書浙江下田賦書。
註四五　日知錄卷十蘇松二府田賦之重。
註四六　仝上。
註四七　日知錄卷十地畝大小。
註四八　仝註四六。
註四九　利病書江蘇常鎮。
註五〇　亭林文集卷一郡縣論七。
註五一　參閱日知錄卷十二財用。
註五二　日知錄卷十二勤儉。
註五三　兩段均見日知錄卷十豫借。
註五四　仝上。
註五五　仝上引陸宣公言。
註五六　仝上。
註五七　明史卷七八食貨志二賦役。
註五八　亭林文集卷一錢糧論上。

註五九　仝上。
註六〇　仝上。凡征收所貯之京庫。使不上下流通，故乏之。
註六一　仝上。
註六二　日知錄卷十一以錢為賦。
註六三　亭林文集卷一錢糧論上。
註六四　仝上。
註六五　仝上。
註六六　日知錄卷十一鈔。
註六七　日知錄卷十一以錢為賦。
註六八　亭林文集卷一錢糧論上。
註六九　仝註六七頁一九。
註七〇　參閱亭林文集卷一錢糧論下。
註七一　日知錄卷十一以錢為賦。
註七二　參閱亭林文集卷一郡縣論七。
註七三　仝註七四。
註七四　亭林文集卷一錢糧論上。
註七五　仝上。
註七六　亭林文集六六錢法論。
註七七　鄒枋顧亭林土地經濟論綱領。商學期刊第七期（二二年七月）
註七八　嚴源縣富部甲上。
註七九　許楣鈔幣論通論頁九十十。
註八〇　日知錄卷十二財用。
註八一　利病書淮徐貢賦。

註八二　參閱上註及本章論出節與夫第一章第一節節鈔。

註八三　仝註八一。

註八四　明史卷七八食貨志二賦役。

註八五　利病書編審均徭。

註八七　利病書浙江下田賦書十。

註八八　仝上。

註八九　利病書山東上均徭論十。

註九〇　明史卷七七食貨志一戶口。

註九一　利病書浙江下編戶書十。

註九二　參閱利病書福建福州府志。

註九三　利病書山東上均徭論。

註九四　參閱利病書江寧廬安太湖縣志徭役。

註九五　仝註九三。

註九六　明史卷七八食貨志二賦役。

註九七　利病書山東上條鞭法論。

註九八　仝上。

註九九　仝上。

註一〇〇　仝上。

註一〇一　利病書江寧廬安太湖縣志徭役。

註一〇二　利病書附注馬聽夢序曰：「戶自中下而上，銀遞加多，所以役富也。自下上而下，銀遞減少，所以恤貧也。」

註一〇三　利病書山東上條鞭議論。

註一〇四　參閱亭林文集卷一生員論中。

註一〇五　日知錄卷十雜稅。又日知錄之餘卷三僧尼之多：「正統以後，天下多故、丁役尤甚。于是所在編民，相與入道，假竄沙門，實避調役。」

註一〇六　利病書山東上戶役論。

註一〇七　利病書江寧廬安太湖縣志徭役。

註一〇八　仝註一〇六。

註一〇九　利病書浙江下。

註一一〇　亭林文集卷一生員論下。

註一一一　仝註一〇九。

註一一二　仝上。

註一一三　仝上編戶書。

註一一四　仝註一一一。

註一一五　仝註一〇九。

註一一六　利病書福建。

註一一七　利病書浙江下田賦書。

註一一八　蔡方炳廣治平略卷十八漕運篇。

註一一九　仝上。并參閱明代漕運頁十一至十七。

註一二〇　參閱註一一八。

註一二一　仝註一一八。

註一二二　利病書浙江下北運腳米條議。

註一二三　利病書蘇松。

註一二四　參閱利病書淮徐漕賦。

註一二五　參閱利病書北直錄中。

註一二六　利病書蘇松。

註一二七　日知錄卷二十八酒禁。

燕京大學圖書館出版書目

燕京大學圖書館叢書

萬曆三大征考 明茅瑞徵著……一册 粉連紙一元

宋程純公年譜一卷明薛文清公年譜一卷 清楊希閔編……一册 粉連紙一元

太平天國起義記（附韓山文英文原著）簡又文譯……一册 粉連紙一元五角

春覺齋論畫 林紓著……一册 毛邊紙一元

知非集 清崔述著……一册 粉連紙一元二角

不是集 清浦起龍著……一册 毛邊紙一元八角 粉連紙二元二角

佳夢軒叢著 清奕賡著

一 東華錄綴言　二 清語人名譯漢　三 歌章祝詞輯錄
四 諡法續考　五 本朝王公封號　六 封諡翻清
七 侍衛瑣言　八 管見所及　九 寄楮備談
十 煨榾閒談　十一 括談

第一種至十一種共十册粉連紙定價十二元第三種至十一種共八册毛邊紙定價八元惟第一二種粉連紙尚有單行本每種定價一元

中國地方志備徵目 朱士嘉編……一册 報紙四角

日本期刊三十八種東方學論文篇目附引得 于式玉編……一册 報紙四元

燕京大學圖書館目錄初稿（類書之部） 鄧嗣禹編……一册 道林紙四元

鄉土志叢編第一集 陝西省……十册 十元

神廟留中奏疏彙要 四十卷 明董其昌輯……二十元

悔翁詩鈔十五卷補遺一卷 清汪士鐸著 上元吳氏重雕本館補刊本……四册 毛邊紙四元

悔翁詞鈔五卷 清汪士鐸著 上元吳氏重雕本館補刊本……一册 毛邊紙一元

悔翁筆記六卷 清汪士鐸著 上元吳氏重雕本館補刊本……一册 毛邊紙一元

江上雲林閣書目 清倪模輯 抵脫墨水複印本……一册 道林紙一元五角

胡刻通鑑正文校宋記 章鈺撰……刊本……六册 毛邊紙六元 粉連紙九元 棉連紙朱印十五元

錢遵王讀書敏求記校證 章鈺撰……刊本……六册 粉連紙九元 棉連紙朱印十五元

四當齋集 章鈺撰……排印本……四册 粉連紙六元

臨明徵君碑 章鈺書……石印本……一册 非賣品

章氏四當齋藏書目三卷附書名通檢一卷 顧廷龍撰……排印本……五册 定價十元

燕京大學圖書館報（半月刊）（已出一二二期）……每期六分

以上各書如蒙訂購請與北京隆福寺文奎堂書肆接
洽有願以書籍交換者請逕函北京燕京大學圖書館

戰國宰相表

齊思和

序

宰相之官究起於何時，先儒所說不一。班固漢書百官公卿表以相國丞相爲秦官[1]。沈約宋書百官志則謂相國之官始於漢高帝十一年之以蕭何爲相國，而丞相之官則始於殷湯之以仲虺伊尹爲左右相[2]。至唐杜佑著通典叙職官則又以爲宰相之制始於黃帝，其後唐虞三代皆有其官。謂：「黃帝得六相而天地治，神明至。虞舜臣堯，舉八凱使主后土，以揆百事，莫不時叙，地平天成；舉八元，使布五教於四方，內平外成，謂之十六相。及成湯居亳，初置二相以伊尹仲虺爲之。武丁得傅說，爰立作相王，置諸其左右。周時召公爲保，周公爲師，相成王爲左右，亦其任也[3]。」後世言職官者，多從其說[4]。

今按黃帝六相之說出於管子五行篇，其言曰：「黃帝得六相而天地治，神明至。蚩尤明乎天道，故使爲當時。大常察乎地利，故使爲廩者。奢龍辯乎東方，故使爲土師。祝融辯乎南方，故使爲司徒。大封辯於西方，故使爲司馬。后土辯乎北方，故使爲李[5]。」世代邈遠，殊難徵信。且即據管子，六人者亦各有其官。所謂六相者，乃作者之辭，未必謂當時即有此官也。堯時十六相之說，出於左氏文公十八年傳。然左氏謂舜舉八愷使主后土，舉八元使布五教于四方，則十六族所職掌者，相傳本爲司土等官。所謂十六相者，亦左氏之泛稱，非謂唐虞之世已有相國之制[6]。湯左右相之說，出於左傳及孟子。左氏定公元年傳：「仲虺居薛以爲湯左相[7]。」不詳所本。孟子稱：「伊尹相湯，以王於天下[8]。」又曰：「由湯至於文王，五百有餘歲，若伊尹萊朱，則見而知之。」相者，輔助之謂。故孟子又謂：「紂之去武丁未久也，其故家遺俗，流風善政，猶有存者。又有微子、微仲、王子比干、箕子、膠鬲皆賢人也，相與輔相之[10]。」又謂：「周公相武王，誅紂伐奄，三年討其君[11]。」非謂諸人者，皆嘗日居宰相之官也。至趙岐注孟子盡心章始謂：「伊尹摯也，萊朱亦湯賢臣也。」仲虺是也。春秋傳曰：『仲虺居薛爲湯左相』，是則伊尹爲湯右相。[12]「一本係揣測之言，不足憑信。後人紛紛據此謂左右丞相之制始於成湯，殊失闕疑之旨。武丁求傅說之說，首見於孟子[13]，而武丁舉傅說爲相之說，則首見於史記殷本紀[14]。按司馬遷所稱古代之相，多以後代制度相比附，不可拘泥。此不惟史記爲然，自戰國以後之著作，殆皆如是。如商鞅仕秦，官至大良造，封於商於，其時秦尚未置相國丞相之官也；而戰國策秦策、史記商君傳俱謂商君相秦孝公[15]。吳起仕楚官至令尹，戰國時楚無相國之制也[16]；而史記吳起傳謂吳起相楚悼王[17]。此外若孫叔敖乃楚之令尹，子產乃鄭之執政，子罕乃宋之司城，而韓非子、呂氏春秋、新序、說苑等書亦皆稱之爲相[18]。此皆以後世制度，比擬前代，不可實指者也。所謂傅說爲相云者，亦猶是耳。周初以來之職官，其見於詩書百家傳記者較詳矣。其中樞之重臣則有太師、太保、太史、太宗等官，並無宰相之名。降及東周，各國大抵以正卿爲政，在晉爲中軍元帥，在楚爲令尹，在齊魯宋鄭爲執政，亦無宰相之官。

然則宰相之官，其起於戰國之世乎？戰國初年，魏文侯卜相，以其弟季成子爲相，其後翟璜、李克、李悝等亦相繼相魏[19]。至魏惠襄之世，爲相者則有田文、公叔、惠施[20]。其時相韓者則有俠累、申不害[21]，相趙者則有公仲連[22]。此外兩周、齊、魯、燕、宋、中山之相皆散見於各書[23]。則相已爲戰國時代之通制。列國之中，惟楚終戰國之世未置相，仍保存其令尹之舊制。國策、史記稱吳起春申君相楚，蓋沿習當時之通稱，實則楚並無此官也[24]。秦之置相，較各國爲晚，商君相秦國政者凡二十餘年，位至大良造，封列侯[25]，時尚無丞相之官。至惠文王十年以張儀爲相，是爲秦之置相之始。張儀相前後凡二十餘年，至秦武王立始見逐於秦，而老死於魏[26]。秦武王二年，秦始置丞相，以樗里疾甘茂二人充之[27]，左右丞相之設，蓋始於是矣。其後燕有丞相栗腹[28]。國策：「秦人來仕，僕官之丞相[29]。」魏策又稱：「二人皆將務以其國事魏而欲丞相之璽[30]。」則丞相之號，旋亦爲他國所採用。

在丞相之名未出現前，宰相之官，僅名爲「相」。而通稱之曰「相國」，丞相之官既立，相國之稱仍相沿爲相之稱。故樗里疾秦之丞相也，而呂氏春秋稱其爲相國[31]。平原君趙相也，而公孫龍亦稱其爲相國[32]。荀子見齊相而說之曰：「相國上待尊主，下得專國[33]。」可見相國乃戰國時宰輔之通稱而非官名。呂不韋官爲丞相，而始皇尊之爲相國，亦猶沿世俗之尊稱，而不肯以官名之耳[34]。班固以漢制例秦制，遂誤以相國丞相爲兩官[35]。「宰相」之名首先於莊子盜跖篇，蓋亦相之通稱，而非官名[36]。後世遂沿用其名以稱宰輔卿相之官焉[37]。

呂氏春秋舉難篇曰：「相也者，百官之長也。」班固曰：「相國丞相…掌承天子助理萬機[38]。」是人臣以相爲最尊，而其職掌則猶西周之師保，春秋之正卿。其稍有不同者，則自春秋以前，文武不分，故正卿皆入理萬機，出總戎徒。所謂：「入使理之，出使長之。」至戰國之世，文學遊談之風興，遂有不習兵戈之文人。宰輔之職，既多以文人充任，而政治軍事遂有化分之趨勢。此種趨勢蓋自戰國之初而已然。魏文侯以季成子、李克、翟璜爲相，而使樂羊子伐中山，吳起守西河，是文武已有化分之趨勢。至惠王之時，惠施以文人爲相，而龐涓以精於兵法爲將[39]。同時齊威王以鄒忌爲相，田忌爲將[40]。相將之分，其起於是乎？列國中惟楚終戰國之世未置相，亦無將軍之官。然春秋時楚之令尹，入秉國鈞，出將戎衆；而戰國時之令尹則恆以文人充任，而以上柱國將兵。楚策稱楚國之法，覆軍殺將者，「官爲上柱國，爵爲執珪[41]。」東周君謂景翠：「公爵爲執珪，官爲柱國，戰而勝則無加焉矣[42]。」則楚之令尹柱國猶他國之將相矣。

春秋之世，列國交聘，率由正卿。及至戰國，國際交涉頻繁，外交亦爲相國之重要職務。故張儀相秦，歷說諸國朝秦。此不徒以張儀之善說，亦以聘問外國爲相國之重要任務。如昭獻在陽翟，周君令其相國往見[43]。楚國初敗，燕令其丞相約歡[44]。齊王謀伐魏，欲會燕、趙、楚之相於魏[45]，魏惠王令惠施之楚、犀首之齊以潤交[46]，均以相國負折衝之任。此種例証，舉不勝舉。皆足以見相國任外交上之重要。

相國既主持一國之外交政策，因之各國之置相，常爲他國之注意。魏相田需死，楚令尹昭魚恐張儀、薛公、犀首有一人繼之爲相。蓋張儀相必右秦，薛公相必右齊，犀首相必右韓，皆於楚不利。遂使蘇代北說梁王，使太子自相[47]。樓緩相秦，趙人以爲不利於趙，乃使機郝之秦請以魏冉爲相[48]。相國之關係於一國之外交如此。因之各國往往向其與國推薦相才，以固邦交；而其與國亦往往屈意接受，爲交歡之一種表示。故秦置張儀於楚，而儀說楚事秦[49]；楚置屈蓋於秦，而蓋欲合楚於秦[50]；文信侯欲聯燕擊趙，而使唐且爲燕相[51]。蓋資其所置之相以互相交歡聯合。其兩國關係特別密切者或可共置一相，如張儀之欲共相秦魏、趙獻之謀幷相韓楚是也[52]。若他國欲置相而不接納，則必致影響邦交。故儀楷說魏王曰：「遇而無相，秦必置相，不聽之則交惡於秦，聽之則後土之臣將皆務事諸侯之能令於王之上者[53]。」然相國既可由他國推薦，謀相者遂亦往往挾其與他國之殊關係以自重，以傾其政敵，至利他國而害本國。韓非之所謂：「大臣挾愚、外借敵國，內困百姓，以攻怨讐」者是也[54]。

雖然，戰國人才之盛，爲歷代之冠。而當此爭戰連年，干戈擾攘之際，各國國君亦莫不汲汲焉卑詞厚禮，以延攬人才爲急務。而豪傑之士遂亦騁其才智，輔佐其君，以致富國。若李克之相魏文侯，申子之相韓昭侯，吳起之相楚悼王，商鞅之事秦孝公，皆力排衆議，變法圖強，君任之而不疑，臣行之而不顧，卒至功成名就。其君臣之際，良可詠已。其餘若燕之樂毅，齊之田單，魏之無忌，楚之春申，亦一時之才俊也。

余既治戰國史，輒思倣顧氏春秋大事表之例，網羅羣籍爲戰國大事表一書。茲先以宰相表付之史學年報，以就正於海內外博雅君子。顧氏晉中軍，魯政下逮，宋執政，楚令尹，鄭執政諸表皆各自爲篇，今合諸國之宰輔爲一表，以省篇幅，而其時代之先後，亦或較分列爲明晰。惟是春秋記年分明，左傳述事詳贍，故顧氏雖取材不出二書，而已甚詳賅。戰國事蹟則散見於各書，牴牾參差之處，不一而足。至於年代則史記一書中，六國表、秦本紀、始皇本紀、六國世家彼此出入甚多，與竹書紀年相去尤遠。今擇善而從，略加折衷，而大抵雷學淇氏所攷定者爲依歸。至若魏相翟璜、李悝、李克、白圭、信安君[55]、芒卯；齊相韓珉、宋衛、儲子[56]；韓相俠累[57]；趙相皮相國、張相國[58]；周相呂倉[59]；中山相司馬憙、樂池[60]，楚令尹州侯[61]，皆散見於各書，而其爲相之年，已皆不能確定，茲並闕之。此外蘇秦相傳嘗身佩六國相印，爲後世所艷稱，而其事實不足信，茲亦不取[62]，而表其可攷者於後。起自魏文侯卜相，而終於六國之亡。嗚呼！學不逮古人而事之艱則且倍之。紕謬之處，其何能免？博雅君子，幸教正之！

1 班固前漢書（四部備要本，上海中華書局排印）1/3a（前指卷數，後指葉數 a指上頁，b指下頁，下倣此）。隋書藝文志仍本班氏之說。隋書（四部備要本）24/2a。

2 沈約宋書（四部備要本）39/1b。

3 杜佑通典（上海，圖書集成局排印本，光緒二十七年）22/1a。

4 以後鄭樵通志（圖書集成局本）52/1b，馬端臨文獻通考（圖書集成局本）49/1a，咸從其說。

5 管子（上海文瑞樓石印本）24/3b，管子書中言及管仲之死，且所記戰國事甚多，大抵爲戰國末年之書，決非管子所自作，前人已有定論。

6 春秋經傳引得附標校經傳全文（引得特刊二，哈佛燕京社引得編纂處編印）1/17b。關於左傳之成書時代，參看洪煨蓮（業）先生爲本書作之長序 1/i-cii。春秋左傳之著作時代，兩千年來，聚訟紛紜。近來國外學者亦多著文討論，迄無定說。洪先生此序列舉衆言，獨抒新見，證據確鑿，折衷至當，可謂對於此問題之總結束。關心此問題者，所必細讀者也。

7 同書 1/437。

8 孟子注疏（四部備要本）9下/2b（萬章上）。

9 同書 14下/7a（盡心下）。

10 同書 3上/2a（公孫丑上）。

11 同書 6下/2b（滕文公下）。

12 同書 14下/7a 注。參看王應麟困學紀聞（翁元圻注，上海文瑞樓石印本）2/14b。

13 孟子 12下/7a（告子下）。

14 史記（四部備要本）3/7b。

15 戰國策（四部備要本） 3/1a，史記 68/5b。

16 見後附考証一。

17 史記 65/5b。

18 孫叔敖爲令尹事見左傳宣公十二年。春秋經傳引得 1/197。韓非稱其爲楚相，見韓非子（王先愼集解本，上海文瑞樓石印本） 12/7b（外儲說左下）。太史公稱其爲相，見史記 119/1a-2a（循吏傳）。

子產爲鄭執政見左傳襄公三十年至昭公二十年。春秋經傳引得 1/333-403。韓非稱子產相鄭見韓非子 9/5b（內儲說上七術），11/10a（外儲說左下）。太史公稱之爲相見史記 119/2a（循吏傳）。

說苑稱子產爲相，見說苑（湖北官書局刻本）7/5b。

子罕爲宋司城見左傳襄公六年（春秋經傳引得 1/281）。後人稱其爲宋相見韓非子 7/4a-b（喩老），呂氏春秋 10/?a（異寶），淮南子（上海文瑞樓石印本卷九） 12/4a-b （道應訓），韓詩外傳（商務印書館排印本）7/5a，說苑 1/3a-b（君道篇）。

19 魏文侯卜相事，首見於呂氏春秋舉難篇：「魏文侯弟曰季成，友曰翟璜，文侯欲相之而未能決，以問李克[畢校曰：『乃李克也，里形近而訛。』按畢說是]。李克對曰：『君欲置相則問樂騰與王孫苟端孰賢。』文侯曰：『善。』以王孫苟端爲不肖，翟璜進之；以樂騰爲賢，季成進之。故相季成。」（呂氏春秋[四部備要本]19/16b-17a）則文侯卜相之說，由來已久。至韓詩外傳所記文與此略有不同：「魏文侯欲置相，召李克問曰：『寡人欲置相，非翟璜則魏成子，願卜之於先生。』李克避席而辭曰：『臣聞之：卑不謀尊，疏不間親。臣外居者也，不敢當命。』文侯曰：『先生臨事勿讓！』李克曰：『夫觀士也，居則視其所親，富則視其所與，達則視其所舉，窮則視其所不爲，貧則視其所不取。此五者足以觀矣。』文侯曰：『請先生就舍，寡人之相定矣。』李克出，過翟璜，翟璜曰：『今日聞君召先生而卜相，果誰爲之？』李克曰：『魏成子。』翟璜悖然作色曰：『吾何負於魏成子？西河之守，吾所進也。君以鄴爲憂，吾進西門豹。君欲伐中山，吾進樂羊子。中山既拔，無守之者，吾進先生。君欲置太子傅，吾進趙蒼。皆有成功就事，吾何負於魏成子？』克曰：『子之言克於子之君也，豈比周以求大官哉？君問置相，『非成則璜，何如？』對曰：『君不察故也。居則視其所親，富則視其所與，達則視其所舉，窮則視其所不爲，貧則視其所不取。五者以定矣。何待克哉？』是以知魏成子爲相也。且子焉得與魏成子比？魏成子受祿，日千鍾，什一在外，什九在內，以聘約天下之士，是以得卜子夏、田子方、段干木，此三人君皆師之友之；子之所進皆臣之。子焉得與魏成子比乎？』翟璜逡巡再拜曰：『鄙人固陋，失對於夫子。』」(3/3b-4a) 史記魏世家（史記 44/3b-4b），說苑臣術篇（說苑 2/3a-b）與韓詩外傳略同。新序雜事三（湖北官書局本 4/3b-4a）則取之於呂覽，與史記說苑不同。卜相事據史記六國表在文侯二十年，當有所本，今從之。參雷學淇竹書紀年義證［文奎堂排印本，北平，民二十七］33/255b。

翟璜為相事見呂氏春秋 15/9a（下賢篇），說苑 8/10a（尊賢篇）。李克亦曾相文侯，見漢書藝文志法家班固自注（王先謙漢書補注［長沙王氏虛受堂刻本］30/28b。）李悝相魏文侯事見漢書藝文志法家班固注（漢書 30/40a-b）。

20 田文、公叔為魏相事見呂氏春秋 17/17a-b（執一篇），史記65/4b（吳起傳）。惠施相梁事雜見呂氏春秋 18/11a-b（淫辭篇），18/12a-b（不屈篇），戰國策 23/2b-5a（魏二），說苑 17/3b（雜事），莊子（郭慶藩莊子集釋，掃葉山房石印本，上海，民十四）6/20a（秋水篇）等書。

21 俠累相韓事見戰國策 27/6a-b（韓二），史記 45/2a-b（韓世家），86/5a-7b(刺客列傳)。申不害相韓事見戰國策 26/1a-b（韓一），韓非子 17/4b-5a（定法），史記 15/18a（六國表），45/3a（韓世家），63/4b（老子韓非列傳）。

22 公仲遂相韓事見史記 43/12a（趙世家）。

23 詳下表。

24 詳下附攷証二。

25 史記 5/18a-b（秦本紀），15/18b-20b（六國表），68/1a-8b（商君傳）。

26 張儀初相魏之年見史記 5/20a（秦本紀），15/22a（六國表）。張儀事蹟雜見戰國策各篇，史記張儀傳（史記 70/1a-17a）。

27 史記 5/21a（秦本紀），15/24a（六國表），71/1b（樗里子傳）。

28 史記 34/6b（燕世家），43/29a-b（趙世家）。戰國策燕策記此事未稱栗腹為相，參看戰國策 31/1b。

29 戰國策 20/12a（趙三）。

30 戰國策 23/6b。

31 呂氏春秋 22/4b（無義）。

32 戰國策 20/6b（趙三）。

33 荀子（王先謙集解，上海掃葉山房石印本）11/2b（彊國篇）。此外相國之稱之見於國策者，如東周策：「昭獻在陽翟，周君令其相國往」。(1/3a)，「周令其相之秦，有人謂相國曰…」(1/6b)，秦策：「君欲成之，何不使人謂燕相國曰…」(5/1b)，趙有虞相國(18/10b)，張相國(20/10a)，韓策：「韓相國謂曰…」(28/7a)。凡此之類，不一而足。

34 史記呂不韋傳：「莊襄王元年以呂不韋為丞相，封為文信侯…莊襄王卽位三年薨，太子政立為王，尊呂不韋為相國，號稱仲父。」（史記 85/3b-4a）然攷史記秦本紀：「東周君與諸侯謀秦，莊襄王元年，秦使相國呂不韋誅之，盡入其國。」則不韋之稱相國，固不始於始皇時歟？

35 漢書（四部備要本）19上/3a（百官公卿表）。

36 莊子 9/22a（盜跖篇）。其後淮南子 12/6a（道應訓），漢書［四部備要本］58/7a（公孫弘傳）亦有此稱，以後則常見矣。

37 呂氏春秋 19/17a（舉難）。

38 同註三十五。

39 史記 44/6b（魏世家）。參看史記 65/2b-3b（孫子吳起列傳）。其後「公孫衍爲魏將，與其相田繻不善。」（戰國策 22/10a［魏一］）。

40 戰國策齊一：「成侯鄒忌爲齊相，田忌爲將，不相說」(8/4a-b)。

41 同書 9/2b（齊二）。

42 同書 1/2a（東周）。

43 同書 1/3a（東周）。

44 史記 43/29a（趙世家）。

45 戰國策 22/9b。

46 同書 23/4b-5a（魏三）。

47 同書 23/6a-b。

48 同書 20/16-2a。仇郝，鮑本作仇赫（乾隆二十七年文盛堂重刊明萬曆九年張一鯤本 6/26a）。

49 史記 70/6a（張儀傳）。

50 戰國策 4/7b（秦二）。

51 同書 7/4b-6a。

52 同書 22/8a（魏二）。

53 同書 25/3b（魏四）。

54 韓非子 5/2a（亡徵）。

55 翟璜李克爲相事見前註十九。白圭相魏事見韓非子 10/4a（內儲說下），信安君見戰國策 23/6a（魏三），芒卯事戰國策 24/1b-2a（魏三），淮南子 13/19a（氾論訓）作孟卯。

56 韓珉事見戰國策 27/6b（韓二）。宋郭事見說苑 8/7b-8a（尊賢）。

57 樂池事見韓非子 10/4a（內儲說下）。

58 皮相國見戰國策 18/10b（趙一）。[illegible]相國見同書 20/10a。其名與其爲相之確年俱不可攷。

59 呂倉事見戰國策 1/3b（東周）。

60 司馬憙事見戰國策 33/3a（中山）。張譴事見韓非子 9/6a-b（內儲說上）。

61 州侯仕楚事見韓非子 10/2b（內儲說下）。

62 蘇秦佩六國相印事首見於史記蘇秦傳。史遷記蘇秦既成功，歎曰：「且使我有雒陽負郭田二頃，吾豈能佩六國相印乎？」（史記 69/13b）然其事實不足信。法人 Henri Maspero 已有考，見其所著 "Le Roman de Sou Ts'in," *Etudes Asiatiques publiées à l'occasion du 25 anniversaire de L'Ecole Française d'Extrême-Orient* (1925) t. ii pp. 127-141. 錢穆先生考之尤詳，見其所著先秦諸子繫年（上海，商務印書館，民二十四）頁二六八至二七九。

戰國宰相表

周	秦	魏	韓	趙	楚	燕	齊
周威烈王二十一年	秦簡公十年	魏文侯二十年 卜相。李克、翟璜爭。卒以季成子爲相（史記六國表，魏世家，韓詩外傳臣術篇，說苑臣術篇）	韓景侯四年	趙烈侯四年 公仲連（史記趙世家）	楚聲王元年	燕湣王二十九年	齊康公元年
二十二	十一	二十一	五	五 公仲連（同上）	四	三十	二
二十三	十二	二十二	六	六 公仲連（同上）	五	三十一	三
二十四	十三	二十三	七	七 公仲連（同上）	六	燕僖王元年	四
安王元年	十四	二十四	八	八 公仲連（同上）	楚悼王元年	二	五
二	十五	二十五	九	九 公仲連（同上）	二	三	六
三	秦惠公元年	二十六	韓烈侯元年 俠累（戰國策韓策，史記刺客列傳）	趙武公元年	三	四	七
四	二	二十七	二 俠累（同上）鄭殺其相子陽（史記六國表、	二	四	五	八

	五	六	七	八	九	十	十一	十二	十三	十四	十五
	三	四	五	六	七	八	九	十	十一	十二	十三
	二十八	武侯元年 商文（呂氏春秋執一篇，史記吳起傳作田文）	二 商文（同上）	三、商文（同上）	四 商文（同上）	五 商文（同上）	六 商文（同上）	七 商文（同上）	八 商文（同上）	九 商文（同上）	十 商文（同上）
鄭世家，莊子讓王篇，呂氏春秋觀世篇）	三、聶政刺殺韓相俠累（同上）	四	五	六	七	八	九	十	十一	十二	十三
	三	四	五	六	七	八	九	十	十一	十二	十三
	五	六	七	八	九	十	十一	十二	十三	十四	十五
	六	七	八	九	十	十一	十二	十三	十四	十五	十六
	九	十	十一	十二	十三	十四	十五	十六	十七	十八	十九

周	十六	十七	十八	十九	二十	二十一	二十二	二十三	二十四	二十五
秦	秦出公元年	二	秦獻公元年	二	三	四	五	六	七	八
魏	十一 商文（同上）	十二 商文（同上）	十三 商文（同上）	十四 商文（同上）	十五 公叔（同上，參戰國策魏策）	十六 公叔（同上）	十七 公叔（同上）	十八 公叔（同上）	十九 公叔（同上）	二十 公叔（同上）
韓	韓文侯元年	二	三	四	五	六	七	八	九	十
趙	趙敬侯元年	二	三	四	五	六	七	八	九	十
楚	十六	十七	十八	十九	二十 吳起爲令尹（史記吳起傳，韓非子和氏篇，呂氏春秋具見，執一，貴卒等篇，淮南子道應訓，說苑指武篇）	二十一 楚人殺吳起（同上）	楚肅王元年	二	三	四 葬穆公[illegible]。穆公
燕	十七	十八	十九	二十	二十一	二十二	二十三	二十四	二十五	二十六
齊	二十	二十一	二十二	田侯剡元年	二	三	四	五	六	七

	二十六	周烈王元年	二	三	四	五	六	七	周顯王元年
	九	十	十一	十二	十三	十四	十五	十六	十七
	二十一 公叔（同上）	二十二 公叔（同上）	二十三 公叔（同上）	二十四 公叔（同上）	二十五 公叔（同上）	二十六 公叔（同上）	魏惠王元年 公叔（同上）	二 公叔（同上）	三 公叔（同上）
	韓哀侯元年	二	三	四	五	六	韓莊侯元年	二	三
	十一	十二	趙成侯元年	二	三 大成午（戰國策韓策，史記趙世家作大戊午，韓非子內儲說下作大成牛，皆一人而字有譌誤。漢書人表亦作大成午在中中。）	四 大成午（同上）	五 大成午（同上）	六 大成午（同上）	七 大成午（同上）
時，公儀休爲相（孟子告子篇，韓非子外儲說右下，史記循吏傳，說苑政理篇）	五	六	七	八	九	十	十一	楚宣王元年	二
	二十七	二十八	二十九	三十	燕桓公元年	二	三	四	五
	八	齊桓公元年	二	三	四	五	六	七	八

周	秦	魏	韓	趙	楚	燕	齊
二	十八	四 公叔（同上）	四	八 大成午（同上）	三	六	九
三	十九	五 公叔（同上）	五	九 大成午（同上）	四	七	十
四	二十	六 公叔（同上）	六	十 大成午（同上）	五	八	十一
五	二十一	七 公叔（同上）	七	十一 大成午（同上）	六	九	十二
六	二十二	八 公叔（同上）	八	十二 大成午（同上）	七	十	十三
七	二十三	九 公叔（同上）	九	十三 大成午（同上）	八	十一	十四
八	秦孝公元年	十 公叔卒（同上）	十	十四 大成午（同上）	九	燕文公元年	十五
九	二	十一 惠施（呂氏春秋不屈篇，戰國策魏策）	十一	十五 大成午（同上）	十	二	十六
十	三 衛鞅爲左庶長（史記秦本紀，六國表，商君列傳）	十二 惠施（同上）	十二	十六 大成午（同上）	十一	三	十七
十一	四 衛鞅（同上）	十三 惠施（同上）	韓昭侯元年	十七 大成午（同上）	十二	四	十八
十二	五 衛鞅（同上）	十四 惠施（同上）	二	十八 大成午（同上）	十三	五	十九

十三	十四	十五	十六	十七	十八	十九	二十	二十一	二十二
六 衛鞅（同上）	七 衛鞅（同上）	八 衛鞅（同上）	九 衛鞅（同上）	十 衛鞅爲大良造（同上）	十一 衛鞅（同上）	十二 衛鞅（同上）	十三 衛鞅（同上）	十四 衛鞅（同上）	十五 衛鞅（同上）
十五 惠施（同上）	十六 惠施（同上）	十七 惠施（同上）	十八 惠施（同上）	十九 惠施（同上）	二十 惠施（同上）	二十一 惠施（同上）	二十二 惠施（同上）	二十三 惠施（同上）	二十四 惠施（同上）
三	四	五	六	七	八 申不害（史記六國表，韓世家，申不害傳，戰國策韓策，韓非子定法篇，內儲說上）	九 申不害（同上）	十 申不害（同上）	十一 申不害（同上）	十二 申不害（同上）
十九 大成午（同上）	二十 大成午（同上）	二十一 大成午（同上）	二十二 大成午（同二）	二十三 大成午（同上）	二十四 大成午（同上）	二十五 大成午（同上）	趙肅侯元年 大成午（同上）	二 大成午（同上）	三 大成午（同上）
十四	十五	十六	十七 昭奚恤爲令尹（戰國策楚策，年姑依通鑑）	十八		十九	二十	二十一	二十二
六	七	八	九	十		十一	十二	十三	十四
齊威王元年 鄒忌（戰國策齊策，史記陳完世家，六國表）	二 鄒忌（同上）	三 鄒忌（同上）	四 鄒忌（同上）	五 鄒忌（同上）		六 鄒忌（同上）	七 鄒忌（同上）	八 鄒忌（同上）	九 鄒忌（同上）

周	秦	魏	韓	趙	楚	燕	齊
二十三	十六 衛鞅(同上)	二十五 惠施(同上)	十三 申不害(同上)	四 大成午(同上)	二十三	十五	十 鄒忌(同上)
二十四	十七 衛鞅(同上)	二十六 惠施(同上)	十四 申不害(同上)	五 大成午(同上)	二十四	十六	十一 鄒忌(同上)
二十五	十八 衛鞅(同上)	二十七 惠施(同上)	十五 申不害(同上)	六 大成午(同上)	二十五	十七	十二 鄒忌(同上)
二十六	十九 衛鞅(同上)	二十八 惠施(同上)	十六 申不害(同上)	七 大成午(同上)	二十六	十八	十三 鄒忌(同上)
二十七	二十 衛鞅(同上)	二十九 中山君(史記六國表，世家在前一年。)	十七 申不害(同上)	八 大成午(同上)	二十七	十九	十四 鄒忌(同上)
二十八	二十一 衛鞅(同上)	三十 中山君(同上)	十八 申不害(同上)	九 大成午(同上)	二十九	二十一	十六 鄒忌(同上)
二十九	二十二 封大良造鞅於商(同上)	三十一 惠施(見前)	十九 申不害(同上)	十 大成午(同上)	三十	二十二	十七 鄒忌(同上)
三十	二十三 商鞅(同上)	三十二 惠施(同上)	二十 申不害(同上)	十一 大成午(同上)	楚威王熊商元年	二十三	十八 鄒忌(同上)
三十一	商鞅(同上)	三十三 惠施(同上)	二十一 申不害(同上)	十二 大成午(同上)	二	二十四	十九 鄒忌(同上)
三十二	秦惠文王元年 秦人殺商鞅(同上)	三十四 惠施(同上)	二十二 申不害卒(同上)	十三 大成午(同上)	三	二十五	二十 鄒忌(同上)
三十三	二	三十五	二十三	十四	四	二十六	二十一

	三十四	三十五	三十六	三十七	三十八	三十九	四十	四十一	四十二	四十三
	三	四	五	六	七	八	九	十 張儀（史記秦本紀六國表，張儀傳）	十一 張儀（同上）	十二 張儀（同上）
惠施（同上）	三十六改元稱一年 惠施（同上）	二 惠施（同上）	三 惠施（同上）	四 惠施（同上）	五 惠施（同上）	六 惠施（同上）	七 惠施（同上）	八 惠施（同上）	九 惠施（同上）	十 惠施（同上）
張開地（張氏相韓蓋始於此時。史記留侯世家）	二十四 張開地（同上）	二十五 張開地（同上）	二十六 張開地（同上）	韓宜公元年	二	三	四	五	六	七
大成午（同上）	十五 大成午（同上）	十六 大成午（同上）	十七 大成午（同上）	十八	十九	二十	二十一	二十二	二十三	二十四
	五	六	七	八	九	十	十一	楚懷王元年	二	三
	二十七	二十八	二十九	燕王噲元年 子之（戰國策燕策，史記燕世家）	二 子之（同上）	三 子之（同上）	四 子之（同上）	五 子之（同上）	六 子之（同上）	七 子之（同上）
鄒忌（同上）	二十二 鄒忌（同上）	二十三 鄒忌（同上）	二十四 田嬰（戰國策，韓非子外儲說右上）	二十五 田嬰（同上）	二十六 田嬰（同上）	二十七 田嬰（同上）	二十八 田嬰（同上）	二十九 田嬰（同上）	三十 田嬰（同上）	三十一 田嬰（同上）

周	秦	魏	韓	趙	楚	燕	齊
四十四	十三 張儀（同上）	十一 惠施（同上）	八	趙武靈王元年 趙豹（史記趙世家）	四	八	二十二 田嬰（同上）
四十五	初更元年 張儀（同上）	十二 惠施（同上）	九	二 趙豹（同上）	五	九 子之（同上）	二十三 田嬰（同上）
四十六	二 張儀（同上）	十三 田需（戰國策魏策，史記犀首傳）	十	三 趙豹（同上）	六 趙獻（戰國策魏策）	十 子之（同上）	二十四 田嬰（同上）
四十七	三	十四 太子（戰國策魏策。）張儀（史記六國表，張儀傳）	十一 昭獻（戰國策韓策）	四 趙豹（同上）	七	十一 子之（同上）	二十五 田嬰（同上）
四十八	四	十五 張儀（同上）	十二	五 趙豹（同上）	八	十二 子之（同上）	三十六 田嬰（同上）
愼靚王元年	五	十六 張儀（同上）	十三	六 趙豹（同上）	九	燕噲王元年 子之（同上）	齊宣王元年 田嬰[illegible]（同上）
二	六	十七 張儀（同上）	十四	七 趙豹（同上）	十	二 子之（同上）	二 田嬰（同上）
三	七 樂池（史記秦本紀）	魏襄王元年 張儀（同上）	十五	八 趙豹（同上）	十一	三 子之（同上）	三 田嬰（同上）
四	八 張儀（同上）	二 惠施（同上）	十六	九 趙豹（同上）	十二	四 子之（同上）	四 田嬰（同上）
五	九 張儀（同上）	三 惠施（同上）	十七	十 趙豹（同上）	十三	五 子之（同上）	五 田嬰（同上）

六	十 張儀(同上)	四 惠施(同上)	十八	十一 趙豹(同上)	十四	六 子之(同上)	六 田嬰(同上)
周赧王元年	十一 張儀(同上)	五 惠施(同上)	十九	十二 趙豹(同上)	十五	七 子之死(同上)	七 田嬰(同上)
二	十二	六 惠施(同上)	二十	十三 趙豹(同上)	十六 張儀(史記張儀傳)	八	八 田嬰(同上)
三	十三 張儀(同上)	七 惠施(同上)	二十一	十四 趙豹(同上)	十七	九	九
四	十四 張儀(同上)	八 惠施(同上)	韓襄王元年 南公揭(史記秦本紀)	十五 趙豹(同上)	十八	燕昭王元年	十 田嬰(同上)
五	秦武王元年 張儀(同上)	九 惠施(同上)	二 南公揭(同上)	十六 趙豹(同上)	十九	二	十一 田嬰(同上)
六	二 初置丞相，樗里疾，甘茂爲左右丞相(史記秦本紀)	十 張儀死(同上)	三 南公揭卒(同上)	十七 趙豹(同上)	二十	三	十二 田嬰(同上)
七	三 樗里疾，甘茂(同上)	十一 翟強(戰國策楚策)	四 公仲(戰國策東周策，西周策，韓策，史記六國表)	十八 趙豹(同上)	二十一	四	十三 田嬰(同上)
八	四 樗里疾，甘茂(同上)	十二 翟強(同上)	五 公仲(同上)	十九 肥義(戰國策趙策，史記趙世家)	二十二	五	十四 田嬰(同上)
九	秦昭王元年 樗里疾，向壽(史記甘茂傳)	十三 翟強(同上)	六 公仲(同上)	二十 肥義(同上)	二十三	六	十五 田嬰(同上)

周	秦	魏	韓	趙	楚	燕	齊
十	二 樗里疾（同上）	十四 翟強（同上）	七 公仲（同上）	二十一 肥義（同上）	二十四	七	十六 田嬰（同上）
十一	三 樗里疾（同上）	十五 翟強（同上）	八 公仲（同上）	二十二 肥義（同上）	二十五	八	十七 田嬰（同上）
十二	四 樗里疾（同上）	十六	九 公仲（同上）	二十三 肥義（同上）	二十六	九	十八 田嬰（同上）
十三	五 樗里疾（同上）	十七	十 公仲（同上）	二十四 肥義（同上）	二十七	十	十九 田嬰（同上）
十四	六 樗里疾，樓緩（同上）	十八	十一 公仲（同上）	二十五 肥義（同上）	二十八	十一	齊湣王元年 田嬰（同上）
十五	七 魏冉（史記秦本紀，六國表）	十九	十二 公仲（同上）	二十六 肥義（同上）	二十九	十二	二 田嬰（同上）
十六	八 孟嘗君（史記六國表，秦本紀作九年，參孟嘗君傳）	二十	十三 公仲（同上）	二十七 肥義（同上）	三十	十三	三 田嬰（同上）
十七	九 樓緩（史記秦本紀，六國表，魏冉傳）	二十一	十四 公叔（戰國策韓策，史記韓世家）	趙惠文王元年 肥義（同上）	楚頃襄王元年	十四	四 孟嘗君（同上）仇赫相宋（戰國策東周策，趙策。史記誤仇赫作仇液）
十八	十 樓緩（同上）	二十二	十五 公叔（同上）	二 肥義（同上）	二	十五	五 孟嘗君（同上）

十九	二十	二十一	二十二	二十三	二十四	二十五	二十六	二十七	二十八	二十九	三十
十一 樓緩（同上）	十二 魏冉（同上）	十三 魏冉（同上）	十四 魏冉（同上）	十五 魏冉（同上）	十六 壽燭（同上）	十七 魏冉（同上）	十八 魏冉（同上）	十九 魏冉（同上）	二十 魏冉（同上）	二十一 魏冉（同上）	二十二 魏冉（同上）
二十三	魏昭王元年	二	三	四	五	六	七	八	九 周最（戰國策東周策）	十 孟嘗君（史記孟嘗君傳）	十一 孟嘗君（同上）
十六 公叔（同上）	韓釐王元年 張平（史記留侯世家）	二 張平（同上）	三 張平（同上）	四 張平（同上）	五 張平（同上）	六 張平（同上）	七 張平（同上）	八 張平（同上）	九 張平（同上）	十 張平（同上）	十一 張平（同上）
三 肥義（同上）	四 盜殺肥義（同上）	五	六	七	八	九	十	十一	十二	十三	十四 樂毅（史記趙世
三	四	五	六	七	八	九	十	十一	十二	十三	十四
十六	十七	十八	十九	二十	二十一	二十二	二十三	二十四	二十五	二十六	二十七
六 孟嘗君（同上）	七 孟嘗君（同上）	八 呂禮（史記田完世家）	九 呂禮（同上）	十 呂禮（同上）	十一 呂禮（同上）	十二 呂禮（同上）	十三 呂禮（同上）	十四 呂禮（同上）	十五	十六	十七

周	秦	魏	韓	趙	楚	燕	齊
				家，燕世家，樂毅傳)			
三十一	二十三 魏冉(同上)	十二 孟嘗君(同上)	十二 張平(同上)	十五	十五	二十八	十八 淖齒(戰國策齊策，史記田完世家)
三十二	二十四 魏冉(同上)	十三	十三 張平(同上)	十六	十六	二十九	齊襄王元年 田單(戰國策齊策)
三十三	二十五	十四	十四 張平(同上)	十七	十七	三十	二 田單(同上)
三十四	二十六 魏冉(同上)	十五	十五 張平(同上)	十八	十八	三十一	三 田單(同上)
三十五	二十七 魏冉(同上)	十六	十六 張平(同上)	十九	十九 莊辛(說苑善說，新序雜事三，年紀依周季編略卷八中)	三十二	四 田單(同上)
三十六	二十八 魏冉(同上)	十七	十七 張平(同上)	二十	二十	三十三	五 田單(同上)
三十七	二十九 魏冉(同上)	十八	十八 張平(同上)	二十一	二十一	燕惠文王元年	六 田單(同上)
三十八	三十 魏冉(同上)	十九	十九 張平(同上)	二十二	二十二	二	七 田單(同上)
三十九	三十一 魏冉(同上)	魏安釐王元年 魏齊(史記魏世	二十 張平(同上)	二十三	二十三	三	八 田單(同上)

家，范睢傳）。

四十	四十一	四十二	四十三	四十四	四十五	四十六	四十七	四十八	四十九
三十二 魏冉（同上）	三十三 魏冉（同上）	三十四 魏冉（同上）	三十五 魏冉（同上）	三十六 魏冉（同上）	三十七 魏冉（同上）	三十八 魏冉（同上）	三十九 魏冉（同上）	四十 魏冉（同上）	四十一 范睢（史記穰侯傳作四十三年，蓋從秦本紀，范睢傳）
二 魏齊（同上）	三 魏齊（同上）	四 魏齊（同上）	五 魏齊（同上）	六 魏齊（同上）	七 魏齊（同上）	八 魏齊（同上）	九 魏齊（同上）	十 魏齊（同上）	十一 魏齊亡走趙（同上） 范痤（史記魏世家，國策趙四作范座）
二十一 張平（同上）	二十二 張平（同上）	二十三 張平（同上）	韓桓惠王元年 張平（同上）	二 張平（同上）	三 張平（同上）	四 張平（同上）	五 張平（同上）	六 張平（同上）	七 張平（同上）
二十四	二十五	二十六	二十七	二十八	二十九	三十 田單（史記趙世家錯田單相趙在孝成王二年，蓋從戰國策趙策）	三十一 田單（同上）	三十二 田單（同上）	三十三
二十四	二十五	二十六	二十七	二十八	二十九	三十	三十一	三十二	三十三
四	五	六	七	燕武成王元年	二	三	四	五	六
九 田單（同上）	十 田單（同上）	十一 田單（同上）	十二 田單（同上）	十三 田單（同上）	十四 田單（同上）	十五	十六	十七	十八

周	秦	魏	韓	趙	楚	燕	齊
五十	四十二 范雎(同上)	十二 范雎免，信陵君繼爲相(同上)	八 張平(同上)	趙孝成王元年 虞卿出亡(史記虞卿傳,范雎傳) 平原君趙勝繼之爲相(史記六國表,趙世家,平原君傳)	三十四	七	十九
五十一	四十三 范雎(同上)	十三	九 張平(同上)	二 平原君(同上)	三十五	八	齊王建元年
五十二	四十四 范雎(同上)	十四	十 張平(同上)	三 平原君(同上)	三十六	九	二
五十三	四十五 蔡澤(戰國策秦策，史記蔡澤傳)	十五	十一 張平(同上)	四 平原君(同上)	楚孝烈王元年 春申君黃歇爲令尹(戰國策楚策,史記春申君傳,楚世家)	十	三
五十四	四十六 范雎(戰國策秦策,史記白起傳)	十六	十二 張平(同上)	五 平原君(同上)	二 春申君(同上)	十一	四
五十五	四十七 范雎(同上)	十七	十三 張平(同上)	六 平原君(同上)	三 春申君(同上)	十二	五
五十六	四十八 范雎(同上)	十八	十四 張平(同上)	七 平原君(同上)	四 春申君(同上)	十三	六
五十七	四十九 范雎(同上)	十九	十五 張平(同上)	八 平原君(同上)	五 春申君(同上)	十四	七
五十八	五十	二十	十六	九	六	燕孝王元年	八

	范雎(同上)		張平(同上)	平原君(同上)	春申君(同上)		
五十九	五十一 范雎(同上)	二十一	十七 張平(同上)	十 平原君(同上)	七 春申君(同上)	二	九
	五十二	二十二	十八 張平(同上)	十一 平原君(同上)	八 春申君(同上)	三	十
	五十三	二十三	十九 張平(同上)	十二 平原君(同上)	九 春申君(同上)	燕王喜元年	十一
	五十四	二十四	二十 張平(同上)	十三 平原君(同上)	十 春申君(同上)	二	十二
	五十五	二十五	二十一 張平(同上)	十四 平原君卒(本傳作十五年，茲從趙世家及古本六國表)	十一 春申君(同上)	三	十三
	五十六	二十六	二十二 張平(同上)	十五 信平君廉頗(史記趙世家，廉頗傳)	十二 春申君(同上)	四 燕相栗腹攻趙戰死(史記趙世家六國年表)	十四
	秦孝文王元年	二十七	二十三 張平卒(同上)	十六 廉頗(同上)	十三 春申君(同上)	五 將渠(史記燕世家)	十五
	秦莊襄元年 呂不韋(戰國策秦策，史記秦本紀，呂不韋傳)	二十八	二十四	十七 廉頗(同上)	十四 春申君(同上)	六	十六 后勝(史記田完世家)
	二 呂不韋(同上)	二十九	二十五	十八 廉頗(同上)	十五 春申君(同上)	七	十七 后勝(同上)
	三	三十	二十六	十九	十六	八	十八

周	秦	魏	韓	趙	楚	燕	齊
	呂不韋（同上）			廉頗（同上）	春申君（同上）		后勝（同上）
	秦始皇帝元年 呂不韋（同上）	三十一	二十七	二十 廉頗（同上）	十七 春申君（同上）	九	十九 后勝（同上）
	二 呂不韋（同上）	三十二	二十八	二十一 廉頗（同上）	十八 春申君（同上）	十	二十 后勝（同上）
	三 呂不韋（同上）	三十三	二十九	趙悼襄王元年	十九 春申君（同上）	十	二十一 后勝（同上）
	四 呂不韋（同上）	三十四	三十	二	二十 春申君（同上）	十三 劇辛（史記甘茂傳）	二十二 后勝（同上）
	五 呂不韋（同上）	魏景湣王元年	三十一	三	二十一 春申君（同上）	十二	二十三 后勝（同上）
	六 呂不韋（同上）	二	三十二	四	二十二 春申君（同上）	十四	二十四 后勝（同上）
	七 呂不韋（同上）	三	三十三	五	二十三 春申君（同上）	十五	二十五 后勝（同上）
	八 呂不韋（同上）	四	三十四	六	二十四 春申君（同上）	十六	二十六 后勝（同上）
	九 呂不韋（同上） 昌平君（史記秦始皇本紀）	五	韓安王元年 韓非（史記李斯傳）	七	二十五 春申君（同上）	十七	二十七 后勝（同上）
	十 呂不韋免（同上）	六	二 韓非（同上）	八	楚幽王元年	十八	二十八 后勝（同上）

十一	十二	十三	十四	十五	十六	十七	十八	十九	二十	二十一	二十二	二十三
七	八	九	十	十一	十二	十三	十四 秦滅韓	十五	魏王假元年	二	三 秦滅魏	
三 韓玘（同上）	四 韓玘（同上）	五 韓玘（同上）	六 韓玘（同上）	七 韓玘（同上）	八 韓玘（同上）	九 韓玘（同上） 秦滅韓						
九	趙王遷元年	二	三	四	五	六	七	八	代王嘉元年	二	三	四
二	三	四	五	六	七	八	九	十	楚王負芻元年	二	三	四
十九	二十	二十一	二十二	二十三	二十四	二十五	二十六	二十七	二十八	二十九	三十	三十一
二十九 后勝（同上）	三十 后勝（同上）	三十一 后勝（同上）	三十二 后勝（同上）	三十三 后勝（同上）	三十四 后勝（同上）	三十五 后勝（同上）	三十六 后勝（同上）	三十七 后勝（同上）	三十八 后勝（同上）	三十九 后勝（同上）	四十 后勝（同上）	四十一

周				
秦		二十四	二十五	二十六 王綰（史記秦始皇本紀）
魏				
韓				
趙		五	六 秦滅趙	
楚		五 秦滅楚		
燕		三十二	三十三	秦滅趙
齊	后勝（同上）	四十二 后勝（同上）	四十三 后勝（同上）	四十四 后勝（同上） 秦滅齊（史記六國表說列於秦始皇二十七年，秦始皇本紀，田完世家皆齊於二十六年）

考證

一　楚終戰國之世未置相考

韓非子右儲說下稱州侯相荊[1]。史記魏世家稱楚相昭魚謂蘇代云云[2]，吳起傳稱：「楚悼王素聞吳起賢，至相楚[3]。」儼若當戰國之世，楚亦置相，與他國無別也者。實則細按羣籍所記，楚終戰國之世，仍如春秋之舊，以令尹理國事，並未置相也。何以知之？士人仕楚以吳起為最早。起去魏入楚，期年而為令尹，執國柄，見淮南子道應訓、說苑指武篇[4]。是當悼王之世，楚仍以令尹總國事，未置相也。其後楚懷王六年，使柱國昭陽將兵攻魏，破之於襄陵，又移兵而向齊，陳軫說之曰：「聞楚之法，覆軍殺將，其官爵何也？」昭陽曰：「官為上柱國，爵為執圭。」曰：「異貴於此者何也？」曰：「惟令尹耳。」陳軫曰：「令尹貴矣，王非置兩令尹也[5]。」則此時楚仍未置相。史疾說楚王曰：「今王之國，有柱國、令尹、司馬、典令[6]。」亦足徵楚未廢令尹置相。其後春申君於戰國末年相楚考烈王凡二十餘年，任最久，權最尊，而據史記楚世家其官亦為令尹也[7]。然則，終戰國之世，楚未嘗置相，仍行其令尹之舊制。韓非子、戰國策、史記所謂楚相云者，蓋比擬之言，而不可拘泥矣。

1 韓非子 10/2b。

2 史記 44/9b。

3 同書 65/5b。

4 淮南子 12/5a-b，說苑 15/6b。

戰國策 9/2b（齊三）。參史記 40/18b-9a（楚世家）。

6 戰國策 27/6a（韓三）。

7 史記 40/27b（楚世家）。楚策載朱英謂春申君曰：「君相楚王二十餘年。」（17/6a）亦係泛稱之辭。

二　李克李悝非一人辨

史記孟子荀卿列傳：「魏有李悝盡地力之教[1]。」而平準書則謂：「魏用李克，盡地力，爲強君[2]。」貨殖列傳亦謂：「當魏文侯時，李克務盡地力[3]。」漢書食貨志改李克爲李悝，並詳引其盡地力與平糴之說[4]。古今人表李克在中上而李悝在上下[5]。藝文志儒家李克七篇，班固自注：「子夏弟子，爲魏文侯相。」法家李子三十二篇，班氏自注「名悝，相魏文侯，富國強兵[6]。」是則李克李悝之書，至班固之時，猶皆並存。班氏親見其書，詳引其說，並區別其人品之高下，則克、悝斷爲二人可知，而盡地力者乃悝而非克又可知。故史記索隱曰：「案漢書食貨志，李悝爲魏文侯作盡地力之教，國以富強，今此及漢書言克，皆誤也。劉向別錄則云李悝也[7]。」後世學者著述，如宋劉恕通鑑外紀、呂祖謙大事記[9]、王應麟困學紀聞[10]、清梁玉繩史記志疑[11]、林春溥戰國紀年[12]、黃式三周季編略[13]、沈欽韓漢書疏證[14]、王先謙漢書補注[15]，書咸從其說，無異辭也。至崔適作史記探源則謂：「案孟荀列傳亦云：『魏有李悝盡地力之教。』魏世家，吳起列傳皆有李克對魏文侯語，且嘗爲中山守，盡地力即爲守之職，是李克即李悝，悝、克一聲之轉，古書通用，非誤也。唐人不通漢讀，故以不誤爲誤[16]。」其後顧實先生漢書藝文志講疏亦謂克悝爲一人，於漢志李子三十二篇疏曰：「儒家李克七篇，兵權謀家李子十篇，蓋俱非同書。食貨志言：『李悝爲魏文侯作盡地力之教。』與史記貨殖傳言：『當魏文侯時，李克務盡地力』正合，故知克悝爲一人（克悝聲韻故古字通），而此其法家言也。蓋自著之書[17]。」最近錢穆先生撰先秦諸子繫年，亦採崔氏之說，並舉韓詩外傳，史記魏世家敘魏文侯卜相事有李克而無李悝，及漢書藝文志有重出之例以爲証，而以爲班氏誤分悝克爲二人[18]。

今按「悝」古音在「脂部」，「克」古音在「之部」，容固相近，然不得以其音相近即定爲一人。不然顏回顏闔、其名係雙聲，而莊子呂覽所記顏闔論東野畢御馬事，韓詩外傳，說苑皆以爲顏回，豈得據此而遽謂顏回顏闔爲一人哉？[19]

李悝盡地力之教，漢書食貨志引之詳矣。不此之論，而以李克之守中山當之，謂盡地力即為守之職。然則當時之守者多矣，何以遷固獨表章李悝？李克守中山事見於戰國策韓非子等書，而其盡地力果則諸書之所未言也。崔氏果何據而云然？按崔氏摭拾劉康餘論以為史記探源，牽強附會，曲解武斷，不一而足，其書本不足道。獨怪世之明達，尚猶採取其說，以為論據。而泰西學者則更或專就康崔一流著作之謬誤，以明中國學者之不足語考証之學，不知此等著作實不足以代表中國之樸學也。

至於錢穆先生所舉兩証，吾人亦不敢苟同。漢志著錄固間有重出之例，而儒家李克七篇，法家李子三十二篇，班固明注，一為李克之書，一為李悝之書，則非重出可知。二書漢時俱存，班固又於食貨志中詳引李悝盡地力之說，則盡地力者為悝而非克又可知。或謂：「班書藝文志出於劉歆七略，子堅於諸書未必一一深攷。」然班志固出於七略，而七略又出於別錄，而別錄亦謂盡地力者乃悝而非克也。[20] 夫先秦諸子著書，多載其本人行事，向歆父子班氏孟堅，非惟皆親見悝克之書，並皆校訂其文字，徵引其學說，咸謂悝克為二人。今二子之遺書俱亡，其行事十不存一，僅據各書中一二故事，即武斷悝克為一人，貿然而上與班氏爭，吾有以知其不可也。

至錢先生謂：「魏文時賢臣，已盡見於卜相一文，苟別有李悝，何獨不見稱引？」則似尤不足為悝克為一人之証。魏文侯卜相事有二說，一謂文侯以翟璜所進之王孫苟端為不肖，而以季成子所進之樂騰為賢，遂相季成子。此說首見於呂氏春秋舉難篇，而新序因之。一說謂魏文侯卜相於李克，以季成子所進卜商等人賢於翟璜所進之吳起樂羊子之流，遂相季成。此說首見於韓詩外傳，而史記魏世家，說苑臣術篇因之。[21] 二說殆皆本諸傳聞，不知孰是。呂覽所記王孫苟端，樂騰二人，其行事今雖已不可詳攷，而在呂不韋之時，相傳魏文之卜相，即以二人之賢否而定，則二人亦為魏文時之重臣可知。然二人之名，俱不見於史記魏世家卜相章，則不得謂「魏文時賢臣，盡見於世家卜相一文。」夫魏世家卜相一章既未盡魏初賢臣，則更不能因卜其中無李悝，遂逕以李克當之矣。

抑錢先生所舉御覽第七百四十五卷所載韓非子「李悝為魏文侯北地之守」一章，本出韓非子內儲上七術篇。[22] 今棄本書不引而遠徵御覽，似亦失檢。且「北地」本書作「上地」。以地理証之，魏無北地而有上地，故魏策曰：「王所患上地也。」[23] 一則御覽「北」字當係「上」字之譌，此尤須就本書為之校正者矣。

1 史記 74/5a。

2 同書 30/15b。

3 同書 129/4a。

4 漢書 24上/5a-6a。

5 同書 20/60b,61a。

6 同書 30/14b,19a。

7 史記 129/4a-b 索隱。

8 通鑑外紀（四部叢刊本）10/17a-b。

9 大事記（武英殿聚珍本）1/20a，大事記解題 1/45a-46b。

10 困學紀聞 12/5b。

11 史記志疑（史學叢書第一種，清光緒二十八年上海文瀾書局石印本）17/1a。

12 戰國紀年（竹柏山房叢書第七種，清道光十八年刊本）1/16b-17a。

13 周季編略（清同治十二年浙江書局刊本）4/11b-12a。

14 王先謙漢書補注（清光緒二十六年長沙王氏刻本）30/40a-b 引。

15 同書 91/5a。

16 史記探源（北京大學排印民十三）8/16b。

17 漢書藝文志講疏（上海商務印書館出版，民十三，）頁 139。

18 先秦諸子繫年，頁121-133。

19 此事崔述已有攷證，見崔氏洙泗攷信錄（在崔東壁遺書內，古書流通處石印本）1/1b-2a。

20 據史記索隱，見前註七。

21 詳見前本文序註十九。

22 韓非子 9/8b。

23 戰國策 24/1a。參程恩澤國策地名考（粵雅堂叢書本）10/14b。

民國二十七年十月三十一日於燕京大學圖書館

社會學界

第十卷　民國二十七年六月出版

目錄

定價　一元五角
編輯者　燕京大學社會學界編輯委員會
發行者　燕京大學社會學及社會服務學系

文學年報

第四期　中華民國二十七年四月出版

目錄

定　　價：洋宣紙國幣一元
　　　　　報紙國幣七角
　　　　　郵費在內國外以美金計
編　輯　者：燕京大學國文學會
出版兼發行者：燕京大學國文學會
總代售處：北平隆福寺街文奎堂

清三通之研究

王鍾翰

一　編纂

清高宗稽古右文，搜求遺書，乾隆十二年六月十一日諭經史館詳校三通繕本。

高宗上諭：「乾隆十二年六月十一日諭：『汲古者並稱三通該洽，博聞之士所必資也。舊刻譌缺滋多，且流布漸少，學者罕睹。今祕籍既大備矣，十三經、二十二史工具告竣；其內府所藏通典、通志、文獻通考繕本，命經史館翰林等詳校，而付之剞劂氏，一倣新刻經史成式，以廣册府之儲。』」

按三通合刻始此，而「三通」之名，似未之前聞也。檢宮夢仁讀書記數略（康熙四十六年家刊本）雖載通典九門，通志二十略，文獻通考二十四類；乃以「九」、「二十」、「二十四」記數，固無「三通」之合稱也。駢字類編（雍正五年四月初九日修成本）所載「三通」，如「三通不報」、「叩閽三通」、「靜鼓三通」之類，均非書名。知雍正五年以前猶未以「三通」名書也。有之，豈不為之冠人者乎？梅自榮既輯奇耦典彙，乾隆二十九年王文清為之序，有「考核如三通，典贍如元龜，精湛如經解」之語。嘉慶十一年，王承烈撰書名紀數，遂列通典、通志、文獻通考為三通。足徵乾隆十二年以後，三通之名始稍稍見之者也。

校刊三通之論既下，不五日，遂命大學士張廷玉等纂修續文獻通考。

高宗上諭：「乾隆十二年六月十五日諭：『馬端臨文獻通考一書，綜貫歷代典章制度，由上古以迄唐宋，源委瞭然，學者資以攷鏡。明王圻取遼金元明事蹟續之，頗蕪雜寡要，未足與三通並。且至今又百五十餘年矣，我朝監古定制，憲章明備，是宜蒐擇討論，以徵信從。其自乾隆十年以前，會典所載，令甲所布，金匱石室所儲，與夫近代圖革損益之異；上溯宋嘉定以後，馬氏所未備者，悉著於編，爲續文獻通考。大學士張廷玉、尙書梁詩正、汪由敦經理其事，惟簡惟要，所有纂輯事宜，酌議以聞。』」固以馬氏之書斷自宋寧宗，而王圻續考成於明萬曆間，排斥東夷之見，在所不免；情與百五十年，安得不黜之删之以補馬書之舊耶？故不得不有纂修續文獻通考之命，而經理其事者，張廷玉、梁詩正、汪由敦三人也。

按高宗實錄卷七七八：「乾隆三十二年丁亥二月丙申大學士等議奏：『一、通考館舊派總裁三員。』」而上諭並無命爲總裁之明文。今攷杭世駿道古堂文集卷三九梁文莊公「詩正」墓誌云：「乾隆十二年六月，充續文獻通考館總裁官。」碑傳集卷二七汪文端公「由敦」墓誌，亦有「承輯諸書，各館皆爲總裁」之語。馮浩孟亭居士文稿卷二續文獻通考館纂修稿本記云：「乾隆庚午〔十五年〕見知於相國院長館師梁文莊公，時公與汪文端師、劉文定〔綸〕師爲續文獻通考館正副總裁。」大抵梁詩正充正總裁，汪由敦與劉綸充副總裁也。準此以推，疑張廷玉初充正總裁，梁詩正、汪由敦充副總裁；惟張廷玉不見墓誌碑傳，爲不可解耳。

是年齊召南充纂修官。

杭世駿道古堂文集卷三三齊息園「召南」墓誌云：「乾隆十二年五月，召對於勤政殿，校勘通志通考，特侍讀學士，充續文獻通考館纂修官。」

十三年齊召南晉副總裁。

高宗上諭：「乾隆十三年九月十四日奉上諭：『齊召南著充續文獻通考館副總裁。』」

十四年劉綸充副總裁。

高宗上諭：「乾隆十四年九月初五日奉上諭：『莊有恭現在出差兵部侍郎事務，著劉綸署理，並充續文獻通考館副總裁。』」

十五年梁詩正、汪由敦、劉綸充正副總裁。

馮浩孟亭居士文稿卷二續文獻通考館纂修稿本記云：「乾隆庚午〔十五年〕見知於相國院長館師梁文莊公〔詩正〕，時公與汪文端〔由敦〕師、劉文定〔綸〕師爲續文獻通考館正副總裁。」

馮浩充纂修官。

同上：「凡纂修所呈稿，皆屬余細閱詳校，條簽商酌，以俟其鑑裁。……余充纂修官，分纂帝系、封建二門，又助成別門。凡二年餘，得四年之課有羸。」

李桓引正雅集符葆森錄引阮文達公「元」云：「乾隆庚

午，修纂續文獻通考，先生［馮浩］獨精加纂敘，所承修帝系、封建二門，餘力助成別門，總裁嘆服之。」

十六年陳兆崙、饒學曙、湯先甲、劉墉、史鳴臯、高辰、孫昭諸人，均付充纂修官。

陳兆崙紫竹山房詩文集卷首陳句山［兆崙］年譜云：「乾隆十六年辛未閏五月，充續文獻通考館纂修官，奉派教習庶吉士，有初伏日招同館纂修饒學曙、庶常湯先甲、劉墉、史鳴臯、高辰、孫昭諸君小飲詩。」

十七年蔣溥、張映辰充正副總裁官。

高宗上諭：「乾隆十七年三月初八日奉上諭：『大理寺少卿張映辰著充續文獻通考館副總裁官。』」

同上：「十一月二十八日奉上諭：『戶部尚書蔣溥著充續文獻通考館正總裁官。』」

博明充纂修官。

震鈞天咫偶聞卷三云：「蒙古博晰齋觀察明……乾隆壬申［十七年］同中會試，……又同選庶常，同授編修，同直起居注，同修［續］文獻通考。」

十八年陳兆崙充副總裁官。

高宗上諭：「乾隆十八年十月二十八日奉上諭：『陳兆崙著充補續文獻通考［館］副總裁官。』」

按陳句山年譜作九月充續文獻通考館總裁，恐誤。

二十二年劉統勳充總裁官。

高宗上諭：「乾隆二十二年二月十二日奉旨：『尚書劉統勳著充續文獻通考館總裁官。』」

二十五年梁詩正仍充總裁官。

高宗上諭：「乾隆二十五年十二月二十七日奉旨：『陳兆崙、錢大昕俱著交部議處，蔣溥現在患病尚須調理，著派梁詩正管理續文獻通考［館］總裁事務。』」

錢大昕充纂修官。

竹汀居士手訂年譜云：「乾隆二十五年庚辰三月，充續文獻通考館纂修官，分修田賦、戶口、王禮三考。」

二十八年程景伊充副總裁官。

高宗實錄卷六九二：「乾隆二十八年癸未十一月戊辰，命禮部左侍郎程景伊充續文獻通考館副總裁官。」

宋弼充纂修官。

高宗實錄卷六九二：「乾隆二十八年癸未五月癸酉，大學士等奏：『大考休致編修宋弼，請留續文獻通考館，仍充纂修。』得旨：『宋弼著罰俸一年，仍留編修之任。』」

以上乃續文獻通考［館］正副總裁及纂修官之可攷者。至若館例，則作課並不甚嚴。

孟亭居士文稿卷二續文獻通考館纂修稿本記云：「館例：二月至十一月，月課修書十八頁，祇計及數與否，共爲總裁取用；或刪改削繁者，盡許充數，不核除，洵從容寬假矣。」

館址在宣武門內，地處西偏。職員初亦不多。

高宗實錄卷七七八：「乾隆三十二年丁亥二月丙申，大學士等議奏：『一、通考館酌派三員。……一、通考館向在宣武門內，地處西偏。……纂修官十員。……提調官二員。收掌官二員。……支領公費。……原設謄錄十二缺，……供事匠役。……其工食錢糧，均照例支給。……需用心紅紙張等項，行文戶部支取，歸於年終數銷。』」

此當時館規課程之大概情況也。

迨乾隆三十二年，全書告成，進呈乙覽。復以馬端臨通考原踵杜佑通典、鄭樵通志而作，三書不可偏廢；乃命自清朝開國以後，別自爲書，其續通典、續通志皆古今分帙，悉以乾隆三十一年爲限斷。

高宗實錄卷七七八：「乾隆三十二年二月丙申諭：『前開館續纂文獻通考一書，並添輯本朝一切典制，分門進呈，朕親加披覽，隨時裁定，全書現在告竣，經該總裁等奏請將館務停止。因思馬端臨通考原踵杜佑通典、鄭樵通志而作，三書實相輔而行，不可偏廢；雖因舊本多訛，曾命儒臣詳爲校勘，鐫刻流傳，嘉惠海內。今續通考復因王圻舊本，改訂增修；惟通典、通志向未議及補輯，士林未免抱闕如之憾。著仍行開館，一體編輯，所有開館事宜，著大學士詳悉定議具奏。其修書義例，有應仍應改之處，該總裁等務博稽前典，參酌時宜，而要之以紀實無訛，可垂久遠。至見輯續通考一書，從前所進各門，僅截至乾隆二十五年以前；而陸續呈進者，並纂入三十一年之事，先後體例，尚未畫一；著交新開書館將所纂二十四考概行增輯，編載事宜，悉以本年爲準。增添各卷，即速繕呈覽，以便刊板頒行。其通典、通志二書，亦以三十一年爲限，以期畫一。』」

自後改稱三通館矣。纂辦事宜，多仍前館之舊。

同上：「尋大學士等議奏：『一、增纂通考，均係「乾隆」二十五年以後事宜，應於各部院稿案，分晰詳查；俟咨取到日，即行纂辦。其通典、通志，原有史書志傳，可資采輯，即令一同編撰，分門按次進呈。一、通典、通志，凡唐宋以來典章制度，均須詳加輯錄。至通志內之六書、金石、草木蟲魚等略，又宜博採旁搜。除將通考館現有書籍移交外，其應用各種書，應於武英殿、內閣等處酌量取用。』」

其正副總裁，則增爲各三員。纂修官十員。新開館址，遂移至午門內迤西舊給國史館房屋。督課稍嚴。

高宗實錄卷七七八：「乾隆三十二年丁亥二月丙申……大學士等議奏：『一、通考館舊派總裁三員，今新開三通館，請簡派正副總裁各三員。一、通考館向在宣武門內，地處西偏，往來未便；現在三書並纂，册籍繁多，纂修等應與總裁面同商訂，請將午門內迤西舊給國史館房屋，給與纂修編纂。一、各館課程規條不一，今增纂通考，自應速繕成編。而通典、通志纂排伊始，尤在嚴其考課，應令派出之總裁，分別先後，酌定限期，交與稽察上諭處，照例按季彙奏。……一、纂修官十員，仍由翰詹選派，與提調官二員，收掌官二員，均照舊支領公費。至原設謄錄十二缺，不敷繕寫，應酌添四缺；供事匠役，應各添二名；其工食錢糧，均照舊支給。一、需用心紅紙張等項，行文戶部支取，歸於年終報銷。其應用什物，除通考館移交外，如有不敷，應於各衙門隨時咨取。』得旨允行。」

按蒙古杏芬女史京師地名對卷下三通館條下注云：「西華門內，武英殿北。乾隆時，改皇子居爲三通館。」則知三通館自乾隆三十二年以後，又自午門移至皇子居矣。

是年傅恆、尹繼善、劉統勳充正總裁，陳宏謀、陸宗楷、舒赫德充副總裁。

高宗實錄卷七七八：「乾隆三十二年丁亥二月丙申，命大學士傅恆、尹繼善、劉統勳充三通館正總裁，吏部尚書協辦大學士陳宏謀、兵部尚書陸宗楷、刑部尚書舒赫德充副總裁。」

三十五年劉綸充副總裁。

高宗實錄卷八七二：「乾隆三十五年庚寅十一月甲辰，以協辦大學士、吏部尚書劉綸充三通館副總裁。……」

三十八年于敏中、程景伊充正副總裁。

高宗實錄卷九四二：「乾隆三十八年癸巳九月乙丑諭：『現在三通館止有正總裁大學士劉統勳一人，著派大學士于敏中爲正總裁，協辦大學士、尚書程景伊爲副總裁。』」

按據此知原定正副總裁各三員之例，亦稍有變更；惟以檔册莫存，私著不載，故一代定制及其因革，多不可攷耳。

四十二年錢汝誠、王杰充副總裁。

高宗實錄卷一〇三三：「乾隆四十二年丁酉五月庚辰，以刑部侍郎錢汝誠充三通館副總裁。」

同上卷一〇四三：「乾隆四十二年丁酉十月甲寅，以吏部侍郎王杰充三通館副總裁。」

四十四年程景伊、曹文埴充正副總裁。

高宗實錄卷一〇九六「乾隆四十四年己亥十二月辛酉，命協辦大學士程景伊充三通館正總裁，左副都御史曹文埴充副總裁。」

四十六年嵇璜、沈初充正副總裁。

高宗實錄卷一一二五：「乾隆四十六年辛丑二月辛酉，命大學士嵇璜充三通館正總裁，兵部右侍郎沈初充副總裁。」

四十七年劉墉充總裁。

清史列傳卷二六劉墉本傳云：「乾隆四十七年三月，充三通館總裁。」

五十年王杰充總裁。

高宗實錄卷一二四〇：「乾隆五十年乙巳十月戊寅，諭曰：『國史館總裁嵇璜現兼三通館總裁，伊年老，精力恐不能兼顧，所有三通館總裁，著王杰充補。』」

五十二年彭元瑞充總裁。

高宗實錄卷一二七三：「乾隆五十二年丁未正月辛卯，以兵部侍郎彭元瑞為三通館總裁。」

以上三通館正副總裁之可攷者。所可惜者，故宮文獻館所藏高宗上諭，自乾隆二十九年以後，付之闕如；即高宗實錄所載，亦簡略莫詳；故博稽古事為至難也。至於纂修官雖定額十員，仍由翰詹選派；惟以諸館頻開，身兼數職者，實繁有其徒；加之年久堙澄，文獻無徵，自不能一一為之考訂，詳其年月久暫，錄其遷除有無，以復舊觀，而創新見。今則但據三通序前所載三通館職名表，略加補釋，表列於后：

職名	人名	入館年月	附註
纂	曹仁虎	乾隆二十八年【?】	清史列傳卷七二本傳。
修	祝德麟	仝上	詩人徵略卷四〇本傳。
彙	陳嗣龍	乾隆三十四年【?】	清史列傳卷七一本傳。
總	黃瀛元	乾隆三十六年【?】	國朝歷科題名碑錄乾隆辛卯科。
校	陳昌齊	仝上	清史列傳卷七五本傳。
七	關槐	乾隆四十年【?】	國朝歷科題名碑錄乾隆乙未科。
人	蔡廷衡	乾隆四十三年?	仝上乾隆戊戌科。
纂	勵守謙	乾隆十年【?】	國朝歷科題名碑錄乾隆乙丑科。
修	莊承籛	乾隆三十一年【?】	仝上乾隆丙戌科。
彙	秦泉	乾隆三十四年【?】	國朝耆獻類徵初編卷一二九本傳。
校	李潢	乾隆三十六年【?】	國朝歷科題名碑錄乾隆辛卯科。
對	余集	乾隆三十八年【?】	清史列傳卷七二本傳。
官	汪鏞	乾隆四十年【?】	國朝歷科題名碑錄乾隆乙未科。
三	王春煦	仝上	仝上
十	徐如澍	仝上	仝上
四	戴均元	仝上	仝上
人	周[illegible]岱	仝上	仝上

吳錫麒	仝上	仝上
顧宗泰	仝上	仝上
吳璥	乾隆四十三年【?】	仝上乾隆戊戌科。
陸伯焜	乾隆四十五年【?】	仝上乾隆庚子科。
程昌期	仝上	仝上
甘立猷	仝上	仝上
劉汝鎰	仝上	仝上
陳萬青	乾隆四十六年【?】	仝上乾隆辛丑科。
秦承業	仝上	仝上
俞廷掄	仝上	仝上
王受	仝上	仝上
盧應溥	仝上	仝上
程嘉謨	仝上	仝上
萬承風	仝上	仝上
鄒炳元	仝上	仝上
茹棻	乾隆四十九年【?】	仝上乾隆甲辰科。
邵瑛	仝上	仝上
陳萬全	仝上	仝上
王錫奎	仝上	仝上
賀賢智	仝上	仝上
溫汝适	仝上	仝上
崔景儀	仝上	仝上
李鼎元	仝上	仝上
朱依炅	仝上	仝上
說明	表中所列入館年月，實爲成進士之年；然其入館之年，必在成進士之後，無疑也。	

今既述續文獻通考館暨三通館規制課程及其職名之大略矣，則三書成書之年月，必得爲之一攷。初三通並纂，悉以乾隆三十一年爲限斷，故有「增添各卷，即速繕呈覽，以便刊板」之語，原不期遲延至於乾隆五十二年間始告成也。自乾隆三十二年訖於四十二年，關於續纂三通之事，不見記載；高宗實錄乾隆四十二年，始有「其所修通志、通典，仍上緊趕辦，不得逾原定乾隆四十六年告竣之限」之語。可知其間十年，稿案至繁；而實錄皆未及取，乃一時採擷，不易遍及也。

〔續〕通典、〔續〕通志定於乾隆四十六年完竣。

高宗實錄卷一〇三三：「乾隆四十二年丁酉五月庚辰，諭：『國史、三通兩館應進之書，著隨時陸續呈進，不必入於現在各書輪進夘期。其所修通典、通志，仍上緊趕辦，不得逾原定乾隆四十六年告竣之限。』」

四十七年續文獻通考一書，纂辦全竣。

王重民辦理四庫全書檔案冊一葉八二引乾隆四十七年二月二十七日纂辦全竣現在繕寫刊刻各書清單，其中有續文獻通考一書。

續通志則期於四十八年完竣。

辦理四庫全書檔案冊一葉八一引各館現辦各書酌定完竣日期清單，其中有續通志，注云：「已進過二百七十八卷，未進約四百三十卷，計期於四十八年十二月完竣。」

清通典、清通志二書皆期於五十二年完竣。

辦理四庫全書檔案冊一集八三引各館現辦各書酌定完竣日期清單，其中有皇朝通典、通志，注云：「此二書甫經接辦，尚未進起，卷帙浩繁，約於五十二年夏季完竣。」請予限三年，著於五十年趕辦完竣。

辦理四庫全書檔案冊一集八三：「乾隆四十七年六月二十六日奉旨：『蘭州紀略著於本年辦竣。皇朝通典、通志著予限三年，於乾隆五十年即行全竣。其餘各書，俱著照單依限趕辦，欽此。』」

同上引各館纂辦書籍清單，其中有續通志，注云：「原定四十八年十二月內完竣，自定限進過三次，共計二十六卷。」

按續通志六百四十卷，定限以前，已進過二百七十八卷；定限以後，繼進二十六卷，則未進之書約有三百三十五卷也。

同上引各館纂辦書籍清單，其中有皇朝通典、通志，注云：「原定五十年完竣，自本年二月接辦時，當經行文各省，咨取文冊書籍，以憑纂輯；現在未據解館，一面疊次咨催，一面上緊趕辦。」

按疑五十二年之「二」字，當為衍文；不則其後又或奏請改為五十年也。

四十八年續通志逾限未完。

辦理四庫全書檔案冊一集九二引乾隆四十八年二月初二日各館纂辦書籍清單，其中有續通志，注云：「原限四十八年十二月內完竣，自上年十月後，進過二十五卷，連前進過三百二十九卷，未進約三百餘卷。」

同上集九四：「乾隆四十八年七月二十日，臣等遵旨將定限後纂辦各書，交查各館。……惟開國方略、宗室王公表傳、續通志三書，雖或因考核事蹟，改譯對音；或因卷帙繁多，查明劃一，以至告竣稍遲。但既無增纂之卷，逾限未經辦竣，應將該纂修交部議處，其總裁等未能促催速辦，亦應一併察議。」

同上引定限後未經辦竣全書清單，其中有續通志，注云：「原定四十八年十二月完竣，原定七百八卷，今已進過五百二十八卷。……未請展限，亦無增纂之卷，逾限未完。」

按今續通志六百四十卷，而此云已進過五百二十八卷，則後來續進，實只一百一十二卷耳。

清通典、清通志、清通考尚未有呈進之卷。

辦理四庫全書檔案冊一集九二引乾隆四十八年二月初二日各館現辦書籍清單，其中有皇朝通典、通志，注云：

「原限五十年冬季完竣，自上年十二月內，奏請用軍機處印封，咨取各直省文冊碑刻等件，以憑纂輯；現在未據解館，一面再行咨催，一面上緊趕辦。」

同上葉九四：「乾隆四十八年七月二十日臣等謹奏：……查皇朝通典、通志二書，現在期限未屆，該館亦尚未有呈進之卷；臣等已傳知該館上緊趕辦，務期如限全竣。」

同上引定限後未經辦竣各書清單，中附皇朝通典、通考、通志，注云：「原限五十二年夏季完竣，現在該館尚未有呈進之卷。」

按乾隆四十七年六月二十六日奉旨，已明令予限三年，定於五十年完竣；則此仍言五十二年者，或沿未奉旨前之舊文，未及改正；不則五十二年之「二」字必是衍文矣。

四十九年續通志告竣。

辦理四庫全書檔案冊一葉一〇三：「乾隆五十年二月十七日，查各館依限完竣各書及逾限未完各書，……自上年查辦以來，臣等節次嚴催各館將逾限各書加緊趕辦，務期一律迅速完竣；現在各書如盛京通志、職官表、續通志，俱經依限完竣。」

同上葉一〇四引定限後未經辦竣各書清單，內仍有續通志一書，而注之云：「黃簽，此書已於上年十二月完竣。」是知所謂未經辦竣者，尚有待刪補繕寫也。

五十年清通典、清通志、清通考並未依限辦竣。

辦理四庫全書檔案冊一葉一〇三：「乾隆五十年二月十七日，三通館所辦之皇朝通典、通志、通考各書，原限乾隆五十一年完竣，現在該館亦上緊趕辦，按卷呈進。」

同上葉一〇四引定限後未經辦竣各書清單，未附皇朝通典、通志、通考，注云：「原限五十一年夏季完竣，現在該館尚未有進呈之卷。」又云：「黃簽，此書現在趕辦，尚未逾限。」

按清三通原限乾隆五十二年完竣，後定於五十年完竣；今此又言五十一年完竣，而前此又未見展限之奏請；不知「一」字為衍文抑為「二」字之誤？不則於五十年內，又必為之奏請展限一年也。

全書大致成於五十一二年間。

按皇朝文獻通考卷七八官制，有乾隆五十一年書「內外文武官階一諭」，東華錄卷一〇四載此諭於乾隆五十一年秋七月庚戌之下，是知全書成於乾隆五十一年七月庚戌以後，無疑義矣。查三通館職名表內，列有嵇璜、劉墉、王杰、曹文埴總裁四人；惟曹文埴於乾隆五十一年正月庚寅，已陳請終養，（見東華錄卷一〇五）而職名表仍載其名；又攷高宗實錄卷一二七三載彭元瑞於乾隆五十二年正月辛卯，奉命充三通館總裁，今職名表反不列其名；可知全書已成於乾隆五十二年正月辛卯以前也。

然五十二年後，尚續有纂進者。

辦理四庫全書檔案冊二葉一六：「乾隆五十二年十月二八日，臣等遵旨查三通館昨日所進食貨略，係編修胡[illegible]纂辦；學校考，係編修吳錫麒纂辦；俱係該員自行校對至該館總裁，係臣王杰、劉墉、彭元瑞三人，謹奏。」

五十二年後；亦多繕寫未竟。

辦理四庫全書檔案冊一葉二二：「乾隆五十二年十月十五日，內閣奉上諭：『文淵、文源兩閣藏弆四庫全書，上年派六阿哥、八阿哥、劉墉、彭元瑞督同詳校官，重加校正。惟留空未補各函，或因繕寫未竟，或因纂辦未完，尚未歸函插架；亟應予限嚴催，毋任延緩。所有武英殿、國史館、三通館、繕書房承辦各種書籍，著派八阿哥、彭元瑞、金簡會同該館總裁，督飭纂修、謄錄等，上緊趕辦。』」

同上引空函補寫各書單，內列定欽皇朝通典、欽定皇朝通考、欽定皇朝通志、欽定續文獻通考、欽定續通志，知三書尚多删補謄錄也。

三書大抵以五十年爲限斷。

按三書大致成於乾隆五十一二年間，增輯編載，並纂入五十一年之事；然就大體而論，則悉以五十年爲限斷者也。茲依三書分別證之：

皇朝文獻通考卷七八官制有云：「臣等謹案三通館承纂各門體例，俱遵旨纂至五十年止。」卷九八郊祀考八社稷亦云：「自乾隆元年至乾隆五十年。」其下注云：「五十年後，敬俟續纂。」又卷一一九羣廟考序云：「謹編至乾隆五十年，成六卷，以後敬俟續錄。」按之原書，如田賦、錢幣、職役、征榷、市糴、國用、選舉、學校、職官、郊祀、宗廟、羣廟、王禮、樂、兵、刑、四裔諸考，皆斷自乾隆五十年也。故劉錦藻之皇朝續文獻通考所以起於乾隆五十一年者，即本乎此。

皇朝通典卷五五嘉禮五經筵有云：「臣等謹案乾隆五十一年仲春，皇上御經筵；禮畢，賜講官及聽講諸臣燕，命歌抑戒之詩；典禮光昭，益彰至教。茲以成書在五十年，所有五十一年以後諸典禮，應俟續纂時，敬謹編依，恭識於此。」按之原書，如食貨、選舉、職官、禮、樂、兵、邊防諸典，亦皆以乾隆五十年爲限也。

至於皇朝通志，亦莫不然；斷自乾隆五十年者，如禮、謚法、樂、職官、選舉、食貨、藝文、金石、災祥諸略皆是。

二　體裁

唐杜佑作通典，自唐天寶，上溯唐虞；雖亦稍據劉秩政典及開元新禮諸書，要其網羅百代，詳於因革，該洽精粹，實爲事類之祖。厥後宋白有續通典（至周顯德），魏了翁有宋通典（皆屬稿未成），重複率略，傳習者少；迄今行世，獨杜書耳。洎宋鄭樵廣之作通志，馬端臨紹之作通考，三書遂並行於世。然攷鄭氏負其淹博，自太古迄隋，仿班、馬爲紀傳，刪錄諸史，稍有移掇，大抵因仍舊目；而改表爲譜，志爲略，深自矜許其二十略。馬氏獨晚出，上本經史，參之歷代會要、百家傳記，以及臣僚奏疏、諸儒評論、名流之燕談，稗官之紀錄；天寶以前，則倣杜書成規而增益之，略易門目；自後至宋嘉定末，則續成之。故能攟杜鄭之菁華，綱領宏議，最稱精密，爲掌故海。竊惟三書各有意指，俱不相謀，杜氏自序有云：「徵於人事，將施有政。」故簡而有要，核而不文。觀其分門起例，由食貨以訖邊防，本末次第，具有條理，凡歷代因革之故，粲然可考。鄭氏主於考訂，故旁及細微。特其採摭既已浩博，議論亦多警闢，雖純駁互見，而瑕不掩瑜，究非游談無根者可及。馬氏意在精詳，故闡出論斷。然其會通古今，該洽載籍，各考源流，綜統同異；而考覈精審，持論平正。上下數千年，貫穿二十五代，於制度張弛之迹，是非得失之林，燦然俱備。此三家之宗旨有別，自成體要，故詳略亦復不同，其異一也。

杜氏著書，始於爲淮南節度書記時，歷三十六年而後成書。貞元十七年〔八〇一〕自淮南使人詣闕獻之。

「初，開元末，劉秩採經史百家之言，取周禮六官所職，撰分門書三十五卷，號曰政典，大爲時賢稱賞，房琯以爲才過劉更生。佑得其書，尋味厥旨，以爲條目未盡，因而廣之，加以開元禮樂書，成二百卷，號曰通典。貞元十七年，自淮南使人詣闕獻之。」（舊唐書卷一四七杜佑傳）

尚在唐之中葉。而鄭氏嘗授右迪功郎，以御史葉義問劾之，改監潭州南嶽廟，給札歸抄所著通志。書成，入爲樞密院編修官。

「初爲經旨、禮樂、文字、天文、地理、蟲魚草木、方書之學，皆有論辨、紹興十九年〔一一四九〕，上之，詔藏秘府。……授右迪功郎，禮兵部架閣。以御史葉義問劾之，改監潭州南嶽廟，給札歸抄所著通志。書成，入爲樞密院編修官。」（宋史卷四三六鄭樵傳）乃在南宋之初。至於馬氏，雖爲宋宰相廷鸞子；然宋社云亡，隱居不仕，始著文獻通考，以補杜書之闕，歷二十餘年，而後成書。

「宋亡，隱居不仕，著文獻通考，以補杜佑通典之闕，二十餘年而後成書。延祐四年〔一三一七〕，道士王壽衍訪求有道之士；至饒州路，錄其書上進。詔官爲鏤板，以廣其傳。仍令馬端臨親齎稿本，赴本路校勘。」（新元史卷二三四馬端臨傳）

則其編纂，實在入元以後。此三家之時代既異，起訖亦自迥殊，其異二也。

然則三通之書，杜氏開其原，馬氏竟其委，鄭氏其支流也。佑之識正，樵之學博，端臨之所見者大；非通典無以括唐以前之制度名物，非通志無以刊隋以上之雜說冗辭，非通考無以綜兩宋之國典、要典、會要諸書之沿革因襲。凡此三書，各有短長，鼎撐角立，廢一不可。而自唐迄明，雖相輔而行，亦未見合而刊之者，固不可混爲一談也。雖然，通典二百卷，通志二百卷，通考三百四十有八卷，篇帙浩繁，莫能卒讀。湯壽潛三通考輯要序有言曰：「馬氏通考踵杜、鄭而成書，杜、鄭之書，通考得而包之。故讀一通，可包三通。」俞樾亦嘗引其說，是前人亦頗以馬氏之書爲尤足貴者。故自元以後，未有纂述。至明王圻，遂慨然以爲仲尼說禮發杞宋無徵，由文獻不足，以不大用於世；乃心而續之。既輯宋、遼、金、元、暨明朝典故，以續其後；且又增節義、書院、氏族、六書、謚法、道統、方外諸考，以補其遺；凡二百五十有四卷，號曰續文獻通考。體例糅雜，不無遺議；亦以包括歷朝，委曲繁重，難於蒐羅，而總貫之，爲至難之事也。

降及有清，乾隆十二年奉敕改撰續文獻通考。三十二年復以馬氏通攷原踵杜氏通典、鄭氏通志而作，乃勅纂續通典、續通志、及清通考、清通典、清通志以配之。故其分門別類，一仍三家之舊。至於古今異制，不可強同者，則不得不爲之删併增改而稍加變通焉。今請分別論之：

清通考宗廟考內，將歷代帝王等廟，別立羣廟一門；又推廣義例，於郊社考內，分立羣祀一門；增爲二十六門。

「其二十四門，初亦仍馬氏之目。嗣以宗廟考中用馬氏舊例，附錄羣廟；因而載入勅建諸祠，仰蒙睿鑒周詳，綸音訓示，申明禮制，釐定典章。載纂諸臣，始共知祠宇有分，名實難混；恍然於踵謬沿訛之失，乃恪遵諭旨分立羣廟一門。又推廣義例，於郊社考內，分立羣祀一門。增爲

二十六門。」（皇朝文獻通考書前提要）

高宗上諭：「乾隆二十七年閏五月十九日奉上諭：『續文獻通考館纂進稿本，朕閱宗廟考一門內，附入致祀歷代帝王及本朝臣下宗廟。顧名思義，於輯書體例何居？蓋既以宗廟冠部，則惟太廟時祫，典有專崇，方稱經常不易。至奉先殿之禮重家庭，壽皇殿、安佑宮、永佑寺之虔奉神御，於宗廟考中，敬從附載，尚爲不失禮以義起之文；若撫入歷代及臣下，非獨其制絕不相蒙，揆之分門本意，亦復何取？即云承用宋臣馬端臨原編舊式，而往世儒生之識，於大典未克折衷盡善，類此者正復不少，又豈得遵禮而曲泥之？朕意當於宗廟考專門備詳定制外，其餘不應附入者，別立羣祀考一門隸之，俾名義既得所安，而其書亦足垂遠。館臣可錄朕旨，並登卷中。』」

其中子目，亦微有增刪。

「其中子目：田賦增八旗田制，錢幣增銀色、銀直、及回部普兒，戶口增八旗壯丁，土貢增外藩，學校增八旗官學，宗廟增崇奉聖容之禮，封建增蒙古王公，皆以今制所有而加；市糴刪均輸、和買、和糴，選舉刪童子科，兵刪車戰，皆以今制所無而省；至象緯增推步，物異刪洪範五行，國用分爲九目；尊號冊封之典，自帝系移入王禮，則斟酌而小變其例者也。」（欽定四庫全書總目卷八一欽定皇朝文獻通考）

高宗實錄卷六九一：「乾隆二十八年癸未七月壬申，更定通府品級并旗員武職封典。諭：『朕閱續文獻通考館所進職官考，內有應增改數處，俱經逐一指示，發交該館參考訂正，其有一二條，沿襲舊文，於官制未協者，所當斟酌釐定，以符體制。』」

按馬端臨通考三百四十有八卷，原目二十有四。實以上下數千年，綜貫二十五代，於制度張弛之迹，莫不燦然具備；若是非得失之林，要亦折衷至當；則三百四十八卷之書，不可謂多。乃續通考僅以百五十餘載之事，抽繹敷湊，竟亦增成二百卷書，似又失之過多也。如：田賦舊七卷，今十二卷；錢幣舊二卷，今六卷；戶口二卷，同；職役舊二卷，今五卷；征榷六卷，同；市糴舊二卷，今六卷；土貢一卷，同；國用舊五卷，今八卷；選舉舊十二卷，今十六卷；學校舊七卷，今十四卷；職官舊二十一卷，今十四卷；郊祀舊二十三卷，今十四卷，添羣祀二卷，合十六卷；宗廟舊十五卷，今十二卷、添羣廟六卷，合十八卷；王禮舊二十二卷，今三十卷；樂舊二十一卷，今二十四卷；兵舊十三卷，今十六卷；刑舊十二卷，今十六卷；經籍舊七十六卷，今二十八卷；帝系舊十卷，今七卷；封建舊十八卷，今十卷；象緯舊十七卷，今十二卷；物異舊二十卷，今一卷；輿地舊九卷，今二十四卷；四裔舊二十五卷，今八卷。自職官、郊祀、經籍、帝系、封建、象緯、物異、四裔諸考舊卷稍多於今外，餘皆今多於舊。雖修史著書，今宜詳於古，爲體例所當然；然因與鋪張，泛雜無歸，終嫌詳略失當，自不及馬書之簡要精核者也。不則必如總目所云：「今則聖聖相承，功成文煥，實錄記注，具錄於史官；公牘奏章，全掌於籍氏；每事皆尋源竟委，賅括無遺；故卷帙繁富，與馬氏原本相埒。夫尚書兼陳四代，而周書爲多；禮記亦兼述二王，而周禮尤備；蓋監殷監夏，百度修明，文獻足徵，蒐羅自廣，有不必求博而自博者矣。」

清通典以九門隸事，一如杜氏之舊；其中條例，則或革或因，稍有不同。

「以八門隸事，一如杜佑之舊。其中條例，則或革或因，如錢幣附於食貨，馬政附於軍禮，兵制附於刑法；於理相近，於義有取者，今亦無所更易。至於古今異制，不可強同，如食貨典之榷酤、算緡，禮典之封禪；前朝弊法，久已爲聖代所除，即一例從刪，不復更存虛目。」（欽定四庫全書總目卷八一欽定皇朝通典）

「若兵典首登八旗，地理典分省臚列，謹遵今制。況乎威弧遠懾，式廓皈章；東西南朔，職貢所圖；皇輿所表，更非九州舊域所能包舉。而八旗創建，古所未聞，尤宜專門紀述，以昭世守，不必拘於『大刑用甲兵』之一語也。」（皇朝通典書前提要）

按杜佑通典二百卷，凡分八門：曰食貨，曰選舉，曰職官，曰禮，曰樂，曰兵刑，曰州郡，曰邊防。每門又各分子目。自序謂：「既富而教，故先食貨。行教化在設官，任官在審才，審才在精選舉，故選舉、職官次焉。人才得而治以理，乃興禮樂，故次禮次樂。教化墮則用刑罰，故次兵次刑。設州郡分領，故次州郡，而終之以邊防。」所載上溯唐虞，訖於唐之天寶、肅、代以後，間有沿革，亦附載註中。此書則起於清初，訖於乾隆五十年。凡食貨十七卷，選舉五卷，職官六卷，禮二十二卷，樂五卷，兵十二卷，刑十卷，州郡七卷，邊防四卷。綜目一仍杜氏之舊。惟杜氏以兵制附於刑後，此則兵、刑各爲一篇，稍有不同。又原目無典字，此亦增之，爲小異耳。攷陳振孫書錄解題載「杜氏書中有通典，上下數千載，爲二百卷；而其中四卷，爲開元禮。」斯編所載，不過百五十餘載，爲一百卷，而禮則二十有二卷，適如原書卷數之半。亦據大清通禮及皇朝禮器圖式諸書，多爲補綴，終嫌繁冗，失之過當也。

清通志二十略之目，與鄭氏原本同。而紀、傳、年譜，則省而不作。其子目汰補刪併，亦復不少。

「二十略之目，亦與鄭樵原本同。而紀、傳、年譜，則省而不作；蓋實錄國史，尊藏金匱，與考求前代，刪述舊史，義例固不侔也。至於二十略中，有原本繁而今汰者三：都邑略中，樵兼載四裔所居，非但約略傳聞，地多無據，且外邦與帝京並列，義亦不安，今惟恭錄興京、盛京、京師城闕之制，以統於尊；謚略中，樵分三等二百十品，多所臆定，今惟恭錄賜謚，以昭其慎；金石略中，樵所採頗雜，今惟恭錄列聖寶翰，皇上奎章，兼及御定西清古鑑、三希堂帖、淳化軒帖、蘭亭八柱帖諸刻，餘悉不登，以滌其濫。有原本疎而今補者二：天文略中，樵惟載步天歌，今則敬遵聖祖仁皇帝御製儀象考成、靈臺儀象志、皇上御製儀象考成後編，會通中西之法，以究象緯之運行；地理略中，樵以四瀆統諸水，而州縣郡道以水爲別，今則於其不入四瀆者，大河以北，如盛京京畿諸水，大江以南，如浙、閩、廣、粵諸水，以及滇南漠北諸水，自人南北海者，並一一補載，而河有重源，今底定西域而始知者，亦恭錄聖製，以昭示來茲。有原本冗瑣而今刪併者三：藝文略中，樵所列既多舛譌；校讎略中，樵所舉亦未精確；圖譜略中，樵分記有、記無二類，而記無多至二十六門，既多虛設，如繫樹、試馬、鬭羊、對雉諸圖，尤猥雜無取，今並以欽定四庫全書總目爲斷，以折其衷。有原本之所未聞者三：六書略中，以國書十二字頭、括形聲之變化，併以欽定西域同文志臚列蒙古、西番、托忒、回部諸字，絲聯珠貫，音義畢該，非樵之穿鑿偏旁所知也；七音略中，以國書合聲之法，爲翻切之總綸，而兩合三合之中，有上下連書，有左右並書，有重聲大書，輕聲細書，以欽定同文韻統爲華梵之通津，以天竺五十字母配合成一千二百十二音，又以西番三十字母配合成四百三十四音，而各釋以漢音，漢音不具，則取以合聲，非樵株守等韻所知也；昆蟲草木略中，樵分八類，五朝續通志已爲補漏訂譌，至於中國所無，而產於遐方，前代所無，而出於今日，如金蓮花、夜亮木之類，見於欽定廣羣芳譜，普盤櫻、額琪達罕、秦達罕之類，見於聖祖仁皇帝幾暇格物編，北天竺、烏沙爾、器火雞、鍩漠、鮮知時草之類，見於御製詩集，如奇石、食、貨醫術之類，見於欽定西域圖志，尤非樵之抱殘守匱所知矣。蓋艸始之作，考校易疎；論定之餘，體裁益密。生於衰微之世，則耳目難周；生於明備之朝，則編輯易富。樵當宋之南渡，局於見聞；又草創成書，無所質證，故踳駁至於如斯。以視遭逢昌期，仰承聖訓，得以蒐羅宏富，辨證精詳，以成一代巨觀者，其瞠乎莫逮，亦良有由矣。」（欽定四庫全書總目卷八一欽定皇朝通志）

按鄭樵通志二百卷，凡帝紀十八卷，皇后列傳二卷，年譜四卷，略五十一卷，列傳一百二十五卷。其紀傳刪錄諸史，稍有移掇，大抵因仍舊目，爲例不純。其年譜仍史記諸表之例；惟間以大封拜、大政事，錯書其中，或繁或漏，亦復多歧；均非其注意所在。其平生之精力，全帙之菁華，惟在二十略而已。故此編既刪紀、傳、年譜，惟存二十略之目，亦其宜也。然以百五十餘載之事，酌爲門目之分合，張弛增補，亦不能不飾而虛載；故卷目加繁、溢於舊笈。如：氏族舊六卷，今十卷；六書舊五卷，今三卷：七音舊二卷，今四卷；天文舊二卷，今六卷；地理舊一卷，今八卷；都邑舊一卷，今四卷；禮舊四卷，今十二卷；謚舊一卷，今八卷；器服舊二卷、今六卷；樂二卷，同；職官舊七卷，選舉舊二卷，今皆各增一卷；刑法舊一卷，今六卷；食貨舊二卷，今十六卷；藝文舊八卷，今八卷；校讎、圖譜、金石、災祥舊皆一卷，今八卷、二卷、七卷、三卷；昆蟲草木二卷，同。舊纔五十一卷，今則一百二十六卷，已增一倍以上；似但知求勝於古人，而未嘗酌乎繁簡之中者也。故自清初訖於乾隆五十年，典制之源流，政治之得失，雖條分件繫，綱舉目張，終不免雜亂重複之譏矣。

故知清之三通，一時並纂，體例雖或互異，事實什九從同；通考兼編年紀事以爲文，已包典、志而有之矣。然則書雖爲三，足成巨觀；而理重事複，遞相模效，猶屋下架屋，牀上施牀耳，其可議者，豈少也哉？

按之三書，通考最稱詳備；惟以體例所限，有通志所有而爲通考所無者，氏族、六書、七音、謚法、校讎、圖譜、金石、昆蟲草木八略是也。

按此八略皆鄭氏自出新意，非前史所有，不專繫於一時一代。今亦徒取其說，但據八旗氏族通譜，於各族得姓所始，表之以地，系之以名，依類臚列，作氏族略。又以國書十二字母、清篆三十二體、及御定西域同文志，於滿洲、蒙古、西番、托忒、回部之字，悉具次第書，作六書略。而國書合聲切音之法，有三合四合之別，爰據欽定音韻闡微、御定同文韻統，以梵音合國書切韻，復以國書切韻叶華音字母；至於番部與國，釋家梵典，一經繙譯，並得準聲；作七音略。通志諡略，凡二百十品，分爲三等，乃鄭氏意爲增損，並非定制；此編亦仍其目，自諸王以及內外大臣之例得請諡追諡者，莫不敘載，作諡略。以上四略，於氏族、賜諡，既不能備書；而六書、七音，更庳漏無次；強爲配合，徒覆甑耳！至校讎、圖譜二略，與藝文略相爲表裏；今四庫全書提要具在，此則亦宜從刪 而金石略稍撫碑刻法帖，昆蟲草木略但載異果珍禽，固非多識之資，亦在可刪之列者也。

有通考所有而爲典、志所無者，帝系、封建二考是也。

按帝系考倣馬氏例，首敘帝王之姓氏出處，及其享國之期，改元之數，以及各代之始終；次及后妃、皇子、公主、皇族；其可考者，悉著於篇，固不爲失。至馬氏列封建一門，已不免名實不符之譏；而此猶仍舊名，卷中按條標目，又別稱封爵，是自亂其例，烏足論哉？

有通考、通典所有而爲通志所無者，兵考、兵典是也。

按兵考子目有九：曰兵制，曰兵額，曰軍令，曰禁衛兵，曰直省兵，曰藩部各旗，曰教閱，曰馬政，曰軍器。蓋本諸列朝實錄、五朝國史兵志、高宗起居注冊、大清會典、及兵科錄書諸書，凡有關兵制者，參攷排纂，具載於篇。兵典敘兵制，分八旗、駐防、綠營、藩部四門，而以恩卹、軍令、軍政、教閱、軍器、馬政，依類備載；並附巡防、兵籍於其後。較諸略稍異，名目有別耳。

有通考、通志所有而爲通典所無者，象緯考、天文略，經籍考、藝文略，及物異考、災祥略是也。

按通考之象緯，即通志之天文；經籍即通志之藝文；物異即通志之災祥也。鄭志天文略，馬氏象緯考顧依據之。今既三通並纂，先輯象緯考矣，後又成天文略，皆首時憲，次兩儀七政恒星總論，次儀器，次二垣二十八宿，次日月行道、次晦度偏度中星，次五星，次日食，次月食，次月五星凌犯，次星雲瑞變，序次條目，大致相同。經籍考仍馬氏例，以經、史、子、集分：經則首五經、論語、孟子，次孝經，次經解，次四書，次樂，次儀注，次小學，凡爲類一十有二。而禮類遵欽定三禮義疏，先周禮而後儀禮。樂類中琴譜等，從四庫書例，改入子部藝術類。若讖緯諸書，久爲弗道，故不復存目。史則悉仍馬氏之舊：曰正史，曰編年，曰起居注，曰雜議，曰雜史，曰傳記，曰載記，曰史評，曰史鈔，曰政書，曰職官，曰地理，曰時令，曰譜牒，曰目錄。攷馬目有僞史、霸史，續考改之爲載記，此則仍之。章奏一門，馬氏本列集部別集之次；顧論事之文，與史部爲宜，故特增奏議類，次起居注後。故事一門，史家多載前代事蹟，茲從四庫書例，易其名曰政書。至刑法爲民命所關，固已列於政書類法令中；是以刑法門不復更立名目也。子則遵續考例，去馬氏之陰陽、房中、名家、墨家、縱橫家五類，而增譜錄一門，故仍分十八門：儒家、法家、雜家、小說家、農家、譜錄、天文、推算、五行、占筮、刑法、兵家、醫家、類書、雜藝術。至於道家、釋氏、神仙，別有專藏，惟取其有資掌故者，附見於後，循四庫書例也。集則子目凡五：曰楚辭，曰別集，曰詩集，曰歌詞，曰總集。而文史仍附總集之後。唯是章奏一門已改爲奏議，隸史部，則此自不應複見。藝文略亦就經、史、子、集分爲十二總類，以符鄭志原目。至各子目，則多改併，如圖譜既別爲專門，鄭志藝文略內，復多互載。此則俱應歸入圖譜略內，以省緐複。若經類周易一門，有辨論圖書名爲圖說而實未嘗作圖者，亦仍列此略，以從其實。總觀兩書，皆本欽定四庫全書以爲依據，區分部別，次第秩如。惟是四庫具在，搜檢自易；以配二氏之目，強列兩書；既鮮考訂之功，尤乏評騭之論，但知堆砌，詎成作構？

其餘門類分合，雖各有不同；然典、志二書，多仿通考，而微異其體耳。今稍稍案之，即可以得之矣。

通典之食貨，通志有之，而通考析爲田賦、錢幣、戶口、征榷、市糴、國用六門是也。

按田賦考子目有五：曰田賦之制；曰八旗田制，附內務府官莊、宗室官員兵丁莊田、八旗莊田數、盛京莊田、駐防莊田；曰水利田；曰屯田；曰官田，附籍田、學田、直省公田、牧地之類。錢幣考不分子目，凡銀色之高下，銀直之輕重，並載於此。戶口考子目有三：曰戶口丁中賦役，曰八旗戶口，曰奴婢。均按類備載。征榷考子目有五：曰征商，附以關市；曰鹽；曰榷酤；曰坑冶；曰雜征斂，附以津渡山澤。市糴考子目有二：曰市，曰市舶互市，曰糴。舊目有均輸、和買、和糴，今既無其事，自合删去。國用考子目有九：曰節用，曰庫藏，曰賦額，曰用額，曰會計，曰俸餉，曰漕運，曰蠲貸，曰賑卹。按鄭志惟漕運、賑卹、蠲貸各爲一門，餘均以歷代國用統之，未爲明晰；此則分列九門，由前五者，而制用之道已備；由後四者，則其用之大者亦舉；述其制度，以次類叙。至若典、志，大抵因仍舊目，取材略同。食貨典分田制、水利、賦稅、戶口丁中、八旗戶口、錢幣、漕運、鹽法、輕重、市糴、蠲賑十一門。並以民田、官莊、駐防莊田、官田、屯田，列於田制之下；以河工、海塘，列於水利之下；以田賦、丁銀、鹽課、關榷、雜稅，列於賦稅之下；以平糴、常平倉、義倉、社倉、鹽義倉，列於輕重之下；尚稱得體。食貨略但分田制、賦稅、戶口丁中、八旗、蠲賑、平糴、錢幣、關榷、鹽法、屯田、市易、漕運、水利、河工、海運十五門，不另分子目。皆不過十六七卷。雖云簡要，終嫌疏漏。而況三書限斷既同，取材又復無異；即無容兩筴複陳，徒勞紙墨。以視通考六門，多據賦役全書及會典諸書，條目完備，去取明斷，自不可同日而語者矣。

典、志禮、樂、職官、選舉、刑法之目，通考皆有之。

按禮典、志皆以吉、嘉、軍、賓、凶五禮分，既符杜、鄭二氏原目，亦所以從唐五禮篇目次序也。兩書所載，大致相同。吉有郊、雩、朝日夕月、風師雨師、北郊、社稷、山川、太廟、時享、祫祭、功臣配享、謁陵、（志作上陵）釋奠闕里、佐祀諸禮。惟志之歷代帝王廟，典則無之。志以巡幸為吉禮，典移入嘉禮中。典有奉先殿、壽皇殿、恩佑寺、安佑宮、永佑寺、傳心殿諸禮，志亦未載。嘉有朝賀、御門聽政、冊封、婚禮、冠服、寶印、車輿、頒詔、頒朔、進書、進實錄、進玉牒、經筵、臨雍、闕里講學、巡幸、優老、燕饗、鄉飲酒諸禮。志自婚禮以下，稍叙經筵、臨雍、頒朔、鄉飲酒、及以巡幸入吉禮外，餘皆無之。軍有大閱、大狩、親征、命將出征、凱旋郊勞、受降、獻俘、受俘、日月食救護諸禮。志不載日月食救護，而以大閱、大狩殿焉。賓則志有外國朝貢、敕封外國，而無信節、館儀之目。凶又兩書全同，自列聖、列后、貴妃、皇子、親王、福晉、公主以下喪儀及服制，莫不叙載。大抵定制本乎大清會典則例，形模多依皇朝禮器圖式；至於儀注，悉以大清通禮為準。誠以經制文章，與儀節度數，並相輔以行也。通考依馬氏例，於王禮考外，別立郊祀、羣祀、宗廟、羣廟四考。王禮考既從原目，列朝儀、巡狩、田獵、冠冕、服章、圭璧、符璽、車旗、鹵簿、及國恤、山陵等禮；又增入登極、上尊號、徽號、冊立、冊封、皇子公主婚嫁等儀，以符有清一代之制。郊祀考子目十四：郊、社、后土、雩、日月星辰、社稷、堂子、山川、耕耤祭、先農、親蠶祭、先蠶、告祭、祈禳。羣祀考首列京師，而直省並祀者附焉；專祀於直省者次之。宗廟考首太廟，附以升祔儀、時享、祫祭、功臣配享；次奉先殿、壽皇殿，而以安佑宮、永佑寺終之。羣廟考首載歷代帝王廟，次歷代帝王陵，次諸臣祠；又次特祀；又次京師王廟、京師功臣宗祠，亦猶古諸侯之有家廟也。而親王、世子、郡王、貝勒、貝子、宗室、品官家廟，與夫庶士、庶人家祭，皆備錄其儀文；而大夫士庶之禮，亦皆在是矣。

樂　典分爲樂制、祭祀樂、朝會宴饗樂、歌、雜歌曲、舞、雜舞曲、導迎樂、鐃歌鼓吹樂、散樂、雜樂、四方樂、十二律、製造、樂器、樂縣、諸議十七門。有前書所未備者，量爲增置；至清樂爲唐以前所尚之聲，坐立部伎爲有唐一代之制，故皆從刪。略則但分正聲、遺聲、祀饗正聲、祀饗別聲，附以樂舞。考乃於俗部樂後，附以女樂；散樂後，又加百戲；改四方樂爲夷部樂，而別立徹樂一目；餘則與典略同。大抵三書皆本律呂正義及後編，而稍加變通者也。

職官　略分官制、官階、祿秩、官品四門。典則自宗人府官屬、內閣官屬、至藩部各官、土司各官，終之以文武官階、祿秩、秩品。考則內而八旗各部院，外而督撫提鎮，滿漢並用，文武兼資，因時制宜，無弗周備。故首載建官規模，詳稽各官之裁設職掌，附以祿品之制，可謂詳明者矣。

選舉　典分選舉制、考績二門，而以文科、武科、文選武選附之。略則又增學校一門，是爲得之。乃考於舉士、登科總目、孝廉方正、武舉、任子、吏道、方伎、舉官、辟舉、考課十門外，別立學校一考，分宗學、旗學、太學、直省鄉黨之學、祠祭褒贈錄後、視學養老六門。於一代學制，敘之更爲詳盡。以視職官典於學政下，略附各府州縣儒學官屬，並不詳其典制源流，爲何如耶？

刑　考首刑制；次徒流、附以配沒；次詳讞、附以平反；次贖刑；次赦宥；而以寬恤殿焉。於是斬、絞、徒、流、笞、杖之條具，而朝審、秋審、熱審之制詳。至於振興明作，矜慎周詳，別內外之積弊，儆法司之偏私，懲廢弛迎合之陋習，播之訓誥，垂之令甲者，亦詳著於篇。典則於條目稍爲增刪更定。略倣會典所載，凡列刑制、律綱、聽斷、秋朝審、欽恤五門，乃以肉刑附於刑制之後　其餘四門，各自爲卷，仍標以刑制原題，而分別子目。於欽恤析出赦宥，而以放生終焉。蓋期於克備清代之憲章，而復不紊鄭氏之體例云。

通典之州郡、邊防，通志之都邑、地理，即通考之輿地、四裔也。

按輿地、州郡、地理三者，悉遵有清一代之制；自京師至各省以及各扎薩克部落，凡地名之因革增省，皆以當時見在者為準。東越瀛壖，西窮濛汜，北逾漠野，南軼炎陬，聲教之覃敷，靡遠弗屆；舉大荒以外之地，無不棊置星羅，包在提封。若仍三氏舊目，以禹貢九州為綱，則是羸出之地，多於正數，轉失分綱之本意矣。至杜書各州之後，附以風俗；夫風俗相沿，本非一成而不可易，故此從略。鄭略首載水道一門，此亦沿而不改。誠以水道係鄭氏所創撰，所謂地理以水為主，郡、縣、州、道，皆由水以別也。至於歷代封畛，則悉仍通典原文。故其先後之序如此。

四裔考舊分東、西、南、北四面。王圻續考增東南、西南二面。此以南洋諸國由南方通及西南，日本、琉球由正東通及東南，新附布嚕特、安集延、巴達克山、愛烏罕諸部由西北而及正西，皆壤地相接，難為強斷，爰以環瀛之大，總分四正方位耳。至邊防典唯載荒外諸國，而不及內地沿邊市戍之政，即用列史四裔傳之例，分方敘載。都邑略首載城郭之制，而宮室苑囿即附見焉。至鄭氏附紀四夷之都，此則以為未能確指其建國之地，且以外國所都，與京邑並列，未免部分失當，遂悉從刪去，似失之矣。

通志之器服，則又與通典之嘉禮、通考之王禮互見者也。

按皇朝通志卷五六器服略序云：「欽定皇朝禮器圖式御製序文有云：『籩豆簠簋，所以事神明也。前代以登盤充數，朕則依古改之。至於衣冠乃一代昭度，夏收殷冔，本不相襲，朕則依我朝之舊而不敢改焉。』……今纂皇朝通志，恭依皇朝禮器圖式、大清會典，撮舉大要，輯器服略六卷。」皇朝文獻通考卷一四一王禮考一七冠服序亦云：「恭讀皇上欽定皇朝禮器圖式御製序文有云：『……。』【按所引與志全同】……茲據皇朝禮器圖式，以類敘次。」皇朝通典卷五一嘉禮序則謂：「至於冠服、輦輅、旗章之制，悉經睿裁，以次釐正，並為皇朝禮器圖式一書。謹稽圖說，詳著於篇。並從會典通禮之例，按次編載。」是知三書所本，皆以會典、通禮、及禮器圖式諸書為依據；故其雖為三，其實一也。

三、取材

據皇朝文獻通考齊前提要云：「今則聖聖相承，功成文煥，實錄記注，具錄於史官；公牘奏章，全掌於籍氏；每事皆詳源竟委，賅括無遺，故卷帙繁富，與馬氏原本相埒。」而皇朝通典齊前提要更詳之云：「今則謨烈昭垂，各成完帙：禮有大清通禮、皇朝禮器圖式，樂有聖祖御製律呂正義、皇上御製律呂正義後編，刑有大清律例，兵有中樞政考，地理有皇輿表、大清一統志、欽定日下舊聞考、盛京通志、熱河志、皇輿西域圖志。又有大清會典及則例，總其綱領；八旗及六部則例，具其條目；故纂分件繫，端委詳明。」可見當時編纂，旁徵博引，取材固至廣也。今稍稍按之，知其已著所本者，不下數十百種，乃分為十五類，依次臚列，以概其餘云。

一、本於實錄。

「茲按五朝實錄……敬謹編載，以垂示無極。」（考卷一三〇王禮考六登極）

「臣等敬稽列聖實錄。」（考卷一七九兵考序）

「臣等恭讀列祖實錄。」（考卷二〇六刑考一二詳讞）

「今欽天監紀順治元年以來所紀日食，自食及一分以上者，具詳宿度時刻分秒；至食不及一分者，則據實錄所書而列之。」（考卷二六三象緯考八日食）

「臣等謹案實錄。」（考卷二六六葉五上「光緒二十七年上海圖書集成局本，下同。」）

「臣等恭閱列聖實錄以及累年記注，謹齊其尤要者，次第釋載。」（典卷一八選舉序）

「臣等謹考實錄、記注所載，各按年月纂紀如左。」（典卷六二凶禮二列后大喪）

「伏考列朝實錄所載，……至於實錄、記注所齊詔諭，凡論列刑名而垂為令甲者，俱敬謹備載」（志卷七五刑法略序）

「臣等伏讀太宗文皇帝實錄曰……」（志卷八一食貨略序）

二、本於國史。

「茲別立八旗田制一門，考稽國史，分年排纂。」（考卷九田賦考五八旗田制）

「今據國史職官志及會典文武官制。」（考卷九〇葉二下）

「臣等敬稽……五朝國史兵志。」（考卷一七九兵考序）

「詳其國史本傳。」（志卷五二葉七）

三、本於起居注。

「乃恭閱記注。」（考卷四二葉九下）

「茲恭纂……皇上乾隆元年至二十五年起居注冊。」

（考卷一〇七宗廟考序）

「其詳見於起居注，編年紀月，有舉必書；茲惟恭載最初一次，嗣後事同一例者，不備書。」（考卷一三六王禮考一二謹案）

「臣等敬稽……皇上起居注册，……凡有關兵制者，參酌排纂，具載於篇。」（考卷一七九兵考序）

「五朝實錄，炳朗中天，聖訓煌煌，昭垂奕葉；凡史局所尊藏，記注所恭載，……敬謹纂輯。」（考卷二二〇經籍考一〇起居注）

四，本於玉牒。

「臣等奉命恭閱宗人府尊藏帝系玉牒……敬謹編纂。」（考卷二三九帝系考序）

「恭遵玉牒，分析編纂。」（考卷二四三帝系考五皇族）

「餘詳玉牒。」（考卷二四三—五）

五，本於則例。

「臣等恭讀列朝……聖訓及我皇上御極以來宜示辦理刑名諭旨，不啻數千萬言；……謹就事約舉，編輯大要，以彙其衆。」（考卷二〇六刑考一二詳讞）

「臣於詳讞一門，既備載恤刑諭旨。」（考卷二一〇刑考一六讞附）

「所奉諭旨，按年恭錄。」（考卷二四六封建考一同姓封爵）

「恭讀諭旨，詳著於篇。」（典卷四九吉禮九歷代帝王）

「臣等纂輯皇朝禮典，即恭載太宗文皇帝聖訓，並乾隆三十七年所奉諭旨，敬錄篇首，以垂示萬禩。」（典卷五四嘉禮四冠服）

「凡隨時舉行之制，及祇奉諭旨遵行者，悉纂紀於篇中。」（典卷六一凶禮一）

六，本於會典。

「至八旗王公以下，各有莊屯田土；其圈撥之制，變糧之額，載在會典，宜大書以彰昭代之洪規。」（考卷一田賦考序）

「以上存留之數，歲亦不齊，茲據會典則例。」（考卷四〇粟五上注）

「今謹依會典各衙門序次敬輯，以昭本朝制度云。」（考卷八〇職官考序）

「今依會典所載，並新定章程，錄大要以備考云。」（考卷九〇粟二）

「又所定章程，並載入會典則例者，謹因官階而附錄封典之制如此。」（全上）

「謹依會典所列事蹟……別為象緯考。」（考卷一〇五象

祀考序）

「參稽大清會典……成宗廟考。」（考卷一〇七宗廟考序）

「茲按……大清會典，敬謹編載，以垂示無極。」（考卷一二〇王禮考六登極）

「今據本朝會典……所述大婚册立之儀，載於王禮考」（考卷一二三王禮考九册立）

「今據大清會典……所述皇子親王以下婚儀，公主以下下嫁儀，著於王禮考。」（考卷一二五王禮考九婚嫁儀）

「茲據大清會典……敬謹編次。」（考卷一四三王禮考一九璽寶符印）

「今據大清會典所載王公以下儀衛及文武各官儀從輿馬之制，具著於篇。」（考卷一四六王禮考二二車輿儀從）

「會典列爲太皇太后喪儀，今遵其例。」（考卷一四八王禮考二四國恤）

「會典列爲皇后喪儀，今從其例。」（考卷一四九王禮考二五國恤）

「謹遵大清會典……敍次謁陵祭陵禮儀。」（考卷一五三王禮考二九山陵）

「臣等敬稽……欽定大清會典，……凡有關兵制者，參酌排纂，具載於篇。」（考卷一七九兵考序）

「以上起運銀數，均謹按會典則例載入。」（典卷七葉五上注）

「以上蘆課，謹按會典則例載入。」（典卷七葉七下注）

「以上稅則，均按會典則例載入。」（典卷八葉三上）

「審編之規，載於會典，尤宜特書；茲備述典，謹以類從，合爲一卷。」（典卷九食貨九戶口丁中）

「有大清會典則例以詳其制度，……謹考典文，次第篇紀，爲皇朝禮典二十二卷。」（典卷四一禮吉一）

「謹依會典……所載，考其由來，詳厥典禮，彙爲專篇云。」（典卷五〇吉禮一〇[illegible]）

「茲據大清會典所述寶印之制，敬謹編次。」（典卷五四葉九上）

「伏考大清會典所述，……茲惟詳敍儀節，以次增定之制。」（典卷五五葉七上）

「今考大清會典亦未載時儺之制，謹從删去。」（典卷五九葉一三上）

「臣等謹遵會典之例，分條編輯。」（典卷六一賓禮一）

「謹據大清會典則例，臚敍馬政於左。」（典卷七九兵一二馬政）

「今遵大清會典成例，敍釋奠於帝王廟之後。」（志卷八一

賓禮六釋奠）

「謹稽大清會典…述大閱、大狩二篇。」（志卷四五軍禮二）

「恭依……大清會典，撮舉大要，輯器服略六卷。」（志卷五六器服署序）

「今遵……大清會典，輯爲車輅一門。」（志卷六〇器服署五車輅）

「今謹依大清會典序次，輯職官略八卷。」（志卷六四職官署序）

「查會典散佚，概以欽恤；今析出各自爲卷，從鄭例也。」（志卷八〇刑法署六散佚）

七，本於通禮。

「考儀於今日，以通禮爲定。」（考卷九四郊社考四郊）

「其儀節謹抄大清通禮，成宗廟考十二卷。」（考卷一〇七宗廟考序）

「今據……通禮所述。」（考卷一三三王禮考九册立）

「惟上尊諡儀，恭檢大清通禮，列在奉移山陵之前，故載於此。」（考卷一四七葉一一上）

「若夫謁陵之禮，與廟享相表裏；大清通禮列在吉禮，今恭載於後。」（考卷一五〇王禮考二六山陵）

「以上儀注，見大清通禮。」（考卷一九二葉九下）

「其儀注悉以通禮爲準云。」（典卷四一吉禮一）

「並從會典、通禮之例，按次編載。」（典卷五一嘉禮一）

「今從大清通禮之例，以臨雍入嘉禮。」（典卷五六嘉禮六臨雍）

「今從大清通禮之例，以軍禮移於賓禮之前。」（典卷五八軍禮一）

「凡朝儀朝位，已登之嘉禮，……大清通禮以燕之賓禮，今謹從此。」（典卷六〇賓禮一）

「茲謹遵大清通禮次第，序於賓禮之前。」（志卷四四軍禮一）

八，本於律例。

「世祖章皇帝……特命儒臣纂輯大清律。……聖祖仁皇帝……復加恩刑章，增定律例。……我皇上……御極之元年，卽諭重修律例，折中損益，彙成奏進。……謹依馬氏，作刑考五卷。」（考卷一九五刑考序）

「世祖章皇帝……頒行大清律。……聖祖仁皇帝……增定律例。……世宗憲皇帝……釐定大清律集解。……我皇上……欽頒大清律例四十七卷。……臣等謹從杜氏之例，編輯刑典。」（典卷八〇刑序）

九，本於各部署則例。

「惟戶、工兩部則例內，凡宮府內外需用物料，於各直省原產處所，令有司支款置辦造册報銷者，謹著於篇。」（考卷三八土貢考序）

「臣等謹按中樞政考。」（考卷五三葉一〇上）

「臣等謹按欽定吏部則例滿漢官員品級，各自分載，以著銓除之源。茲編按品合輯，以便稽考。」（考卷八九職官考一三品級）

「伏查欽定中樞政考。」（考卷八九葉四上）

「欽定工部則例造盔甲式。」（考卷一九四葉八下）

「至於宗人府事例，悉以次詳紀。」（考卷二四三帝系考五皇族）

「其隨時奏准各條，即刊入現行則例，茲已散見選舉制諸篇。」（典卷一八選舉序）

「科場則例。」（典卷一八葉一下注）

「武場事宜。」（典卷一九葉一下注）

十，本於檔案。

「臣等謹案以上據雍正二年奏銷册。」（考卷三葉四上）

「謹將乾隆三十一年以前各省節次奏報，現存穀數，詳載於左。」（考卷三七葉一一上）

「參稽……各檔案。」（考卷一〇七宗廟考序）

「茲據……禮部檔，敬謹編次。」（考卷一四三王禮考一九璽寶符印）

「以康熙五十年錢糧册內，有名丁數，垂爲定額；其滋生人丁，另册編造，永不加賦，謂之盛世滋生册；……茲纂通典，謹編輯田賦。」（典卷七食貨七賦稅序）

「右謹據乾隆二十九年奏銷册開載。」（典卷七葉七上注）

「其有滿洲蒙古姓氏通譜未載而見於八旗通志及各旗檔册者，並爲附載，另立一卷。」（志卷二氏族畧二滿洲八旗姓）

「查八旗檔册所載。」（志卷七氏族畧七）

「惟就……照忠祠檔册等書所有，仍按四聲續載，以備稽覽。」（志卷九氏族畧九）

十一，本於御製詩文。

「伏讀我皇上御製樂善堂文集，並御製文初集；……而御製詩自初集以至四集，篇逾二萬，……分門恭輯。」（考卷二二四經籍考二四集）

「仍恭錄御製詩篇，以彰聖制之盛德。」（典卷六〇實錄序）

「伏讀聖製河源詩。」（志卷二五地理畧水道一黃河）

「臣等恭讀御製詠諡法詩案語。」（志卷四八諡畧序）

「臣等謹案輯……御製詩集文集所載圖譜，聖明親加釐定者，弁於編首。」（志卷一一三圖譜畧序）

「伏讀我皇上御製文集詩集。」（志卷一二五昆蟲草木略序）

十二，本於欽定諸書。

「以……古今儲貳金鑑一書……謹述之卷中。」（考卷一三四王禮考一〇冊立）

「茲據皇朝禮器圖式，以類敘次。」（考卷一四一王禮考一七冠服）

「伏讀聖祖仁皇帝御製律呂正義一書……皇上重輯律呂正義後編。」（考卷一五五樂考序）

「其見於禮器圖及西清寶鑑等書者三，今謹詳列其制，以補前考所未備。」（考卷一六一樂考七樂器）

「律呂正義後編曰。」（考卷一六一—七）

「律呂正義曰。」（考卷一六一—七）

「禮類次序，謹遵欽定三禮義疏。……樂類中舉譜等，從欽定四庫全書之例。」（考卷二一一經籍考序）

「聖祖仁皇帝御製考成上下篇，……皇上增定後編，重修儀象，……各區分其條目，以著於編。」（考卷二五六象緯考序）

「聖祖仁皇帝著曆象考成一書，……我皇上復……著爲後編，……茲敬錄總論諸篇，彙爲一卷。」（考卷二五七象緯考二兩儀七政一

「茲以御製曆象考成後編、欽定協紀辨方書所頒數度爲準，而備詳推步之法焉。」（考卷二六〇象緯考五日月行道）

「御製準噶爾全部紀略。」（考卷二八四葉四上）

「御製土爾扈特部紀略。」（考卷二九一葉五上）

「其儀節未詳……欽定滿洲祭神祭天典禮。」（典卷四三葉六）

「臣等謹據……欽定職官表，……分門別序。」（典卷二三職官序）

「定鼎之初，……定正賦役全書。……茲纂通典，……紀其始末，彙爲四卷。」（典卷一食貨一田制）

「臣等謹案皇朝冠服之制，悉照欽定禮器圖式，以類敘次於後。」（典卷五四葉二上）

「茲據皇朝禮器圖式，謹彙敘成編。」（典卷五四葉六上）

「聖祖仁皇帝……欽定律呂正義一書，……我皇上……重輯後編，……分類記載，……詳爲增訂。」（典卷六三樂序）

「採入律呂正義後編者，並爲錄入。」（典卷六七樂七）

「伏讀聖製八旗氏族通譜，……謹撮載大略。」（志卷一氏族略序）

「茲據乾隆九年以後七政時憲，約舉其綱領云。」（志

卷二一天文略四）

「臣等謹案靈台儀象志所載，……又儀象考成所載，……具詳載於器服略內。……今恭錄御製儀象考成序及南懷仁載進呈序說，另……爲一卷。」（志卷二三天文略六儀象）

「今據皇朝禮器圖式，自天文測量及鐘表諸品，謹載於篇。」（志卷五七器服略二儀器）

「今遵皇朝禮器圖式，……輯爲車輅一門。」（志卷六〇器服略五車輅）

「詳載皇朝禮器圖式，茲並敬謹編輯爲鹵簿一門。」（志卷六一器服略六鹵簿）

「茲之所載，謹從皇清文穎、幸魯盛典、平定兩金川方略諸書內錄入。」（志卷六二樂略二下）

「茲所編輯，一遵律呂正義後編所定。」（志卷六三樂略二配□正聲）

「臣等謹裒輯冊府御定諸書，……弁於編首。」（志卷一二三圖譜略序）

「見聖祖御製幾暇格物編。」（志卷一二五—六）

「按之欽定西域同文志、同文韻統、三合清文鑑、五譯合璧集要諸書。」（志卷一一六音略序）

「聖祖仁皇帝……御定清文鑑、康熙字典、音韻闡微諸書，……我皇上欽定增訂清文鑑、……欽定同文韻統、西域同文志、五譯合璧集要諸書，……提綱舉要，總其大凡。」（志卷一四七音略序）

十三，本於地志。

「今遵大清一統志暨各省全志所載，敬謹採輯，以爲夷部樂考。」（考卷一七七樂考二三夷部樂）

「謹就……各省通志所紀，見聞稍異，信而有徵者，著於篇。」（考卷二六八物異考序）

「臣等謹案江南通州志。」（考卷一六八樂□上）

「今考八旗通志內名臣、勳臣、忠烈各傳……所載，有八旗氏族通譜所未見者，謹另載一卷。」（志卷七氏族略七）

「惟就國朝題名碑及各直省選舉志、職官志……等書所有，仍按四聲編載，以備稽覈。」（志卷九氏族略九）

「紀地之圖書，則有欽定輿地全圖、欽定大清一統志，……謹篇爲四卷。」（志卷二四地理略水道一）

「並命備臣纂輯河源紀略。……略云。」（志卷二五地理略水道二黃河）

「謹遵欽定輿地全圖、欽定皇輿西域圖志所列諸水。」（志卷二七略六）

「謹遵皇輿表成式，載於盛京篇中；……並遵欽定一統志

條例，依次甄載。」（志卷二八地理略疆域一）

「臣等謹案日下舊聞考，於京畿內，首載城市郊坰，今依此爲例；此下各直省，則依職方所列爲次。」（志卷一〇八葉六上）

「若夫各省通志及府州縣志所紀瑞應甚多，其未經具奏者，概不敘入。」（志卷一二四災祥略三紀祥）

「見……盛京通志。」（志卷一二五—六）

「見熱河志。」（仝上）

「見西域圖志。」（仝上）

「見皇朝職貢圖。」（仝上）

「見盤山志、日下舊聞考。」（仝上）

十四、本於器物。

「御定交泰殿寶譜。」（考卷一四一葉二上，典卷五四—六二）

「御定盛京尊藏寶譜。」（考卷一四三葉三下，典卷四五葉一一上）

「凡舊法及西法諸器，藏於天府，可備參驗者，臚列於後焉。」（考卷二五八象緯考三儀器）

「御定印譜。」（典卷五四葉一五下）

十五、本於私人撰述。

「陳暘樂書曰。」（考卷一六四—六）

「而以臣下之單行詩集，敬附於後。」（考卷二三四經籍考二四集詩集）

「至於本於本朝諸臣講求音韻之書，如：顧炎武之古音表、唐韻正音論、易音、詩本音，毛奇齡之古今通韻，紀容舒之孫氏唐韻考，江永之古韻標準，……提綱舉要，總其大凡。」（志卷一四七音韻略序）

「臣等謹案徐文靖管城碩記載。」（志卷一九葉九下）

「臣等謹案物理小識云。」（志卷一二一葉二上）

「南懷仁靈台儀象志序。」（志卷二三）

「南懷仁新製六儀記。」（仝上）

「戴進賢璣衡撫辰儀記。」（仝上）

「若本朝諸臣專家圖譜之學，可資考證者，稽諸四庫，……依次登載。」（志卷一一三圖譜略序）

「準宛平于奕正天下金石志例，各以地相屬。」（志卷一一五金石畧序）

「見佩文齋廣羣芳譜。」（志卷一二五—六）

「見臣徐葆光中山傳信錄。」（仝上）

「見臣高士奇扈從錄。」（仝上）

「見查慎行考牧集。」（志卷一二七）

「今敬錄聖祖仁皇帝欽定詞譜冠於前，而以諸臣所撰詞譜詞韻，附於後焉。」（考卷二三六經籍考二六集詞曲）

四 得失

攷明萬曆間，王圻輯宋、遼、金、元、暨明朝典故，以續馬端臨書；而於二十四門之外，多所增補更定。其凡例云：

「今別述黃河、太湖二考，附水利田之後。……

因作河渠考，以附黃河太湖考之後。……

余故別摽節義一目，附學校考之後。……

書院義塾，……乃道學淵源所係，故增附學校考之末。…

作氏族考，以附封建考之末。……

作六書考，附經籍考後。……

作謚法考，附王禮考末。……

海運一門，……附漕運考之後。……

余因作道統考，以附帝系之後。……

余故增摽仙釋一目，附四裔考之末。」（續文獻通考【明萬曆三十一年序刊本】卷首）

凡增黃河、太湖、河渠、節義、書院、氏族、六書、謚法、道統、方外諸考。王氏搜羅且四十年，而後成書，日續文獻通考。溫純序之曰：

「元翰【圻字】，故同余舉進士，又同應召。余給事禁中，元翰爲西臺御史，日相與縱談今昔典故；乃元翰……徙肆力搜羅，且四十年，遂成此考。」（仝上）

共二百五十有四卷。雖云體例糅雜，牴牾叢生；而取材既廣，史蹟實多，故言掌故者，莫不以此爲宗。且自乾隆十二年，詔採宋、遼、金、元、明五朝事蹟議論，彙爲續文獻通考。斷自乾隆十年，上溯宋嘉定以後。初議於馬氏原目外，增朝聘、河渠、氏族、六書四門：

「馬端臨文獻通考，斷自宋寧宗嘉定以前，採摭宏富，體例詳賅。元以來，無能繼作。明王圻始掇拾補綴，爲續文獻通考二百五十四卷，體例糅雜，牴牾叢生；遂使數典之書，變爲兔園之策，論者病焉。然終明之世，亦莫能改修，豈非以包括歷朝委曲繁重，難於蒐羅而條貫之故？我皇上化洽觀文，道隆稽古，特命博徵舊籍，綜述斯編，纂上海之野文，補鄱陽之巨帙。採宋、遼、金、元、明五朝事蹟議論，彙爲是書。初議於馬氏原目之外，增朝聘、河渠、氏族、六書四門（二欽定四庫全書總目卷八一欽定續文獻通考）

即所以從王氏義例也。嗣以續修通志，天文略可該朝聘，地理略原有河渠，氏族、六書，更爲鄭氏之創部；既一書一時並纂，即無容兩笈複陳，故二十四門，仍從馬氏之原目。惟攷高宗實錄卷七七八乾隆三十二年二月丙申諭，有「今續通考，復因王圻舊本，改訂增修」一語，而錢大昕續通志列傳總敘亦云：

「典故則有杜佑、王溥、王欽若、馬端臨、章俊卿、王圻，……今搜采諸書，詳加折衷，其可徵信者，則增入正文；其當兩存者，則附之分注。」（潛研堂文集卷一八）

是知所增四門，後雖刪省，實則續齊全文，多因王氏之舊，大抵以王圻舊本爲藍本者也。乃總目論之云：

「其中如錢幣考之載鈔錄，象緯考之詳推步，於所必增者乃增；物異考之不言徵應，經籍考之不錄佚亡，於所當減者乃減；亦不似王氏之橫生枝節，多出贅疣。大抵事蹟先徵正史，而參以說部雜編；議論博取文集，而佐以史評語錄。其王圻舊本間有一長可取者，沙中金屑，亦不廢搜求；然所存者，十分不及其一矣。至於考證異同，辨訂疑似，王本固爲疎陋，即馬本亦略而未詳；茲皆元元本本，各附案語，一折衷於聖裁。典核精密，纖悉不遺，尤二書所不逮焉。」（欽定四庫全書總目卷八一欽定續文獻通考）

然則既錄其舊文，竊其菁華；而猶毀之詆之，不遺餘力，豈非所謂盜憎主人哉？依愚之鄙見，以爲清之三通，不必三書並列，彼此重複；宜仿王氏續考之例，於二十四門外，多立門目：於所必增者，乃增；於所當減者，乃減。合三書而成一部，廣加纂排，務求詳贍；每事必先繫年月日，而後各附案語於其下。是事增於舊，而書減於前；編輯既易爲力，檢覽亦自瞭然，固不必徒費紙墨，災及梨棗也。

今攷清三通，體例不同，互有詳略，名雖異而實多同，故必折衷歸一。如通典禮、樂、職官、選舉、刑法之目，通志、通考皆有之，而以通典爲尤詳；今既合成一編，自宜以通典爲依據，其餘四門，則應三書互校，刪補移綴，詳著於篇，各成完作也。通志之都邑、地理，即通典之州郡、邊防，通考之輿地、四裔也。按杜氏以唐代之人，而稱州郡之目，尚不爲失；故洎乎宋季，鄭氏馬氏二書，即別擬新目，不沿舊稱。乃清通典以省部分，而猶襲州郡舊目，何株守成規而不知變通如此之甚耶？地理略遵鄭氏例，首載水道，似得之矣；乃都邑略又不及四夷所居，可謂疎漏。今宜合地理略、州郡典、輿地考、都邑略、邊防典、四裔考而爲一考，首載水道，次都邑，次疆域，次邊防，末附風俗；則一代輿圖，四境所至，煥然可觀矣。至於通志之天文，即通考之象緯；藝文，即通考之經籍；災祥，即通考之物異；此三門者，當以通考爲主，略爲補苴，蓋藝文本鄭氏考訂最精之作，斯編不過采其名目，稍加排比；既乏品評點竄之功，徒襲十二總類之名，又不如以四部分之之爲明斷簡要也。而況四庫全書具在，徒爲因襲，自多雷同，稍易名目，何裨實際哉？

志之食貨，通考析之爲田賦、錢幣、戶口、征榷、市糴、國用六考，最稱切當詳盡；有此六考，典、志之食貨，悉宜從刪，惟典、志頗注年月，足以補證六考耳。其通志之氏族、六書、七音、諡法、校讎、圖譜、金石、昆蟲草木諸略，皆鄭氏自出新意，非前史所有，亦在可存可去之間。蓋自清初迄於乾隆五十年，其間不過百五十餘載，爲時既甚短促，記載自亦不多；即或有之，如八旗通志、滿洲源流考、清文鑑、清書、國書之類，多完整多通，足成專門之學，亦不容割取片詞，刪殘陳說，以有用之材，轉作無用之資也。且氏族源流，可附封建考之後；諡法賜號，可附王禮考之後；校讎、圖譜、金石三門，均可附於經籍考之後；昆蟲草木，既不能詳述，或可刪省，否則亦可附於物異考之後；皆當撮其緊要，去其繁冗，取其有用之學，兼備一代之制，去取存留，斟酌乎繁簡之間，是雖無杜、鄭之篇目，而已得典、志之實文，各自成篇，開卷瞭然，又何減洋洋大觀耶？若兵典、兵考，亦應納於一編，削其穢蕪，詳其典制可也。若器服略則又與通典之嘉禮，通考之王禮互見者也。今禮典、禮略既合於王禮考中，器服略亦以刪省爲是。由上而論，三書果能如此增補刪併，全納於二十四門之中，文簡事賅，完成佳構；上足紹馬貴與之遺聞，下可開劉錦藻之先聲，上下數千年，綜貫三十代，元元本本，粲然大備，豈非學術界中一大佳話乎？

今者九通殿本，既尠流傳，而浙局翻刻，復多脫誤，踳駁相仍，陰陽互見；鄭樵所謂「册府之藏，不患無書；校讎之司，罕聞其法。」遂使坊間射利之徒，輕率刊板，學者亦隨而因之。有如邢子才日思誤書，不敢妄易一字；夫不知蓋闕，君子所慎，若其斠然明白，又何憚焉。近唯席裕福據西湖文瀾閣所藏乾隆傳鈔本，以校脫誤；復取吳門潘氏家藏精鈔本，參稽互證，絜其異同，凡得若干條，編爲六通訂誤六卷。其中清通典二百一十四條，清通志一百九十二條，清文獻通考四百條，三書合共八百六條；凡乖謬、脫漏、衍文、倒顛之處，均一一釐而正之。此外如數字互異、提行另起、以及空格與否，因其卷册繁重，體例殊不畫一，故種種差錯尤多，不勝枚舉。則知坊間刻本，雖魚魯豕亥，不一而足，實乃手民之誤，並非原書之失，固不足以爲編纂之人病也。然以三書互校，稍稍按其異同，其牴牾處，亦復不少。是則三通之書，浩乎無畔岸，取材既廣，排纂自難畫一，雷同違誤，在所不免；而況編纂諸人，時或更易，或博觀大略，不斷斷於辭句之間耶？如：

考卷三葉七行一四：「插漢托羅地」之「插漢」二字，據典卷一葉二行二四及志卷八一葉二行一〇，均作「察汗」。又「托輝」之「托」字，志則作「託」。

仝上卷八葉六行八：「黑濛河。」「濛」當作「濠」。

仝上卷一一葉一行三三：「圖古哩克」，典卷四葉三行二七誤作「國古哩克」。

仝上卷三三葉一行一六：「順治二年……命哈薩克哈駐張家口，滿都布脊駐古北口。」而志卷九三葉二行五乃作「……命哈克薩哈駐張家口，們都布駐古北口。」按「哈克薩克」自是哈薩克哈之誤，或為手民顛倒其文，亦未可知。若「滿都布」作「們都布」，恐譯音致誤；不則所本必不同矣。

仝上葉二二行二四：「順治十八年……于都台吉。」而志卷九二葉二一行八作「根都台吉」，或「干」「根」音似故也。

典卷二一葉一行二〇：「阿達哈哈番」，同葉行二一乃作「阿達哈哩番」，疑手民誤「哈」為「哩」；不則編輯之人，疏忽致之也。

仝上卷三九葉三行九：「窪黑」，「黑」當作「墨」。

志卷八葉四行九注：「來住」，「住」當作「柱」。同上葉六行二四：「保住」，亦當作「保柱」。兩「柱」字皆誤，恐非手民之失，或所本不同故也。

仝上葉五行二〇注：「穆森」。「森」當作「升」。此譯名對音，本無定稱；彼此互違，猶可說也。它如：

考卷一九葉四行二四：「康熙五十年總計直省人丁二千四百六十二萬一千三百三十四口。」志則未載，典卷九葉二行四乃作「二千四百六十二萬一千三百二十四口」。

仝上葉五行二〇：「六十年總計直省人丁二千七百三十五萬五千四百六十二口。」而典卷九葉二行一八及志卷八五葉一行二六，均作「二千五百二十八萬六千二百有九口」。

仝上葉六行二六：「雍正二年總計直省人丁二千五百二十八萬四千八百一十八口。」而典卷九葉二行二一及志卷八五葉一行二九，均作「二千四百八十五萬四千八百一十八口」。

仝上葉一二行二〇：「乾隆二十七年……直省人丁二萬有四十七萬三千二百七十五口。」志則未載，而典卷九葉二行二三作「二萬四十七萬二千四百六十一口」。

仝上葉一七行三四：「四十七年總計直省人丁共二萬八千四百有二萬三千七百五十五口。」志亦未載，而典卷九葉四行九作「二萬八千四百三萬三千七百八十五口」。

據此知百以上數字，三書多同；而尾數互異，必所本有別者矣。或以數字最易錯亂，稍有不同，亦猶可說也。然如：

考卷一葉四行一八：「御史衛周祚巡行畿甸，見眞定地方……」之「眞定」二字，與卷一葉一行二七及志卷八一葉一行二一，均作「正定」。按正定，明以前俱作眞定；雍正元年改眞定府爲正定府，眞定縣爲正定縣，則典、志作「正定」是也。

仝上葉五行六：「蘇松巡撫秦世禎」，而典卷一葉一行三三作「秦世楨」，誤。

仝上行二七：「瀕江瀕海之區，五年一丈。」而典卷一葉一行三五竟作「十年一丈」。

仝上卷四八葉四行九：「康熙二十六年……主考王連瑛等。」而典卷一八葉三行二三作「王連英」。

所謂「眞定」「正定」「五年一丈」「十年一丈」與夫「王連瑛」「王連英」之類，似非譯名數字之錯誤可比，不容彼此牴牾如此。至於二者年月，敍述不清，絕非手民之誤，則編纂諸人，自不能辭其咎者也。如：

考卷一四葉六行一八：「康熙二十五年……又復開廣東省城鼓鑄，增寶慶府局錢幕，亦鑄『廣』字。」同上行二〇：「二十六年……停廣東寶慶府局。」是開停之年，敍之最爲明晰；乃志卷八九葉一二行一二作「二十五年增廣東寶慶府局錢幕，亦鑄『廣』字；越明年，停止。」並不爲誤。而同上行三四緊接之以「二十六年」四字，是「明年」二字，轉嫌重複；不則「二十六年」四字，似可省也。

仝上卷一九葉二行二五：「順治五年，令三年編審一次。」典卷九葉一行一八同。而考行三五又云：「十三年定五年編審一次。」是知「三年編審一次」之令，始於順治五年；定爲五年，乃順治十三年之制也。今志卷八五葉一行一一但作「始三年編審一次，繼定五年編審一次。」所謂「始」「繼」，固爲行文之便，不得不爾；苟無通考以爲旁證，誰復知之？

以上略舉兩條，不過借以說明通志之不著年月耳。至若通典年月，亦多不清。如：

考卷一四葉二行一八：「康熙十年，停密、雲、薊、宣府、大同鎮鼓鑄。」志則未載，而典卷一〇葉二行二一乃於康熙九年之下，旣作「明年，並停密、雲、薊、宣府、大同鑄局。」可知明年卽指康熙十年也。然於明年之下，又緊接「十年行收買舊錢廢錢之令」一語。是明年二字未免重複，不則「十年」二字可刪也。

仝上卷一九葉一〇行二三及志卷八五葉二行二皆作「乾隆

二十八年更定保甲之法」，唯典卷九葉三行一八作「二十三年更定保甲之法」。既移後一年矣，故又不得不以二十二年直省人口總數列於二十三年之下也。

典、志年月之不清既如此；然按之通考，每事無不紀年，依次類纂，可謂詳明者矣；然於每事之下，其月日亦未之詳也。如：

考卷四七葉二行二五：「崇德三年，賜中式舉人……」據典卷一八葉一行二五及志卷七二葉一行二四，均作「三年八月」。

仝上葉五行二五：「順治八年，吏部奏言……」據典卷一八葉二行一一及志卷七二葉二行四，均作「八年三月」。

仝上卷四八葉一行四：「康熙二年，停止八股文體。」據典卷一八葉二行三六作「二年二月」。

仝上卷五〇葉一行四：「乾隆元年，議准會試與順天鄉試……。」據典卷一八葉五行七及志卷七二葉四行七，均作「元年正月」。

仝上卷五二葉八行一七：「五十年……禮部尚書姚成烈疏稱。」據典卷一八葉七行八作「五十年十二月」。

是通考不著月日，亦其失也。唯三書敘事行文，要以通考最為翔實。茲舉兩條以證明之，如：

考卷二一葉七行五—六：「康熙五十一年……諭：『嗣後山東民人到口外種地者，該撫查明年貌籍貫，造冊移送；由口外回山東者，亦查明造冊，移送該撫覆閱。』」而典卷一葉三行三作「山東民人往口外種地者，亦如之。」志卷八一葉二行二五—六作「諭山東民人到口外耕種者，來往亦如之。」或以通考反覆陳說，稍覺累贅；典、志以既詳述如何造冊移送於前，故用「如之」二字以概括之，自是簡筆，未可厚非。

仝上卷四八葉一行三四—葉二行一七：「康熙十八年，召試博學鴻詞，欽取五十人，分別授職：……內陞道員授為侍讀邵吳遠一人，候補道員郎中授為侍講湯斌、李來泰、施閏章、吳元龍四人，進士出身之主事中行評博內閣中書知縣及未仕之進士授為編修彭孫遹、張烈、汪霦、喬萊、王項齡、陸棻、錢中諧、袁佑、汪琬、沈珩、米漢雯、黃與堅、李鎧、沈筠、周慶曾、方象瑛、金甫、曹禾十八人，舉貢出身之推知教職革職之檢討知縣及未仕之舉貢廕監布衣俱授為檢討倪燦、李因篤、秦松齡、周清原、陳維崧、徐嘉炎、馮勗、汪楫、朱彝尊、邱象隨、潘耒、徐釚、尤侗、范必英、崔如岳、張鴻烈、李澄中、龐塏、毛奇齡、吳任臣、陳鴻績、韓宜溥、毛升芳、黎騫、高詠、龍燮、嚴繩孫二十七八，共五十八人，俱充史館官，纂修明史。」是所取五十八人，既一一列出，而授職亦並載之，可謂明晰詳盡者矣。今觀典卷一八葉三行三—四，則作「十八年三月，召試博學鴻詞，欽取彭孫遹等五十八人，分授翰林官有差。」又於同上行九—一二案語中，補叙之云：「五十人中，如富平李因篤、秀水朱彝尊、吳江潘耒、無錫嚴繩孫，皆以布衣入選，徑授翰林檢討，尤從來所罕見。」雖寥寥數語，尚稱簡要。乃志卷七二葉二行一七—八，但作「十八年三月，召試博學鴻詞，欽取五十人，以翰林官分別授職。」既不載五十八人名，又不詳其分別授職，未免失之過簡也。

由此論之，清之三通，取材雖同，體裁則異，故各有短長，得失互見。然就其大體而言，自以通考最爲詳盡，是以昔人有「既讀通考，可包他通」之論。然則合三通於一編，必以通考爲藍本，但采典、志以補足之可也。近武進黃爲取清之三通，分吏、戶、禮、兵、刑、工、天文、輿地八門，提挈綱領，依類編排，成皇朝三通識要類編一書，翻檢稱便，足資參考。然而體大思精，貫穿會通之作，可以明一代典制，知一朝興廢者，猶有待也夫！

近代湖南人中之蠻族血統

譚其驤

此文原擬題目爲湖南蠻族歸化考，內容分三部分：首述歷代蠻族地理上政治上之變遷，次述漢蠻雙方文化濡染與血屬混合之經過，材料搜集耗時在兩個月以上，積稿數十萬言，整理甚感費力，而史學年報發排在即，殊苦於無術速成以應之，不得已暫付割愛。茲所發表者，僅爲原文之第三部分；然前二篇屬於普通史事考述性質，其內容之大部分，當爲一般留心中國民族史者所已知，至本篇則利用古今人姓氏之相合，以探索各地人口人才血統淵源所自，雖史料采輯，定多未備，第以方法言，實開斯界之先河。世之述者，若不以此種方法爲不可用，或更進而效用之於研究其他部分之西南民族，則斯篇即爲不空作，其價值且當遠過於未成之前二篇矣。

七年前，作者曾有中國內地移民史湖南篇之作，載本報第一卷第四期。讀者可取以與此篇參觀，蓋近代湖南人爲漢蠻二族之混合結果，此篇目的在探求其中蠻族一因子，而該文主旨，則在說明漢族一因子，既爲一問題之二方面，關係自甚密切也。

此處所謂近代，係指明清兩代而言。所以但考此二代者，以篇中以方志選舉志爲主要材料，而方志選舉志所載，大體皆限於此二代故也。時或材料容許，則往往有涉及明清以前者。

以省界爲研究範圍，本不合於自然情勢，亦以爲材料搜集之方便計自牽就引用之耳。

中華民族自古以來，祇以文化之異同辨夷夏，不以血統之差別歧視異族。凡異族之與華夏雜居者，但須習我衣冠，沐我文教，即不復以異族視之，久而其人遂亦不自知其爲異族矣。故中華民族同化異族之能力，最爲偉大；其血統在世界各民族中，最爲複雜。

歷史上異族之與華夏民族發生同化作用者，以來自北方者爲著。蓋北方民族之武力特盛，往往能侵據中原，創建朝代，垂數十百年之久，其人既具有新興民族之朝氣，又處於戰勝者之優勢地位，用能建功立業，多所表見，史冊煌煌，載述甚詳。北方民族之移入中國者，自以卜居於北部者居大多數，故自來言民族史者皆知今日中國北部人口中，富有鮮卑突厥回紇契丹女真滿洲等族之血液。以此爲據，或又引而伸之，遂謂中國人血液愈北愈雜，愈南愈純粹。其說頗爲一般人所崇信。殊不知按之史實，則北方人中固多東胡北狄人之血液，南方人中，亦不少蠻族之血液，北方人之血統固極複雜，南方人之血液，亦不得謂爲純粹，流俗之見，可謂知其一而不知其二者也。

北方之異族爲客，爲侵略者，爲統治階級，故其來蹤去迹，較爲顯而易見；南方之異族爲主，爲被侵略者，爲被統治階級，故其混合同化之迹，隱晦難尋。自來治西南民族史者，未必人人皆抱優勝劣敗，蠻種日就滅亡之謬見，然而終不肯明言蠻種之已併合於漢族者，亦以苦於史籍所載之不足以証成其說耳。無論史籍上關於此類事實之記載，在北爲習見不鮮[1]，在南爲絕無僅有。即以私家譜諜而言，北族亦往往肯自認爲出於夷狄[2]，於內遷之由來，通婚之經過，歷歷可按。南方之蠻族則當其始進於文明，自無譜諜一類之紀載，迨夫知書習禮，門第既盛，方有事於譜諜，則或已數典而忘祖，或欲諱其所從出，不得已乃以遠祖托名於往代偉人，臆造其徙移經過。易世而後，其爲誤遂至於莫可追究，漢蠻混合之迹，湮焉無遺。又如以姓氏推定族系由來一法，在北亦爲人所常用，在南則扞格難行。蓋北方民族之姓氏與漢姓截然有別，讀史者見拓跋長孫尉遲宇文即可知其爲鮮卑，見耶律即可知其爲契丹，見完顏石抹即可知其爲女眞，此諸姓不特顯揚於北魏遼金當世，並能茅路於國亡百年之後，故鮮卑諸種血統之常存於中土，亦昭然若揭焉。而南方民族則不然。南方民族之語言與漢語同爲單音系統，以是其姓氏亦屬單音，以單音之姓氏，譯爲漢字，結果除極少數外，自與漢姓完全無異。漢有張王劉李趙，蠻亦有張王劉李趙，人但知其爲張王劉李趙，設非言語習俗有異，烏可得而知其是漢是蠻耶！

史籍既無記載，譜諜又曲諱而掩飾之，姓氏又不足以辨種系，然則吾儕欲於今日一般南方人中，蹤尋業經漢化之蠻族遺裔，欲於蠻漢久已混合之血統中，探索蠻族之因子，得非爲不可能乎？是亦不然。要在吾儕能善用史料耳。史籍無明白記載，可從側面以推測之；譜諜而有諱飾之嫌，可因其僞而求其眞；姓氏本身雖無從辨別蠻漢，然但須區以地域，証以古今望族蠻裔姓氏之因緣遞變，則蛛絲馬迹，未始無線索可尋也。三者之中，尤以姓氏一端最富於普遍性，其應用之範圍最廣。茲篇所述，即爲以此種方法研究而得之結果。其他史料有可作旁証者，間亦附見焉。

1 如唐代明初，多北族人顯功業於中土，讀唐書明史者尚可稽其族系之由來。

2 作者曾讀河北省各府縣志，見其中即多有此類記載，惜當時未與摘錄。就一時記憶所及，則如永清之賈氏乃金後，新河之嚴氏乃元蠻也。

湖南自戰國時雖已為中國之領土，已有中國人生息其間，[1]然其時蠻多漢少，蠻族所受華夏文化之影響蓋極微，故西漢一代，無蠻事之記載。漢末王莽之亂，中原人士，始大舉移殖荊湖，至東漢時而蠻漢間衝突迭作，蠻亂時聞矣。其時接觸既繁，蠻族中一部分人口，當已頗染漢化。范曄南蠻傳記東漢一代蠻亂，多有以五里六亭蠻討平者，此所謂五里六亭蠻者，蓋即後世所謂熟猺熟苗也。各蠻族皆有生熟之分，而生熟之分，初無種類上之根本不同，不過因其漢化程度之深淺，與以區別而已。故生熟隨時代而推移，其始為生，既而進於熟，熟之斯極，遂變而為「漢」矣。是則東漢時之熟蠻，逮至魏晉六朝時，當已盡變為漢，惜今世所傳魏晉六朝載籍之涉及湖南人與事者極尠，故莫可得而考。自漢而後，迄於隋唐，湖南境內之「省地」日拓，蠻區日縮，中國之政治勢力愈益深入，蠻族之漢化程度亦愈益增高。迨至唐末，中國方疲於內爭，自無力以統制邊區，一時蠻中酋豪渠帥，遂紛紛崛起，斥逐官吏，割據郡縣，小者稱雄峒寨，大者率仿中國制度，自署為知州刺史，叙置屬吏，中國因其成局，往往假以符命，於是湘西一帶淪於土司統治之下者，乘數百年。宋熙甯崇甯間新黨用事，開邊拓土之議興，章惇輩數用兵以征不服，而南江誠徽梅山諸蠻，遂復為王土；獨北江因仍未革，歷元明二代至清雍正間始改土歸流。湖南衡永郴桂一帶，雖無建州立郡傳世久遠之土司，然自宋慶曆以來，徭獠迭興，至清道光間猶有江華趙金龍新寧雷再浩之亂，每一次亂定，朝廷輒增置吏司，加意撫治，故州縣之名號雖多因舊，而昔之溪峒，今日率成省地。唐末以來史載蠻事漸繁，宋史西南溪峒諸蠻傳尤為詳贍，蠻中渠帥姓氏，多所著錄。今試以唐宋時各地之蠻族大姓與各當地明清以來之著姓對比，其中多有相合者；而同為一地之蠻姓，以著稱於唐宋時者與著稱於明清時者相較，則轉多不同。此其故可熟思而得也。蓋蠻姓之著錄於史與否，無論為中國之順民或叛逆，皆可為已否與漢族發生相當接觸之徵，故其著錄於唐宋時者，更歷數世，至明清而大率已變為漢，其著錄於明清時者，在唐宋時當猶僻處於深山窮谷間，與漢族絕鮮接觸者也。準此以觀，則唐宋時遁處蠻峒之漢，其中必有一部分為著稱於魏晉六朝時之蠻，而明清以來著稱之蠻，又當為異日之漢也。特以史料關係，吾儕今日所可得而考者，僅為此種不斷之蛻變過程中間之一段——即唐宋之蠻變而為近代之漢——已耳。

1　說見拙作中國內地移民史湖南篇上篇。

2　仝上

3　此指大體而言。亦有族類極繁者，則雖爲一姓，其各部分同化時代，往往先後相去頗遠。詳見下文。

4　此亦指大體而言。實則近代湖南人中亦有漢者及明清時之蠻族後裔可辨，惟遠不及唐宋之多耳。

茲請先就近代湖南氏族中之兼有蠻族血統者，舉其彰彰顯著者，一一敷陳如左：

向氏　向氏爲湖南蠻姓中之最早見於記載者。後漢建武二十三年，武陵蠻精夫[1]相單程作亂[2]，相氏疑即向氏，相向同音，一姓而異譯也。相單程之亂，武威將軍劉尚發諸郡兵萬餘人泝沅水入武溪[3]擊之，一軍悉沒。明年春，單程下攻臨沅[4]。又明年，伏波將軍馬援擊破之，援旋即病卒於軍，謁者宗均撫降之。此役爲湖南蠻漢衝突之第一聲，亦爲歷代征蠻史中最有名之一頁，而相氏實爲其魁帥。其根據地在沅水中游，即今武陵西南之辰沅一帶也。唐宋以來，向氏遍處於資沅澧三水之間。唐乾符六年石門蠻向瓌陷澧州[5]，歷三十餘年至梁乾化二年降於馬殷[6]。宋靖康以來盜賊盤踞澧州所屬，獨慈利縣向思勝等五人素號溪峒豬明，能保境安民。元順帝至正十四年，澧州峒會向思永兵規石門縣[8]：此向氏之見於澧域者也。石晉天福中溪州彭士愁爲劉勍所破，遣諸蠻酋長向存祐等納款於勍[9]。宋熙寧中招納齊下州峒蠻向永勝[10]，以其地歸版籍[11]：此向氏之見於酉（沅水支流）澄之間，即宋世北江之地者也。宋世辰州所屬蠻司分南北江，北江即州北唐溪州之地，南江則州西南溆水南北，北包武溪，南逾沅水，唐錦獎敘三州之地[12]。南江溪峒凡十六州，曰富、曰鶴、曰保順、曰天賜、曰古，則向氏居之。富州故城在今麻陽縣東北[13]，在南江諸州中最號富強，其會通漢光憲光普行猛永豐永晤皆受朝命知州事[14]。熙寧中章惇經制南北江，六年，光晤獻先朝所賜劍及印來歸順，餘州以次降[15]：此向氏之見於沅域者也。宋初梅山峒[16]有舒向二族，後蘇氏居之，數侵奪舒向二族地[17]：此向氏之見於資域者也。

除北江一帶之桑植、上下峒、驢遲峒三土司，傳襲至清雍正年間始盡革除外[18]，其餘澧沅一帶之向氏，自熙寧以來，蓋已漸次易犷爲馴，安於耕讀，入籍爲王民。故明清兩代蠻中會發達不復以向氏稱，而言湘西北顯姓望族者，向氏必屈一指焉。據湖南通志選舉表[19]，向氏列名於科第者，以辰沅永三府爲中心，西至乾州廳，北迄澧州石門慈利，南起靖州綏寧武岡城步，東抵武陵桃源安化（自安化以東，寧鄉長沙湘陰平江巴陵臨湘攸縣茶陵衡山亦間有之）。其中尤以溆浦向氏爲最盛。溆浦向氏在明代有舉人二人，副榜二人，恩歲貢二十二人，國縣中稱第一族；清代有進士二人，舉人七人，恩賜副榜一人，拔貢四人，恩歲貢二十四人，爲全縣第二族，僅次於舒氏。按漵浦介資沅之間，東北接安化，東連新化，以地望測之，則漵浦之向氏，當即宋初卜居於安化新化一帶（即梅山十峒）者，其後爲蘇氏所侵奪，乃西遷於此也。次於漵浦者，爲黔陽向氏。黔陽向氏之進於文明特早，在宋末寶祐年間，已有進士一人，時距熙寧之納土，約一百八十年。在明代有進士一人，舉人三人[20]，歲貢十三人[21]，爲全縣第一族；清代有舉人一人，拔貢一人，恩歲貢十四人[22]，爲全縣第二族，僅次於楊氏。黔陽，宋南江之地也。此外舊辰州府屬之沅陵辰谿瀘溪，舊沅州府屬之芷江麻陽，明清各有舉貢若干人，惟爲數不多。永順一府清雍正七年改土歸流新設，自乾隆中葉以來向氏充貢者，闔府共得八人，道光而後，更有登鄉榜者二人。乾州廳明鎮溪軍民千戶所之上十里地，漢弁與土官並置，猶是羈縻之意；清康熙四十三年，始改土歸流，裁所設廳[23]。自乾隆以來向氏充貢者，得二人。辰沅永三府及乾州，皆宋南北江之地也。澧州向氏較之辰沅爲後進，澧州石門慈利，清代並有幾舉貢者。此二州縣與上述唐宋之蠻中向氏之地域，適相吻合。此外散在省境各方之向氏，武陵桃源疑出自澧州一系；靖州綏寧武岡城步、疑出自南江一系；自安化以東、則爲後來自西部諸系移去者，中以平江爲最盛。

舒氏

舒氏亦著稱於宋世蠻中。南江梅山一帶，舒向二族往往連稱，惟不見於澧城。梅山之舒已見上述。南江諸州則曰敘、曰峽、曰中勝、曰元，並舒氏居之，其酋德郛（敘州）德言君強（元州）光銀（中勝州），皆受朝命。熙寧中峽州舒光秀以刻剝其衆不附，六年，富州向氏既歸順，光銀光秀等亦相繼降[24]。四州之地，在今芷江及黔陽縣境[25]，中以敘峽二州爲大[26]。

舒氏與向氏情形極相彷彿，不特在蠻中爲然，即變夏而後亦然。向氏以漵浦爲盛，舒氏亦復如是。漵浦舒氏在明代有舉人三人，恩歲貢八人，次於向李而爲全縣第三族，在清代有進士一人，舉人七人，副榜一人，恩賜舉人二人，恩賜副榜一人，拔貢八人，恩歲貢二十九人，其盛況遂超出向氏之上，一躍而爲全縣第一族。黔陽向祖孫以宋末寶祐間成進士，而同縣舒孟桂亦以寶祐四年登科，與文天祥同榜。惟黔陽向氏之盛僅次於漵浦，舒氏則明清二代合計僅副榜一人，貢生三人，猶不及沅州在明代有舉人一人，貢生四人，武岡在清代有舉人一人，拔貢一人，恩歲貢二人。舒氏分佈所及之地域與向氏亦略同，而不及向氏之廣，除上述數地外，計辰之辰谿，沅之麻陽、乾州，常之桃源，澧之石門、及長沙、瀏陽、邵陽皆有之[27]。

田氏

田氏蠻最早著於澧中：東漢元初二年，武陵澧中蠻田山高少等攻殺長吏[28]。劉宋元嘉十八年，天門澧中蠻田向求等爲寇[29]。自後不見於史。西溪[30]田氏稍晚出，而傳世最久。劉宋元徽中，有西溪蠻王田頭擬及其弟婁侯子都之亂[31]。宋建隆四年，前溪州刺史田洪贇歸順[32]。乾德四年，下溪州刺史田思遷來貢[33]。元明以來，田氏世襲施溶州臘惹洞田家洞二處土司，降至清雍正五年始納土[34]。南江田氏在五季及宋世頗極一時之盛，與舒向二族鼎足稱雄，據有獎錦懿晃四州。懿州則萬盈、處崇、漢瓊、漢希、漢能，獎州則處達，錦州則漢希、漢瓊、保全，晃州則漢權，皆受朝命[35]。熙寧六年向舒二氏先後降，獨田氏有元猛者桀驁難制，惇遣左侍禁李資將輕兵往詔諭，竟爲所殺。惇進兵破懿州，南江州峒悉平。遂置沅州，以懿州新城爲治所[36]，即今芷江縣治也。其獎州則在今縣治之西，錦州在今麻陽縣西，晃州即今晃縣之地。蓋宋世南江三姓，向處東北，舒處東南，而田處其西，故其開化亦較遲於二姓。舒向宋以後無聞，田氏則雖經納土，仍世爲溪峒土官。承平時頗賴以挾束苗蠻，若都縣力弱，往往引蠻作亂，侵陵省地。宋靖康多故，瀘溪縣無守禦，徙治於沅陵之江口，蠻酋田仕羅等遂雄據其地[37]。淳熙中沅州犵狫爲寇，遣歸明官田思忠往招撫之[38]。元置五寨長官司、明置竿子坪長官司於故錦州之北部，並以田氏世官之[39]。其餘辰沅沿邊土指揮土守備等，田氏亦居其太半[40]。五寨竿子坪二司，至清康熙四十六年始歸裁革，改設鳳凰廳[41]。

近代湖南田氏之列名於方志選舉表者，以麻陽鳳凰爲最盛，錦州蠻之後裔也。麻陽明代有舉人一人，恩歲貢二十二人，爲全縣第一族；清代有拔貢四人，恩歲貢十九人，闔縣中僅次於滕張二氏，惟張氏恐非一族[42]。鳳凰清代有恩歲貢二十人，嘉慶後有拔貢二人，道光後有舉人二人，其中一人光緒初又成進士，爲全縣第一族。其餘南江一帶，芷江黔陽乾州靖州武岡皆有田氏列名科第，中以武岡較盛[43]。西溪田氏之後裔，其盛況迥不及南江。永順龍山永綏三廳縣清代共有舉人二人，貢生四人。辰州四縣介南北江之間，除東邊漵浦一縣外，三縣皆有田氏，中以沅陵辰谿爲盛[44]。澧中田氏蠻雖唐宋以來無聞，然其遺裔安土重遷，至今猶有宅居於故土者。澧州六邑除東端安鄉一縣外，五邑皆有田氏。中以石門永定澧州爲盛[45]，石門即六朝時天門郡所在也。近代湖南田氏除上述數地外，常德之武陵桃源沅江，岳州之平江華容臨湘，長沙之善化益陽湘陰湘鄉醴陵攸縣，永州之零陵道州寧遠皆有之，惟田姓較普通，其中能否有半數以上爲蠻族後裔，在未知其遷徙從來以前，殊不敢肊測。

彭氏　宋世「北江蠻酋最大者曰彭氏，世有溪州，州有三，曰上中下溪，又有龍賜、天賜、忠順、保靜、感化、永順州六，懿、安、遠、新、給、富、來、寧、南、順、高州十一，總二十州皆置刺史，而以下溪兼都誓主，十九州皆隸焉，謂之誓下州[46]。（唐溪州舊治在今龍山縣東南，五代馬楚徙治於今永順縣東南，宋咸平後廣立諸州，因號舊治曰上溪州，新治曰下溪州。永順保靖即今縣所因。其餘諸州，大抵皆在清永順府境西北逾省界有鄂之來鳳川之酉陽等縣地。北江二十州不盡為彭氏所有，然彭氏世襲下溪州刺史，實為二十州盟主，其威力足以侵陵並號令諸州[47]。其酋豪之見於史載者：唐末有溪州刺史士愁，昆弟強，能誘脅諸蠻，錦獎諸州皆歸之，統兵萬餘人，數寇澧朗侵邊境，石晉天福中為楚將劉勍所破，降於馬氏。其子師暠入貢長沙，歷事希廣希蕚，官至強弩指揮使，領辰州刺史，後隨希蕚歸江南，卒於金陵[48]。宋初有知溪州允林、師晙[49]，其後允殊、文勇、儒猛、仕端、仕羲、師晏相繼為下溪州刺史，又有上溪州刺史文慶、師寶，忠順州刺史文綰，知龍賜州師黨等[50]。熙寧六年章惇經制南北江，誓下州峒蠻彭德儒等先以其地歸版籍；九年，師晏遂降　朝廷以其地隸辰州，列置砦戍，令出租賦如漢民　元豐以後有彭仕誠者復為都誓主，復立保順、永順、渭、龍賜、藍、吉等州，並以彭氏知州事[51]。自是而後，北江棄於羈縻者更數百年。明以其地分屬永順保靖二宣慰司[52]，至清雍正四五年始先後改土歸流，立永順保靖龍山三縣，置永順府以轄之[53]。

永保二司雖至清代始歸版圖，然彭氏之讀書習禮，接受漢族文化，實遠在其前。明成化中許土官子弟入附近儒學[54]。弘治十六年定制，以後土官應襲子弟悉令入學，如不入學，不准承襲[55]。正德初永順彭明輔以辰州府學生嗣宣慰使，從征十餘次，頗以禮法自守，諸峒翕然嚮慕[56]。足徵明代強迫土官子弟入學，在永保已頗收相當效果。迨夫改流立學，則向之翕然嚮慕於禮法者，自必能迅即列名於庠序矣。清自乾隆二十五年而後，永順一府彭氏有歲貢五人[57]，永順有拔貢六人，保靖有拔貢一人，光緒初又有中鄉榜者一人。

蠻中之彭氏限於永保，而近代湖南之彭氏則幾遍及於全省。按近代湖南漢族大抵宋明時遷自江右，而彭氏世為江右著姓；永保之彭既遲至清初猶為土官，自不容有外徙之舉，則永保而外，近代湖南之彭氏，與蠻族當絕無關係也。

覃氏　覃氏蠻東漢時著於澧溇之間：建初二年，澧中蠻覃兒健等反。永元四年，溇中澧中蠻覃戎等反[58]。唐宋時著於五溪：唐開元十二年，五溪首領覃行章亂[59]。石晉天福中，溪州彭士愁爲劉勍所破，遣諸蠻酋長覃行方等納款於勍[60]。宋熙寧中章惇經制南北江，招納辰下州峒蠻覃文猛覃彥綰，各以其地歸版籍。元豐八年，辰州江外生蠻覃仕穩等願內附。元祐二年，羅家蠻寇鈔，詔都誓主彭仕誠及都頭覃文懿等，至辰州約束之。崇寧中辰州覃都管罵，納土輸貢賦[61]。元明以來復著於澧溇間：慈利之茅岡司，石門之添平所，並以覃氏世襲長官千戶，降至清雍正十二三年始先後納土[62]。明洪武三年有慈利土官覃垕之亂[63]，清康熙八年又有茅岡賊覃應昌之亂[64]。

澧溇之間雖在東漢與明清時並有覃氏，然二者時代既相隔如是之久，斷然不能屬於同一系統。覃兒健覃戎一系之後裔，蓋已久經漢化。至元明以來世官茅岡添平一系，其起而與漢族發生接觸，當猶在向氏田氏之後。不然則自魏晉以至於唐宋，中間千有餘年，覃氏不容不一見於史也。故近代澧州一帶覃氏之列名於選舉表者，其中極大部分，疑當爲東漢時澧中蠻之後裔；惟茅岡等土司既廢於雍正時，則乾嘉而後，二系之人，亦未始不能並擠於衣冠儒雅之列也。澧州覃氏以石門爲最盛，計明代有恩歲貢三人，清代有進士一人，舉人二人，副榜一人，拔貢二人，貢生三人[65]。以人數論雖不及同邑張陳王楊田姓五姓，然除田氏外，四姓恐皆非一族，且四姓無進士，田則並無舉人，是覃氏實爲全邑斯文之首族。除石門外，永定澧州亦有覃氏，永定較盛[66]。又永順府屬之桑植亦有覃氏，按桑植實有故安福所之地，安福所與添平並隸九溪衛，因疑桑植之覃即安福之覃，與添平之覃當同屬一系也。又常德府屬四縣皆有覃氏，武陵龍陽爲盛[67]，當係東漢時澧中蠻後裔之南徙者。五溪覃氏後裔之著聞者，曰沅陵、曰辰谿、曰黔陽，惟盛況遠不及澧中。此外全省唯寶慶靖州二屬，清代亦有覃氏。

符氏扶氏

符扶爲一姓之異譯。符一作苻，惟近代湖南人中有符無苻。符氏五代宋初爲敘州及梅山蠻酋長。後漢乾祐中，朗州馬希萼誘辰敘州及梅山蠻共擊破長沙，府庫累世之積，皆爲敘州蠻酋符彥通所掠，彥通由是富強，稱王溪峒間，劉言王逵皆畏忌之。其後彥通去王號歸於王逵，逵承制以爲黔中節度使[68]。梅山漢益陽縣南部地，三國吳置高平縣，梁以後省，隋唐爲蠻獠所據[69]。自唐末光啟以來，數寇潭邵二州[70]。宋太平興國二年，其左甲首領符漢陽[71]、右甲首領頓漢凌，寇掠邊界。嘉祐末知益陽縣張頡收捕其桀黠符三等[72]。熙寧五年，乃以湖南轉運副使蔡燁經制招撫，率兵由寧鄉大爲山而入，使人因浮屠往諭其酋扶氏，遂解髮稽首降，傳檄而定。析其地爲二：以下梅山置安化縣，上梅山置新化縣。自是潭邵可以南平部、潭部間不復有夷獠之患[73]。

敘州蠻一系，其後裔今皆作符氏，沅州府屬二邑並有之，而不甚顯著[74]。梅山蠻一系，今或作扶氏，著於新化酃縣桂東；或作符氏，著於益陽寧鄉，北由龍陽延及永定慈利永順。新化與酃桂相去極遠，第扶為希姓，理應同出一源，惜中間遷徙之迹未能得其譜諜以証實之耳。酃縣扶氏最盛，明代有恩歲貢十六人，清代有舉人一人，貢生一人。桂東次之，明清二代共有恩歲貢十人。新化雖為扶氏本土，反不及外徙者，僅清代有拔貢一人，恩歲貢二人。新化全邑凡一百二十七村，中有三村以扶氏為大姓[75]。益陽寧鄉僻皆與梅山接壤，而益陽特盛，明清二代共有進士一人，舉人三人，貢生五人。其北隣龍陽，亦有舉人一人，貢生二人。

蘇氏

梅山舊號稱十峒[76]，其酋長當非祇一人。宋太平興國後有蘇方者入居之，數徙邪舒向二族[77]。自後遂與扶氏並雄於十峒間，熙寧時峒主蘇甘等相偕納土歸順[78]。

近代湖南蘇氏散處於長岳常寶衡永澧桂靖諸屬，並無一顯著之集中地點。名登選舉表者，除綏寧一縣有貢生十八人外，其餘每邑率不過數人。其中有幾分之幾當屬梅山蘇氏之後，殊無從推斷。惟新化之蘇，本縣縣志亦自承為蠻裔，自無可疑義。新化各村以蘇氏為大姓者，計有六村；清代有舉人二人、拔貢二人、歲貢一人[79]。益陽邵陽武陵漵浦梅山，綏寧相去亦不遠，其蘇氏為蠻族後裔之可能性亦多。

楊氏

後漢元初二年，零陵蠻羊孫陳湯等抄掠百姓[80]，羊氏頗疑即後世之楊氏。楊氏唐末以來繁衍於省境西南隅「溪峒誠徽州」一帶[81]。五季時飛山[82]有承磊者，附於敘州蠻潘全盛，為楚將呂師周所殺。既擒全盛，承磊族人再思以其地附於楚[83]。旋復自署為誠州刺史，以其族姓散掌州峒，號十峒首領。值天下亂，再思能保據一方，著威惠[84]。沒後民懷思之，至今廟祀不絕[85]。宋太平興國四年，首領楊蘊始內附。其後通賓、政嚴[86]、政嚴子通寶，相繼受朝命知誠州事[87]；通漢及其子光僭，知徽州事[88]。熙寧八年有光富者，率其族姓二十三州峒昌運族情等歸附。繼有昌衔者，亦願罷進奉出租賦為漢民。明年，誠州刺史光僭亦降，於是十峒悉為王土。元祐二年誠州有楊晟臺者乘間起而作亂，朝廷方務省事，遂復以其地予蠻。旋以故隸沅州之渠陽為誠州，命光僭之子昌達及昌等同知州事。崇寧元年，知徽州楊光衔內附[90]。二年，知荊南舒亶承蔡京命開復誠州，其酋晟臻等二千餘人並納土；改誠州為靖州，徽州為蒔竹縣[91]。蒔竹，即今綏寧縣境也。既而靖州西道楊再立亦納土輸貢賦[92]。誠徽州雖經收入版圖，然楊氏族類極繁，實未盡歸化為王民。南宋初楊氏猶為靖州綏寧等處溪峒首領，迭求入貢[93]。明洪武四年，綏寧有大寨楊之叛[94]。其住東偏者，歸化尤晚，以新甯城步爲著。新甯舊隸武岡，自紹興中有猺人楊再興[95]及其子正修正拱之亂，降而復叛，歷二十餘年始爲斬之[96]，因即其巢穴置縣，撫治猺民。至明正統十四年又有苗酋楊文伯之亂[97]。城步於元末有赤水土官楊完者者，原名通賈，能以兵法部勒其衆，受行省之招，先後克復湖廣江浙，屢敗張士誠兵，仕至江浙行省左丞。已而行省丞相達識帖睦邇忌其專，設計誘破其軍，完者及其弟伯顏皆自殺。追贈潭國公，謚忠武，伯顏衛國公，謚忠烈[98]。至明代先後有楊狀子[99]楊昌富[100]楊盛松[101]之亂，清乾隆五年又有莫宜峒苗楊清保之亂[102]。至今西起靖州東抵新甯一帶，溪峒中猶多楊姓[103]。

誠徽州楊氏在宋世有北遷於辰沅者。淳熙六年，盧陽西據獠楊添朝寇邊，盧陽即今芷江。七年，前知辰州章才卲言，沅陵之浦口頃爲猺獠侵掠，民皆轉徙，而田野荒穢，守倅無遠慮，乃以其田給靖州犵狑楊姓者俾佃作，楊氏專其地將二十年[104]。犵狑一作「犵狫」，即「獠」之音轉。其時辰沅蠻種不一，而犵狑爲寇最烈，楊氏實其渠帥也。明以後目楊氏爲苗，洪武三十年有盧溪縣苗長楊二赴京師奏準輕賦[105]。至今湘西苗中猶有楊氏[106]。

楊氏族類至繁，因而其漢化時期，先後頗不一律。如上所述，有至今仍爲峒民，迄未同化者，然亦有在宋世已入登科錄者。熙寧中誠州刺史楊光僭既降，乃爲其子日儼請於其側建學舍求名士教子孫，詔潭州長史朴成爲徽誠等州教授[107]，遂開此邦文教之先河。其孫晟政和間以歲貢入太學，登會選，曾孫立中紹興中繼擢甲第[108]。向之蠻夷豪族，曾幾何時，竟成詩禮名家。南宋時靖州特置新民學以教養溪峒歸明子弟[109]，其中就學者，自以楊氏爲多；故靖州之楊開化特早。陶冶既久，降至明清而掇科第歷仕宦者遂不絕於途，靖州四屬，楊氏並爲甲族，族望之盛，湘西南無出其右者。計靖州明代有舉人二人，拔貢一人，恩歲貢十四人；清代有拔貢一人，優貢一人，恩歲貢二十八人[110]。綏甯明代有進士一人，舉人二人，恩歲貢十四人；清代有拔貢一人，恩歲貢十二人[111]。通道明代有舉人一人，恩歲貢十八人；清代有副貢一人，拔貢二人，恩歲貢二十人[112]。三邑在明皆爲第一族；在清皆爲第二族，靖次於儲氏，綏次於黃氏，通次於吳氏。會同明代有恩歲貢十二人，次於梁唐而爲第三族；清代有舉人二人，恩歲貢九人，次於梁唐林而爲第四族[113]。城步之楊自元末完者以武職起家，其苗裔尤多顯貴。明穎國公楊洪正統間鎮宣府，立功邊陲，爲一時名將最，史稱乃六合人[114]，據縣志則實爲縣之大竹坪人，完者之後，諱名忠洪，至今治北楊氏世勳坊猶巋然存，確鑿可據。弘正間有分居荆州者，其三世孫逢時登萬曆丙子解元，壬辰進士。即居邑里者，郎官刺史，代不乏人云[115]。計明代有舉人二人，恩歲貢八人；清代有舉人三人，拔貢二人，恩歲貢二十二人，並爲全縣第一族[116]，且遠在他族之上[117]。新甯之楊於誠徽各邑中最爲晚進，其盛況亦迥不相及。明代雖有舉人四人，然貢生祇二人；清代僅貢生一人。武岡隣接新甯城步綏甯，其楊氏亦當出自誠徽，計明清二代各有舉人二人，明貢一人，清貢六人。辰沅及三廳楊氏之盛，轉在新甯武岡之上。瀘溪、黔陽、芷江、鳳凰四邑皆列第一二族，其他各縣亦稍有之，獨溆浦無。計瀘溪明舉二人，貢三十九人，第一族；清貢九人，第三族。黔陽明舉二人，貢十六人，第二族；清舉三人，拔四人，貢十一人，第一族。芷江明舉一人，貢十五人，第二族；清舉一人，拔二人，貢三人，仍第二族[118]。鳳凰清舉三人，貢十五人，第二族。麻陽辰谿明代皆有舉人，沅陵永綏清代皆有舉人，乾州辰谿清代皆有拔貢，餘不俱列。此外省垣各縣大抵皆有楊氏，長沙常德澧州所屬較盛，未敢斷言與蠻族有無關係。

1 蠻中名渠帥曰精夫。

2 後漢書一一六南蠻傳。

3 五溪之一，在今溆溪乾縣。

4 今武陵縣西。

5 唐書僖宗紀。五代史雷滿傳但作澧陽人，然唐書鄧處訥傳亦作石門峒酋。

6 五代史楚世家。

7 宋史四九三西南溪峒諸蠻傳。

8 光緒湖南通志苗防三引澧州志林。

9 九國志一一彭師暠傳。

10 淯永順府一帶，詳見彭氏條。

11 宋史溪峒傳。

12 大致如此，其詳不可得而考。宋史溪峒傳曰：南江諸蠻自辰州達於長沙邵陽。北江當兼有湖北施南府之地，南江當並有貴州舊黎平府之地。

13 太平寰宇記江南道。

14 又有廣通貴升光深三人名見於史。

15 宋史溪峒傳。

16 詳下文扶氏條。

17 宋史梅山峒蠻傳。

18 通志苗防五附土司考引永順府志。

19 光緒十一年修刊本。此所謂清代僅指是年以前。下文同。凡遇近代科舉人物而不注出處者，悉據此志。

20 同治黔陽縣志作五人。

21 縣志作十五人。

22 縣志作十七人。

23 同治永綏廳志缺載。

24 宋史溪峒傳。

25 敘峽中峒在黔陽縣境，元一作圓，在芷江縣境。可據[illegible]記元豐九域志輿地廣記宋史地志參證得之。

26 溪峒傳張翹之言。

27 所謂有無，皆係指列名於方志選舉表者而言。下文同。

28 後漢書安帝紀注引東觀記。

29 宋書九七夷蠻傳。

30 五溪之一，在舊永順府及川鄂接壤之地，約當宋世所謂北江。

31 南齊書豫章文獻王嶷傳。

32 宋史溪峒傳。洪贇名見於九國志作洐贇，天福中為彭氏部將，降於馬楚。

33 同上。

34 通志苗防五土司考引永順府志。

35 此外又有五溪統軍都指揮使田漢度。

36 宋史溪峒傳。

37 溪峒傳熙寧七年前知辰州章才邵言。

38 溪峒傳。

39 道光鳳凰廳志沿革附廳土司考。

40 參永綏鳳凰等志事記。

41 同註三九。

42 據同治縣志。通志清恩歲貢僅九人，相差一倍以上，未識其故。

43 明清舉人各一，清貢生二。

44 沅陵明舉三人，清貢二人。辰谿明貢六人，清貢二人。

45 漵浦明貢六人，清進一人，舉一人，拔一人，貢一人。永清副一人，貢十二人，石門貢二，清拔一，貢十。據同治直隸州志。

46 宋史溪峒傳。

47 溪峒傳：彭仕羲皆殺其下十三州將，奪其符印，并有其地，貢奉賜與悉專之。旋以大兵臨之，仕羲乃陳本無反狀，願以二十州故地復貢奉內屬。

48 參五代史楚世家，通鑑卷二八二，九國志彭師暠傳。士愁五代史作士然，九國志作士愁，此從通鑑。

49 其時猶仍唐制但為溪州，未分諸州。

50 乾德中又有溪州團練使允足，溪州義軍都指揮使允賢，天禧中又有儒猛之子仕漢儒嚮儒聰，天聖中又有文綰之子儒來，熙寧中又有師晏之兄師綵。

51 溪峒傳。晏降年見本紀。

52 又有錄於湖北施州衛宣慰司者。

53 通志苗防五引土司攷。

54 明史六九選舉志。

55 明史三一〇土司保靖傳。

56 天下郡國利病書七七湖廣六。

57 同治桑植縣志彭氏恩歲貢六人，此作一人，頗疑此志有脫漏，實數或數倍於此。

58 後漢書南蠻傳。

59 唐書宦者楊思勗傳。

60 九國志彭師暠傳。

61 宋史溪峒傳。

62 通志苗防五土司考引[illegible]州志林。

63 明史本紀、鄧愈傳。

64 慈利縣志事紀。

65 同治澧州直隸州志。

66 明舉人一人，清拔貢一人，恩歲貢三人。

67 武明舉二人，貢一人，清拔貢一人。龍明舉一人，貢一人。

68 通鑑卷一九一，一九二。一九一作符彥通，一九二作符彥通。

69 大清一統志。

70 唐書鄧處訥傳、通鑑、宋史梅山峒傳。

71 宋史梅山峒傳作苞漢陽，翟守素傳作包漢陽，由苻誤苞，復由苞誤包也。惟田紹斌傳作符漢陽不誤。通志兵事二引沅志作漢陽人扶氏，扶即符，漢陽人則漢陽之誤。

72 宋史梅山峒傳。

73 宋史梅山峒傳，同治新化縣志政典二引劉希蔡煜益志，通志雜志二引吳致堯開遙楡記。

74 芷江清貢一人，沅州府學清貢一人，據通志。黔陽明貢一人，據同治縣志。麻陽明荐舉一人，據同治縣志。

75 同治縣志。

76 唐書鄧處訥傳。

77 宋史梅山峒傳。

78 同治新化縣志政典引益陽縣志，通志雜志二引寶慶府志，鄧顯鶴楚寶增集書蔡煜傳後，並作如是云。蘇甘名見縣志引東坡文集。

79 同治縣志。

80 後漢書南蠻傳。

81 名見宋史誠徽州傳，今靖州通道綏寧城步新寧一帶。

82 峒名，在今靖州界內。

83 通志苗防二引通鑑，查通鑑未見此條，明一統志靖州爲王城條亦作如是云，當別有所據，待查。再思原作再興，按再興南宋時人，其爲再思之誤可無疑。

84 再思事蹟不見正史，靖州及各屬邑志據楊氏譜牒及當地碑碣載之，其言不盡可信，然再思確有其人，著有威德，當無可疑。其地在唐爲溪峒誠州，再思既雄長諸峒，則志云爲誠州刺史，亦屬可信。光緒靖州鄉土志引胡長新楊再思墓志稱：再思唐昭宗朝由淮南丞遷辰州長史，結營靖州飛山，與李克用同受昭宗詔徵兵，進長[illegible]。宋奉爲誠州刺史，威名日著，稱令公焉。奉唐正朔。卒於後周顯德四年。宋開寶中追封英惠侯。子十二，受土分鎮溪峒。按梁乾化元年呂師周擒潘全盛於飛山，明見史載，則是時誠州不容爲楊氏所有。受昭宗詔奉唐正朔之說，尤悠謬無稽，不足信也。光緒靖州直隸州志政績，置再思於五代末宋初，大致不誤。族姓云云二句，據宋史誠徽州傳。

85 通志卷七六七七祠廟三四：綏寧會同通道並有飛山廟，云祀宋楊再思，城步飛山廟云祀宋楊業，以當地民同稱再思爲令公而誤混也。在靖州者曰威遠侯廟，云祀宋刺史楊再思。據鄉土志又有飛山宮與陽廟，並祀再思。據直隸州志州西十五里有再思墓。

86 據靖州鄉土志引龍福亨二侯祠記，正岩係再思之子，通寶係正岩之子。但宋史通寶在前正岩在後。

87 宋史誠徽州傳。

88 宋史本紀慶曆元年、溪峒傳。
89 宋史誠徽州傳。
90 宋史本紀。
91 宋史本紀。詭錄一句通志苗防二引宋史本紀，於本紀實無、不知何據。詭錄之名並見於各州縣志。
92 宋史溪峒傳。
93 宋史溪峒傳紹興十年十四年。
94 靖州志事紀。
95 宋史有二楊再興，一爲大盜曹成將，降於岳飛，紹興十年戰死小商橋，英名彪炳，宋史有傳。宋史不著何許人，據新寧縣志則爲縣之盆溪里人，至今有楊統制祠堂，確鑿可據。此楊再興亦新寧人，亦著名於紹興中，舊志往往有誤以爲一人者。不知飛將紹興十年已死，此大峒主則至二十四年始正法，豈得爲一人之改節乎？
96 宋史溪峒傳紹興二十四年，本紀紹興十五年二十四年。
97 康熙新寧縣志沿革。藝文築城記作景泰初，亂起正統，而定於景泰初也。
98 新元史卷二二一本傳。同治城步縣志據楊氏族譜稱系出再思之第三子正修，正修分居赤水眞良鄉，宋太平興國四年納欵內附，五年敕授正權等兄弟誥十一道，完者其裔也。同完者起兵卒謚忠烈者，乃其叔正仁。
99 通志苗防三引寶慶府志永樂十二年。
100 光緒靖州志戎功紀天順四年。
101 同治城步縣志兵紀嘉靖十四年。
102 全書兵紀。
103 靖州志卷二苗寨，寨長三十七人，中有七人楊姓。武岡州鄉土志稱志藕溪孫里大姓十六，楊居其一。光緒新寧志卷二十，今之苗民尙多楊姓。同治城步志藝文苗楊碑紀是與人及首事人有楊氏三人。
104 宋史溪峒傳。
105 通志苗防三引明侯加地邊哨攷。
106 同治永綏廳志銅攜考，清代鎭孚苗亂，其餘除石龍吳麻廖外，固有楊襲等姓。
107 宋史誠徽州傳。
108 宋嘉定間鍾興撰作新書院記，見靖州直隸州志藝文。
109 宋史本紀紹興十四年。靖州鄉土志載有新氏學古論。
110 光緒靖州直隸州志。
111 據通志，以州志有清無明也。州志清代恩歲貢有十七人，仍不及黃氏。
112 據通志。明舉人一人原作合同人，依州志改。州志清代拔貢四人，恩歲貢二十四人，仍不及吳氏。
113 據通志。州志清代恩歲貢十二人，同治縣志清代恩歲貢十四人、與梁唐林相去仍遠。
114 明史一七三本傳。
115 同治縣志人物。
116 據通志。同治縣志明貢生作十人，清貢生作三十五人，凶有例貢在內。
117 城步僻陋，明清二代合計僅有舉人三人，而楊得共二。各族貢生舉不過四五人、清代至多不過十二人。

113 次於張氏、然張氏恐非一族。

上述諸氏，皆在唐宋時爲蠻中酋豪顯姓，而明清以來又爲各該當地及其附近之望族。若謂今日之望族，皆係唐宋後自他方移來，而適與當地往日之蠻姓相合，衡以古今天下事理，當無如是之巧。故吾儕固不得遽謂今日各該地此諸姓之每一個人皆係蠻裔，特至少其中有極大部分秉有蠻族血統，此則可以斷言者也。

或頗以此說與諸家譜諜所載相左爲疑。殊不知譜諜本不可輕信，而此諸姓之自言其所從出，尤屬荒謬無稽，斷不可信。有識者試稍一覆按其說，實不難立驗其僞。今考諸家假飾之詞，大體不外乎二類：其一、爲征蠻而來，事定卜居，或歿於王事，子孫留家，如麻陽之田[1]會同之楊[2]是其例；其二、自承爲土司之後，但謂土司系出漢祖，如永保之彭溆浦之舒城步之楊是其例。前一說所稱之始祖姓氏時代及其征蠻事蹟，大抵可信，然必爲土著而非客籍，而此土著，實爲蠻族之已經歸化者，亦非先時從他方移來之漢族也。餌熟蠻以利祿，使征生蠻，此爲歷代常用之政策，初無足奇；而後世子孫之所以奉此人爲始祖者，亦以其前不過爲蠻中一小民，至此而始致身通顯、聲聞閭閻耳。不然則何以征田氏蠻者適爲田氏，征楊氏蠻者適爲楊氏耶？其爲事理所不可許，勿待辨也。至後一說則其事在他省或他姓雖非決無，特在湖南之彭舒楊，則可證其必僞，分別論列如左：

一、永保彭氏譜稱其先永順有老蠻頭吳著冲者，延江西吉水縣彭氏助理，彭氏以私恩結人心，日漸強盛。至唐末彭瑊遂逐走著冲，據有其地；梁開平間歸順，署爲溪州刺史。瑊沒子彥晞襲，彥晞即晉天福中率獎錦諸蠻降於楚，名載於五代史之士愁也[3]。今按彭瑊名見九國志通鑑，乃廬陵[4]土豪吉州刺史玕之弟。梁開平三年，吳兵下袁吉，玕率宗族部曲奔於楚，楚王殷表玕爲郴州刺史，爲子希範娶其女[5]。是則彭氏爲楚國戚，家世榮顯，安有屈身爲蠻酋助理之理？且開平四年（開平之末一年）瑊猶在吉州，爲吳將敖駢所圍[6]，更焉得同時又分身爲溪州酋帥，與吳著冲爭雄長於蠻中乎？吉州之彭與溪州之彭既並著於一時，使其固爲同宗，何以五季諸史，竟無一言提及乎？漢乾祐末唐師滅楚，馬氏舊臣皆入朝金陵，溪州之彭師暠，仕唐爲殿直都虞侯[7]，而史稱彭玕宗族恥於事仇，獨留楚不去[8]，亦可證師暠非彭瑊之後也。竊意唐末溪州蠻中有吳彭二氏，曾一度發生爭戰，結果彭勝吳敗，彭氏自此遂得世爲諸蠻首領，或爲史實；特其人與彭玕兄弟，則殆如風馬牛之不相及，斷乎爲絕無關係者也[9]。

二、漵浦舒氏譜稱系出唐舒元輿，元輿遭甘露之禍，其弟元迪元褒等皆羈管遠州，後多爲土刺史[10]。今按唐書元輿本傳，元輿三弟，元褒已先卒，元肱元迥並及誅，安得更有諸弟羈管遠州乎？

三、城步楊氏稱系出關西楊震伯起之後，歷傳至再思，徙靖州之飛山[11]。伯起與再思渺不相及，其出於假託，尤顯然可見。且飛山之楊初不始於再思，說見上文楊氏條。

抑尤有進者，上述諸蠻姓每不僅爲湖南一省所獨有，中如向田覃湖北有施南府一帶亦多有之[12]。舒氏彭氏亦見稱於四川之黔州夔州蠻[13]，楊氏尤爲貴州苗巨姓[14]。諸姓族類分佈如是之廣，足証其自上古以來，必已定居於國境西南部，曾歷數千年之長養滋息，故堪臻此。若謂唐宋後始徙自他方，人非蟻螻，繁衍安得有如是之速乎？即此一端，吾儕但須細一體會之，則諸家悠悠之說，可以槪置不論矣。

諸家假設其祖籍所在，往往歸之於江西，如會同之楊永保之彭之托始於金谿吉水是也。又漵浦舒氏鹹徵楊氏之另一說亦謂出於進賢太和[15]。此其故蓋以江西移民本占湖南今日漢族之極大多數，爲適應環境計，自以托籍江西爲最有利，且最可見信於人耳。實則歷代征伐四裔者，宋以前以北方人爲多，明代以淮域人爲多，江右自來罕聞焉。

除上述諸姓外，又有其蠻族之祖不甚顯稱於史籍，或雖顯稱而不在省境之內，而其演化之裔，實繁衍於今日省境之內者，亦臚舉之如左。上述諸姓其祖籍皆在湘西，茲所舉者，則亦有在省境東南部者。惟湘南諸蠻之宗族既不如湘西

1 同治縣志宦績傳田德明。
2 同治縣志選舉表附入籍楊啟五。
3 同治龍山縣志土司志彭氏世系表。
4 據吉州彭氏譜則實爲吉水人，見十國春秋補遺引。
5 通鑑卷二六七，九國志卷一一本傳。
6 通鑑卷二六七。
7 通鑑卷二九〇。
8 十國春秋彭玕本傳。
9 彭氏自稱爲彭瑊之後，府縣志皆信以爲眞，雍正五年永順彭肇槐納土，詔安插江西吉水縣原籍，其爲朝廷功令，亦直認無疑，故不尋辭煩，特據史傳以駁斥之。
10 通志雜志十九引漵浦縣志。
11 同治縣志人物。
12 宋史溪峒傳，明史土司傳。
13 宋史溪峒傳。
14 明史土司傳播州楊氏。
15 鹹徵楊氏見靖州鄉土志人類，餘見前注。

之大，且其姓氏又往往為漢姓中之極普遍者，故吾人以姓氏推斷今日之漢出於昔日之蠻，在湘西之可信成分較多，在湘南則瞠乎不及。今雖一體論列，然覽者幸勿等量而齊觀焉。

梅氏、冉氏

南北朝時蠻中大姓豪多梅氏：魏泰常八年，蠻王梅安率渠帥數千入朝[1]。宋封西陽蠻梅蟲生為高山侯，梅加羊為扞山侯[2]，昇明初晉熙蠻梅式生起義斬晉熙太守[3]。綜其滋蔓之地，當在今豫皖鄂三省境內。魏書南蠻傳稱又有冉氏向氏者，陬落尤盛。明代冉氏世長四川之酉陽宣慰司[4]。近代湖南省境北邊之石門安鄉武陵桃源沅江等縣並有梅氏，石門又有冉氏，頗疑澧城蠻中本有此二姓，特未得見稱於史乘；或係自川鄂等省移來者。石門冉氏在明代有舉人二，歲貢九，除張氏外，全縣各族莫能及之。入清頗衰微，僅有歲貢一人[5]。

魯氏

劉宋時雍州蠻帥魯奴子擁龍山，屢為邊患[6]。北魏景明三年，魯陽蠻魯北鷰等聚衆攻逼潁川[7]。元至元二十八九年，又巴桑木溪魯萬丑及其兄三代舟入寇辰州[8]。蓋自南北朝以來，魯氏久滋育於豫鄂西境蠻中。明代湖南省境北部洞庭左右澧州桃源華容平江各縣皆有魯氏，桃源尤盛，疑中間不少蠻裔也。入清頗衰微，僅華容見歲貢一人。

文氏

南北朝時荊雍豫州蠻中又有文氏。宋大明四年豫州蠻文小羅等討司馬黑石徒黨[9]。齊建元二年黃蠻文勉德寇汶陽[10]，魏興光中蠻王文武龍降，詔拜南雍州刺史。正始四年梁永寧太守文雲生六部自漢東遣使歸附。正光中梁義州刺史邊城王文僧明等率戶萬餘舉州內附[11]。其地大約在大江以北，西起汎漳，東至大別山南北。然宋史熙寧七年，衡永猺亂既平，詔補唐和徙黨文運等為峒主[12]，是則湘南蠻中實亦有文氏，惟不甚著稱耳。近代湖南文氏遍於衡永郴桂長常岳澧辰諸屬，惟西北及西南部罕見。北以桃源為盛，明清二代合得進士二人，舉人五人，貢生十四人。東以醴陵攸縣衡山為盛，醴陵共有舉人三人，貢生十五人；攸縣[13]共有進士二人，舉人十五人，貢生十二人；衡山共有進士二人，舉人一人，拔貢三人，貢生十人。南以東安為盛，元代有進士一人，明清有舉人三人，貢生十一人。在東部南部者，疑當與宋代本省境內之蠻猺文氏有關，在北部者，疑當與南北朝時之荊雍豫州蠻有關。

龔氏

宋淳熙中，盧溪諸蠻龔志能等竊據縣治故地[14]。明正德四年，宜章莽山猺龔福全叛，攻陷郡縣，數年之間，湘贛粵三省邊境千里之內，悉被蹂躪[15]。此龔氏之見於本省蠻中者。此外宋代有黔州蠻首領龔行滿，夔州蠻首領龔才晃，明代酉陽宣撫司所屬有部長龔俊[16]，則在今川鄂邊境一帶。近代湖南傜氏散遍於全省，而以澧州慈利縣及武陵瀘溪爲較盛。澧州明清二代合計有進士二人，舉人九人，拔貢二人，貢生八人；慈利有舉人二人，貢生五人[17]；武陵有進士一人，舉人五人，拔貢一人，貢生二人；瀘溪有貢生十人。在常澧一帶者疑當與黔變二州蠻有關，在瀘溪者自當爲宋代當地猺族之裔。衡郴二屬不見有傜氏一人列名科第表，足見傜福全之後人，猶未完全漢化。

奉氏　明洪武十八年，寶慶土賊奉虎晚等流刼村市[18]。崇禎九年，廣西富川長塘源猺賊奉四等犯永明[19]。十年，江華猺奉天爵父子倡亂[20]。奉氏甚稀見，明代寶慶有貢生一人，清代江華郴陽各有貢生一人[21]，當與奉虎晚奉天爵等爲同宗。近代湖南之奉氏以新化爲最盛，明代有舉人二人，貢生四人，今境內有奉家錫溪傜塘二村，皆以奉爲大姓[22]。據縣志稱奉家及江東二村在明代尚有未盡同化之猺[23]，足証奉家村附近，實爲歷代猺蠻盤踞之地，惟奉氏之變蠻爲漢，則當在明代以前。今之漵浦猺有七姓，奉居其一[24]。漵浦與新化接壤，二地奉氏蓋屬於同一宗派，祇以文野有別，世人遂目之爲異種矣。

粟氏　粟氏爲廣西蠻巨姓，東北延蔓於省境之沅靖城步一帶。宋淳化二年，晃州管砂井步蠻人粟忠獲古晃州印一鈕[25]。元祐二年，渠陽蠻酋楊台結西融州蠻粟仁催爲寇[26]。清乾隆五十年，城步橫嶺峒苗粟賢宇作亂[27]。近時通道縣有苗里四，其一曰粟家[28]。近代湖南粟氏長沙武岡常寧沅陵黔陽桃源瀘溪等縣皆有之，而每邑不過二三人。獨會同甚盛，明清二代有進士三人，歲貢十三人，見於縣志人物傳者，有十二人。會同在靖屬北端，距晃州不遠也。通道粟氏尚未得列名科第，僅清代有例貢一人[29]。沅陵志稱沅邑皆江右來者，北河粟姓一戶獨係老籍，今其家職猶從秦時令，族丁甚蕃[30]，可証粟氏實爲湘西南之土著民族。

雷氏　蠻中雷氏湘北著於朗澧：唐中和元年，武陵蠻雷滿攻破朗州，詔以爲朗州留後；天祐中滿卒，子彥恭自立，梁開平三年爲馬氏所滅[31]。宋紹興初澧州有雷德進之叛[32]。湘南著於九疑夫夷：明洪武初九疑猺亂，雷姓等皆被脅從[33]；十八年，發兵勦平之，餘黨未絕，命招主雷琅等入峒招降之[34]。清道光二十七年，新寧有黃背峒雷再浩之亂[35]。至今武岡猺峒中，雷氏猶爲大姓[36]。湘南雷氏中有開化極早者，道州郴州藍山臨武四邑，南宋晚葉已有人成進士。明清二代雷氏偏在衡永郴桂長常澧岳各屬，而以與九疑接壤之桂屬四邑爲最盛。藍山明代有舉人五人，貢生二十人，爲全縣第一族；入清衰替，有舉人一人，拔貢一人，貢生一人。嘉禾明崇禎十二年始置，清代有拔貢一人，貢生十一人，爲全縣第四族。桂陽臨武明清二、代合得進士一人，舉人二人，拔貢二人，貢生十五人[37]。王闓運云：州境諸族大抵從宋元至今宅田相承，惟雷氏蓋自漢以來[38]。夫以習見於蠻中之姓氏，又爲自漢以來之舊族，則其爲蠻裔焉可無疑矣。次於柞園者，即爲新寧及永屬各邑，夫夷九疑之地也。新寧有舉人一人，貢生八人。永州屬府共得進士一人，舉人三人，拔貢四人，貢生二十八人。湘北各屬盛況遠不及湘南，中以澧縣爲較盛。

藍氏

清道光十七年，新寧猺藍正樽爲亂[39]。今武岡猺中以藍爲大姓之一[40]。二縣雖有藍氏，但猶未開化，其已開化者，其東零陵郴陽宜章有之，其西城步綏寧麻陽有之，其北新化茶陵醴陵長沙巴陵桃源慈利有之，而以城步爲著。明初功臣涼國公藍玉，據縣志實爲邑之扶城峒人。其先昌見，爲楊再思之部屬，玉、昌見之十四世孫也。祖某徙滁州，遂爲定遠人。其後玉既族誅，有妾從西平侯沐春家，遺腹生子昌建。藍氏之居扶城者，懼禍皆改姓秦氏。至成化初禁錮已解，沐氏乃使昌建率其眷屬歸原籍扶城，於是城步始復有藍氏，至今藍秦二氏不通婚[41]。自今視之，昌建果爲玉之子與否殊不敢必，惟涼國及近代城步藍氏之爲蠻裔，其先曾爲再思之部屬，則可信也。清代城步藍氏有貢生一人，列名縣志人物傳者二人。其西隣綏寧有拔貢一人。

駱氏

宋紹興九年，宜章峒民駱科作亂[42]。近代湖南駱氏以宜章之緊隣臨武爲盛，明代有舉人一人，貢生五人，清代有貢生二人。此外寧遠新田亦有駱氏，距宜章不遠。

潘氏

梁開平中溆州蠻酋潘金盛寇擾楚邊；乾化元年，呂師周擒金盛於飛山峒[43]。宋政和初賊潘宗滿犯沅州[44]。明洪熙元年，藍山賊潘康生等誘衆作亂[45]。清咸豐中靖州南路八峒猺逆發反，八年勦平；同治三年，潘老峒勾結降苗復反[46]。近代湖南潘氏以安鄉黔陽爲盛，黔陽一系疑與蠻族有關，以其地即唐之敘州所治也。計明清二代共有舉人一人，拔貢二人，貢生十四人[47]。靖屬潘氏開化較遲，僅靖州通道各有貢生一二人，而苗衆猶多潘氏爲寨長[48]。

梁氏

宋淳熙中猺蠻梁本等寇沅州，劫墟市[49]。近代靖屬各邑及武岡城步一帶多梁氏，疑與此有關。會同緊鄰沅州，尤稱極盛，計明代有貢生十九人，清代有舉人一人，拔貢七人，恩歲貢二十七人，爲闔縣首族。

吳氏、龍氏、石氏、麻氏、廖氏

吳龍石麻廖五姓爲近代湘西鎮筸一帶苗中巨姓。鎮筸苗明以前無聞，明永樂十一年辰州招撫筸子坪生苗廖彪等，十二年，有筸子坪賊吳者泥吳亞麻等之亂[50]。宣德中有鎮筸苗吳畢即、石計聘龍三、吳不跳等之亂[51]。自弘治嘉靖而後，鎮筸苗亂幾歲歲不絕，辰沅沿邊各邑，備受其害。降至清乾隆六十年而有石柳鄧石三保吳半生吳八月吳隴登之巨變，動七省大兵，歷時三年，國庫為之虧竭，僅乃蕩平。道咸時又時起蠢動，同光以來，始告平靜[52]。鎮筸苗中除間有李劉孫楊侯白黃等姓外，其什之八九，皆係此五姓[53]。大抵明初以吳姓為盛，弘正後以龍姓為盛，清康乾間著聞者多為吳石二姓，道咸以來，吳石龍並盛，麻廖視三姓稍遜焉。明及清初苗疆土官大率為田氏，至咸豐而吳龍麻亦為土官矣，其間演化之程序，大略可覩。清自康熙後題准苗猺一體應試，旋又於民籍正額之外，另為苗猺定專額，號曰新生。嘉慶初既定鎮筸，朝廷加意教化，於苗疆增設義學書院；十二年又奏定永乾鳳三廳苗生鄉試另編字號，滿十五名即額外取中一名[54]，於是登鄉榜者亦接踵矣。永綏截至道光末苗籍舉人凡十九人，石氏九人，龍氏四人，麻氏一人，此外張楊各二，田氏一人；鳳凰截至嘉慶末凡二人，吳龍各一：此乃見於永鳳廳志者。通志民籍與苗籍不分列，姑認凡屬此五姓者皆係苗籍，則永綏石氏又得一人，鳳凰吳氏又得四人，龍氏又得一人，又麻氏新得一人。乾州獨少，僅石氏一人。蓋歷次鎮筸苗叛首領以吳石龍為著，而三廳科第人物，亦以此三姓為多云。清制新生鄉試另編字號，而出貢則與民籍一體辦理，故有苗舉人而無苗貢生，以新進之吳石龍等姓與久經漢化之田楊等姓較量，自不免相形見絀，故三廳貢生吳氏僅五人，龍氏三人，廖氏一人。

鎮筸苗向化特晚，故五姓之在三廳境內者，雖已讀書應試，人皆知其為蠻，彼亦自認為蠻。三廳而外，其毗近一帶亦不乏此五姓。如瀘溪西接乾鳳，縣多石氏，明代有舉人四人，明清各有貢生九人，為全縣第四族；又廖氏清代有舉人一人，拔貢二人，貢生二人；亦有吳龍而不多。麻陽北連鳳凰，縣多龍氏，明代有舉人一人，貢生七人，清代有拔貢一人，貢生十人，為全縣第六族。瀘溪之東曰沅陵辰溪，沅陵石氏明清共有舉人十人，拔貢二人，貢生五人，為全縣第二族；辰溪麻氏清代有舉貢各一人，雖不多，然此姓在湖南全省除永鳳而外，祇見於此邑。辰谿之南曰黔陽，黔陽多廖氏，明進士一人，清拔貢一人，明清貢生共六人。麻陽之南曰芷江，芷江多龍氏，清恩賜舉人二人，拔貢一人，明清貢生共七人。乾永北界永保，永順全府皆有吳氏，保靖又有石氏而不多。凡此者，其人皆已列名民籍，自以為漢種矣，然以地望測之，其先世自當以蠻族為多，且與近代之鎮筸苗，血統關係必不甚疏遠。

吳龍二氏不特為鎮筸苗大姓，又為靖州苗巨族。吳氏尤盛[55]，且自宋以來，即著聞於辰州沅南一帶。宋[illegible]熙十一年，沅州生界犵狑副峒官吳自由率峒官楊友檄等謀爲亂[56]。元延祐二年，辰沅峒蠻吳於道爲寇[57]。明洪武中葉，靖州有吳面兒吳朝萬之亂[58]；嘉靖二十年，城步有吳光亥之叛[59]。清康熙五年，通道又有吳老潘之亂[60]。而吳氏實爲通道清代科第首族，龍氏明清二代，並盛於綏寧會同，靖州城步及其近鄰武岡，亦皆有此二姓。通道在明代以楊氏爲首族，吳氏僅貢生一人，至清代吳氏激增，計有舉人一人，拔貢四人，貢生二十三人，遂超越於楊氏之上。竊嘗聞人種學常例，凡新興民族當其始進於文明，其能力特強，每能發揚於一時，久而漸衰；然則通道楊吳二族科第人物之盛衰嬗遞，豈由於二族之開化，本有先後之別耶？

張氏 張氏唐宋時見於湘西蠻中。唐元和六年，辰漵州首領張伯靖反[61]。宋熙寧中，章惇招納誓下州峒蠻張景謂[62]。張氏爲天下最普遍之姓，吾儕自不得據此便謂今日湘西之張，多出於蠻種；然今日雖全湘皆有張氏，而以湘西爲特盛，如芷江麻陽及乾州三邑皆以張氏爲首族，除乾州以開發未久人數不多外，芷麻但以貢生計，皆有四五十人之多，則吾儕實亦不敢不懷疑今日湘西之張，其中爲絕無蠻裔也。反觀湘南蠻中自來不聞有張氏，故近代湘南張氏，其盛況亦遠不及湘西，桂陽州四縣貢生但得十六人，郴屬六縣但得二十七人，永屬最多，八縣合計亦不過六十人。

陳氏、李氏、鄧氏、唐氏、黃氏 此五姓爲湘南蠻中著姓。陳最先見，後漢元初三年，零陵蠻陳湯等抄掠百姓[63]。李次見，南齊永明三年，湘州蠻陳雙李答等寇掠郡縣[64]。鄧唐黃皆始見於宋慶曆中蠻猺之亂，其中首領有鄧文志唐和黃文聽黃士元諸人[65]。自後此五姓蠻猺迭爲亂於衡永郴桂一帶，屢見不鮮，歷南宋及元，至明代稍衰，入清始罕聞[66]。此五姓中之李陳爲天下習見之姓，鄧唐黃亦習見於湖南全省，然以湘南爲特盛，其情形恰似湘西之張氏。今試以郴桂永與辰沅一一對比：則李氏貢生郴州得二百人，桂陽亦幾二百人，永府最少，亦百八十人，而辰屬僅八十人，沅屬僅六十人；陳氏永府百六十人，桂陽幾九十人，郴州最少，亦六十人，而辰屬乃不及十人，沅屬三十餘人；鄧氏永府七十餘人，桂陽四十人，郴州五十餘人，而辰屬僅十二人，沅屬二十餘人；黃氏郴州百三十人，永府九十人，桂陽五十餘人，而辰屬僅十二人，沅屬三十餘人；獨唐氏辰屬二十餘人，沅屬幾二十人，郴桂皆僅十餘人爲例外，然永府百八十人，是其繁衍中心點終在湘南也。

1 魏書一〇一蠻傳。
2 南齊書五八東南夷傳。
3 宋書九七豫州蠻傳。晉熙、今安徽潛山一帶。

4 明史土司傳。

5 同治靖州直隸州志。

6 宋書荊雍州蠻傳。龍山，今河南登豐縣[illegible]。

7 魏書一〇一蠻傳。魯陽，今河南魯山。

通志苗防三引辰州府志。夏巴今湖北宣恩縣境，桑木疑當在其附近。

宋書九七豫州蠻傳。南史作文山羅。

南齊書五八東南夷傳。汶陽，今湖北遠安縣北。

11 魏書一〇一蠻傳。

12 溪峒傳。

13 敘縣文氏在宋世已有進士十二人，其隣縣茶陵亦有一人。

14 宋史溪峒傳。

15 通志苗防三。

16 宋史溪峒傳，明史土司傳。

17 同治靖州志。

18 道光永州府志猺俗。

19 全書事紀。

20 同治江華縣志兵防寇變。

21 府志。

22 同治縣志輿地。

23 全書學校。

24 通志苗防五引漵浦縣志。

25 宋史溪峒傳。

26 宋史誠徽州傳。

27 同治城步縣志兵紀。通志苗防五及靖州志並作絞寨猺。

28 光緒靖州直隸州志疆域。

29 靖州志。

30 康熙志雜記。

31 通鑑二五四僖宗紀，五代史雷滿傳。

32 宋史本紀紹興五年，溪峒傳紹興七年。

33 光緒寧遠縣志人物。

34 道光永州府志猺俗。

35 光緒新寧縣志事紀。

36 武岡州鄉土志猺種。

37 同治桂陽直隸州志。

38 全書卷十三[illegible]志。

39 光緒縣志學校。同治城步縣志武備，道光十六年，新寧苗藍正樽作

亂；光緒靖州志作李沅發，以不見於本縣志，疑是待攷。

40 武岡州鄉土志猺種。

41 同治縣志人物。

42 宋史溪峒傳。

43 通鑑二六七梁紀，飛山在今靖州外

44 通志苗防二引沅州府志。

45 通志苗防三引明大政紀。

46 光緒靖州志事紀。

47 同治縣志。

48 光緒州志、靖州苗二十四寨，寨長三十七人、潘居其十

49 宋史溪峒傳吉熙十年李大性言。

明史土司保靖傳。

51 通志苗防三引辰州平苗攷。

52 詳見通志苗防及沿邊各府縣志。

53 諸志或即稱猺曰生苗爲五種苗，五種即五姓也。

54 詳見各志藝文奏議及學校門。

55 光緒靖州志苗寨寨長三十七人、吳居十四、龍居其[illegible]

56 宋史溪峒傳。
57 元史仁宗紀。
58 光緒州志戎功紀。
59 同治縣志兵紀。
60 光緒州志戎功紀。
61 唐書憲宗紀。
62 宋史溪峒傳。
63 後漢書南蠻傳。
64 南齊書蠻傳。
65 宋史溪峒傳。
66 參攷湖南各府縣志。

湖南蠻姓之見於歷史記載者甚多，除上所舉述者外，又有高、符、宋、冉、劉、魏、王、杜、萬、伍、皮、夏、何、貞、姚、孟、白、黑、謀、苗、觀、蔡、曹、周、房、般、羅、熊、譚、蔣、區、莫、歐、蒙、趙、等姓，以其後裔不甚顯著，玆不備述。然今日湖南人之屬於此諸姓者，雖未可確指，其中要不無有蠻裔在也。

即以上所舉述者而言，已可見蠻族血統在今日湖南全部人口中所佔之成分，殊不在少數。試據方志選舉志爲湘西各縣作一統計，則蠻姓人數占全縣人數少或五六分之一，多至三分之一以上。此所謂「蠻姓人數」，其中自必有漢族分子參雜其間，然此所謂非蠻姓人數之中，亦當有一部分含有蠻族血統，雙方對消，則此比數距事實或非過遠也。列表如下：

縣名	全縣人數	蠻姓人數	蠻姓所占百分數	蠻姓	依據
敘浦	[illegible]	六六	○・四○	向舒文鄧	通志直生
瀘溪	二六一	一○七	○・四[illegible]	龍向文向石鄧吳田瞿張(計半數)	仝上
沅陵	一八一	三○	○・一七	石向田舒文覃吳張(計半數)	康熙縣志卷頁
辰谿	二一七	四○	○・[illegible]	麻覃向楊舒田鄧張(半)	道光縣志卷頁
永綏	四八	二一	○・[illegible]	楊龍吳鄧張(半)	同治廳志卷頁
乾州	五[illegible]	一六	○・三○	廖楊舒吳田向龍張(半)	通志直生
鳳凰	七九	[illegible]八	○・四九	楊吳田	仝上
芷江	二八四	五九	○・二一	楊向田龍舒張(半)吳符	仝上
麻陽	三四五	一二五	○・三[illegible]	楊龍田滕向鄧包藍符張(半)	同治縣志卷頁
黔陽	三五六	一三○	○・三[illegible]	向舒楊廖田覃梁潘龍符石	同治縣志卷頁
靖州	四九八	八二	○・一六	楊龍吳姚潘向田覃梁	光緒州志卷頁
綏寧	一六○	四三	○・二七	楊龍向覃藍石	光緒州志卷頁
會同	一七五	七二	○・四一	粟梁龍楊石吳	仝上
通道	一五二	七四	○・四九	楊吳潘梁粟	仝上
桑植	七二	一二	○・一七	向覃田彭張(半)	同治縣志卷頁
永順	二七	七	○・二六	向符楊田	通志直生
保靖	二九	四	○・一四	彭向吳(半)	仝上
龍山	二七	七	○・二六	向彭[illegible]彭符	仝上
城步	二五二	六五	○・二六	楊龍吳向藍雷	同治縣志卷頁
石門	三一七	五五	○・一七	冉覃楊鄧田文向[illegible]	同治州志卷頁

湘南蠻姓較爲隱晦，不便亦與統計，以意度之，此部分之開化較湘西爲早，則其人口中所含之蠻裔或亦較少。至東北長沙各屬，自屬更少。但茲篇所論因以姓氏爲線索，故所謂蠻裔，僅限於父系方面；使吾人能得母系方面材料而並計之，則今日湖南全省人口之中，其可確保爲純粹漢族者，恐絕無僅有矣。世有惑於優勝劣敗之說，以爲蠻種日就於消滅，今日南方人爲純粹漢族者，讀此文其可以知其謬乎！且淸季以來，湖南人才輩出，功業之盛，舉世無出其右，竊以爲蠻族血統活力之加入，實有以致之；然則蠻漢之不同，不過因其開化有先後之別耳，在種族本質上固無優劣之可言也。

官制沿革備論（論秦以後無真宰相上）

鄧之誠

近人章炳麟著檢論論官統。謂權有徵甚。名有新故。推迹古今官制者。尚不可以同名相儗。而況其異名乎。又謂自非名家。不足與議古今官制。（檢論七官統上）之誠讀而善之。以爲此殆指歷代官制表諸書而言也。（清儒多昧于典制。是等書僅錄史志。未嘗讀研。謂之爲是。差違實甚。謂爲非耶。恆有原本。本爲官書。期限有程。追促從事。自難窮究。況由今通古。執一以求。不能曲盡。勢則然也）故論官制沿革甚難。而宰相一官尤甚。有名異實同者。有名同實異者。有無其權而有其位者。有無其位而有其權者。漢之尚書。六朝之中書。明清之內閣軍機。又皆炳麟所謂亦見人主之狎近幸。而憎僭倖望者之逼已。（檢論七官統上）其歷事既久。禮遇稍隆。任寄較專。權勢可灼者。塗以真宰相目之。而不知其非也。杜佑謂自魏晉以來。多以他官參掌機密。或委知政事。（通典二十一職官三）遍徵其事可謂甚備。然前乎此者可得而言也。後乎此者亦可得而言也。秦事不可詳矣。自秦以後。世無真宰相。則可斷言。以是知班固述丞相之職。所謂掌丞天子。助理萬機。事無不總者。（漢書十九百官公卿表）特初制如斯。陳平所謂宰相者。上佐天子。理陰陽。順四時。下遂萬物之宜。外鎮四夷諸侯。內親附百姓。使卿士大夫各任其職者。（漢書四十陳平傳）後世宜更無此事矣。宰相之名。蓋不知所由昉。漢人雖有此稱。班固序官只及公卿而已。（見漢書十九百官公卿表）後世乃侈言黃帝六相。舜十六相、成湯二相。（見通典二十一職官三）事雖荒渺。而相之名始此。伊尹有宰舍之稱。（檢論七官統上引文選注）周禮有太宰、小宰、宰夫。翟方進謂春秋之義。尊上公。謂之宰。海內無不統焉。

見漢書八十四翟方進傳按其說本之公羊隱五年天子之相而宰之名始此。意者合二名以稱之。真宰相者。唐宋人每道及之。杜佑所謂大唐侍中中書令是真宰相（通典二十一職官三）是也。然自古無以宰相名官者。公私稱謂。習焉弗察。久而不易。是亦異矣。

漢以丞相、御史大夫、太尉爲三公。蓋本秦制。合公卿爲一。（百官公卿表注荀悅曰秦本次國命卿二人是以置左右相無三公官通典條悼王二年始置丞相官以樗里疾甘茂爲丞相）丞相初曰相國。掌丞天子。御史大夫副貳丞相。太尉典兵。與丞相并尊。而不常置。或由丞相兼之。（見漢書八十九黃霸傳按朱禮漢唐事箋謂武帝罷太尉而置大司馬非也大司馬之置在元狩四年大尉罷後最後之罷在建元二年不得以爲一時之事也大司馬以冠將軍非公比成帝時始與司徒司空同爲三公而位次居首繼後漢不能改）則丞相之職。宜甚崇矣。然高祖二年。以韓信爲左丞相。與曹參、魏嬰俱擊魏。（漢書高紀上此事不載百官公卿表）是時蕭何爲丞相。（見百官公卿表按當作右丞相漢制尊右）信與並任。而將兵在外。無變理之事甚明。名實已自相違。漢初丞相多功臣、外戚、侯者爲之。呂后之禍。漢大臣戮諸呂。擅廢立。此自軍功老臣權宜應變。丞相之職。必不及此。爰及漢武。公孫弘以布衣爲宰相。始封侯。而漢初功臣外戚之局一變。九卿更進用事。事不關決丞相。（見漢書四十六石慶傳）三公不領九卿。相權始奪。漢武倚任尚書。居于禁祕。掌代王命。樞機之任。稱爲政本。（見漢書九十三佞倖石顯傳）天下文書。盡集尚書。而御史下相國。相國下諸侯王。中執法下郡守（漢書一高帝紀）之制盡革。尚書代天子總攬用人、行政、刑獄、會計之權。事無不總。（詳見陳樹鏞漢官答問不具引）丞相奉行文書而已。尚書之權既張。于是有領尚書事。或曰平。（張敞于定國）或曰視。（薛宣）或曰幹。（石顯後漢趙熹牟融曰錄鄧彪張禹曰參錄）威權無比。大事丞相常不與知。（昌邑之廢丞相楊敞不與謀見漢書六十六楊敞傳張安世領尚書事每定大政已決輒移病出聞有詔令乃驚使吏之丞相府問焉見漢書五十九張安世傳）中間中書典尚書之事。（按百官公卿表尚書中書之制不詳通典二十一職官三漢武帝游宴後庭始以宦者典事尚書謂之中書謁者置令僕射漢書六十二司馬遷傳遷既被刑之後爲中書令尊寵任職是時無與於尚書也又六十八霍光傳時又霍山自若領尚書上令吏民得奏封事不關尚書羣臣進見獨往來又言後上書者益黠盡奏封事輒下中書令出取之又七十四魏相傳故事諸上書者皆爲二封署其一曰副領尚書者先發副封所言不善屏去不奏相復因許伯白去副封以防雍蔽是宣帝爲備霍氏始倚任中書而尚書與事之權始奪元帝之世石顯用事劉向稱其幹尚書故遷與以爲典事尚書僕漢舊儀所謂中中書領尚書事是尚書中書巳合一矣漢書九十三石顯傳望之奏以事尚書爲百官本宜以通明公正處之武帝游宴後庭故用宦者非古制宜罷中書宦官而望之本傳以爲中書政本宜以賢明之選自武帝乃用宦者弄國權制白欲更置士人萬石顯以中書職入尚書故選言之後來成帝罷中書宦者初置尚書員五人通典以爲去中書更以士人爲尚書蓋公卿表明言更名中書謁者令爲中謁者令晉書職官志改中書謁者號僕射亦有明文然中書巳盡罷矣初置尚書員五人者以之受宣詔命部後漢書宦者傳所謂雜調他士是也陳樹鏞漢官答問以蕭望之傳所言中書政本爲尚書之議以爲尚書與中書本二官不得合而爲一而不悟幹尚書之義且不悟漢初中常侍本引用士人也又以初置尚書員五人爲謂中書加一尚書五曹共爲五人殊未爲得之石顯竊柄。蕭望之以太子太傅、將軍、領尚書事。而不能敵。以至自殺。貢禹遂因顯而窺台鼎。自霍光以大司馬、大將軍輔政。謬爲治內之說。漢書六十六車千秋傳光謂千秋曰始與君侯俱受先帝遺詔今光治內君侯治外蓋欲權集宮省。外統于內。觀田千秋以外內異議。見漢書六十杜延年傳幾于得罪。從可知矣。後來外戚皆以大司馬輔政。領尚書事。三公莫不仰其鼻息。漢書六十六蔡義傳時大將軍光秉政議者或言光置宰相不選賢苟用可顓制者漢書六十八霍光傳百官以下但事馮子都王子方等視丞相亡如也漢書八十一張禹傳禹自見年老子孫弱又與曲陽侯不平恐爲所怨又孔光傳徙爲太師而莽爲太傅光常稱疾不敢與莽並藉以保位。故班固以蔡義、韋賢、玄成、匡衡、張禹、翟方進、孔光、平當、及當子宴。謂爲持祿保位。被阿諛之譏。見漢書八十一匡衡傳論相體始掃地無餘。光武中興。以大尉、司徒、司空爲三公。備位而已。唐六典一光武親總吏職天下事皆上尚書與人主參決乃下三公庶事盡歸臺閣。臺閣者。以舉法歸中丞。奏事歸尚書。而公府爲外職矣。見後漢書八十四楊震傳假爲外內之說。亦猶之霍光之語。姑假察內之說。以爲撩飾之術。浸假而御史之權。盡移于尚書。尚書之權。又移于宦官。鄭伯謙太平經國書六內外下雖外戚以大將軍輔政。領尚書事。而不能與抗。他可知矣。準是以言。漢世丞相。號稱總領衆職。比于古者宰相之任。差爲近似。然一奪於九卿。再奪於尚書。三奪於外戚輔政。四奪於閹寺。而相之虛名。且不得保。終以三公易其稱號。漢書八十三朱博傳成帝時何武爲九卿建言古者民樸事約國之輔佐必得賢聖然則天三光備三公官各有分職今末俗之敝政事煩多宰相之才不能及古而丞相獨兼三公之事所以久廢而不治也宜建三公官定卿大夫之任分職受政以考功效漢書八十六何武傳成帝欲修辟雍通三公官按二傳所以徵異實則欲去丞相之名武特希冒建官而已故光武中興但規近制三公去大而不遑復漢初丞相蓋有忌戒也以言乎禮遇。漢儀言丞相近天子。御座爲起。在輿爲下。有疾。法駕至第問。通典二十二職官四引然高帝之世。御史大夫周昌嘗燕見奏事。見高帝擁戚姬。呂后之世。審食其爲相。監宮中。如郎中令。公卿百官皆因之以奏事。武帝之世。公孫弘亦得數宴見。上或時不冠。鄭伯謙太平經國書六內外下知漢儀所言爲具文矣。以視古者坐而論道。相去不可以道里計。而誅戮之事。先後一揆。按武帝之世李蔡嚴青翟趙周石慶公孫賀劉屈氂繼踵唯慶以惇謹後終相位其餘盡伏誅見漢書五十八公孫弘傳後漢光武之世韓歆代侯霸爲大司徒好直言無隱帝每不能容坐免歸田里帝猶不釋復遣使宣詔責之歆及子嬰竟自殺後千乘歐陽歙濟河戴涉相代爲大司徒坐事下獄死自是大臣難居相位詳見後漢書五十六侯霸傳更以災異策免三公。按孔平仲珩璜新論引後漢書薛防傳謂以災異免三公起于薛防趙翼廿二史劄記舉元帝永光元年春夏霜雪日青無光丞相于定國自劾乞骸骨又舉薛宣傳成帝以災異數見册免之以爲二事在防之前其說是也又舉如淳漢書注謂天文大變天下大禍則使侍中以上尊養牛賜丞相策告殃咎丞相即日自殺此注見翟方進傳乃引注而不引傳所載綏和二年熒惑守心以大臣當之賜方進死可謂疏矣任寄久虛。責難則備。爲人臣者亦良苦矣。唯兩漢三公平進。雖不盡如朱博所言故事。漢書八十三朱博傳故事選郡國守相高第爲中二千石選中二千石爲御史大夫任職者爲丞相位次有序觀百官公卿表。獨董賢一人倖進。雖以桓靈竊僭。尚無獵等之譏。差爲班聯有秩。蓋猶重視此任。不輕畀人。逮夫董卓自爲相國。曹操之爲丞相。名爲溯迹漢初。實則專權竊柄。與制度損益。雖若無關。而三國之制。卽從此出。季漢與魏。得其近似。吳則權宜之制。師心自用。屢有更革。時短運促。殆無足稱。而魏制乃沿及六朝。南北襲用。倘亦始料所不及者歟。

六朝官制之謬。名爲沿襲漢魏。而因人設官。踵事增華。南北規橅。虛名相尙。龐雜牴牾。莫可究詰。蓋由公孤隆任。加于老耄。其欲預事。必資兼領。腹心委寄。專重事權。權之所託。時有消長。故宰輔之任。終究不知誰屬。以言乎公。則魏有太尉、司徒、司空。是名三司。皆無事。不與朝政。又有太傅、大司馬、大將軍。位在三司上。末年有太保以鄭冲爲之萬斯同歷代史表魏將相大臣年表編列六公並列。丞相尙不與焉。晉遂以太宰、太傅、太保、大司馬、大將軍、太尉、司徒、司空爲八公。（見晉書二十四職官志）同時並置。至宋加丞相爲九。齊二司之外、有太傅、大司馬、大將軍。二公不常置。魏王宗室而外。唯王敬則一人。得拜大司馬。梁復晉制。無大將軍而有丞相。多爲贈官。不輕授人。陳同于梁。二司之外。唯宣帝未卽位時。一爲太傅而已。十六國僭僞。亦多從晉制。其足異者。晉之太宰卽太師也。以避諱而改。乃漢成趙燕。師宰同列。丞相相國同時並置。（以上俱散見萬斯同歷代史表）陳置相國、位居丞相之上。（見職官分紀三）果何謂乎。元魏之制。以太師、太傅、太保。謂之三師。上公也。大司馬、大將軍。謂之二大。太尉、司徒、司空。謂之三公。魏制有大將軍。不置太尉。有丞相。不置司徒。正光後俱置之。北齊亦有三師、二大、三公之官。（通典二十職官二又後魏杜超長樂王穆壽常英李峻上黨王天穆爾朱仲遠南陽王寶炬俱拜太宰是魏亦有太宰唯與太師不同置耳西魏則遂兼矣）唯周制六官。三太六大。稱爲復古。不同晉以後之雜糅耳。推原授官之意。或極盡推崇。或虛爲優禮。或自竊美稱。實則與事權無關。乃至二司下領監令。則此虛名。又何足貴乎。以言乎丞相相國。自曹操以後。司馬師、昭、炎、趙王倫、梁王彤、成都王穎、南陽王保、王敦、王導、劉裕、南郡王義宣、蕭道成、蕭衍、陳霸先。皆曾爲之。唯王導循諸葛亮故事。（見晉書六十五王導傳）差爲有權有位、而義宜以示優禮親藩。餘皆爲權臣竊據或篡弒之階。所謂非復人臣之位者是也。（見晉書二十四職官志）北朝居此位者甚多。至齊而分左右。周制復古。而靜帝乃置左右大丞相。蓋八公俱不足貴。而丞相乃首出焉。復錫以大稱。信乎哉以加矣。丞相二司。漢之所謂宰相。至是皆成虛名。蕭子顯所謂任疎人貴。（南齊書五十六倖臣傳論）姚察所謂自魏正始、晉中朝以來。貴臣雖有識治者。皆以文學相處。罕關庶務。朝章大典。方參議焉。（陳書六後主紀論）誠慨乎其言之矣。至若事權所寄。恒在三省。一曰尚書。宋曰尚書寺。亦曰尚書省。亦謂之內臺。任總機衡。事無大小。咸歸令僕。魏置中書監令。遂掌機衡之任。而尚書之權漸減。（通典二十二職官四）然晉尤重大錄。公卿權重者爲之。（晉書二十四職官志）職無不總。號曰錄公。咸康中。分置三錄。王導錄其一。荀崧、陸曄。各錄六條。其後每置二錄。輒云各掌六條事。晉江右有四錄。則四人參錄也。江右張華。江左庾亮。並經關尚書七條。凡重號將軍刺史。皆得命曹授。唯不得施除及加節。宋世祖孝建中。不欲威權外假。省錄。大明末。復置。宋書三十九百官志齊錄尚書及尚書令。並總領尚書臺。通典二十二職官四宋齊以後。尚書令恆由二司兼領。而僕射始重。實綜臺閣之事。故何敬容為僕射。史稱晉宋以來。宰相名義自逸。敬容獨勤庶務。為世所嗤鄙。此稱僕射為宰相之始也。見南史三十何敬容傳按李上交近事會元謂梁陳以僕射為真宰相蓋本于此蓋尚書為施政之地。雖尚任稍輕。而政事不減。僕射之重。亦固其宜。通典二十二職官四齊梁舊用左僕射兼選司空元魏無領錄事。而北齊有之。魏齊尚書皆掌彈糾。亦猶之宋僕射職為執法也。魏置尚書大行臺。別置官屬。齊行臺兼統民事。皆見通典二十二職官四斯又任重中外者也。二曰中書。魏武帝為王。置秘書令。典尚書奏事。文帝黃初初。改為中書令。又置監。宋書三十九百官志劉放、孫資。並掌機密。殆終其身。私結司馬。遂移魏祚。見三國志十四劉放傳自晉建國。常命宰相兼領。中興以來。益重其任。晉書八十王獻之傳故荀勗為中書監侍中。而史稱毘贊朝政。見晉書三十九荀勗傳張華為中書令侍中。而劉卞。謂為居阿衡之地。見晉書三十八張華傳庾亮、庾冰。相次為中書監。冰經綸時務。升擢後進。朝野注心。咸曰賢相。見通典二十一職官三東渡以後。任專尚書。中書監令稍輕。常并其職。入散騎省。或設監而不設令。宋世為抑甲族。選任寒人。以充通事。其權尤重。分置四省。中書之有省稱。實昉于此。齊及梁陳。稱為勢利之任。通典二十一職官三宋初又置中書通事舍人四員。入直閣內。出宣詔命。凡有陳奏。皆舍人持入參決于中。南齊書五十六倖臣傳建武世。詔命殆不關中書。專出舍人書內舍人四人。所置四省。天下文簿版籍。入副其省。萬機嚴密。有如尚書外司。南史七十七恩倖傳呂文顯傳時中書舍人四人。各住一省。世謂之四戶。既總重權。勢傾天下。隋書二十六百官志梁陳時。凡國之政事。並由中書省。有中書舍人五人。領主事十人。書吏二百人。分掌二十一局事。各當尚書諸曹。並為上司。總國內機要。而尚書唯聽受而已。被委此官。多擅威勢。按舍人之職。多由寒人勳品為之。故諸史皆目為佞倖。蓋宜通密敕。施為決策。咸出其手。人主謂其身卑位薄。以為權不得重。而不知專用之切。勢傾天下。兼以領武官。有制局監。領器仗兵役。亦用寒人。交相長襲。如虎傅翼。所以權重頃像舍人之職亦有士流不與權勢其怙勢者亦未盡狠傲被佞倖之目固由央興取法關盛亦實門第之見橫梗于中乃施此惡名耳至此監令始同虛設。北朝雖有西省之目。見魏書六十七崔光傳委任似非隆密。北齊管司王言。幷司進御之樂。通典二十一職官三鮮卑之制。本不足異。特以見其輕視此官而已。三曰侍中。自晉始有門下省。唐六典八備切問近對。拾遺補闕。晉書二十四職官志省諸奏聞文書。冀者隨事爲駁。隋書二十六百官志宋世此選最重。侍中任機務之司。不必他名。亦多爲宰相。通典二十一職官三故文帝時。江湛、王僧綽。俱爲侍中。任以機密。殷景仁、王華、王曇首、劉湛。俱爲侍中。而王華歎息宰相頓有數人。沈演之爲侍中。文帝謂之曰。此蓋宰相便坐。齊王儉爲侍中尚書令。自謂江左風流宰相。俱見通典二十一職官三引梁時侍中祭酒。與散騎常侍高功者一人。對掌禁令。隋書二十六百官志而杜佑以爲此頗爲宰相矣。通典二十一職官三元魏之制。尤重門下官。多以侍中輔政。則侍中爲樞密之任。北齊爲宰相秉持朝政者。亦多爲侍中。通典二十一職官三蓋元魏多採宋齊之制。故有此任。準是以談。則六朝中書監令、侍中、尚書僕射。不數令者宋世令僕同爲第三品且令多以三司兼領或兼侍中故耳當時皆有宰相之稱。而其委任。時有升降。杜佑以爲或掌機密。或錄尚書。或綜機權。或管朝政。或單侍中。或給事中。或受顧命。皆爲宰相。通典二十一職官三則其任遇更泛。然其權多奪于中書通事舍人。何足以言相職。故雖謂六朝無相可也。否則唯舍人實足以當之。宋書四十百官志舍人官在第七品亦足以見任官之繆矣。若夫北朝猥雜無文。蓋無譏焉爾。

宰相稱號之不正。未有甚于唐者也。初沿隋制。以三師太師太傅太保三公太尉司徒司空爲親王宰相加官。而以三省之長。任宰相之職。唐六典曰尚書令總領百官儀刑端揆太宗初爲秦王嘗親其職自是闕不復置其國政樞密皆委中書侍中佐天子而統大政及軍國之務與中書令參而總焉中書令掌國之政佐天子而執大政據唐制以左右僕射爲尚書之長蓋上沿齊梁之稱說者皆謂太宗嘗爲尚書令以後臣下避不敢居考隋僕射居此職者亦只高熲楊素二人而已所謂不輕授任是也不必援太宗爲辭三省之名屢更。尚書省亦曰中臺。龍朔二年曰文昌臺。光宅元年曰都臺。垂拱元年曰中臺。長安三年門下省亦曰東臺。龍朔二年曰鸞臺。光宅元年曰黃門。開元元年中書省初曰內史省。亦曰西臺。（龍朔二年）曰鳳閣。（光宅元年）曰紫微。（開元元年按三省次第據老學菴筆記謂唐制侍中在前故元豐官制特改從之困學紀聞十四引李燾唐代宰輔表云中書門下班序各因其時代宗以前中書在上按李氏之言似非今唐六典通典所序列皆先門下後中書玄宗以侍中爲左相中書令爲右相其亦其明何得云代宗以前中書在上耶唯政事堂稱中書門下而官之班序終唐未改也）三省之長。尚書左右僕射。亦曰左右匡政。（龍朔二年）曰左右相。（光宅元年）曰左右丞相。（開元初）侍中初曰納言。亦曰東臺左相。（龍朔二年）曰黃門監。（開元元年）曰左相。（天寶元年）中書令初曰內史令。亦曰西臺右相。（龍朔元年）曰內史。（光宅二年）曰紫微令。（開元元年）曰右相。（天寶二年以上並據唐會要按中令之改右相亦在天寶元年會要系之二年非也考舊唐書九玄宗紀天寶元年二月改侍中爲左相中書左右丞相依舊爲僕射而是年八月有吏部尚書兼右相李林甫加尚書左僕射事右相之改必無在次年之理顯釋二月改侍中爲左相一節必有脫文中書左右丞相依舊爲僕射一語中書安得有左右丞相必爲中書令爲右相尚書左右丞相依舊爲僕射之說舊史脫去六字故會要無明文可據姑系之二年閒）紛紜無定。卒皆復舊。其實杜佑所謂侍中中書令爲眞宰相者。（見前）亦只開天之際如此。通觀一代。居政地者。初尚以左右僕射爲正宰相。後則殆全爲門下中書侍郎而已。而其名則有知政事。（武德元年裴寂大足元年姚崇大足四年李嶠）有參議朝政。（貞觀元年杜淹二年魏徵四年蕭瑀）有同平章國計。（貞觀四年戴冑）有專典機密。（貞觀七年岑文本）有每三日兩日至門下中書平章政事。（貞觀八年）有參議政事。（貞觀九年蕭瑀）有知門下省事朝章國典參議得失。（貞觀九年）有參知政事。（貞觀十三年劉洎）有同中書門下三品。（貞觀十七年李勣永徽元年長孫無忌）有同中書門下平章政事。（貞觀十七年高士廉）有參知機務。（貞觀二十二年崔仁師）有同中書門下同承受進止平章事。（永淳元年郭待舉等）有中書門下平章事。（永淳元年劉齊賢）有軍國重事中書門下可共平章。（神龍元年豆盧欽望）有軍國重事宜共平章。（景雲三年竇懷貞）有參議機務。（唐隆元年劉幽求）有每月三度入朝便至中書商量軍國事務。（元和二年杜佑）有二日一度入中書平章軍國事。（太和四年裴度以上並據唐會要五十一）于是僕射非知政事。不得與政。而有張說罷知政。猶爲丞相。（唐六典一）裴耀卿、張九齡爲左右丞相。罷知政（舊唐書八玄宗紀）之事。而同中書門下平章事。遂爲一代永制。初本以待四品以下新進小臣。繼則官位崇高者。亦同此稱。所謂中書門下者。中書掌詔諭。侍中掌封駁。貞觀之初。乃命宰相議事于門下省。議同而後取旨。而侍中之職始廢。其議事處曰政事堂。永淳二年。裴炎移于中書。開元十一年。張說奏改政事堂爲中書門下。其政事印。亦改中書門下之印。下列五房。一曰吏房。二曰樞機房。三曰兵房。四曰戶房。五曰刑禮房。（參唐會要五十一通鑑二百十二唐紀注及今本中書政事堂記）語其勢要。可謂盡籠尙書之權。然而以位卑者領之。蓋任親臣而不欲任重臣。故名實不符若此。玄宗命相。可謂近古。而丞相與相並設。一則擁虛名。一則總大政。亦安見其能敬大臣耶。若言其弊。厥有數端。一曰領使。元載領度支轉運使如故。（唐書一四五元載傳）劉晏領度支等使如故。（唐書一四九劉晏傳）程异判使如故。（唐書一六八程异傳）蓋中唐以後。財用爲急。不期宰相亦以此進。一若錢穀以外。無他事任者。此韋弘質所以有宰相不得並治錢穀之請也。（見唐書一八○李德裕傳）一曰攝部。杜如晦攝吏部。（唐書九六杜如晦傳）姚崇三爲宰相。皆兼兵部。侵權越職。莫斯爲甚。此明清大學士掌部管部之所由昉也。一曰備位者衆。朱禮謂睿宗景雲元年。同時宰相十七人。（漢唐事箋引徐守愫南總紀談）杜佑言自先天以前。其員頗多。景龍中。至十餘人。開元以來。常以二人爲限。（按即侍中中書令或左右相）或多則三人。（按其一人係同中書門下平章事）天寶十五年之後。天下多難。勳賢兼寵。故備位者衆。然其秉鈞持衡。亦一二人而已。（通典二十二職官四）今考有唐一代。宰相凡四百四十七人。使相二百五人。（據唐會要）名器之濫。任使之驟。皆不足以見此職之重。遑問一德一心乎。一曰誅戮之多。考唐世宰執。功名不終者甚多。長孫無忌元勳國舅。不能免死。自後一有得罪。非伏屍西市。即長流嶺表。不唯刻薄寡恩。尤甚兩漢。即後來明清雄猜之主。專制多殺。亦遠不及焉。以此而責人之報稱。不亦難乎。故論有唐相業。前稱房杜。後有姚宋、頗疑史臣多粉飾之辭。裴度、李德裕。功在社稷。差爲不負。而一則晚遭讒黜。一以貶死。無惑乎模稜歇後。競以容悅充位。苟免爲幸矣。更考唐世宦官之權。過于兩漢。將相皆依宦豎而進。（唐書二百七高力士傳：宇文融、李林甫、蓋嘉運、韋堅、楊慎矜、王鉷、楊國忠、安祿山、安思順、高仙芝等雖以才寵進，然皆厚結力士，故能踵至將相）鍾紹京爲宰相。而稱義男于楊思勗之父。（見困學紀聞十四）元載以宗女妻李輔國。而得國柄。（見唐書一四五元載傳）黎幹與宦人劉清潭謀立獨孤妃爲后。被誅。劉宴賢者。而不免人言與謀。以致爲楊炎所乘。（見唐書一四九劉宴傳）王播厚以金謝王守澄。得再領使。（見唐書一六七王播傳）李逢吉因鄭注結王守澄爲興援。（見唐書一七四李逢吉傳）元稹與樞密魏弘簡尤相善。而得翰林學士。以至入相。（見唐書一七四元稹傳）其他登進者。大率類此。蓋唐自中葉以後。宦者典禁兵。長樞密。（北夢瑣言六：置左右十二衛觀軍容處置宣徽四院使擬于四相職灋總之）（要引續通典：唐代宗永泰中置內樞密使以宦者爲之）天子有所進用。則詔樞密以付學士。（唐語林一：宣宗命相一出于己，嘗詔樞密院兵部侍郎判度支蕭鄴可同中書門下平章事仰指揮）（學士院降麻處分，按樞密儼然出納之任，翰林學士居禁中，易與之結近，故亦能左右宰相，晚唐學士多得入相者以此）而樞密亦能自召學士草詔。（唐書二百七宦者傳：仇士良、魚弘志憤文宗與李訓謀）（帝召崔慎由草詔，慎由死不承命）故宰相以外大臣自居。不敢與禁中事。（唐語林七：宣宗崩，內官定策立懿宗，入中書商議，命宰臣署狀，宰相將有不同者，夏侯孜曰：三十年前外大臣得與禁中事，三十年以來外大臣固不得知，但是李氏子孫內大臣立定，外大臣即北面事之，安有是非之說，遂率同列署狀）令從中出。宰相署諾而已。尚何職事相業可言。所足自豪者。百僚之長。無敢抗禮。延英便殿。從容坐對而已。（唐語林三：肅宗以苗晉卿年老蹇步，故設延英）又焉用彼相哉。以視六朝。或又不逮。五季雜戎夷之俗。時當擾攘。以士人居宦豎之職。樞密院或曰崇政院。實爲大政總匯。常以宰臣兼之。別設三司使。以掌度支、戶部、鹽鐵。名爲矯唐之弊。而不經之甚。遂開北宋初制之端。靡不有初。斯之謂矣。

英法聯軍佔據廣州始末

陸欽墀

目錄

一八四二——一八五六時之廣州入城問題

(一)一八四二——一八四九

江寧條約第二款之前半曰：「大皇帝恩准英國人民帶同[同]所屬家眷，寄居沿海之廣州福州廈門寧波上海等五處港口，貿易通商無礙。」中文所謂「港口」，實與英文 "cities and towns"：意義稍殊。細按中文約款，並未含有外人在五口「入城」之意，故以法律論則英人無據約入城之權。且英人本只求地方舒適，便於營業；與華人雜居一處，固非所願，故江寧條約初訂之後，英人並未主張入城[1]。如上海城英人可以入內，而並不「入城」。惟廣州英僑當時人數二倍於上海，而居留之地，仍照以前狀況，僅二十一畝[2]。英人行動既覺不便，遂提出「入城」問題。

設當時英人在廣州可自由入城，城外復有廣大區域供其自由居住，恐英人亦不欲入城。惟因粵民對於英人有深切之仇恨與鄙視[3]，故力亟反對，以為外人入城為不可變動之「天朝二百年來禁例」，甚至「提及進城，無不立動公憤，群思食肉寢皮[4]。」官員既希望地方安靖，力避「民夷」衝突，故順從民意，禁止外人入城，但同時又未劃出一區域，使外人有舒暢之居處。在此種狀況下，英人遂力爭「入城」之實行。

江寧條約既已訂定，「民夷」之衝突遂漸發生。一八四二年十二月二日，樸鼎查自南京回抵香港。七日，廣州有印度水手(Lascars)多人登岸，不知何故與民衆發生衝突，自午後二時延至夜半，英荷等洋行且被焚。翌日午，華兵始至，解散群衆，然戰鬥已二十四小時矣[5]。英商向樸鼎查請願，言此種暴動，實出預定計劃，宜設法保護。樸答，此等事件，英方亦須負一部分責任，應先安心營業，以後徐圖改進[6]。

中外小衝突不斷發生，外人在街上行走，每受辱罵，心中不免煩悶厭惡。中國上流人士，亦從不願與外人在街上同行，且外人時受磚石等物之投擲[7]。但當時辦理外交之耆英，甚得外人信仰[8]。耆不否認外人入城之權，但言一時人心不安，故請暫緩實行。年復一年，至一八四六，事態遂日趨嚴重。

一八四六年一月十三日，兩廣總督耆英及廣東巡撫黃恩彤在廣州各處佈告紳民，大意謂廣州係二百年來外洋各國貿易之市，外人從未入城，近年英官屢欲議定入城，但因體諒民意，迄未進行。今英官重提此案，因即布令紳士傳告居民，而紳士共同呈稟有「城內外居民，咸不願外人入城」等語，遂復詳考各種意見，一一告之英官，但英官總以福州外人之入城為例，謂廣州理宜相同辦理。故凡紳民人等，務念二國現已和平，皇上於中外人民，一視同仁，且除廈門無城垣外，福州寧波上海等埠英人皆已入城，並無禍亂發生，紳民人等宜明此事原委，一體知曉，勿再疑慮反對，使中外常得和平云云[9]。

此告示張貼於英人洋行之前，但一夜之後，忽已不見。十五日在原處另有告示，大意謂：吾廣東全省士民布告外夷各商知曉，英夷住居於此者，無惡不作，擢髮難數，並恃其強力陰謀，壓迫吾大吏，欲進入省城，今大吏不顧英夷之生長化外，謀我粵省，窺我土地，竟布告許其入城，英人辱害我民，非言語所能形容。吾粵東紳民誓守國俗舊例，不服此次告示，巳公衆議定，外夷入城之日，即殲滅此類賊種，焚燬其居處，同心合力，斬草除根，以洩吾公憤。但念十三行夷商，良莠不分，玉石俱焚，殊可惋惜，特先警告；如良夷安於原處，不思入城，早作逃計者，不加傷害，不然大禍將臨，悔之晚矣，特先知照云云。下署大清道光二十五年十二月十八日[10]，(一月十四日)蓋先一日草成者也。

時城內亦有紳民之告示，文意略同。又云：廣州與福州寧波不同，商業皆在城外，無故欲入城內，當拒之理甚明。

況省城要地，官吏衙署、儲倉監獄，人民居所，皆在其中。夷謀得逞，戰禍將起，爲保全吾人之生命家產，我等誓不屈服。設夷人果敢進城，當殺其人衆，燬其洋行，焚其船隻，不任一人逃逸。凡我全城居民，務必同心協力，衛我父母之邦，有二心者，神人共誅云云。

在知府衙門前，則另有一佈告，謂如外人入城，義民將擒官而殺之[11]。

時廣州府知府劉潯者本無關重要之人，僅奉耆英命與英人議事而已，然粵人欲示威於大吏，知府則適當其衝。一月十五日劉潯自英船歸，粵民有擠汹者犯其前導，隸捽而笞之。市人譁曰：「官方清道以迎洋鬼，其以吾民爲魚肉也」，一時烏合，乘衅而起，隨潯噪入府署，聚至數千人，闖入內室，取其衣箱，搜其冠服焚之堂下，曰：「彼將事夷不復爲大清官矣」。潯踰垣奔訴督撫[12]。南海番禺二縣知事至，見烏合之衆多，一時無法解散，亦逸去[13]。

粵民暴動雖施於知府，而實示意於督撫。耆英外受英人之督促，內苦粵民之堅拒，事出兩難，「懼毀撫局，無計以弭之。謀於粵紳，則曰此衆怒不可與爭也，又曰吾鄉之民能爲國家効力勦賊，不願從撫也。若督撫將軍一朝下令示以能執干戈禦外侮者受上賞，某雖不武，亦願備前驅，耆英無以答也[14]。」懼激變，乃與巡撫於十七日出示，略謂地方官之首要，在得民心，失民心者必去其職，今聞知府因隸笞人民而失民心，然人民聚衆燬其署，亦甚不當，本督撫爲此布告人民速即遣散，人民皆我子女，必不棄汝等於不顧，亦無庸懼外人之加害云云。而劉潯則先一日去職矣[15]。

又一示云：本督撫治粵，已歷年數，愧德薄能鮮，無益於民，但愛民盡職之忱，可質天日。近年與外國訂約，盡我心力，無非欲安我人民，非厚於外而薄於民也。英人又堅於入城，本督撫前出布告，本欲探我民意，今知人民義憤，特再示告，以釋群疑，前次布告，非即許英人入城。民意既不欲英人入城，本督撫決不違其意而反順外人也[16]。

初黃恩彤爲江寧布政司，以江寧議約頗著勞績，「助成撫局」，升授廣東巡撫。是年既有此暴動，亦被劾失職[17]，徐廣縉復繼之去，遂由葉名琛作廣東布政司。

英外相阿彼爾定 Lord Aberdeen 聞廣州之暴動，亦知耆英進退兩難，因訓令香港總督德庇時 Sir John Francis Davis 對於入城事件，務須謹慎辦理，倘再發生暴動，恐耆英之地位難以維持，並建議於二年後入城[18]。故四月四日在虎門簽訂退還舟山之約期，第一條即爲英人允許暫緩入城[19]。然是年廣州「民夷」衝突之案仍不斷發生[20]，中外關係，愈形惡劣。

是年七月，英政府更換內閣。鴉片戰爭初期之英外相巴麥斯登 (Lord Palmerston Henry John Temple) 重任外相，對於中國態度又轉強硬。八月十八日，函德庇時暫勿公布關於舟山退還之約，而不知舟山已於上月二十五日退還矣[12]。明年三月七日，德庇時再得政府訓令：

「你應當用清楚明顯的字句，轉告中國當局：英國政府決不讓中國群衆虐待英人的案件，隨便放過。假使中國當局不禁止此類暴行，英政府將不得不自求解決的辦法[22]。」

然時未一週，衝突之案又不旋踵而至矣。

一八四七年三月十二日，英人六名美人一名，同遊佛山，被居民聚衆用石毆擊，經官兵救護送出，始免受傷[23]。德庇時不復猶疑，即於四月三日，帶同火輪船二隻，划艇三板二十餘隻，兵千餘名，突入珠江，在十三行灣泊，提出要求。耆英見勢不敵，遂於四日往見德庇時於洋樓，六日應簽條款，定二年之後，英人可以入城，凡一日內可達之路程，英人可按上海例，自由行走。如遇毆辱，華官查罰。前二次毆辱英人案犯者亦應受罰。河南（珠河之南小島）英人可租地造房等共七條[24]。但奏報中耆英不敢直言，僅云「臣查夷人進城，不過以入署見官為榮，尚非別有他志……既不得過事張皇，致開兵釁，尤不可稍存疏懈，誤墮奸謀……將地方保衛彈壓，鎮靜籌辦，免致匪徒乘間竊發，良民因而驚擾，一面督同各委員，向夷酋相機駕馭，先阻遊擾佛山，再將進城一節，體察酌辦[25]。」英政府頗以德庇時之方法為得當[26]，而耆英之舉動，更激動人民仇外心理，因之於維持對內對外之治安，兩感困難[27]。

是年十二月五日，英人六名駕艇往珠江北路一帶游行，至離廣州約三哩之黃竹岐村，與人民發生衝突。結果村民二人致死，村人隨合將六人毆斃。後在河邊，只撈獲英屍四具。德庇時意欲再度示威，向印度請增兵廣東[28]，耆英知「決裂即在頃刻，事關大局，未便因此遽開邊釁」，因即於所緝獲之兇手中，先以四人正法[29]，並建議於德庇時，設中國衛隊二十人，保護英人[30]，事乃得息。

一八四八年二月，耆英被召回京，自覺如釋重負。繼其任者為徐廣縉，而以葉名琛繼徐為巡撫。徐初次所得辦理外交之方針，於二月三日之上諭中可見一般：「總寄重在安民，民心不失，則外侮可弭，嗣後遇有民夷交涉事件，不可瞻徇遷就，有失民心。……總期以誠實結民情，以嚴厲辦夷務，方為不負委任[31]」。於此可知中國之對外態度，亦由忍容而轉至強硬矣。

時德庇時亦退職，文翰繼任。文翰 George Bonham 曾任新加坡總督十年，性格比較溫和，不以用激烈手腕爲然。是年青浦案出[32]，滬英領用強硬威脅方法，文翰得其報告，即訓令斥責[33]。並轉報英外相[34]，言其行爲，已超越其正當權限。而巴外相覆文翰以英領之行動爲正當，但戒其以後不可以此事爲先例[35]。時巴夏禮 Harry Parkes 在滬之英領館任翻譯官。年事雖少，而於強硬政策之方法事例，經歷已多，上海領館與英外署以強硬政策，遙相呼應，而當時主持對華全部交涉之英公使獨持異見，中英兩國之衝突，不在此時發生，其與文翰性格有關歟[36]？

然衝突之發生，蓋亦時間問題耳，因中英關係之一重要事件，尚未解決，即廣州之入城問題也。一八四七年之約，至一八四九年而期滿，時耆英已被召回京，中國亦採取強硬政策。故酌量時勢，此不可避免之衝突甚有於一八四九年發生之可能也。

（二）一八四九——一八五六

一八四九年二月，徐廣縉至英船會見文翰，商洽入城問題。徐言二年前耆英與德庇時所訂之約，無法實行；且耆與德二人訂約之時，亦自知其不能實行，但徐允爲奏告朝廷而已[37]。文翰因得英政府之訓令，示意以武力解決問題，但如無實在利益可得者，則非上策。同時又見於英人入城後之衝突事件或更將增多而嚴重[38]，故於暫緩入城一事，表示同意。然此問題實則仍未解決，而中國方面傳說，謂徐廣縉知英人將復中前約，已先令各鄉團練預備。及英人乘輪而來，「連檣相接，輪煙蔽天」，徐廣縉乘「單舸前往，諭以衆怒不可犯」。英人本欲「質制府舟中以要入城之請」，但「省河兩岸義勇呼聲震天，［英］酋大懼，乃以罷兵修好請，自此不言入城事」[39]。徐廣縉之奏報云：「竊以虛聲恫喝，乃夷人之慣技，其缺費裁餉，見之於新聞紙……是其勢絀力窮，已成強弩之末，婉阻之未必遽開邊釁，輕許之必至立啟兵端。且慮其進城而有事，則衆志成城，尚有爪牙之可恃；許其進城而有事，則人心瓦解，必至內外之交訌。害重利輕，猶且不可，况明知有害無利，遽敢輕於一試乎？」而「近日城廂保衛壯丁，已將及十萬人，名爲禦匪，實則防夷。儻犯衆怒，誠如訓諭，數千之兵，豈能敵洶洶之衆。」「現在英夷罷議進城，實因省城官民齊心保護，防禦森嚴，因是中止，是聲威遠播，已屬信而有徵……臣等目覩其踴躍從事，不敢沒其急公向上之忱，相應籲懇天恩，渥沛溫綸，優加褒獎，飭知地方官給以扁額，不獨廣商民，益當感恩圖報，抑且他省士庶，亦可慕義向風[40]。」

據徐廣縉奏摺附錄[41]，粵紳有書致文翰，大意若爲進城小節而輕動干戈，以香港二三千之衆，抗全城數百萬之人，則衆寡不敵。作事貴乎大理，尤貴洽於民心，不宜以無益有損之舉，而反以爲有關榮辱云云。而書後硃批云：「遠勝十萬之師，皆卿胸中之錦繡，幹國之良謀，喜悅之懷，筆難盡述也。」

道光二十九年四月十五日（一八四九年五月八日）上諭云：

「夷務之興將十年矣……馭之之法，剛柔不得其平，流弊以漸而出……[今]不折一兵，不發一矢，該督安民撫夷，處處皆抉摘根源，令該夷馴服，無絲毫勉強，可以歷久相安，朕嘉悅之情，難以盡述。」因賞徐廣縉子爵，世襲雙眼花翎，葉名琛男爵，世襲花翎，餘均升賞有差。又諭曰：

「我粵東百姓素稱饒勇，乃近年深明大義，有勇知方，固由化導之神，亦係天性之厚，難得十萬之衆，利不奪而勢不移，朕念其翊戴之功，能無憫然有動於中乎。著徐廣縉葉名琛宣佈朕言，俾家喻戶曉，益勵急公向上之心，共享樂業安居之福。其應如何獎勵，並別給予扁額之處，著該督等第其勞勸，錫以光榮，毋稍屯嗇，以慰朕意[42]。」

文翰將巴麥斯登之函轉致於徐廣縉，並請其奏報朝廷[43]；同時復函接函大學士穆彰阿耆英，更欲親赴天津辦理交涉。適一八五〇年二月，宣宗崩，不果行，僅派 Reynard 兵船一隻，携英外相函北上。白河口外相候二星期，不得上達，遂無結果而還[44]。據國朝柔遠記所載：時文宗初嗣位「英人以火輪船駛赴天津，稱弔大皇帝喪，直隸總督以聞。上召問大學士穆彰阿耆英，以請協執紼，出自外洋修好之忱，對意在許之。上知其情叵測，一日假以辭色，必有覬覦非分之求，與其卻之於後，不如拒之於前。命直隸總督諭遣之，英人亦遂起碇去。上見其情悲順，始悟前次選志逸竄，實自議撫諸臣未戰而先示之以弱，故洋艘退，即分別譴責，以耆英爲首罪，先罷出，並特頒詔諭，爲當年主戰得罪諸臣昭雪[45]。」英人未言「弔喪」，但船之適於此時抵津，或爲船長假稱如此，或出中國誤傳，但以小事而引起咸豐帝決定對外強硬政策，非不可能，道光三十年十月二十八日咸豐帝硃筆罪穆彰阿耆英諭云[46]：

「任賢去邪誠人君之首務也。去邪不斷，則任賢不專。……穆彰阿身任大學士，受累朝知遇之恩，不思其難其慎，同德同心，乃保位貪榮，妨賢病國，小忠小信，陰柔以售其奸，僞學僞才，揣摩以逢主意。從前夷務之興，穆彰阿傾排異己，深堪痛恨。如達洪阿姚瑩之盡忠宜力，有礙於己，必欲陷之，耆英之無恥喪良，同惡相濟，盡力全之……自本年正月朕親政之初，遇事模棱，緘口不言。迨數月後，則漸施伎倆，如英夷船至天津，伊猶欲引耆英爲腹心，使天下羣黎復遭塗炭，其心陰險，實不可問。再潘世恩等保林則徐，伊屢言林則徐柔弱病軀，不堪錄用，及派林則徐馳往粵西勦辦土匪，穆彰阿又屢言林則徐未知能去否（後林病於途）僞言熒惑，使朕不知外事，其罪實在於此。至若耆英之自外生成，畏葸無能，殊堪詫異。伊前在廣東時，惟抑民以奉夷，罔顧國家，如進城之說，非明驗乎。上乖天道，下逆人情，幾至變生不測，賴我皇考燭悉其僞，速令來京，然不即予罷斥，亦必有待也。今年耆英於召對時，數言及如何可畏，如何必須周旋，欺朕不知其奸，欲常其祿位，是其喪盡天良，愈辯愈彰，直同狂吠，尤不足惜。穆彰阿暗而難知，耆英顯而易著，然貽害國家，厥罪惟均，若不立申國法，何以肅國法而正人心……穆彰阿係三朝舊臣……著從寬革職，永不敍用。耆英雖無能已極，然究屬迫於時勢，亦著從寬降爲五品頂帶，以六部員外郎候補……嗣後京內外大小文武各官，務當激發天良，公忠體國，俾平素因循取巧之積習，一旦悚然改悔……」

中國決定改綏和爲強硬之方針，日益顯然。

當時香港總督文翰，因中英貿易每年對英國政府稅收佔六百萬鎊，印度稅收，亦三百萬鎊，不願發生何種變化，使此種利益動搖。[47]且兩廣適值大亂暴發，若使總督遇有困難，則廣東之治安亦必每況愈下，於英國實有損而無益。[48]惜文翰之溫和政策，中國乃視若「勢絀力窮，已屆強弩之末，[49]」遂輕敵而無遠謀焉。

文翰雖主和平，而其他在華英人，則皆主強硬，以爲對付中國，文翰實太柔弱，尤以當時廣州英領事包令 John Bowring 及翻譯官巴夏禮二人，位居文翰之下，未能施展其懷抱爲憾。一八五〇年，巴夏禮返國，同信中曰：「在此觀察，如使政府加入於將引起與任何國用兵的爭論，我斷定是極慢的。同時我們也知道，在中國方面，請求什麼，實在比不請求還壞——假使我們不預備對方不給我們的時候，我們就得自己去拿。[50]」巴夏禮處於英政府之不決斷態度，「不知什麼時候才可以使他們用英勇的決心去做？」但巴於回國時曾見中樞二要人，與以後中英關係，有極大影響。

（一）外交部要人哈孟德 Edmond Hammond 於一八二四年入外部，歷三十年（一八五四）遂升至永久外次（Permanent undersecretary for foreign affairs）。又二十年（一八七四）而退老泉林。外相以政黨之關係，時有更迭，縱於外交胸有成竹，而哈以五十年慣例為言，亦艱於改轅更張。(they [successive Secretaries] had to reckon with the dead weight of half a century's tradition and the man who represented that tradition was Hammond) 巴哈之會談所以與中國關係甚大者，因哈對巴印像良好，並進而信任巴之強硬政策焉[51]。

（二）外相巴麥斯登本主持強硬政策者，但於廣州入城問題，則是與巴夏禮會談之後，方視為重大事件，且曰：「廣州的入城權乃是全部困難的關鍵。(the right of entrance into [the city of] Canton was the key to the whole difficulty)[52]。又曰：「我們不得不再予中國以打擊的時候，又快到了」(the time is fast coming when we shall be obliged to strike another blow in China)[53]假如巴麥斯登始終在職，則中英衝突將提早於一八五二年而暴發，亦未可知。

一八五一年十二月，格蘭維爾 Lord Granville 繼巴麥斯登為外相。翌年二月及十二月，內閣兩度更換，馬姆司勃雷 Lord Malmsbury 與羅素 Lord John Russell 又相繼任外相。至一八五三年二月，克拉任登再繼之 Lord Clarendon。然數人之中，竟無一人如巴麥斯登之主張強硬者。一八五二年一月十九日格蘭維爾致包令之訓令曰：「關於中國各種可厭煩的討論，英政府極端希望避免……你的任務是很當心的看守着、並且堅持着使中國政府執行兩國間已有之成約。但是，於可疑之點，也不可強行辯論，以致使本政府的自由行動受限制。除非萬不得已。不可在請示於本國政府之前，自行以武力從事[54]。」當時文翰回國，包令暫代其職，前後數次請求本國政府，採用強硬政策，如四月十九日之報告，洋洋千言，詳述廣州排外行動之近況，結論曰：「威脅中國莫宜於此時，入城問題不可再緩[55]。」馬姆斯勃雷於六月二十一日覆曰：「四月十九日之報告業經收悉。政府希望你能嚴格的遵照以前格蘭維爾給你的訓令……不必斤斤於廣州入城問題[56]。」「並令靜待文翰之回港，勿自另作主張。一八五四年外相克拉任登通知包令，政府已派其為駐華公使，同時囑其注意商業，入城雖合於條約，但如強用武力，則恐波及在華之商業利益。反之如手段溫和，則商業利益或將日見增進云云[57]。

一八五四年，為江寧條約訂定後之第十二年。該約本非通商條約，亦無修改期限，然英國根據最惠國條款之利益，以中美、中法二約為例，向中國要求條約[58]。包令欲向廣州之北活動，遂乘輪於五月十三日抵滬，欲見兩江總督怡良，怡良以無國書為說拒之[59]。初，美使麥蓮 Robert McLane 以面遞國書為詞，求見怡良，怡良在崑山接見，但麥使提出變通貿易問題，而怡良則「令其仍回廣東，聽候查辦[60]。」英美代表又至天津，要求修約，亦一無所成，沮喪南返[61]。包令之修約運動既歸失敗，遂請求本國政府以武力作後盾，但彼所得之訓令曰：「此刻駐泊中國海面上之英海軍力，恐調遣不及[62]。」用武力「合法與否，得策與否，尚有疑問。」戰爭雖有正當之緣由，然害及現有商業利益，在今完全不合時宜。假如對俄國作戰，須用帝國全部海陸軍力量，共同應付……你的責任是做一個鎮定的旁觀者[63]。」蓋克里米之戰（Crimean War）已發[64]，英國無暇顧及遠東。自一八五二年，廣東巡撫葉名琛升任兩廣總督欽差大臣，強硬雖有甚於前，而包令含恨在心，亦徒喚奈何而已[66]。

一八五六年初，修約運動又受阻折[66]。但是年五月二十六日，克里米戰爭已告結束之消息傳到香港[67]，當時「毫無疑問，從英國外署（Downing Street）起，以至廣州及香港的英國人，都決心要拿到第一個適當的機會，用武力來解決這個入城問題[68]」。於是本甚微小之「亞羅」船事件，遂竟成為英法聯軍之導火線焉[69]。

亞羅案與馬神父案

（一）亞羅案及戰爭之始

一八五六年十月八日（咸豐六年九月十日）晨八時許，有划船（lorcha）名亞羅（Arrow）者，停泊於廣州河岸。該船為中國人某氏所有，原在香港註冊，懸掛英國國旗，然註冊之期效則已過[70]。

是時適有華官千總梁國定等四人，帶領人員四十左右登船，扯下其英國國旗，捆捉其船員十二名[71]，帶至附近之大號官船中。時巴夏禮任廣州領事，聞訊馳赴該處，說明不應如此捉人，官員告巴其中一人為某海盜之父[72]，巴力言船須員交英方，如有盜犯，可以引渡，未之允，且毆之[73]。當日巴即照會葉名琛：「此為侮辱事件，事關重大，須立即賠償，」且言「此事辱及體面，不可僅在暗中了結而已，」[74]故須梁國定親自交還十二人於巴本人。

十日，葉答云[75]：所捕者為著名海盜李明泰，且有兩鈔證狀，已知確屬其人，並不承認侮辱英國國旗之事。

英公使包令得報，即於十一日正式通知海軍司令西馬 Admiral Sir Michael Seymaur 並建議扣捉中國官船數隻，或可有效[76]。西馬照辦，但未收效，乃增泊兩兵船於洋行前，希圖威脅中國[77]。包令旋又訓令巴夏禮，要求中國道歉，並保證以後不再發生同樣事件，限於四十八小時內答覆，否則海軍司令將立即行動，以解決此問題[78]。包令措辭雖甚強硬，而內心則實以為亞羅不應掛英旗、不應受保護也[79]。

十二日，巴如所令，照會葉名琛[80]。

十四日早，巴促回書。午前十時，葉覆書至，巴甚不滿，蓋葉言「此後中國官吏將不在外船上無故捉人，」但廷議「以後中國人民造船，外人不可以售以登記證，使中外船隻不易辨別。如此辦理，中英二國方可照虎門附約第九條而行事[81]。」既未道歉，又無保證日後不再發生同樣事件之明文。葉雖交還九人，而巴拒絕接收。

十五日，巴函葉，英兵輪已泊黃浦，並捉捕華船，以示事態之嚴重[82]。其原意蓋欲捕官船而誤得商船者也。

十六日，包令函葉，告以事態嚴重，請執行條約[83]。蓋包令已決心借題發揮，不再顧亞羅不應掛英旗不應受保護之問題矣。

二十日，巴至香港，與包令及司令會商，預備作軍事行動。回廣州後，即於二十一日晚六時送交哀的美頓書，限二十四小時內，照八日十二日之要求，滿意答覆，否則以武力決解[84]。

二十二日晨，葉覆書至，堅持當時船上並無外人，亦無外旗，但允交還十人。巴再覆書，執意必須交還全數十二人[85]。將午，十二人全體交出，但巴以未有「適當官員」遣送，亦無道歉公函，仍不接收。晚十一時巴告西馬，葉之回答不滿意，可即進行軍事行動[86]。同時並由包令轉達法代辦等，謂中英交涉，業已破裂[87]。

二十三日早，葉名琛赴校場看鄉試馬箭，巳刻忽聞東路隱隱炮聲，蓋英軍已開始進攻矣。英兵船駛入，將獵德及中流沙各炮台兵丁驅散，中國僅有二炮台開炮還擊，死六人，餘「因未奉令不敢開炮還擊，遂各散避，炮亦被毀。」英兵無死傷者。葉時在校場，得報，「笑曰，必無事，日暮自走耳，但省河所有之紅單船及巡船，可傳諭收旗幟，敵船入內，不可放炮還擊，言畢仍出堂看箭。」下午西馬率英兵進駐廣州城外[88]。

二十四日早，葉仍下校場看箭。午刻，炮聲大震，轟擊河南鳳凰岡炮台，守兵遵令走避，炮旋被毀，葉聞報，仍聲色不動。各官託言風烈，難以馬射，請早收場，葉允即退。各官到署集議，定派兵一千五百名，是夜即上北門外四方炮台駐守[89]。對於二十三日下午四時之信，於下午七時答覆，仍持前說[90]。

二十五日，英軍佔據海珠炮台（外人名之曰Dutch Folly）。

英人預料，以為二十三四兩日之戰，中國炮台，失去甚多，葉名琛必將屈服矣[91]。然有出包令巴夏禮意料之外者，即葉非惟不屈服，且更調南海大灘九十六鄉壯勇三千名駐城西一帶，調番禺石牌塘廈壯勇二千名駐城東一帶，時城內外各榜長紅，相約勦殺外人，同仇敵愾，官方亦整齊團練二萬餘人，以壯聲勢。二十五日「午刻，西關團勇數千，揚旗列隊過十三行洋樓下，英人自樓上開鎗，擊斃練勇一人，百姓二人，各勇欲鼓噪街坊，恐事決裂，[官]力阻止之[92]。」然練勇之氣，亦由是稍餒。

二十六日，英人以禮拜停炮。葉令閉海關。

二十七日，巴復照會葉名琛云：「一讀我在八日、十二日及二十二日所發之信，即可明瞭知道貴總督並未圓滿答復關於亞羅事件之條件，且拒絕二十五日信中所建議之直接會商。該建議創自英海軍司令，故彼決將繼續進攻，此惡劣之結果，貴大臣當獨任其責[93]。是日下午一時至五時間，英軍自兵艦及海珠炮台上，開炮入城，以新城總督署為目標，每五分鐘至十分間，發炮一響[94]。時葉安然不懼，危坐二堂上，材官門役已逃匿一空，而屬吏請速入內城者，不聽[95]。炮停，葉無恙。

是日，葉名琛出一佈告[96]曰「英夷攻我省城，傷我軍民，罪大惡極，為此通告官民人等，共起滅此英賊。不論岸上船上，見之即殺，殺得一人者賞洋三十元。」當日，葉並通知美法領事，告以英國起釁，無法維持和平，中國與他國友誼仍作，第三國之一切損傷，須由英領負責云[97]。此蓋由於西馬函葉，復提英人入城之要求也。

二十八日，英人見葉名琛之佈告，怒甚，復於下午一時起開始炮攻城牆及督署。越一時，火起於靖海門一帶，民房被燬者無數。至晚火光明朗如白晝，督署僅隔一垣，葉始有遷意，二更、請其父攜其女先入內城撫署，時巡撫柏貴方入覲，不在粵城也[98]。

二十九日，葉先至文廟行香，後入撫署，紳商伍崇曜進謁，謂英人要一官員，前往議事。蓋伍曾於先一日會見夏巴禮，巴示以來往文件，且告以英方之要求者也。葉即委雷州府蔣立昂率崇曜同往。巴力言入城問題之嚴重，且云：「總督不許我入城，不與我相見，定破此城[99]。」

是日中午英軍復開炮，較前二日益密，專向督署前城根攻擊。下午一時，城崩二丈餘，英軍衝入，中軍副將凌樑督兵禦，中槍死，官軍潰。大埔鄉勇趨救，團勇無火器，勢不敵，略交戰，各有死傷，亦退。三時英旗懸揭城上，且進取靖海門，因門不大而四週有高屋，不宜佔守，遂決心焚燬之，使便於行軍來往。居民有救火者，被敵炮擊斃二名。英軍破靖海門，曾入督署一次即退，巴夏禮與海軍司令亦在其中。是夜，新城老幼男婦暗中遷徙。南海知縣廣州知府等出城設法招水車救焚，五更乃息。既而設法修城，然時人皆困倦，倉卒無工匠可僱，遂令挑夫將附近碎石瓦及被焚之房屋木石堆入缺口，工纔過半，天已黎明[100]。

三十日午後，英軍仍開炮，前夜修補之城根，依然破裂。是日包令在香港，滿心希望，以為「壓力即將不可抵禦，最後之效果，可計日而待矣[101]。」

自後一連數日，英兵以炮擊城如故。同時巴夏禮屢約伍崇曜梁綸樞等紳商會議，希望彼等從中活動，解決入城問題，但無所成[102]。巴再後之讓步，請在城外設公所，為與總督會議之地，伍等以告布政司江國霖，江喜為此事可行，遂述之總督，仍拒勿納。江謂「夷酋但求相見，則無害於政體。」名琛言「夷情詭譎，至今日尚何可信。若許以相見，及相見而驟遭恥辱，事益不可為矣。」國霖默然，此議未行，而英人之砲攻益烈[103]。

十一月五日，英軍炮擊觀音山三小時。六日，英軍復佔數炮台，燬中國戰船二十三艘。連日有鄉勇反攻之說，迄未實現[104]。

五日晨，有民衆致書於巴夏禮、西馬及包令三人云：「貴國不思遠慮，殘害粵民，是直與十萬百萬之人為仇敵，仇愈結則愈深，敵愈多則愈衆，國貴盡害之乎。若必盡害之，是欲毒却粵省生靈也，是欲棄却粵省貿易也，貴國又何益乎？貴國必欲為此，又將何以處佛蘭西米利堅及各外國乎[105]？」巴轉告包令曰「此文名雖出自民衆，時則總督政府袪止外人入城之紳士之所為也[106]。」

巴復將中英來往公文印出，自行分散[107]，且曰：「中國民衆非常願讀此種傳單，現在他們大概相當明瞭於爭執的原因及我們的要求了[108]。」八、九、十二、十五等日，巴與廣州紳商連日會談，詳述英方之解釋，但無結果[109]。巴至此時，始覺情形困難，無法可以從速解決[110]。十二、十三兩日，英軍再佔數炮台，亦無影響[111]。

十七日，包令至廣州，希望即可達到英方之目的。但連次照會，並無若何結果，且葉更加強硬，對於入城事，主張堅定，毫不退讓[112]。包令失望[113]，於二十二日離廣州回香港，報告政府云：「無法可以動搖葉之心意……我已用盡方法使他有所希望，或有所恐懼。今外交的方法已盡，我只可再以此事交於英帝國之海軍司令[114]。」蓋包令等之初意，以為此次必能成功者也。

自後無大衝突，至十二月四日，英軍曾佔領而後放棄之炮台，因中國重新修理，又攻取之。雖兩方各有傷亡，結果中國又敗，仍為英兵佔領，並以炸藥將炮台炸平[115]。

五日，有二英人在南牛村被殺，英軍乃至其地，獲一華人，被審數次而後釋放。明日，英人至該村，焚屋七十餘家，全村盡成平地。巴夏禮又在附近散放傳單數種，說明此事，並警告百姓，以後如再有此類事件發生，將受同等責罰[116]，然卒無效。

十四日，西馬尚頗自信。以爲軍事之行動，將見效果[117]。是夜西關外火起，初僅美法等國之樓被焚，至明午，乃及英國洋樓，於是數十年所謂十三行者，皆成焦土矣。火源之起，無所證明，觀南海知縣之所記，可知至少非中國官方之所計謀，然英人疑附近居民所爲，遂挾忿而思報復，分兵登岸，焚燒西濠沿河民屋鋪戶數千家[118]。

是日棄海珠炮台，不復攻城。後因十三行既焚，華兵又各方小規模游擊，英軍力又不足以佔據廣州全城，一時無計可施，遂決心退守，暫待增兵，再作進攻之計。十二月二十四日，英兵船在內河者，遂盡退守大黃滘車密炮台[118]。

（二）亞羅案發生後中英之意見與行動

十二月一日，亞羅事件之消息傳至英國。一八五七年二月三日女皇之國會開幕辭中亦涉及之曰：「中國廣州之當局，行爲強暴，辱吾國旗，侵犯吾條約權利，且絕對拒絕賠償，因此英國在華官員不得不以武力求解決[120]。」然對於此事，全國輿論並不一致。除內閣中之要人外，大半皆反對在華英人之所爲。國家檢察長 Richard Bethell, the Attorney general 在國會辯論之前，以英政府之不合法理，警告內閣[121]。二十四日，上議院辯論時德彼伯爵 Earl of Derby E. G. G. S. Stanley 以「弱國受強權之壓迫」「半開化者受以文明自負者之欺凌，而不明其所以」以擬中國，而爲中國辯護，謂亞羅號船乃「中國人造，中國人賣，中國人買，中國人使用，中國人之所有，爲中國人所捕，」英國何可干涉？末段云：

「今晚我請求你們的投票，對於代表最高皇權之低級官員的妄行職權——宣戰，表示你們不同意；願請你們不同意，且不默認，以瑣小之爭執理由及可疑之公義而妄行要求，捉捕商船；不容許毀壞友誼國家之炮台，不容許炮擊無防禦之商業城市；完全不同意流無辜人民之血[122]。」

外相克拉任登對德彼伯爵之反辯如下：

「事實是中國連年侮辱我們，幾成慣例，對於我們應得權利的行使，加以種種阻礙，侵犯條約所已定的利益，我們方面自然覺得煩惱、不滿。即使用溫和忍容的精神，此種關係，似亦不能認爲是友善的。非友善狀態久已如是，甚至在中國之各國外人，且不論其爲官、爲商，沒有不覺得現在的情形是實難再容忍了，不能斷續，遲早要發生決裂的。……不論在華所有者是什麼，不論對商業所望者如何，其生命財產之安全，其商業之發展，都靠着條約權利的維持與英國國旗之尊嚴與保護。假使條約可以破壞，國旗可任意侮辱，在華英人的安全就完了。英商人還可以行商，但他們僅依靠中國人隨時姑容而已，事實將真的像中國官吏所想像的一樣，英國人僅受華人的慈悲姑容而已[123]。」

在上議院中，政府雖受德彼伯爵之攻擊而仍獲勝利[124]。但在關係較重之下議院中情形則大異，反對政府者之有名政治家多人，如 Cobden, Gladstone, Disraeli, Lord Russel, Lord Salisbury, Lord Gray, Sir James Graham 等，聯合非議員 John Bright 組成一「神聖同盟」，與內閣總理巴麥斯登之侵略主義(Palmerston's jingaism)互相對立，反對英政府對於廣州強暴手段之偏袒[125]。二月二十六日 Richard Cobden 表示不信任政府，提出廣州亞羅案引起戰爭之不合理，請求組織委員會審查，反覆辯論，繼續四夜。

三月三日格拉斯東 William Ewart Gladstone 之演說更爲精彩。據旁聽者之記載，格氏演說歷二小時，全場爲之動容，其立論及口才之莊嚴與效力，在下議院中可謂「空前絕後」矣。彼將經過事實嚴格審查後，乃以法理與公義判斷政府行爲之錯誤曰：

「戰爭對於人類至少是一種可怕的災禍，所以先哲先賢用嚴格的法與例來限制它，使它須依照某種常例，以減少人類的野性……你們已經將這種良規完全拋棄了。你們使領事可以做外交家，而此變態的領事，竟可以指揮英國的全力，殺害無辜的人民[126]。」

狄司拉理 Benjamin Disraeli 繼之，詆詞政府之行爲：「以暴始，以毀終」(began in outrage and ended in ruin) 語侵巴麥斯登首相[127]。巴之回答雖亦示精彩，但表決時，全院以二六三對二四七票通過不信任政府案，政府失敗。其中或稍雜黨派意氣之爭，然亦可見公論之一般矣。英國史家麥卡賽 Justin McCarthy 所謂「實在說強國施於弱國不合法的高壓手段之兇暴與無理，無有過於此例者。包令之行爲使人良心上非責罰他不可」[128]。格拉司東當日在日記中，記述此次下院之否決，爲下議院有史以來最大之光榮[129]。

但內閣總理巴麥斯登決心解散國會，從事於新選舉。及新國會成立，反對政府之議員失敗於競選者甚多[130]，政府旣轉敗爲勝，前次反對政府戰爭之議案遂歸無效。蓋巴麥斯登胸有成竹，「知道一個受人歡迎的大臣，如爲了維持英國尊嚴，在別處壓迫外國而受下議院之攻擊時，呼籲國人，國人必更歡迎他[131]。」誠如衛三畏 S. Wells Williams 所謂「強橫與公理之衝突，公理往往失敗，此事其一也[132]。」

初，克里米戰爭之中，倫敦泰晤士報派通信員赴前線，將英軍管理之失當，設備之不週，傷兵所受之痛苦，歷歷如繪，述諸報端，引起英國人民反對政府之感[133]。戰爭未勝之先，內閣早有和意，然人民則急盼戰爭能獲得勝利。種種關係，使內閣不能立足。一八五五年二月 Lord Aberdeen 內閣既倒，巴麥斯登組閣，迎合人民心理，改良軍隊在衛生等方面之缺點，始終以武力勝利爲目的，向前奮鬭。結果英方終得如願以償，巴氏遂大受人民之歡迎。今亞羅案去克里米戰爭未及周年，人民猶記前事，決不忍巴氏受下院攻擊而退職，故擁護之惟恐不力。設無克里米之戰，英法聯軍之役，或不致因亞羅案而發生[134]。

政府既得新國會之擁護，乃於四月二十日派額爾金伯爵 James Bruce Eighth Earl of Elgin 爲英國赴華專使全權代表，調遣本國英兵千五百名，香港英兵七百五十名，印度兵隊三百五十名，並令在東方之其他海軍，聽額爾金節制，以武力作外交之後盾，解決英人之「中國問題[135]。」額即於二十一日赴法，在巴黎勾留四日，與法國政府會商合作方法，旋即東來，於五月二十日到達錫蘭。

時中英之衝突，又受外界之影響而停頓，蓋印度人民反抗英國統治而變起矣。額爾金一行至錫蘭時，阿施本 Gen. Aohlirnham 將軍自孟買 Bombay 來遇，報告印度叛亂之消息。阿施本者本在印度任職，今被任爲赴華遠征軍之總司令者也，自錫蘭與額同至新嘉坡 Singapore，然後先程赴中國。額則在新靜待三星期，候山農號（Shannon）船之到新[136]。時印度消息日漸緊急，印度總督懇求援兵，額乃命第一批自非洲 Mauritius 島調來之軍隊開往印度，本人仍赴中國，於七月二日抵港[137]。

三日，額商美法兩國代表，請其合作。美法代表，雖皆表示贊同，而皆無合作之能力。美使言未得政府明確之訓令，法使言法政府已另派新任專使來華，此事不便越權代辦[138]。在此情狀之下，額必於三者之中，擇一而從：

（一）即刻以武力，攻取廣州。

（二）靜待於香港，以觀動靜。

（三）暫離中國，至情狀轉利於英時，然後捲土重來。

據軍事當局之觀察，當時香港兵力不足，認爲不便立即行動[139]。而額靜待於香港，又恐無利益可得，且恐有損英國威嚴。適於此時，印度傳來之消息日益嚴重，印督求救甚急，於是額即於接信後之三十六小時內，乘山農號離港而去[140]。

額爾金至印，予英人以莫大之助力與鼓舞，大爲英人所歡迎，印度總督感激尤甚[141]。蓋印度爲英帝國殖民地中之巨擘，一八五七年之戰，爲印人抗英運動中之最有力量、亦最有成功希望者，英人之統治，幾爲顛覆。初不料英國竟藉助於派赴中國軍隊之救援，而得以戡定印亂，亦幸事也。

葉名琛如何奏報，不見籌備夷務始末中，未知其詳。但當事變之初，葉未即時奏報，則可確知。因亞羅案發生於十月八日，兩月之後，(十二月十四日)始見初次關於亞羅案之上諭曰：「葉名琛奏，九月[十月]中因水師兵勇在划船內[142]……」等語。且葉之奏報，想必自稱中國兵力足資抵禦，英人毫無辦法，而朝廷似亦未肯置疑，此於上諭中可見一般：

「經兵勇轟壞兵船，並斃其水師大兵頭哂嗎嚎咯哩[Admiral Sir Michael Seymour]，夷匪傷亡四百餘名。現在該督等已守省城，調集水陸兵勇二萬餘名，足敷堵勦，紳民等同矢義憤，即米佛兩夷，及西洋諸國俱知該夷無禮，未必相助，其勢尚孤。」

朝廷既深信不疑，則一切委諸葉名琛，遵照以往方法辦理：

「葉名琛熟悉夷情，必有駕馭之法，著即相機妥辦：……寬猛兩難之間，葉名琛久任海疆，諒能操縱得宜，稍釋朕之憤懣。儻該酋因連敗之後，自知悔禍，來求息事，該督自可設法羈馭，以泯爭端。如其仍肆鴟張，亦不可遷就議和，致起要求之患。」

然觀自新城督署逃避內城而目覩華英兵力懸殊之葉名琛，尚且以兵勇之「足敷堵勦」而自欺，何況遠在千里外之北京朝廷乎？其不顧事實而妄自誇大，當更在意料之中。京畿道御史韓錦雲之奏疏，可以代表當時士大夫對於外交知識與態度之一斑[143]。

「英夷自道光二十一年犯順以來，最爲猖獗。其莫可如何者維廣東一省，緣廣東民情衆悍，習見英夷伎倆。且各國夷人貿易，俱以廣東爲最便，英夷一蠢動，則商賈不通，各夷人必從中攙止，故道光十九年英人欲申入城之議，卒不敢遂。如果督臣撫馭有方，則可永保無事……此次制軍派兵到夷船拏賊，因未通知，致該夷有所藉口。如果一面嚴飭沿江兵弁，防守炮台，亦不致變起倉卒。爲今日計，江湖各省，尚未安靜，且上海甯波各口，均已通商，豈不可再開邊釁，惟夷性叵測，總所不能化者，當即以威懾之。彼勾匪藏奸，肆入內地，僞兵勇，焚炮台，燬衙署，且煽惑人心，謂與官爭，不與民敵，欲恐嚇督臣，用賄行和，督臣必彈壓百姓，俯首聽從，彼遂爲所欲爲，技止此耳。臣接廣東來信云，英夷實無能爲，即攻破省城，亦不能守，惟各官畏之如虎。現南海大瀝九十六鄉紳耆，練勇萬餘名，自備糧械，聲言於十月中間，與英夷決勝負。……人切同仇，英夷必當潰落。萬一英夷悔過，再約和議，即當明立章程，令從前洋行商人，洞悉夷情者，妥爲協理。斷不可失體損威，致餒民氣。如仍猖獗，即當聲治其罪。彼船隻堅固，長於水戰，乘其上岸，以我之百，攻彼之一，勢無不勝。」

一八五七年二月二十日，又有諭云[144]：

「本日據葉名琛奏〔原奏未見〕『防勦英夷水陸獲勝現在夷情窮蹙』一摺……該夷屢經挫衂，各國俱知其計窮，又因延燒貨物，欲令賠償，不肯助逆，其勢似亦窮蹙。此時若專利攻勦，原不難盡殲醜類。惟控制外夷，究非勦辦內地匪徒可比……從前林則徐誤聽人言，謂英吉利無能爲役，不妨儷以兵威，致開釁端，迨定海失後即束手無策，前車之鑑，不可不知。……如果該夷自知理曲，悔罪求和，並罷議進城，只可俯如所請，以息兵端。但不可意存遷就，致該夷故智復萌，肆意要挾。該督久任粵東，熟悉夷情，必能設法駕馭，操縱得宜，勿貽後患，朕亦不爲遙制。至江蘇閩浙等處，上年業經諭令該督撫密加防範。如有夷船駛至，控訴稱冤，自當諭令仍回廣東，聽候查辦也。」

英國正調動軍隊向中國進行之時，葉仍盲昧以勝利自許。六月十五日（五月二十四日）上諭中[145]：

「欽差大臣大學士兩廣總督葉名琛奏，密陳近日夷情，〔未見原奏〕（硃批）：知道了，該夷乘機起釁，天厭其醜，理宜然也。惟犬羊之性，詭譎百端，仍當密爲防備，勿存輕視之心，俟新酋到後，設法妥辦，總宜息兵爲妥。」

當時中國，除七月十五日（閏五月十四日）諭中有「海關停市將及一年，各省軍餉，種種支絀」外，對亞羅號所引起之廣州狀況，一似無甚問題[146]。在一八五七年歲底英法聯軍攻佔廣州之前數日，葉名琛尚爲五千字之長疏一通[147]，奏報於朝，要點凡三：

（一）英國孤立，爲美法公使等所不齒。因我以公理，折服法使。

（二）英國商民歸怨於英官，國王亦不許與中國滋事。

（三）此次英國，實無能爲力，中國可解決以前問題。

例如美國之派遣新公使，葉則奏其原因爲「該國備知上年英夷滋事，實由於伯駕(Dr. Peter Parkes)之暗助唆使，故先已撤回。」又如言法使初誤信英人，「及聞米國啖酋[William Reed]之事，始覺恍然大悟」。德公使[Sir J. F. Davis]忽欲議及進城……商民因其多事，向國控訴，是以將其撤回。」額爾金「未嘗不明其勢有難行。」「該國窮乏已極，現經孟咖啦之變，倘項無出，倘即各欵未能允行，或可比照前次，許給銀兩，亦可稍濟眉急，其鬼傀伎倆變發潛謀，諒亦不過如是。」其結論謂「從前許以兩年後進城，十二年後更換條約，原不過一時權宜之計，詎料包藏禍胎，貽患至今，若不再乘此罪惡貫盈之際，適遇計窮力竭之餘，備將節次要求各欵，一律斬斷葛藤，以為一勞永逸之舉，則得隴望蜀，伊於胡底，不獨當前之固變莫解，更恐流毒方長。但夷性反覆靡常，詭詐百出，當此功虧一簣之際，臣尤應密為防範，明示懷柔，斷不敢稍涉大意，頓乖全局。」

疑葉當時已覺末路將至，其欲在最後五分鐘內一吐其數年來辦外務「成功」、與數月來內心憂慮所積成之抑鬱歟？摺內所言，其情實耶、抑或自欺自濟勉強自慰其必至之末日耶？自殺者輒先作洋洋長文，葉摺其近之矣[148]！

疏入，朝廷信以為實，遂於一八五七年一月十七日諭曰[149]：

「……該夷自知理曲，猶肆要求，希圖僥利，該大臣據理辯駁，委婉詳明，措詞甚為得體，諒該酋無從置喙。前此屢至各口，皆係英米夷酋猥狽為奸，佛夷向未干預，此次隨同要挾，顯係受額酋慫恿。額酋雖為包令牽制，幸該國王不許與中國滋事，不過稍遲時日，自有轉機。葉名琛既窺破底蘊，該夷伎倆已窮。俟續有照會，大局即可粗定，務將進城賠貨，及更換條約各節斬斷葛藤，以為一勞永逸之舉。如果該夷兵船全行退出，各國貿易，開艙有期，即著迅速馳奏……。」

「一勞永逸」之夢方酣，而廣州之變已然。葉奏雖已北發，朝旨尚未下降，而廣州之陷，葉已成擒。臨時傀儡政府即時成立，「熟悉夷情」「窺破底蘊」之葉名琛乃成罪魁；蓋廣州將軍廣東督撫等聯名奏劾葉名琛疏[150]，已在廣州北京之途中，而「葉名琛辦理乖謬，罪無可辭」之諭，與前引稱賚葉氏辦理得當之諭，前後相去不過十日耳[151]。

(二)馬神父案及法國之加入英國行動

先是中法黃埔條約，許法人在五口自由傳天主教[152]。如於五口之外，法人越界而入內地，則中國官員解送至五口之法領事[153]。此後法人時有不守條約，越法而入內地者，如一八四六年噶畢 Gabet 與約利 Huc 之至西藏，一八四八年羅啟楨(

R. Renou 之至四川，一八五〇年尼基里利 P. Négrerie 與化令加利 F. Franclet 之至蒙古，一八五五年雅水明 Jacquenin 之至廣東嘉應州等，皆由各地方官傳解至廣州，交法領事收管[154]。一八五八年艾天水與黃美賦至熱河，則解交至上海法領事[155]。

一八四六年十月，曾有上諭：「以後惟當諭知各該夷人除五口地方，准其建堂禮拜外，斷不准擅至各省，任意遨遊。務令各該夷目，自行約束，恪遵成約，以息事端，而免藉口，是為至要[156]。」此在法理上，完全合於條約約文，無可非議。然法國竟以傳說無據之一法教士被殺為藉口，與英國聯軍，向中國作戰。傳說被殺之地在廣西西林，不但離五口諸城甚遠，且該地亦以宗教問題而引起變亂，日後定鼎南京之太平天國，即原始於廣西，即其一例。

馬神父 Pire Auguste Chapdelaine 者，法人也，一八五三年至廣西西林縣傳教，曾受縣知事之厚待[157]。後知事易人，馬神父於一八五六年二月二十四日被捕，翌日受審，時且用刑。二十七，八兩日又受重刑。二十九日被殺，屍分數段，棄之道路，甚至其心被挖，有人烤而嘗之[158]，此傳教士所得一面之辭也。且云西林教徒房屋皆被搶掠，二十五人被捕入獄，其中二人且被死刑焉[159]。

七月二十五日，法代辦顧隨 M. de Courcy 以此案照會葉名琛要求賠償，並求會面[160]。葉答謂，按約傳教僅限於通商五口，在廣西匪徒多有自以為教徒者，而教徒亦實有作亂者，理當嚴厲懲處，但尚允予查辦，至於會見，則託日於軍務倥傯，而拒絕之[161]。

八月二十五日，顧隨復照會葉名琛[162]，提出條件，要求將西林知縣革職查辦，並須欽差大臣，以官書宣布原案辦理經過，並嚴禁以後發生同樣事件[163]。葉覆未能作滿意之答覆，然顧隨早於未得覆前已報告法政府以交涉失敗，軍力不足，而請求訓令矣[164]。及亞羅事件發生，英方屢請與顧合作，顧則以尚未接得政府訓令，而推諉觀望[165]。然是時法國政府為欲獲得天主教派之擁護，以發展國外天主教之勢力為方法，而增強政府在國內之勢力[166]。且英法政府合作，已有二年之重要成績——克里米之戰。在十月間，亞羅事件消息，尚未傳至英法時，兩國政府業經會商，如何聯合對華示兵威以作外交後盾，而謀求解決廣州問題，修約問題，及馬神父案之賠償[167]。法國曾建議先進兵佔據舟山島，英國則以為不如示威於長江[168]，然皆未有決議。及布爾布隆于是年同任駐華公使後，復於十二月二十五日，接到法外長訓令，大意謂英法美三國已決定聯合行動，以求達到使外使駐留北京，及增加開放通商口岸之目的，並保護傳教士。三國海軍會合北上白河，以與華方會議[169]。後亞羅消息傳來，法外長復訓令布氏曰：「政府正待考慮如何進兵白河與在廣州先行示威兩事，何者較為得當[170]。其後英國決定戰爭，法帝拿破崙第三遂亦欣然聯盟[171]。及額爾金受任為英國全權專使，法國亦另派葛勞男爵為全權專使來華[172]。

廣州之被佔

（一）廣州之變

一八五七年九月二十日，額爾金自印度返抵香港。葛勞亦於十月十三日，相繼而至[173]。額以前此英人行動，每視事過易，結果未達目的，而成僵局，實有害而無益。且據英軍司令部報告，當時欲取廣州，兵力實感不足，又易罹疾病，如欲成事，非再從印度或他處增兵不可。故此次特別穩重，先事積極準備[174]。又念及除非攝服廣州城，則一切對華交涉，皆難進行[175]。故額決心在冬末之前，將廣州佔領，雖任何代價，亦所不惜。處心積慮，所以欲藉此以維持英國在東方之威望也[176]。

初，香港發生華人麪包施毒事[177]，後又有華人退出香港，以絕英人接濟之運動[178]。五六兩月中，小規模戰爭迭次發生[179]，皆無重大結果，故此次額決取「不鳴則已，一鳴驚人」之政策，力請本國政府派兵增援[180]。

十月十六日，額爾金與葛勞在香港會見，商議進行方針。其後再經會商，葛勞於十一月十八日作備忘錄，交額閱看，額表示完全同意。備忘錄之大意謂廣州問題應先解決，兩國政府原先訓令北赴直隸之舉，今年不能實行。欲達到目的，必先佔領廣東省城，直至中國可使英法獲得滿意之會商為止，但不必破毀之。如英法兩軍司令以為力尚不足以守衛廣州，則只須封鎖廣州河口，以待援軍。但見有適當議事之中國大吏，二使即將同時赴廣州。兩國之照會為開戰前之最後一次外交書信，須同時送出，且與兩國原任公使通知現在情況之照會，同時送出。如在限定時間內，條件未得滿意答覆，則另通知總督，令其兵隊退出廣州。至佔領後之治安，須責成原有地方官為之維持。佔領時須多貼布告，通知人民云云[181]。該備忘錄之決定，去葛額之初次會見，已逾週月，蓋葛遲遲未得法政府先取廣州之明令，而法國傳教士之反對聲浪，且藉藉矣[182]。

十二月十日，包令與布爾布隆照會葉名琛，告以兩國政府已派額爾金與葛勞為全權專使。十二日，額葛遣白旗小船將照會送達葉名琛，說明二人之被派原因，並要求三事，即入城會面，解決馬神父案，及賠償被焚損失[183]。然額在照會中，並未提出亞羅事件，蓋亦自覺英方理屈也[184]。照會限期十日，而葉仍昏昏，不知大難之迫在眉睫，猶狂言曰：「彼實技窮，急望通商，卻不甘求我，仍作大言欺人，其中實已全餒，故首插白旗進港，彼國凡弱而降服者則豎白旗。〔道光〕二十一年，粵省受敵人三砲，即挂白布於靖海門以止砲。此次彼亦插白旗，乃天道好還，可為前番吐氣[185]。」且覆照內有「二十九年（一八四九）和好後，貴國王甚喜文翰公使辦事得體，賞一貴重之物，時懸紐扣，以章榮寵。現為貴公使計，似宜學文翰之所為，而不宜學德庇時公使之所為」等語，斤斤以為自得[186]。

自是英法兵艦日聚，兩國國旗，招展河面，復奪河南店鋪以為駐兵之所，形勢顯然已出尋常。廣州人情洶洶，近河居民，遷徙一空。葉之屬員慮有變，請告之，然葉仍聲色不動，謂「彼故恐嚇之勢以逼和，我已悉其底蘊，決無事變。敵人飲食動作，我皆有人探報，不遺細微。」各官請添兵勇，堅拒不許；又請照六年冬舊章招募兩縣鄉勇以備不虞，亦拒弗納。並謂「爾等致意司道諸君，此事我確有把握，可保其無事。誰添兵？誰給餉？如派兵勇，彼轉有以藉口，必示以不疑，大約過十五日（十二月三十日）便可了結[187]」。此二十六日事也。

二十七日，南海知縣等往謁，葉語如前，並示以得意之照覆，且曰：「十年前一切新聞紙我全收起，現探得伊國王有旨飭令兵頭，不可妄生事端，仍以生意為重。」又曰「從前林文忠公好用探報，而反為探報所誤，偏聽故也。我則合數十處報單互證，然後得其端緒……且各處紳耆亦無不言[188]」南海縣丞許文深受紳士伍崇曜等意，密謁名琛，請命紳士往敵船探問，相持不下之局，或可轉圜。葉聞之怒詬令出，並命傳諭曰：「有官紳士庶，敢赴船謀事者，我即指名參奏[189]。」而不知英法聯軍即於是日準備攻城矣。

初英法得葉覆，認為不滿。十二月十八日，額提出備忘錄，定二十一日在法艦 Audacieus 招集英法代表與司令會議[190]。當時會議結果，決定英法代表再度照會葉名琛，謂權限業已移交於司令，即將攻占廣州[191]。二十四日，照會送出[192]，同時兩國海陸軍司令又送出致督撫將軍及兩都統五衙之照會[193]。葉一併收閱後，並未轉知諸人，即作答覆[194]。時葉署內幕友家丁，遷徙迨盡，只葉全家仍夷然不動[195]。

二十八日晨六時，英法軍艦開始砲擊廣州[196]。七時兩國海陸軍五千六百餘人登陸，攻城之東北角。是日砲如連珠，南海知縣至總督署，空空無人，冒煙而入，僅遇一家丁、主花廳，見葉一人，袍衿上挽，正在尋檢緊要文件，急請去答曰：「只此一陣，過去則無事，」蓋猶固執外人恐嚇之成見也。復告以督署將起火，決難持久。答曰「姑待之，爾去料理城上。」知縣出，「遇帶勇紳士林福盛領到勇百餘名，入內敦勸，葉乃遷入內城粵華書院。不逾刻而全署火發，盡化灰燼，行李重物無得出者。」時登岸猛攻東北城角之英法聯軍，與千總鄧安邦及東勇千人血戰，殺傷相當，無如華方以兵少援絕，不支而退。日暮，英人佔據東固炮台。至夜槍聲炮聲尤甚於白晝，先是自南擊北，自東固炮台失守，英人復於台上放炮；又自東擊西，滿城遂無淨土。百姓扶老攜幼，街衢為之一塞[197]。

二十九日，戰爭益劇。英法炮火強烈，即於上午越小北門城牆而入，華兵潰退。聯軍由越城，而先期伏於城內之漢奸，已將三紅旗高插於觀音山頂。遂為聯軍所佔領。名琛時在粵華書院，經南海知縣之催促，始懸賞一萬，令新城潮勇，攻取觀音山。及潮勇入城，敵已下山，潮勇迎戰，敵復退上山，將土炮台移炮內向，復以炮阻山徑，仰攻者多死。火藥局在觀音山旁，為敵所踞，大勢瓦解[198]。主要戰事，只一日半而告結束。聯軍完全佔領廣州，總其死傷不過一百二十八人（死英人十三、法人二、傷英人八十三，法人三十[199]。）華兵死傷確數，不得而知。

是日傍晚，巡撫柏貴令番禺知縣李星衢出西關，請紳士伍崇曜梁綸樞與英人講和[200]。

三十日，因居民遷徙出城，將軍穆克登阿令開西門，插白旗於西北城上，於是難民紛紛竄出，擁擠不堪，出門後又被土匪擱搶。中午伍崇曜入城見葉，葉仍堅執不許進城。是日，巡撫與將軍會銜出安民告示，明言兩方議和，不必驚慌，民心稍定。蓋是時官民皆怨葉之辦理乖方。外人則大出告示，指陳葉名琛之拗執，有以致此。

一八五八年一月二日，額爾金偕與隨從人等於下午一時登岸，當時全河船隻皆懸英法國旗，並放炮致敬。額等在海陸軍侍衛敬護中登山。二時到達山頂，約五時半下山[201]。而葉仍置之不理。

二日夜，南海知縣等因道路訛言，有外人只仇葉名琛之說。粵華書院離觀音山太近，敵兵已頻到院門。乃往謁名琛，請即移至左都統署中，葉從之。四日夜，二知縣復往見，葉猶言「過二十五日〔九日〕便無事矣。」又云：「各紳講和，他事都可許，或給以銀錢，都無不可，蓋實窮窘異常；獨進城一節，斷不可許。」又曰：「有人謂我具疏請罪，不知今上聖情，只要辦得下去，不在虛文請罪也[202]。」

先是上月三十日，紳士伍崇曜等上觀音山會見英人，英人令赴英船與額爾金會晤。既至，僅見威妥馬。三十一日，各紳再赴英船，威妥馬巴夏禮及澳奸張同雲等接見，大責名琛。連會數日，迄無要領。一日各紳自英輪歸，轉述英人之意，以為彼此原可講和，但聞城內尚有兵勇，倘攻英人，英軍即從觀音山開炮下擊，滿城必胥化為灰燼，因此有撤兵之令，由是城內無華兵矣。[203]

一月五日，英人分數隊下山，入布政使庫，舁銀二十萬以去。[204] 至南海縣監獄，出囚犯，令分隊引路，尋總督所居。[205] 分至粵華書院及撫憲將軍、左都統、南海番禺兩縣各署，專心尋葉。初至將軍署，強將軍同至撫署，巡撫柏貴出，即挾同往觀音山。英人初至都統署，挾都統出署而去，並不知葉在內。葉之家丁有勸令他避者，堅不肯。旋敵復至，擁之而去，仍乘肩輿，行裝翎頂，先上觀音山，至傍晚復乘肩輿出東門，遂上英輪[206]，途解印度而去。[207] 一朝海疆重臣，從此為人階下囚矣！

六日，英人逼令巡撫等參劾葉名琛，蓋亦勢所必然也。於是將軍、巡撫、都統、粵關督、布政司、按察使會銜，並由六百里加緊具奏，大意謂自洋務開釁以來，皆督臣一人主持，從不與同官商議，英人來六條官銜照會，督臣並不給與同閱，今督臣已下船去。餘則略敘前後事實，並請旨從嚴治罪[208]。

（二）事變後之廣州

葉名琛既被捕去，巡撫柏貴等亦在監禁中，城內無一華兵。英法以五千餘兵佔領百萬人口之廣州，似已毫無鬥態，然英法人之通華語者，僅有二人，一時欲在廣州維持相當秩序，勢屬難能。於是英法決定仍用原有之華官行政，以為工具，惟從旁監視，以事操縱。[209] 此種狀態，維持幾四年。

事後，四紳士連日赴觀音山會謁。[210] 而巡撫下山，卒無定期。八日，巡捕某匆匆至臬署傳巡撫諭曰：「明日我與洋人下山回署，各官須蟒衣補服，至署候伺，且令多備轎馬儀從到山」。[211]

九日，英法兵分隊下山，列全軍炮械鼓樂前導，額爾金葛勞先行，柏貴在後。至撫署，額等先入，比巡撫至，額等降階迎進。[212] 額爾金首作傲慢之訓辭，葛勞繼之，柏貴致答辭，蓋欲以英法代表授權於柏貴之意，示之於衆也。[213] 柏貴乃出佈告，大意謂：英法兩國公使及司令，現在已攻取廣州，為全城生命財產之維持計，委余等任保護良民及維持地方之責，至交涉解決為止云云。[214]

十日上午十時，英法所派三委員巴夏禮及 Colonel Holloway 與 Martineau de Cheney 見柏貴，告以奉公使及司令之命，被派正式視事[215]。，十一日三委員議決下列規程（一）委員會於每晨八時開會，決定本日事務，及審查昨日之工作；（二）委員中之一人或數人在九時見柏貴，討論事務；（三）佈告於華人，委員每日自上午十時至下午一時開庭審判事務[216]。如此，英法三委員以武力為後盾，在廣州有立法、司法、及監察行政之權，而柏貴等則徒以維持地方為名，喘息奔走於英法三委員之下，供人驅使而已。

是時城坊告示林立，奉令承教，皆英法為之主，列銜式書大清國某官，大英國某官或木刻告示，則由巡撫飭發。示中大旨，不外中外一家，業經和好，百姓不得再滋事端，又嗣後不得再呼鬼子，如遇外人下鄉，居民皆當以禮款待等語。司道當時分居城外，將以計擄巡撫出城，以圖恢復。一日，忽有巡撫單銜告示，禁居民截路毆打外人，其末云，有擅敢糾制團練者，照叛逆治罪[217]。

初布政使江國霖於八日聞柏貴將與英法人等，同行下山，遂與未被監禁諸官定議，惟有出城，別圖良法。江自與按察使周起濱同赴花縣，駐惠州，以便號召東路惠潮義勇，令番禺知縣隨之。運道二人則同西往，駐佛山，號召西路勇壯，令南海知縣隨之。並定翌晨開城，先後同出。兩知縣旋復會議，以為事固應爾，無可疑義，但城內百姓尚多，若各官同時一去，兩縣監禁各犯，不下千人，彼時蜂擁而出，附以犬羊兇條，一城鼎沸，奈百姓何。宜司道先出，兩縣從緩[218]。一月十日之後，兩知縣時集紳士及官員於城外，會謀恢復廣州之計[219]。當時議決方案，約略如下：

（一）經費　廣州府屬發當生息之本銀，除四年軍務提用外，尚餘十三四萬可以收用，東順香新及增城花縣等處，尚存十餘萬石。或碾米充糧，或變價折銀，亦可得十萬。其他移出現銀，亦約十萬，綜計可三十萬。此外則用兩縣印票，籌借或抵兌錢糧，亦可源源接濟。南香順東新，每縣造接鎗一二百枝，火藥一二萬斤。

（二）人才　在籍戶部侍郎羅惇衍、太常寺卿龍元僖（其時尚未奉旨辦團練）、香山新會原辦團練之局紳、東莞之舉廉何仁山、增城之在籍主事陳維嶽等，凡有時望之紳衿，俱列於紙，設局於石井墟以內之某村，離城三十里。

（三）方法　各縣紳衿各帶鄉勇，或數千或數百，分別旗幟，申明號令，約集四五萬人，駐紮城西北離城二三十里之鄉村，振作軍威，且按兵勿戰，先令通事入城，與議退城條約。如戰則用東莞勇、新安勇、瀾勇、林勇，共一萬人進擊，並伏死士於城內，以便內外夾攻。

（四）奪出柏貴　其時各城門及撫署以外，尙無敵兵巡防。撫署之東爲空園，隣衛邊街。擬於五更後用死士數人，將撫憲背出，先入衛邊街民房，俟城開時乘小肩輿而出。（粵東匪徒往往深夜突入富室，擄人詐財，即用此法）

議既定，於是發書分致十四縣紳士，約一月十六日會於石井公局，路遠者約二十一日聚集。十六日南番兩縣紳耆至者甚多，頗有憤激之氣，談次有泣下者[219]。

一月十二日，兩知縣謁江國霖於西關，報告畢，江深以爲然，並密示摺稿，大意奏明分頭出城赴西北兩江振興團練，號召義旅，以圖恢復等語。明日，江見柏貴，並與四紳士見巴夏禮等。巴深恐各官外出，復興義師，故聞各官出城，不悅，日謁柏貴促各官回，蓋欲藉官以彈壓百姓也。於是兩知縣遂於十五十七兩日同回。南海知縣等見柏貴，語及團練之舉，柏貴亦以爲然，但慮廣東風俗虛驕，恐舉事不成。及告以紳民同心之象，則云：「如此我須設法出去。」又告以用勇士乘夜掖出之策，柏貴首頷者再。其後計劃將成，而爲家丁聲所阻，柏貴由是變計，且不許說辦團練，以免外人疑忌，於是四紳亦以爲團練無益，徒事挑釁，遂罷初計。柏貴並出告示，言中外一家，業經和好，百姓不得再滋事端[250]。

自後團練因遲疑觀望，計劃卒未成功。

二月十日，貿易復開，封艙停止[220]。如此廣州漸漸轉入「常態」。聯軍以英警一百，法警二十及華警一千二百（七百在城內六百在城外）[221]維持廣州地方治安，柏貴任名義上之首領，由三委員統制之。然實際上操縱一切者，仍不外巴夏禮一人而已[222]。

至一八六一年十月，聯軍始交還廣州城，統治將及四載，去亞羅事件，蓋五週年矣。

1 "A careful examination of the Chinese text of all the treaties showed that an explicit permission to enter the citadel (城) or walled portion of the marts opened to foreign commerce was not given. In consequence of this vagueness the Hongkong authorities, acting under instructions from London, did not press the point." S. W. Williams, *Middle Kindom* (N.Y., 1907, revised edition) vol. 1, pp. 573-4. *cf. Chinese Repository* 1849, pp. 216, 275; 1846, p. 46 ff: J. F. Davis, *China, during the war and Since the Peace* (London, 1852) II.

H. B. Morse, *International Relations of the Chinese Empire* (London, 1910) vol. 1, p. 368.

Davis thought the permanent feeling of hostility of the Cantonese had. "Commenced with the violence suffered by their women from the Sepoy troops in 1841." Davis to Palmerston 8/ii/1848. (F. O. 17/140), quoted in Costin,

p. 133. 曾記在般後爲不法者之淵藪見：Williams, *Middle Kingdom* II/558; Sir Rodert, Hart. *These from the Land of Sinim*, (London, 1901) p. 120. Davis 並言：卽殺人數百，亦不能消滅對英人之恨。

4 籌辦夷務始末（道光朝）79/43。

5 見 *Chinese Repository*, Dec. 1842, pp. 687-8 據 Morse 云總督令其中首領十人處死刑，並賠償二十六萬七千元（I/369）所根據者 *Chinese Repository*, Dec. 1842. 查無此記載，疑註有疏漏處。

6 *Insults in China* (P.P.) pp. 4, 6-8; 見 Morse I/369-40.

7 *Chin. Rep.* XV p. 59: *The Life and Letters of S. W. Williams*, p.169. "When I went down to service last sabbath, about two miles through the streets, I think every tenth shopman uttered a malediction against me, as one of the hated foreigner; *shat* 'kill him'! or *fankwei* 'foreign devil' came from every side." Letter 26/iii/1849.

8 Davis, *China*, II/112.

9 此告示之原文，尙未查見，外人當時譯成英文，登 *Chin. Rep.* 今將大意譯成中文。英文譯文見 *Chin. Rep.* 1846, pp. 46-7.

10 同註 9，見 pp. 48-9.

11 同註 9，見 pp. 50-1.

12 王之春國朝柔遠記（光緒十七年刻本）卷十二頁九，該書記月而不記日，故日期依據 *Chin. Rep.* 1846, p. 51.

13 此示見 *Chin. Rep.* 1846, p. 51.

14 同註 12。

15 *Chin. Rep.* 1846, p. 55.

16 同註 9 *Chin. Rep.* 1846, pp. 53-5.

17 國朝柔遠記卷十二頁十。

18 Lord Aberdeen to Sir J. F. Davis, 17/iv/1846, in Public Record Office 引於 Morse, I/379.

19 *Treaties between China and Foreign States* (Shanghai v. 1. 1908); Morse, I/379-80.

20 Costin, *Great Britain and China 1833-60* (London, 1937) pp. 125-131; Morse, I/381-6; *Chin. Rep.* June, 1846.

21 Morse I/380; Palmerston to Davis, 18/viii/1846, in Public Record Office.

22 Lord Palmerston to Sir J.F. Davis, 12/i/1847, *Correspondence relating to operations*, p. 3; Morse I/386.

23 （道光）夷務始末 77/36; Morse I/387.

24 （道光）夷務始末 77/36-37; A. Michie, *The Englishman in China* (London, 1900) vol. I, p. 103 引四國主人［蕭令裕］粵東市舶論（此書刻本甚少，本會假自燕京大學圖書館[illegible]先生）。卷上頁一。

25 夷務始末 77/37。

26 Palmerston to Davis, 24/vi/ and 3/vii/1847.

27 Morse, I/389-390.

28 Davis to Palmerston 10/i/1848 (F. O./140); Costin, 132.

29 夷務始末 78/30-32.

30 Costin, pp.132-3.

31 英務始末 78/36。

32 一八四八年三月八日，英教士三人(Rev. D.W.H. Medhurst, Rev. W. Muirhead, & Dr. W. Lockhart) 至青浦，被糧船山東船夫毆擊，受傷甚重，爲縣官救出。派英領阿利國(R. Alcock)即向滬官提出賠償案，未即應允，乃於十三日告道台，不准糧運北行，派兵船一隻，强行威脅，並於十九日直上南京，見兩江總督李星沅，李懼，撤上海道捕船夫十人，中二人受枷一月。見 Lane-poole, *The Life of Sir Harry Parkes*, I/126-133; A Michie, vol. I, pp. 129-135; 英務始末 79/13-14; *p p 1857 Insults in China*, pp. 90-185。

33 "I feel more strongly than ever the necessity of discouraging any offensive operations which may embroil the two nations in hostilities, without the sanction of H. M. Government." Bonham to Alcock, 27/iii/1848, *Insults*, p. 103; Morse, I/394.

34 Bonham to palmerston, 25/iii/1848, *Insu'ts*, p. 92; Morse, I/393.

35 Palmerston to Bonham, 5/vii/1848, *Insults*, p. 169; Morse, I/394.

36 一八四八年十二月二十五日文翰報告巴麥斯登，不希望用武力，「假使廣州城只可以用武力來打開，其結果如何，我們亦須評判的審慎。我絕對以爲附近的民衆與民勇將一心抵抗我們的壓力，結果是非用極大的武力不足以達到目的，因爲他們抵抗的能力將比一八四一年第一次的抵抗大得多…至少需要佔領。假使佔據又需要甚久的時間，如此對中英兩國商人都有害，對於我們國內收入要受很大的打擊」。雖然他亦以爲「此問題無疑是非常困難的，因以我們須全不計較全約，不斤斤於此點，一定使中國政府以我們之不以武力威迫爲恐懼與柔制，使他們更加高傲，結果終須引起武力解決」。他個人仍以和平爲上策，不宜即用武力。

37 Bonham to Palmerston, 21/ii/1849 (F. O. 17/153); Costin, 138.

38 *Papers relating to the proceedings of H. M. S. Naval forces at Canton*, Oct.-Dec. 1856 (1857) p. 154, Palmerston to Bonham, 7/x/1848, "It has, always appeared to me to be doubtful whether the right of entering the city of Canton would be productive of any material advantage to British residents, while it has been plain that the unrestricted entrance of British resident into that city might lead to disputes and collision ..the consequences of which might be serious."

39 江上蹇叟〔夏燮〕：中西紀事 13/4.

40 英務始末 79/43-44, 80/14.

41 英務始末 80/5-8.

42 東華續錄。

43 Palmerston to Bonham, 25/vi/1849 (F. O. 17/152) Costin, 141.

44 Costin, 143.

45 國朝柔遠記 13/1.

46 東華續錄。

47 文翰曾以此意恒白告法使，且甚表同情於中國之情狀，法使報告巴黎外部。De Bourboulon to Min Aff. Etr, 28/xii/1852 (*Chine* 11); Costin, 152.

48 Bonham to Palmerston, 29/xii/1851 (F. O. 17/181); Costin, 146.

49 夷務始末 79/43.

50 Parkes to Lockhart, 23/vi/1850, Lane-Poole, I/147.

51 *Ibid.*, I/143-4.

52 *Loc. cit.*

53 Autograph note 29/ix/1850 (F. O. 17/173); *cf.* Costin, 149-50: "These half civilized Government such as those of China, Portugal, Spanish America all require a Dressing every eight or ten years to keep th.m in order...They care little for word and they must not only see the stick but actually feel it on their shoulders before they yield to that only argument which to them brings conviction the argumentum Baculinum."

54 *Correspondence relating to Entrance of the City of Canton 1850-5*, p. 3 Granville to Bowring.

55 *Ibid.*, p. 5, Bowring to Clarenton.

56 *Ibid.*, p. 10, Malmesbury to Bowring: *cf.* p. 12, 21/vii, same to same.

57 *Ibid.*, p. 13, Clarendon to Bowring: *cf.* p. 16, 5/vi, same to same.

58 中國與英法三國所訂之約，訂明於十二年後可以修改。一八五四年英法兩約尚未滿十二年，英國利用最惠國條款先，於美法要求修約，法理上甚為不合；且中國並允可以稍有修改，未議之可以大加更變也。（見咸豐朝夷務始末 12/30）。

59 咸豐朝夷務始末 8/22-23; *Entrance of Canton* p. 26.

60 咸豐朝夷務始末 8/33.

61 國聞備 9/21-22, 35-39.

62 Clarendon to Bowring 5/vii/1854 (F. O. 17/210), *cf.* Costin, 186.

63 Same to same, 24/i/1855 (F. O. 17/224) *cf.* Costin, 194.

64 英國於一八五四年三月二十七日參戰見 H.A.L. Fisher, *A History of Europe* (London, 1937) p. 944. ff.

65 一八五五年過令報告政府「藍帝國列入英國國際案，中英國際關係可以有滿意的基礎。這個國際的勝敗，對於我們本帝國大的利益並無妨礙。據我長久考慮後的判斷，問題已經關的太久久了」。Lane-Poole, I/222.

卸美國傳教士醫生伯駕 (Peter Parker) 來華有二十年，曾當美國公使顧盛時，代辦事務，一八五五年九月五日奠公使任命，被授權會使，一時大為活動，親至倫敦巴黎接洽，以三國聯合對華，首清使單顯受影響。伯爵之主張對華交涉目標有四（1）外使駐北京，華使駐巴黎倫敦及華盛頓（2）中國開放全國，任三國通商（3）中國人民之宗教自由（4）改良中國法庭。包令覺其三四兩項不合實際，且無武力在後，判定決無所成，故伯爵約包令共同北上時未允之，法代辦因無訓令，未從之。伯爵一人北溯，未有結果而回，見 H. Cordier, *L'Expedition de Chine de 1857-8* (Paris, 1905) pp. 7-17, T. Dennett, *Americans in Eastern Asia* (New York, 1922), pp. 279-81; 夷務始末 13/11-14.

67 Bowring to Clarendon, 26/v/1856 (F. O. 17/247); Costin, 189.

68 Lane-Poole, I/224; *cf. Ibid.* I/216-7 "Matter had long been working up towards a crisis. The day of reckoning for years of contumely had been postponed again and again by the weakness, or timidity or mistaken leniency of English Foreign Ministers and Plenipotentiaries."

69 西人常稱英法聯軍之役爲亞羅之戰 (Arrow War)。且如 Leavenworth 者，著此戰之歷史亦曰 *The Arrow War with China* (London, 1901) 實於事實不合。

70 該船於九月二十七日註册期滿，因一八五五年之同日在香港註册，期效一年。十月十三日包令之函中 (*Naval Proceedings*, p. 12) 曾言 "There can be no doubt, after the expiry of the license, protection could not be legally granted." *cf.* p. 10. 十一日函。

51 中英兩國之公文中皆言十二人，但[illegible]「[illegible]之摺」及其他記載中有作十三人者。咸豐夷務始末中（卷十頁四）始謂一字，餘皆屬傳鈔，遂作十三人。時船上全體有十四人，船長爲英籍之 Thomas Kennedy（捕人時適在附近五十碼遠之其他船上，見事發生即至）之請求，留下二人，(Costin,207) (Kennedy's disposition, in *Naval Proceeding*, pp. 8-9) 據 Kennedy 所言，華官兵約六十人 (Morse, I, 422 依之) 據法使報告政府，華官兵約四十人 (De courcy to Min. Aff. Ets 10/xi/1856 (Chine 19); Costin, 206). 但 Morse 往往信英國人之證明方爲可靠云：

"We have, in support of the fact, the sworn dispositions of T. Kennedy...while, against it, we have only the statement of Chinese soldiers and policemen, whose testimony is notoriously untrustworthy when they are interested parties." (I, 424) 華方言船上時無英旗，英方言有之，華人在下，Morse 僅據一英人之證明，斷定英人之說是，華人之說非。其言 this there is litter doubt 今已無從證明華人之說爲是，但對 Morse 之 "little doubt" 尚疑有 a little doubt 也。

72 Parkes to Bowring 8/x/1856. *Naval Proceedings* p. 1. 又有「因搜划艇捕片煙土匪逃匪之說」(七弦河上釣叟「英吉利廣東入城始末」頁四)。

73 據巴之私人信中言，彼不願以此私人所遇，寫入公事中，余甚喜此一舉 Lane-Poole, I. 229.

74 *Naval Proceedings*. p. 2, Parkes to Yeh.

75 *Ibid.*, pp 4-6, Yeh to Parkes.

76 *Ibid.*, p. 95, Seymour to the Secretary of Admiralty.

77 *Ibid.*, p. 95.

78 *Ibid.*, p. 10-11.

79 "La mauvaise foi du Plénipotentiaire est évident; les motifs ne manquaient pas pour légitimer une querelle avec la chine, il eut été habile de chercher, un meilleur prétexte que celui de la saisie de, l'*Arrow*." Cordier, 53.

Bowring to Parkes, 11 Oct. 'the *Arrow* had no right, to hoist the British flag ...... she has not been entitled to protection." p. 10.

80 *Ibid.*, p. 12.

81 *Ibid.*, p. 14-5.

82 *Ibid.*, p. 17, Cordier, *L'Expedition de Chine*, p. 52.

83 *Ibid.*, p. 17-8.

84 *Naval Proceeding*. p. 27.

85 *Ibid.*, 28-9.

86 *Ibid.*, 31-2.

87 *Cordier.*, 60-1.

88 籌辦始末卷上頁四，Cordier, 55.

89 籌辦始末卷上頁五。

90 *Naval Proceeding*, 33, 35.

91 "I cannot doubt that the Imperial Commr., will now feel the absolute necessity of complying with the demands which have been made ......," Bowring to Seymour 24/x/1856. "I ...... sincerely trust that this [his letter to Yeh] will at last induce him to grant the satisfaction he had so long obstinately and unjustifiably withheld." Parkes to Bowring 25/x/1856. *Naval Proceedings*, p. 33.

92 籌辦始末卷上 5-6.

93 *Naval Proceedings*, p. 39.

94 *Ibid.*, p. 41.

95 籌辦始末卷上 6; 英吉利國夷入城始末頁五。

96 原文不可得，譯成英文者，見 *Naval Proceedings*, p 40, 譯成華文者見 Cordier, p. 64. 英文者言二十八日，譯文者二十七日，蓋英人於二十七日向總督署開始放炮，廣東侯補官當亦於二十七日，是葉之決心「作戰」在二十七日也，英文之二十八日誤言耳。

97 *Naval Proceedings*, p. 41; Cordier, pp. 57-8.

98 籌辦始末卷上 6-7. *Naval Proceeding*, pp. 40-42.

99 籌辦始末卷上 7; Parkes to Bowring, 28/x *Naval Proceedings* 40.

100 入城始末頁六，籌辦始末卷上 7-8. *Naval Proceedings*, pp. 43-4.

101 "The presure will be soon irresistible, and final results we could reasonably anticipate." *Naval Proceedings*, p. 42.

102 *Ibid.*, pp. 79-81. 82-84. 85-87 Minutes of Conversations, p 72.

103 英官刊廣東入城始末頁六之註。

104 *Naval Proceedings*, pp. 61, 62, 141.

105 籌辦始末卷上16-17.

106 *Naval Proceedings*, p. 62.

107 *Ibid.*, p. 62.

108 "The papers are most eagerly received by the common classes of Chinese who must by this time be tolerably well informed, both of the cause of quarrel and our demands." *Ibid.*, p. 62.

109 Parkes private letter, 14/xi/1856. "Our position is certainly an embarrassing one, but it is one from which we cannot recede, and it is only by maintaining it and working on the fears of the people that we can be successful or escape defeat which would be most injurious to our interests." Lane-Poole I. 232.

110

111 Seymour to Admiralty, 14/xi/1856. *Naval Proceedings*, pp. 94-100.

112 葉於十九日照會包令大意「接到貴公使來文，閱悉。所稱進城會晤一節，前已欽奉大皇帝諭旨，於前次文內恭錄照覆在案。是前已奉有諭旨不准，本大臣何敢有違諭旨。至前任公使文翰所以出示不准外人進城者，乃係真知保護之道，是以數載以來，中外商民得以相安無事。現在西提督故縱兵，致庶民遭害，通省官紳，怨恨日深，來文所稱會晤之際，自有自爲保護之能等語，但華自爲保護，反遭傷害。如貴公使能照前公使文翰理，方是保護之道。總事事只合天理順人情方爲妥善，請再思之。」*Naval Proceedings*, pp. 107-8.

據英人云，葉特懸賞殺英人，是時每一人頭，自三十元增至一百元。L. Oliphant, *Narrative of the Earl of Elgin's Mission to China and Japan* 1857-9 (New York, 1860), p. 22.

113 此時包令欲法美之合作，未成，亦包令失望之由也。見 Cordier, pp. 77-79.

114 *Naval Proceedings*, p. 104.

115 *Naval Proceedings*, p. 127.

116 *Ibid.*, p. 130.

117 L. Oliphant, *Narrative*, p. 23.

118 籌辦始末卷上二二至二三。

119 籌辦始末卷上二三 Lane-Poole, I/237.

120 Hansard, *Parliamentary Debates*, 144. p. 4; Wu, *Chinese Opium in British Opinion and Action*, p. 52.

121 The Duke of Argyll, *Autobiography and Memoirs*, II/67-9.

122 *cf.* in Leavenworth, *Arrow War with China*, p. 41.

123 *Ibid.*, p. 42-3.

124 一一〇對一四〇票，政府多三十六票。

125 Hansard 144, 1421; Wu. p. 53.

126 J. Morley, *Life of Gladstone* (New York, 1903) vol. 1, p. 563.

127 *Ibid.*, II/564.

128 McCarthy, *A History of Our Own Times* (N. Y., 1880), 1/551.

129 同註 175.

130 Cobden 等人所謂 Manchester School 已盛行二十年，深得人民擁護，此次競選竟亦失敗，實出意料之外。

131 McCarthy, I/552: "He knew that a popular minister makes himself more popular by appealing to the country on the ground that he has been condemned for upholding the honor of England and coercing some foreign power somewhere." Sir Sidney Low & L. C. Sanders, *The Political History of England*, 12/131: "He went to the country with the popular cry that the servants of the crown placed in difficult situations in distant countries must be supported. He made the most of the honour of the flag and the outrages perpetrated by the Chinese. As usual he had shown himself the shrewd judge of the national temper. He was completely successful."

132 S. W. Williams, *Middle Kingdom* (N. Y. 1907) 2/637.

133 G. M. Trevelyan, *British History in the Nineteenth Century* (London, 1922) pp. 271, 306.

134 *Ibid.*, pp. 272.324, Bright, J. F. *A History of England*, vol. IV (London, 1902), pp. 250-1: "bullying a weak country", "The Crimean war had roused the aggressive feelings of the nation. The man who, in the midst of its disasters had taken upon himself the duty of carrying it to a successful conclusion, whose firmness had secured a peace at that time considered honourable and whose administration had since been crowned with success in Persia was a general favorite."

Arthur D. Innes, *A History of England and the British Empire*, v. IV (London, 1922) p. 269: "The country had not perhaps examined the merits of the case with any great care; but the popular minister had carried with him in the Crimean war, and the public at large looked upon him as the trusted champions of the British prestige."

Morley, *Life of Gladstone*, vol. I, p. 564-5 "The election was a glorious ratification not only of the little war of the Chinese junks, but of the great war against the Czar of Russia, and of much besides. ...... The country was to decide not upon the Canton river, but whether it would or would not have Lord Palmerston for Prime Minister. ...... the mainspring of the electoral victory was to be sought ...... in the conviction that Palmerston was the helmsman for the hour. The result was justly compared to the Plébiscite taken in France four or five years earlier, whether they would have Louis Napoleon for emperor or not.''

H.C.F. Bell, *Lord Palmerston* (N. Y., 1937), vol. II, p. 168. "He well knew that his public as a whole was not concerned with the niceties of the case. He knew that they cared tittle about the exact status of the ting vessel carrying a British flag which the Chinese have boarded, or about the proprieties of British demand, and the British bombardment of Canton. Rather, like their premier, the people were concerned with the chastisement of a set of kidnapping, murdering, poisoning barbarians, with the advancement of trade, with the continuance of the Liberals in power. Also, to a large...... extent, they were concerned in seeing their doughty premier retain his place.''

Starmore, *Sidney Herbert*, vol. II. p. 68, *cf*. Bell, I. p. 169 "Palmerston...... is the only public man in England who has a name. Many criticise, many disapprove, but all, more or less, like him and look upon him as the only man. He has on his side that which is the strongest element in the mental acquisition of all human society, namely, the public's national prejudices. Some one said, 'Give me the national songs, and I will rule the nation,' and Canning said, 'Dont talk to me the "sense of the nation"'' give me the nonsense, and I will be at it hallow.'

一八五七年三月七日之 Punch 中有漫畫一幅，內一華人與一英人穿中國鞋者，聯合以刀槍恐嚇一英人（已被捕獲），英人顏色自若，神色不動，[illegible]二人者，且曰 "Turn me out, Eh?'' 標題 "The Great Chinese Warriors Dah-bee & Cobden.'' 可知當時人對主持正義之 Cobden 之反感。圖見 Bell, p. 170.

135 *Correspondence relating to Elgin's Special Mission to China and Japan* (1857-9), pp. 1-7.

136 [illegible]，[illegible]之外觀[illegible]於華人者。 "The importance of rendering the approach of an envoy invested with such extensive powers as imposing as possible in the eyes of a nation notorious for attaching the highest significance to external pomp and ceremony." Oliphant, *Narrative*, p. 27.

137 *Elgin*, pp. 8-9, 10-13.

138 *Ibid*. 15-18; Cordier, 157-160.

139 英人不[illegible]。

140 Oliphant, *Narrative*, p. 49.

141 Walrond, T., *Letters and Journal of James, Eighth Earl of Elgin*, p. 188: "Tell Lord Elgin, wrote Sir Williams Peel ...... after the neck of the rebellion is broken, tell Lord Elgin that it was the Chinese Expedition that relieved Lucknow, relieved Cawnpore, and fought the battle of the

6th December. Nor would it be easy to praise too highly the large and patriotic spirits ...... so generous a renunciation of all selfish hopes and prospects, and so bold an assumption of responsibility.''

142 夷務始末 14/14.

143 夷務始末 14/16-17.

144 夷務始末 15/6.

145 夷務始末 15/24.

146 夷務始末 16/35.

147 夷務始末 17/25-37.

148 七月十五日之諭已有「日久未見奏報，甚深懸念」，夷務始末中僅可查出六月十五日接到葉奏，半年餘後，卽一八五八年一月十七日，始再接到其奏。此奏約在在一八五七年十二月二十七日發出，有五千字，夷務始末中竟占十頁以上。

149 夷務始末 17/37-38.

150 夷務始末 17/38-40.

151 夷務始末 17/‥.

152 第二款「凡佛蘭西人按照第二款，至五口地方居住，無論人數多寡，聽其租賃房屋，及行棧貯貨，或租地自行建屋建行。佛蘭西人亦一體可以建造禮拜堂，醫人院，周急院，學房，墳地。……倘中國人將佛蘭西禮拜堂墳地觸犯毀壞，地方官，照例嚴拘重懲。」

153 「凡佛蘭西人在五口地方居住，或往來經過，聽憑在附近處所散步，其日中動作，一與內地人民無異。但不得越領事官與地方官議定界址，以為營謀之事。……佛蘭西無論何人，如有犯此例禁，或越界或遠入內地，聽憑中國官查拏，但應解送近口佛蘭西領事官收管。中國官民，均不得毆打傷害虐待所獲佛蘭西人，以傷兩國和好。」

以上條文見道光朝夷務始末 73/13-14.

154 見咸豐朝夷務始末頁一七至三三，道光朝夷務始末73/48. *Annals de la Propagation de la Foi*, vol. 23, p. 33; vol., 19, pp. 73. et seq.

155 見咸豐朝夷務始末 21/23. 同類事例多，如見於道光朝夷務始末 76/1-2, 36, 38-39, 77/22 等。

156 道光朝夷務始末 77/4.

157 Cordier, p. 19.

158 "Son coeur extrait de la poitrine, déposé tout palpitant sur un plat, après avoir été curieusement et joyeusement examiné de près par ses barbares et sanguinaires bourreaux a été coupé en morceaux, jeté dans une poêle où on l'a fait frire avec de la graisse de cochon, puis, lorsqu'il était à peine cuit, ces cannibales l'ont retiré et s'en sont repus avec l'avidité d'une bête féroce." Cordier. p. 21.

159 七月十三日兩廣總督致法主教 Guillemin 之照會。Cordier, 19-22.

160 Cordier, 24-26.

161 Cordier, 30-31.

162 Cordier, 31-32.

163 Cordier, 34-36.

164 Cordier, 33-34.

165 Cordier, 55-62; 66-69; 78-82; 87-88.

十月十三日法國駐廣州領事函葉言法國嚴守中立，與亞羅案及中英衝突全不相干 (que cette affaire ne concerne nullement le gouvernement de S. M. l'Empereur des Français) 請葉保護法國人之生命財產。葉於二十四日覆言中英衝突，中法和平，各國皆可知此案之孰是孰非 (Je sais que des citoyens, de votre honorable royaume trouvent ici pour le commerce, vous êtes avec nous en paix. ...... Dans cette affaire pour qui est le droit? Toutes les nations savent de quel côté il se trouve et peuvent le dire) 保護法人，在力之所及者，將盡力行之。(...... de vous protéger; je ferai tout ce qui dependra de moi) 葉復於二十七日兩法領如有損害，須向英領索償。十月二十二日包令告顧聖經過，二十三日，顧聖覆書表示同情 (Appréciant comme je le dois, les sentiments qui ont dicté cette communication à V. E. je m' empresse de lui en témoigner mes sincères remerciments, et je croiais manquer à mons devoirsl je ne m'associais pleinement dans ces circonstances, aux vues et aux intentions qui l'animent) 但未示合作。十一月二十二日，法領事及僑民退出廣州。

166 法皇知天主教教士誘人之心理，亦習強有力之政府，能助其對外教會之發展。[Les diplomates française] ne semblent venir ici que pour se moquer de nous sous la voile d'une bienveillance apparente" "Mon Dieu! pourqui n'avons-nous pas un homme capable de comprendre ces choses, et de conduire les affairs de manière à les faire tourner a la gloire de Dieu et la conversion de ce pauvre peuple chinois." [Préfét apostolique du 廣東] Guillemin to Legrégeois, 1854, 1855 (M.E. v. 550, ff. 339, 343); cf. Costin, 202.

167 Cordier, 90-94.

168 英國因一八四六年還舟山時約定不能讓三國佔舟山。

169 Cordier, 96-101.

170 Cordier, 101-102.

171 "His real motive was to check mate his allies and prevent their gathering the fruit of an inevitable victory." W.A.P. Martin. *A Cycle of Cathay* (N. Y. 1900), p. 145.

172 M. le baron Gros "un hommes les plus expérimentes de la carrière diplomatique...... en Angleterre, où il fut envoyé en 1849 à l'occasion de l'expédition de Rome. ...... en 1850 il eut pour mission de se rendre a Athènes en qualité de commissaire médiateur ...... pour contribuer à regler de differend alors existent entre la Grèce et l'angleterre."

"M. le baron Gros était, en dernier lieu, plenipotentiaire pour la délimitation des frontières entre la France et l'Espagne...... dont les stipulations mettent fin à des difficultes qui attendaient une solution depuis plusieurs siecles." M. de Moges, *Souvenirs d'une ambassadeen chine et au Japan*. (Paris; 1860) pp. 4-5.

173 Cordier, 164; *Elgin*, 51; Morse, I/495 [illegible]十六日、抵[illegible]。

174 Elgin to Clarendon, 14/x/1857. "Since the quarrel commenced we have had ample experience of the evils which flow from underrating the enemy ...... By omitting to make any allowance for the contigency of a Chinese madarins possessing energy and determination, we have failed in a succession of attempts to bring Commr. Yeh to terms. Such failures are doubly mischievous ...... both added to the confidence of Chinese in themselves, and give them a familiarity with our method of warfare, whith they are not unlikely at some future day to turn against us" *Elgin*, p. 46.

Ibid., p. 49, Ashburham to Elgin; p. 50. Memorandum.

175 Elgin to Clarendon, 9/vii/1857, "the Canton difficulty, being a purely local question, should be dealt with at Canton alone; it could be solved in one way, and one way only, namely, by the reductions of the city of Canton, and the humiliation of the Canton braves; ...... any attempt to settle the question by negotiation elsewhere would excite uneasiness in those parts of China where trade is flourishing, and confirm the Chinese in their belief of the impregnability of Canton, on which, as it is alleged, rests the whole system of their exclusiveness & arrogances towards strangers." *Elgin*, p. 20.

176 Elgin to Clarendon, 15/x/1857. "We have been gathering, more slowly indeed than would have been the case if circumstances had favoured us, the force with which the blow is to be struck that will give effect to the policy in China to which Englands stands pledged to the world. Our Indian difficulties are probably not unknown at Peking: This knowledge may have led to the interference that we shall be forced to abandon that policy. An impression so injurious to our prestige in the East, if it exists, must be removed without delay. To this end it is essential that our demands must be conceded in full, or Canton occupied, before the winter closes. At whatever cost, with or without the French cooperation, with or without aid from India, this object must be accomplished." p. 51, *Elgin*.

177 一八五七年一月十四日香港麵包中有毒，因毒分量多，食者嘔吐，未及害人，英人疑爲；華人亞霖(Ah-lum)所爲，逮捕之入獄，後因無絕對證據，驅逐出香港。據英人言此爲中國官方之陰謀，故有證件云。Blue Book. *Chinese Prisoners* (1857).

178 Morse, I/436.

179 五月二十五日，紳士林福盛等帶巡船數十（觸藩始末中卷記「二十餘號」，Cooke 記四十艘，Norman 未記數，僅言 "Numerous masts of war-junks... presenting a formidable appearance".）在新塘河面與英船三艘遇，戰敗而逃，英人乃名此河為 Escape Creek 二十七日之戰，中國又敗。六月一日，瓊州鎮總兵黃開廣率到紅單船二十餘號，合各巡船共百餘號，與英海軍決戰，經激烈之戰後，全軍沒覆，英船乘勝追至佛山，未登岸。中國「此後遂無意水戰矣」，然英軍亦死十三，傷四十。見觸藩始末卷中一與二，F. M. Norman, "*Martello Tower*" *in China and the Pacific* (London, 1902) Pt. II, ch. II; G. W. Cooke, *China 1857-8*, Ch. III.

八月七日西馬宣佈英軍封鎖粵河 *Elgin*, p. 41 至十二月十二日法軍聯合封鎖 *Ibid*., 93

180 Elgin to Clarendon, 15/x/1857: "I consider it to be of the utmost importance that our military force should received the additions." p. 51.

181 Cordier, 174-78.

182 De Fautame to Legrégeois, 9/vi/1857. (M. E., vol. 550 f. 911) "De l'intervention francaise à Canton, point! Elle serait peu honorable pour la France et funeste à notre mission ...... Ce n'est qu à Canton qu'on doit faire des hostilités, mais cést à la Chine qu'on doit imposer les conditions de la civilisation européene." (*cf*. Costin, 2:6)

183 Cordier. 193, 194-201; *Elgin*, 95-96.

184 Elgin to Clerendon, "I have given to the *Arrow* case as much prominence as it deserves, when I represent it as a drop which has cause the cup to overflow". (*Elgin*, p. 94) Baron Gros "has much better case of quarrel than we; at least one that lends itself much better to rhetoric." "that wretched question of the *Arrow* is a scandal to us, and is so considered, I have reason to know, by all except the few who are personally compromised." 總以爲照會之行體要之得體，故願本人務從謙圓 "to use calm and dignified language and to be moderate in our demands and resolute in enforcing them" Walrond, *Letters of Elgin*, p. 209.

同時英法布告人民，並聲言將取河南，以待此案解決。 *Elgin*, p. 98; Cordier, p. 201.

185 觸藩始末卷中頁三。

186 觸藩始末卷中頁四。 Moges, pp. 98–9 "Le réponse du vice-roi ...... est ambigul, de mauvaise foi, et d'une legèreté déplorable dans des circonstances aussi graves ...... La réponse faite a lord Elgin est encore plus empreinte d'originalité et d'um dédaigneux persiflage. Certes, cette dépêche de yeh est un singulier document diplomatique." Walrond. *Elgin letters*, p. 211. "His answer is very weak,

and reads as if the writer was at his wit's end; but with that sort of stupid Chinese policy which consits in never yielding anything, he exposes himself to the worst consequences without making any preparations for resistance.'' 葉照會原文不可見，譯文見 Cordier, 207-211; *Elgin*, 121-124 pp.

187 觸藩始末卷中頁四。英法於十五日占河南 *Elgin*, p. 102.

188 觸藩始末卷中四至五。據頁五云：「先是，海珠台上敵人搭木架，置炮其上，及細探則僉云，是木炮並見其偶墜水中浮起流去。於是官民中信中疑，亦爭傳葉相之真有把握也。」

英吉利廣東入城始末記「十五日無事」乃出之亂語，且有英人踏扶亂者之說。（頁八）此說似不可信。

189 觸藩始末卷中頁五。

190 *Elgin* pp. 125-6. 葉勞於十九日回城 Cordier 214.

191 *Ibid*., 124-5.

192 見 Cordier, 216-7.

193 *Ibid*, 218-9; *Elgin*, 126-7.

194 觸藩始末卷中頁六。葉覆照見 Cordier, 222-3, *Elgin*, 129-30.

195 觸藩始末卷中頁六。

196 當時廣州附近，共有英艦二十一艘，法艦七艘，多少加入炮擊，則不可知。Cooke, 258.

197 觸藩始末卷中頁六及七。

198 觸藩始末卷中頁七至十。在城外之撫標兵及林勇二三千名陸續入城，本在分守各衙署口，而有名無實，甚或乘機竊掠。

據英吉利入城始末：「英兵初踞觀音山，兵力單弱僉可攻，綠營能會是中定大事，至次日則已絡繹往來，城上守禦備具，諒不可拔矣。」

199 Morse, I/500.

200 觸藩始末卷中頁十一。

201 Walrond, *Elgin letters*, p. 214.

202 觸藩始末卷中頁十二。

203 觸藩始末卷中頁十二至十三。

204 Cooke, p. 339. "But how to remove that heavy load of bullion? Crowds had assembled in front and a happy thought occurred to one of his officers—A dollar's worth of cash to every coolie who will help to carry the silver to the English Camp. In a moment the crowd dispersed in search of their bamboo poles, and in another moment there were a thousand volunteer Cantonese contending for the privilege of carrying for an enemy their own city's treasure".

205 *Elgin*, p. 146, Loch's report.

206 Morse 誤作一月四日。見觸藩始末卷中頁十三。Oliphant, 104, ch. 8.「從行者武巡捕[illegible]及二家丁。葉被擒之船 *Inflexible* 泊白鵝潭，不通往來。」

207 至二月十七日始[illegible]回省云，[illegible]，葉手書一紙，[illegible]

飲食各物俱備，內有呂祖經一本。募一廚工，一廚役，買米二十石，備洋銀千兩。十八日 *Inflexible* 先啓行香港，藍瑣等備物後行。二十八日自香港全體啓行，二十八日至新加坡，三月五日自新起行，三月十六日抵印。

抵印度加爾各答後，繙譯官阿查拉 (Alabaster) 來問每日需用度若干，葉答以一切均自備乃止。移名琛至一花園，葉住樓上，餘住樓下。繙譯官及該地都司二人時來問安，詞貌甚恭，備一馬車，日到該門前伺候出門遊玩，但葉從不下樓。繙譯官常至，讀新聞紙，故三紳在廣東之團練及津門和議等事，葉俱聞之，但不知其詳，惟聞戰則稍有喜色，聞和則太息。平素食量兼人，自至海外，每飯僅一盌，肌膚故銳改。

一八五九年二月二十二日，藍瑣忽患腹痛醫治無效，於二十四日身故，即葬該處。

三月二十四日，葉亦患疾，自是每日惟稀粥一盂，英醫來診治以西法，無效，病漸重，於四月九日逝世。

五月十五日，英輪載名琛匶，運至省河，照會撫署，並行李一切送回。南海知縣等至船省視，另購美材，於五月二十六日買殮入新棺。名琛一生令譽，失敗深受粵民之愛戴擁護，皇上之特殊賞識，至是儼皆與名琛同入棺中，不復出焉。所傳於後世者，名琛失敗後粵民之怨言而已。

後據署廣東巡撫畢承昭奏（夷務始末 41/27-28）「隨行家人許慶，胡福同供……跟隨主人……到孟剌……至九年二月二十日（一八五九年三月二十四日）帶去食物已盡，小的們請在彼處添買，主人不允，且云我所帶糧食既完，何顧食外國之物。然經繙譯官將食物送來，一概杜絕不用，……至三月初七日(四月九日)戌時身故，臨終並無別語，只說辜負皇上天恩，死不瞑目。……」

相傳葉被挾至香港，猶每日親作書畫以應外人之請，從者力勸不可題姓名，乃自書海上蘇武，並寫其詩曰：「鎮海樓頭月色寒，將星翻作客星單，縱云一范軍中有，怎奈諸君壁上看。向戌何必求免死，蘇卿無恙勸加餐，任他日把丹青繪，恨態愁容下筆難。」又曰：「零丁洋泊歎無家，雁札猶傳節使賒，海外難尋高士粟，斗邊遠泛使臣槎。心驚躍虎笳聲急，望斷慈烏日影斜，惟有春光依舊返，隔牆紅綻木棉花。」傳說云：「葉在印所居處名鎮海樓，漢官五日輸相一次，分報英國主及香港上海英官，而葉之父當被擄時倉皇出走，未得音問，故其詩云言」，似不可信。據薛福成「書漢陽葉相廣州之變」云：「時人譏其詩未能不衰其志，而惜其玩敵誤國之咎也。因爲之語曰『不戰不和不守，不死不降不走，相臣度量，疆臣抱負，古之所無，今亦罕有。』蓋反言以嘲之云。」嘲諷出自民間，與上諭中所言「葉名琛……實屬剛愎自用，辦理乖謬，大負委任，……著即革職」，相呼應。

208 嗣藩始末卷中頁十五。奏文見夷務始末 17/38-39. 一月二十七日該奏接到，葉即被革職，以黃宗漢代之。

209 *Elgin*, pp. 140-1, Elgin to Clarendon, Oliphant, pp. 110-1.

210 廣東十三行考頁二五〇至二五五有議和中之手帖信函四，惟無説異事實可查出，內有「佐黨須今日受了如此欺辱」一句，編者[illegible]

按云：「相傳巴夏禮曾打伍崇巴。」則可知所謂該事者，巴夏禮一人擔任一切而已。

211 觸藩始末卷中頁十五。

212 觸藩始末記「洋酋先降階接入，讓之上坐，彼蓋自居主人而以接難為客也。」與 Oliphant (p. 112): "When they did arrive a dispute arose between them and the interpreters as to the seats which they ought to occupy. It was finally settled that they should be placed immediately below the embassadors." 互相出入。蓋中西風俗不同，當時未曾注意，蓋西俗之上座即中俗之主位也。

213 Oliphant, 112-3. 法英二使之辭，大意謂我等歡迎各官員之蒞臨，廣州已在我們手中，至交涉圓滿時再還中國，在此期間，我等尊重人民之希望，保護其生命財產，設立法庭，以懲兇暴，願中外人民可以相安云云。柏貴答云，貴使尊重廣州人民，深所欣幸，以後希望平靜無事。我們定可統制人民，希貴公使統制英法人民，並希中國欽差可速與貴公使等會議圓滿，解決一切問題。全文見 Cordier. 240-2; *Elgin*, 147 p.

214 *Elgin*, p. 142.

215 *Ibid*., p. 148.

216 *Ibid*., pp. 149-50.

217 英吉利廣東入城始末十二至十三 Oliphant, 122.

218 觸藩始末卷中頁十六。

219 觸藩始末卷下頁一至四。

220 貿易已停十五月，此次開市係柏貴向額爾金所請求，見 *Elgin*, p. 160; Oliphant 123-4: "Those who are familiar with the normal state of our relations with the Chinese mandarins at Canton will appreciate the change must have been operated upon them when the governor of the city approach a British minister as a suppliant for the reestablishment of that trade, in the prosecution of which it has been the policy of England so often to humiliate itself before China." 或由伍崇曜向柏貴提出，觀其語氣，亦未可知。 Cordier, 292-8

221 *Elgin*, p. 161, Parkes Elgin. 27/1/1858.

222 Lane-Poole, I, 275. "He was practically the governor of Canton."

西力東漸與日本開國經過

蕭正誼

第一節　西人向外發展的動機

（一）西方民族的殖民運動

一個民族因爲人口壓力，傳教目的和財富的獲得而向海外發展，這是常有的現象，但這種向海外發展，並不能即稱爲殖民運動，例如中國民族向南洋羣島移殖，日本民族向美洲及澳洲發展，斯拉夫拉丁猶太和日耳曼諸民族的移住合衆國，都僅爲一種移民運動，不能即稱爲殖民。可是十五六世紀以後，西班牙葡萄牙荷蘭法國丹麥瑞典和大不列顛諸國民族向南非洲南北美洲及遠東方面發展，便可稱爲殖民運動；因爲他們目的並非單純的移住通商或傳教。他們對新地的原初住民要與以支配，征服，占有或合併；要使新地成爲祖國權力之一部。他們這種目的，往往經過屠殺或威脅原初的住民，有時竟用一種和平的條約，取得支配和征服土人的地位。由此看來，殖民運動似應包括兩種要素，即（一）在人的移住之外（二）還需母國權力的支配[1]，而事實尤以後者爲重要而顯然。

近世以來構成西方民族向外發展之最初而且最普遍的心理，便是這種掠奪殖民地的心理。這種心理的發生，實可溯源於哥倫布發現美洲的成功（一四九二）和那班滿載而歸的隊商及探險家之再接再勵的激發。一般科學家，宗教家和商人等都爭先恐後地競做勇敢的先驅者（Pioneers），向未知的世界去探險開拓及佔有新領土。這等人往往自身是半野蠻人或過着半野蠻人的生活。他們自稱爲「森林的疾走者」或牛商人或爲海洋強盜[2]或爲一擲千金的冒險商人。他們雖各懷不同的夢幻，但他們在新地域活動的途徑，手段和結果，都是所以構成這三四百年來西人殖民運動的基礎，成爲西人向外發展唯一的推動力量。

殖民運動的動機非常複雜，但最直接簡截者莫如領土獲得及權力支配的動力，因爲這般移住的先驅者，爲獲得他們生活資料，是需要土地去居住，耕種和開拓的，所以土地的獲得遂成了不可缺少的條件。同時他們為保障生活安全更需對佔有地享有支配的權力，甚至於對原初住民享有支配權，亦即殖民運動中之政治侵略。這種領土和政治的侵略往往運用屠殺原初住民的手段[3]，使之就範；或作奴隸，俘虜；或強迫信教；或設法消滅固有風俗和習慣[4]。這種強制的方法，往往掀動土人激烈之仇惡和怨恨，造成移民者與原初住民間繼續不斷的鬥爭。是故十七世紀末葉，當威羅卡爾在北美森林地帶建立殖民地時候，就採取溫和的取得方法，和土人締結條約而達同樣獲得領土和政治支配目的[5]。在這種直接的領土和政治侵略外，如宗教宣傳和經濟權益的取得，亦可間接造成殖民地獲得的結果，容於下節論述。此處要附帶申明者，即西人向外之殖民運動，自十五世紀垂末西葡兩國開端以來，歐人向美非兩洲及遠東各國的經營，可謂一帆風順；直至意阿之戰，意大利在阿多瓦(Adowa)之慘敗(一八九六)及俄國在日俄戰爭之敗北，可謂暫告段落。

(二)宗教及文化宣傳

歐人向外發展之成功及其百折不撓的毅力，大半應歸功於宗教向外發展份子之熱情。彼輩在歐洲適經宗教改革的餘緒，願極願遠航海外，開拓自由清新之世界，實現宗教理想。當時新教徒在歐洲受舊教壓迫殊烈，亦願藉此逃避厄運；故如英格蘭瑞典及尼格蘭等地之新教徒，渡大西洋岸開闢殖民地；日耳曼及法蘭西之呼格蘭派教徒及喀拉維五派新教徒，在北美諸洲建設殖民地；皆為宗教情熱所驅使而移殖新大陸者。

彼等渡航遠東，從事傳教事業，亦於十六世紀中葉開始；如葡萄牙人於一五四二年渡航日本，耶穌會(Society of Jesuit)教徒柴維爾(Francis Xavier)亦隨後至日傳教，而荷蘭航海長英人亞丹(William Adams)且久為德川家康的航術造船及數學顧問，食祿二百五十石，稱為三浦安針。

西人宗教家之向外發展固多出於護教及改宗之熱誠，然跡其四百年來在美非亞活動之結果，則與西人之殖民地掠奪運動實有因果不解之關係，是故人們每將宗教侵略文化侵略與帝國主義侵略相提並論而加以貶抑，實非他們初意所料及。他們願消極擺脫舊世界之羈絆，於自由清新世界建立天國之理想，故最要目的乃在勸人改宗，皈依基督，弘布教義於萬邦，實未料及此種宗教熱情造成之海外發展，却適構成近世歐洲殖民運動史跡之大部。至其所設文化機關，如各級新式學校及文化協會之屬，大都為宣傳歐洲科學及精神文明之機關，於各落後民族之西化運動實有不可磨滅之偉績，然此等學校及文化機關往往爲宣傳歐羅巴政策之工具，其校長教授或爲教徒所兼任，或爲歐羅巴流儀政治的傳道者。有時這等傳教師同時便是殖民地開拓者及領事，與歐人之政治及經濟策略實已打成一片。

歐洲人士固極喜以近世科學之發明及其燦爛炫目的資本主義都市文明爲誇耀，而以向落伍民族宣傳此種文化爲白人之担負(white men s burden)有如詩人克卜淋(Kipling)所倡言者；如近時墨索里尼大動干戈撻伐阿比西尼亞以報復阿多瓦(Adowa)慘敗之仇恨[8]，亦復引用克氏遺意，居然以開發征服落伍民族爲其神聖之使命。此種宗教及文化傳播之自負，往往構成西人「優越感」之來源，而推演所至，浸假而與帝國主義思想相結合。

（三）經濟獲取的行爲

哥倫布(Christopher Columbus)探險美洲之動機，實因氏讀馬哥孛羅遊記，震於其所言亞洲面積之碩大無朋，出產多金，遂決然欲由大西洋西渡以抵達中國及日本，初志雖未達到，然於其歸航已獲得滿載黃金珍禽異獸之屬，使歐洲人心爲之震動。其後西班牙人對其殖民地犧牲極多人命和財貨，都是爲要發現貴金屬。法蘭西人，英吉利人及波蘭人之間爲「香料島」之所有權問題發生數世紀之葛籐；皮爾波布勒(Pierre Poivre)爲獲取香料而作爽波島之探險旅行。十八十九兩世紀工業革命以後，歐洲所孜孜注目者既非貴金屬，亦非香料，而在獲得工廠之原料及銷售製品之市場，近今且又再進一步而超出此種輸出入原因，進而作海外之農業及工業之開拓、使落伍地域及殖民地不僅爲「祖國」工業製品唯一販賣的手段，或爲消費商品之手段，乃在由地上地下富源之有組織之開發，以增進資本主義之繁榮。由上趨勢可以見到，經濟利益獲取的動機，在歐洲人向海外發展過程上，可謂前後一貫恆久不變的政策；其初期往往與政治的及宗教的動機相挽合，及至十九世紀後半以至於近今，每能超越領土，政治，宗教和文化等等動機，而進出於海外經濟發展的第一綫主要地位。

哥倫布所幾經冒險而猶未能達到之日本[8]，卒於半世紀後由葡萄牙人完成其企圖[9]，種島之互市實開日本與歐西各國交通之端倪。其後西班牙荷蘭英國等接踵而至，貿易稱盛，一五九七年（明萬曆廿五年）荷蘭且成立對日貿易公司，第一回商隊積載機械類綢緞大砲之屬抵達日本，德川家康一手便購買五萬里拉（約十萬圓），而前述爲家康炮術顧問之三浦安針亦即該商隊之航長也。諸國之中似以荷蘭爲最得幕府之信任，荷蘭與家康之間互通信使，至一六〇九年（明萬曆卅七年）遂由幕府承認通商及設立商館之自由，以平戶（長崎）大阪堺京都駿府江戶為商埠而設立商館，以漆器陶器為輸出之大宗[10]。唯當時西方諸國在美非等洲掠奪殖民地之行為，願亦屢續於此三島之上，各國爭以敵國政治之企圖密告於幕府，又適有英國切支丹教師之醜事；幕府遂於一六三八年下令禁止切支丹，除荷蘭外，嚴禁與其他外國貿易，即係有名的寬永鎖國令；（時日本寬永十五年[11]）直至一八六五年京都正式停止攘夷而批准通商為止，前後經過二百多年的鎖國，此為一時期。自六十年代之開港通商以來，日本與歐西諸國之貿易，往還發展異常迅速，于是科學美術遂與西方機械文明及資本制度同時輸進於日本，於三十年繼續不斷之努力遂能將其封建社會之併制，滌汰廓撤，而填定其西方化國家建設之初步鞏固基礎。

（四）帝國主義的思想

帝國主義的名詞，在經濟學上和社會學上的用法不同；經濟學上的帝國主義係稱資本主義最後階段的市場原料及金融的獨占形態，社會學上的帝國主義則係統稱社會關係中的支配意識或支配形態（Domination）而言。若就這兩種意義的互相關係來說，資本獨占係經濟上的一種大資本支配小資本及遊離資本的情形，可說是社會支配的一種形態；前者可說是後者的一部。再就社會演化的過程來看，資本主義的支配形態俱較前權的政治的或民族的支配形態發生較後，故前者亦可說是後者的現有最後一個階段。更就兩者的本質來說，前者的資本帝國主義係一種特殊的經濟社會的支配現象，至若後者的支配則為統稱一般社會的支配現象。我們這裏特就後者即一般的社會支配現象加以說明。

這種支配的消極發源，便是把自己的民族看為優越於他民族的優越感。這種思想在愈原始民族愈為強烈，例如猶太人把自己看為上帝的選民，把外族看為邪教異端（Gentiles），看為野蠻的民族（babarians），不和人家通婚甚至於普通往來也不肯為之。羅馬民族，日耳曼民族和英格魯撒克遜民族亦像襲取猶太的衣鉢，把自族提到很強很高的地位。東方諸國中像日本亦把自己看為神裔，異族看為蝦夷，中國民族之自稱為中夏，稱異族為夷狄，都是這種自尊心理的表現。十五六世紀以後歐洲人極力向海外發展，白種人之間都把非白種人看成侵略的對象而加以蔑視。他們總以為世上的聰明才智和文化乃是白人獨有的特產，他們應以此特產教導他族，並認為這種教育責任為白人的重担。這種民族的優越感，在一個民族自身社會間亦在階級形態下存在，如同印度的婆羅門僧對其他階級（Caste）便覺自己是優越；德川時代武士階級

(Samurai) 亦覺自己較一般平民優越，到處要受平民禮敬，中世紀歐洲貴族對平民也是這樣，擁有絕對優越的關係。

構成社會支配的積極要素便是權力慾。所謂權力慾就是發揮權力征服他種族，他階級，甚至對方的個人，而使之成爲自己的隸屬。這種意識在「尊王賤霸」的中國系社會思想中，不甚發達，但在西洋社會思想中，不但發源很早，而且相當的普遍，各代都有強力的代表者。希臘 Heraclitns 和 zend-avesta 的主張古宗教的支配權力，十六世紀英哲學者霍布士 (Hobbs) 稱讚權力的熱烈，瑪琪撒利 (Michiavelli) 的強權暴君說，烏托邦著者多瑪斯摩爾 (Thomas Moore) 的主張開拓組織新領土權利和義務；此外如法人皮爾，特沫 (Pierre Dubais)[12] 及英預言家 Carlye 都是十九世紀以來帝國主義思想之有名的倡導者和擁護者。十九世紀末，九十年代時候，美國馬翰大尉 (Alfred Mahan) 替北美合衆國帝國主義辯護說：「北美合衆國覺察到黃色人種膨脹增大的危險，當然要做未雨綢繆之計，因此要把握海帝國的制霸，替白種人防衛有色人種增大的波濤[13]」，此外如英名心理學家麥陶格律 (Macdugall) 亦曾宜說：「構成劣等民族消滅的原因的古舊要素，現在都消滅了，例如饑饉，戰爭和流行病等在現在對於劣等民族並沒有多大功用。然而此等劣等民族，卻不可任其漫延滋長，爲此緣故，優秀民族不得不防止劣等民族的急速發展，以爲維護人類道德的利益[14]。」這種支配他族的積極的權力慾，情見乎詞，都可看出帝國主義者本來的面目。

一般的社會支配的權力慾，無論爲消極的優越感或爲積極的權力慾——都所以構成各種特殊形態的帝國主義思想基礎，如同殖民主義，軍國主義，神權主義，資本主義，以至文明主義的基礎。這種帝國主義的推行手段，並不一定要用武力，往往在極和平的條約，傳教，教育，領土或各種產業部門金融機關之獲得上，發揮甚大之效能。

1 René Maunier 在其所著 *Sociologie Coloniale* PP. 21-22 Paris 1932 曾作如是主張。

2 參看 *Memoire sur-les-savages d: l'amerique s'ptientrionale Nationment* PP. 130-131, 297-299 Paris (Vers 1700) in-8, 1864 Leipz

3 如英人在塔斯馬尼亞 (Tasmania) 盡殺世界上最後之石器時代民族，且從毒藥於內中以謀害之，便是實例。

4 歐洲最初殖民成功者西班牙人，乃是一羣不重學問孜孜矻矻以追求黃金爲務者，對土人則施以最殘狠的屠殺掠奪，强制爲奴，迫其改宗 (Conversion) 以毀滅其原來風俗習慣。

5 由契約方法取得殖民地，是 Pennsylvania 的創始者 quakers. 所採取的。就是一六八一年 William Penn 要在森林地帶設立殖民地的時候——使是後來 Philadelphia 的擴充——也避免和當地土人生惡感，保持和平的關係，而得土人同情殖民地的設立。此外 Roger Williams 在一六三四年卽謂英人所得之地爲不合法，主張以契約法買田，遠在 Penn 之前。

6 按意大利在一八九六年進攻阿比西尼亞，於阿多瓦之戰，意軍慘敗，死者三千，被俘四千，故一九三五年之征服阿國是所以報復四十年前敗戰之仇恨。

7 H. Cordies, *Voyages, de Pierre Poiore.....Melanges d'hist, et de geogr Orient*, PP.155-037 in-8 Paris III 1922

8 哥倫布至美洲，未見有若馬哥孛羅遊紀中所敘述之日本，以爲所到的地方或係印度，因此名其地曰西印度，所以哥倫布至死始終未覺悟其爲新大陸之發現者。

9 葡人之最初渡航日本是在一五四二年，卽明嘉靖廿一年，翌年在種島與日人互市，實爲日本與歐西各國交通之濫觴。

10 參看渡邊修二郎氏德川初期的外國貿易，社會科學二卷七號

11 荷蘭雖能保持貿易之特權，然也被限制於天領長崎的一小島上；小島與陸地間僅設一橋，除官員及遊女外，不准他人進內，而貿易乃爲荷蘭與幕府所獨占，諸侯及民間無與焉。

12 參看 R. Haureau, Pierre Dubois. *Journal des savants*, Janv. 1894

13 H. T. Mahan, Le salut de la race blanche, et l'empire des mers. trad. franc-Paris, 1900.

14 參看 MacDaugall, *Ethics and Some Modern World Problems*, 1924, London.

第一節　西人初東渡及日本鎖國始末

（一）葡萄牙人及西班牙人的貿易

西人向東方發展者，當推葡萄牙人和西班牙人爲最早，他們在十六世紀中葉便已來到日本，在貿易上和佈教上都有極迅速的成就，在政治上亦有相當的根據，可是他們實力仍不足以征服日本新興統一的勢力，故在寬永教亂以後便被幕府一舉驅逐淨盡，計算其在日活動時期前後幾及百年[1]。

西人渡來的這時期，適當日本戰國末年，郡雄割據的局面，漸次由織田氏豐臣氏德川氏完成統一；其間如豐臣秀吉且於十六世紀末葉進攻朝鮮[2]，國威頗振；一時擾亂明沿海及朝鮮之倭寇亦見斂跡，于是東西商船，代之而興；諸國商船，四出東亞及大洋洲等處貿易。

當時豐臣氏爲使貿易船別於海賊船，對商船各發給朱印旗幟以憑識別，稱御朱印船。御朱印船又分日本型歐洲型支那型和折衷型等，活動於媽港爪哇安南占城東浦寨暹羅及太泥，開闢航路，齎東方珍奇物類以博巨利。德川氏繼豐臣氏之後，亦極獎勵與西人貿易，蹈襲上述桃山時代的朱印船制度，各藩侯中亦多有從事貿易，渡航海外者，德川氏自己且貯藏巨額舶載品，乘市價騰貴時販賣於市場以牟巨利。當時

政府對外人貿易者，備極優遇，與以各種方便，如慶長八年（一六〇三年）南蠻人（按即當時西班牙人，如其布教所稱南蠻寺等）輸入多量白絲，日本商人一概不買，南蠻人訴之於長崎奉行[3]，政府迺特令殷富商賈按力購買，這種強制令購外貨，實不易得，要皆表示優待獎挹之本意。當時國際貿易繁盛的程度，現雖不易找到確實統計，然由（一）政府獎勵，（二）幕府及各諸侯的躬自參與，（三）海外開拓商埠的廣大範圍，三種情形而觀，當時貿易當已達到相當繁盛地步，使日本成為世界商場的一部，而葡西兩國實握日本對外貿易之牛耳。

（二）宗教的宏布及日本的鎖國

當時在貿易以外，西人最大的努力要算宗教宏布事業，傳教士相繼渡日；如一五四九年的耶穌會士柴維爾（Francis Xavier）隨日人 Paul yejiro 東渡，一五五九年教父 Gaspar Vilela 和教兄 Laurence 相伴到日本京都[4]，一五六五年 Luis Foaes 來日並於四年後在京都興教寺院布教，即後來稱為南蠻寺者；一五七三年有 Francisco Cobrol 來航，翌年有 Ogantino Aoldi 來航，此外續到者尚多。日人篤信佛教，以為這種基督教為西方大竺新佛法，于是極易信奉，發展亦速，貴族和平民之間信奉者極多，如一五八二年大友有馬和大村的三藩王俱為當時的所謂基督藩王（Christian Daimyos），派遣使節聘問西班牙王及羅馬法王。在民間的信衆數目，天正四年（一五七六）為二萬人，到天正十年（一五八二年）據勃耶爾（Alessandro Valynani）的調查，全日本的信教者已達十五萬人，寺院數目二百，宣教師數為五十九人[5]；據說這種數目到半世紀後教亂發生時已達百萬人，發展的迅速，至為可觀。

如前所述，西人的宗教運動往往與殖民運動相合流，教士變成西方流儀的政治傳道者和殖民的開拓者，況在前面所提的飛快的發展之下，則西教與日本政治之間的發生矛盾以至衝突，遂為勢所難免的事體。況其時西班牙的勢力當在關西一帶的諸侯及農民層，關東的幕府則被後至的勁敵荷蘭及英國所佔據。四國分成兩派勢力，為宗教革命以來的世仇，西葡奉舊教，組織耶穌會（Society of Jesuits）或稱 Jesuits，係擁護舊教支持羅馬教王的反動勢力，荷英奉新教，在歐洲受舊教壓迫，自願於海外圖得報復。其時西班牙已佔據菲律賓，荷蘭則據澎湖及台灣島，各於東方殖民獲得，俱有相當根據。

兩派輾轢之事欲求獨免於日本，實不可能，故各向其拘結之日人潛述他方政治陰謀，尤以舊教派恃其雄厚勢力，唆使教徒肆行虐待侮辱，組織秘密結社，以為護教武裝；使日人漸次感覺歐洲人實為一種不可不去的障碍物，且能凝聚羅馬教皇及西班牙王室的企圖，遂注意揭開其政治夢想的假面具。豐臣秀吉於是下令禁止西人傳教，其致印王書云：「日本爲神國，君臣父子之道備，貴國專重教理，不知仁義之道，欲以邪法破正法；但商賈爲別事，商人仍可往來」[6]，慶長元年（一五九六），不饜於西班牙人之野心，處Franciscan派教士死刑者凡二十六人；寬永元年（一六二四）殺宣教師Lug Stelo，對基督徒迫害加烈，九洲信者爲抵抗計，乃成立秘密結社；寬永三年（一六二六）又設踏像制度，使信徒踏耶穌及瑪利亞像，試驗其改宗，不從者送至島原溫泉以熱湯灌其被弑之背中；如是教徒彌不屈服，醞釀而成寬永十四年（一六三七）的島原叛變，叛徒三萬七千多人，占據城池，政府乃調動各藩兵隊合圍，數達十二萬五千兵，爲期幾及一年始把叛亂全部掃平。自是政府乃下令禁止西人傳教並禁止其貿易，此即有名之寬永鎖國令（一六三八）直到一八六五年始行開禁，前後幾及二百三十年之久。

（三）　鎖國期間的蘭日貿易及蘭學

鎖國令的頒布，是針對西班牙的縱使教徒叛變而發，但却因此累及歐洲其他諸國之對日關係，故除明朝，朝鮮及荷蘭外，一切國外貿易，概被禁止。就如荷蘭的貿易，亦極受限制，在長崎灣中對馬一個孤島上，僅許幕吏及遊女出入，幕府與歐西往來通商，祇此一脈相傳而已。

荷蘭的獨能倖免於幕府的驅逐，實有種種原因：（一）荷蘭深知西班牙結托諸侯，意圖不測，駭君府當時（荷蘭初與在一五九七—八）幕府已下令禁止傳教，遂轉而結好幕府；（二）荷蘭爲新教徒，與西班牙舊教懷有夙怨，正可乘機與幕府聯成一片，壓迫舊教徒；（三）荷蘭新至，根基薄弱，不像西班牙之結托諸侯，擁有民衆勢力，故不招幕府疑懼；（四）荷蘭恃上述種種强點，遂潛以西班牙如何野心，企圖不測事，密讒於幕府，從恿幕府壓迫舊教，因此關係，荷蘭自初便得幕府歡心，一五九八年（明萬曆二十六年）成立對日貿易公司；一六〇八年（明萬曆三十六年）且齎國書于日本皇帝（按指幕府），翌年家康亦致復書於荷蘭國王，承認通商及設商埠的自由，開平戶等六商埠，國交與貿易同時並進，故鎖國後獨能與幕府繼續貿易至二百多年，對幕府社會經濟實有極大影響，塡下明治維新一種社會經濟的基礎。

唯荷蘭對于明治維新的貢獻，還不止此；當時蘭學的傳播與朱舜水所傳授的漢學相攙合，實開幕末實學思想的先導，對於東洋古學，都有摧撼廓清的作用。特別歐西近世的科學發明與夫社會的改造，以至一切學術思想，俱藉蘭學爲傳達的媒介。

蘭學之傳播，當以最實用之醫學天文曆算爲開始，學者之間，如本多利明，佐藤信淵，俱有相當造詣。其次則爲社會政治經濟知識之傳達，如新井白石之西洋紀聞，西洋圖說，阿蘭風土記，外國通訊事略，對當時鎖國社會宜傳國外知識，使民衆知歐西諸國存在的事實，於日後開國之醞釀，實有甚深影響。再其次如軍事國防史地之學之著述，學者如林子平，柴野栗山，平山子龍等，都負啟蒙的工作[7]。

蘭學對日本儒學及國學之衝突，實爲不可避免。如醫學及天文曆算之學，較之漢醫漢學及天文曆數，實較準確，兩者優劣，成爲兩者競爭的基礎，吾人當於明治維新的思想演變，另文敘述。

1 自葡萄牙來航的一五四二年算起，以至一六三九年的寬永鎖國令止，前後幾及百年，時當明代，爲明世宗嘉靖二十一年至思宗崇禎十一年之間。

2 時在明神宗萬曆年間，明因朝鮮求援，豐臣氏拒封，遂於萬曆二十五年（一五九七）命楊鎬爲僉都御史，經略朝鮮。

3 按卽駐長崎的商務長官，武家時代，稱各機關長官爲奉行。

4 西村眞次，日本文化史頁二八六——二八七。

5 西村眞次，日本文化史頁二八八。又見所引日本西教史。

6 西村眞次，日本文化史頁二八八。

7 羽仁五郞，幕末的思想動向頁十四——二十一。

第二節　西人再東渡及攘夷潮流

（一）資本主義的成立及西人再東渡

西葡兩國由日本敗退後二十多年，荷蘭的占據澎湖及台灣島嶼（一六二三——一六六一）亦遭鄭成功驅逐，安南暹羅緬甸亦相繼受清廷册封，故西人在遠東實力，可說一時後退。雖然，在太平洋南邊的南洋羣島和印度洋沿岸，西人的勢力仍逐年滋長，在十八世紀中葉至末葉之間，印度的大部都被佔領，非律賓及南洋諸島嶼亦前後被蟠據，作爲西人勢力再度向遠東伸張的根據。

在這遠東局面閉鎖沉滯停不進步的期間，西方社會却發生前古未有的大變革，十八世紀中葉以後，英國產業革命的暴風雨，十八世紀末葉以後法國布爾喬亞大革命的怒潮和稍後勃發的德國民族復興潮流，都是起於一地而彌漫歐美兩洲的大運動。在這運動中，歐美中古封建制度，全面崩潰，繼轉產生近世資本主義的新姿態，而爲歐美再度進出遠東的動力。

西人的再度向日本叩關要求開國，却以俄英美爲三個重要的角色，荷蘭恰好作個調人，法國踵至，却如第一次東渡時荷蘭一樣，得到幕府信任，收漁人之利。他們這次的目的，主要作通商；就是販賣巨量的工廠製品和獲栽農業原料，而且擁了新式的兵器，有恃無恐，不達不止。這次他們是採取單刀直入的方法，直接要求通商，不許則繼之以武力。幾個國家都是這種方式。俄船爲急先鋒，首破鎖國禁例，轉送日本漂流民航入函館（一七九二）；這是德川鎖國以來，百五十多年之間之頭一綜大事，非常激動日本民心。這次結果，未達通商目的，俄廷于是派遣 Adam Laxman 和 Resanoff 訪問日本，至長崎要求通好（一八〇四），結果仍爲幕府所拒絕（一八〇五）。俄人于是異常憤恨，爲報復計，實行動武，大寇蝦夷島（北海道）。幕府亦不示弱，下令禦寇，即係有名的文化打拂令（一八〇六），幕府的禦寇，還幸見效，在蝦夷島囚捕俄國海軍中佐吳因（一八一一）。俄人知道不能力屈日本，乃至函館接洽歸還吳因的事宜，（一八一三）並爲掠奪道歉；自是北邊漸告安靜，俄國交涉亦告段落。時爲清嘉慶十八年。

然而俄事甫息，對英葛藤旋起。先是英船在我粵海黃浦鬧事（一八〇八），兩廣總督吳熊光因被革職，該英船亦於同年至日本長崎肆行狼藉，長崎長官松平康英引咎自殺。其後英船繼續漂泊于浦賀者數次（一八一七，一八一八，一八二二）在九洲之薩摩國寶島地方大肆狼藉，此類英船俱係侵略印度之東印度公司艦船，凶狠異常，但幕府遵照祖法下令驅逐，即所謂文政打拂令者（一八二五年，時道光五年）。當時英國與俄國異，已至資本主義爛熟時期，如要制服日本，卓有餘裕，唯按地理順序，英國首需對付清廷，遂把對日事暫時放過，日本于是亦得倖免災難于一時。

（二）北美合衆國的遠征

隨俄英後而至之美國，方算日本勁敵。美自一七七六年獨立戰爭後，國家獨立統一，經過半世紀的開發建設，國力業已充實，乃向國外伸張，自非封建日本所能敵對，況當時英已在鴉片戰爭制勝清廷，迫簽南京條約，美國對清亦得同等權利，美國對於強迫日本開港，因此益感需要。美船之渡航日本雖早，[1]然正式向日提議開國通商，實伯里提督（一八五三）和格林中佐（一八五四）兩次渡航纔見開始。其時美國資本主義開發世界市場之熱烈，自不減於英國，對日見解亦覺非施武力，斷難使其打破祖法，開國通商。勝海舟所引美人論對日事云：「日本國家雖獨立，然其人偏隘乖僻，西曆一千六百二十年代以來，除唐與荷蘭外，斷絕外國貿易，誠爲暴策。方今時移世變，或已到必以世上一般昌明繁盛的貿易之志念，折彼偏隘乖僻行爲之時期，吾人勢必一度振其國家威力於東方。[2]」

在此觀點之下，而派遣其戰勝墨西哥勇將，伯里提督(Commodore Perry)統率戰艦十二隻，浩浩蕩蕩殺奔日本而來。伯里于一八五三年六月三日到浦賀，擠國書，要求開國通商，不達不去；其致幕府函件，亦極威嚇之能事，云：「至若動干戈以糾正背叛天理之罪，則貴國亦必立國法以防戰，如此則一朝臨戰，勝利必歸於我，貴國如至不能敵而欲乞和之際，則須將此處所贈之白旗豎立。」伯里此種命令式之態度，日本朝野爲之震撼驚愕，幕府亦知開國通商，實爲勢所難免，然仍不敢遽作開國主張，乃約其明年答覆；其間一面奏聞朝廷，一面徵詢諸侯意見，事機彌覺嚴重。

當時攘夷之論，至爲倡盛，諸侯及廷議，左袒之，反對幕府開國政策。幕府鑑於世界潮流，深知開國實爲勢所難免，力排衆議，於翌年三月與美國訂立和親條約，應許：(一)美滿間商船得寄港下田，捕鯨之船得寄港箱館，並各供給薪炭食料等物；(二)解決漂流民問題；(三)承認領事駐在權及最惠國條款。自是幕府與攘夷論者對立，又因攘夷家包圍京都皇室，幕府宛然成爲朝敵；攘夷與倒幕潮流，自是合而爲一。一八五八年井伊直弼爲大老，執掌幕政，大興黨獄，捕殺全國攘夷倒幕份子，一時攘夷家避匿無聲，井伊乃續與美荷俄英及法諸國簽訂江戶條約，其內容性質幾爲南京條約之複本。計日本自一六三八年鎖國以後，至是重見開國通商，計其間前後共二百二十年。其後井伊直弼被弒於櫻田門，全國排外攘夷之潮流復盛，由朝廷領導殺美使館員（一八六〇）襲擊英國公使館（一八六一）殺害英人於生麥，燒毀品川外國之使館（一八六二），攘夷潮流達於極點。朝廷既下令鼓勵，於是有長洲藩砲擊英法美聯合艦隊，薩摩藩之攻打英國戰艦，唯結果與我之義和團事件相做，兵敗國辱，賠償巨款，英法在日本國內有駐軍權，直至明治五年（一八七二）和八年（一八七五），法英駐軍始行撤退。朝廷鑑於攘夷失敗，乃向幕府宣言，將外交一切委任幕府辦理（一八六四），且許英美荷法貿易通商。自是攘夷思想完全消滅，自後日本與西方諸國乃開始全面接觸，外交亦帶現代色彩。

(二)攘夷思想之檢討

如上所述，俄英美法諸國之再東渡，重新撼動日本朝野攘夷之行動，此種事實在思想方面，更有極其體之表現，即所謂「鎖國攘夷論」者是。攘夷之論約分三種不同之觀點：即(一)在國家獨立繁榮之立場，反對西洋之侵略主義及殖民主義者；(二)在東方文化之立場，反對西洋基督教及科學文明者；(三)在自足自給之封建經濟立場，反對與西洋通商貿易者。

正志齋會澤安於所著新論[3]中云：「至若西荒戎狄，則各國奉耶穌之法，以吞併諸國。所至焚毀祠宇，誣罔人民，以侵奪其國土。其志非盡臣異國之君，盡役異地之民，不足饜所慾。及其益加猖桀也，既已傾覆呂宋爪哇，遂朶頤於神州。嘗煽動西邊，以其所以加諸呂宋爪哇者，欲加之神州」。（新論七篇二十一頁）又：「其學本出譯官，不過談荷蘭之字以解其語，本無害於世者，然耳食之徒，謬聽西夷誇張之說，饒加稱揚，或著書上梓，至欲以夷變夏，及其珍玩奇藥，所以奪目蕩心者，其流所至，使人反而欣慕夷俗。異日使狡夷乘之以煽惑愚民，則其變為狗羯羶裘之俗，孰復得而禁之。」（前書十二頁）「甚或舉而與蠻夷互市，而欲棄之海外而後已。生於瑞穗之國，不知推重瑞穗，以投於犬羊為得計，豈為臣民所以報天祖之心哉？」（前書頁二十一）實為當時反對侵略，排斥西教之代表。

繼會澤安而起者，得推儒者大橋訥菴的闢邪小言（一八五二，一八五七[4]），其論西洋的政治侵略云：「今之西洋，吞噬蠶食諸邦，跡同豺狼，久蓄異志，豈非妄懷覬覦之盜賊，既有覬覦之邪念，即係國之大讎，藉令本非戎狄，猶無優恕之理，況係純然戎狄？苟稱丈夫者，當懷敵愾之心，僅稱其名，亦思汚瀆其口。」其反對西學也則云：「近世西洋之學盛行於天下，人無分貴賤，地無分都鄙，奉喋法蘭西，英吉利及俄羅斯之共和政治，各爭治戎夷之學，鼓張其說，以為聖道，而為天下倡，可謂勝於邪宗之妖孽……其初為譯官醫師之輩，震驚於洋學新奇之說，往復唱導，其後次第滋蔓，其風波淫於武士；兵法器械，非洋制則非實用；甚或號稱儒生，悍然位乎百家之上者，亦復雷同其妄說，助長彼輩之狂燄，誠奚為耶？」程伯子嘗嘆邪說之害曰：「邪誕妖妄之說競起，塗生民之耳目，溺天下於汚濁，是皆正路之蓁蕪，聖門之蔽塞，闢之而後可以入道。[5]」其論西教及貿易之非則曰：「元來西洋諸國之所以主張貿易之說者，推原究竟，實出彼妖教，以天主為世界之公父，舉凡萬國之人民俱為天主之子，不立親疏厚薄之差等，以為平均交易財貨，以篤友誼，斯為天主之本意，而為彼等宗旨之神髓，然則其說之邪妄，遙勝墨翟之兼愛。世奉洋學之輩，惜皆不察其義，附和彼交易之說，唱為大道，不獨背聖教而壞彝倫，充其類實欲弘妖教之說而惑蠱民，可不愼哉？[6]」其主張自給自足而反對開國通商也則云：「治天下者，先綏撫吾區域之中，使無一民之飢，無一人之寒，衣食足，四維張，路不拾遺，夜不閉戶，為第一要務。此既非容易之事，況欲廣及區域之外，而加賑恤，豈能暇及？[7]」

上提二家，俱係反對新學之古典學者，對西學徹底排擊，絕無妥協餘地，故對妄信之者，則「處之以造言亂民之刑」；對「蠻貨蠻藥及雜劇之屬」，「則必焚燬破裂」之，而「禁止服用」，使民「賤戎狄如犬羊，惡之如豺狼」。此種思想實為支配當時攘夷之論之主潮。惟此種議論至一八六二年遂與朝廷攘夷之失敗同趨消滅；開國思想代之而興。

1 美船於一八〇三年便至長崎乞互市，未果；又於一八四九年重至長崎，送歸日本漂流民，然亦未能達到互市通商目的。見伊豆公夫日本社會史講話頁二七四——六。

2 勝海舟開國起源，美國的日本觀。

3 會澤安係當時大儒藤田東湖（幽谷）的弟子，於文政八年三月（一八二五）著新論七篇，大倡攘夷鎖國論調，其書經東湖而上達于水戶藩主齊昭，所論激烈，未獲公刊。齊昭為當時攘夷重鎮。

4 大槻氏亦為著名攘夷論者，所著闢邪小言四卷，按其嘉永五年自序，或作於伯里渡日前一年（一八五二），若按楠本聲跋文或係成於較後的安政四年（一八五七）。

5 見明治文化全集思想篇，頁六一——三。

6 前書頁一二八。

7 仝前注。

第四節　開國思想和東西文化之全面接觸

（一）開國論者的思想概觀

在攘夷論倡盛而且極有勢力之時，開國論者不但受言論上壓迫，且受實際上謎害。惟思想文化之傳播，往往非武力所能揭阻，且愈加壓迫反動愈大。故學者中雖在攘夷全盛時代，獨能認清西方文化之優秀，從而贊成開國通商者，頗亦大有人在，當時稱為蘭學者的一羣，和西洋研究者如前田國立，伊能（藤）忠敬，小野蘭山，大槻玄澤，杉田玄白和前野蘭化等的蘭學者；又如島津重豪，杉木重網，新井白石之保護蘭學之諸侯及政治家等，實係開國潮流之主要角色。至如實際負荷西洋文化輸入之大任，於明治維新運動發生重大影響者，尤推福澤諭吉，加藤弘之及神田孝平等三人為最。三人對於當時商業資本主義階段中之西洋諸國及其文化，都具進步的眼光，充分認清今之資本主義，自由主義及由之而生的國際貿易主義，皆為新興西洋文化之動力。西人再東漸原非中世封建侵略之舊物，根本且成對立，于是力主開國貿易，接受西洋文化。

神田孝平提倡商業立國，主張與西洋開國通商，曰：「以商立國，其國常富；以農立國，其國常貧；東方諸國以農立國，西洋諸國以商立國，故東方諸國常貧而西方諸國常富。」又曰：「元來商可致富，故外國貿易之事未起以前，商人之權已盛，況當貿易將開之際，如納長久固執舊來農法，農民漸次變爲商人，田野漸次荒廢，國家經濟漸次窮蹙，海陸武備漸次廢弛，祇讓商人與親外人，擅佔利權，浸至威勢日張，一朝事起非常，其害難測。[2]」神田思想，當係蹈襲英國經濟學者威廉徒里斯（W. Ellis）[3]自由貿易的思想、對維新開國貿易與以甚大影響。繼神田孝平而起者有田口卯吉，可謂集自由貿易主義之大成。福澤諭吉，係維新時期導師之雄者，其立論範圍極廣，而以自由主義之思想貫串之，亦可稱爲明治維新根本之指導精神。他和神田孝平一樣主張自由貿易，嘗爲說服孝平儲婦之攘夷主張寫成唐人往來一篇[4]，其後刊行的西洋事情[5]，勸學篇，文明論概略，己利，尤足看出氏對西方社會思想之瞭解。他以爲西洋文明者，實由兩面所造成：即（A）機械文明，如蒸汽機關，電信電報；（B）精神文明，如四海一家，五族兄弟之理想等。如要達到此種理想之文明，則有賴於個人之努力及政府之設施。他舉文明政治之六條要訣，云：（一）自主放任，國法寬洪，不主束縛，人人各從所好，上下貴賤各得其所，毫不防礙他人自由，使得伸張其天禀爲旨趣；（二）信教自由，政府不加防礙；（三）獎勵技術，文學，以開科學發明之路；（四）廣興學校以教育人才；（五）保護治安，政治鞏固，一定不移，號令必信，毫無欺僞，人人信賴國法，安然經營產業；（六）使民無飢寒疾患，須廣設病院貧院，以資救濟。至若個人，則當維持自由平等，常云：「天不創造人於人之上，亦不創造人於人之下，然則天之生人，萬衆皆爲同等，貴賤上下之差別，並不與生俱來，人以萬物之靈之身心，勞動操持於天地之間，取萬物之給養，以達衣食住之用之目的，不妨礙他人，自由自在，各自安樂渡世爲旨趣」。就此看來，「雖云政府人民實係各自迥異之分業而已，其地位不許有上下之別。政府善能保護人民，扶弱制強，即爲當然執掌，不足以居功矜式，第不戾於分業旨趣而已。」其承認『私慾』爲人之本性，以爲「無情刻薄爲利慾之甚者，然其私慾之深遠而顯於一國之成績者見之，亦暗合於公共報國之旨趣。」此與亞丹斯密（Adam Smith）以爲自利之追逐「被眼所不見之魔手」所引導，由以造成新社會全體之幸福之主張，不難見其一脈相承之關係。這種主張，對封建專制禮教道德束縛的幕末社會，實爲青天霹靂；與日本民衆以甚大衝動。

在國際貿易主義之神田孝平及文明主義之福澤諭吉以外，當推政治自由主義論者之重鎮加藤弘之氏。氏在文久元年（一八六一）刊著鄰草，論述中國政治之急需變革，藉以影射幕末封建專制政治之窳敗，可謂日本立憲政治論著之嚆矢。彼分政體爲四種形態，即君主握權與上下分權；豪族專權與萬民同權。氏以爲君主擅權及豪族專權，俱非公平；上下分權及萬民同權始爲公明正大，最合天意輿情[9]，故上下分權之君主政治方爲日本應該採取之政治形態。明治元年（一八六八）又著立憲政體略，趣旨與隣草一貫，對國民公私二權，特別對私權明確主張，尤足見其自由主義之命脈，如（一）生活權利；（二）自身自主權利；（三）行事自由權利；（四）結社及集會權利；（五）「思，言，書」自由權利；（六）信仰自由權利；（七）萬民平等權利；（八）私有物處理之自由權利等[10]。唯此種自由不能無制限發展，故在明治三年（一八七〇）發表眞政大意，主張遵重他人之權利及義務，曰：「自己有權利，他人亦必有同樣權利。必也盡自己本分，重他人權利，無敢陵越，人道始立，亦即稱爲義務，爲人所須臾不可忘却者[11]」。實行此種權利義務，需要國家之存在。故云：「元來不羈自立，無受他人制馭之理之人民，於兹成爲政府之臣民，而不能不受其制馭。不過此種制馭，決非爲政府之束縛與驅使而設者，僅爲統一合同目的，而受其制馭者[12]」。此種國家制馭之觀念，推衍所至，成爲該氏後來國家主義的基礎，此爲後話；然此時之加藤氏思想本色，實係純粹之天賦人權主張者，其論調亦可於幾許經濟貿易之自由放任主張見之。總之，此時之加藤弘之，實一政治自由主義之論者，主張一國之內，保障人民自由，實爲良好政府唯一之責任。氏力讚立憲政體之美點，排斥君主擅制，主張日本採取君民同治，以爲古來未有良善之政體焉。

（二）日本與西方文明的全面接觸

如前面所述，朝廷附同情攘夷家之主張，釀成類似義和團事件之排外運動而結局全歸失敗，遂委一切對外事務於幕府，自己且親自答應英美荷法各國的通商（一八六四——一八六五）。自是攘夷運動息滅，政治上障礙解除，日本與西方文明開始作全面的接觸，內容經過，錯綜繁複，涉及於明治維新全般潮流之演變，容於另文詳敘之。

1 神田孝平農商辯列於文久元年即西曆一八六一年，清咸豐十一年，太平軍十一年。收錄于神田乃武編淡崖遺集明治四十三年刊。

2 神田孝平前書頁六。

3 威廉·益理斯原著的翻譯本，由神田孝平重譯爲經濟小學，慶應三年刊行（一八六七年）。Ellis 據 J. S. Mill 稱「係經濟學範圍內一個獨創的思想家」。收錄于明治文化全集經濟篇，頁四六。

4 福澤全集，緒言。全集第一卷頁一一——三。

5 前引書第一卷，頁二四九——二六九。

6 福澤著前書，頁三〇四——三〇五。

7 全集初篇第三卷勸學解，頁一。

8 全集第四卷文明論之概略，明治八年刊行。頁一一五。

9 加藤弘之隣草，明治文化全集，政治篇頁九。

10 加藤弘之立憲政體略，明治文化全集政治篇頁二四——二五。

11 加藤弘之眞政大意，明治文化全集自由民權篇頁九十。

12 全前。

文學年報

第一期目錄　每册定價九角

第二期目錄　定價宣紙一元 報紙七角

第三期目錄　實價宣紙國幣一元 報紙七角

出版兼發行者：燕京大學國文學會

總代售處：北平隆福寺街文奎堂

英國與門戶開放政策之起源

何炳棣

序論

十九世紀末葉的時代精神是帝國主義。在這種時代精神之下，中國成了列強最大的侵略目標之一。甲午戰爭以後，中國的弱點暴露無遺，列強侵略中國更無所忌憚。其中英俄法等國都與中國有較久的關係，日本因充實內部力量，還不敢公然反對歐洲諸強。這時德國急起直追，力謀建造殖民帝國，三國干涉還遼便是她對遠東野心的揭幕。一八九七年十一月，德國藉口山東教案，竟明目張胆強行佔據膠州灣，這種蠻橫的行爲，在遠東外交史上實劃一新時代。緊接着俄國便取了旅順和大連，英國便取了威海衛和九龍，法國也取了廣州灣。祇有意大利時運不濟，沒有取得三門灣。這四百餘萬方哩的大帝國，眼看着便要朝不保夕。當這危急存亡的關頭，美國忽然宣佈了「門戶開放」政策。「門戶開放」的本來目的僅在保障美國在華的商業利益，而事實上却與維持中國領土完整發生密切的連繫。因此「門戶開放」政策確有重大的歷史意義。關于這政策的起源和意義，當於以下各節詳加研討，現在且先解釋與「門戶開放」有關的兩個名詞：「勢力（或利益）範圍」（spheres of influence or interest）和「永不割讓」（non-alienation）。

「勢力範圍」一名詞在國際公法上定義不一，實則「勢力範圍」僅僅代表一種既成事實，沒有法律意義。[1]譬如英國在長江流域商業利益最大，侵略最早，既得權利最多，她便掛起「勢力範圍」的牌子以表示她在長江流域已經取得種種優先權，同時警告其他列強不要到她的「範圍」裏去和她競爭。同樣法國以西南幾省如雲南廣西廣東西部及海南島當作她的「勢力範圍」，德國以山東，俄國以東三省及黃河流域爲「範圍」。「勢力範圍」是列強間彼此通用的名詞，但如對土地宗主國使用，在情理方面未免講不通，因此列強祇能個別向中國取得一種消極的承認，這便是所謂的「永不割讓」。

如一八九七年三月十五日，總理衙門答覆法國的要求，聲明海南島永不割讓他國等等。[2]

「勢力範圍」如更強化起來，便等于瓜分中國，「門戶開放」政策便是防止這種強化步驟的原則。「勢力範圍」並沒有國際公法意義，「門戶開放」在美國宣佈及各國同意以後卻發生國際公法的效力。這政策表面上看來雖然是由美國發起，事實上卻不能祇當美國外交問題來研究。論其起源，有些作家便追述到自從十九世紀前半起美國對遠東的傳統政策——商業上的機會均等。[3] 這可以追溯到美國與中國之有條約關係以前。這種傳統政策的淵源是久遠的，但「門戶開放」政策宣佈的動機必定不是久遠的，一定是受了最近一二年內國際情勢驟變的影響。本文的目的即在詳細闡明促成「門戶開放」政策發表的直接原因，而不在贅述那類渺遠的淵源。

「門戶開放」的眞正起源是在英國而不是美國。英國在華商業利益最大，假如「勢力範圍」在列強各自強化之下，所有門戶都被關閉，英國一定蒙受鉅大的損害，因此「門戶開放」從德國佔領膠州以後就成了英國遠東外交政策的一部份。[4] 而美國則對應付這一二年間遠東的鉅變，並沒有具體的方針。如海約翰（John Hay）當國務卿的最初幾月裏，麥金雷總統（President Mckinley）還同意瓜分中國。[5] 遲至一八九九年三月初，美國駐華公使康格（E. H. Conger）還稱讚向中國租借大沽的利害。[6]「門戶開放」政策實在不起源于美國，美國僅僅在華商業利益與「門戶開放」的原則暗相吻合而已。美國日後之所以宣佈這政策，幾乎可以說是完全受了英國的影響。因此在研究「門戶開放」的起源時，不能不先分析這一二年中英國對遠東的政策怎樣，如何她正在歧路彷徨進退維谷，如何她必定非拉攏美國不可。然後再列舉英國聯美的種種事實及其中人的關係，最後再說明美國單獨宣佈「門戶開放」政策的原因及其徵詢各國同意之經過。

1 Willoughby, W. W., *Foreign Rights and Interests in China*, Vol. I (Baltimore, 1927), pp. 130-68.
韋氏先敍 Colbett 等人對于「勢力範圍」的界說，以其祇能適用于非洲等地的半開化民族。他以為「勢力範圍」是有政治性質的，「利益範圍」是關于經濟性質的。列強在中國的「範圍」類多屬于後者。但事實上列強侵略中國並未曾將政治目的與經濟目的分開，例如俄國財政大臣威特伯爵（Count Witte）的計劃如果實現，中國不啻成了俄國的保護國，俄國步步的侵略又何曾是政治與經濟目的分開的？所以我們覺得韋氏此說，也欠允當。還不如把「勢力範圍」當作一種歷史事實，整個來看。

2 MacMurray, John V.A., *Treaties and Agreements with and*

concerning China, 1894-1919, Vol. I (New York, 1921), pp. 98, 123, 104, 126

此類的宣言共有四次：

對法聲明海南島永不割讓。

對法聲明北圻 (Tougking) 鄰近各地不得割讓他國（一八九八年四月十一日）。

對英聲明揚子江流域永不割讓（一八九八年二月十一日）。

對日本聲明福建永不割讓（一八九八年四月二十六日）。

3 參看 Bau, M. J., *The Open Door Doctrine in relation to China* (New York, 1923), ch. i.

4 英國自一八九七年尾即有類似「門戶開放」之主張。一八九八春季議會中數度辯論遠東外交問題，Balfour 及 Curzon 等人都一再申說英國在華無土地野心，希望能保障中國領土完整，維護商業上待遇及機會之均等。至于「門戶開放」一名詞之正式出現于檔案，則因市內各大圖書館均無一九〇〇以前之 *Parliamentary Debates*，無從查攷。惟最晚在一八九八年四月五日，Lord Charles Beresford 在議會中已正式引用，見 Dennis, A. L. P., *Adventures in American Diplomacy, 1896-1906* (New York, 1928), p. 183. 第一次出現于 *Blue Books* 則在 *China, No. 1* (1899), Enclosure 3 in No. 469. 總之，此名詞第一次出現于檔案究在何時，並不十分重要，而其在一八九七至九八冬已成為英國之遠東政策，則極重要。

5 Foster, John W., *Diplomatic Memoirs* Vol. II (Boston and New York, 1909), p. 257. 海約翰與麥金雷總統談及美國對中國無領土野心時，麥金雷回答說：「我不知道為甚麼，假使他（中國）一旦被瓜分時，我們可以不可以也取一塊？」

Dennis, *op. cit.*, pp. 207-8 Conger to Hay, Mar. 1, 1899, taken from the unpublished *Archives of the State Department*.

一　膠案後英國之遠東政策

甲午戰爭前夕，英國還有意以中國為防俄屏障，所以相當願意防止戰事的爆發。馬關條約未簽字以前，英國的態度已極曖昧。三國干涉還遼，英國態度超然，並沒有加入。一八九五至一八九七這兩年間，英法都從事于鐵路礦山等權利的攫取，表面上遠東還算平靜。但一八九六年中俄密約已經簽訂，德皇及其海軍大臣早已野心勃勃，計劃在遠東尋求根據地。這實是暴風雨前片刻的平靜。候時風雨來襲，舉棋不定的英國，不免感覺棘手了。

一八九七冬十一月，德國藉口山東教案而強佔膠州灣，當時英國對德態度，在英國檔案中沒有詳細記載，難下斷語。但從德國駐英大使哈茲菲爾特(Hatzfeldt)與英首相兼外相沙士比雷侯爵(Marquess of Salisbury, 下簡稱沙侯，從中國檔案音譯)會晤後的報告中，可以看出英國態度的軟弱。哈使報告說沙侯以為德國佔據膠州，與英國利益並無衝突，不過德國慮到俄國將要藉口佔領華北海口。據哈使觀察，英國目前雖然相當堅持，但如一方面文電往返遷延時日，一方面繼續佔據膠州，英國終久要和德國取得諒解[1]。第二次會晤後，哈使重申以前觀察，說明英國唯一焦慮，即是他國效尤[2]。英國對德態度，可謂模稜已極。

俄國對于膠州，垂涎已久，德國佔領膠州以後，俄國態度數變，最後才決定于一八九七年十二月派兵艦去佔領旅順和大連。這時中國方面，「藉日聯英」以制德俄的主張，很是流行[3]，但北京總理衙門對英國疑懼極深：

俄燄日熾，各國投忌，日英尤切，其欲聯我，無非藉我為屏蔽，他無貸于我也。既與聯，則必有密約。日英政出議院，斷難久秘，一經傳播，中俄交絕，德法乘之，其禍不可思議，俄地接壤，且有遐邇之助，今又聯日英而拒之，前後三年，矛盾若此，恐環球各國皆不直也。憶壬辰（光緒十八年，一八九二）癸巳（光緒十九年，一八九三）之間，英以帕米爾事，密議相聯拒俄，我如其意，不遺餘力。詎英自規利益，潛與俄盟，割什克南羅善兩部落畀俄，而訂界約，曾不告我一言，約成而悉其詭。此聯英之前車也……[4]。

這是當時英國在中國的信用。

德皇既感俄國默許佔領膠澳之德，所以極力幫助俄國佔領旅順大連。法國是俄國的同盟。日本雖然焦慮，但羽毛未豐，徒喚奈何。這時英國的處境，最為困難，在埃及蘇丹（Egypt Sudan）與法國衝突極烈，不久即釀成法紹達（Fashoda）事件，在南非，布爾（Boers）問題日趨嚴重，戰爭迫在眉睫，而俄國又佔領旅順大連，威脅北京，英國如想阻撓俄國在遠東的野心，祇有對俄開戰一條路可走，因為當時外交陣容極明顯，英國如想利用國際壓力以牽制俄國，英國祇有失敗。戰爭當然不是英國所願，所以沙侯于一八九八年一月十七日秘密訓令駐俄大使歐格納爵士（Sir N. O'Conor）向俄財相威特伯爵（Count Witte）建議雙方在中國互謀諒解，俾能合作[6]。歐格納先見俄外長莫雷維業夫（Muravi v），數日後始見威特。威特以手指地圖，說明直隸，山西，陝西，甘肅遲早必入俄國的「勢力範圍」，並且將由蘭州闢一西伯利亞鐵路的支線[7]，其野心之大，活躍紙上！一月二十五日英使又向俄外相說明英國志願不在瓜分土地，乃在瓜分優勢（preponderance）。同時承認黃河流域為俄國「勢力範圍」，但俄國也須承認長江流域為英國「勢力範圍」為交換[8]。這時俄皇曾表示贊助，但二月八日沙侯已接到報告，李鴻章間接使總署大臣通知駐華英使，中國受俄國威逼，不得不拒絕向英借款[9]。

至此，俄國誠意如何，已不難想見。借款的事雖受阻撓，卒于三月一日簽字。俄皇即藉口于此，責英國缺乏誠意，因此交涉又陷停頓，兩國成立諒解的機會已經渺乎其渺。歐格納結論俄國對華策略，最中肯要：

俄國對華政策，乃借所謂友邦之名，而得爲所欲爲。及其目的已達，中國已不啻在其保護之下。屆時俄將極力反對吾國補償之要求，致將毀入戰爭。除用武力解決或直接與中國衝突外，吾國種種要求，別無他法實現。另一方面，則俄國政府猶能強辯其行動係得自中國政府之同意[10]。

這是英國向俄求諒解的失敗，也是他在遠東最大的威脅。

在英俄談話的尾聲裏，英國殖民部大臣張伯倫（Joseph Chamberlain）氏正式向哈使表明英國行將放棄傳統的孤立政策，而願與德國締結同盟[11]。內中所秘商的不僅限于遠東的事，所以不去詳述。德國不願觸犯俄國，對英亦不信任，又自有打算，所以英國聯德的提議，又成泡影了。

英國既深感孤立之苦，內閣裏如張伯倫等也有聯日的意思[12]。但當時一般英國人對日本還有種族偏見，而且日本國內意見也不一致。少壯派的外交家如林董和加藤高明等雖極願與英國聯盟，但老輩的政治家如伊藤博文等還渴望與俄國在朝鮮求得合解[13]。因此英日同盟的締結，還要等到二年以後才能實現。

當時英國不僅在國際上找不着與國，內閣裏也潛伏着龐大的危機。沙侯年老多病，時常要到法國南部去休養。當時英國一般人民對遠東情勢極其關切，對政府遲延不決的外交極加強烈批評。張伯倫早知應付議會質問不易，一再敦促首相採取比較動人視聽的步驟，以滿足人民一部分情緒。這時英國海外通訊員較使館人員機警幹練，往往報紙消息比政府所得官報爲早，因此曾引起下議院強烈的質問，幸賴外交次長克森（George Curzon, later Lord Curzon）應付得宜，幾度風波都平安渡過。然而內閣的不孚衆望也由此可見了[14]。

爲搪塞舉國輿論的指摘，內閣不得不從克森的主張，決意向中國租借威海衛[15]。中國方面沒有多少反抗。英國分別請求日本撤退駐軍，向德國解釋不侵犯德國在山東權益，七月一日在北京正式簽字，援俄租旅大例，期限廿五年。當威海衛交涉正在進行時，法國也租借了廣州灣，英國藉口維持均勢，又強迫中國擴大九龍租借地，六月九日簽字以九十九年爲期[16]。

綜觀英國自始雖反對列強在華分割土地，但她最初對德國態度已極模稜，實則等于縱容。以後列強在華開始了一擺取特權的戰爭」(battle of concessions)，英國是要受相當指議的。等到俄國佔據旅大，英國越發感到威逼，想採取強硬立場，又因外交上孤立無援，祇好也轉而參加「攫取特權的戰爭」。既得了威海衛，又擴展了九龍借租地，還要求鐵路礦山等權利，[17]這似乎和其他列強沒有什麼分別。然而當時英國在中國國際貿易總額百分之七十，每年貿易額為二千三百萬鎊，佔英國世界貿易六分之一。[18]她最大的利益莫過于設法使中國各口岸皆行開放，各國商人待遇一律平等，英商得在任何國家所謂「勢力範圍」之內從事投資及修建鐵路。這是英國國內及遠東各大商業團體一致的主張及要求。[19]一八九八年春，議會中數度辯論中國問題，貝爾福(A. J. Balfour)及克森等都一再說明英國的立場在維持商業上的待遇機會之平等，主張「門戶開放」政策。[20]在這點上英美在華利益相同，與其他列強都不同。但美國是單純的商業利益，英國卻另具有政治野心，乃是一種雙重的政策。英國看得很清楚，如果這最大的商業利益不免被各國強化下的「範圍」所損害時，還可以不得已而求其次，就是自己也大大強化自己的「範圍」。在強化時如能與列強先取得諒解對她也越少弊害，對俄的談話便是出于這種目的。如實無法求得諒解，她還可以加入分贓，相機而動，不必需要外國的助力。但如想保障她最大的商業利益，那非得尋求與國不可。在親俄失敗，聯德成空，聯日太早的時候，在遠東唯一可能的與國就有美國了。聯美的工作雖難，但並非絕對不可能。所以英國雖然實際上儘管去攫取特權，表面上卻口口聲聲不忘「門戶開放」，每有機會拉攏美國決不輕意放過。她繼續強化其「範圍」的種種事蹟，不在本文範圍之內，我們且看她如何親近美國，如何促成「門戶開放」政策的實現。

1 *Die Grosse Politik der Europäischen Kabinette, 1871-1914*, XIV, I (Berlin, 1924), P. 94.

2 *Ibid.*, P. 146.

3 清季外交史料（王彥威輯，王亮編，民廿一鉛印本）卷一二八張之洞致總署等遠電主張「聯日聯英」，以制俄德。

4 張文襄公四稿（許同莘輯，民九序鉛印本）電稿卷二十九，頁二五至二六。

5 Buckle, G. E., ed., *The Letters of Queen Victoria*, 3rd Series, Vol. III (London, 1932), P. 238. Balfour to Queen Victoria.

6 Gooch and Temperley, *British Documents on the Origins of the War, 1898-1914*, Vol. I (London, 1927), P. 5.

7 *Ibid.*, P. 8. Supplementary note of No. 8.

8 *Ibid.*, P. 8. Lord Salisbury to Sir N. O'Conor.

9 *Ibid.*, P. 11. 中國自中日戰爭之後，曾二度乘會，分向德國及俄德銀行團借款。但一八九六至九七，所借仍不敷用，擬再舉。初與英德銀行團商洽，銀行團以條件不合，拒絕其請。後因俄欲繼續借與中國，於是改而欲速成借款合同，為數一千六百萬鎊。正文所謂借款即指此。詳見 Memorandum by Tilley, *Ibid.*, pp. 1-3.

10 *Ibid.*, p. 16.

11 關于英國向德國提議同盟事可參考：*Die Grosse Politik*, XIV, I. ch. xc. 及 Garvin, J. L., *Life of Joseph Chamberlain*, Vol. III (London, 1934), chs. lviii, lix, lxii. Langer, W. L., *Diplomacy of Imperialism*, Vol. II (New York and London, 1935), ch. xv, 引用 Garvin之書，于前人之作頗正補者甚多。再分析德國立場最詳盡者為 Brandenburg, Erich, *From Bismarck to the World War* (London,1927), ch. v.

12 Garvin, *op. cit.*, Vol. III, pp. 250-1.

13 關于當時英日兩國國內意見源別詳 Chang Chung-fu, *The Anglo-Japanese Alliance* (Baltimore, 1931), chs. i-ii.

14 Ronaldshay, Earl of, *Life of Lord Curzon*, Vol. I (London, 1928), pp. 281-2.

15 *Ibid.*, pp. 238-40.

16 *China, No. 1* (1899), p. 114.

17 MacMurray, *op. cit.*, Vol. I, 如蘆漢鐵路之初步協定 (p. 402), 北京牛莊間鐵路借款協定 (p. 173) 山西及河南福山礦採權 (p. 700, p. 131) 等等。

18 Chang, *op. cit*, p. 56, foot note 74.

19 *China, No. 1* (1899), 英國各大商會如 Liverpool Chamber of Commerce 及 London 之 China Association 及其上海香港分會等多文電呼籲，政府亦不時致意其建議。

20 Chang, *op. cit.*, pp. 56-59.

二　張伯倫之聯美計劃

張伯倫雖然是殖民部大臣，實際上卻是內閣的真正柱石。以經商而從政，一八八〇初次入閣，四年後其才幹已足引起俾斯麥父子(Prince Otto von Bismarck and Count Herbert Bismarck)的驚異[1]。一八八六因反對格蘭斯敦(W. E. Gladstone)的愛爾蘭自治法案(Irish Home Rule Act)而率領一部分黨員退出自由黨，因此而決定了二十年英國政黨的命運。一八九五東山再起時，任殖民大臣，被目為帝國主義精神的代表者。據德國大使的觀察，張伯倫的政治威勢實凌駕首相沙侯之上[2]。這時沙侯年老多病，每逢到法國南部去休養時便把外交部長一職委託其甥貝爾福代理[3]。貝爾福每逢主要事件必須要徵詢張氏意見，而且幾次重要的國際談判和演說也都請他擔任，因此張伯倫在外交上的影響也很大。他主持的交涉和別人不同，他採取最直爽最坦白的方式，最不講區飾和技巧，因此不免遭人抨擊，但他眼光遠大，觀察銳敏，認識英國利害最清楚，主張最鮮明，處在這鉅大的轉變期間，那些遵守「光榮孤立」的政治家已形沒落，能把握住時代精神的，當首推張伯倫了。

張伯倫是當時內閣中瞭解美國情形最透澈的人，他的繼室便是美國前陸軍部長的女兒[4]。因為這層關係更直接間接的結識了一些美國的名流世家，政治家和外交家。其中對以後英美外交有直接影響的，當推海約翰和懷特（Henry White）。[5] 海約翰未被任命為駐英大使以前，時常應張伯倫，克森等僚友的約請到英國去遊玩閒住，而間接着有時也使兩國外交上減去不少磨擦[6]。懷特充任駐英使館一等秘書多年，更是當時社交的中心，貝爾福及克森等都是他的昵友。[7] 所以到一八九七海約翰正式充任駐英大使的時候，兩國的外交實已不需要莊嚴的程式，主要的祇在友情的私談。

一八九七冬天，遠東風雲險惡，英國處境極難。想像中英國一定曾私下已向海懷二氏徵求美國合作，但現時已經發表的檔案中，這方面的材料絲毫沒有，我們不能臆斷；不過懷特那時却時常以英國情形報告國內上議員勞治(Henry Cabot Lodge)，一八九八年初，勞治有信回覆懷特：

假使我能依照我的主張去作，我一定願意美國贊助英國的宣言，即所有中國口岸必須同等開放或同等封閉。英國態度如能更堅決些，我國外交雖然有時出人意外，我也希望這種贊助終能成功。傾與上議員泰勒(H. M. Teller)會晤，他也極力贊助我們的主張。我們都開誠同意。有些大的商業團體也正起始有同樣舉動[8]。

從這信裏可以看出英美兩國的外交家那時已有諒解，所以張伯倫在一八九八二月三日寫給貝爾福一封密秘的信，先說明內閣對中國問題如不採取鮮明主張，在議會中將要遇到嚴重難關，並提出三項具體的辦法：

(1)由官方正式向美國表示親善，並且請他們立即回答這問題「你們願意和我們採取同一政策嗎？」

(2)同時向德國作同樣表示，提出同樣問題。

(3)我們對中國的政策，行將發表宣言，聲明任何國家所佔任何口岸，事實上應為條約港(Treaty Port)。在相同情況之下，對任何國家皆應開放。這宣言適用到大連灣，旅順，膠州及今後任何歐洲國家或日本在中國所獲的土地[9]。……

這封信的重要，在其中三項主張不久都次第付諸實行，據我們所知道的，英國自從德佔膠澳後，內閣中鮮明果決的主張，這還是第一次。尤其是第三項，雖然沒有「門戶開放」的字樣，內容却就是「門戶開放」的原則。尤可注意的便是每逢和美國有表示親善的機會時，中國的問題使同時提出商洽。

張伯倫主張既定，於是事先與懷特說明英國極希望美國能援助英國的遠東政策[10]。不數日，英國駐美大使龐斯福特(Lord Pauncefote)便于三月八日(英俄談話失敗的次日)直接向麥金雷總統呈遞一極秘密的備忘錄[11]，詢問美國是否有意與英國在遠東合作，維護商業機會均等原則，以抵抗歐陸諸國在華的侵略。國務卿錫曼(John Sherman)回答態度甚冷，聲明美國無意放棄傳統的孤立態度，而且德國大使付非正式向美聲明膠州灣將完全開放，所以美國更沒有焦慮遠東商業的必要。按懷特付于六星期前將英國對美態度及期望報告錫曼[12]，不幸這時美西戰爭已迫在眉睫，全美視線都集中古巴，英國這種提議當然被謝絕了。但張伯倫並不因此而失望，此後祇要有任何一個可以向美國表示親善的機會，他決不輕意放過。

美西戰爭既不可免，西班牙母后深知戰必敗，敗必革命，革命則皇室不保，所以在三月二十七日寫信求維多利亞女皇(Queen Victoria)主持國際公道[13]。四月一日，首相沙侯代表全體內閣意見進書女皇，請對美國萬勿加以勸阻[14]。當時歐陸諸國多同情西班牙，尤以德奧為甚。四月中旬，奧向駐美大使發起在英大使館開會，聯合六國使節，由英大使向美總統呈遞一聯合照會，說明六國準備調停及干涉。貝爾福接到報告，無暇徵詢首相意見，除先訓令龐斯福特退出外，並報告張伯倫。張伯倫力加制止，因此對美關係並未惡化。英國是最大的海權國，英國的退出，實是調停運動的致命傷。

五月一日，美國海軍司令杜威(Commodore G. F. Dewey)在馬尼拉灣(Manila Bay)大破西班牙海軍，英國海峽殖民地(Strait Settlement)總督立即電告殖民部，因此張伯倫得此消息比美國官方早得多，他馬上通知海約翰，再由海使轉告麥金雷總統，這件事在美國最高當局留下一極愉快的印象。

緊接着在五月十三日，張伯倫又發表了著名的伯明翰(Birmingham)演說：

我們要和隔岸(大西洋岸)的族人建造一種親睦的連繫。他們是一個富強有力寬宏大量的國家。他們說我們的語言，他們和我們同種。他們的法律，文學以及對任何問題的立場都與我們相同，他們那種人道主義及發展世界和平的感情和志趣都和我們相同。我不知道那未來對我們貯待着些什麼，我不知道與美國有什麼事可能協商，但是我知道，我感覺到——這些更密切，更誠懇，更充分，更具體的協商一定為雙方人民所樂為。因為這不僅對兩國有好處，對全世界都有利益。我甚至說，戰爭雖然可怕，但戰爭本身也可以賤價的收買過來，假使英美兩國國旗在光榮正大的目標之下交織飄揚而成立安格魯撒克森（Anglo-Saxon）族的同盟[15]。……

這篇演說表面上看來，似乎祇是普通的親善演說，但其來源非常值得研究。我們試看海約翰給勞治的信：

……在雙方的政治領袖中，我不但發現一種同情心的存在，並且發覺一種熱烈的願望，就是彼此都慚愧對方比自己表現得更友善。張伯倫的驚人演說〔按即伯明翰演說〕最少是一部分受了我與他談話的影響。在我們談話中，我希望他不要叫反對黨獨佔了對美表示親善的機會。他對那演說在美國所發生的反響大為欣慰，並且說「大陸上怎樣批評，我是一點都不管[16]。」

從這裏我們可以知道，這演說實是由于海約翰的意思。

在他發表這篇演說之後，國內保守人士因為他公開聲明放棄「光榮孤立」，所以對他大加攻擊。六月十日，議會中專門辯論外交問題，反對黨團結的堅強實屬罕見。但政府黨仍以二對一的比數表決勝利[17]。在那辯論快要終結時，張伯倫又作了一篇親美演說。據他傳記作者說，他這篇答辯可稱傑作，當時的精彩動人，遠非後人所能描寫。那結尾是：

我希望，最熱烈的希望與美國成立一種更接近，更誠懇，更親切的團結。……美國人現在不需要這種同盟。他們目前不需要我們的幫助，同時我們也不需要他們的。但是那種時機不會來臨嗎，誠如有些美國政治家所預發，將來安格魯撒克遜族的自由和利益會被其他強國集團所大大威脅？是的，諸君，我想這件事是極可能的，如在這種情勢之下，無論是英國或是美國被人威脅時，我希望血液（指血統而言）總要比水濃得多[18]。

六月初旬，在菲律賓的西班牙海軍已潰不成軍。美國兵艦在杜威將軍指揮之下，仍繼續施行有效封鎖。夏季有不少中立國兵艦船在馬尼拉灣附近觀戰。六月十七日有五艘德國兵艦船在灣外，其實力最少當與杜威部下相等。不數日又來了三隻英國兵艦，法日兵艦各一隻。八月十三，美艦總攻馬尼拉砲台，德艦忽然闖到美艦後面，以致將美艦夾在當中，正對着岸上砲台，很是危險。正當這緊急的時候，英艦二艘急駛至美艦與德艦之間，德艦知其來意，才噤撤開。這件事因英國檔案沒有公開，詳情不知，但其用意，很是明顯。當時美國正在戰爭期中，人民感情本極興奮，得知此事，舉國對英感激，于是在大西洋的兩岸，「血液濃于水」的話一時也風靡全國了。

八月間海約翰受命為國務卿，九月底才正式接任，美國內閣人物煥然一新。這時美西戰爭已經結束，英國恐怕美國如果兼併菲律賓，施行航業法(Navigation Law)[19]以後，英國在菲島商業將蒙損害，所以在十一月間一次遊獵裏，貝爾福等便向懷特說明英國一向贊助美國海外發展，但如發展結果反使英國商業受損害，英國輿論必將改變，在這兩國邦交極度敦睦的時候，這事未免有些遺憾。所以英國主張無論何地，包括菲律賓在內，最好都採取「門戶開放」政策。懷特馬上便報告了海約翰[20]。正當這事發生的前後，張伯倫又發表了一篇有名的曼徹斯特(Manchester)演說：

我對我們最近與美國關係的改變，分外覺得快慰。他們對我們佔有一種特殊的關係，不是其他民族所能佔有的。他們是我們的同種同族，我們永遠不能忘記。……我知道成百的理由我們為什麼應該是朋友，我知道沒有任何理由我們為什麼應該相反。我相信這是我們很多年來對美國的真正感情。我們以前或不免會被隔岸所誤會，但是現在，很快樂的，那層陰霾都消散了。……當我們想到美國的七千萬人民和英后治下五千萬人民之間有成立誠意諒解的可能時，我們的理想必定要像火一般的狂熱了。這種團結決定是全世界和平及文化的保障[21]。

因為張伯倫一再的努力，才有「最近與美國關係的改變」。這改變決不是輕微的改變，美國自獨立戰爭以來仇英的心理至此消滅殆盡，代之者却是一種親睦的關係，這些在他的演說中都曾提到。他自始即看清如想在遠東樹立一種安定勢力，非要聯美不可，欲聯美成功，非改變兩國人民情感不可，因此他不惜藉演說，藉辯論，設人于危難的種種方式以求好于美國人民。暗地裏再將「門戶開放」的觀念極力貫輸給美國外交當局。所以等到海約翰接任國務卿以後，「門戶開放」也漸漸成為美國的遠東政策了。

1 Garvin, *op. cit.*, Vol. III, p. 213.

2 *Ibid.*, p. 244.

3 Dugdale, Blanche E. C., *Arthur James Balfour, First Earl of Balfour.* Vol. I (London, 1936), p. 249.

4 張伯倫的繼室是美國 Cleveland 總統任內陸軍部長 W. C. Endicott 之女。克森亦與芝加哥富商 L. Z. Leiter 之女結婚。

5 Dennett, *op. cit.*, p. 149.

6 Thayer, W. R., *The Life and Letters of John Hay*, Vol. II (New York 1917), pp. 143-5. Hay to his wife. 一八九六夏海約翰在英小住，與張伯倫等聚餐，飯後談話，海氏力勸張伯倫速與美國解決 Venezuela 邊界糾紛，二人同意採取仲裁方式。

7 Allan Nevins, *Henry White. Thirty Years of American*

Diplomacy (New York, 1930), chs., v, vi, vii, 懷特夫人繙美國，善交際，英國名流如沙侯夫婦等皆樂與交遊。因此懷特得與貝爾福，克森及 Margot Tennant（後爲英首相 Asquith 夫人）等爲莫逆交。時人稱其友團爲 "The Souls."

8 Ibid., p. 166.

9 Garvin, op. cit., Vol. III, Chamberlain to Bolfour, p. 252.

10 Nevius, op. cit., White to Hay, pp. 162-3.

11 Dennett, op. cit., p. 285.

12 Nevius, op. cit., p. 163.

13 Buckle, op. cit., 3rd Series, Vol. III, pp. 23C-7.

14 Ibid., p. 239.

15 Garvin, op. cit., Vol. III, pp. 301-2.

16 Thayer, op. cit., Vol. II, p. 169.

17 Buckle, op. cit., 3rd Series, Vol. III, pp. 253-5. Balfour to Queen Victoria.

18 Garvin, op. cit., Vol. III, p. 303.

19 一六五一年英國第一次通過航業法，即英國各海口祇許英船貿易，船主亦必須爲英人，所以抵制當時持商業牛耳之荷蘭（Netherlands）者也。一七八九美國通過區別稅則，凡英船之至美貿易者，一律徵收特別稅額。一八二三經 Huskisson 等之努力，于此法頗多修正，至一八四九，始完全廢除，英船之至美貿易，與美船至英貿易之待遇相同，惟美國沿岸仍不準英船貿易。

20 Nevius, op. cit., pp. 165-6. White to Hay.

21 Garvin, op. cit., p. 304.

三　貝司福與羅克喜爾

經過張伯倫等人的努力，英美邦交已達空前敦睦，兩國外交家之間相知已經很深，但美國國內一般人民對傳統的孤立政策信仰依仍很深，同盟之說在他們仍認爲不必要。如想使一般美國商民更深切明瞭英美在遠東利害的一致，如想使他們覺悟有與英國採取同一政策的必要，那非有更擴大更直接的宣傳不可。這步工作不是身居樞要的張伯倫所能作的，這使命還要留待貝司福（Lord Charles Beresford）來完成

貝司福是英國下議院議員，曾充海軍少將（一八九八秋受命于聯合商會（Associated Chambers of Commerce）來遠東考察商業。當時議會中曾正式聲明貝氏此行任務純係代表商會，與政府無涉[1]。雖因檔案不足，不能斷定，但看他在中國的行事，決不是僅僅代表商會。在他來啟乘之先（時海約翰尚未返國），曾與海約翰晤談，海氏勸他沿途多多接見美國商團[2]。貝司福十月初到北京，會晤總署大臣，隨即到沿海及內地各大商埠視察，沿途訪晤地方長官，接見外國商團。一八九九年初離中國，轉日本，赴美國。應美國各大商會邀請，演講鼓吹「門戶開放」。二月二十一日到華盛頓，海約翰邀

宴晤談，旋即返國，趕着出版了一本近五百頁的大書，名叫中國的瓦解（*The Break-up of China*）[3]，這本書沒有問題直接影響了海約翰。

中國的瓦解書裏的中心主張是中國必須有一完整的軍備，才能維持治安，避免瓜分，保障國際貿易。並且極力主張內河航行自由及「門戶開放」原則。但他與中國政府商洽的不是關于商業的事，最重要的在練兵。他的書是爲宣傳而作的，內多冠冕堂皇的詞句，不如參照一些中國史料。他先與總署商談練兵，總署推諉給張之洞去應付：

> 奉旨，據英國議紳水師提督貝思福以中國練兵爲要，與五大臣面佇，願薦將弁教練，先從南省辦起[4]……。

張之洞與他第一次晤談後，將詳情報告劉坤一：

> 英下議院紳員貝司福，係英商會派來察看東方商務，乘機遊說，力勸中國用英將練兵。初次來見，議論驕横，危詞聳聽，毋庸縷述。迨談及鄂省練兵，弟告以英員來鄂須歸督撫統屬，與營務處商酌，且權須有限制，止能參謀教練，限同發餉，不能自發。賞罰之權，亦分輕重，重者仍歸華官。並詢以既爲保全中國起見，何不在北省保京城，而來南省舉辦？豈有所畏于俄邪？恐英在南練兵，俄即效尤于北。不過措詞激之，以觀其意，不料彼即錯愕無詞而去。[5]

按這看來他與中國當局專談練兵，這決不像僅代表商會。「先從南省辦起」是英國一貫的強化揚子流域「勢力範圍」的政策。「錯愕無詞而去」是因爲權衡以後得不償失。俄國與中國接壤，形勢優越，遠非英國所能敵。再則俄國每一強化其「範圍」，緊接着便把那「範圍」內的門戶完全關閉，這對于英國的商業利益，大有損害。所以張之洞與他第二次晤面時，貝司福對練兵的事已「堅不肯議，請作罷論」了。[6]

他第一使命既未能如願，他又用全力去完成第二使命。他將在中國練兵的目的解說得光明正大，是爲了維持中國各地秩序，保障各國商業利益。所以羅克奚爾（W. W. Rockhill）在他的備忘錄中批評這點是他書中理由最薄弱的部分。但無論如何，他書中記載中國各地商情極詳，附列各地外商團體函件極多，一再說明英美利益的一致，又繼張伯倫之後公開鼓吹「安格魯撒克遜同盟」，更一再引用「門戶開放」這名詞，這名詞雖在一八九八春季已經爲英國政府所採用，但因他的旅行宣傳和演講，更增加了有系統的解釋和事實上的例証，因此更深深的印入英美一般商民的腦際。這時又正値美國在華北商業激增，前途好像十分有希望[7]，海約翰自然不能不對他書中的觀察及主張加以致慮。

海約翰對歐洲情勢有極深刻的瞭解，但對遠東問題知識有限。爲彌補這方面的缺陷，他便函召羅克希爾同國以備諮詢。羅氏是當時美國遠東問題第一流專家。與他同來的有他的英國朋友賀比斯里（Alfred E. Hippisley），賀氏曾在中國海關服務多年。對中國問題素有研究。一八九九夏季，賀氏供獻意見甚多。惟因檔案不公開，詳情不得而知。但無論如何，八月二十八日羅氏的備忘錄是代表二人意見的結晶，不必再分析內中究竟多少是賀氏的意見，多少是羅氏的主張。這份最重要的檔案收藏在國務部中從未發表，戴尼斯（A. L. P. Dennis）教授第一次引用，並且將全文附印在他的書裏。我們既得窺全文，可以詳加研究了。

備忘錄略可分爲三部，第一部說明貝司福此行的影響並批評其主張，第三部分析國際情勢，認爲目前是最宜宣佈政策的時候，這兩部分都不算很重要。第二部分最爲重要，不僅爲整個問題的核心，主要的意思是在說明「勢力範圍」已經是一種「既成事實」，不能再廢除，祇能加以承認。我們且看他原來的分析和論斷：

英國一般中國問題作家，特別是貝司福，都極端贊成「門戶開放」政策，或即對商人待遇及機會一律平等，同時却極端痛斥這「勢力範圍」的體系；但此種範圍已經被英法德俄所共同承認。這種範圍必定要當作一種現存事實來看。

我們承認，英國或因政治理由不能不採取利益範圍的政策，但她同時也極力設法維護「門戶開放」。祇有這政策才能得到商人的贊助，因爲祇有牠才可以保障他們在華商業待遇平等。英國嘗試求極力減少外交政策上的不良影響時，並不能爲人民取得完全平等的待遇，因爲她最初已承認德國特有的權利，繼續着又承認俄國的活動範圍，特別是關于鐵路礦山等權利。這種特權日後可能包括多廣，現時無人能預測，但如包括領土裁判權（territorial jurisdiction）及區別稅則（discriminating taxation）二事，則並不足驚異——最少法國將這樣作。設若這類特權都讓與各國，我國商業利益將遭受嚴重的打擊，而且沒有再恢復的可能。

總結起來看，今日在中國所主張的「門戶開放」政策，就是將天津條約及以後相類條約中所規定的最惠國條款不受阻礙的加以實施。這點在謀健全的發展中國商業時，是美國及其他各國商人所一致認爲重要的事情。但在另一方面，我們可以看出，因政治利益及地理關係，英俄法等國不得不將中國本部分作若干勢力（或利益）範圍，在這範圍內享有種種特權，其最終範疇目前尚不能決定。同時英國不願犧牲最大的商業利益，所以極力設法維持「門戶開放」政策。但「勢力範圍」已經是一種既成事實，這一點必定要特別的堅持。[9]

這種分析和論斷最爲正確，「勢力範圍」已根深底固，無法可以消除。美國當前的問題是在承認這種既成事實的原則下，如何防止列強的強化各別「範圍」，如何保障美國純商業的利益。羅氏又繼續建議由美國發起，提出三點，徵求各國同意：

（一）各國在其所謂利益範圍內任何通商口岸或任何投資事業皆不得加以干涉。

（2）在各國範圍內所開放之任何口岸，皆應爲自由港，中國現行條約所規定之稅則應適用于任何國家裝卸之一切貨物，其碼頭稅及海關稅應由中國政府徵收之。

（3）列強對于來此種範圍內各口岸貿易之他國船隻，不得較其本國船隻徵收更高之碼頭稅，對于運輸經過此種範圍內，屬于他國臣民或運往他國臣民之貨物，亦不得較其屬于本國之同樣貨物徵收更高之鐵路運費。[10]

除掉幾字的修改以外。這三款使是一星期後海約翰所發出「門戶開放」照會的中心條文。

---

1 Tyler Dennett, *Americans in Eastern Asia, a Critical Study of the Policy of the United States with reference to China, Japan and Korea in the 19th Century*, (New York, 1922), p. 6[illegible].

2 Dennett, *John Hay*, p. 286.

3 Beresford, Lord Charles, *The Break-up of China*, New York and London, 1899.

4 張文襄公四稿，電稿卷三十[illegible]，頁九。

5 仝上，頁十二至十三。

6 仝上，頁十三。

7 美國雖僅佔中國國際貿易總額百分之八，然佔華北國際貿易總額百分之五十以上。見 Dennett, *op. cit.*, p. 286; *cf.*, Dennis, *op. cit.*, p. 186; Beresford, *op. cit.*, pp. 453-4.

8 關于羅氏生平略歷，可參閱 *Memoir* by A. E. Hippisley in the *Journal of Royal Asiatic Society*, 1915. 羅氏少年時在法國讀書，卒業于軍事學校，喜研究東方學。一八八四爲美國駐華公使館二等秘書，一八八六十二月至一八八七四月任駐漢城代辦，時適朝鮮問題極度緊張。嗣後赴蒙古西藏考察研究，對中國情形瞭解益深。一八九三後復返外交界服務，一八九四曾充第三國務副卿。後又出使希臘，羅馬尼亞及塞爾維亞 (Servia) 諸國，一八九九五月被召回國，任 Director of the International Bureau of the American Republics，實則爲海約翰之遠東問題顧問。拳匪亂時，充美國特使，一九○五至○九充駐華公使，旋升任駐俄及土耳其大使。一九一四應袁世凱召充中華民國總統府顧問，未及至而卒。氏不僅爲美國當時最佳之外交幹才，且對東方學術造詣極深，美國對華政策，多出自羅氏主張。以其與中國關係甚深，故附傳略如上。

9 Dennis, op. cit., pp. 211-2.

10 *Ibid.*, p. 212.

四 美國宣佈門戶開放政策

經張伯倫海約翰等人努力之後；英美關係確實發生一大轉變。張伯倫等所期望于美國的是成立同盟，最少也是聯合發表「門戶開放」的宣言。遲至一八九九年春，貝司福負着使命到美國時，還公開的宣傳英美商業同盟。爲什麼最後美國不徵求發起這政策的英國一致行動，而單獨的發出照會？其中最大的原因就是美國上議院的阻力。

美國的政治機構本來就以「相互制衡」（checks and balances）著名的。上議院的權力聲望遠在下議院之上，所以對行政機關的牽掣力量也越大。按美國憲法第二條第二節第二款的規定，條約必須得上議院三分之二以上通過，始能生效。總統爲避免這種煩難，可以用行政協定（administrative agreement）的方式和外國締結條約，但這在老羅斯福（Theodore Roosvelt）總統以前，很少有人大膽嘗試。

知道海約翰的苦衷最詳盡的人莫過于他的至友亞當士亨利（Henry Adams）在亞當士自傳中記有海氏當時的牢騷：

一種和平的條約，在正常狀態之下，應該在二十四小時之內即無異議的批准。但他們對某一點耗費八星期之久在爭辯，在批准時又往往因一票之差而躭擱。我們現在有五六個問題需要解決。我能夠完全解決，並且都能對我們最柔媚而有利；但上議院的領袖人物很肯定的告訴我，這些條約如想商議，沒有任何一個能在上議院通過的……你必定瞭解，上議院並不祇是拒絕我的解決方法，他們將要拒絕與英國所訂關于任何事件的任何條約。……[11]

再海約翰九月二十四日又給懷特一信，這信寫在照會發出之後，但仍可看出事前的種種苦衷：

我完全反駁民主黨指責我們「已經與英國成立秘密的同盟。」這種指責對我們的日耳曼人—指由德國移殖的美國公民—將生嚴重影響，我不能不加以否認。事實上同盟條約是不可能的，我不能希望在上議院中通過。祇要我在這裏一日，我深信我們外交政策的特徵應該是與英國成立友善的諒解，決不作任何與這信念相違的舉動。但在現狀之下，同盟之說，仍然[illegible]件不能達到的夢想。[12]

從以上的兩段話中，可以很清楚的看出海約翰的心願與困難。本諸這些理由及羅氏備忘錄中的建議，海約翰便在九月六日向美國駐英德俄三國大使發出訓令，命他們分別向所在國政府致一照會，訓令內容大同小異，惟所提三欵完全相同：

第一、在中國任何所謂「利益範圍」或租借地內之通商口岸或投資事業，無論如何皆不得加以干涉。

第二、中國現行之關稅率，對于一切所謂「利益範圍」內之口岸裝卸之一切貨物，無論屬于何國，均爲適用，其稅欵應由中國政府徵收之。

第三、對于來此種「利益範圍」內之任何口岸貿易之他國船舶，不得課以較對本國船舶爲高之碼頭稅，又在此種「利益範圍」內所興建，管理或經營之鐵路，運輸屬于他國臣民之貨物，所收運費，不得較其對本國人民經過同樣距離所運輸之同樣貨物爲高。[3]

正式訓令駐法大使提出照會在十一月二十一日，訓令駐意大利大使在十一月十七日，訓令駐日公使在十一月十三日。各國態度多少都有點閃爍，大多沒有強烈表示，都照覆如果他國都同意，他們也都無異議接收。各國中以英俄態度最可注意。英國答覆最早，詞令最好，但英堅持九龍係香港殖民地之擴張，不能與一般「範圍」相題並論。最後英國願對威海衛出一宣言，即將實行「門戶開放」原則。[4]俄國答覆甚遲，一則因莫雷維葉夫在十月及十一月初出國避免干涉英國之布爾戰爭，二則俄國自始即反對「門戶開放」。俄駐美大使喀西尼(Conut Cassini)反對極力，海約翰幾至無法商談，於是訓令駐俄大使陶爾(Charlemagne Tower)在俄京進行。[5]後以法德皆已有表示，俄國不得已于十二月三十日正式答覆，詞句極閃鑠：

至于俄國租借地以外，中國政府現已開放或行將開放之通商口岸，其關稅問題之解決權屬諸中國政府，帝國政府毫無排斥他國而獨爲其臣民要求特權之意。雖然，帝國政府之作此項保証，須以其他在華有利害關係各國作同樣宣言爲條件。[6]

從這照覆中可以看出東三省儼然是個例外，而且在中國其他地方還要列強都同意爲條件，實是一大外交遁辭。這種情形，海約翰早就知道，但他願將俄國所同覆的照會在可能範圍之內極力向廣義處解釋。[7]一九〇〇年初各國都已答覆，海約翰便在三月二十日向美國駐英法德俄意日六國使節發出相同訓令，聲明各國皆已贊同其建議，美國認爲此種贊同是「結束的和確定的」(final and definitive)[8]，這煊赫一時的

「門戶開放」政策，使這樣的宣告成立了。

1 Henry Adams, *The Education of Henry Adams, an Autobiography* (New York, 1928), p. 374.

2 Thayer, *op. cit.*, Vol. II, p. 221. Hay to White, September 24, 1899.

3 *Papers relating to the Foreign Relations of the United States*, 1899, (Washington, 1901), No. 927.

4 *Ibid.*, p. 136, Salisbury to Choate.

5 Nevins, *op. cit.*, pp. 168-9, Hay to White, April 2, 1900. 信中追敘與俄國商談始末。

6 *Foreign Relations*, (1899) No. 761, p. 142.

7 Dennett, *op. cit.*, p. 293.

8 *Foreign Relations*, (1899), p. 142.

五　結論

德佔膠州，俄佔旅大以後，英國自己有內在的矛盾和困難，對遠東情勢，一時無法應付。但她最大的商業利益不能不設法保持，於是針對着俄國在東三省的「門戶關閉」，自然而然的生出「門戶開放」的要求。欲使這種要求實現，祇有尋求與國合作。當時英國內閣缺乏果斷，張伯倫在一八九八年二月二日建議了三項鮮明的主張，不久便次第試行。經過他一再的同盟演說及其他親善表示，英美兩國邦交達到了空前的敦睦，又因為內中私誼的關係，海約翰等及美國上議院的一部分領袖也對「門戶開放」原則加以同情，加以考慮。等到海約翰升任國務卿以後，他漸漸在內閣中樹下衆人的意見，取得麥金萊總統的信心，這時「門戶開放」已不僅是英國的主張，而且成了美國最高當局的遠東政策。再受了貝司福的演說鼓吹和著作的影響，美國各地商會也一致要求「門戶開放」政策的實施了。但英國對華政策是雙管齊下的，她所希望的，是能在其他列強的範圍內實行「門戶開放」，九龍等地已經是她利益較大的範圍，却不願開放着門戶。美國祇有單純的商業利益，所以羅克希爾寫給海約翰：「現在所建議對我們最有利的政策，並不是英國的政策——因為英國和俄國一樣，同是中國大大的罪人。」[2]這也是美國單獨宣佈「門戶開放」政策的一個原因。但這政策是經過了以上的幾個步驟，才漸漸的成為美國的政策。如無早期英國的聯絡和慫恿，公私的宣傳和敦促，美國斷斷不會單獨發表這種政策的。

美國的照會既已送出，各國態度多少都有些閃鑠，俄國的態度尤其壞，所以據當代本問題權威的評價，這種照會並不能成為一種國際公法，僅可以當作一種輿論之結晶。[3]而且據當代美國外交史名家畢美士（S. F. Bemis）的評估，「門戶開放」實是美國外交政策的一大錯誤[4]。這些從美國觀點出發所得結論，我們不必詳述，而且這種極端孤立派的批判也很難允當，我們可以研究這政策宣佈以後對中國所生的實際影響。因為有了「門戶開放」政策的宣佈，列強接二連三的對中國問題出了不少宣言和協定，如一九〇〇年十月十六日的英德協定[5]，一九〇二年二月一日美國的對俄抗議[6]等等，都是本諸「門戶開放」的原則而提出的。在一九〇三年十月三日的中美商約裏，「門戶開放」正式成了條約的形式[7]，而且開放瀋陽和安東，正與俄國的野心針鋒相對。以後再經美國迭次伸引發揚，這原本僅為保障美國在華商業的宣言，無形中卻變成保障中國領土主權完整的主義了。這種演變有重大的歷史意義。因為當「門戶開放」照會發表的時候，正值世界上最多事之秋，「經濟的帝國主義」漸漸發展澎湃，達到了尖銳的衝突時期。在遠東方面，自從日本新興及德國加入以後，利害相關的列強最多，情形也最複雜，俄國逐步實現席捲鯨吞東三省及華北的計劃，最為可怕。德法也自有其土地野心，英國最大利益雖在維持中國領土主權表面上的完整，但如不易維持時，她也可以轉而加入宰割，布爾戰爭爆發以後（一八九九，十月），英國自顧不暇，遑及遠東。不寧惟是，中國內部，變法不成，極端反動，秘密社團，蠢蠢思動，變亂種子四處潛伏，而且國際上沒有一種力量可以限制俄國的野心，沒有一種力量可以防止中國的分裂，在這東亞一隅，國際間的無諒解，無合作，無約束，無組織可謂達到了極點！這實在是中國歷史上空前的危機！「門戶開放」政策在這時發表，實是國際間唯一的約束力量。發表之初，效力雖可懷疑，但其精神影響極大。如二年半後締結的英日同盟，無問題是遠東一種安定勢力，而其中相關中國的條款，都是本諸「門戶開放」的原則。我們試想，自膠案發生以後，這腐敗衰老的帝國，經過了不少驚濤駭浪，而仍能苟延殘喘以至辛亥革命，未始不是「門戶開放」政策直接間接之賜！自從日俄戰爭及民國建立以後，遠東的國際情勢雖然發生顯著的變化，但直至今日，「門戶開放」主義依然沒有失掉牠的作用。

1 Dennett, *Americans in Eastern Asia*, p. 634.

2 Dennis, *op. cit.*, p. 185, Rockhill to Hay, August 28, 1899.

3 Dennett, *John Hay*, p. 293.

4 Bemis, F. S., *A Diplomatic History of the United States*, (New York, 1936), ch. xxvii, pp. 486 *ff.*

5 MacMurray, *op. cit.*, p. 263; *Cf.*, Brandenburg, *From Bismarck to the World War*, pp. 148-53.

6 *Foreign Relations*, (1902), pp. 275-6. 義和團亂後，俄國一時不撤東三省駐兵，迭經交涉，至一九〇二年一月底，始有眉目，中國與之訂立一銀行合同，議與建築鐵路及投資等權利，美國以其有違「門戶開放」「機會均等」之原則，故曾抗議。

7 *Ibid*., (1903), pp. 91-99.

參考書目

一

British Parliamentary Papers. China No. 1 (1898). China No. 1 (1899).

Gooch, G. P., and Temperley, H., eds., *British Documents on the Origins of the War, 1898-1914*. Vol. I, London, 1927.

Die Grosse Politik der Europäischen Kabinette, 1871-1914. XIV, I, Berlin, 1924.

Papers relating to the Foreign Relations of the United States. 1899, 1900, 1902, 1903.

Adams, Henry, *The Education of Henry Adams, an Autobiography*. New York, 1928.

Buckle, G. E., ed., *The Letters of Queen Victoria. 3rd Series*, Vol. III, London, 1932.

Foster John W., *Diplomatic Memoirs*. Vol. II, New York and Boston, 1909.

MacMurray, John V. A., *Treaties and Agreements with and concerning China, 1894-1914*. Vol. I, New York, 1921.

清季外交史料（王彥威輯、王亮編，民廿一鉛印本）。

張文襄公四稿選編（許同莘輯，民九序鉛印本）。

二

Bau, M. J., *The Open Door Doctrine in relation to China*. New York, 1923.

Bemis, S. F., *A Diplomatic History of the United States*. New York, 1936.

Bemis, S. F., ed., *The American Secretaries of State and Their Diplomacy*. Vol. IX, New York, 1929.

Beresford, Lord Charles, *The Break-up of China*. New York and London, 1899.

Brandenburg, Erich, *From Bismarck to the World War*. London 1927.

Chang Chung-fu, *The Anglo-Japanese Alliance*. Baltimore, 1931.

Dennett, Tyler, *Americans in Eastern Asia, A Critical Study of the Policy of the United States with reference to China, Japan and Korea in the 19th Century*. New York, 1922.

Dennett, Tyler, *John Hay, from Poetry to Politics*. New York, 1933.

Dennis, Alfred L. P., *Adventures in American Diplomacy, 1896-1906*. New York, 1928.

Dugdale, Blanche E. C., *Arthur James Balfour, First Earl of Balfour*. Vol. I, London, 1935.

Garvin, L. J., *Life of Joseph Chamberlain*. Vol. III, London, 1934.

Hsu Shu-hsi, *China and Her Political Entity*. New York, 1926.

Joseph, Philip, *Foreign Diplomacy in China, 1894-1900*. London, 1928.

Langer, W. L., *Diplomacy of Imperialism*. 2 Vols., New York and London, 1935.

Latané, J. H., *A History of American Foreign Policy* New York, 1927.

Mowat, R. B., *The Diplomatic Relations of Great Britain and the United States*. London, 1925.

Nevins, Allan, *Henry White, Thirty Years of American Diplomacy*. New York and London, 1930.

Ronaldshay, Earl of, *Life of Lord Curzon*. Vol. I, London, 1928.

Tomimas, Shutaro, *The Open Door Policy and the Terretorial Integrity of China*. New York, 1919.

Willoughby, W. W., *Foreign Rights and Interests in China*. Vol I, Baltimore, 1927.

孱守齋日記

張爾田

司馬子長有言文史星曆近乎卜祝之間固主上所戲弄倡優畜之流俗之所輕也然戔然哉僕少愛墳典心所隱轉蓋難言矣惟是一二師友漸摩結習未能盡忘偶有謏聞輒復筆之言無郵非語錄引證不欲富非攷據爲文繁簡稱其心非詞章以祝子長所詞未知何如要之同爲不急之務而已己亥季秋孟劬故錄自記

與夏穗卿閱無邪堂答問穗卿云日記答問書最足見一生學問力量余謂朱氏論學多漢宋騎牆之見中攷據教流行碑文極長然大旨亦不出前人範圍至其譏訖常州莊劉公羊之學所謂強不知以爲知者也

見內府刊欽定曲譜紙墨精絕爲丁修甫舍人收去今歸於八千卷樓矣

得傳鈔齊召南水道提綱吳向之云當取鄒圖對讀之

語穗卿曰經世致用儒家相承統緒儒者佐人君明教化固應爾也若學者之治學也則不可先有用之見存有用之見存則治學必不能精學苟精矣又何患於用乎穗卿曰子言是也

穗卿從吳炯齋假得孫詒讓墨子閒詁孫氏於箋釋名物訓故可配郝蘭皋山海經注微詞奧旨尚鮮發明蓋子學之晦久矣穗卿有與炯齋書論之然穗卿增合西教亦恐非墨家本義也（一種明道同屬人類思想豈[illegible]能頃與比較可也增合則牽矣近人讀西書者多有此病）

穗卿問余造化二字作何解余曰明儒有言時時造時時化此語殊精

閱章實齋文史通義校讎通義全從漢藝文志文心雕龍史通發寫得來宗旨嫥壹勇於冥變故能辨章六輔以前學術源流而不爲後儒所惑惜乎其知史而不知經也孫受之云章氏所言皆後世史例於漢志用力尚粗穗卿云國朝言古文學家未有深通如實齋者也（實齋原稿經王穀塍所定者閒在肆敗字處未全刻）

姊丈高聰甫贈我鄒亭詩鈔咸同以來詩人厭乾嘉性靈惡派始尚宋體然無宋人之學而強襲其貌其病與漁洋專標神韻者相去不能以寸鄒亭與鄭子尹齊名詩雖學宋而學足以副之斯眞宋詩

歎

閱復堂日記謂先生從莊中白戴子高譚遊與聞常州學派緒餘者
也談藝極精類稿則其所作詩文詩學六朝尚有李唐風力異乎劉
龔一流文以秀逸勝吾鄉文獻三復懺歎矣

古人語道皆體用合說用中見體其語冲也皆心物合說物中見心
物之古訓不限於物質事亦物也

以尊聞居士集贈穗卿穗卿講各教界限語多奇警

夜讀龔定庵文集辭邁邪慧宗旨微駁宜以文傳

閱史記志疑史記本未成之書左右采獵牴牾自多要其於周秦故
籍採盲尤雅自見史公特識梁氏不能細剖以年數小差摘爲巨繆
遺脫機微指爲大尤皆所謂可已而不已者也

得會稽章氏刊明儒學案點勘丹黃行間殆徧每葉有簽記後書同
治戊辰自識覽與可讀一稠其人嘗從柳堂游者余耆學案數年今
獲此異本真奇貺也坊間曾見慈谿鄭氏一本亦有硃墨評註時難
姚江愛憎之口過此多矣

金殿臣語余曰之死而致死之不仁而不可爲也之死而致生之不
智而不可爲也一是斷見一是常見

誦錢虞山楞嚴蒙鈔穗卿嫌其講演太繁昔王蘭泉與姚南青論蒙
鈔及成唯識論往復數百言又爲書後曰妙奢摩他三摩禪那即天
台一心三觀之旨長水以來更無別解憨山大師亦從是義以人空
法空空空爲三觀次第而長水本以聞所聞盡覺所覺空空所空滅
實之故翁受記剏於憨山又累及長水而私詆中詆阿難所請觀門
不應以諸經之三觀當台宗之三止比擬配合閉己斷斷長水及憨
山之說至序楞嚴志略又謂孤山吳興張泉台教映切楞嚴全經辯
目幾乎或息則又極意詆諆乃謂憨大師具金剛眼學者毋忽不且
自相矛盾乎其詞虞山良是然余祈向淨業自此書始也乾隆時以
入藏未列禁燬今有新刻本矣

與穗卿同車出路遇沈子培丈來及談穗卿歸謂余曰子培頗知子
謂子能讀常故書丈本父執然余實未嘗一謁不知何從得之也

英人文齊田贈舊約新約此書明徐文定光啟所迻譯者今不可得
見矣又贈二約釋義叢書則攷據說經之稗也

訪嚴舉點讀各國公法見傅氏實學文導傅氏即著日本國紀者

閱古史紀年逐古荒渺又多雜以神話一二際譯大都周世傳聞之
說孔子生於春秋已感於文獻之不足徵况後人乎林氏此編真馬
驌繹史謂之奇書可也謂之信史則吾未之敢知

觀穗卿爲王荒生所購磧砂佛藏釋典多論作希見之書也

得舊刻大智度論有欽嘉校校注蠅頭細字殊精嘉校字韻磵吳人
曾與楊仁山往還李尚之周易虞氏略例即其所刊亦淵雅之士也

閱梅郵文集張爾殷謂梅郵詞章之士其文散體之中間以偶何嘗
則此種文體即從七子轉變而來錢東澗從者是也遂及國朝漸灝

謝山流風未沫古文敝矣作者欲拔幟於韓歐之外自不能無此種
正不必以六朝繩其離合也

江鐵君晚年爲僧法名祖定余嘗見其手寫妙法蓮花經鐵師佛學
深淺不可知然不失二林衣鉢

閱五代史記歐陽公文直逼龍門惟好學春秋書法是其一病其中
有論及公羊者皆不甚的當蓋不知春秋之爲經不能以史家常識
議之也劉原父譏歐九不讀書此類是已

穗卿言莊子詆訿尼山似訶佛罵祖之意余謂蘇東坡曾有是疑然
遷史本傳稱其剽剝儒墨歸本老子之言則仍當列之道家不必過
爲高論也

王霸之爭無極先天之辨朱子亦未免門戶抑亦有所不得已耶

國朝梅沖著莊子本義二卷序云千古能知孔子能言孔子者惟莊
子一人而已見鉏匪石日記其書不傳

戴東原譏宋儒以理殺人誠然理水銀也安能繫一孔而鍵其他哉

論語問仁孔子所答無一同者可謂月映千潭異化跡也

顧少恢以所著日本新政考巴西地理兵要來贈二書皆繙自彼土
可備稽求

得衍繁繙譯名義集閱金陵刊有節本尤便循檢（此書余後見一宋刻本較新聚行欵不同繙精）

觀穗卿今體詩穗卿近得呂晚村宋詩鈔絕作

潘用微有陸釋朱老之嘲萬季野聞之至不敢講學此揚權格套上
起見者學貴真識何避何就

嚴幼陵譯英赫胥黎天演論言天人進化之理非格致大明不足知
之泰西近五十年生理家新學也因假歸遂錄其副尚有達爾文斯
賓塞爾之書較赫氏猶博大未繙出（赫氏所觀多論動植物質中土所觀多論[illegible]天人所觀多論[illegible]一經中西海學術指歸各有所向如是亦大觀也）

余嘗介穗卿致書楊仁山居士金陵求佛經居士嘗一日來訪筆談
識者宜讀若者不必讀甚有綸貫余前常虛心善誘如是居士究心
華嚴專以刻經爲事中土所無則求之日本所刻皆佚典也

穗卿贈憨山觀楞伽記此經爲唯識根要融合性相兩家馬鳴之學
所從出也憨師記文簡嚴可誦異乎浮文貼句者矣

買得清河王氏小方壺齋輿地叢鈔琴[illegible]六體例多蕪余謂遊記所
取太濫宜芟汰

亭林言經學即理學也宋儒談理之誤正坐讀經不細讀經不細必
至妄疑古人其流至王柏諸人而極本若謂宋儒經學誤而義理不
誤者便是不通之論

閱方東樹漢學商兌門戶聚訟之作方氏有書林揚觶箴砭時流命
誼殊高

謁秦右衡師假梅溪集傳校之師言王氏議論殊有後人未到處類
余多讀宋人專集

閱王文勤石渠餘紀所論國朝政治得失犖犖大者最通儒所有事也

成同以後外交內治棼故亟矣惜無人籍之

見王先謙荀子集解注荀卿書者以楊倞爲差可此解多采近儒說頗飣餖瑣屑無當宏旨徒便綴學而已雖不作可也閩王氏所纂之書皆然爲方便計誠有用但不可語於學問也

儀禮士冠禮見母母拜人多疑之余謂古人最重冠禮冠禮者以成人之禮禮之也既爲成人則父母不敢私其子所謂冠於阼醮於客位皆有深意聖人何嘗不尚平等哉有謂此爲適子之禮者非是

讀龔定公支那古德遺書序攟拉禪宗不啻驟入斷見定公皈佛宗台教而於賢首宗風全未夢見亦可慨已

閱邵位西禮經通論灼灼見大意

居京邸穗卿爲言楞嚴圓覺之僞最確別後來書言印度之學近歐洲已大明之由梵文譯出英文釋典頗多頃從人購數種繙之以觀魏唐譯本取嚴亦快事又有書言印度謂小乘多真大乘多僞即歐洲習舊約者亦不認新約爲經猶今古文相訌無足怪也近見穗卿云以英譯校我經無歧異知非僞矣

過碉流與張獻華論學獻華謂余爲舊解所縛余曰治學但求是耳新舊時也豈可執乎獻華少年卓犖不可一世余甚畏之

收得國初先正功令文數種皆世間難覯者穗卿欲撰一書做漢學師承記例明正變源流焉

閱明史稿王山樵傳云其稅事見國史父之國史無有也惟明季有略言豫王以太子及弘光北行後俱囚閉婉情掬亦有記者謂崇禎福世子事約略可見梅邨詩記得奉天門獻捷亦得恩赦待和議不禁爲亡國君臣一歎梅邨此詩不見集中係傳鈔未刻者

見春秋董氏學穗卿云不如爲繁露作注謂孔子改制攷穗卿云未盡善

見御選語錄譏教乘法數內府本精絕本朝帝王耽熟內典者以世宗爲首出嗚呼盛已世宗御製書有揀魔辨異錄闢斥三峯派極詳其詞若以帝王之力禁使不傳則過矣法藏著書與密雲之異本未嘗無少見地錢伊庵宗鏡中屢引之

以英李提摩太所譯百年一覺贈族姪少蘇是書泰西說部懸想世界百年後太平景象所言皆烏託邦事也

語穗卿曰中國皇帝而謂之天子天子者教皇徽號也是古代人君實兼政教兩權孔子刪述六經亦以行教之權屬之天子故儒者尊王與尊聖等穗卿曰然則未有天子以前無教乎曰有即巫也古所謂九巫是也上古神話蓋原於此但荒昧不足徵耳穗卿頗以余說爲然

閱趙氏輯七緯緯書爲古人秘學灰燼之餘時有菁華頗難理董

得新刊指月錄讀之禪宗拈頌爛惡極矣此書別出手眼燈錄最多宜其最有名也

閱宗門武庫所記皆禪家瑣事別饒雋趣

夏稻孫處見江陰李如一得月樓書目爲士禮居舊藏繆筱珊得抄

本武進盛氏刊行爲目僅百九十餘種多人間已佚之書可寶也

假得葉氏輶軒今語評因爲加點以示受之甚矣學術真賞之難遘也

默群語余中國非變法不能自強余曰當變人由今之道無變今之俗雖與之天下不能一朝居也

稻孫贈廣平申頲敬立耐俗軒詩敬立爲皃盟姪國初遺老五言源出陶靖節韓昌黎最擅勝場他體稍遜此册乃夏詒鈺字永年時所鈔

與受之論本朝輯佚補遺之學最有功穗卿云後人材料是也惟中多意取是在學者分別觀之

自劉申受疑左傳書法沈欽韓即作左傳補注序以攻之案別錄言丘明授曾申申授吳起起授其子期期授楚人鐸椒鐸椒作抄撮八卷授虞卿虞卿作抄撮九卷授荀卿荀卿授張蒼顧疑漢人所傳者皆是抄撮既謂之抄撮則增益或不能免左傳原本出孔壁其完否亦不可知千載而後既難目睹孰定之者古書似此者多矣後人乃欲偏據一端推翻全案何也

睢局刊律例彙輯便覽體例蕪雜官書通病在京見律表一書殊雅飭

閩士氏約古文辭類纂桐城一派讀書皆作文章觀而文慈粹處醇往往無意故自不滿人亦不滿於人

乾嘉中葉江南文士有一種惡派一爲舒位一爲王曇何以謂之惡派曰其俗在骨奇病易治俗病難醫奇而且俗吾已矣夫

閱東塾讀書記陳氏會通漢宋說經家調人也門戶紛爭後不可無此種然抱一先生之言以爲集大成而諸家宗旨轉沒多矣受之云蘭甫篤信鄭康成朱晦翁恐亦非本師義也毛詩一書最精致晦菴有精者存秋毫千載下

閱國朝學案小識宋儒理學縛人思想如束濕薪本朝則又以漢學相號召各趨其極必俟其大崩潰而後已一張一弛天之道也唐氏雖竭力扳歸程朱而積重難返卒不能易今兩者俱敝矣有志斯道者將何以善其後也

宋下邁言許慎說文始一終亥即歸藏之旨因與受之究之其與老易通歟國朝治小學者未見及此也受之云徐鍇繫傳尚能識其淵微鄭樵武斷亦有微解惜爲本朝諸老所掩

語受之曰本朝儒者於周秦諸子之學太疎不過校勘之勤而已受之曰然此經學所以衰也

中國無政與教之爭亦無教與教之爭皆先聖敷教在寬之賜也楊光先著不得已以攻耶教人亦多不信之者其書不禁而自毀若在泰西必以爲異聞矣有云光先爲教士毒死以重價購其書而毀之恐皆傳聞之誤

得幽溪楞嚴圓通疏前茅有邵陽魏邦役道光七年跋幽溪上繼台宗錢虞山疏通長水極詆之然不可偏廢幽溪別有會解圓通疏此書專爲破斥交光正派而作

儒家戒自殺潚㴱之諒君子不爲孔子之知其不可爲而爲孟子之強爲善皆此意佛教亦然度人救世律門開之所謂有殺身以成仁無傷生以害仁也毛西河有忠臣不死節辨謝山譏其畏死西河不足道然忠臣何必皆死節道理本圓奈何鑿而方之乎

天下人祇有智愚別無善惡善即智惡即愚

閱顧棟高春秋大事表此冀以史治左氏傳者微嫌其好訶公穀殊多事

閱史通通釋尚書大傳乃命五史以書五帝之蠱事是則夏殷以上以迄黃帝皆周史所仰錄夫子斷遠取近斷自唐虞所餘羣籍古文而已道家雜家墨家實源於此史漢方術緯六經而總百氏自後史道成祖棨王矣劉氏嚴於史例而於源流尚略亦由去古日遠無徵不信故也中多過激之譏浦釋推闡時得肯綮惟妄改殊多是其一病當求善本校之

閱明史紀事本末此書原名明鑑紀事本末係徐倬代谷作論則陸講山筆也莊氏史獄興燬得禍傳者往往將明鑑二字剜去余嘗見康熙初印本故知之

閱日知錄博學詳說發思來世於人心風俗學術政治之消長一致意焉蓋亭林詳於史而疎於經然開本朝一代學派大略推輪之功不能沒也

閱東華錄言治之盛以我朝爲最軌盡者取康熙乾隆兩朝政要自近時參觀亦得失林也王氏此書據蔣良騏本而加詳乾隆朝最備嘉道後稍略矣

清異詞問知社日停針線問字最佳蓋先不知閩人始知之也德風校本作閏字殊失語妙（參曾詞問改德風水作黃有改閏作閨者亦非）

受之語余說文言假借曰本無其字依聲託事是假借者皆無其本字者也近人乃以改字說經謂爲同聲假借既同聲則有字矣有字又何用假借余曰古人重口耳皆先有聲而後被以形然高郵諸儒所說亦有太巧處受之曰諸老誌正文字未嘗無苦心後進遂以馳逐務碎義逃難便辭巧說破壞形體則學者之大患也

見元功垂江範錄考功郎尹源進撰又續錄張永格撰蓋當日表頌平南王尙可喜功績者不無溢美之言劉承寵有此書跋附劉繼部集其文甚工

與稻孫論華若汀譯合數術十二卷法用與數廣法表多有徵補靡馭之題此術反易林文伯錄其要爲二卷刻於津門名合數述見盧氏跋西學書目中今頗難得因假稻孫蔣士棟所著算學除讀觀其手鈔江陰宋毖之開方之分還原術從華氏錄得者也

買得居敬山常州駢體文鈔敬山先生余受知師也駢體宗北江尤精西北輿地之學此選雅而有法足與賈谷正宗同傳吳鼒姚燮皆不及也

見丁氏補晉書藝文志唐修五代史志隋書經籍一志已括典午一

代矣此則采獲尤詳受之云循志補表國朝治乙部者喜稱之

閱王龍溪全集會稽莫氏刻本龍溪姚江高弟當日負天下重謗後儒以楊慈湖比之曉曉之口至今未已也

穗卿喜收元明人曲本又喜閱曹雪芹小說此類書通人固不可不一看然亦惟通人方可看學問博矣那有閑工夫及此吾寧不食馬肝也

得徐晦甫黑龍江述略吳伯宛書言此書地誌中最佳者也

觀穗卿所藏楞嚴宗通紙楮極舊蓋國初物有泰西人點勘審之為葡萄牙字攷國初葡萄牙人來中土者有陽瑪諾傅汎際此不知是誰手書穗卿又從倫敦得四章陀經一英譯一梵本理甚深奧婆羅門教書也

讀龔定庵論私書其後曰聖人不諱私仁即私也大公無私其流必至於殘忍凡工於揭人之私者皆自護其私者也受之曰斯言也非宋以來儒者所知々

穗卿來言近閱陳朴園陳勾溪經說頗可觀蓋二家皆能分別今古文流派者也

劉向辨章舊聞而今古文興鄭康成括囊大典而南北派興劉炫合之而啖趙出遂開宋儒說經一派矣學統之消長與世統倚伏也

燈下閱南漢儒林傳有感記此

閱養新錄竹汀史學顓家小學算學皆有心得其他議論似尚未脫陋儒習氣浙西學派實應不大然皆能以精敏傳竹汀其先河也

見日本刊宋大廣益玉篇過異宋槧又見明重修玉篇有張炘序史仲泉言曾見吳彩鸞書玉篇鈔鈔洋畢氏家藏宋槧攷鈔有跋吳彩鸞玉篇鈔日本現在書目載玉篇抄十三卷不著撰人當即此書攷娩又云越本玉篇會稽吳氏三一娘寫楷法殊精今皆不可得見案世所行澤存堂本即出於大廣益會尚非孫強原書黎氏從東瀛得零本引據經傳繁而有折衷的是希馮真跡六朝小學最精呂忱字林已佚欲攷篆隸分合之原祇有此書一亂於孫強之增字再亂於陳彭年之刪併而顧氏舊面亡矣余昔有校注之役今東歸當治小學因舉以詒之

語受之曰孔教儒教見於六朝載籍則王不作天下其孰能宗予又孔子之自言也素文信而底麟兮澳資作於異代非至聖安能致此乃儒者獨諱言教何也既諱言教矣而又言教化吾不知教與化又何別也受之曰自來不逞之徒往往竊教以倡亂而儒者又不欲與佛教景教比久而安焉遂數典而忘其祖矣因相與歎息於行不著而習不察者之多也

語受之曰今有火焉孰能燒此可即時而諭者有水焉孰能冰則必待大寒而後知之是非何常以利害為準而利害必待後時而始論子勿避發道受之曰然

閱太平廣記小說家本出史氏南華虞初汎濫魏晉六朝至唐而盛

肆陳希聲言近日著小說者皆鬼神變怪荒唐誕委之言不然則淅稽詼諧以爲笑樂之資或強言故事則皆詆諆前賢使悠悠者以爲口實此近世通病也余嘗謂委巷瑣談皆緣風尙最足供知人論世之助補正史所不及宋以降風尙日薄小說體制亦卑矣穗卿云可想見古人心思所至

語受之曰宋儒言論語多有無頭柄底話不知古人立言如算術然但有答數而不示人細草善學者正在能補細草依樣葫蘆應聲蟲耳豈是學問

與受之論經學余謂漢詁經之書有二體西漢傳記體東漢章句體其餘若白虎通義五經異義則脊簽比次以待後人之論定者也摘一字一句而攷證之漢無此體受之因言傳記興而道岐章句興而道亡相與嘆欵累日

受之問讖緯余謂教宗多非常異義可怪之論先聖微言在焉受之曰然緯非讖比桓譚以讖爲非經不謂緯也後世緯與讖並燬不學之咎歟

言辭既著竹帛亦不能無滲漏有人問曰論語老而不死是爲賊人老何必便是賊余曰此當連上讀幼而不孫悌長而無述焉老而不死是爲賊又有人問曰無友不如己者人不如則無友已不如將如何余曰此亦當連上主忠信讀凡古書語未周到處皆記人彰略不得誤解聖言

良醫之藥治未病不治已病賢人之言告未亂不告已亂

陳蘭甫頗主張看注疏注疏中禮記孔疏最佳毛詩左傳次之賈公彥禮疏又次之其他則國朝儒者多有補疏往余治經讀經解苦不得其方何成甫師命余且看注疏今則非近人著述不觀斯語又感前輿矣

閱龍川文集永嘉經制之學推葉水心而陳同甫倡之開拓萬古心胸推倒一時豪傑信乎命世之材已然余觀李綱胡銓趙鼎張浚諸公其論事之文明遠透快洋洋數萬言無不與同甫相伯仲亦當時風尙使然也孰謂古文敝於南宋耶

閱黃梨洲泰州學案序豈當日援儒入釋諸公怪論亦殊可畏（此序黃刻本失載）

觀武梁祠畫象絕類埃及石刻欸亞細亞古時與歐羅巴本不甚相遠

章式之師嘗見格致古微昔梅文穆辨借根方爲東來法今彼復格致諸學矣皆攷據之敝也

宋儒好詆公羊又謂何休爲公羊罪人而九世復仇則又從之蓋爲金人發也宋儒義理大都泥於時勢參合感情後人讀宋儒論古之作必須知人論世勿輕信爲定論也可閱困學紀聞論春秋一卷記此

受之語余子書之文有曲語有飾語有形容語有假設語不特莊生

寓言也論衡潛夫論諸篇已發之余謂子紀言其紀事也取證吾儀而止不求實也故太史公實事之書截黃帝以來於子部獨慎取之知此意矣

徒游戲者不能治實學於淺得者不能探名理

閱焦里堂學算記好學古書類深之文殊無味戴東原勾股割圜記亦然

閱靈峯宗論於禪之叛教頗多深慨自達磨來震旦學者詫爲教外別傳猖狂妄行始與天台賢首慈恩講演元義之學分馳絕鶩矣靈峯言達磨大師以心傳心必藉楞伽爲印誠恐離經一字即同魔說智者大師九旬談玄隨處結歸止觀誠恐依文解義反成佛冤少室天台本無兩致後世禪旣謗教教亦謗禪良足悲已變閔立言故應如是

再閱靈峯宗論學禪必衰佛學莫盛於唐及其末流禪教兩家漸成方板緇林之不振久矣蕅益深於台宗者也而自願居山外門庭之諍豈獨儒哉吾於旭師不能無感

得張石州蒙古游牧記何願船補輯精於外徼沿革詳稽博攷要是他誌書本病在太繁耳（輿地之學史家所尙也而沈子敦與人書乃以技目之子敦深於輿地而其言殊有至理近人謂地理爲史學要領主殺求絕大過彼只說得自時來原委之史學耳）

語受之曰今文家學至漢末漸衰漸隋何休公羊解詁自不能如許鄭古學之弘深惟所載條例則出於胡母生邵公隱括入注獨賴以傳賈誼之謂當在彼不在此受之曰此通論也惜不合乾嘉諸老聞之

余近收宋元言醫之書甚夥昔武進邵謝有醫經書目八卷醫書叙錄一卷書未刊稱孫言其兄問枝欲做疇人傳例撰醫人傳亦未業已

閱建康實錄裴子野宋略今亡此書卷十一至十四所采即裴書也行文頗得左氏之神通鑑中亦有引裴子野語惜無人輯錄之

買得聖會史記述西教時事甚詳亦稽古者所當博覽者也

稱孫贈銅彌陀跏坐像一尊花紋朴緻苦勤甚深定爲明鑄背凡處間以實德爐供養之肅然意滿

見原刊律例館校正洗冤錄案上無宋慈書惜未勘其異同

古代君臣之分不似後世尊嚴孟子有犬馬寇仇之喻左傳有肆於民上之責未嘗有所忌諱也及齊恥食周粟歎於以暴易暴其意可知故孔子稱之曰仁孟子稱之曰清未有以忠稱之者有之自昌黎伯夷頌始有爲之言異乎古人確論矣

得日本刻碧巖集此書佛果禪師著弟子大慧恐人執著焚棄之明中張居士明遠重刊有方回序居士二子嬰得心疾囑子振作跋爲解惑此書之存張氏力爲而適贈余亦一因緣也和文點頗難通餘具珠庵及近藤藏書印東瀛稀本槧故精者

因明之學祇攝於智不攝於心嚴幼陵於識禪家語不合名學竇正

欲打破名學耳識五宗書不宜以常識參之

與稻孫同閱徐建寅所譯談天稻孫云泰西學術以實驗爲主故無穿鑿附會之蔽此書聞李壬叔有原譯本頗不易得

再閱養新錄乾嘉儒者說理最非所長然能避其所短錄中攷訂爲第一冊涉議論則差數見矣此學之所以尤貴識也

得康對山武功志章實齋皆詆康氏不知史例然國朝書甚以記誦矜人博而寡要無此修潔也

郭象逍遙篇注適性即色游玄支道林則指歸於心矣故當時謂之新義郭是玄學支是心學二者不可混

閱論衡王仲任雜家巨擘一切陰陽拘忌流俗荒謬杖稽虛誕皆無所惑而篤信天命總理萬物多與泰西格致家言相合奇書也

閱大雲山房文古文家多不善說理而偏好說理論史學論佛學何其強作解人也

閱古微堂集默觚數篇皆默深擬子書之文其言未能閎深詣理不超故也此非自關通識而尤必才學濟之默深史才非哲匠也以定庵相較優絀自見

閱邵位西於四庫全書手注諸家板刻因從夏閏枝假得鈔本迻渡之閏枝本係繆筱珊趙惠父所錄者

閏枝處見銅板康熙內府輿圖精確遠勝鄂圖惜外間無此秘本也

閱脈義簡摩脈學失傳久矣叔和脈經古奧不易讀俗醫師授口訣而已周氏此編獨能原本古經參以診論博學詳說不作邪僻之說是亦方伎家朴學乎余昔聞脈法於何氏今得此書又進一境矣

聽稻孫論降余爲明治心免病法之理此書爲泰西醫家新理闡釋最善道之雖閒揭耶教近於佛矣（瑞近浸淫禪智掛中如何用功曰言語道斷曰子能似無所作便是功此亦與治心之理相通雖然法身不滅等論殊爲闡釋迦又有爲麥一段因緣須靜治息之）

聖人所已言者不如其所未言者之多而所未言者亦未嘗不暗寓於所已言者之中孔子曰天何言哉佛四十九年不說一字皆過則歸非大智慧人不能儒者得一義即沾沾自喜此其所以小也

閱宋元學案全謝山學問門戶太深於宋儒中多意爲去取不能具各家之宗旨黃梨洲所謂以悱惻精神自入精粕者進配明儒學案相去甚遠反惜梨洲原書未成王梓材增補可作史讀無當學案也

女人智短佛在世時出家學道惟許大愛道一人大迦葉白阿難曰佛意不欲令女人出家汝殷勤因請使佛正法五百歲而衰微汝應作突吉羅懺宣尼亦言惟女子與小人爲難養也近之則不孫遠之則怨東西聖執大同如是智者可以參觀（此言女子難於受教與民可使由之章同意皆歎之之詞若女子之賢如敬姜者孔子固未嘗不與之也故讀書須綜觀不可）

閱劉寶楠論語正義古經中最難治者厥維易與論語易之難治人或知之而論語之難治人則多未之知余嘗許以一語曰愈平常愈奇愈平愈幻劉氏此疏攷證制度文物甚精而說理短淺轉似不及皇邢亦以見治論語之不易也（易與論語皆[illegible]）

下

閱焦里堂孟子正義焦氏攷據之儒而好談義理其說性善似較東原爲精

張氏書目答問載省府州縣志善本外若方駿瑛同治徐州府志丁寶書汪曰楨陸心源湖州府志爲一同邳州志劉壽曾光緒江都續志洪亮吉登封志武億寶豐志魯山志趙紹祖寶雞志莊炘邠州志袁俊濟源志修武志方履籛河內志胡大游河間志陸燿遹咸寧志章實齋清河志皆有名此繆筱珊所記在稻孫處見之

叔術妻嫂本一種傳說於禮嫂叔無服無服似亦無婚媾之禁頗疑古代本有此俗而制禮者治之若謂叔術賢者不應有此則公羊本有兩說後人妄議皆可不必

余居吳下大疫流行始發憤究心醫學著白喉證治通攷一書受之爲我序而傳之大抵中土醫術惟傷寒一脈相傳其他或不及泰西亦由世人視爲賤工故耳也自宋以來士大夫專講形而上者不講形而下者道藝歧成兩橛學問所以不古若歟

閱同文館譯法國律例拿破崙立國規模倘純乎君治

雜閱阮文達所刻經解多無聊賴之書不甚透闢王氏續刻稍勝蓋漸知古今文界限也

見戴子高論語注師公羊家法頗簡要（張皞山頗不滿意其書今古文家之意見雖然如是然子高書亦未嘗無可讀處）

閱論語筆解論語一書淵論通達最易滋僞韓李駁正舊注亦多臆斷師說於失經如廢物矣

聖賢無趨時學問學問而趨時學斯敝矣易曰時乘六龍以御天孔子乘時者也非趨時者也故曰君子而時中

受之語余觀書敘錄最要余謂宜專輯一編古今論學文亦宜專輯一編受之新輯別錄七略皆中經文章敘錄四部書目七志七錄文章志文章紀等書爲古書錄輯存命余敘之叢目錄一學自劉向後無知源流者矣

閱禮經釋例國朝朴儒余最服膺凌次仲次仲從容祇於禮經禮叶之一語悟出燕樂實開後來言樂者一大門徑此書以例言禮讀之若網在綱然例出於義不明其義則例之原不可得而知余嘗欲著一書羽翼之惜承於治內典不能如雷次宗既修淨業又講喪服也

性善性惡爲儒者言性兩大派善者宜也惡者過也皆就事言若就性言善惡何有水可載舟亦可覆舟善惡果在水乎刀能殺人亦能衛人善惡果在刀乎論語曰惟上智與下愚不移斯爲定論吾宗之（王陽明天泉證道性無善無惡乃晚年澈悟之談而陸隴其公白[illegible]與[illegible]激於救世不顧眞理儒者通病多如此所以聖人立教大義之外不能不輔以微言也）

得獨林一刊宋本徐楚金說文韵譜此書出自東瀛影鈔馮氏定所用韵爲陸法言切韵與鼎臣書用李舟切韵者不同昔歸山吳氏得唐寫說文木部撰箋異以行當並爲小學珍寶也

閱陽明全書論學書等護山傳信錄采擬殆盡

戴東原欲打破宋人太極圖著原善孟子緒言兩書求破前有與彭尺木書論之尺木亦有答書見集中此是漢宋兩家言理一大公案亦是主張心物兩端者一大公案實則古人觀物觀心本不似兩君之過然東原譏宋儒以意見爲理而宗東原者必欲溝程朱於吾儒而外之又何獨非意見耶

見東瀛源光圀大日本史始神武訖後小松分爲本紀列傳有其子綱條正德五年敘五世孫治紀文化七年進書表文殊雅潔

閱姚際恒古今僞書攷此事豈能臆斷大抵漢後書多易徵漢前書頗難定亦視讀者學問識解何如耳

新約後載默示錄一篇歐人謂豫指將來教會興衰之事穗卿曾粗言其理終未得確解可謂奇幻矣

或問災異何預於人而聖人記之曰使其無預於人聖人早已削之矣古之人智也愚今之人愚也智故曰未可與權

余病傳注糾葛曰但讀經足耳穗卿云此說非是春秋不讀邵公注何以知三科九旨之例釋典不讀智者書何以知藏通別圓頓漸秘密不定之教經天也諸家講解儀器也舍儀器大可測乎舍儀器而測天宋儒涵泳白文也誤矣

得熊三拔泰西水法嘉慶庚申重刊本徐文定譯筆古雅絕倫可攷西學新舊之遞嬗焉前二卷釋器用四卷論試驗五卷則推明物理圖附於後

余謂穗卿曰論語多有不可曉處子見南子一章極類[illegible]門婦[illegible]佛因緣少正卯三盜三歸亦與調達破和合僧相似他如天將以夫子爲木鐸天生德於予諸章若不以教宗言之實是無從索解穗卿曰然因謂曰論語屬顯緯則密教顯密同源信者篤信論語乃不信緯智不足以知聖也

見明陳耀文所輯花草粹編精鈔本有萬曆癸未自敘云緣花間草堂而起故以花草命名近王幼半塘刻宋人詞集引證此編最多亦志大晟之學者不可闕之書也

致廣大而盡精微廣大用綜精微用析析而不綜則不大綜而不析則不精二者兼之斯大儒已

閱阮氏疇人傳及羅氏續傳此書以揚中抑西爲宗旨蓋諸老由儒根方而知天元四元術尚未知有代數微積也

閱顏氏家訓六朝靡靡而袁子野清正之推仁恕學問各有所表見何遽無人

讀味經齋遺書莊先生深於易深於禮深於春秋深於天官曆律五行故能博大精微根極道要延今文家一綫之傳斯爲真漢學斯爲真經學書謂莊葆琛言夏小正劉申受言三傳陳勾溪凌曉樓言公羊魏定庵言史言諸子無不淵源莊氏嗚呼若莊氏者可爲百世之師已

今文家皆師師相傳其所用治經之法蓋近名學與諸子相出入[illegible]

春秋繁露可見古文家則但就書本考訂耳故今文學有家法有統緒古文學但有家法欲治今文必先恢復其統緒常州莊劉能有見於此惜其所推釋尚多不合乎名理後之讀莊劉書者但師其意可耳

閱新序說苑多識前言往行以畜其德中壘之志如是

閱公是集原父文朱子稱其自經書中來有高古之趣詩亦然雖亦宋體而有漢魏神理其深醇處非後人所及

見車鼎豐輯呂晚村評四書制藝語爲晚村呂子評語正編餘編又晚村與張揚園摘鈔朱子四書語類有其子呂公忠序皆煨燼之餘者

世說愍度道人始欲過江謀曰用舊義往江東恐不辦得食遂共立心無義人或以資笑談不知此義在當日固亦盛行一時慧皎竺法汰傳時沙門道恒常執心無義大行荊土汰曰此是邪說應須破之大集名僧令弟子曇壹難之恒拔其口辯不肯受屈明旦更集慧遠就席攻難恒自覺義途差異未即有答遠曰不疾而速杼柚何爲坐者皆笑心無之義於此而息開元釋教錄僞經目中有究竟大悲經三卷即心無義徒所僞造者一念爲食遂至於此亦可憫也

閱揚州畫舫錄此書可以媲洛陽伽藍記

閱佛祖統紀台宗僧史也

閱釋譯婆羅密與教外別傳迥異南北朝禪宗皆然而此則更融而大之台通四教道宣僧傳列智者大師於習禪有以也

再讀味經齋遺書經學至此真能分漢宋兩家言理之界限元和惠氏婺源江氏不及也

得明藏本法苑珠林較燕閩蔣氏本尤精密文行款均有異同此爲佛教類書攷古者之淵海也

鳩摩羅什來震旦歎華人有大乘根性謝靈運亦言華民易於見理難於受教故閉其累學而開其一極夷人易於受教難於見理故閉其頓了而開其漸悟此應機之說也制判兩土根器最確

見鈔本祁鶴皋爲松湘浦纂伊犂總統事略十二卷鶴皋自著西陲要略四卷事略有湘浦嘉慶戊辰叙要略有鶴皋嘉慶丁卯叙惟事略中南北兩路全境圖說有說無圖

閱五行大義印度四大地火水風中國五行金木水火土即化學家所謂原質也陰陽則正負符號耳本無奇特乃漢儒之談物也不以爲實質而以之爲法式無論何學無不以此分配之致爲後人所笑吾儕謂中土質習喜談物則而不知精驗物質觀此益信

與受之論音韵受之云音韵非通方言不可國朝諸老任意分部剏爲通轉之說古音轍矣余曰古韵當從諸老方言語學治之自有法國初劉繼莊首見及此受之是之

閱制藝叢話時文小道亦有派別惜梁公囿於風氣不能別裁轍稱其家學可嘆也阮文達四書文話已佚多采入此編（明張國齋以時文爲學本朝則有戴）

學璞眞所謂道在瓦礫也

讀圭峯原人論有云二教惟權佛兼權實策萬行懲惡勸善同歸於治則三教皆可遵行推萬法窮理盡性至於本源則佛教方爲決了自來判三教異同者無此的確張無盡息諍論猶是隔膜之譚耳梁書阮孝緒傳載其論曰至道之本貴在無爲聖人之跡存乎拯弊不垂其跡則世無以平不究其本則道實交喪丘旦將存其跡故宜權晦其本老莊但明其本亦宜深抑其跡良由跡須拯世非聖不能本實明理在賢可照圭峯以權實判孝緒是以本跡判謝靈運答法勗問則又以頓漸判六朝人判三教者大意不出乎此

閱弘明集六朝一代隱然爲佛教大敵者范縝神滅論耳諸方詰辨至煩梁武大筵談僧史者不可忽之

閱漢雜事秘辛此書楊用修僞造蓋影放飛燕外傳也而惠定宇後漢書補注乃引之不可解

得精印香屑集有瘦吟樓印章蓋金織織物也

余與受之欲倣高疎寮子略纂經略受之爲擬目例頃讀錢泰吉曝書雜記云疎寮尚有經略史略集略世鮮傳本是高氏已有此書史略近出東瀛黎氏刊入古逸叢書錢氏不及見經集二略未知尙在人間否

得光緒丙子淸河縣志贈受之非章實齋書也

六經皆史也而孔子刪定之史官皆所隸爲何必聖曰此正孔子之所以爲聖也史往跡也非經孔子加以意義則不能以開來故治經在明其義知其義則雖先王未之有可以義起也語曰知新之說者其如示諸掌

偶林一跋海國圖志云是書以林文忠所譯四洲志爲藍本不宜轉取從前之職方外紀萬國全圖等書以補其所無又云西人地理書皆著經緯度與得地理要義正恨中國古書無此故併省沿革多所聚訟魏氏不知輒多删薙更引地理全志地球說略徵其四誤然則圖志一書可議多矣中土人述西事書大都如此

閱李龍川詩龍川周太谷弟子太谷二大弟子張石琴被難無書龍川詩亦好事者傳鈔讀之平平無他奇大約世人以其秘密結社故神之耳人惟愚乃惟怪之欲聞可歎

誦四十二章經淺語有深理眞漢譯

論語堯曰章自來難解惟柳子厚說最精其文亦最高昌黎有所不逮而論語注家竟無引之者豈以其爲文士之見耶

宋初理學三家康節橫渠濂溪皆開派者而橫渠殊有精語正蒙一書駸駸乎度越諸子矣不獨西銘卓然可傳也

見日本岡田欽採擬阮刻經解爲皇清經解一斑寥寥尺書去取甚嚴其天保丙申自叙云儒者說經主於達訓詁而明義理蓋義理本也訓詁名物末也然芣苢螽斯之訓不明則比興之旨晦矣進退俯仰應對揖讓之節不詳則禮不勝其慢易矣鐘鼓管磬羽籥干戚之

度不存則不足以移風易俗矣攷覈其形狀制度比類指象探賾鈎深者特莫精於漢魏諸儒之傳注講聖經者豈可不由之乎但其間或參讖緯於聖經或間異端於正道是以奧窔不闢漫然無紀迨有宋洛閩諸儒相繼而起擺落漢唐專研義理於是學者知趣乎道德性命之本庶乎鄉如也然尚未必無俟聖人而無疑者也況傳其學者或疎於名物度數而暗於事迹時地或拘墟廻護偏主一家空論臆斷主持太過及其敝也學而比近來清儒多唱漢唐之學以抵其隙其解經也根據有源徵實不誣然徒區區考證而不甚究義理援引叢脞或失正路及其敝也瑣而拘此則分朋立異之敝俱非聖經之本旨矣所論持平能破除漢宋兩家角立習氣海國文士不易得也

語受之曰說經當適如其分古義本淺者不宜鑿之使深古義本圓者不宜說成一偏古義本渾者不宜分析太過此雖老生常談然而攷据家知此者尟矣

閱疇人傳阮文達譏西人天算日未幾而向所謂諸輪者又易爲橢圓面積之術且以爲地球動而太陽靜是西人亦不能堅守其前說也地谷至今才百餘年而其法屢變如是自是而後必更有於此數端之外逞其私智矜爲悠謬之論者嗟乎不堅守前說西學所以精也戴文節序算書曰積歲積人積智悠謬云乎哉

閱楊捷平閩紀捷於康熙十七年奉命充福建全省水陸提督總兵官剿臺灣海寇輯當時公牘成此書序跋多人未有包世臣道光十年齊後

學進化者也故屢變而愈精教持世者也天不變道亦不變故學有新舊教無新舊穆卿曰印度習小乘者謂大乘經皆龍樹道人所造然則非新教歟曰先聖隱覆之義後賢亟開顯之故曰新豈改道之謂乎道若可改乾坤或幾乎息已

閱殘本法琳辯正論攻道教較元光辨惑論劉勰滅惑論尤詳分類闢繆語皆徵實惜未覩其全琳師任於武德間與傅奕爭釋道異同成破邪論二卷余僅見其上册可與此論相輔而行

淮南之去建安不過三百年高誘之注已多不得其意法言去晉初亦不過二百餘年李軌之解亦然周初去漢則更遠矣必謂馬鄭經注悉得古義不許後人置喙豈非阿談乾嘉多墨守鄭學之儒宜姚姬傳報之反脣相稽也（近世阿好康成者有鄭珍李慈銘）

康成自言箋詩宗毛爲主如有不同即下己意陳奐甫極稱之謂學問當有宗主又有不同蓋意欲以救漢學墨守之敝也雖然亦難言矣今詩箋中所以易毛者果皆是耶抑亦有以臆見承當者耶康成治經本主通學左右采獲此非所語於顓家專識不足者勿遽效顰

閱嚴鐵橋輯上古先秦漢魏六朝文語受之曰明道宜先通文文者道之寓離文則道不寄然文以載道亦以障道上者道勝其次文與道爭勝最下文勝而道病矣古之人各立道術則各專其文故文有

宗派有流別迷離變幻一言萬殊內因心迹以斷與道會無苟作者楚艷漢侈流蔽不還然其精者猶必於道浸淫也迨唐以降文心一變自古相傳之法埽地盡已隋經籍志云文者所以明言也言其因物騁詞情靈無擁者也斯論最確

讀顏之推觀我生賦庾蘭成哀江南賦悱惻哀麗之中而兩人性情若揭文不可以僞爲信然

大清律誡死刑二斬絞無凌遲凌遲乃人主之私刑漢文帝除肉刑史頌其仁況磔裂人之肢體耶後有變法者宜除之

從人錄得釋藏全目取便尋檢昔龔定庵著龍藏考證爲校勘之學書不傳余欲撰提要粗示流別惜不得盡案閱藏知津讀之耳（閱藏知津聞金陵已刻尚有法海觀瀾一書）

佛有四種答直答反詰分別置答外道問世界有邊耶無邊耶亦有邊亦無邊耶非有邊非無邊耶佛皆默然此以置答答之也子路問事鬼神子曰未能事人焉能事鬼問死曰未知生焉知死此以反詰答之也皆教宗答問定式

得舊刻大藏一覽寶德陳實編體例略倣法苑珠林意在通俗起人信心亦明代居士中不可多得者

閱冥通記所記周氏子遇仙事殊可怪文筆古奧非六朝人不能爲此與眞誥皆出陶隱居手實可以窺見當時五斗米道之底蘊也

再閱明儒學案明儒論學自較宋賢精進然精者極精稗者極稗其精者亦多散漫而無統紀此病實在不通名學

得戴子高編顏氏學記習齋堅苦卓絕洞見言道植蔽獨以六藝教時微病泥古耳然摧廓宋儒深入隱微亦諍友哉（顏氏彈斥宋學實家是面力則非顏類俗所謂草頭醫也）

讀戴東原原善篇善曰仁曰禮曰義斯言甚非說文善宜也仁固宜矣姑息之仁豈得曰宜禮固宜矣非禮之禮豈得曰宜義固宜矣非義之義豈得曰宜東原好以訓詁說理何乃瞀於此事

閱習學記言水心經世之才諳於當代論古則尚粗此編議論亦傷於駁雜要其獨到處亦可佩也

見趙凡夫說文長箋原槧甚精此書自顧亭林譏之治小學者無人引據久成芻狗矣

徐霞客一代畸人其游記余藏有葉保堂原鐫倦餘披覽以代烟霞逸邈幽修之趣與禪悅同參也

佛典初被東土皆其淺者自小品來自下而始有義學可言羅什譯舉三律風化一世而小乘萌芽乃在六朝之季圓暉神清後遂無聞焉今西學又入矣殖種者安可不辨土宜哉

與受之究道教余謂古道家君人南面之術後世道教混合源流顛爲玉皇大帝方駕尹佚老聃之上而道家蘊沒且千年矣大要道教最僞講黃白鉛汞之說者神仙家也講采補內丹之說者房中家也講水火匡廓者周易之支裔也講三途五苦者佛書之濫觴也講符

錄齋隨者巫覡之流派也皆非道家也馬貴與文獻通攷已辨之國朝方維甸敘抱朴子尤詳分合

中國哲理多就事上推勘至漢始漸成於物理之不足淮南萬畢術即有此意惜其又牽到陰陽五行上去耳陰陽五行自古有之類如印度所傳之四大而其說惟漢爲獨盛一時大儒無有不究心於此者觀之治學無方則可識其妄信則非也

閱困學紀聞王伯厚開攷據一派宋儒經說多見甄采不可廢也翁注博而少斷全箋斷何許時有見到語非百詩所能及提要抑揚太過謬矣

術波傳不知何代僞書釋史引之然丹鉛錄已先引之金樓子載子路殺虎事釋史亦引作術波傳疑即用修所造金樓佚文出永樂大典用修什襲中秘固宜見之其書侮聖近鄙與皇侃論語疏所引雜書名論釋者同類皆可笑也

余數年來頗讀象教書爰搜得明經山本殘藏有趙州古觀音院嗣興沙門超祥康熙間收度圓印鼠蝕雨蠹無完帙然佛經秘籍約略備焉昔楊貞吉教應吉士讀楞嚴張太岳搖首曰太奇然吾思之際君少者逾二十歲長者逾四十八壽幾何不以此時奇更待何時龔自珍書闕告子曰予年二十七著此篇越十五年年四十矣始讀天台宗書佛說人有二十難其四曰得窺佛經難余年二十讀佛頂嚴鈔二十六即得窺全藏雖佩服思難茫茫墨數而探之獲聞假此稍慰汪容甫有言中於文章學問讀破一書之腦所享已多矣道忘貧人貴知足故於科名仕宦泊然無營誠自知所受有分爾以較世間物欲戀結糾纏若無所易之況爲無上法寶者乎雖然日進而不御遙聞聲而相思鬼谷之篋吾嘗引爲鑑也書此自勗

閱自華絳柑閣詩稿客學問漸染本朝儒者習氣太深似皆未能深造詩則獨無時下惡派異日或嘗以此傳余年十九在京師欲往謁之聞其病未果此册則友人從何成甫師處攜來者也

再閱顏氏學記顏氏以習爲教言之非不成理然從其說學術有因無創矣孟子稱或勞心勞力二者本不能相兼其後恕谷諸人仍歸於空談亦可見偏勝之弊不足以救病也

閱論語義疏皇侃序與譯經文致相類非六朝不能作書來番舶謂爲膺造汪藩窺語耳

閱姚氏文粹文之作者無不有六朝遺意趙宋始絕響矣稍孫云唐人書法亦然

寫定易州石本唐元宗御注老子老子爲僞道教假託無人知爲君人南面之術此注語不離宗惟純粹不及王輔嗣也

閱陳勾蔡公羊義疏引證甚繁富是以攷據家法治今文之學者

閱宗炳明佛論堂構粗闕燃火未息微介世教符衛道之精也

閱詁經精舍文鈔攷據學之弊自有書院始概以學術爲程式即不能不翻案翻解以求勝而不問乎心之所安是亦一八股也此編選

擇尚精然已多無關大義之言不讀無害爲通人讀之而變本加厲
其爲世道人心之患也大矣惟與以學術爲性命者乃無書院氣
閱江藩漢學師承記江惠兩派最鉅餘人多非經學專家不足師承
也
閱魏氏經世文編雍乾儒者懼議政之嫌故攷古必詳徵今皆略道
咸來國禁少弛始有讀官撰書著論譚經濟者亦風會使然歟此書由今日觀之或多不適於用作史料最佳
閱文心雕龍六朝識鑑具有淵源劉氏剖析精微尤多奧竅觀序志
篇可見其書之善焉當與昭明文選同讀
客有以大同之說諮余者應曰吾聞天地位萬物育矣不聞萬物位
天地育也客逡巡而去
閱白虎通類聚經義之書今文口說多賴以存可寶也句溪疏證能
分別家派尤便初學白虎通義乃吾敎中大毘婆沙論前有石渠後有白虎比之迦膩色迦王結集三藏惜此類決擇之書今多不傳無以致見六藝古誼也
游廣平廢剎觀明梵夾本藏經如見珍璧惜多放佚贖首有明正統
五年御製讚卷中有保慶寺圖記太原明聰收藏小印因假其開元
釋教錄附衆經目錄對之宋藏爲思溪王氏所刻其殘部間日本尙有之恨未之見
閱梓開居士集寒山之學能於悲海中精進當得起法忍二字觀生
一篇剖析物則最精在集中當爲第一
閱湖海文傳多采詁經家文不拘宗派

閱春融堂集詩勝於文
兩漢以經術致用而公羊先立學官兪理初遂以千歲之書詆之然
則功令表章程朱程朱亦千歲之書耶又謂說經不得預阿後世公
羊豈預阿後世者預阿後世敢作非常異義可怪之論耶至因公羊
而詈及何休則又論人非論學矣兪氏亦號通人斯言何其陋也陸隴像刻志趣卑下竟爲鄙公下考語致之本傳皆莫須有之談尤可笑也
閱杜少陵詩全以議論爲波瀾雖律體亦以古法行之沈鬱頓挫性
情凝涵可以聖矣劉彥和言妙識所難其易也將至忽之爲易其難
也方來願與明詩者參之
孟子有言人之異於禽獸者幾希無教則返乎禽獸矣返乎禽獸亡
種之漸也世有倡爲保種不保教者邪語而已爾吾爲此懼禽獸未食祇知現在不知過去故禽獸無教
劉知幾惑經疑古諸篇蓋欲使讀者參以活法耳立論未間致來後
人之誤解黃虎癡曾條駁之其說有是有非子元恐亦未必心服
得西崑酬唱集虞山周楨雲間王圖煒合注二人不甚知名而注頗
不陋
閱香奩集無題非艷詩也王次回疑雨集乃艷詩耳持較致光真有
仙凡之別
閱經韵樓集茂堂與顧千里爭論西郊四郊末後數札幾於詈矣上
古制度本難攷明堂辟雍言人人殊知其爲記禮者之傳說足矣不

知多聞闕疑之義必執一字以為作證未有不至於嘗者斯亦學者之大戒也

得雙溪醉隱集有李芍農校注詩不甚工於元初逸事頗詳

閱胡枕泉文選箋證國朝文選學最盛汪韓門孫頤谷余蕭客朱蘭坡彭甘亭以及先高祖仲雅公大抵多詳於校勘訓詁而論文則略抑所謂善易者不言易耶聞日本唐寫殘卷尚存彼國春澄善繩為後醍醐天皇講文選當我國五季古注固宜有傳者恨無從蒐訪之

閱國語發正汪氏所著書大都出於陳碩甫欽助之力為多而此書攷訂尤精勝於董增齡國語正義也

閱小謨觴館詩甘亭樓煩諸作骨力殊高健一歸江南即染隨園習惡派楊子幼所歎習俗移人者此歟

觀隋書經籍志述道書源流道教隱然與佛教角勝寇謙之之力也

閱定公古史鉤沈論壬癸之際胎觀非一世之言穗卿外無與觀微者矣

見稻孫手抄天元餘明法二卷不著撰人因假歸細校之

穗卿買得日本佛書多種竊其唯識述記為中邦久佚之典明以來講相宗者皆未之見余亦得嘉祥三論疏及普光法寶俱舍疏謂治佛學者宜先從小乘入手穗卿戲之曰我為君大乘師君當為我小乘師余所從事俱舍論旨至今竟未能成孤負穗卿此語矣

閱鐔津文集嵩師學佛似未深得者稱述儒術者皆極論中庸歷尚原教十篇執中立說雖有辨語然未必是仲尼思孟錯綜論語旨要以徵闢佛之矛盾甚中肯綮宋世儒釋兩教紛爭一件宗教史書上韓富相公張端明田樞密曾參政趙內翰呂內翰歐陽待制等書所著輔教篇正宗記定祖圖力文條陳質其言心懷悟序云師所著之文志在通儒釋以誘士大夫鏡本識心窮理見性而實其能詠是非之聲譽道溢序云師博古今內外之書無所不讀乎於所著乃廣明外教皇極中庸之道安危治亂之略王霸刑名賞罰之要而終歸之歸於無為寂然之道可謂得其命矣然余獨覽其文頗醇而不純學雜而不精所作宋子解曰學儒者謂宋子因多人恥不能具其道何為之駁也學儒者謂宋子非賢為儒者也敘寄歸釋氏法中耳三語深切其病乃強與為辯東坡多嗔之可其此類乎

閱羅存山著立命辨後袁氏殊不足道然存山此文則雖有見於古人教化本意荀卿有言君子以為文而百姓以為神以為文則吉以為神則凶流俗信仰皆有所緣亦人文之不可無者耳之指多事矣

閱江氏讀書經解入門可攷國朝諸老學術宗旨

余以酒隱詩穗卿為之題作鐵嶺吳修齡之言曰意喻之米炊則為而為飯詩則釀而為酒飯不變米形酒則變盡飯喫則飽酒飲則醉則憂者以樂喜者以悲有不知其所以然者與余言正相發明

閱李長吉詩詩自有理情然亦煩亂不亂耶其理在有科然之有少加以理之言非我強讀以理求長吉且非長吉矣

得舊刊山箱本陶淵明集卷末有旌邑李文韓刊一行獨山莫氏本即從此出。

讀三朝記千乘篇此篇所說下無用則國家富節用也立有神則國家敬明鬼也兼而愛之則民無怨心兼愛也墨家學術發源於此春秋時墨學尚未成家孔子所述自是先王政典蓋清廟之守所職歟陳蘭甫疑爲墨者僞竄實誤本朝儒者治學多不知流別祇可擧經不能治子也

得日本刻慧琳一切經音義琳師疏勒人其所載反紐與他書絕異疑皆唐時方音也

唐以詩傳而唐人不善言詩宋以詞傳而宋人不善言詞詩話盛而詩可知矣詞話興而詞可知矣言有枝葉皆衰末之徵也

焦仲卿妻詩爲自古最長敘事詩即後來彈詞所祖

佛家偈頌梵文有節本極流美以此土詩句易之如嚼飯予人失其味矣故詩歌韵語多不可繙譯

得倭名類聚抄所引小學佚書至夥合之慧琳一切經音義可補小學鉤沈近日新出東瀛古佚書爲前人所未見者多矣安知我之所得不又有後人補之乎甚勿輕議前人

閱汪容甫左氏春秋釋疑洞悉古史之原與章實齋所言不謀而合非深通古文家學者不解也

閱申凫盟聰山詩集曲周劉佑雲龍選平淡如其人荊關小爵遺語躬行之官勝勸善書

音樂繪畫皆暫時可以使人超出現境然亦非大哲不能脩流觀之祇益陷溺耳孔子聞韶三月不知肉味此是何等神契俗工什貴不容藉口

閱張覆輿詩刻意學少陵得其沈痛柿葉庵集已佚此本凫盟所抄

閱王船山全書博雅不如亭林確實不及桴亭置諸宋元諸儒間其吳草廬金仁山之流乎

閱翦勝野聞明祖因表文觸忌戮及儒臣此古代所未有本朝文字數大獄莊氏史案死者最冤王錫侯鄉曲尹嘉銓陋儒乃亦甘蒙兩觀之誅人主喜怒亦少顛哉

閱馮辰劉調贊所編恕谷先生年譜乾然有開物成務之意此書爲恕谷裔孫錯嘉慶間重修前有惲皋聞一傳一敘范鳴鳳刻三賢傳恕谷傳中所列著述較年譜有詳略

讀灌頂智者大師別傳覺靈山一會儼然未散也

陳蘭甫曰左氏之醫何休以爲齊言有非者有是者至左氏所記當時人之言與事而亦以爲齊言則非也蘭甫此言真可謂通矣以此詰邵公邵公將無詞以答余謂今文學至漢末漸衰者此也偶閱蘭甫讀書記記之

閱世說新語晉人清談殊饒理趣劉氏出以雋筆尤覺動人孝標注博洽而有訂正故書雅記藉以存其梗概非徒供把玩也

閱徐忠可金匱要略論注叙云不習經義不可以論史不讀史不可以衡百家之書蓋治理之變莫備於史而其源必出於經此古今之通義也至理名言乃得諸醫家異已

穗卿頗不喜洪北江余謂北江輿地之學耳疏漏處已爲後人所譏駢文工力遊記實則摹倣鮑明遠大雷岸寄妹書然尙遜其眞朴學術思想則吾無譏焉爾已

受之撰漢刑法志書後非衞覬孔德璋[illegible]請宜設律博士余昔有律學隅談之著粗攷古律源流自李悝法經不入藝文儒者視爲官簿政教之分遂至於今日矣

讀劉禮部禮無二適議書其端曰異居同財乃指祖父遺產言若自置之財則其婦固有權得以處分之宗法旣廢此等議論實有難行者禮以情爲田儒者勿輕執古法而絜人情也

或問孟子舜爲天子皋陶爲士瞽瞍殺人一章魏默深譏其支離又謂此戰國小人竄入其說何如余曰子書不能作史論觀此皆設詞耳若泥定舜皋陶解便不通黃本驥癡學亦有辨此者其病與默深同

春秋論事但論其理宋儒則局於人矣天下事理萬端豈有刻板之人哉有人之見在先卽不能治春秋論語小管仲進互鄉亦皆當以此意求之

讀元凝甄正論全書闢道設爲問答援釋典以證道之妄託引古書以攻道之僞造其云三洞經文惟老子兩卷微契洞元之旨其洞眞部卽是靈寶經數並是近代吳宋齊梁四朝道士葛元宋文明陸修靜及顧歡等僞造其洞神一部後漢末蜀人張道陵自云於峨嵋山修道證果老子從紫微宮下降授道陵天師之任及符禁醮役召鬼神之術道陵乃自僞造道經數百卷曁武帝平吳之後道陵經法始流至江左文明等於道陵所造僞經之中飾制義疏以解釋之因此更造僞經以增其數三洞僞狀是可知矣又云其尹喜傳老子出塞記及法始內傳並是近代道士等見佛法興盛俗薄其教苟懷妒忌僞造此等文又云葛元又僞造道經自稱太極左仙公目所造經云仙公請問經宋文明等更增其法造九等齋儀七部科籙修靜嗣上香之文行道懺悔之式衣服冠履之制跪拜折旋之容行其道者始斷婚娶禁葷辛又僞造靈寶等經數十卷後陸修靜更立衣服之號月帔星巾霓裳霞袖九光寶蓋十絕靈旛於此著矣至梁武帝初年爲修靜所惑皆致道流後悟非究竟之道親制捨道之文修靜出奔北齊又云道經除道德二篇兩界一卷又有黃庭內景之論自餘諸經咸是僞修又有太平經一百八十卷是蜀人于吉所造此人善避形迹不甚苦錄佛經多說帝王理國之法陰陽生化等事皆編甲子爲其部帙又有太清上清等經皆述飛鍊黃白藥石等法至如本際五卷乃是隋道士劉進喜造道士李仲卿續成十卷並模寫佛經潛偷罪福構架因果參亂佛法自唐以來則有益州道士黎興澄州道

士方長共造海空經十卷道士李榮又造洗氷經以對溫室道士劉無待又造大獻經以擬孟蘭盆幷造九幽經將類罪福報應自餘非大部帙僞者不可勝計所論道教書雖僞詭誕使作僞之徒主名可攷嶷師眞助我張喙矣

閱劉靜修集靜修本非金源遺老其於元蓋鄙之不屑就者宋則更遠矣全謝山有渡江賦書後一篇頗能道著文靖心事此集無詞半塘丈四印齋刻之

賸得方氏代數通藝錄廣南刻本有題有草學代數者以此爲便

夢吟詩鄉記一句云冷浸枕函憐夢影晴飄細雨露花光余學詩夙宗西崑此頗不類然極奇峭不可解也

閱洛陽伽藍記此書以如隱堂刻爲最善吳若準集證曾見如隱堂本而誤處殊多如天外作大上務言作苗言給力作給立之類皆未校出豈所見又一本耶

得杭堇浦鈔批漁洋詩集論律極嚴字蒼勁是其晚年所書

老子之無是遮詮非表詮有詮也無亦詮也淮南無無則並詮而遣之矣周弘正張譏皆言老無雙非之論恐非

閱河洛新出龜骨文字好事者競相藏弆鐘鼎古籀外又增一學矣吾友曹元忠定爲太卜龜書或近之

見北宋槧神清北山錄清師行履詳贊寧高僧傳此書一名北山參玄語錄師小乘宗匠僧史淵翻文極奧美尙有六朝遺響鐔津集有彈斥此書數條禪教異諍似非好通注者慧寶徵引殊詳亦頗有誤處如魏孝文詔求什後既得而祿之注誤於什字斷句魏孝文與羅什不同時此當是求其後而祿之也嘉祥百論疏羅什姓竺長安猶有其孫則什有後可知又嘉祥初聞天台頗輕於耳亦既目覩乃伏膺爲徒嘉祥謂隋吉藏注乃以爲慧皎慧皎承聖末避侯景難卒於江州與智者不相値安得云伏膺天台耶又謂俱舍授門下光普光也有俱舍論記今尙存而注亦以爲未詳至其引書不具所出則仍是前人陋習不足辨也此書價甚昂聞爲海上一藏家所得

曾子問昏禮既納幣有吉日父母死壻已葬壻之伯父致命女氏曰某之子有父母之喪不得嗣爲兄弟女氏許諾而不敢嫁壻免喪女之父母使人請壻不取而後嫁之禮也說者多謂而後嫁之者仍嫁與此壻夫壻既不取矣豈有強嫁之理梁書顧協傳少時將娉舅息女未成昏而協母亡免喪後不復取至六十餘此女猶未他適協義而迎之此可以證古誼蓋壻既不取則女有他適之道不必如近儒曲解也（曾子問一篇所論皆變禮此等事頗類託故辭昏者恐古亦未必通行也）

閱鮚埼亭外編謝山前集史夢蛟刻外編刻於嘉慶辛未不知出誰氏蓋謝山文多記桑海遺聞遺乾隆文禁之後故不欲顯言也或曰是蕭山汪繼培刻刮語燒書而終不能禁人之不傳亦王者之遺憾也吁

藝術爲中土人特性題圖品字亦是一種興趣若刻意爲之以此爲

求名之具則外矣游藝而不爲藝役天下有幾人哉

沈文起兩漢書疏證稿本尚存人間聞浙局刊其藝文志疏證亟思見之

醫家養生之術始黃帝道家君人南面之術亦始黃帝朝鮮許浚東醫寶鑑言道得其精醫得其粗二語確極故後世僞道教多羼入醫也

夜讀肇論遼寥無寄其文亦高不可及古今注解多家惟憨山最簡最明

見莊葆琛夏小正說義多用春秋家法推測孔子通三正之微義劉申受夏時等列說本此

大抵邪說誣民亦必依附些少眞理非是則不能動人海上初出時務報吳丈子修見之歎曰此龔定庵之文蒲留仙之筆也陷溺無日矣天下有已然之事而無必然之理彼徒見其外者固不能與之爭也

范肖士語余譯西書非通中國小學不可余謂佛書魏唐譯本最眞確以當時緇素皆精小學也觀元應慧琳等音義可見

與東蓀弟究算學得丹陽程之驥開方用表簡術從華氏開方古義開方兩表悟出演爲正商十表負商十表後明用法頗便初學

以德報怨耶教義也以直報怨孔教義也冤親平等佛教義也未有以怨報怨者以怨報怨凡民而已矣

得局刊唐律疏議附宋慈洗冤集錄岱南閣本孫奭等律音義則纂桐鄉沈氏影宋抄本也舊藏日本刻唐律遜此精湛且缺纂例案古律書在世者尚有宋律文十二卷明張楷明律疏議律文載入阮文達四庫未收提要愛日精廬藏有抄本邵位西謂與唐律大同而字句小異明律疏議爲孫淵如所藏謂可攷變古原流惜天下極少傳書矣

閱戴東原集攷據家多不工文惟方耕閎約東原朴奧兩家皆不以文傳而文實度越諸子東原嘗從方文輈游宜其文之與俗不同也段茂堂雖不工文而說文注却簡嚴有法得著書體

閱陳廷焯白雨齋詞話詞雖小道自宋以後失其傳者數百年常州張氏詞選周氏詞辨出删鄭淫廉立義始正然常州多意以寄託論詞學之者率平鈍少味潘四農與葉生書所以有不滿之意也余偕吳數年愛生念亂往往琱琢曼詞自賞釋逸又於家君侍側得聞文丈叔問王丈半塘諸緒論擬倣玉田義甫專著一書發明之但不知何日成此志耳

語受之曰聖人之立教也皆身作證使人行遠必自邇登高必自卑及其久也知邇而不知遠知卑而不知高蓋禪學一變而爲唱論儒學一變而爲講章而文武之道墜於地矣語曰節度久而絕文爲久而滅非大哲孰能復振之哉受之曰我輩不可不勉

閱白石道人歌曲後人多謂詞中之姜張詩中之李杜也此說非是

若以詞比詩稼軒謂美成如老杜屯田如太白石帚如昌黎夢窗如玉溪草窗如飛卿若玉田則如蘇黃耳白石詞境清空高濟上配美成下排夢窗非叔夏輩所能逮學者宜先從堯章入手久之自臻雅邁俗骨格成立直入片玉君特之室而一洗藻繢之塵此文丈樵風舉似語與詞學之指南也

攷據義理兩端也攷據重濕證濕證有到案者有未到案者而牴牾生焉至於義理則又有時代不同有方面不同宋儒經學每合而言之遇牴牾及不同處不惜介以一言曰僞此風沿至本朝嗚呼治學果若是其易乎

見萬桑悔庵稼騷堂詩集磊落不平激爲商異東坡所謂與秋色爭高者信乎勝國遺老詩也

佛有殺生之戒或曰人安能免殺生一滴水有無數蟲一呼吸有無數微生物曰此教儀也肉眼觀則可食天眼觀則不可食特示人不起念耳孔子釣而不綱弋不射宿處中說即無病

得錢伊庵宗範龔定庵詩注作宗逼伊庵即東父也此書示參修次第專提覺殷無夢想主人公語導人入門分十章曰禪源徹參調習入聖利人顯喩機用綱宗示辯而以貫教終焉禪不可缺之書也

得舊鈔程迓亭梅村詩箋梅村詩史也緣杉鄉覽注典疏謬而時事較詳枚庵矯之可謂精確矣而又病其微事太略迓亭此箋頗多佚聞爲靳氏采之未盡者安得有人重刊而傳之

閱抱朴子神仙家養生之極致本屬醫家醫始黃帝與道家同原而異流內篇亦崇黃老而仍不失爲神仙家最可攷分合之關鍵外篇雖自稱儒家而議論既不宗一家又不類雜家蓋子書折入詞章矣

閱保越錄元至正十九年徐勉之撰紀楊完呂珍守紹興事書載明太祖將胡大海等縱兵淫掠以及烈婦義士抗志不屈俱出目覩惟王冕事與張辰宋濂朱彝尊所作傳不合中稱明兵爲敵軍明祖爲敵主皆原本如是未經追改者嗟乎一代之興秉筆之臣類多紛飾反不如野史足以正名傳信也

閱章實齋婦學隨園輩謬託風雅敗越閨儒章氏刺之婉而篤矣

閱養一齋集申耆於學似非顯家雖與申受若士游而於今文家法實未深解其他論學亦皆忽漢忽宋依違不定蓋常道光中葉學術思想將變申耆欲兼而包之固宜有此惟所爲文澹雅和平有從善服義之公心無黨同伐異之陋見疑之人師斯無忝耳

閱切韵指掌圖等韵之書自神珙後圖列音母實自司馬公始此編執簡御繁尤便學者當急爲表章於世也

閱花間集詞本騷辨之遺房幃之思故雖音感人使不如今以其接軌古樂府也南宋專工長調賦多而比興微矣

陽明嘗言琴瑟簡編亦不可無梨洲晚年喜收書其子百家曰先生道雖窮而書則富雖然有梨洲之學則可無梨洲之學其爲玩物喪志一也

春秋繁露三代改制篇周人之王上推神農為九皇而改號軒轅謂之黃帝因存帝顓頊帝嚳帝堯之帝號絀虞而號舜曰帝舜上古本無所謂皇亦無所謂帝今尚書稱帝堯帝舜者殆皆周人之詞也諸子亦多雜記黃帝以來亦皆周世傳說竹書紀年又出於周季故攷古史者當以周為斷孔子所得黃帝元孫帝魁之書不知是何等書以意度之亦必周人依託不足信也

閱宋元學案語受之曰宋學三家明道濂溪康節皆發原周易者康節濂溪學於陳摶以雜僞之道教增衍聖軌明道則一本於王輔嗣粹然費直流派也明道之學後分兩派一為永嘉一為象山朱子陽奉明道實陰宗康節濂溪於是詆永嘉為事功詆象山為心性無極之糊先天之圖注參同解陰符和光同塵竟竊之儒書而不疑矣惟朱子好博覽東發伯厚實與開攷據一門實源於此故至今不能廢也

官秋帆日從交高麗劉裴邨戊戌之變裴邨死矣滿尹文以其遺詩見示余論詩素不喜宋體裴邨雖宗宋與衍劉深異乎貌襲一流人孰無死有此亦足傳也

得日本安明算法天生法指南天生法者安明特創實即支那天元一術耳彼邦自變法以來此種古籍久束高閣矣

閱梁荀濟論佛教表所列五不經於懸祗寺僧可謂切矣但援引內典鮮矣釋迦則殊不自識也後來傅奕助道韓愈右儒皆拾荀氏之緒餘然無此痛徹

閱通志鄭夾漈具有識斷通攷比之次之學其識東原務記誦而薄心得章實齋議之宜矣

公羊春秋多非常異義可怪之論治之者宜務在然漢之嚴彭顏何休皆之下無聞唐之殷侑其人立身皆有本末攷史傳亂臣賊子殆無有焉復堂先生亦好公羊者嘗以破壞六經規橫卿蓋老當之用心如此程子嘗言有關雎麟趾之意然後可以行周官之法余亦謂有惻隱古詩之意然後可以讀公羊之書斯論也殆非康廖諸所曉也

得高行篤手寫宋河岳英靈集唐人選本朝詩存於世者數種惟殷氏去取嚴專以風骨為主高適與逸味深於選上接彭澤下開韋柳誠詩家之秘寶也余自憂患以來閉關絕慮希蹤五柳故於此選尤喜誦焉每體中不適輒取讀不過數篇瑕悲清湘不足以喻之已

論學與行須別不可參涉其亂孟子關楊墨矣何嘗毀及楊墨之為人嗚呼斯道也今亡矣夫（楊氏為君墨氏為父實指其學之流弊而言非謂楊墨無父無君也）

受之贈余皇甫湜文集余與孫樵經緯集同裝一册持正奇崛可之老潔於昌黎均有出藍之妙而選古文者每遺之不可解也

讀小雅有懷諸章覺生之咏劇於念亂許魯齋謂儒者以治生為先亂世之言也

閱玉溪生詩集玉谿詩為晚唐一大家隱僻處寄假閨房謔言以寓

其發乍忿亂之痛哀感頑艷可以奴僕命騷矣桐鄉馮孟亭注攷證之功較朱氏程氏爲優惟樊南補編文二百三篇出永樂大典馮氏未見故經緯行年往往肌謑甚矣著述之難盡善也（馮注初稿原名箋注余近始得之）

橫浦從大慧游大慧教之曰學士得此霸柄即可改頭換面說向儒齊去受之齊以此規我余曰吾之言比量也比量之法在知類其相遝他共相別相遝他別相非改頭換面者比若橫浦諸公之講學也頭面雖改以吾觀之仍是談禪耳學問能研勘至此則入微矣

閻昌谷歌詩注詩難注長吉詩尤難王氏不能以意逆志每以少理繩之固哉高叟矣

閻遠學容甫之學深於左氏春秋故文亦學左氏善者駸駸乎度越六朝矣國朝二百餘年無此作手也

乾嘉諸儒治經學今古文多不甚區別定宇東原皆然道咸以來兩派始漸有角立之勢自廖平輩出而今文弊矣自章枚叔輩出而古文又弊矣今文之弊易見古文之弊難見易見其患淺難見其患深患淺者不過亡國而已患深者且將滅種道之興廢豈不在人哉偶與受之談爲之三歎

受之刻志道集成詒余一冊志道集者宋吳郡顧禧景蕃著景蕃曾與施元之同注蘇詩紹興間舉遺逸高隱以終南渡遺民也宜其詩無俗韵矣

受之處見王壬秋所校墨子湘綺翁號近代哲匠而此書則割裂專輒殊不類通儒所爲且於墨家宗旨一無闡發而穿鑿西學尤許叔重所謂鬻辟虛造者也

五倫爲人類天然物則中國視之則重而泰西視之則輕墨子言仁孔子何嘗不言仁外道言天言鬼釋迦何嘗不言天言鬼提挈不同學派遂成水火嘵天下本無異端祇爭過與不過耳過猶不及中庸所以難能也

讀靖節集陶公詩天籟也吟咏久之如萬玉哀鳴動人心脾此所以妙絕古今歟後人僅以閒靜沖澹目陶非陶公知音也

從式之師假得汪子文錄觀之大紳與尺木蕺山齊名蕺山以精邃勝尺木以專純勝大紳獨以奇勝三人皆學佛而所造各不同皆奇傑之士也然而尺木深遠矣

經傳聖賢之言皆爲憂患前民而作其於祈天永命之旨未嘗不爲吾民族深慮之也其於成敗禍福存亡之可畏未嘗不爲吾民族垂涕泗而道之也中庸言至誠之道可以前知豈惟經傳即下至一謠一諺亦莫不有此意注蟲魚箋草木終身在故紙堆中尋討者殆不足以語此

閱篋中詞本朝詞流余最服膺者三家納蘭金梁水雲擬抄以自隨惟憶雲未得寓目爲恨耳此選於流別頗矜慎若能不錄生存人則盡善已

從朱古微丈假得翠微花館詞殘本戈氏以知律自詡而實疎譜式

斷詞亦屏俗無他奇不知何以得盛名於時也

天下事無有不變者名式一也而意義時時變典章制度一也而所以行之者時時變其始也微而其終異也必鉅聖人之道語其常不語其變故曰知常曰明

得莊氏金文雅金源一代之文說理明達不及南宋而幽雋之趣或過之蓋當時二程之學流過江左河汾間尙守東坡遺響也度遼鐵元爵為國粹宜哉

抄得段克巳段成巳二妙集詞一卷二段金源遺老也其詞得蘇辛之氣骨與遺山相伯仲亦彼時樂府中高手矣

得精鈔樊川集夾注書見經籍訪古志注中所引多佚書惜只存前二卷疑宋末高麗人所為也

得杜小舫校正詞律善本紅友論律每謹於去上可謂能抉聲與者不知詞中入聲字亦有一定繩墨也杜校補苴罅漏時有所見而言之不詳是亦千慮之一失巳余聞之文丈樵風云

古微不甚論人詞叔問則反是余謂皆是也古微之取於人也得其精者遺其粗者叔問為後進指迷耳讀古人書當以古丈為法

古微丈以所著彊邨詞前集別集正集三種來贈丈嘗與半塘丈同為大晟之學曾撰庚子秋詞春蟄吟此集則刻意宗夢窗並世詞流樵風而外未能或之先也竊嘗論之乾嘉諸老生長承平鼓吹六籍專以敘贊為技倆文遂為之一衰近則四夷交侵國勢岌矣一時才士摧棱斂鍔往往假無聊之言以致其芳芬悱惻之致故依聲一學號稱極盛嗚呼亦可以覘世變已

閱楚詞屈原之文天下之至文也其憂愛世也後來阮籍詠懷詩馮延巳鵲踏枝詞各能得其一體

閱徐菊莊本事詩勝國一代雖以理學標榜流為風氣而其閒名流墨客遭遇亂離長歌抒憤悱惻動人閨閣亦擅倩才好事畢討流傳輒成掌錄誦其遺製馨芬斃齒頓如身況其世而親聆其謦欬也國朝風尙視之有媿色矣

嚴鐵橋所輯上古先秦漢魏六朝文可謂大觀惟屈原為文學開山因楚騷見存遂不入錄然則所采各家如陶潛等豈非皆有專集乎未免於例不純矣此書吳興蔣氏曾刻一目此則廣東新刻也

閱南宋文範南渡士夫議論多嚴以經濟自見於古今南北分割之形勢謀略言之尤詳當強鄰虎視之秋而能偏安至一百五十餘年皆諸君子愛國之心所固結也豈偶然哉

閱王靜庵挑燈詞余所收徑山殘藏千餘種因易書入之費爛為靜庵所得仍手寫一目而歸之自是遂與定交靜庵治泰西哲學甚勤古學亦頗究心詞則酷學納蘭者也

國朝儒者尙攷據乾嘉以後風氣所趨至有一書首尾尙未綜貫而專以扶瑕擿釁為能事者甚或每說一事呻經怪牒累牘不休非是則人以寡見笑之俞理初輩其尤也昔人有意難俗之說此殆

所謂愈博愈陋乎物窮則變朴學朴學此法滅在人矣

閥水心別集永嘉經制之學講實用切國情亦儒者所有事然因病予方大有權衡王安石青苗法非不善正坐盡信書耳

邵氏見聞後錄王荆公會客食間孔子不徹薑食何也劉貢父曰本草薑多食損智斯言是也佛斷酒肉戀韭蒜亦以其助長貪慾孔子則處中衷法故曰不徹薑食不多食惟酒無量不及亂亦然鄉黨一篇記人所記孔子言行皆有意義宜深觀之貢父尚有讒痏公語殊涉詼諧今不取

仁與智如車兩輪智者不惑仁則近於惑矣雖然留惑救世亦非大智若愚不克臻此譚氏仁學吾以一言評之曰不智而愚

墨氏之害更甚於暴君桀紂獨夫耳皆天下而爲桀紂將奈何孟子曰賊民興喪無日矣何其言之沈痛也

釋氏言業孔氏言命業以造因言命以稟受言命局一期業通三世世出世法雖不同而其爲權濟則一也

古幣皆作刀形蔡氏辯說謂古人銘器往往作執刀狀泉幣象之以示遺烈夫鑄鼎銘勳幣何取義頗疑刀幣爲古人軍用之品古代財貨以布帛交易師行則布帛不便轉運故以幣代之軍興則用平時則否至戰國而刀幣始盛戰國者征伐之天下也非此不足以利行軍於是古以布帛爲本位者遂一變而以刀幣爲本位矣此雖臆測或者然也

聖人之樂樂天也其憂憂世也今人崇獎現樂祇是順世外道見解耳悲能生智凡抱樂觀者皆愚也吾何以論人之智愚哉以此

朝廷以法殺人士大夫以意見殺人意見流爲感情其斷且甚於法辯左氏而詆公穀侮程朱而毀陸王積感約之漸至數百年皆所謂以意見殺人也直而不黨難乎免於今之世矣

宋儒好言理又好言氣宋儒所言之氣略如西書之所謂質力程子云天理二字是自家體認出來天理者先天之範疇也此與古書所言之理本末不無異同古書都無以理與氣對言者孟子稱志一則動氣氣一則動志志乃心之所之不可遽目志爲理然則宋儒之學自是一家強詁古書適形鑿枘陽明一派不甚言氣雖於宋學又一轉手其識見實高於晦翁也

閥古教彙參此書成於光緒九年當時信基督教者尚無宗教之名宗教二字則起於近年蓋從日籍稗販者也中文譯之但一教字足矣以背被言亦可謂之化說文云化教行也世人有謂宗教自宗教教化自教化者皆知二五而不知一十者也此書所叙埃及風俗頗可與中國古代參觀埃及拜蓄神中國亦祀山川日月埃及供奉血氣活物中國祭祀立人爲尸人鑑恩羅畫源略同一轍惟埃及無聖賢中國則賢聖之君六七作晚周哲人輩出遂與希利尼爲上之此其異也

道術發源由渾至畫上古道術政教渾洽後乃演進分歧發達治上古史者正當細爲剖析以近世見解輕議古史殊有是處

閥管子漢志列管子道家隋志以下始著錄於法家實則其書乃古政治學也政治之學其爲用必兼法家而實以道爲基礎此在百家

莫不皆然而政治尤其顯焉者也中國教學合一政治爲體教其精神學則脈絡而皆以道爲之大原欲考孔子以前古政治之統厥維此書使文之以禮樂亦聖者之徒也荀卿有言管仲爲政者也未及修禮也孔子小之意蓋在此其書未必盡出於管仲要是爲管仲之學者所推衍本朝治此書者數家戴子高校正最善

有謂孔子之道不得爲宗教者應之曰宗者宗仰教即教化儒者宗仰孔子而以其道教化於世非宗教而何至於教儀之有無此乃形式不同非其本質頓異也譬之於人藍睛黃髮中國人與泰西人雖不同然豈可謂之非人也耶又有謂孔子之教應是教育則又應之曰此未明乎古代道術者也古代道術教與學不分安有教育而不涉及教化者孔子博學無所成名又曰君子不器此非區區教育家所能比然則謂孔子政治家乎是又不然論語一書余詳味之矣其言政也大都是一種訓詞未嘗專標政策如管子商君等書故管商可以謂之政治家而非所語於生民未有之孔子也吾人治古代史於此等處應須別具隻眼

殷因於夏禮所損益可知也周因於殷禮所損益可知也其或繼周者雖百世可知也因者創之基也未有不因而能創者不因而創班孟堅所謂苟鉤鈲析亂也非徒無益而又害之今之言改革者類此

泰西科學重試驗印度瑜伽學重體驗中國歷史學重經驗徵籍書策考諸家實耳是學之具非學之本也

閱才調集此集體例雜亂當是隨得隨編五季方州幅裂全集難得但據所見錄之非有深意觀其旨歸要以元白溫李爲宗伯玉退之概皆擯落不獨浣花一老也因知韋公意局當時一二儁偏袒未是定評

禮記七十二弟子後學所記訖於漢初小戴結集實即後世叢書之祖也其書意在闡發先王制禮之奧藏而別錄屬通論諸篇尤爲精義入神非抉經心而執聖權者殆未足以與於此自來治十七篇者多可觀而治此經者皆無甚透闢甚或妄以所誕之見肊測之義學之不講也久矣可慨也夫（鄭康成注三禮禮記注蓋其治今文學時所成故未能如周官儀禮注之閎深孔疏本之皇疏雖於鄭氏不免依違而徵實者多實遠勝他疏集說讕纂概無從考證又疏欲治此經終不能舍此義疏他求也）

魏莊渠言李獻吉晚而論學靜中恍若有見則錄之問曰錄後意味如何李默然曰某實不自知纔記後意味便散閱集糾究亦有日記請之不肯出蓋其中或記瑣事或有未定之論故不欲以示人也語曰書不盡言言不盡意天下言語已患其多矣又安可更益之乎故余之所記遂止於是

此余三十五歲以前瀏覽羣書隨筆牋錄之作丹黃叢雜多無詮次南北流離久已不存嶺表及門李子滄萍命曾錄本見寄楊子雲覆瓿之文范蔚宗蠟車之史衰年觀之眞如一夢矣所錄間有遺漏追憶綴補數則喪亂餘生倚案荒嘆殊自媿耳丙子閏三月嘉遯翁記於貸術縉士之室

燕京大學引得編纂處出版書目

說苑引得　引得第一號　每册定價八角外埠酌加郵費

白虎通引得　引得第二號　每册定價八角外埠酌加郵費

考古質疑引得　引得第三號　每册定價六角外埠酌加郵費

歷代同姓名錄引得　引得第四號　每册定價九角外埠酌加郵費

儀禮引得附鄭注引書及賈疏引書引得　引得第六號　每册定價二元外埠酌加郵費

四庫全書總目及未收書目引得　引得第七號　每部定價四元外埠酌加郵費

全上古三代秦漢三國六朝文作者引得　引得第八號　每部定價四角外埠酌加郵費

三十三種清代傳記綜合引得　引得第九號　一厚册定價大洋五圓

藝文志二十種綜合引得　引得第十號　四厚册每部定價大洋二十元

佛藏子目引得　引得第十一號　三厚册每部定價大洋四十元

世說新語引得附劉注引書引得　引得第十二號　每册定價大洋一元

容齋隨筆五集綜合引得　引得第十三號　每部定價大洋二元

蘇氏演義引得　引得第十四號　定價大洋四角

太平廣記引得　引得第十五號　定價大洋三元

新唐書宰相世系表引得　引得第十六號　每部定價二元

水經注引得　引得第十七號　二厚册定價大洋拾圓

唐詩紀事著者引得　引得第十八號　定價大洋五角

宋詩紀事作者引得　引得第十九號　定價大洋叁元伍角

元詩紀事著者引得　引得第二十號　定價大洋伍角

清代書畫家字號引得　引得第廿一號　每部定價大洋叁元

刊誤引得　引得第二十二號　每册定價大洋伍角

讀史年表附引得　引得特刊第一號　每部定價三元外埠酌加郵費

諸史然疑校訂附引得　引得特刊第二號　每册定價四角外埠酌加郵費

明代勅撰書考附引得　引得特刊第三號　每册定價一元五角外埠酌加郵費

引得說　引得特刊第四號　定價大洋四角

勺園圖錄考　引得特刊第五號　每部定價大洋一元五角

日本期刊三十八種中東方學論文篇目坿引得　一厚册定價西洋宣紙本五元五角報紙本四元

封氏聞見記校證　引得特刊第七號　兩厚册定價五元

清畫傳輯佚三種　引得特刊第八號　毛邊紙印華裝一册定價一元

北平隆福寺文奎堂總代售

張孟劬先生遯堪書題

王鍾翰錄

遯堪書題者錢唐張孟劬先生于所讀書偶有寄意隨手書之簡端雖與解題提要殊科要亦有所發明本遯世无悶之旨自號曰遯堪足以見其高尙之志矣先生早歲詞章之名噪大江南北既乃研讀經史諸子兼及教乘深入無間晚參史局然後專心乙部以迄于今巍然爲史學大師所著書若史微足以見其史識若李義山年譜足以見其考核史事之精若清后妃傳稿尤足見史筆謹嚴上媲班范非近世毛西河諸人所能望見肩背先生之學信可謂精且博矣而純德篤行尤足矜式後進經師人師之稱豈偶然哉鍾翰游學舊都幸立門下資性魯愚何足仰側高深然親炙日久質疑問難每受誨言而後知先生謙德尤不可及也嘗借讀藏書愛其題識私錄爲副更欲廣之同人既得三四十種先生知之不以爲善也曰此乃少年信筆及之烏足示人堅請再三始獲贊許然其他題識尙多懇弗許再窺矣或謂此數十紙中頗多傷時之語所謂春秋伏臘仍懷故國之衣冠歌詠篇章不載興朝之歲月然此先生一人志行非欲强以教人讀者分別觀之但味其熟精經史騷選之理出言吐氣雍容研鍊未嘗非學爲文辭之一助因進以窺先生平日讀書勤劬考訂不倦則所以示我後進以準的者爲更多也二十七年九月門人東安王鍾翰謹識

吳汪梅村詩集 增補箋四十五條

生平於國朝詩極耆梅村漁洋二家吳詩於先母帷中讀之故尤纏綿於心集中名篇略能背誦所著爲集覽本枚庵箋注徵引詳碻遠軼靳氏可媲惠氏精華錄訓纂舊得一本旋復失去今年於海上乃復收之天方喪亂小雅疑微麥秀之感豈獨殷墟黍離之悲信哉周宗鳳車一去如聞黃竹之謠華屋何存空下雍門之泣追懷縷緒都成悲端雖長歌不能當哭矣丁卯六月張爾田記

余年十五從先君行篋探得吳詩集覽舊槧本愛玩永日先母憐之命恣所閱生平治史尤熟於明季故實自兹始也我生不辰晚遇艱屯改朔移朝草間偷活而斯編乃若豫爲之兆者歲在癸秋應聘幽安白鶴東來空餘華表銅駝北望還見長安身世之感異代同符今又十五年矣老革騰騫纖民熾盛寄身已漏之舟流涕將沈之陸舊集重溫緣纓露臉不知淚之何從也丁卯七月遯堪居士題記

聞之吾鄉邵蕙西先生言曾見史可法奏報北都降賊諸臣有吳偉業名墓表但云丁嗣父艱行狀云甲申之變先生里居梅村年譜於是年事亦語焉未詳若有所諱者然梅村南中曾登朝一月解學龍所定逆案亦不及梅村豈已湔雪歟當時道路阻隔擾攘之際相傳有誤容或有之然亦南燼佚聞也丁卯七月十八日燈下記

靳氏集覽引古多舛而搜孴本事實較詳備程迓亭箋遺聞墜掌尤資津逮惜但有稿本未刊後歸黃蕘圃汪閬原兩家近年流落坊市余曾見之此注未免太求雅馴故世間仍行集覽有以也頗思取二注及梅村家藏稿年譜重治一通而世亂方殷經籍道熄蟄居窮室絕學孤危覗古人炳燭之明用志不紛者又一時矣念之輒復慨然丁卯七月遯堪再記

丁卯秋觀我生室重讀一過集中諸作要以長慶體爲工風骨不逮四傑聲情駘宕上掩元白而蒼涼激楚過之或疑其俗調太多實則此體正不嫌俗但視其驅使何如耳陳雲伯輩效之遂淪惡下於此見梅村真不可及五古若清涼山諸詩亦堪繼武七律未脫七子窠臼絕句則白檜以下矣赤殼稽天息影窮藪覆復書之

陵谷貿遷桑海一概梅村易簀之命茹苦含悲殆不欲作第一流想矣余生晚季遭逢世革早歲彈冠委贄人國今茲抱甕屈跡泥塗十七年中爲日奔走鳩史束華授經北胄存遺獻於皇餘庶斯文於墜滅欲標儒預同物之勞不潔子容詭對之跡靜言身世與先生其何以異所不同者未面閻朝耳昔姚察陳書序儒林傳云衣冠殄盡寇賊未寧雖博延生徒成業蓋寡今之采綴蓋梁之遺儒也每諷斯言悲積陳古異時知吾儻不死我立一圓石題曰有清遺儒某某之墓足矣息壤在彼用敢附書戊辰四月張爾田記

吳梅村先生行狀乙酉南中召拜少詹事　　談遷北游錄順治乙未八月乙酉是日御試詹翰四十八人表一疏一判一其表曰上親征朝鮮國王率其臣民降羣臣賀表丙戌過吳太史所太史口誦其表極瞻麗

案梅村表文亦載北游錄紀聞

雅善書尺贖便面人爭藏弆以爲榮　　談遷北游錄過吳太史所昨夕上傳吳太史及庶吉士嚴子餐沅行人張稚恭恂各作畫以進太史方點染山水明日共進時朝廷好畫先是戶部尚書戴明說大理寺卿王先士程正揆各命以畫進案觀此則梅村又善畫不獨善書也

葬吾於鄧尉靈巖相近　　談遷北游錄紀聞駿公先生又工詩餘善塡詞所作秣陵春傳奇今行嘗作賀新郎一闋萬事催華髮論龔生天年竟夭高名難沒吾病難將醫藥治耿耿胸中熱血待洒向西風殘月剖

却心肝令置地間華陀解我腸千結追往恨倍淒咽故人慷慨多奇節爲當年沈吟不斷草間偷活艾炙眉頭瓜噴鼻今日須難決絕早悲若重來千疊脫屣妻孥非易事竟一錢不値何須說人世事幾完缺案孺木以順治十一年甲午入都見梅村錄中所記皆其時事則賀新郎詞蓋早作世以爲絕筆非也

吳門遇劉雪舫　五古長篇鋪叙如北征南山皆風骨高騫主賓凝互故意境最高梅村大都不衍不過做之昔游之比耳然而宛轉含淒靡靡入妙使傷心人讀之涕下眞情眞景亦後來所難追步者此首與遇南廂叟一篇在集中皆入妙亦可謂異曲同工矣

送何省齋　頗放冗蔓長慶之遺

君家好兄弟　明季南略何亮工南京桐城人宰相何如寵孫也亮工少有逸才爲史道鄰幕賓史荅攝政王書乃其手筆順治丁酉舉孝廉家南京武定橋

淸涼山讚佛詩　此爲董鄂貴妃作也妃薨於順治十七年八月翌年正月世祖賓天王文靖實親承末命見於韓菼所作行狀陳其年詠史詩玉柙珠襦連歲事茂陵應長並頭花此紀實也梅村此詠鼎湖寓言或當時傳聞之異然詩特工麗近有言於內閣舊檔發見順治二十一年題本者余頗疑之

陛下壽萬年　世祖信佛當時必有傳爲不死之說者木陳和尚有骨鑑侍香記一書乾隆間以其妖言詔燬之梅村所詠或具其中恨不能一證也

從官進哀誄黃紙抄名入　徐健庵憺園集送程周量出守桂林詩註周量官內秘書撰文付進端敬皇后誄爲孝陵所賞據此詩從官進哀誄黃紙抄名入句是當時進誄者不祗程可則一人也

微聞金雞詔亦由玉妃出　世祖實錄順治十七年十一月諭端敬皇后彌留時諄諄以矜恤秋決爲言朕

是以體上天好生之德見在監候各犯概從減等應秋決者今年俱停止徵聞二句指此

南望倉舒墳　倉舒墳謂董鄂妃所生皇四子榮親王王生甫四月順治十五年正月薨見世祖實錄

寄語漢皇帝何苦留人間　漢武學仙章皇信佛身局九重神游八極瑤池黃竹之謠蒼梧白雲之想寫來疑是疑非滿紙俱化烟霧矣不得作實事解也

房星竟未動天降白玉棺　觀房星二句蓋謂乘輿未出而遽賓天也前段假道安銜命勸其脫屣人寰故以此兩句作轉捩所謂惜哉善財洞未得誇迎鑾也第四首色空兩不住亦以此意作結所云寓言信矣

惜哉善財洞未得誇迎鑾　善財洞當在清涼山此二句明言神游而非親到矣是全詩點睛處奈何解者不察尚謂此山曾駐蹕耶惜吳氏未注所出容當詳攷集覽引甬東游記未是

集覽房星注引晉書天文志房四星爲明堂天子布政之宮也房星明則王者明攷晉書天文志但云房爲天駟亦曰天廐主開閉畜藏房星明則王者明其明堂布政之宮乃指角外三星不知集覽何以合而爲一宜後人誤據解作帝星不動而有法王行遯之疑也吳注引史記注房星主車駕得之

房星近心心爲明堂故宋均注詩緯記歷樞云房既近心爲明堂又爲天府及天駟也晉書天文志房四星爲明堂天子布政之宮實本此但非本誼本誼仍以主車駕爲正訓耳注家未能分析

色空兩不住　此首寫其陟降所謂翠華想像空山裏也而以色空兩不住一點何等超妙若以鴻都方士之寓言解作西山老佛之疑史恐非詩人本旨

琵琶行　集中七古此爲第一中段寫琵琶聲激楚鬱盤古音錯落殆駕元白而上之近人學長慶體者所不能爲

王郎曲　此是長慶體之卑卑者著語淡宕故不覺若更刻畫便入魔道矣奈何近人輒喜此種

談遷北游錄謁吳太史所太史近作王郎曲吳人王稼本徐勿齋歌兒也亂後隸巡撫土國寶怙勢自恣國寶死逃入燕今再至年三十而江南薦紳好其音不衰强太史作王郎曲先是太史善病每坐晤對今病良已詩紛自娛因曰文詞一道今人第辨雅俗似矣然有用一語似雅實俗有出於俗而實雅未易辨也余聞之瞿然有省案梅村此詩似雅實俗孺木所記其殆善於解嘲歟

古來絕藝當通都盛名肯放優閒多　都多唐韻不通此用俗音取協梅村詩用韻往往可議蓋漸染明季填曲家不學之病也

蕭史青門曲神廟榮昌主尚存　今內閣舊檔有順治二年十二月二十四日養臣榮昌大長公主揭帖是榮昌入本朝始薨也

盡歎周郎竹入選俄驚秦女遽登仙青青寒食東風柳彰義門邊冷墓田　談遷北游錄引孫承澤春明夢餘錄曰公主名徽媞甲申年十五傷右臂肩際明年九月成婚丁亥卒公主葬周氏宅旁今地賜豐盛王垣之不可入在廣寧門內周世顯父國輔

通元老人龍腹竹歌　通元老人湯若望也談遷北游錄入宣武門稍左天主堂訪西人湯道未若望大西洋歐邏巴人萬曆戊午航海從江浙入燕故相上海錢文定龍錫以治曆薦今湯官太常寺卿領欽天監事勅封通元教師年六十有三霜髯拂領時人傳作勅賜通微教師誤當据此訂之

彭孫貽客舍偶聞利瑪竇精天文律曆以西洋曆法論改曆事湯若望等續成之名崇禎曆書世祖定鼎北京遂用之名時憲曆賜若望號通元國師賜一品服

田家鐵獅歌　談遷北游錄入宣武門大街久之道側鐵獅二元元貞十年彰德路造先朝都督田弘遇賜第獅當其門今門堙而獅如故也吳駿公嘗作歌

盧溝城雉對西山橋上征人竟不還枉刻蹲獅七十二桑乾流水自潺潺　北游錄紀聞盧溝橋石獅兩行共三百六十有八

題崔青蚓洗象圖　北游錄過吳太史所云往時大興孫清隱有高節畫山水人物追蹤古人亡子甲申遭亂餓死其畫多傳太史題其洗象圖孫清隱即崔青蚓音訛孺木殆聽之未審也

臨淮老妓行　談遷北游錄午過吳太史所太史作臨淮老妓行甫脫稿云良鄉伎冬兒善南調入外戚田都督弘遇家弘遇卒都督劉澤清購得之爲教諸姬四十餘人冬兒尤姝麗甲申國變澤清欲偵二王存否冬兒請身往易戎飾而北至田氏知二王不幸還報澤清因從鎮淮安澤清漁於色書佐某亡罪殺之收其妻明年澤清降燕而攝政王賜侍女三人皆經御者澤清不避也居久之內一人告變攝政王鞫問及故書佐之妻澤清謂書佐罪當死故妻明其非罪且摘澤清私居冠角巾諸不法事澤清論下冬兒刑部時尚書湯嘗飲劉氏識之以非劉氏家人原平康也得不坐外嫁爲吳太史語訖示以詩云云此梅村口述也較注家爲詳宜附載之

七夕即事　帷簿之事跡涉曖昧無從證明史多不書乃其慎也詩則不妨或一事之偶聞或一時之託興悱惻纏綿而以微語出之雜事秘辛未嘗不可與正史同傳若欲取以證史以若明若暗之詞易共聞共見之實則繆矣箋梅村詩者當知此意

江陰夏閏枝語余此詩詠孝莊下嫁事也細味此詩實無下嫁意下嫁之事乃因多爾袞納肅王妃而傳

訛者余撰清后妃傳稿已辨之且其時乃順治七年正月非七夕事也惟順治十一年靜妃廢旋聘孝惠爲妃六月册立爲后與詩重將聘洛神相合所謂祗今漢武帝新起梁鑾台也多爾袞未正位安得以漢武爲比第四首花萼四句當有本事今無可攷要之必非指孝莊也

程迓亭箋謂此詩詠董鄂貴妃事第四首淮南二句指貴妃先喪皇子也然董鄂妃薨逝在順治十七年八月似與七夕無涉仍當闕疑

又案孝莊無下嫁事而宮中秘事容或有之亡友王靜安曾見舊檔案審訊多爾袞黨與有一供詞涉及無禮太后事惜未全記此詩所詠殆指是歟重將聘洛神謂納肅王妃也沈香二句其新孔嘉之感三首極寫深宮望幸之意而以夜如何作結所謂詩人微詞也第四首則多爾袞薨逝南內無人牽牛誰候正頂淮王兩句也如此解之詩意全通首句西王母一點透出作詩本旨正不必作下嫁解也似亦可備一說然宮禁深嚴外間傳聞豈能盡實嘗見北游錄載梅村談論按之事實亦多有未確者終不如就詩論詩泛作寫怨較無穿鑿耳

雜感聞說朝廷罷上都中原民困未全蘇　甌北詩話云順治七年攝政王以京師暑熱欲另建京城於灤州派天下錢糧一千六百萬是年王薨世祖章皇帝特詔免此加派其已輸官者准抵次年錢糧所謂罷上都正指此事也

珠玉空江鬼哭高　甌北詩話云張獻忠亂蜀時聚金銀寶玉測江水深處開支流以涸之於江底作大穴以金寶填其中仍放江流復故道名之曰水藏所謂珠玉空江鬼哭高也

取兵遼海哥舒翰　哥舒翰無取兵遼海事聞之故老哥舒翰乃桑維翰之訛詩以桑維翰通使契丹比吳

三桂之請兵我朝當時或有所諱也亦烏桓作烏斑之類矣

國學伏挺徙增感遇心　梁書伏挺少有盛名又善處當世朝中勢素多與交游故不能久事隱靜時徐勉以疾假還宅挺致書以觀其意梅村之出由海寧溧陽二相所薦故詩用挺事注引南史未詳詩意

江上　全謝山定西侯張名振墓表癸巳公以軍入長江直抵金焦遙望石頭城拜祭孝陵題詩慟哭甲午復以軍入長江掠瓜儀深入侵江寧之觀音門時上游有蠟書請爲內應故公再舉而所約卒不至乃還癸巳爲順治十年甲午順治十一年此詩所詠者是也非指十六年鄭成功陷鎭江事

李退菴侍御奉使湖南從兵間探衡山洞壑諸勝歸省還吳詩以送之　聞之故老云侍御之先闢業肆於洞庭東山侍御卽山居讀書應試則仍回原籍故注云吾吳之洞庭人

太湖備考選舉志中載東山李敬順治二年乙酉科舉人四年丁亥呂宮榜進士江寧籍

送趙友沂下第南歸　談遷北游錄求吳太史書二綾蓋方庵二南所懇太史昨秋送趙生南歸詩趙氏只應完白璧燕臺今已重黃金二南甚愛其句特書焉

卽事　談遷北游錄先是傳詞林十四人修順治大訓於外宅吳駿公太史與焉又云初正月末太史召入南苑纂修內政輯要在南苑時再被召知其抱痾放歸則二月之八日也此詩蓋梅村召赴南苑修書時所賦

北游錄又一條云吳太史家幹至云昨召入南海子纂修孝經衍義同官六人總裁者涿州也

長安雜詠之二　順治九年達賴喇嘛入覲世祖敕居黃寺此詩所詠是也

思陵長公主輓詩　北游錄引張宸記事云甲申春上議降主時中選者兩人尙其一卽都尉也其一人內

臣糾家暇失謹即掖至內侍環都尉驪曰貴人貴人是無疑矣順治二年詔故選子弟都尉君應詔赴是時有市人子張姓者冒選應既得之矣召內廷給筆札各書所從來市人子書祖若父皆市儈則大叱去曰皇帝女配屠沽兒子命都尉書則書父太僕公祖儀部公高曾以下皆簪纓遂大喜曰是矣即故武淸侯之第賜金錢斗車莊一區田若干頃具湯沐成吉禮焉時乙酉六月上浣事也公主喜詩文善鍼紝祝都尉君加禮御臧獲突語隱處即飲泣呼皇父皇母泣盡繼以血以是坐羸疾懷娠五月於丙戌八月十八日薨淑齡十有七耳都尉藏所遺像右頰二劍痕即上所擊也老內侍見輒拜曰眉似先帝云

讀史偶述　此數首皆我朝入關後雜詠金鑾秘事都市瑣聞懷舊話今咸有故實非爲前朝捃逸也

其十二寂寂空垣宿鳥驚　癸巳存稿今世襲墨爾根王府在東單牌樓石大人胡同乾隆時所立也其舊府據恩福堂筆記在東安門內之南明時南城今瑪哈噶喇廟吳梅村讀史偶述詩其地址俱合蓋撤封以其女及眷子家產人口給信王故詩曰空垣也

七載金縢歸掌握百僚車馬會南城　甌北詩話云南城本明英宗北狩歸所居本朝攝政王以爲府第朝事皆王總理故百僚每日會此順治七年王薨故云七載金縢也

彭孫貽客舍偶聞墨勒根王初稱攝政次稱皇父繼而稱聖旨適大同堅守九王親赴行間道病而殂其事甚秘胡良輔與索尼蘇克撒哈等合謀盡誅九王子孫焚王骨揚灰世祖始克親政案焚骨揚灰事亦見吳三桂反時上聖祖書睿王實薨於哈喇城非大同姜瓖之役胡良輔即內監吳良輔其時尙未攬權皆傳聞之誤

讀史有感　讀史八首亦爲董鄂貴妃作可與清涼山讚佛詩參觀

其五　此首分明爲出胭脂山畔女兒狀態近有妄人以董小宛强附會董鄂貴妃俗語不實流爲丹青無論年不相及而南人孅弱亦豈有射雕好身手耶陳其年水繪舊客其讀史詩亦云董承嬌女拜充華無一語涉及如皐可以互證也

偶得之二　甌北詩話云此首乃順治九年拏獲京師大猾李應試潘文學二人正法之事

題冒辟疆名姬董白小像之八墓門深更阻侯門　結句蓋言零落之悲甚於攀折之苦耳若果生入大家死留青冢複室永巷又豈侯門之足擬耶梅村最講詩律不應用典不倫固知捫籥之談不可信也

古意　古意六首蓋爲世祖廢后博爾濟吉特氏作后於順治十年八月降靜妃改居側宮見世祖實錄此詩殆世祖崩後作其時靜妃當尙在也

仿唐人本事詩　世祖實錄順治十三年六月諭定南武壯王女孔氏忠勳嫡裔淑順端莊宜立爲東宮皇妃候旨行册封禮第一首指此古意六首則爲靜妃作也

皇明通紀　金陵摘星樓本

此書多載野聞不盡据明實錄明實錄自萬曆中葉始流布清瀾未必盡見故賅洽遠不及弇山惟其叙述謹嚴議論迂而不腐在野史中要爲可取乾隆時此書付列入禁燬故傳本絕稀細閱之亦殊不見違礙之處中間所記建州兵事數條亦復語焉不詳不知何以罹焚坑之阨也是本舊藏獨山莫氏余得於滬上甲子夏四月記

憺園集謂此書本梁文康之弟億所作故多學兄之言攷書中惟載文康不草詔事不無溢美然亦本之湖獻錄清瀾非盜人書者要之所采私家野記旣多失於勘正耳孟劬再記

野獲編隆慶間給事中李貴和上言我朝列聖實錄皆經儒臣纂修藏在秘府陳建以草莽借擬已犯自用自專之罪況時更二百年地隔萬餘里乃以一人聞見熒惑衆聽臧否時賢若不禁絕爲國是害非淺乞下禮部追焚原板仍諭史館勿得采用從之但板行已久俗儒淺學多剽其略以誇博洽至是始命焚毀而海內傳誦如故也近日復有重刻行世者其精工數倍於前是清瀾此書當日已遭禁網此萬曆刻本殆即所謂重刻精工者清瀾理學之士非良史才其識議亦不過劉時舉輩一流乃區區短書明清兩朝再罹五厄而仍傳於世亦云幸已孟劬重閱題記

郁離子 照曠閣本

靑田此書已開明人摹古風氣然較諸嘉隆小品尙有雅趣惟多列子目殊乖體例六朝以降子學絕矣有志成就者不過如是資爲好文者漁獵亦弗滅也甲子夏得於滬上博古齋遯堪居士記

靑田文殊有骨力而學則雜覇同時潛溪正學其才皆足以著書所成者大都短篇學限之也嘉隆以後一變而入於贋高者摹周秦貌爲有道之言其下者江湖謠觚榛稗弗翦國朝攷据家出羞取矯誣者易之涂轍一軌於正而文事趨俗又不如前二百年來有意自成一子如激書潛書等不過數種人亦罕道之者學無本原而勇於襲古未有不躓者也學是矣而病微於文則亦不能以行遠二者交譏成家之書所由難覯與是書雖未洞極奧微而雋永不窮頗可慰爲饕餮者一思螺蛤時復得少佳趣展閱竟輒書於第一卷之尾

元遺山詩集箋注 南潯瑞松堂本

自古亡國桑海之際歌采薇薛螻蟻大都氣類相感易於繫結遺山不幸爲金源碩子雪涕南冠其言哀婉

而其志則隱矣余生不辰學行無似而身世之遇乃若或同之昔遺山慨故國舊聞自我放失汲汲焉欲以文獻爲己任又上書元世祖力護儒教今則實錄雖存而仇敵爲讖有甚於放失者邪說殄行猾夏之言不出諸異族竟見之於服古誦數之徒比之遺山所遭不尤酷耶靑編絕筆讙傳據亂之書白首離羣遂暝銜冤之日惟差足自慰者則崔立之碑少此一事耳遺山詩刻最多而北研箋注墜聞瑣掌搜香較詳志事幽晦賴以攷見此本曾藏丹徒趙氏尙是初印每一展誦彌襟慨然乙丑秋七月遯堪張爾田題記

定盦文集 同治七年刻本

余少好定盦文今老矣好愈篤嘗衡三百年文士之卓卓者汪容甫及定盦而已容甫文從經出定盦文從子出容甫學漢魏不爲放其貌而取其神定盦學周秦不規模其辭而得其意是二家皆與古代興者也定盦憂患來世其言尤危苦語極諔詭意蘊沈悲天方降瘥吳會丰昌之士淪爲山越衰病徂年鍵戶獨處輒獨誦斯集廻憶三十年前又一人間世矣所以哲者不苟作必顯一世常然之符也詎不信歟丁卯元夕燈下記

余髫辮誦定盦文慈母帷中中間肴饌百家整齊六籍籀三千年史氏之簡與定盦涂轍或合或不年三十矣治文章家言斐然不自揆度成史微三十餘篇既殺青可繕寫世或以定盦許我謝未遑也雖然定盦之文奇而吾之文正定盦之文隱而吾之文由隱以至顯定盦文圓而神法天吾之文方以智效地至於覃微極思遠見前覩則未知於定盦何如也會稽竹箭東南之美得一定盦而余小子乃恢其緒斯亦足以自慰矣赤眚稽天坤軸將毀藏山之業粗成襄陵之禍已及魂魄一去便同秋草日暮塗殫聊復書之丁卯二月遯堪居士張爾田記

定盦文初集續集當出自定故最精美古史鉤沈論壬癸之際胎觀皆非一世之言即攷訂蒙古輿地等文類綴實有資國掌所謂老波瀾者其後平湖朱氏刻補編多少作及不經意之作詣力未醇可存者寡坊間所行尙有讀內典諸篇亦未能閎深大抵皆棄滓也當道光之季席乾嘉豐熾之敝舉國酣嬉學者鑽尋故紙苦志疲精於襞績之中殆不知戴而游者爲何世患氣所乘橫潰已伏乃有人焉發寐於天斯亦異歟老氏有言前識者道之華而亂之首也非亂之首亦無以貴前識今去定盦不及百年吁其驗矣愚者不察不能原亂之何以首而乃傳過於前識者故夫智士所以至死而不顯於世也定盦猶幸以其文傳是則定盦之哲也悲夫丁卯二月遯堪再記

光緒庚子余年二十餘居舊京遭拳寇俶擾避地白浮邨即集中記昌平山水所謂白泉也行篋盡捐獨以此書自隨繁憂猥濊取代萱樹轍環所居亦未嘗一日而離到今春丁卯三十年矣老逢世革煢然草際橫政殄行再罹赭亂文武之道旣盡生死之路皆窮炳燭餘光發我篋思斯冊也殆將與身偕殉歟海上觀我生室讀重記歲月

定盦文集　道光原刻本

定盦史識出於天授幼爲段金壇外孫從受訓故從劉申受治公羊春秋又與江子蘭游聞彭尺木佛學緒言讀大藏與程大理同文講求四裔掌故之學學不名一家而皆能洞入其奧藏篋思孤創一用以資爲文故其文千光百怪奔迸四出九流諸子靡所不涉同時魏默深雖竭力追逐未能或之先也然要其得力造端則亦實從唐文粹蛻化得來凡學漢魏之文其變也無有不匯歸於文粹者特定盦天分高不貌襲而神與之合淺識者易爲其所怵耳世人競尙桐城但見八家以後之古文詆之爲贋品亦固其宜文如居士得

原槧本屬陳君公睦手錄蘭甫先生評語命爲題志余因著定盦之學術淵源如此使後之人無從以怪目定盦也張爾田記

韓詩外傳 亦有生齋校刊本

韓詩外傳以趙校本爲最善此味辛先生親贈合河康綸鈞者卷首有其題識攷李申耆所作康公太夫人顧氏神道碑綸鈞爲廣東巡撫紹鏞兄官至通政司參議一門華膴籍甚當時是册付藏繆筱珊丈許丈下世遺書散盡余乃得之嗟乎泰壇毀矣泯夏滔天赤祲若黑神州奧區淪爲鼠壤白屋且薪靑箱何有重是承平故物篝燈披誦但增衰泫丁卯春客海上觀我生室讀記之張爾田

陸士衡文集 明正德覆宋本

二陸集宋槧難覯此正德影倣所謂下眞跡一等也汪士賢本卽從此出吳興陸氏據宋刻校勘異同數處今刊羣書拾補中可以迻錄此爲漁洋舊藏余得之京肆者世亂方殷文藝淪喪㦬㦬黔黎傾義靡旦斷流之禍劇於典午辰且非我遑言長物五百年故楮會與玄陸同盡耳丁卯仲春蟄居山越之鄉萬日羅剎之化重展舊集輒復書之遯堪居士張爾田記於海上觀我生室

抱朴子 嘉慶癸酉金陵道署本

抱朴子內篇孫校最善外篇乃繼昌校刊精審遠不逮惟外篇附校勘記及佚文爲平津館本所無耳稚川之學餟飫百家博辨是其長擅而閎深遜之然文極優美有論衡風趣魏晉之間經術告謝子學肇興今載列意林等書者無慮十餘家求其卓然與抱朴匹卒亦無有然則此書不可謂非九流之後勁也赤懷族咸黔首皆蟄逃名九戢已無覩月之儒猶夏一朝遽改經大之步大樂未成浩劫已及沖舉之術無階元素之

業墜地鑽閱終篇龍鍾橫集丁卯春衡田記

讖書 非群樓正本

唐之季也大盜移國諸方幅裂一時清流萃醜梁德寄命偏朝若韋莊王定保羅隱輩皆是惟韓致光客南安依王審知雖預上賓瞬然不滓偷乎遠已余昔有詩云臥聽除書萬里天紅巾鳳蠟泪渉然江東祇有羅昭諫却說燕臺費料錢葢惜之也讖書五卷其言未能閎深大抵舉子行卷之作隱連不得志於有司緝之以洩憤耳文奇崛猥濊頗雜纖俗晚唐之末流而亂世之頹響也然而有望治之思焉是其不可磨滅也歟丁卯秋養病海澨得此書記之張衡田筆

丁卯七月晦海上觀我生室讀適聞陪都被兵赤徒星迸天疾有定之威人懷其蘇之望幸擁蓬草理亂非我是夕微涼病中竟數紙頗窺文術異同炳燭之明翛然室處重親丹槧亦餘生一樂也因題之卷尾孟劬記

真誥 明萬歷刻本

右真誥二十卷分類七始運題象終翼真檢敘錄云仰範緯候取其義類以三言爲題曰真誥者真人口授之誥也案紀文達筆記謂扶乩起於宋或謂請紫姑爲乩之始夢溪筆談言博士王綸家有紫姑神集卽今之乩詩實則此術古巫覡皆優爲之特巫覡降神但憑口傳祝由治病乃其先例祝字從口交神會意祝由略如西方之催眠術再進則能符籙矣今道家諸符似籀似篆諗知出秦漢之際又再進則有能章草者矣此書載楊羲許謐及其子玉斧所書諸真降神事有詩有論有問答卽乩之濫觴也楊許二氏殆精是術者溺道者一切以爲真而儒者又斥之爲妄而豈知彼固神秘之一端歟神仙家漢藝文志載入方伎本醫之

支流而巫又爲之源論語巫醫並舉而巫先於醫厥理可推後世方伎專重服食導引或假巫覡之術以神之張角太平道張陵五斗米道其始皆以治病惑愚民尚不失其初意（漢巴郡太守樊敏碑云米巫㐫虐續蠢青羌姦狡米巫指張修與張魯是也米巫之稱至宮碑立於建安十年此當時人所目者後乃諱巫而稱之道耳）陵造作道書始主以五千言都習然道書出魏晉間者或談黃白或演符禁雖以長生爲歸墟猶不甚附會老莊（老莊貴養生理與醫通故道書援之又兼家古祝史之術抱朴子記道書有墨子枕中五行記是雖僞造之迹尚有統緒可尋）亦絕不苦錄佛經（魏書釋老志稱張陵傳天官章本稱劫數頗類佛經案此乃依附緯候竊射內典是爲佛說已方者）其後陸修靜寇謙之輩出乃益龐耳隋經籍志著錄道經三百餘部其中嘗有出於神秘如乩之所爲者故志云所說之經皆稟元一之氣自然而有是也然亦有人所依託者自昔已不能區別蓋雜糅久矣六朝太平道寖亡士流所奉皆五斗米道此書相傳陶隱居撰輯亦鴟鳴羽翼書中晉代年月以長術推之多駁梁書稱隱居著帝代年歷又嘗造渾天象云修道所須非秪史官是用是其人本長步算至於鏤塵藻采誕蕩多文麗詞縟旨芬然溢目使人尚可攷見古代纖學之一斑較之宋元方士陰陽郛廓之談要爲近古也戊辰閏月寫似湖南先生張爾田書於浦上觀我生室

水經注箋（明萬曆刻本）

水經注前明行世者以黃省曾吳琯二刻爲最善鬱儀王孫又据二本爲之箋校精博實出其上乾隆間戴東原校官本雖依永樂大典而左右采獲擇善而從往往與之闇合先是趙東潛病朱箋疏略爲水經注釋又作刊誤十二卷而槧本乃在其後別本流行多符官校遂有竊趙襲戴之疑學者承習新書怠窺舊錄飲水忘源吁可歎矣今春得見此本詳碻誠不及近儒而創通大較厥功甚勤不有朱氏戴趙二家亦不能憑藉成其業也庶存託始之真以備思誤之適後之覽者或無譏焉戊辰三月張爾田記

晉略（道光己亥刻本）

保緒此書有聲當世鄉前輩譚復堂亦極稱之觀其穿穴羣籍錯綜本始敘事簡而有力下筆質而不俚雖襲舊典獨見鎔裁洵乎別史之良已屬文律度思規六朝捶字造語頗復不類承晚季文敝俗尙未能盡滌變流競則有餘追大雅而不逮遒麗之辭無聞焉爾斯其類歟然當嘉道之末鬼儒淺夫羣溺於攷據襞績之學成家宏作有此斐然亦可謂不自詭隨者也我生不天老逢世革橫政肆威纖民熾盛崇非禮之言滅禮聖之典經籍道厄甚於典午昔魚豢表隗禧七人爲魏儒宗而論之曰處荒廢之際而能守志彌敎每昧其言未嘗不悲之炳燭餘明寄之吟諷聊以亂思遺老亦庶幾後之觀者知余業焉戊辰三月遯堪居士張爾田記

書中諸論卓有風軌雖學六代神思不倖良由隸典太纖而用字近獷故也何謂纖陳書餅以飽餒集蓉裳以禦冬是已何謂獷鱷吞鯢啖鼉跋擺怒是已昌黎嘗言爲文宜略識字而所作橫空盤硬往往失於帖妥其流至曹成王碑而極矣初唐四傑結體淺俗然尙不至於纖五季四六繁興斯敝遂多何則獷實古文之末歧而纖又儷詞之衰響也必去此二失方可與言六朝惜周氏生嘉道間未付講求及此獨其駢散不分文筆互用深得古人潛氣內轉之妙耳見稱於時固其宜也孟劬再記

經義圖說 嘉慶己卯蓺蘭軒本

此書蓋爲當時帖經而作攷訂不甚有法惟徵引諸儒舊說尙不墜策括腐陋結習塾學恥不知經宜稼堂先生歎絕倫也嗟乎天步初更侮聖滅典今又一時矣前經往詁尙有墜地之痛追論舉業每讀此書一過想見士生承平服古藏修之樂惟今之人不尙有舊言之歎息彌襟南宋坊刻重言重意九經世尙多寶之者然則是書雖兔園冊子亦乾嘉文物之所繫又安可以敝帚而棄之哉近見此類書甚夥輒復收存記之

戊辰夏張爾田

此書多據周禮爲說兼采及宋明諸儒舊解每一制度必詳其義雖所列之圖不甚可據然較之攷古家專蔽於名物度數者轉復勝之桐城人士治經宗程朱而不廢義理此書殆猶有其鄉先輩風烈者與孟劬記

初學集箋註　玉詔堂刻本

牧齋文非駢非散蕪音凡藻不脫明季俳習而詩則沈博鶱翥浩瀚流行在當日卓然爲一大家遭時禁燬江漢文章不能與梅邨斑管同其論定要其風采自足千古又豈區區文網所得而錮之遵王親承硯席藏書滿家詩中故實尙多有未盡舉其出處者虞山腹笥故應獨步余生也晚每誦其遺篇惜其人未嘗不愛想其才滄海橫流今又改朔矣棲閑守志之業無關刮語燔書之厄再見士習舶來之文家乏世寶之典羽陵片蠹流傳日希渊足珍異此本舊藏獨山莫氏有其朱印惜有學集缺首六卷當由藏家畏遭時忌抽去而初學一集特完遂買得之掃地焚香寄之吟詠因猶勝於蘭亭落水之阨也己巳小春錢唐張爾田題記於觀我生室

綏寇紀略　時保堂原刻本

明季野史多淩雜無體惟梅邨此書具有史裁敘事詳核其述武陵功罪不徇黨見尤爲精采足裨正史全謝山譏其爲降賊之張縉彥出脫且疑出鄒漪竄改由今觀之殊不盡然大抵玄黃之際草野愛憎往往與當事者異趣是非互陳而徵其詞斯良史也三百年來史學衰替士皆溺於攷古成家斐然之書或不爲人所重視甚且從而詆之亦可慨矣此書翦裁有法簡絜詳盡文尙典縟殆非梅邨不能爲照曠閣有重刻本據原稿校改多處然虞淵沈爲梅邨未竟之業張氏所補亦不類要仍以斯本爲較古也張爾田記

朱竹垞稱梅邨以順治壬辰舍館嘉興萬壽宮輯此書以三字標目倣蘇鶚何光遠例蓋梅邨未官本朝所作繫情文史亂思遺老出山本非其志今者麥秀殷墟棘埋晉陌滔天之禍劇於汴水妖亂之志誰續啟陵篝燈勘此書一過又不禁感槩繫之矣張爾田海上觀我生室識

談遷孺木以順治十一年入都所著北游錄有一條云三月辛丑吳太史示流寇輯略蓋即此書原名也則書出梅邨手益信孟劬再記

明季記流寇事者多種皆不甚傳彭仲謀流寇志全謝山尙見之然謝山摘其失實處甚夥蓋賊情萬變傳聞異詞苟非身在局中自亦不能無誤要之巷談道聽恒不如朝聞者之較確則以邸鈔疏報雖多諱飾終不能大遠於事實也梅邨成書於朝固與野紀不同此其所以傳歟孟劬

全謝山述林太常鼓巷之言謂此書一名鹿樵野史出一遺老之手梅邨得之遂以行世殊非疑論案梅邨自號鹿樵生見所作玉京道人傳鎭洋縣志亦云梅邨有鹿樵書舍則非出他人之手可知大抵梅邨此書憑藉資料必有所本而又參以邸報奏牘精心結撰抒軸自別此則可信者也余最愛其敘述精采處筆健味厚深得史漢神髓法必從古而事不背今後惟魏默深聖武記有此意趣耳惜此本有缺葉脫字當求善本一補之橫流方羊六籍湮阨蟣景西曖寄諸散帙每覽遺篇增我永喟己巳十月孟劬再記

全謝山跋此書謂鄒漪議論附見綏寇紀略者頗爲李明睿粉飾又譏其僞稱請南遷之疏同符吉水幾得施行而爲光時亨所阻今案鄒氏案語見之於本書者惟首卷付引明睿之言稱之爲吾師他無所見豈謝山所識見其所著明季遺聞中歟抑或此書別一稿本也君子不以人廢言謂之粉飾亦殊過當鄒漪生平之壞恐不在是也孱守生附記

九江哀　此篇叙良玉少年及從侯恂事多本之侯朝宗所作寧南侯傳朝宗之傳雖不無文飾然神采飛動直逼腐遷實爲桀作而梅郿又與朝宗交善觀其集中楚兩生行及贈蘇崑生絕句其睠歎於寧南也至矣馬阮毆東林反使良玉收其名一時淸議因應如是謝山治史好惡過情乃謂此書不出梅郿手筆此未細攷梅郿平時言論者也厚誣前輩可謂疏矣彼鄒漪者因人成事豈可與其師較從繩廼護梅郿而妄以竄改坐之亦獨何哉孟劬閱竟再誌

鄒漪刻此書在當日幾得禍梁曜北有跋云鄒流綺以故人子弟之義寶屋剞劂因借當事姓名參評逮繫獄禍幾不測舉家號哭悉焚他書箭藁一空施愚山曹秋岳諸公力爲解救乃得釋其實書中絕無觸犯處也蓋自莊氏史禍發生談勝朝軼事者多思羅織加以官吏誅求仇家告訐文網之密孰不寒心此本無參評姓氏殆已抽去刻書列參評人名本明代結習而株連者動輿大獄鄒氏之觸忌以此非必其書之果有違礙也嗟乎漢禁挾書周設監謗由今觀之亦復奚翅徒爲藏家增其價值耳

揚子法言　石硯齋重刊宋本

王逸稱雄書雜錯而無主然論不詭於聖人宏範依違儒玄不寄情於一異其於揚斥撥之而已羣言鈎鉅亂極於今將復欲恢弘聖緒則此書爲先匪獨其文之懿也辛未首夏得本於故京記之張爾田畏吾邨舍書

宏範注淸言溢目大類皇侃論語疏其論老氏絕學非爲教之權莊生妙寄失處中之照晉人尙玄斯唱居然詁理音義一卷殆是治平監學刊定所加秦說謂五代宋初人作未的四月晦重記孟劬

子雲寂寞既演玄文又吐法言兩漢篇家純儒者寡惟中論差堪庶幾耳辛未閒薄游舊京得本於廠肆目

嘗彌時鑽閱莫津會靡處度之方思羅與嗣之酷隨身大牛篋硯與其遺同柄矣多歎奈何孤劬

洛陽伽藍記 乙卯誦芬室本

羊衒之此書遒麗峻絜雅與酈亭並美劉知幾稱其有子注今無可攷吳若準本乃依此說證定著用全謝山校水經注例也不知六朝文妙正在敘事委細脈絡蟬聯若一簡之內正書錯注魚貫齊行語未斷而已生文逐句而輙作求諸古雋意不其然書缺有間矣無爲苟便綴學顛倒攟籍也辛未五月爾田書於海甸郊廬

述學 原刻本

容甫清劭之才高漸六代遒文瀹棨蕤美天然而特多攷訂之篇豈所謂局於時者耶集中左氏春秋釋疑卓有史識老子攷異意存翻案純構醸辭斯爲最下墨子序破立無準輕彼家邸亦非好通而盛賞到今信乎識曲聽眞貴在牙曠此本原槧有江都薛氏藏印辛未得於舊京廠中所弆斯爲第三本矣記之爾田

容甫文出入經誥無意寫放而動合自然其尤美者有魏晉之風所次廣陵通典古茂似道將華陽攷訂諸篇吐辭溫潤不尚朴直亦皆稱是宋元以降鮮能及之余以衰晚薄游舊聲世方滅典夭將喪文撫玆遺編誰契元賞異代相望歎息彌襟辛未五月爾田重記

河套志 寓園刻本

河套本中國地自宋金淪於西夏元滅夏置中興等路後廢屬東勝等州一代建設史不能詳明初因元制設堡戍天順後蒙古漸强出沒其間中葉遂爲吉能俺答盤踞之區此書略於套內駐牧情形而於邊防險要較詳惟好發議論則明季餘習也卷首有題識署款弘謀當是陳文恭手筆此書成於乾隆七年而八年

文恭任陝撫蓄陳君以贈文恭而文恭又轉贈他人者辛未九月爾田記

庚子京朝紀變 傳鈔本

此書又名庚子傳信錄湘南李希聖亦元著李君官京曹庚子後時從朱古微諸公游訪逸聞筆成此書余家竹有舊排本無序跋無撰人詢諸古微丈始知之今此書多一序殆後來託名歟庚子之變紀載頗多惟此較翔實能洞悉朝局李君著有雁影齋詩吳伯宛爲刻入松鄰叢書壬申三月文如居士出此見示記之爾田

佳夢軒叢著 五石齋鈔本

佳夢軒叢著共十一種宗室奕賡撰紀先朝內廷掌故綦詳在天潢著述中可以儷弘旺通志綱要昭槤嘯亭雜錄清語人名譯漢二卷爲研治國語之津梁侍衛瑣言一卷多親歷之談侍衛滿洲語謂之蝦而此譯作轄典雅可誦其餘道聞墜掌尤草野所不能盡知者足備史家攷覈之資書成於道光間而無刻本文如居士得於故都人家命精楷書者錄此副墨居士博通史乘多藏秘笈宜其於此編有奇嗜也壬申孟夏張爾田校讀一過并記

春秋繁露 嘉慶乙亥蜚雲閣本

淩氏公羊之學當有所受据洪梧序曉樓從游阮侍郎之門誨之曰武進劉君申受於學無所不窺尤精公羊與之講習庶幾得其體要於是所見益廣所業益進三載歸蕃露諸篇皆能通究本末則淩氏固亦常州之傳也其後再傳而爲陳卓人實事求是今文之學遂與古文攷據家方駕後又有皮鹿門本之以治他經疏通西京墜誼其源皆於導此近有序皮氏書者溝宋劉龔魏諸儒於陳皮之外知大誼而撥微言殆非篤

論此注創通弘恉統緒可尋實較蘇輿疏證爲有家法非徒斤斤訓詁名物者比惟引書多不具出處陷明人陋習未免貽餅師之誚耳董仲舒書與先秦諸子頡頏治之者必綜貫名理觸類比物方能窺其奧藏惜乎淩氏章句之儒所得僅此然以視世之假今文家言敢於邪說誣民者則又不可同日語矣孟劬識記

春秋繁露義證 宣統庚戌刊本

余嘗纂史微頗救正今古文家末流之失蘇氏書與余書同時而出其疏通公羊大誼時有與余說不謀而合者而持論多傷於固又以改制受命新王諸口說一切素王權濟之微恉悉舉而歸諸漢儒篤時之言不知聖人遠見前覩固非爲一姓告也特一姓亦不能外耳龔定庵有言大撓作甲子一歲用之一章一蔀亦用之斯爲通識謂劉宋諸儒鑿之使深今又矯之使淺其爲失真也均寧有異乎其他類是者多是此書之一病要其隨文詮釋大體完善則固優於淩氏遠矣蕃露無善本公羊又易爲奇衺所託得此差正津涂此書舊所未見今始獲寓日記之壬申夏五孟劬漫筆

元史新編 光緒乙巳愼微堂本

先朝治元史者數家邵戒三錢竹汀創通大例洪文卿暨屠敬山先生多見西籍綜理日密然皆未遑卒業壬申夏爲沈乙盦丈校補蒙古源流事證始得見默深書書成於洪屠二家之前疏舛在所不免而文筆之優乃過之近柯鳳孫新元史名盛一時踵事者固易爲功以余觀之亦未大遠於此書也又有曾廉者著元書谿庫庫無足道默深諸書皆蟠大際淵博肆或未能盡純自兒淵儒本色要其獨到之處不可掩也乾嘉以來經師多史才少斐然之作又豈易覯此書爲其晚年傑著精進不懈前輩治學固皆如是爾田病中讀記

秋笳集 原刻本無卷數

漢槎詩清綺有初唐風而體弱沈鬱不足當日聲下盛以才推之哀其遇耳伯鸞適越歌惟五噫仲悌度遼書傳一紙窮荒馬角絕塞蛾眉適以成就其名文人遭際非不幸也漢槎入關有謝健庵見贈之作沈歸愚所謂感激中自存身分者也今附錄於此金燈簾幕款清關把臂翻疑夢寐間一去塞垣空別淚重來京洛是衰顏脫驂深愧胥靡贖裂帛誰憐屬國還酒半卻嗟行成日鴉青江畔渡潺湲癸酉夏得於故京記之爾田

蒙古世系譜 鈔本

文如居士示我博西齋舊鈔蒙古世系譜取以與蒙古源流相校無大出入惟十二強汗之名此書獨具今略釋之一泰綽忒之君塔爾呼代泰綽忒即泰亦赤兀惕塔爾呼代其酋塔兒忽台也二溪里爾都忒朱爾懇之君塞臣白溪朱爾懇即主兒乞一作月兒斤塞臣白溪其酋薛徹別乞溪里爾都忒莎兒哈禿對音即拉施特書所稱莎兒哈禿月兒乞也三古爾頒畢爾格忒之君托克托白溪畢爾格忒即蔑兒乞托克托白溪則部長脫黑脫拉施特書之托克塔別乞蔑兒乞三種古爾頒蒙古語三也四克雷忒之君翁汗克列惕王罕也五欽溪拉忒之君扎木哈扎木哈扎只剌氏欽溪拉特即扎只剌也六哈爾拉古忒之君阿爾薩朗則合爾魯兀惕阿兒思蘭汗也七威勒忒之君呼圖哈白溪威勒忒即衞剌特呼圖哈白溪則拉施特書衞剌特酋忽都哈別乞也八和里土默特之君布都惠達爾漢和里土默特即豁里禿馬惕其官人歹都禿勒此布都惠達爾漢音雖微異略近之也九威古忒之君衣忒古忒威古忒即畏兀種衣忒古忒畏兀酋亦都兀惕也十迺滿之君太陽乃蠻塔陽汗也十一他他拉之君畢古親搜爾圖他他拉即塔塔兒畢古親搜爾

圖則塔塔兒酋蔑古真薛兀勒圖也十二六朱爾漆代之君象崇朱爾漆代即主兒只歹為朱里真對音六謂六部即松漠紀聞所稱女真六部象崇想昆對音又作詳穩官名非人名此非指翁汗子鮮昆殆因女真愛王事而傳訛也十二強汗之中塔兒忽台薛徹別乞為造攻自亳之始扎木哈與太祖爭霸王罕塔陽雄長齊盟皆嘗大用兵力可謂強矣其他諸酋未必皆是勍敵此蓋蒙人相傳舊說如是寫質居士聊以備攷元初掌故者之一助甲戌秋張爾田跋

虞淵沈中下篇 原鈔本

此梅郵綏寇紀略卷末虞淵沈原稿也取張本勘對殊多異同之處而此本為傻鄒漪刻虞淵沈但載灾異數條而於李自成之破燕京烈皇之殉國概未之及與全書殊不類此本較詳亦但載烈皇時事且多漳泉海寇等各篇體例仍覺雜亂不能倫序頗疑此是梅村修書時之長編而虞淵沈實未竟之緒梅村於順治壬辰館嘉禾輯此書其後出山或因有所避忌遂絕筆歟梅村此書原名流寇輯略見談遷北游錄文如先生得此於北京假觀記之丙子六月張爾田書於修術縝士之室

永憲錄 五石齋鈔本

此書取材似全據邸抄奏報朝廷典禮則采自會典諸書遺事則參之以舊聞可資掌故者甚多然亦間有誤處惟年月前後以東華錄對勘頗多不符當由隨手簡錄排比成書未遑參照所致今但以意校正一二未能詳也文如先生從舊鈔本錄副見示人間恐無第三本矣丁丑元夕張爾田扶病記

雍正以前有塘報有小抄較後來邸報為詳此書所采似大半取之於是又乾隆初元亦不似後此文字禁嚴而當日通行名詞亦尚有沿滿洲舊稱者此書得以據事直書不加文飾而舊談瑣故尤多異聞如戴名

世南山一獄係理密親王發覺而趙申喬始劾之此皆後人所不知者惜多病不能取東華錄及各種說部一一細勘耳

又案此書名永憲錄疑專紀世宗憲皇帝一朝之事其起於康熙六十一年者以世宗卽位於是年也頗疑雍正六年後必尙有數卷而此鈔本或有殘缺亦未可知質之文如先生以爲何如爾田又記

東陵盜案彙編 鉛印本

此楊璉眞伽後一大變甲帳珠襦一朝零落茂陵玉椀宛出人間讀漁洋君王涙灑思陵地詩興感又不同矣編者據事詳錄足爲異日攷冬青痛史之資殆亦有心人也丁丑春假之五石齋循覽記之孟劬

古微堂內外集 淮南局刻本

國朝湘學皆導源船山實以宋儒義理爲恒幹默深雖治今文家言亦未能免卽其高談兵食侈論鹽河議局一時亦是永康永嘉一輩見解去西京家法尙遠世與定庵並稱龔魏徒以其文耳實則兩家從入之塗貌同心異定庵綜貫九流多窈眇之思默深史才優於敘事是其所長然文中頗喜剽竊定庵語殊不可解豈默深愛其文遂襲而用之耶此不能以實齋言公例之魏不及龔其差數正在此彼流俗毀譽但見其表者固不足以知之也孟劬燈下閱

古老相傳默深牧高郵時日坐一齋治元史牆有梨樹小兒攀枝墜死默深兀然不知及粵寇起倉黃不知所爲以書本見解而談經濟多類此我朝承雍乾積威之後以訖於道光事變日殷文網漸弛朝廷已有不能統御言論之勢考據陳言旣感無用書生乃折而講時務放言改爲世或以末流變法之禍歸咎龔魏實亦時會使然要其文章務爲恢奇如天馬不受銜勒一脫桐城窠臼固自有其不朽者在未可以悠悠之口

橫議之也龔魏兩家學詣不必盡同而思想之開放則同今日視之已爲前魚然在當日則亦莫能有二也已丁丑十月重溫一過記之册尾孟劬

秦邊紀略 同治壬申敬義齋本

此書載虜情及山川險阨出於親歷故最詳譯語皆從其舊與乾隆間官本改定者不同然頗有訛字豈舊鈔如是未校耶張石洲著蒙古游牧記惜未見此其近疆西夷傳可補官書所未備沈乙盦丈付注之余爲編入海日樓乙部叢著中辛未客北都得於廠估記之𠋫田

姚春木晚學齋集顧祖禹傳略云江夏劉湘煃嘗校祖禹書十餘年魏禧弟子梁份著秦邊紀略有書無圖湘煃得圖以校梁書宛合疑即份舊本顧與祖禹書頗齟齬湘煃合訂爲秦邊紀略異同考份傳禧學不仕爲西邊大帥上客其書僅存是此書梁份著也份字質人明餘遺隱抱經世之志遭時禁忌故不欲彰顯其名耐安氏舊注謂江右黃君所集黃梁蓋音近致訛此吳氏刻本與灰畫集所載頗多詳略蓋傳鈔非出一源也沈乙庵丈有合校本考之最詳惜不得湘煃舊圖及所著異同考一綴之丁丑十二月畏吾邨舍識孟劬

乖庵文錄 光緒三十四年排印本

晦鳴先生余師也冷署淸郎窮邊塞主晚而從事史局十餘年夢奠而後遺稿叢殘遺書遂不可問余嘗輓以一聯云猶及史闕文三千牘破硯冰毿衆生願盡知將喪重歌妾薄命十五年塵甑寒泪一老天胡不慭遺今文如居士持示此册仰瞻文藻欷歔如接師資日遠記莂自慙泫然書之戊寅避役雞同客西郊𠋫田記

文心雕龍 乾隆三年養素堂本

文心一書六代覃奧黃注行世最廣而敷析淵旨多未洞徹考證疏舛亦似稗販蓋猶未脫明季注家結習然視浦釋史通則雅絜矣其後孫詒讓有校記刊札迻中吾友李審言有補注闕江安傅氏藏元槧本近燉煌新出唐寫本殘卷往見吳興蔣氏樂地盦一明本遠在胡孝轅本上有明人識語審爲正德倣元刻亂離斯瘼故篋叢殘惜未能細勘也此本初印紙色古香可玩爾田記

味經齋遺書 光緒八年重刻本

孟子有言古之人所以大過人者無他焉善推其所爲而已矣七十子後學治經皆如是惟西漢今文家學獨得其傳莊先生深於今文家法然亦不盡墨守今文家之言故所著書皆據其所自得期符乎古聖之心幡天際淵與道大適文辭古茂賈董之儔不必以攷据家陳言議其失得校其離合也先生猶子葆琛氏及劉宋諸儒皆從先生出始以今文學起其家其別子爲江都凌氏傳陳卓人先生門人有孔廣森邵晉涵廣森別名他師晉涵頗究心義訓不欲以攷据學自畫是爲先生之道與浙學棣通之始其後仁和龔氏邵陽魏氏皆私淑而有得者以其所術一變全史龔氏之後爲譚仲修魏氏之後又有皮鹿門然而儗諸先生則有間矣道之精微通於神明信乎弘之者在人與余生平治學涂轍宗會稽章氏而於先生書則服膺無間然循誦再周記之爾田

東塾讀書記 原刻本

道光中葉以還學術思想漸變治經者感攷据之無用而又無術以易之於是宋儒義理之學乃始緣隙復萌蘭甫兼通漢宋亦其一也記中箴砭時流極有精到之處而識解未融斷案多傷於固鄭朱並主異中取

同自是蘭甫所見如此兩家歸趣未必盡然所采羣書先求貫串再下己意頗可爲讀書法毛詩小學數卷最佳諸子最下然亦間有誤處如穀梁宣十五年傳蝝非災也其曰蝝非稅畝之災也非如非隱也之非讀也言蝝何以書譏災也譏何災譏稅畝之災也文義本甚明乃以爲此駮公羊之說而謂范注爲不通殆所謂意過其通者非歟其他類此者尙多考古須察癥結義解各有其方不能綜觀而但割裂他說以就己見最爲承學者之害蘭甫尙不至此然已微染攷据家間執習氣苟非通識孰能辨之衡田讀於觀我生室

金壇獄案　琉璃廠鉛印本

金壇通海一案起於紳與諸生交搆而金壇令任體坤貪忍實成之姚文僖邃雅堂集有金壇十生事略据金壇公是錄較此爲詳云令乞邑紳蔣超李銘常及大受明試爲介謁撫丹陽銘常多行不法獨超謙恭樂善時亦與焉又云方明倫堂會議日超至泮宮失足墮溝中乃返故不及於難可補此書所未備虎臣以詞科巍望晚耽禪悅浪跡峨嵋而終自謂前身老僧蓋亦有託而逃是又一陸講山矣漁洋蜀道集有懷蔣修撰虎臣詩年譜漁洋順治十八年三月赴江寧讞海寇陷宣城金壇儀真諸大案皆於良善力爲保全虎臣之不及於難漁洋疑有力焉而詩中未之及殆諱之也孟劬

中國地方志綜錄補編

朱士嘉

序

曩余撰中國地方志綜錄，深蒙師友贊助鼓勵，歷五年之力，始克成書，初刊於地學雜誌，（民國二十一年第一期，第二期，二十二年第一期，江蘇浙江安徽三省。）繼乃付之商務行世，時民國二十四年四月也。出版以來，備受聶筱珊（崇岐）顧起潛（廷龍）薛澄清譚士武黎光明諸先生介紹批評，補充材料若干條。（史地周刊第五十三期，第六十二期，禹貢半月刊第四卷，第八期，燕京大學圖書館報第七十八期。）次年，又承潘光旦、沈鍊之二先生匡謬正誤，深所感激。（清華學報第十一卷，第一期，禹貢半月刊第五卷，第一期。）又次年，許振東先生盡舉浙省地志刊登圖書副刊，（第一百七十四期）多余向所未聞者。至是益信綜錄所著未全，應俟續編，乃旁搜博訪，無論公私藏家書目，雜誌論文，以及往返函札，靡不參攷，歷三寒暑，始成綜錄補編，著錄地方志七百三〇種，八千一百八十七卷，（其中缺卷及未分卷者一百二十九種）合前所著錄已達六千五百六十二種，十萬一千四百二十四卷，自信已竭盡搜訪之力，然而疏漏踳駁，仍恐不免，所望大雅宏達，不吝賜教，蓋綜錄之得以漸臻完善，決非一手一足之力之所能爲，必集思廣益，歷若干年之修訂增補，然後有望。抑余更有一言以進者，綜錄之內容，似有擴充之必要，大而一統志，小而山志，水志，無一非方志之體，豈可任其汗漫無紀。至於體例亦有應事改善之點，大抵方志雕刻之年，未必即編纂之年，而編纂之年，又未必即叙事所止之年，然著錄家輒以板本爲重，其他則多置之，而不知此最宜分別詳紀也。惟此事體大，非精心審驗不爲功，世之同好，其不以不佞爲弇陋而指教焉，則幸甚矣。

江蘇

（藏書所在分別於板本下注明另附簡稱表藉便參照）

江蘇各縣志摘鈔殘卷　明鈔本　文化

應天府志三十二卷　明程嗣功纂修　明萬曆二十年刊本　北平

新京備乘三卷　陳迺勳杜福堃撰　民國二十一年鉛印本　燕京

首都志十六卷圖一卷　葉楚傖柳詒徵王煥鑣撰　民國二十四年上海正中書局排印本　北平　東化　哈佛　國學　燕京

江蘇省會輯要　賈子彝編　民國二十五年山陰賈氏鉛印本　燕京

江浦縣志殘存十二卷　明余樞修　熊師望等纂　明萬曆四十六年刊本　北平　存卷一至卷三　按天一閣方志目作張夢柏修明萬曆刊本

蘇州府纂修識略六卷　明楊循吉撰　明嘉靖刊本　山東

滸關志十八卷　明嘉靖刊本　在吳縣西北　丁南洲　潘景鄭

滸關志十九卷　清康熙刊本　丁南洲

滸關志十八卷　清嘉慶刊本　丁南洲

滸墅關志十八卷　清淩壽祺編　清道光刊本　靜嘉

淞南志十六卷續志三卷　清陳元模編　陳志貫續編　清嘉慶刊本　寶山

常熟縣私志二十八卷　清馬崇儀等纂修　清道光九年修　鈔本　王綬珊

常昭合志不分卷　清同治年間修　鈔本　國學

重修常昭合志藝文金石志第十八十九卷　丁祖蔭撰　民國二十四年鉛印本　北平

吳江縣鄉土志一卷　范煙橋編　排印本　國學

庉村志一卷　清曹燦編　清順治年間修　甲戌叢編本　哈佛　燕京　擁萬　吉號紀門記載止於順治三年五月　在吳江縣東二十里

黃谿鎮志六卷　清錢墀編　清道光刊本　蘇州

震澤編八卷　明王鏊蔡昇撰　明弘治八年刊本　國學　蘇州

震澤鎮志十四卷卷首一卷　清紀磊沈眉壽編　清道光刊本　靜嘉

松江府志摘要一卷　清周山農輯　清光緒三年輯　申報館仿聚珍版刊本　燕京

川沙縣志二十四卷　方鴻鎧陸炳麟修　黃炎培纂　民國二十六年鉛印本　文化　北平　哈佛　南洋　燕京

上海縣志札記六卷　清秦榮光撰　清光緒二十八年刊本　鉛印本　國學　湖南

上海市通志館期刊（第一年至第二年）　上海市通志館編　民國二十二年至二十三年上海市通志館鉛印本

上海縣志二十卷　吳馨修　姚文枏秦錫田纂　民國二十五年鉛印本　南洋　燕京　任振采

青浦縣志二十四卷　錢家振等纂　民國二十三年鉛印本　王綬珊　任振采

常州府志六十八卷　清李瑞鍾纂修　清光緒八年刊本　王綬珊

錫山補志二十八卷　清錢泳纂修　錫山先哲叢刊本　燕京
金匱縣關志二卷　清朱子庚等纂修　清道光二十九年刊本　王綬珊
錫金志補不分卷　清闕名纂修　藍絲欄舊鈔本　北平
江陰縣志八卷　明馮士仁修　徐遵湯纂　明崇禎十三年刊本　燕京
丹徒縣志五卷　舊鈔本　國學
續丹徒縣志二十卷　高觀昌纂修　民國十九年排印本　國學　王綬珊
溧陽縣志十四卷　清鄭廷伍等纂修　清康熙六年刊本　王綬珊
續修鹽城縣志稿第一輯一卷　胡應庚纂修　民國排印本　國學
續修鹽城縣志十四卷卷首一卷　林懿均修　胡應庚陳鍾凡纂　民國二十五年鉛印本　北平　哈佛　南洋　燕京　任振采
續纂清河縣志十六卷　劉樗崧修　范冕纂　民國十一年刊本　北平　國學作民國十八年淮陰文獻徵輯委員會刊本
安東縣志十七卷　清余光祖等纂修　清雍正五年刊本　東洋　王綬珊
王家營志六卷　張煦南編　民國排印本　國學
開沙志二卷　清王之瑚編　清康熙五十一年修　宣統三年重印本　東洋　國學
三續高郵州志八卷附補遺正誤　胡爲和等修　高樹敏等纂　民國十一年刊本　文化
高郵鄉土志一卷　張孝則編　民國油印本　國學
興化縣志十六卷　清李賓暘等纂修　清同治十二年刊本　王綬珊

寶應縣志十二卷　明陳煒纂修　明萬曆二十二年刊本
寶應縣志辨不分卷　清劉寶楠撰　清咸豐元年刊本　文化　國學二部　任振采
寶應縣志三十二卷卷首一卷　馮煦纂修　民國二十三年鉛印本　文化　中央　四川
重修徐州志十卷　明馬暾纂修　明弘治七年刊本　北平存卷一卷二
徐州志三十六卷　清姜焯纂修　清康熙六十一年刊本　任振采　張乾若　缺卷二八卷二九
宿遷縣志六卷　清丁覺修　臧兆高纂　清嘉慶十六年刊本　任振采
宿遷縣志二十卷　嚴型修　馮煦纂　民國二十四年排印本　國學
太倉直隸州志　鈔本　文化
乙亥志稿名宦傳一卷人物傳二卷　唐文治總修　民國二十四年鉛印本　即太倉縣志　燕京
安亭志　崑山　在嘉定縣西南二十四里
方泰志三卷　王初桐編　民國四年嘉定陳氏排印本　國學
月浦里志十五卷　陳應康編　民國二十三年南京國華印書館鉛印本　國學二部　燕京　在寶山縣西北十二里
海門縣志三卷　清李光星纂修　丁應蓉重訂　傳抄清道光十一年刊本　國學
靜海鄉志二卷　清丁鵬容編　傳抄清道光十三年刊本　國學

海曲拾遺六卷　清金榜撰　徐鼒續撰　清嘉慶二十三年芸暉閣徐氏刊本
國學　燕京
小海場新志十卷　清林正青撰　清乾隆四年刊本　文化
泰興縣志四卷　清宋生纂修　清康熙五十五年刊本　國學
泰興縣志校六卷補八卷續十卷　金椷纂修　民國刊本　國學

浙江

浙江省通志圖說一卷　清沈德潛撰　清乾隆刊本　歸愚六種本　哈佛
國學
浙志便覽十卷　清李應鈺撰　清光緒二十二年刊本　文化　北平　武漢
浙江　燕京　王綬珊
續修浙江通志稿不分卷　沈曾植吳慶坻纂修　民國初年修　稿本　浙江
乾隆浙江通志攷異殘稿四卷　王國維撰　海寧王忠慤公遺書本　哈佛
國學　燕京
浙江新志二卷　姜卿雲撰　民國二十五年南京正中書局排印本　北平
淳祐臨安志輯逸八卷　宋施諤纂修　清胡敬輯　武林掌故叢編本　哈佛
燕京
杭州府志四十卷　清馬如龍修　李鐸纂　清康熙三十三年刊本　浙江
王綬珊
杭志三詰三誤辨一卷　清毛奇齡撰　清嘉慶刊本　西河全集本　武林掌
故叢編本　國學二部　范沐蓀
湖墅小志四卷　清高鵬年編　清光緒二十二年石印本　浙江　在杭縣北
海寧縣志略不分卷　清范方恆等纂修　清康熙十九年刊本　王綬珊
修川小志二卷　鄒存淦編　鈔本　浙江　王綬珊　張國淦　即長安鎮在海
寧縣西北二十五里
修川志餘二卷　清鍾光彬編　鈔本　浙江　王綬珊　張國淦
花溪志補遺不分卷　許良謨編　鈔本　浙江　張國淦　即宣化鎮在海寧
縣東
硤川續志二十卷　清王德浩王簡可編　清嘉慶十七年序刊本　國學　燕京
富陽縣輿地小志不分卷　清徐濟輯撰　清光緒三十年石印本　文化
富陽縣新志補正不分卷　清朱鉽保撰　清宣統三年鈔本　浙江
富陽縣新志校記一卷　清朱鉽保撰　舊鈔原刊本　浙江
餘杭縣志十卷　明戴日强纂修　明萬曆刊本　北平存七卷
餘杭縣志十卷　清宋士吉纂修　清康熙四年刊本　北平
餘杭縣新志八卷　清龔嵘纂修　清康熙二十四年刊本　文化
新城縣志四卷　明方廉修纂修　鈔本　明萬曆四年溫綱霖校刊本　浙江
汪德輝
嘉興府志補十二卷　明鄒衡纂修　傳鈔正德元年本　北平　王綬珊　金
衡孫　案補明弘治柳公琰所修府志中未備者
嘉興府志　清袁國梓纂修　清康熙二十一年刊本　國學　嘉興

竹林八圩志十二卷卷首一卷　祝廷錫編　民國二十一年石印本　浙江
國學　燕京　王綬珊　葛詠莪
新塍瑣志十四卷　清鄭鳳鏘編　嘉區文獻嘉邑首屆文獻展覽品目新塍舊
無志咸同間里人鄭鳳鏘創爲此志成而未刻此清稿本今仍爲鄭氏後人珍藏
按卷數據民國新塍鎮志引鄭文謙跋
續澉水志九卷　明董穀編　明嘉靖三十六年修　鈔本　浙江　王綬珊
澉水志二卷　明樊維城編　傳鈔本　武漢
海鹽縣志十卷　清彭孫貽童申祉纂修　清康熙年間修　鈔本　朱逖先
張菊生　殘存三冊
崇德縣志十二卷　明靳宗灝纂修　明萬曆三十九年刊本　吳倖秋
乍浦志又續纂二卷　清宋景關編　清刊本　文化　陸清澄
乍浦續志六卷　許河編　鈔本　葛詠莪
平湖縣續志十卷補遺四卷　清路鏵修　何慤纂　清嘉慶十年刊本　葛
詠莪
湖州府志二十四卷存卷一至卷十一　明王珣纂修　明成化刊本　靜嘉劉
翰怡　存卷六卷七卷十八至二十二（卷十八卷二十二）均不全　無撰人弘治刊
本　按乾隆府志卷四十五著述謂是志修於弘治四年
吳興掌故集十七卷　明徐獻忠撰　明萬曆刊本　吳興先哲遺書本　東化
國學　燕京　葛詠莪
湖州府志十六卷　明張鐸纂修　明嘉靖二十一年刊本　東洋作四十八卷
靜嘉
濮院瑣志　清楊樹本編　清乾隆年間編　鄒岱莊　原稿久佚嘉慶間吳瀛補
鈔補全帙
濮川所聞記六卷　清楊樹本編　清嘉慶刊本　國學　按光緒嘉興府志卷
八十八舊志序錄謂是書尚有續編二卷
濮錄　清岳昭垣編　清同治年間編　稿本　沈蒨蕃
烏青鎮志四十四卷　盧學溥朱辛彝編　民國二十五年刊本　中央　浙江
燕京
雙林鎮志存五卷　鈔本　靜嘉　按光緒歸安縣志卷二十二藝文載有吳若
金雙林志六卷記事始萬曆四十五年迄康熙十二年不知即此志否
新市鎮續志八卷　清沈赤然編　清嘉慶十七年刊本　浙江　國學　王綬珊
寧波府簡要志五卷附南山客作攷一卷　明黃潤玉纂修　明成化年
間修　四明叢書本　附錄張壽鏞撰　哈佛　國學　燕京
四明志補不分卷　包鳳章撰　原鈔本　文化
奉化縣圖經十卷存卷六至卷十　明蕭瀚纂修　明嘉靖刊本　孫翔熊
鄞志稿二十卷　清蔣學鏞纂修　四明叢書本（張約園藏舊江樓鈔本校錄
并藏手稿本）　哈佛　國學　燕京
鄞縣通志　陳訓正馬瀛纂修　民國二十五年鉛印本　北平
觀海衛志四卷　繆燧編　傳鈔本　許振東補朱氏中國地方志綜錄引鄞
縣文獻會目存否未詳

桃源鄉志八卷 清臧麟炳編 油印本 許振東補朱氏中國地方志綜錄引鄞縣文獻會目

象山縣志十六卷 清姚廷傑纂修 清康熙四十年刊本 許振東補朱氏中國地方志綜錄引鄞縣文獻會目藏家待查

象山縣志稿二十四卷卷首一卷 清同治年間修 鈔本 鄞縣

定海續志 清莊倫淵纂修 許振東補朱氏中國地方志綜錄引鄞縣文獻會目藏家待查

續定海縣志不分卷 鈔本 浙江 原目三十五門附二圖此鈔僅十四門

岱山鎮志二十卷卷首一卷 湯濬編 民國十六年鉛印本 東洋 鄞縣

乾隆紹興府志校記不分卷 清李慈銘撰 民國十八年鉛印本 浙江 王綬增

道光會稽志藁殘存十四卷卷首一卷 清王藩沈元泰纂修 民國二十五年紹興縣修志委員會鉛印本 北平 原二十五卷原闕卷二至五卷十至十二卷二十原佚叢卷十三卷二十一至二十二

乾隆山陰縣志校記 清李慈銘撰 民國十九年鉛印本 浙江

蕭山縣志刊誤三卷 清毛奇齡撰 清嘉慶刊本 西河全集本 國學二部 篤詠叢

蕭山縣志稿三十三卷卷首一卷卷末一卷 彭延慶等修 楊鍾羲等纂 稿本 民國二十四年鉛印本 北平 武漢 東化 哈佛 南洋 浙江 蕭山 任振采 張乾若

餘姚六倉志四十四卷卷首一卷卷末一卷 楊積芳張寶琛纂修 民國九年鉛印本 蕙山 燕京

上虞松夏志十二卷 連光楨編 民國二十年杭州[illegible]鉛印本 浙江

五大夫里志 清潘思渼編 鈔本 宋崇仁 是志記五夫一隅願爲詳瞭分二十四目凡方志之例應有盡有

嵊縣志三十二卷 牛蔭麐修 丁謙等纂 民國二十三年鉛印本 北平

臨海志存八卷 明嘉靖刊本 北平

臨海縣志稿四十二卷卷首一卷 張寅修 何奏簧纂 民國二十四年鉛印本 浙江 王綬增

路橋志略二卷 清楊晨編 民國四年石印本 浙江 國學 燕京

增訂路橋志略六卷 清楊晨編 楊紹翰增訂 民國二十四年黃巖楊氏崇雅堂鉛印本 中央 武漢 浙江

天台縣志稿四十卷卷首一卷 褚傳誥纂修 清宣統年間修 民國四年石印本 浙江

仙居鄉土地理一卷 仙居教育會編 清光緒年間鉛印本 文官

太平縣志八卷 清劉崇光纂修 清雍正三年刊本 王綬增

東陽縣志二十八卷 黨金衡等纂修 民國三年刊本 王綬增

永康縣志八卷 明胡楷纂修 鈔本 明嘉靖刊本 天一 浙江

衢縣志三十卷 鄭永禧纂修 傳鈔原稿本 民國二十五年鉛印本 浙江

西安縣志正誤三卷 清姚寶煃撰 清嘉慶十六年刊本 王綬增

西安縣新志正誤二卷　清陳墳撰　清光緒九年刊本　江西

龍游縣志初稿八卷　余紹宋纂修　民國十二年鉛印本　文化

建德縣志二十卷　清孫萬城纂修　清宣統鉛印本　王綬珊

永嘉縣志九卷　明王叔杲纂修　明嘉靖刊本　尊經

永嘉縣志二十七卷　清湯成烈纂修　清咸豐年間修　稿本　孫孟晉

平陽縣志不分卷　明朱東光修　施鏜等纂　明隆慶五年修　鈔本　文化

處州府志十五卷　明朱葵修　王一中纂　明崇禎八年刊本　王綬珊

宣平縣志十四卷卷首一卷卷末一卷　何瓚等修　鄒家徵等纂　民國二十三年鉛印本　北平　浙江

景寧縣續志十七卷卷首一卷　吳呂熙修　柳景元纂　民國二十二年鉛印本　武漢　王綬珊

安徽

皖省志略四卷附錄一卷　清朱雲錦撰　清道光元年刊本　文化　北平　哈佛　國學　王綬珊

皖志便覽二卷　清李應珏撰　清光緒二十四年安徽鑄雲閣刊本　北平　哈佛　燕京

安徽通志稿一百二十卷　安徽通志館編　民國二十三年鉛印本　北平二部一部水工叢十一卷　國學六十卷　燕京

安徽通志金石古物考稿不分卷　徐乃昌撰　民國安徽通志館石印本　北平二部　燕京

直隸安慶郡志十二卷　明周翔修　張湜纂　明天順六年刊本　北平

太湖縣志十卷　清李世合等纂修　清順治十年刊本　北平

望江縣志十卷　清王世胤修　龍之珠纂　清順治八年刊本　任振采

徽州府志辨正一卷　清黃崇煌撰　活字本　文化

婺源縣志三十九卷　清俞雲耕修　潘繼善纂　清乾隆二十二年刊本　任振采　張乾若

婺源縣鄉土志不分卷　董鍾琪等編　清光緒三年刊本　王綬珊

祁門縣志八卷　清姚啓元等修　張瓊等纂　清康熙二十二年刊本　北平

南陵縣志十六卷　清宋廷佐修　汪越等纂　清雍正四年刊本　任振采

池州府志九十二卷　清馬世永纂修　清康熙五十年刊本　乾隆五年補圖　任振采

貴池縣志四十四卷卷首一卷　清漆日楱修　桂超萬纂　清道光八年刊本　國學

銅陵縣志十六卷　清單國中纂修　清乾隆十二年刊本　任振采

石棣縣續志四卷　清石瑞燦纂修　清乾隆十四年修　民國二十三年邑人張燮排印本　哈佛

繁昌縣志三十卷　清王牖飛纂修　清乾隆十六年刊本　任振采

繁昌縣志　清嘉慶刊本　文化

廬州衛志六卷　清尹煥纂修　清乾隆十二年刊本　任振采

廬江縣志十二卷 清陳慶門纂修 清雍正九年刊本 東洋

舒城縣志二十卷 清沈以鉞修 褚勞纂 清康熙三十九年刊本 燕京

舒城縣志三十六卷 清杜茂才等纂修 清嘉慶十一年刊本 文化 任振采缺卷十六

無爲州志二十五卷 清吳元桂纂修 戚大鵬補修 清乾隆四十九年刊本 北平

鳳陽縣志十六卷卷首一卷 清謝永泰修 王汝環等纂 清光緒十三年刊本 文化

鳳陽縣志略 易季和纂修 民國二十五年鉛印本 燕京

懷遠縣志四卷 清何丙勛纂修 清道光二十二年修 民國十七年石印本 燕京

定遠縣志十卷 明高鶴纂修 明嘉靖十四年刊本 國學

潁州志殘存下卷一卷 明孫崇先纂修 明萬曆刊本 北平

建平縣志二十二卷 清衛廷璞等纂修 清雍正九年刊本 王綬珊

亳縣志略 劉治堂纂修 民國二十五年鉛印本 燕京

渦陽縣志六卷 清石成之等修 馮爾銘等纂 清同治年間修 稿本 任振采

渦陽縣志略不分卷 朱國衡纂修 民國二十五年鉛印本 哈佛 燕京

六安州志三卷 明鄒德久等纂修 明嘉靖三十四年刊本 北平

六安州志殘存二十卷 清李懋仁纂修 清雍正七年刊本 北平 原卷數待考存卷一至二十凡例及目錄佚卷十九

泗縣志略不分卷 錢儀璋纂修 民國二十五年鉛印本 哈佛 燕京

盱眙縣志二卷 明李天昇修 陳楠潤纂 明正德十三年刊本 北平

盱眙縣志略不分卷 王鈞纂修 民國二十五年鉛印本 燕京

天長縣纂輯志稿不分卷 清江景楨等纂修 清同治八年續鈔稿本 北平 按闕卷端原鈔總目說尚未全

天長縣志十卷 張宗泰等纂修 民國二十三年鉛印本 南洋

五河縣志三十二卷 清文齡等纂修 清同治八年刊本 王綬珊

江西

南昌縣志六十卷附文徵二十四卷詩徵五卷南昌紀事十四卷 清江召棠修 魏元曠纂 清光緒三十三年刊本 宣統三年刊本 民國八年重印本 民國二十四年重印本 文化 北平 東洋 哈佛 南昌 國學

新建縣志七十四卷卷首一卷卷末一卷 清鄒國楷修 曾秀先等纂 清乾隆十五年刊本 北平

武寧縣志四十四卷 清陳雲章盛紹緒纂修 清道光四年刊本 東洋

義寧州志稿四卷 清柯濬源纂修 湖南

德興縣志十卷卷首一卷卷末一卷 清沈良弼朱鳳苞等纂修 民國八年刊本 江西 王綬珊

廣信府志殘存三卷 明周名纂修 明刊本 北平 原卷數待考存卷十七

年十九

鉛書八卷　明笪繼良修　柯仲炯纂　明萬曆四十六年刊本　燕京

建昌縣鄉土志十二卷卷首一卷　清灝鴻基吳士仁編　清光緒三十三年修　鈔本　列本　江西有鄉土志圖　文官　燕京　王綬增

彭澤縣志十五卷卷首一卷　清周廣劉馥等纂修　清嘉慶二十四年刊本　江西　王綬增九叢書廬方志目作十六卷任蘭佑修清嘉慶十六年刊本

南豐縣續志節錄二十六卷　清徐湘潭輯　清道光七年刊本　余於北平某書肆見此書惜未記其名

東鄉縣志二十二卷　清周軾修　黎中輔纂　清嘉慶十年刊本　國學　葛詠莪

東鄉縣志二十一卷卷首一卷　清吳名鳳纂修　清道光三年刊本　缺卷一至四　文化

新淦縣志三十二卷卷首一卷　清宋庚陳化等纂修　清道光五年刊本　江西　靜嘉

新喻縣志八卷　清黃之晉纂修　清道光二十九年刊本　東洋

吉安府志稿三卷　清尹繼美纂修　清同治十二年仁山白鷺書院刊本　江西

永新縣志八卷圖一卷　明贊鍚階修　尹臺纂　明萬曆六年刊本　清光緒十年重刊本　北平　江西　國學　葛詠莪

鹽乘十六卷　胡思敬纂修　民國六年南昌退廬刊本　江西

瀲水志林二十六卷　清張尙瑗纂修　清康熙五十年刊本　文化　北平　瀲水係吳國縣之別名

石城縣志六卷卷首一卷　清吳大凱纂修　清嘉慶二十四年刊本　葛詠莪

湖北

湖北通志未成稿一卷　清章學誠撰　章氏遺書本　哈佛　國學　燕京

湖北通志檢存稿四卷　清章學誠撰　章氏遺書本　哈佛　國學　北平

壽昌乘　宋闕名撰　清文廷式輯　清光緒三十三年武昌柯氏息園刊本　文化　燕京

大冶縣志七卷　明趙鰲修　明冷儒宗等纂　清排印明嘉靖十九年本　北平

漢口小志十五卷　徐煥斗撰　王夔清補撰　民國四年漢口愛國公司排印本　國學　燕京

沔陽州續修志稿　鈔本　文化　殘存輿地建置二志

黃岡鄉土志一卷　胡紹鼎編　稿本　燕京

乾鎮驛鄉土志　周慶璉編　民國七年修　稿本　燕京　在天門縣東南六十里

興都志二十四卷　明吳惟修　顧璘纂　明嘉靖二十一年鈔本　缺卷十三卷二十一　文化　現稱鍾祥縣

鍾祥藝文考四卷金石考八卷沿革考一卷　李權撰　民國二十二年雙槐廬鉛印本　北平　各考序例皆云承修縣志而作蓋是邑志之各門分別纂

修耳
荆門州志殘存十二卷 明徐天祜纂修 明萬曆刊本 北平 原卷數待
考存卷三至十四 現藏荊門縣
江陵縣志刊誤六卷 清劉士璋撰 清道光十九年沙市劉氏刊本 文化
東洋作嘉慶五年刊本 哈佛
襄陽府志二十卷 明曹璘纂修 明正德十二年刊本 許博明
襄陽府志殘存四十二卷 明吳道邇纂修 明萬曆十二年刊本 北平
原五十一卷存卷一至九卷十九至五十一
宜城志二卷 明朱崇學纂修 明正德九年刊本 北平存卷上卷中
房縣志鈔殘存十五類不分卷 清王魁儒纂修 清乾隆五十三年修 鈔
本 北平 原三十三類缺十八類
續修宜昌縣志三十一卷 趙鐵公修 風德濬纂 民國二十年鉛印本
文化

湖南

湖南全省掌故備考二十五卷 清光緒十四年長沙刊本 燕京
湘陰縣志三十九卷卷首一卷 清翁元圻黃朝經纂修 清嘉慶二十三年
修 道光三年刊本 東洋
湘鄉縣志十卷 清龔業榮朱祖恪纂修 清嘉慶二十二年刊本 東洋
寧鄉縣志十卷 清呂履恆纂修 清康熙四十一年刊本 文化
寧鄉縣志十五卷 清郭慶颺等纂修 清光緒七年刊本 王綬珊
安化縣志不分卷 清鄒士範纂修 清道光二十三年修 鈔本 東洋
醴陵鄉土志 傅熊湘編 民國十五年鉛印本 東洋 清華 湖南
攸縣志五十五卷 清趙勷等纂修 清嘉慶二十二年刊本 任振采
武岡州志三十卷卷首一卷 清許紹宗修 鄧顯鶴纂 清嘉慶二十二年
刊本 文化 北平 東洋 王綬珊
城步縣志不分卷 清賈構纂修 清乾隆五十年刊本 東洋
新寧縣志八卷 明沈文系纂修 明萬曆三十四年刊本 東洋
新寧縣志三十二卷 清張德[illegible]纂修 清道光三年刊本 東洋 葛詠莪
新寧縣鄉土志二卷 清歐陽倫等編 清光緒三十四年刊本 王綬珊
岳州府志二十四卷 清李[illegible]修 黃秀纂 清乾隆元年刊本 王綬珊
平江縣志二十五卷卷首一卷卷末一卷 清謝仲坃纂 石文成增修
清乾隆二十年刊本 北平 王綬珊
平江縣志二十四卷卷首一卷卷末一卷 清陳增德修 李如瑾等纂
清嘉慶二十一年刊本 北平 王綬珊 葛詠莪
桃花源志略十三卷 清唐開韶等編 清道光十三年刊本 在桃源縣內
王綬珊
常寧縣志二十九卷 清張鐸纂修 清雍正十年刊本 故宮
零陵縣志十六卷 清武占熊修 劉方璟纂 清嘉慶十四年修 二十二年
刊本 東洋 故宮缺卷七卷八卷十一至卷十三卷十六 國學作二十四卷

任振采　張乾若

寧志補箋三卷　清宗[illegible]纂修　清嘉慶二十二年刊本　東洋

辰州府志八卷　明馬協吳瑞登纂修　明萬曆二十五年刊本　北平缺卷七

芷江縣志六十四卷卷首一卷　清胡鍾儀黃甄等纂修　清道光十六年刊本　國學

龍山縣志十六卷　清繳繼祖修　洪際清纂　清嘉慶二十三年刊本　文化　東洋

龍山縣志略一卷　清朱克敬纂修　清同治八年刊本　燕京

保靖志稿輯要四卷　清羅經審胡興仁纂修　清同治八年刊本　東洋

澧志舉要二卷　清潘相纂修　清乾隆年間修　潘相所著書本　文化　湖南　燕京　葛詠裳

永興鄉土志二卷　劉榭焜劉光嵩李堉衡編　清光緒三十二年刊本　燕京

桂陽縣鄉土志不分卷　黃國璵胡鳳復編　清光緒三十四年刊本　文官

桂東縣志二十卷　清朱瀾等纂修　清嘉慶十二年刊本　王綬增

桂東縣鄉土志　何闓烈編　清光緒三十三年刊本　國研

會同縣志十卷　清陳逸斧纂修　清嘉慶二十五年刊本　哈佛

四川

四川通志殘存四十二卷　清闕名纂修　清光緒四川尊經書院重刊嘉慶四年本　國學

華陽縣志三十六卷卷首一卷附縣圖一冊　葉大鏘等修　曾鑑等纂　民國二十二年刊本　北平　南洋　國學　任振采

灌記初稿四卷　清彭洵撰　清光緒二十年刊本　北平

灌縣志十八卷卷首一卷文徵十四卷掌故四卷　葉大鏘等修　羅駿聲等纂　民國二十一年鉛印本　北平

什邡縣志二十二卷　王文照修　吳江纂　民國十八年排印本　四川　哈佛

長壽縣志十二卷卷首一卷　劉化境修　李鼎禧纂　民國十七年石印本　東洋　哈佛

綦江縣志十二卷　清楊銘修　伍濬祥等纂　戴什川等補　清同治二年修　六年補刊本　文化作楊鏞銘修　東洋

銅梁縣鄉土志三卷　夏雲程等編　鈔本　文化

大足縣志四卷　清張澍纂修　原鈔本　張氏手校　文化

續修定遠縣志二卷　清張鶴慶纂修　清道光二十三年刊本　國學

續修定遠縣志二卷　清李玉宣纂修　清同治元年刊本　國學

民國新修武勝縣志十二卷　羅興志等修　羅森濤等纂　民國二十年鉛印本　北平　東洋　王綬增

南部縣志不分卷　清袁用賓等纂修　清光緒十四年刊本　王綬增

南江縣志三卷　彭映奎作　湖南

富順縣志陳盟傳補遺一卷　陳泮麟纂修　民國元年石印本　北平二部

高縣志不分卷　清胡心齋等纂修　清嘉慶十六年刊本　王綬增

興文縣志不分卷 清闕名纂修 傳鈔清乾隆刊本 原題四川敘州府志興文縣 北平

夔州府志十卷 清吳芝秀等修 程溥等纂 清康熙二十五年刊本 北平

雲陽縣志四十四卷 朱世鏞修 郭文珍纂 民國二十四年鉛印本 北平 哈佛

萬縣志四卷 清汪玉鯨等纂修 清咸豐二年刊本 王綬增

北川縣志八卷卷首一卷 楊鈞衡等修 黃尙毅等纂 民國二十一年石印本 舊石泉縣 北平 東洋 哈佛 故宮 王綬增

彰明縣志四卷 清王錫之纂修 清咸豐六年修 鈔本 葛詠莪

冕寧縣志不分卷 清陽曦中纂修 清乾隆六十年修 鈔本 故宮

昭覺縣志稿四卷 徐懷璋纂修 清宣統年間修 民國九年鉛印本 文化 北平 東洋 哈佛

雅安縣志六卷 清趙模修 鄭存仁纂 清嘉慶十七年刊本 東洋

雅安縣志六卷 胡恩培修 余良選纂 民國十七年石印本 文化 四川 哈佛

雅安縣鄉土志不分卷 清謝伯平等編 民國八年鉛印本 王綬增

嘉定府志四十八卷 清宋鳴琦修 張心敬等纂 楊淮等補修 清嘉慶八年修 十七年補刊本 東洋

樂山縣志十二卷 唐受潘修 黃鎔纂 民國二十三年排印本 四川 哈佛

夾江縣志十二卷 羅國鈞修 薛志清等纂 民國二十三年排印本 北平

三台縣鄉土志二卷 清張九武等編 清光緒年間修 鈔本 王綬增

蓬溪縣近志十二卷卷首一卷 伍彝亮等修 曾世禮紀大猷纂 民國二十四年刊本 燕京

樂至縣志又續四卷卷首一卷 清楊鳳崗修 蔣德勳纂 民國十八年刊本 文化 哈佛 燕京

丹稜縣鄉土志二卷 清郭俊瓊編 清光緒三十二年鉛印本 文化

瀘州志二卷 明闕名纂修 國立北平圖書館攝影本 從永樂大典卷二二一七卷二二一八錄出丁領以下爲第二卷 北平

合江縣志五十四卷 清秦湘纂修 清嘉慶十七年刊本 任振采

江安縣志四卷附文徵二卷 嚴希愼修 陳天錫纂 民國十二年鉛印本 北平

資州直隸州志三十四卷 清劉炯修 張愷瀛纂 清嘉慶二十年刊本 民國十年重刊本 東洋二部一部十三卷一部三十六卷 國學

內江縣志十六卷 清陳鴻藻修 熊玉華纂 清光緒九年刊本 哈佛 任振采

緜陽縣志十卷 清蒲殿欽修 崔映棠纂 民國二十二年刊本 北平 王綬增

德陽縣志五十四卷 清吳經世修 廖家麟纂 清嘉慶十二年刊本 文化

德陽縣志四十四卷 清何慶恩等纂修 清同治十三年刊本 王綬增

綿竹縣鄉土志不分卷 黃尙銘編 清光緒三十四年刊本 文化

哈佛　王綬增

汶志紀略四卷　清李錫書編　清從孔補編　清嘉慶八年刊本　清光緒二
十二年補刊本　文化　東洋　國學　王綬增　葛詠莪

汶川縣志　不著卷數編纂人編纂時期　汶川

萬源縣志十卷卷首一卷卷末一卷　劉子厚修　賀維翰纂　民國二十
一年鉛印本　舊太平縣　文化　東洋　王綬增

新寧縣志六卷　清黃會升修　孫代芳纂　清道光十五年刊本　東洋　國學

松潘紀略不分卷　清何遠慶撰　清同治十二年刊本　即松潘縣志　東洋
任振采　葛詠莪

綏靖屯志十卷　清潘時彤編　清道光五年富城書屋刊本　在懋功縣西大
金川之西　文化　國學

章谷屯志略　清吳德煦編　清同治十三年修　振綺堂叢書本　屬懋功縣
燕京

河北

直隸通志初稿水道篇九卷　鈔本　北平

河北通志縣沿革表不分卷　陳鐵卿張水淇于鶴年編　民國二十一年
河北省通志館鉛印本　北平二部　燕京

固安文獻志二十卷　賈廷琳撰　民國十六年鉛印本　哈佛　燕京

東安縣志十卷　民國二十四年鉛印本　奉天　資料課

香河縣志十卷　王葆安修　陳式謀纂　民國二十五年鉛印本　哈佛　南洋

漷陰志略一卷　清管廷芬纂修　傳鈔清道光十年刊本　屬通縣　國學

三河縣志十六卷　唐玉書修　吳寶銘纂　民國二十四年鉛印本　文化
東洋　哈佛　南洋

順義縣志十六卷　禮闓泉修　楊德馨纂　民國二十二年鉛印本　哈佛
燕京

涿縣志八編　宋大章修　周存培張星樓纂　民國二十五年鉛印本　哈佛
南洋　燕京　任振采　張乾若

霸縣新志八卷卷首一卷　劉延昌修　劉崇本纂　民國二十三年排印本
文化　東洋　哈佛　任振采　張乾若

平谷縣志六卷　李興焯修　王兆元纂　民國二十三年鉛印本　北平　奉
天　資料課　任振采

清苑縣志六卷　金良驥修　姚壽昌纂　民國二十三年鉛印本　東洋　哈
佛　王綬增　任振采

滿城縣志十六卷卷首一卷　陳寶生修　傅式說纂　民國二十年鉛印本
北平　東洋　南洋　哈佛　王綬增

新城縣志二十四卷　張雨蒼修　王樹枏纂　民國二十四年鉛印本　北平
文化　東洋　南洋　哈佛　王綬增　任振采　張乾若

續唐縣志略不分卷　清王恪等纂修　清雍正十二年刊本　北平　全書稿
分十類

唐縣志十卷 清尖泰來等纂修 清康熙三十五年刊本 王綬珊

博野縣志八卷 清岡名纂修 清光緒元年刊本 奉天 資料課

望都縣志十二卷卷首一卷 王德乾修 崔蓮峯纂 民國二十三年鉛印本 奉天 南洋 資料課

完縣新志九卷文徵二卷 彭作楨等纂修 民國二十三年鉛印本 文化 北平 哈佛 南洋

高陽縣志十卷 李大本修 李曉泠纂 民國二十二年鉛印本 北平 東洋 哈佛 國學 王綬珊 任振采 張乾若

永平府志殘存九卷 明徐準等修 明涂口等纂 明萬曆刊本 北平 原卷數待考存卷二至十

盧龍縣志二十四卷卷首一卷 董天華修 胡應麟纂 民國二十年鉛印本 哈佛 燕京

遷安縣志二十二卷卷首一卷 薛鳳鳴等修 王維賢等纂 民國二十年鉛印本 文化 北平 東化 哈佛 王綬珊

昌黎縣志八卷 明楊于陛纂修 明萬曆四十六年刊本 天啓補刊本 高子珍

昌黎縣志十二卷卷首一卷卷末一卷 陶宗奇等修 張鵬翱等纂 民國二十三年鉛印本 北平 哈佛 南洋 燕京 任振采

山海關志八卷 明詹榮編 明嘉靖十四年刊本 北平

河間府志殘存六卷 明岡名纂修 明萬曆 年刊本 原卷數待考存卷三至八 北平

肅寧縣志二卷 明成性纂修 明萬曆二十七年刊本 北平

景縣志十四卷 王功叙耿兆棟等修 張汝漪等纂 民國二十一年鉛印本 文化 北平 東洋 哈佛 王綬珊

天津縣新志人物四卷藝文二卷 高彤皆纂修 民國十九年鉛印本 北平二部 燕京

天津市概要 天津市市志編纂處編 民國二十三年天津市政府鉛印本 哈佛 燕京

靜海縣志十二集 白鳳文修 高毓彤纂 民國十八年刊本 二十三年重印本 北平 南洋 任振采 張乾若

青縣志十六卷卷首一卷 萬震霄修 高邏章姚祖齡纂 民國二十年鉛印本 北平 東洋 哈佛 國學 燕京 王綬珊 任振采

滄縣志十六卷卷首一卷 張鳳瑞修 張坪纂 民國二十二年排印本 文化 南洋 哈佛 國學 任振采 張乾若

南皮縣志十四卷卷首一卷 王德乾修 劉樹鑫纂 民國二十一年鉛印本 內政 東洋 哈佛 國學 燕京 王綬珊 任振采 張乾若

真定縣志八卷 明楊芳纂修 明萬曆四年刊本 北平

井陘縣志料十六篇 王用舟修 傅汝鳳纂 民國二十三年鉛印本 東洋 哈佛

獲鹿縣志十二卷 明趙惟勤纂修 明嘉靖三十二年刊本 天一

元氏縣志十六篇　王自尊修　李林桂纂　民國二十年鉛印本　南洋　哈佛

平山縣志料集十六卷　金潤璧修　張林焦遇祥纂　民國二十年平山縣志料徵集處排印本　哈佛　燕京

晉縣志料二卷　劉東藩修　王紹棠纂　民國二十四年石印本　哈佛　燕京

無極縣志二十卷　耿之光王桂照修　王重民纂　民國二十五年鉛印本　哈佛　燕京

藁城縣志十二卷　任傳藻修　于箴纂　民國二十二年鉛印本　東洋　哈佛　燕京

順德府志十卷　明闕名纂修　明弘治元年刊本　北平存卷二卷三卷七至卷十

順德府志殘卷　鈔本　文化

平鄉縣志十二卷　清吳沂纂修　清光緒十二年刊本　任振采　張乾若

鉅鹿縣志八卷　清王驤纂修　清順治十八年修　康熙二十年續刊本　東洋

廣宗縣志十二卷　清李師舒纂修　清嘉慶七年刊本　國學

廣宗縣志十六卷卷首一卷卷末一卷文徵二卷　姜榕榮等修　韓敏修纂　民國二十二年鉛印本　北平二部

邯鄲縣志十七卷卷首一卷卷末一卷　李世昌修　王琴堂纂　民國二十二年排印本　南洋　哈佛　國學　燕京　任振采

清河縣志十七卷卷首一卷　劉紹先修　趙綱銘纂　民國二十三年鉛印本　北平　哈佛

大名府志二十九卷　明闕名纂修　明嘉靖三十七年刊萬曆間補版印本　北平存卷十至二十九

大名縣志三十卷　洪家祿纂修　民國二十三年鉛印本　南洋　哈佛　任振采　張乾若

東明縣誌八卷　金世德修　楊日升纂　清康熙二十一年刊本

東明縣志二十二卷　任傳藻修　穆祥仲纂　民國二十二年鉛印本　南洋　哈佛　任振采　張乾若

遵化縣志十卷　明張杰修　周祚纂　清周璽增訂　清康熙六年重刊明萬曆四十六年刊本　北平

南宮縣志五卷　明葉恆嵩纂修　明嘉靖三十八年刊本　民國二十二年南宮邢氏求己齋影印明嘉靖本　文化　北平三部　哈佛　王綬珊　任振采　張乾若　羅良士

南宮縣志二十六卷　賈恩紱纂修　民國二十五年刊本　文化　南洋　哈佛　任振采　張乾若

棗強縣志料八卷　宋兆升修　張宗載齊文煥纂　民國二十年鉛印本　哈佛　國學

柏鄉縣志十卷卷首一卷　牛寶善修　魏永弼纂　民國二十一年鉛印本　北平　哈佛　任振采

深州志八卷　清劉應民原修　李天培重修　清康熙三十六年刊本　北平　任振采

定縣志二十二卷卷首一卷 何其章修 賈恩紱纂 民國二十三年鉛印本 北平 東化 東洋 燕京 王綬增 任振采 張乾若

兩鎮三關通志二十三卷 明闕名纂修 明嘉靖刊本 缺卷十四至卷十八 東洋

山東

山東通志目不分卷附代擬修志奏稿上撫部院書 清孫葆田纂修 清光緒刊本 北平

淄川縣續志二卷 王敬鑄纂修 清宣統三年石印本 文化 葛詠莪

淄川縣鄉土志二卷 鈔本 山東

新城縣鄉土志二卷 鈔本 山東

齊東縣志六卷 于清泮等纂修 民國二十四年鉛印本 南洋

濟陽縣志二十卷卷首一卷 盧永祥等修 王嗣鋆等纂 民國二十二年聚珍仿宋本 文化 北平 燕京 王綬增

禹城縣志二十六卷 清朱煐等纂修 清道光十五年刊本 哈佛

臨邑縣志四卷卷首一卷 崔公甫修 王孟戌纂 民國二十五年排印本 哈佛

陵縣續志四卷卷首一卷 苗恩波修 劉蔭岐纂 民國二十四年鉛印本 北平 哈佛 南洋 任振采 張乾若

長河志籍攷十卷 清田雯撰 清康熙古懽堂刊本 田氏叢書本 同影樓輿地叢書本 國學三部 燕京

德州志攷誤十二卷 清李有基撰 清乾隆五十年刊本 任振采

德平縣志十二卷卷首一卷 呂學元修 嚴綏之纂 民國二十五年鉛印本 奉天 哈佛 資料課

德平縣鄉土志二卷 山東

平原縣志十二卷卷首一卷 曹夢九修 趙祥俊張元鈞纂 民國二十五年排印本 哈佛 南洋 燕京 任振采 張乾若

平原縣鄉土志二卷 鈔本 藍曬本 山東 燕京

滋陽縣鄉土志四卷 周元英編 鈔本 山東

曲阜縣志八卷 孫永漢修 李經野纂 民國二十三年排印本 哈佛 南洋

曲阜縣鄉土志一卷 鈔本 藍曬本 山東 燕京

壽張縣鄉土志一卷 崔光煦孫育德閻煜編 鈔本 山東

博平縣鄉土志一卷 姚先達編 鈔本 山東

茌平縣志十二卷 周之楨等纂修 民國二十四年鉛印本 哈佛 南洋

茌平縣鄉土志 山東

清平縣志九卷 張樹梅等纂修 民國二十五年鉛印本 南洋

清平縣鄉土志一卷 鈔本 山東

冠縣鄉土志二卷 鈔本 山東

高苑縣鄉土志一卷 王傳沐等編 鈔本 山東

博興縣鄉土志一卷 排印本 山東
壽光縣志十六卷卷首一卷 宋憲章修 鄒允中崔亦文纂 民國二十五年鉛印本 燕京
壽光縣鄉土志一卷 鈔本 山東
昌樂縣續志二十八卷 趙文琴等纂修 民國二十三年鉛印本 南洋
昌樂縣鄉土志一卷 劉顧綱編 鈔本 山東
杞乘 明馬時龍撰 明萬曆刊本 北平
安邱縣鄉土志十六卷 馬步元編 鈔本 藍曬本 山東 燕
諸城縣鄉土志二卷 王照昭王倬辰等編 排印本 山東 國研 清華
臨淄縣鄉土志一卷 邊鳳岐于子春編 鈔本 山東
臨朐縣鄉土志五卷 鈔本 山東
黃縣志稿五卷 尹繼美纂修 清同治十二年永新尹氏仁山白鹿書院刊本 東化
招遠縣鄉土志 山東
萊陽縣志十卷卷首一卷卷末一卷 梁秉錕修 王丕煦纂 民國二十四年排印本 哈佛
萊州府鄉土志二卷 崔錫章編 鈔本 山東
膠志五十五卷卷首一卷 葉鎮英修 匡超纂 民國二十年排印本 哈佛 燕京
膠州鄉土志一卷 鈔本 山東

續修高密縣志十六卷 曹夢九修 王贈芳纂 民國二十四年鉛印本 燕京
即墨縣鄉土志二卷 鉛印本 藍曬本 山東 燕京
青城縣志四卷 楊啓東修 趙梓湘纂 民國二十四年鉛印本 文化 北平 哈佛 南洋 王綬珊 任振采 張乾若
青城縣鄉土志 鈔本 藍曬本 山東 燕京
陽信縣鄉土志 山東
海豐鄉土志鈔存 清宣統二年修 鈔本 兵事一門記載至光緒二十六年 燕京
商河縣志十五卷 王錫恩等纂修 民國二十三年鉛印本 南洋
商河縣鄉土志四卷 王止廉梁玉成編 鈔本 山東
利津縣鄉土志一卷 蓋重熙許鳳年王毓乾編 鈔本 藍曬本 山東 燕京
濱州鄉土志一卷 吳慶勳編 鈔本 山東
霑化縣志八卷卷首一卷 梁建章修 于清泮纂 民國二十四年鉛印本 南洋 燕京
費縣鄉土志一卷 李敬銘編 鈔本 山東
莒志七十七卷卷首一卷 牛介眉修 莊陔蘭纂 民國二十五年排印本 北平 哈佛 南洋 燕京
東阿縣續志十六卷 周竹生等纂修 民國二十四年鉛印本 王綬珊

東阿縣鄉土志八卷　姜漢章編　石印本　藍晒本　山東　燕京

張秋志十二卷　明黃承玄編　清林芃重編　馬之驦補編　清康熙九年刊本　缺卷九卷十　文化

菏澤縣鄉土志一卷　朱祐郝鴻治編　石印本　山東

茌縣鄉土志一卷　鈔本　山東

范縣志六卷　張振聲修　余文鳳纂　民國二十四年排印本　哈佛　南洋　燕京

觀城縣鄉土志一卷　鈔本　山東

朝城縣鄉土志一卷　吳玉書編　清光緒二十六年修　鈔本　民國九年刊本　山東　哈佛

濟寧州鄉土志四卷　王贊廷鄧際昌等編　石印本　山東

金鄉縣鄉土志四卷　孫鵠編　鈔本　山東

臨清縣志十六卷　徐子尚修　張樹梅纂　民國二十四年排印本　哈佛　燕京

邱縣鄉土志二卷　鈔本　山東

武城縣鄉土志一卷　鹽水鈺蘇再藻編　鈔本　山東

河南

豫乘識小錄二卷　清朱雲錦撰　清同治十二年刊本　文化

河南志不分卷　吳世勳撰　民國中華書局排印本　國學

河南方輿人文志略　王幼僑撰　民國二十一年北平西北書局鉛印本　內政　燕京

祥符縣志　清李同亨纂修　清順治李年刊本　原卷數待考存卷三至卷五　北平　今併開封縣

陳留縣志十二卷　清張夏調等纂修　清順治十一年刊本　王緘增

蘭儀兩縣合志　張靖等纂修　民國鉛印本　文化

續安陽縣志十六卷卷首一卷卷末一卷　王幼僑等修　李國禮等纂　民國二十二年鉛印本　北平　東洋　哈佛　燕京　附金石錄甲骨文土子玉撰

安陽縣鄉土志　金陵

林縣志十八卷卷首一卷　李見荃等纂修　民國二十年石印本　北平

汲縣今志不分卷　魏青銑纂修　民國二十四年南京漢文正楷印書局鉛印本　北平二部　國學二部　燕京

獲嘉縣志十七卷卷首一卷　鄒古愚修　鄒鵠等纂　民國二十三年鉛印本　北平

內黃縣志二十六卷　明黃廷璣等纂修　明萬曆二十八年刊本　王緘增

新鄉縣志三十四卷　清金茂和纂修　清雍正十三年刊本　缺卷一卷二十至卷二十三　故宮

胙城縣志二卷　清張文明修　李紳文纂　清康熙四十一年刊本　東洋

滑乘補不分卷　明顧名儒修　明萬曆三十一年綠格舊本　國學

重修滑縣志二十卷附藝文錄十二卷金石錄十二卷 王維垣等修
王蒲園等纂 民國十九年鉛印本 北平
河內縣志五卷 清孫灝修 王玉汝纂 清順治十五年修 稿本 燕京
修武縣志十六卷 蕭國楨修 焦封桐纂 民國二十年排印本 哈佛
洛陽縣志二十卷 龔崧林等纂修 民國十三年鉛印本 王綬增
洛陽古今談不分卷 李健人撰 民國二十四年鉛印本 全書分五編體例
似志而備修志之資料 北平
偃師縣志四卷 清艾元復纂修 清順治刊本 北平
偃師縣志存三卷 清王霖長纂修 清康熙刊本 北平
永寧縣志七卷 清侯駿聲纂修 清康熙三十一年刊本 國學
登封縣志六卷 明侯泰修 王玉鉉纂 明嘉靖八年刊本 國學
汝陽縣志十卷 邱天民纂修 民國二十三年鉛印本 中央
西平縣志四十卷卷首一卷卷末一卷附文徵八卷 李毓藻修 陳
銘鑑纂 民國二十三年北平文華齋刊本 北平 哈佛 國學
確山縣志二十四卷附雜記 張縉璜纂修 民國二十年鉛印本 燕京
羅山縣志八卷 清閻興邦修 晉熙纂 清康熙三十年刊本 東洋
淮寧縣志十二卷 清吳濬昌奕簪纂修 清乾隆十九年刊本 缺卷八 故
宮
淮陽縣志八卷卷首一卷附文徵 鄭康侯修 朱撰卿纂 民國二十三
年排印本 哈佛 燕京 王綬增
淮陽鄉村風土記 朱曾貽撰 民國二十三年河南省政府救濟處編輯處鉛
印本 燕京
許昌縣志二十卷 張廷馥等纂修 民國十三年鉛印本 內政 王綬增
九峯舊廬方志月作王秀文等纂修
襄城縣志八卷 明[illegible]性敬修 張寧纂 明萬曆四十六年刊本 北平
郾城縣志十卷 明李振聲修 李達纂 明崇禎十年刊本 東北
郾城縣記 南洋
陝州志八卷 明王承惠纂修 明萬曆十年刊本 北平 現藏陝館
光州鄉土志不分卷 清胡贊采等編 清光緒三十二年刊本 王綬增 墨
新潢川縣
光山縣志約稿四卷 晏兆平纂修 民國二十五年鉛印本 哈佛

山西

陽曲縣志十六卷 清張慕瀾等纂修 民國十二年刊本 王綬增
交城縣誌八卷卷首一卷卷末一卷 清趙吉士修 武攀龍纂 清康熙
八年刊本 東洋
文水縣志十卷 明米世發修 鄭宗周纂 明天啓五年刊本 燕京
文水縣鄉土志八卷 成連編 清宣統元年鉛印本 文化
重修安澤縣志十六卷附備忘錄 馬繼楨等修 王翊鼎等纂 民國二
十一年鉛印本 北平 蔣香圃贈

沃史二十五卷　清范印心修　張奇勛纂　清康熙五年刊本　文化　北平
存十五卷　東洋　即曲沃縣志
新修曲沃縣志　仇汝功纂修　民國十七年鉛印本　內政
翼城縣志三十八卷卷首一卷　馬繼楨修　吉廷彥等纂　民國十八年鉛
印本　燕京
鄉寧縣志十六卷卷首一卷　趙祖抃修　吳庚纂　民國六年刊本　北平
哈佛
榮河縣志二卷　明宋訓纂修　傳鈔明嘉靖十七年刊本　東化
猗氏縣志九卷　明萬曆刊本　北平
潞郡舊聞三卷　靳熒藩撰　民國十三年高氏鉛印本　燕京
汾陽西陳家莊鄉土志四卷　劉天成編　民國十六年修　鈔本　燕京
寧鄉縣志十五卷　清潘安禮等纂修　清光緒十六年刊本　王綬增
陽城縣鄉土志　見民國二十四年十二月二十日大公報贈書誌謝
陵川縣志十卷　康增鏝修　楊謙纂　民國二十二年鉛印本　燕京
介休縣志八卷　清王植修　王之舟纂　清康熙三十五年刊本　燕京　王
綬增　任振采　北支五省地方志簡目作康熙五十五年刊本現藏奉天圖書館
平定州志八卷　清德保修　王疏庚纂　清乾隆十四年刊本　東洋　現稱
平定縣
樂平縣誌六卷　明喬永啟纂修　明嘉靖二十七年刊本　北平
遼州志八卷　明祁相纂修　明嘉靖三十七年刊本　北平

解州全志二十二卷　清陳時修　介孝瑋纂　清康熙五十六年刊本　任
振采
解州全志十六卷　清葉桂芬纂修　清咸豐刊本　靜嘉
永寧縣志餘二卷　清[illegible]纂修　清嘉慶元年刊本　北平
稷山縣志八卷　明強思恭纂修　明萬曆四十年刊本　北平
遼州志八卷卷首一卷卷末一卷　清陳廣楏纂修　民國十八年重印嘉光
緒本　燕京　現稱遼縣
河曲縣誌四卷　清曾春暄纂修　清道光十年刊本　北平　哈佛　國學
永和縣志　段金成等纂修　民國十九年鉛印本　內政

陝西

陝西通志稿二百二十四卷　楊虎城修　宋伯魯纂　民國二十三年鉛印
本　文化　東洋　哈佛　王綬增
銅川志六卷　清胡元煐編　清道光十七年刊本　清光緒元年重刊本　文化
二部
咸陽縣新志二卷　明張應詔纂修　明萬曆十九年刊本　北平
臨潼縣志四卷　明王聯芳纂修　明萬曆刊本　北平
鄠縣鄉土志三卷　清鈔本　鄉土志叢編本　燕京
渭南縣志十六卷　明南大吉纂修　南軒續修　南師仲增訂　明天啟元年
刊本　北平

佾義志　清長第　在洵陽縣東北十五里
佾義志稿二十一卷　稿本　嵐川魯敦板本未詳　趙愷範
甘泉縣鄉土志一卷　稿本　鄉土志叢編本　燕京
宜川鄉土志一卷　稿本　鄉土志叢編本　燕京
鳳翔府志略三卷　清劉曾㟙修　清乾隆二十六年刊本　北平
重修岐山縣志六卷　明于邦棟修　南宮等纂　明萬曆十九年刊本　北平
岐山縣鄉土志三卷　稿本　鄉土志叢編本　燕京
寶雞縣志殘存八卷卷首一卷　清許起鳳修　高登科等纂　清乾隆二十
九年刊本　北平　東洋
汧陽述古編二卷　清李嘉績撰　清光緒十五年修　榕園叢刊本　燕京
褒城縣志　鈔本　文化
城固縣鄉土志一卷　清鈔本　鄉土志叢編本　燕京
寧羌州鄉土志一卷　清陳邑芬等編　清鈔本　鄉土志叢編本　燕京
榆林府志辨訛一卷附河套圖一卷　清楊江撰　清咸豐七年刊本
文化
懷遠縣志二十八卷　清蔡鳳洋等纂修　清嘉慶十八年刊本　王綬珊
隴縣志二卷附鄉賢傳一卷　陳瑛修　趙思明等纂　民國二十二年石印
本　北平　國學　燕京
神木縣志四卷　清康熙五十二年修　舊鈔本　嘉業堂
神木縣鄉土志四卷　稿本　鄉土志叢編本　燕京

石泉縣志四卷　清舒鈞等纂修　清乾隆三十三年刊本　北平
平民縣志四卷　雷光甸纂修　民國十八年鉛印本　南洋　民國十八年刻
朝邑華陰二縣地記
朝邑縣鄉土志一卷　清光緒三十二年鈔本　鄉土志叢編本　燕京
韓城縣志四卷　劉鐘麟修　趙本蔭纂　民國十四年石印本　東洋　燕京
王綬珊
韓城縣鄉土志一卷　張瑞璣等編　鈔本　文化
華州鄉土志一卷　楊威凡編　清光緒年間編　鈔本　鄉土志叢編本　燕
京
華陰縣志八卷　張仲普等纂修　民國二十一年鉛印本　王綬珊
雒南縣鄉土志　鈔本　文化
雒南縣志不分卷　清何樹滋纂修　清嘉慶元年刊本　東洋
中部縣鄉土志一卷　鈔本　鄉土志叢編本　燕京
商南縣志十二卷卷首一卷　朱聯甲等修　路炳文等纂　民國八年鉛印
本　文化
邠縣新志稿二十卷　劉必達等修　史家夔等纂　民國十八年鉛印本
文化

甘肅

甘肅地略六卷　清周名撰　鈔本　北平

皋蘭續志稿十二卷 清盧政纂修 清光緒十三年修 鈔本 隴右方志錄
金縣續志稿二卷 清光緒三十四年修 鈔本 隴右方志錄
渭源縣風土調查錄 文廷美高光壽編 民國十六年鉛印本 東洋
鞏昌府志二十八卷 清紀元纂修 清康熙二十六年修 鈔本 列本 隴
右方志錄
隴西分縣武陽志五卷 楊學震纂修 清光緒三十四年修 鈔本 隴右方
志錄
寧遠縣志八卷 明鄒浩纂修 明萬曆十五年刊本 北平
合水縣志二卷 清光緒三十四年修 鈔本 隴右方志錄
甘州府志六卷 清楊春茂纂修 清順治十四年刊本 隴右方志錄著錄二
部 一部作甘鎮志
山丹縣志十八卷 清光緒三十四年修 鈔本 隴右方志錄
鎮番縣鄉土志二卷 清劉春堂編 清光緒年間修 鈔本 東洋
永昌縣續志一卷 清闕名纂修 清嘉慶二十一年刊本 國學
涇州志二卷 明田一井纂修 明萬曆刊本 隴右方志錄 存一冊
崇信縣續志稿 清道光十五年修 鈔本 隴右方志錄
鎮原縣志十九卷 黃蓉諴纂修 民國二十四年鉛印本 中央
徽郡志八卷 明郭從道纂修 明嘉靖四十二年刊本 北平
徽縣新志十卷 趙鈞鑒纂修 民國十二年石印本 隴右方志錄
階州志不分卷 明余新民修 婁逢春纂 明萬曆四十四年刊本 北平

肅志備採錄四卷 郭樸城編 清光緒年間編 鈔本 隴右方志錄
沙州都督府圖經 清闕名纂修 清末刊本 東洋

福建 台灣附

福建通志列傳補編不分卷 清陳善撰 清刊本 北平
福建通志政事略 清劉建韶撰 鈔本 哈佛
福州府志四十卷 明林懋舉纂修 明正德十五年刊本 遼江劉氏東明館
存卷十六至卷四十
福州府志四卷 清李拔修 高世偉等纂 福州戴氏 福建方志敍錄李拔
撰徐志（乾隆十九年修）藝文志未備今各類見福州續藝文志四卷有黃任序
閩侯縣志一百六卷 歐陽英修 陳衍纂 民國二十二年刊本 文化 北
平 東化 東洋 哈佛 烏山 福建 燕京 王綏增 任鑑榮
羅川志四卷 明高相纂修 明嘉靖二十四年刊本 北平 福建方志敍略作
十卷 即羅源縣志
古田縣鄉土志 清曾光禧編 清光緒三十二年刊本 嶺南
屏南縣志八卷 清梅鵬臣纂修 清道光八年修 鈔本 萬縣
湄州嶼志略四卷 清楊浚纂修 清光緒十四年刊本 鄭渭濟金門志及湄
州嶼志略概述該文又見廣州中山大學圖書館周刊第四卷
永泰縣志十二卷 董秉清修 王紹沂纂 民國十一年鉛印本 協和 烏
山 福府 王綏增 黃永福藏

金門縣志二十四卷　左樹燮修　劉敬纂　民國十年修　鈔本　福建方志致略稿成未付印寫本有二一藏縣署一藏福州劉氏家

龍溪新增志二卷　清入十四纂修　清光緒五年刊本　葛詠莪

南平縣志四十卷　清濮文昶修　徐數棫纂　清同治十一年刊本　東洋

建陽鄉土地理教科書不分卷　楊學棻編　清宣統元年福州排印本　國學

尤溪縣志十卷　盧興邦纂修　民國十六年刊本　福府　福建　王綬珊

沙縣志十卷　清金灣纂修、清道光十一年修　鈔本　葛詠莪

建陽縣志十二卷　趙模修　王寶仁纂　民國十八年鉛印本　北平　東洋　哈佛　徐圖　王綬珊　葛詠莪

浦城縣志十六卷　明麥民範纂修　明萬曆三十七年刊本　康爵

松溪縣志　篤樹模等纂修　民國刊本　文化

政和縣誌四卷　明黃裳修　祁新垣纂　舊鈔明天順三年重刊永樂二年刊本　北平

光澤縣志三十卷首一卷　清曾新逢盛朝輔修　高澍然纂　清道光二十年刊本　福建方志致略作道光二十一年刊咸豐三年補刊據余所藏實係同治九年補刊本與致略所著者異　文化　協和　國學　任振采

長汀縣志三十三卷首一卷卷末一卷　清廷棟修　曾炳文纂　清咸豐四年刊本　文化

清流縣志十卷　清黃有憲修　雷可升纂　清道光九年排印本　北平

上杭縣志六卷卷首一卷卷末一卷　清趙成修　趙學龢等纂　清乾隆十八年刊本　北平

鶴塘沒志二卷　清劉家謀編　清道光刊本　國學

德化縣志　清高境棠沈鍾三修　陳嘉纂　清乾隆二十年刊本　福建

永春縣志二十八卷　鄭翹松纂修　民國十六年修　十九年鉛印本　島山　協和　燕京　福建方志致略不著撰人卷數蓋據燕京藏本補入

大田縣志六卷　陳朝陸修　王光張纂　民國二十二年鉛印本　島山　王綬珊

漳平縣志十卷　蔡世鈸纂修　民國二十四年鉛印本　南洋

寧洋縣志八卷　清董鈞修　張豐玉纂　清康熙元年刊本　東洋

澎湖志略不分卷　清胡格纂修　清乾隆五年刊本　東洋

彭湖廳志十五卷　清林豪纂修　清光緒五年修　稿本　任振采

嘉義縣志殘存七卷　清周鍾瑄修　陳夢林等纂　傳鈔清康熙間本　北平

廣東

兩廣便覽二卷　清李應龍編　清光緒三十年刊本　北平

廣東通志列傳四卷　溫廷敬撰　民國廣州國立中山大學排印本　燕京

羊城古鈔八卷卷首一卷　清仇池石撰　清嘉慶十一年刊本　文化　國學　燕京

九江儒林鄉志二十一卷　清朱次琦修　馮栻宗纂　清光緒九年刊本　東洋　燕京　嶺南學院

番禺縣古壩鄉志(未完)　韓鋒編　見南華第一集第一卷

龍山鄉志十四卷卷首一卷　清溫汝能編　清嘉慶十年刊本　燕京　在順德縣西北七十八里

龍門縣志　鄔慶時纂修　民國鉛印本　文化

增城縣志十九卷　明張文德纂修　明嘉靖刊本　天一有缺卷

曲江鄉土志　梁朝俊等編　鈔本　文化

仁化縣志三卷　清鄭紹曾纂修　清嘉慶二十四年刊本　任振采

仁化縣志八卷卷首一卷　何炯璋修　譚鳳儀纂　民國二十二年鉛印本　燕京

英德縣續志十七卷　淩鶴書等纂修　清宣統三年刊本　南洋

陸豐縣鄉土志　鈔本　文化

龍川縣志十六卷　清勒寶文等纂修　清光緒二十三年刊本　王綬珊

連平州鄉土志一卷　謝錫吾編　清光緒三十四年鈔本　文化

和平縣志八卷卷首一卷　清羅天桂修　徐延輪纂　民國二十三年據嘉慶二十四年本油印　東化　東洋　王綬珊

和平縣鄉土志一卷　鈔本　文化

大埔縣志十八卷　清洪先燾修　饒慶捷纂　清嘉慶九年刊本　任振采

肇慶府志二十二卷　明葉春及纂修　明萬曆十六年刊本　許博明

陽江縣志三十九卷卷首一卷　張以誠修　梁觀喜纂　民國十四年排印本　北平　東洋　哈佛　王綬珊

高明縣志殘存十八卷卷首一卷　清于學修　黃之璧等纂　清康熙二十八年刊本　北平

高明縣志十八卷　清祝淮修　夏植亨等纂　清道光三年刊本　任振采

廣寧縣鄉土志　伍梯等編　清刊本　文化

開平縣志四十五卷卷首一卷　余棨謀等修　張啟煌纂　民國二十二年鉛印本　北平　東化　東洋　南洋　哈佛　王綬珊

瓊州志　鈔本　文化

儋縣志十八卷卷首一卷　彭元藻修　王國憲纂　民國二十四年排印本　文化　南洋　哈佛

感恩縣志二十卷卷首一卷　周文海修　盧宗棠纂　民國二十年排印本　哈佛　王綬珊

羅定志十卷　周學仕修　馬呈圖纂　曾能賡修　陳樹勳續纂　民國二十四年排印本　南洋　哈佛

連山廳鄉土志一卷　鈔本　文化

程鄉縣志八卷　清劉廣聰纂修　清康熙三十年刊本　東洋　現爲梅縣

石窟一徵九卷　清黃釗撰　清咸豐年間撰　光緒二十五年補撰　民國十九年重刊本　東洋　即鎮平縣志

廣西

臨桂縣志十卷　清張邀濟弘明纂修　清康熙二十五年刊本

臨桂縣志三十二卷 清吳徵鰲修 黃泌纂 清光緒三十一年刊本 廣局 廣統

臨桂縣志殘存二卷 鈔本 文化

陽朔縣志 清余次彭金煥模修 徐新邁纂 民國七年鉛印本 廣局 廣統

永寧州志 清李重發纂修 清道光元年刊本 葛詠莪

灌陽縣志二十卷卷首一卷 清蕭煩修 范光祺等纂 清道光二十四年刊本 北平殘存十九卷卷首一卷 廣西

灌陽縣志 清光緒三十三年修 鈔本 廣西

羅城縣志四卷 清胡位錫纂修 清乾隆二十八年刊本 內政

雒容縣志二卷 藏濟巧修 唐本心纂 民國二十三年排印本 北平 哈佛 南洋 王綬增

宜山縣志三卷 段榮棣修 姚香編纂 清光緒七年修 廣西近代經籍志

武緣縣志草十四卷 清黃賢華纂修 清光緒年間修 稿本 廣西近代經籍志

遷江縣志十編 黎祚品修 劉宗堯纂 民國二十四年排印本 哈佛 燕京

上林縣志十六卷 黃誠沅纂修 民國二十三年鉛印本 中央 廣西省志概況 廣西近代經籍志

賀縣志十卷 韋冠英修 梁培煐龍先鈺纂 民國二十三年鉛印本 北平 東洋 燕京 王綬增

鍾山縣志十六卷 潘寶籙修 盧鈔標纂 民國二十二年排印本 北平 哈佛 民國析富川縣置

修仁縣續志 清光緒年間修 稿本 廣局 任振采

昭平縣志八卷 李樹楷修 吳壽崧纂 民國二十三年鉛印本 文化 北平 哈佛 王綬增 任振采 張乾若

鍾山縣志十六卷 盧秀彥等纂修 民國二十年鉛印本 任振采

岑溪縣志二卷 梁景熙等纂修 民國二十三年鉛印本 文化 王綬增

懷集縣志十卷 周贊元纂修 民國五年鉛印本 文化 北平 東洋 哈佛 燕京 王綬增 任振采 張乾若

貴縣志十八卷 歐仰羲等纂修 民國二十三年鉛印本 文化 北平 中央 南洋

武宣縣志八編 朱昌奎修 鄺贊辛纂 民國二十三年鉛印本 文化 東洋 哈佛 燕京 王綬增

邕寧縣志稿 莫超纂修 民國十年修 稿本 邕寧

永淳縣志 清朱乾基纂修 清雍正九年修 鈔本 永淳

同正縣志十卷 楊北岑纂修 民國二十年鉛印本 南洋

龍州縣志 葉茂萱纂修 民國十五年修 稿本 廣西省志概況

鬱林縣志稿 楊齊等纂修 民國十四年修 稿本 廣統

陸川縣志二十四卷卷首一卷卷末一卷 古濟勳修 呂濬堃纂 民國十三年修 十四年鉛印本 文化 北平 東洋 哈佛 燕京 王綬增 任振采 張乾若

龍勝廳志不分卷 清周誠之纂修 清道光二十六年刊本 民國二十五年影印清道光二十六年本 北平 東洋 哈佛 廣西近代經籍志著錄鈔本一部未詳藏所 今名龍勝縣

雲南

黔滇志略三十卷 清謝聖綸撰 清乾隆刊本 此志前十六卷爲雲南志畧後十四卷爲貴州志畧 文化

滇略十卷 明謝肇淛撰 精鈔本 明刊本 北平殘存十六卷 國學

雲南通志殘存邊防南蠻志 鈔本 文化

滇錄 由雲龍編 民國二十二年雲南省教育會鉛印本 燕京

易門縣志十四卷卷首一卷 清嚴廷珏修 歐擎振纂 清道光二十六年列本 東洋

宣威縣志稿十二卷卷首一卷 陳其棟修 繆果章纂 民國二十三年排印本 文化 中央 哈佛

臨安府志二十四卷 清張無咎修 夏冕纂 清雍正九年刊本 東洋

通海縣志不分卷 清闕名纂修 清光緒二十年刊本 萬祿表

楚雄府志六卷 明徐栻纂修 明隆慶刊本 靜嘉

楚雄府志十二卷 清張嘉穎纂修 清康熙二年鈔本 哈佛

定遠縣志八卷 清李德生修 李慶元等纂 清道光十五年修 鈔本 東洋 任振采

永昌府志二十六卷 清陳廷焴纂修 清道光六年刊本 文化 國學

龍陵縣志十六卷 張鑑安等纂修 民國六年鉛印本 任振采

師宗州志二卷補編一卷 清管掄纂修 傳鈔清雍正七年刊本 文化

武定府志三十八卷 清沈廷芳纂修 清乾隆刊本 靜嘉

武定州志六卷 清郭懷禮修 孫澤春纂 清光緒九年刊本 東洋

元江志稿三十卷卷首一卷卷末一卷 黃元直修 劉達式纂 民國十一年刊本 文化 東洋

新平縣志八卷卷首一卷 吳永立等修 馬太元等纂 民國二十三年石印本 北平 東洋

景東直隸廳志二十九卷 清羅含章纂修 清嘉慶二十五年刊本 國學

昭通志稿十二卷 盧金錫修 楊履乾纂 民國十三年鉛印本 東洋 哈佛 王綬珊 任振采 萬祿表 郭顯安藏

江城縣採訪者誌資料不分卷 李文新編 民國二十二年蓋官印鈔本 北平

文山縣志十卷 清鄔文功等纂修 清康熙十二年刊本 王綬珊

貴州

貴州志稿 清潘文芮撰 傳鈔本 北平

銅仁府志十二卷 清敬文修 徐如澍纂 清道光四年刊本 國學 王綬珊 任振采

黔西州志　清[illegible]修　[illegible]元等纂　清道光十五年刊本　文化　葛詠莪

平壩縣志不分卷　江鍾岷修　陳楷纂　民國二十一年排印本　北平

遼寧

遼東志九卷　明畢恭修　任洛重修　日本大正元年東京前田氏據嘉靖十六年本排印　遼海叢書本　東化　東洋三部　哈佛　燕京　任振采

長白彙徵錄原名長白徵存錄八卷　清張鳳臺撰　清宣統二年鉛印本　文化　哈佛　燕京

遼中縣志二十九卷卷首一卷　徐維淮修　李植嘉纂　民國十九年排印本　文化　北平　東化　東洋　哈佛　國學　王綬珊　任振采　張乾若

蓋平縣志十六卷卷首一卷卷末一卷　石秀峯修　王郁雲纂　民國十九年排印本　東化　東洋　哈佛　國學　王綬珊

開原縣志六卷　章啓槐修　趙家幹纂　民國六年序排印本　東化

鐵嶺縣志二十卷　黃世芳修　陳德懿纂　民國二十一年鉛印本　北平　哈佛　王綬珊

綏中縣志十八卷　溫毓嵣修　席文蔚等纂　民國二十四年鉛印本　文化　哈佛　王綬珊

義縣志二十卷　趙興德修　王鶴齡纂　民國二十年鉛印本　北平　東化　東洋　哈佛　王綬珊

東豐縣志四卷　李鐵等纂修　民國二十年鉛印本　南洋

輝南直隸廳志　清靜德厚修　張見田纂　清宣統二年石印本　文化　任振采

黑山縣鄉土志不分卷　清光宣年間鉛印本　敍事至光緒三十三年止　文官

盤山廳志不分卷　楊紹宗纂修　清宣統二年刊本　任振采

盤山縣志略不分卷　馬俊顯修　孫名耀等纂　民國四年修　鈔本　北平

靖安縣志不分卷　清朱佩蘭纂修　鈔本　文化

岫巖志略十卷　清台隆阿修　李翰穎纂　清咸豐七年修　舊鈔本　任振采

岫巖縣志四卷卷首一卷　劉景文修　郝玉璞纂　民國十七年鉛印本　文化　東化　東洋　南洋　哈佛　王綬珊　任振采　張乾若

寬甸縣志　清余華康纂修　清宣統三年鈔本　文化

安東縣志八卷卷首一卷　關定保修　于雲峰纂　民國二十年鉛印本　北平　東化　東洋　南洋　哈佛　國學　燕京　王綬珊　任振采

鳳城縣鄉土志不分卷　清闕名編　清末鈔本　文官

遼源州志書不分卷　鈔本　文化

臨江縣鄉土志一卷　劉鳴復編　李心甘續補　民國三年石印本　文化

布特哈志略一卷　孟定恭編　遼海叢書本　據本書修刊年代未詳僅其記政一門實至民國十七年　哈佛　燕京

北鎮縣志六卷　王文璞修　呂中清纂　民國十一年鉛印本　任振采

吉林

吉林地志附雞林舊聞錄　魏聲龢撰　民國二年吉林印刷社鉛印本　文

化 北平

吉林新志二卷 劉爽撰 民國二十二年鉛印本 哈佛

熱河

朝陽縣志三十六卷 周鐵錚修 沈鳴詩纂 民國十九年鉛印本 北平 東化 東洋 哈佛 國學 王綬珊

林西縣志五卷 孫紹泉修 徐致軒纂 民國排印本 東化

新疆

新疆建置志四卷 宋伯魯撰 民國三年北京國和印字局排印本 關中叢書本 北平 東洋 哈佛

新疆國界圖志十四卷附新疆山脈圖志 王樹枏撰 清宣統元年刊本 燕京

新疆識略十二卷 清松筠撰 清道光元年武英殿刊本 文化 東洋 哈佛

西疆備乘三卷 鍾廣生撰 民國三年鉛印本 東洋

新疆禮俗志不分卷新疆小正不分卷 王樹枏撰 民國七年聚珍仿宋印本 北平

哈密志五十一卷 鍾方纂修 清道光二十六年修 鈔本 民國二十六年北平禹貢學會排印本 文化 哈佛 燕京

察哈爾

察哈爾省通志二十八卷卷首一卷 宋哲元等修 梁建章等纂 民國二十四年鉛印本 文化 中央 北平 哈佛 燕京 任振采 張乾若

萬全縣志十二卷卷首一卷附張家口概要一卷 路聯達等修 任守恭等纂 民國二十二年鉛印本 北平 哈佛 南洋

蔚州志四卷 明來臨纂修 明萬曆八年刊本 文化

懷安縣志十卷卷首一卷 景佐綱修 張鏡淵纂 民國二十三年鉛印本 燕京

陽原縣志十八卷 劉志鴻修 李泰棻纂 民國二十四年鉛印本 文化 北平 東洋 哈佛 南洋 國學 王綬珊 任振采 張乾若 孫內寧

張北縣志八卷卷首一卷 陳繼淹修 許聞詩等纂 民國二十四年鉛印本 中央 北平 哈佛 南洋

龍關縣志二十卷 清劉德寬等纂修 民國十八年鉛印本 王綬珊

綏遠

綏遠全志十卷卷首一卷 清貽穀修 高賡恩纂 清光緒三十四年刊本 燕京 王綬珊

歸綏道志三十七卷 清貽穀纂修 清光緒三十四年修 稿本 綏遠有缺佚

歸綏縣志不分卷　鄭植昌修　鄭裕孚纂　民國二十三年北平文嵐簃排印本　文化　北平　哈佛　南洋　國學　燕京

和林格爾廳志四卷　清托明修　伊長纂　清咸豐二年刊本　文化　北平　東化　東洋　哈佛　現稱和林縣

弘治宣府鎮志十卷　明王崇獻纂修　明弘治刊本　國學

寧夏

寧夏新志八卷　明管律纂修　明嘉靖刊本　天一

平羅紀略八卷　清徐保字撰　清道光九年新堡官舍刊本　燕京　葛詠莪

續增平羅紀略五卷　清張梯撰　清道光二十四年刊本　隴右方志錄

靈州誌蹟四卷　清豐延泰修　楊芳燦纂　清嘉慶三年刊本　東洋　現稱靈武縣

靈州志四卷　清闕名撰　清光緒三十三年修　鈔本　隴右方志錄此志僅見第三卷人物藝文第四卷邊防祥異

青海

西寧府續志十卷　清來維禮纂修　清光緒九年刊本　隴右方志錄

西康

鑪霍屯志略不分卷　清李之珂纂修　清光緒三十二年刊本　東洋

巴塘志略不分卷　清錢召棠纂修　清鈔道光二十三年本　北平　現稱巴安縣

西藏

西藏志不分卷　清乾隆四十三年鈔本　文化

西藏新志　許光世蔡晉成撰　清宣統三年鉛印本　癸丑年西藏圖籍錄

西藏志　董之學傅勤家譯　民國二十五年鉛印本　四川

蒙古

蒙古地志不分卷　日本參謀本部編　王宗炎譯　清光緒二十八年南京啓新書局鉛印本　燕京

烏里雅蘇臺志略一卷　鈔本　文化

附錄一　地方志統計表

1. 各省地方志種數統計表

省＼代	宋	明	清	民國	未詳朝代	總計
江蘇		九	二七	二一	四	六一
浙江	一	一七	四一	一九	四	八二
安徽		五	二七	八		四〇
江西		三	一五	一		一九
湖北	一	六	四	四	二	一七
湖南		二	二八	一		三一
四川		一	三二	一四	三	五〇
河北		一二	九	四〇	二	六三
山東		二	八	二一	三七	六八
河南		六	一二	一八	二	三八
山西		六	一二	八	一	二七
陝西		四	一四	七	一〇	三五
甘肅		四	一三	三		二〇
福建		四	二〇	九		三三
廣東		二	一五	九	五	三一
廣西			一二	一六	一	二九
雲南		二	一二	七	一	二二
貴州		一	七	一〇		十八
遼寧			四	四	一	九
吉林				二		二
熱河				二		二
新疆			四	四		八
察哈爾		一	一	五		七
綏遠		一	三	一		五
寧夏		一	四			五
青海			一			一
西康			二			二
西藏			二	一		三
蒙古			一		一	二
總計	二	八九	三三〇	二三五	七四	七三〇

2. 各省地方志卷數統計表

省＼卷	卷數	缺卷種數
江蘇	七〇九	七
浙江	八七五	一五
安徽	六三四	九
江西	四二六	
湖北	二七八	四
湖南	四八八	五
四川	六二〇	九
河北	七六三	四
山東	五一二	七
河南	三六一	一一
山西	二七〇	三
陝西	三九七	四
甘肅	一三三	四
福建	四五一	七
廣東	三四八	六
廣西	二三五	九
雲南	二九三	四
貴州	十二	三
遼寧	一四四	八
吉林	二	一
熱河	四一	
新疆	八四	二
察哈爾	一〇〇	
綏遠	六一	一
寧夏	二九	
青海	一〇	
西康		二
西藏		三
蒙古	一	一
總計	八一八七	一二九

3. 本篇著錄公私藏家所收方志種數統計表（不滿三十種者未列）

省別＼藏書處	北平	燕京	哈佛	文化	王綬珊	東洋	國學	任振采	南洋	山東
江蘇	一〇	一四	四	七	八	二	二二	六	三	一
浙江	一一	一一	六	七	一六	一	一四	一	一	
安徽	一三	一〇	五	五	四	一	四	九	一	
江西	五	二	一	三	三	三	三			
湖北	八	四	三	四			三			
湖南	四	四	一	四	八	一二	二	二		
四川	一四	三	一〇	一一	一二	一二	八	四	一	
河北	二八	一七	三三	八	一一	一四	八	一九	一三	
山東	六	一八	一四	四	三		一	四	一二	三八
河南	一二	七	五	二	六	三	六		一	
山西	九	八	二	二	三	三	一	二		
陝西	八	一三	一	八	四	四	一		一	
甘肅	四					三	一			
福建	八	二	三	四	五	五	三	三	一	
廣東	四	五	五	一〇	五	六	一	三	四	
廣西	八	五	八	七	七	五		五	三	
雲南	二	一	三	六	二	七	三	三		
貴州	二			一	一		一	一		
遼寧	五	四	九	九	六	六	三	八	三	
吉林	一		一	一						
熱河	一		一		一	一	一			
新疆	二	三	三	三		三				
察哈爾	四	二	四	三	二	一	一	二	三	
綏遠	二	二	二	二	一	一	二		一	
寧夏		一				一				
青海										
西康	一					一				
西藏				一						
蒙古		一		一						
總計	一七二	一三七	一二四	一一三	一〇八	九五	八九	七二	四八	三九

附錄一 本篇著錄各圖書館各機關簡稱表

（依筆畫多寡為序）

山東	山東省立圖書館
中央	國立中央大學圖書館
天一	寧波范氏天一閣
內政	南京內政部圖書館
天津	天津圖書館
文化	東方文化事業總委員會圖書館
文官	國民政府文官處圖書館
北平	國立北平圖書館
四川	國立四川大學圖書館
永淳	廣西永淳縣修志局
江西	江西省立圖書館
汶川	四川汶川縣政府
金陵	金陵大學圖書館
金門	福建金門縣政府
協和	福建協和學院圖書館
武漢	國立武漢大學圖書館
奉天	滿鐵奉天圖書館

南洋	南洋中學圖書館
南昌	江西南昌縣政府
故宮	故宮博物院圖書館
浙江	浙江省立圖書館
徐匯	上海徐家匯天主堂藏書樓
邕寧	廣西邕寧縣政府
烏山	福建烏山縣立圖書館
清華	國立清華大學圖書館
崑山	江蘇崑山公立圖書館
國研	國立中央研究院社會科學研究所
國學	江蘇省立國學圖書館
湖南	湖南省立中山圖書館
資料課	滿鐵資料課
福建	福建省立圖書館
福府	福建省政府圖書館
綏遠	綏遠通志館
嘉興	浙江嘉興縣立圖書館
鄞縣	浙江鄞縣縣立圖書館
廣西	廣西省立第一圖書館
廣局	廣西修志局
廣統	廣西統計局
蕭山	蕭山民衆教育館
燕京	燕京大學圖書館
蘇州	江蘇省立蘇州圖書館

附錄三 本篇著錄收藏家姓名字號籍貫表

（依筆畫多寡爲序）

丁祖笎	南洲	蘇州
王體仁	綬珊	杭州
朱希祖	逖先	海鹽
任鳳苞	振采	宜興
汪德暉		新登
吳待秋		崇德
沈訪磻		嘉興
沈超		
宋崇仁		
金兆蕃	籛孫	嘉興
孫翔熊		鄞縣
孫孟晋		瑞安
高子珍		

康　爵　　　　　福建
張國淦　乾若　　蒲圻
張國聲　　　　　海寧
張元濟　菊生　　海鹽
陸清澄　　　　　平湖
許厚基　博明　　湖州
葛昌楣　詠莪　　平湖
葉　氏　名號未詳　福州
劉承幹　翰怡　　吳興
劉　氏　名號未詳　福州
劉　氏　名號未詳　連江
鄭詩莊　　　　　嘉興
瞿啟甲　良士　　常熟

附錄四引用書目

國立北平圖書館善本書目乙編四卷　趙錄綽編　民國二十四年鉛印本
國立北平圖書館方志目錄二編　民國二十五年鉛印本
故宮方志目續編　民國二十三年油印本
內政部圖書館中日文圖書目錄　民國二十二年油印本
江蘇省立國學圖書館圖書總目四十二卷補編十二卷　民國二十二年至二十五年鉛印本　按該館於二十六年五月八日寄示鄙人方志目多種皆總目所未收均已補入本篇
江蘇省立蘇州圖書館圖書目錄　蔣鏡寰陳子彝編　民國二十二年鉛印本
崑山縣公立圖書館圖書目錄附乙編　民國二十二年鉛印本
江西省立圖書館圖書目錄　民國二十四年鉛印本
湖南省立中山圖書館圖書分類目錄十卷　民國十八年鉛印本
山東圖書館書目八卷補遺一卷　袁紹昂編　民國六年石印本　按該館於二十六年六月四日寄示燕京大學圖書館鄉土志目數十種與書目所載略有出入
隴右方志錄　張維編　民國二十三年鉛印本
福建方志攷略（上册卷一）　薩士武編　民國二十四年福州烏山圖書館鉛印本
廣西近代經籍志七卷　蒙起鵬編　民國二十三年南寧大成印書館鉛印本
廣西省志書概況　廣西統計局編　民國二十三年鉛印本
國立武漢大學圖書館方志目　民國二十五年鉛印本
國立四川大學圖書館新購圖書目錄　國立四川大學週刊
燕京大學圖書館卡片目錄
北京近代科學圖書館藏書簡目　民國二十七年鉛印本

天一閣方志目 馮貞群編 民國二十五年鉛印本

九峯舊廬方志目錄 王體仁編 稿本

傳樸堂藏書目 葛昌楣編 稿本

西藏圖籍錄 吳玉年編 禹貢半月刊第四卷第二期

中國地方志考（江蘇） 張國淦撰 禹貢半月刊第四卷第三至第五期

第七期第九期

方志珍本所見錄 潘承弼撰 考文學會雜誌第一本

吳中文獻展覽會特刊 民國二十六年五月江蘇省立蘇州圖書館鉛印本

嘉區文獻（嘉邑首屆文獻展覽品目）

綏遠方志鱗爪 顧廷龍撰 禹貢半月刊第二卷第七期

金門志及潮州嶼志略概述 薛澄清撰 禹貢半月刊第四卷第二期

奎虛書藏營建始末記 王獻友先生著述考 山東省立圖書館季

刊第一集第二期

舊題藏明昌黎縣志後 高子珍撰 民國二十五年十二月二十五日大公報

史地周刊第一一七期

靜嘉堂文庫漢籍分類目錄 日本昭和五年鉛印本

東洋文庫地方志目錄 日本昭和十年鉛印本

尊經閣文庫漢籍目錄 日本昭和十年鉛印本

東方文化學院京都研究所漢籍目錄 日本昭和十三年鉛印本

北支五省地方志簡目 日本植野武雄編 收書月報第三十號

美國哈佛大學哈佛燕京學社漢和圖書館漢籍分類目錄 在付

印中

晚近浙江省文獻述概（地方志乘之纂修） 陳訓慈撰 文瀾學報

第一集

此外尚有下列各圖書館分致燕京大學圖書館及士嘉函件附新入藏方志目未經發表足資參攷

金陵大學圖書館 二十六年五月二十六日

南昌縣政府 二十四年七月二十四日

國立清華大學圖書館 二十六年五月二十八日

國立中央研究院社會科學研究所圖書館 二十六年五月 二十九日

山東省立圖書館 二十六年六月四日

國民政府文官處圖書館 二十六年六月十五日

以上各圖書館覆燕京大學圖書館徵求鄉土志函件

江蘇省立國學圖書館 二十六年五月八日

國立中央大學圖書館 二十六年六月十五日

南洋中學圖書館 二十六年六月十七日

東方文化事業總委員會圖書館 二十七年九月十一日

以上各圖書館致士嘉函件二十七年十一月七日又承王育伊先生鈔寄國立北平圖書館新入藏方志目百餘種（二十五年七月至二十六年秋季）皆在該館方志目二編以外者其中有明刊本數種似爲他處所未見俱已收入補編張乾若先生頃又寄來家藏方志目及任振采先生所藏方志目除悉數收入補著外謹此誌謝

燕京大學圖書館善本方志題記

朱士嘉

方志之爲善本，其義有二：以版本而言，孤本秘笈散庋於山崖屋壁間者皆得謂之善本，一也；以體例而言，其取材宏博而筆削精嚴者皆得謂之善本，二也。惟罕見之本未必其體例深合於史法，而體例之精者又未必其傳本甚希，若傳本希而體例善者斯爲難能可貴。茲篇所著，大多希覯之本，以其關係地方文獻甚鉅，表而記之，固讀者應有事也，惟所收僅限於母校圖書館一二年來所購庋者，其他當續編以俟通人教正焉。

目錄

（一）崇禎江陰縣志八卷　明馮士仁修　徐遵湯周高起纂　明崇禎十三年刊本　十册

江陰縣志八卷，八綱，六十四目，八綱者卷一職方志，建置志，卷二經野志，卷三職官志，選舉志，卷四人物志，卷五至卷七藝文志，卷八雜俎志。記載至崇禎十三年八月止。（經野志災祥）引據賅洽，體例謹嚴，洵明志中之皎皎者，惟尚未見於著錄。按崇禎年間所修方志傳世者不過四十餘種，此尤其罕覯之本，今竟爲母校圖書館所得，幸何如耶？客歲，江陰有修志之役，執筆者聞本館藏有此志，而借入傳鈔以去，既可據以參攷，復能稍廣流傳，意至善也。

(二)道光海昌備志五十二卷附錄二卷　清錢泰吉撰　清道光二十年刊本　十四冊

右書清史稿藝文志作十六卷誤，清錢泰吉撰，泰吉字警石，號深廬，以廩貢生得海寧州學訓導，垂三十年，此志即其在任時所撰。內有「可讀書齋」印，卷首修志條約，發凡，圖，卷一沿革・疆界・卷二至七都莊・卷八學校・卷九學宮碑，卷十碑碣・卷十一・十二碑刻遺文・卷十三職官補遺・卷十四職官，卷十五選舉補衍，選舉，卷十六人物補衍，卷十七，十八人物擬傳，卷十九至二十六列女，卷二十七至四十八藝文，卷四十九至五十二采訪日記。附錄梯學堂記事一卷，許發和撰・可讀書齋偶詠，忽逢林唱和一卷・鍾繼芸曹錦堂編。每門附注輯校人姓氏，以明責任。沿革，疆界悉據周廣業寧志餘聞，惟周志記載止於乾隆三十八年，三十八年以後事則置之，未免疏失。(按光緒杭州府志卷三建置引東華續錄謂乾隆十六年以海寧州之南沙改隸於紹興府蕭山縣，此志失載。光緒海寧州志亦失載。)都莊據蔡其昌都莊圖說，而略加潤删，惟亦止於乾隆十九年。其他或據府籍，或據案牘，大抵有聞必錄，無徵不信，而尤以碑碣，人物，列女，藝文四門，最爲詳晐。碑碣之未見而其遺文尚傳於世者襃錄之，別立碑碣遺文一門，間有謬誤，合數本相參證。人物不分子目，以年代爲次，書字，號，不書名。篇末附引用書名。列女事蹟得之於傳聞者必注所本，(如陸允中妻陳氏事蹟據陸氏家乘)以資取信。藝文不分子目，以人爲次，每人必先錄其字，號，履貫，次書名，卷數，次板本，(佚者注見於何書)又次序，跋，惟與本書無所發明者從略，宏篇巨製則注藏書所在，讀者無不稱便，此其例之最善者。至於塍壩，祠廟・寺觀之建置與興廢，則別詳采訪日記。采訪日記凡三卷，讀之可以彷彿諸公跋涉山水間，困苦萬狀，雖盛暑嚴寒，無或間斷，而所記一事一物亦必與掌故有關，非目覩不予採錄，其審愼爲何如耶？按張文襄歷數善本方志至二十五種，(書目答問地理類)梁任公歷數善本方志近百種，(中國近三百年學術史清代學者整理舊學之總成績「方志學」)而皆不及是志，豈其書流傳甚希，故不爲後人所稱道歟？泰吉事蹟別詳清史稿本傳，清史列傳，國朝耆獻類徵，茲不具贅。

(三)嘉靖江西省大志七卷　明王宗沐撰　傳鈔國立北平圖書館藏明嘉靖三十五年刊本　四冊

王宗沐字新甫，號敬所，臨海人，嘉靖二十三年進士，官至刑部左侍郎。是書乃其任江西提學副使時所撰。書名江西省大志，志大者也。（明史藝文志二，天一閣見存書目二，台州經籍志十三俱作江西大志。）凡七卷，（明史藝文志二，千頃堂書目七，台州經籍志十三，尊經閣文庫漢籍分類目錄俱作八卷。）曰賦書，曰均書，曰藩書，曰溉書，曰實書，曰險書，曰陶書。無子目。每門附按語，皆中綮要，體例與他志異，惟所記皆江西山川，水利，賦役，軍政，俗產諸大端，而於製陶沿革，亦不殫詳其端委，頗爲得體，此私修志書之所長也。是書國立北平圖書館有明嘉靖三十五年刊本，江蘇省立國學圖書館有萬曆刊本，內有「開萬樓藏書」印，（日本尊經閣文庫亦有萬曆本，惟無印章。）蓋歙縣汪啟淑家舊物云。

（四）萬曆順天府志六卷　明謝杰原修　沈應文續修　譚希明張元芳續纂　北平崇文齋傳鈔明萬曆二十一年刊本　十冊

明謝杰撰，沈應文續成之，編輯者譚希思，張元芳。書成於萬曆二十一年。每頁九行，行十九字。凡分六綱，六十五目。（光緒志藝文門作六綱，六十七目）四庫全書總目稱其頗爲簡略，所立金門圖，京兆圖（按原書作畿輔圖）諸名，粉飾求新，尤明季纖佻之習。然燕京舊圖，傳世者無幾，存之亦足以備稽考，且順天府乃國都所在，立此二圖，固無傷於大體也。惟第二卷創造門稱名殊不雅馴，而所載僧新建東關作亭記，大興縣義塚記，重修觀音堂記，宛平縣義塚記四篇，體例亦未爲允洽，不如置之藝文志，較爲清晰。第一卷風俗所記婚禮，間有爲光緒志所未見者，如「新婦及門，婿以馬鞍置地，婦跨過，曰平安。」殆其俗至光緒時已不復通行，或通行而不甚普遍矣。第二卷馬政甚有關於國計民生，乃當時極可寶貴之材料，研究經濟史者所當取以參攷，然則讀是書者固不得一概以簡略視之也。

（五）順治河內縣志五卷　清孫灝修　王玉汝纂　稿本　十冊

是書成於順治十五年。內有硃筆批語數條，一則謂「此下應入府學例貢」，（卷二頁四十八下科貢年表）再則謂「此段宜另起一行寫」，（卷三頁三十四下人物列傳）則猶未定稿，道光志敘傳所稱修而未竣者是也。按河內縣志一修於萬曆二十五年，二修於順治十五年，三修於順治十七年，四修於康熙三十二年，五修於嘉慶五年。今惟康熙志，嘉慶志傳世，他如萬曆志，順治志（十七年修）久已失傳，此志亦尚未見於著錄，蓋已沉淪至二百八十年始為母校圖書館所得，誠幸事也。

(六)天啓文水縣志十六卷　明米世發修

鄭宗周纂　明天啓五年刊本　四册

米世發字奕芳，號桂源，蒲城人，萬曆癸卯（三十一年）舉人，天啟初任交城縣知縣，三年任文水縣知縣，歷順天府推官，陞戶部郎中，登州府知府，（崇禎四年）事蹟詳本書宦蹟門。鄭宗周字伯忱，號意葵，邑人，萬曆丁未（三十五年）進士，三十六年任鉅鹿縣知縣。文水秦始皇十九年始置縣，稱大陵，新莽改為大寧，東漢及晉仍復舊稱，後魏省大陵，置受陽，隋開皇十年改稱文水，文水之得名自此始。唐天授元年又改武興，神龍元年仍以文水為名，歷宋，元，明，清，民國無所改易。縣志始修於嘉靖三十二年知縣樊從簡右川，凡十有六卷。（未見，內閣書目卷七作汶水縣志誤。千頃堂書目卷六有著錄。按本志引樊氏自序稱「語及邑志，見其久闕」。則嘉靖以前，似尚有舊志，惜已無致。樊氏序又云，是志約分地理，建置，食貨，典禮，官政，選舉，人物，雜述八門。為之採訪參訂者蘇子英，（本書卷末引蘇氏跋）魏鵬，任暘，王登將，孫榮先，王榮，嚴三省，米豐，吳來鵬，王振文諸人。）此其續修之志，刊於天啟五年者，凡分十六卷，卷首縣治圖，卷一輿地志，凡沿革，星野，疆域，山川，形勝，風俗，節序，物產皆屬之。卷二規制志，凡城池（附堡寨），縣治，學宮，（附鄉書社學）公署，街巷，坊都，市集，鋪舍，津梁，水利，坊表皆屬之。卷三賦役志，凡戶口，田賦，丁賦，歲額，（附遼餉）課程，屯田，學田，倉儲皆屬之。卷四典禮志，凡公式，秩祀，賓興，鄉儀，郵政皆屬之。卷五官政志，凡官制，（附生儒吏役）題名，宦蹟皆屬之。卷六選舉志，凡進士，鄉舉，選貢，歲貢，封贈，例貢皆屬之。卷七人物志，凡孝友，隱逸，耆德，貞淑，寓賢，列傳皆屬之。卷八武備志，凡教場，墩堠，器械，武弁，武舉皆屬之。卷九藝文志，凡誥勅，文類，詩類皆屬之。卷十雜記志，凡祥異，古蹟，丘墓，廟宇，寺觀皆屬之。每目各載小序，後附論斷。小序係揭發其述作之目的與性質，論斷則發揮其對于述作之感想，此史法也，惟不必每門皆有，如卷一形勝，風俗寥寥數紙，而所加論斷，或與原文相等，或且有過之無不及，已嫌不倫；況其所指陳，又有未為允洽者乎？風俗一目，宜如何分門別類，詳詢博采，以為之紀，今僅以三四十言了之，吾恐志書之記風俗者，未有若是其簡且略也。卷五官制，題名，與其分立，不若合併，而以職官名之，較為妥善。余更於題名內發現其有可議之處者三：（一）不詳注字號。（二）所注知縣到任年月，亦有漏略者，如唐鐵謙宦蹟既稱其于開元初為文水令，而題名內反略而不書，於例未允。(二)題名內不應敘述行事，如元劉世傑下注「修學」，明楊仲安下注「民惜其去」等類。蓋知縣事蹟有可傳者入之宦蹟足矣，不必另贅也。又宦蹟有來世發傳，備述其修文廟，濬溝渠諸善政。按人物生存者不錄，志例也；宦蹟雖生存者亦錄，亦志例也，惟後之所謂生存者，蓋指去任之官而言，若現任守令，似不宜錄入，則宦蹟之載來世發傳，于例亦有未妥焉。卷七人物志，凡道德文章與夫事功之可傳者入此。今查此門唐之李彭，李源均無所表見，而叅列其名，然則所謂人物志者，志何事乎？是亦理之不可解者。雖然，其書總分十門，每門各繫子目，自沿革以至廟宇凡六十有一，若網之在綱，有條不紊，在明代地志之中，固亦不可多得。是書尚未見於著錄，蓋亦希覯之本云。(載燕京大學圖書館館報第九十期)

(七)康熙介休縣志八卷　清王植修　王之舟絳緯纂　清康熙二十五年刊本　十冊

介休縣志始修於知縣史記事，時在明萬曆二十八年，(據嘉慶志引史記事序)今不易見，現存縣志當以康熙志為最早。康熙志係王植修、王之舟、絳緯等纂。凡八卷，十門，每門除職官選舉外各繫子目，門類如下：卷一天文，卷二地理、建置，卷三典禮，秩祀，卷四食貨，卷五職官，卷六選舉，封贈附，卷七人物，卷八藝文。全書綱舉而目張，有條而不紊，取材於舊志甚多，此外如檔冊碑銘亦必信而有徵者始為錄入，所記明末清初史事特詳。按嘉慶介休縣志卷十文苑傳稱：「絳緯，康熙甲子(二十三年)科舉人，博學工古文，容與王宏濟同修邑志，體裁完善，攷訂詳核，具有史才。」今讀是志，始信其言之不謬也。惟亦間有可以商榷之處如卷六選舉稱楊森景泰庚午(元年)科舉人、陝西合肥縣知縣。按合肥時隸南直隸，見嘉慶志，此作陝西合肥縣，失攷。又如元丙午科(未詳何朝)舉人吉時，嘉慶志據張蘭鎮東嶽廟碑記載入，亦不見於此志。疏漏之譏，所不能免，甚矣修志之難有如是者。是書尚未見於著錄，近為母校圖書館所獲，蓋亦罕見本也。(按日本植野武雄北支五省地方志篇目載有介休縣志，卷數與此同，惟刊於康熙五十五年，不著撰人名氏。按康熙志僅此一種，豈所謂康熙五十五年，乃二十五年之譌，抑其書至康熙五十五年又復重刊歟？)

(八)民國汾陽西陳家莊鄉土志四卷　民國劉天成撰　民國十六年修　稿本　四冊

劉大成，字汝玉，號韜齋，邑庠優廪生，日本東京宏文學院師範科畢業，平遙縣教育局長，（見本書卷二選舉）其仕履之可攷者如此。西陳家莊在汾陽縣東北十里。莊名「陳家」，蓋因里中氏陳者甚夥，且文峪河東有東陳家莊，故繫西以為區別。（見本書卷三雜識）里中舊有鄉土志，無編輯姓氏年月，光緒二十三年為劉氏所獲，藏之篋笥，以待校刊，未果。民十以還，晉省提倡村政，時劉氏適自東瀛歸，念夫桑梓文獻不可以無紀也，乃以舊志為藍本，重加修輯以成是志。卷端有劉氏攝影，又前汾陽縣知事王堉昌序，邑人田雨時序，陳氏自序，次凡例。目錄則散見各卷。卷一村圖，疆界，物產，街市，廟宇，古蹟，卷二戶籍，生計，鄉約，善行，節孝，選舉，卷三村制，水利，教育，災異，雜識，卷四藝文。綜覽全志，文字淺顯，未免近俗，惟所紀述，纖悉畢具。如卷二戶籍幾乎每家各舉家長姓氏職業，及其子女數目，雖里中疆域狹小，易於調查，然其詳誠有為他志所不能及者。又如生計門區分為四類：士民，農民，工民，商民，其無類可歸者稱之曰雜人，均各依次敍述，以表現其在一地方活動之成績，最可取法。村制門又分立子目甚詳悉如：（一）村政大綱，（二）整理村範，（三）村民會議，（四）村禁約，（五）息訟會，（六）保衛團，（七）監察委員會，皆當時最可憑信之史料，而研究地方自治與鄉村教育者雖欲求之於他書而亦不可多得也。竊謂鄉土志例修於有清末葉，其影響於方志學至深且切者厥有一端，曰內容之大為擴充也，舉凡昔人所認為無足重輕之事實，擯而不取者如宗教，工業，商務等類至是始粲然具備，且已見諸鄉土志例目，修志者奉以為法，是為方志體例之一大演變。今此志又勘察當時實情，別立村制一門，其範圍視昔尤為擴大，要非識見過人而深得夫風氣之先者不能為也。去春，母校圖書館編印鄉土志叢編，已為國內外學術界所歡迎，惟僅出第一集，（陝西省）頃又續購此志，則將來編印第二集時又多一種極可珍貴之材料矣。

（九）嘉慶三州輯略九卷　清和瑛撰　清嘉慶十年刊本　二十四冊

清和瑛撰。清和瑛原名和寧，避宣宗諱，改字太菴，額勒德特氏，蒙古鑲黃旗人，乾隆三十六年進士。以主事用分戶部洊升員外郎，嘉慶五年出為山東巡撫，七年命鄒縣生員李玉燦訐告皂役孫張敬禮冒考，知縣汪廷楷審不究，經學政劉鳳誥奏參，命和瑛提訊，和瑛徇情誤斷，為給事中汪鏞所劾，此其不稱於職者一。濟南等府屬五十餘州縣均被蝗災，而和瑛奏報不實，草菅人命，此其不稱於職者二。至是和瑛被議至新疆，任烏魯木齊都統，又兼署領隊大臣，至嘉慶十二年八月卸事，此書殆其在任時所撰。三州者哈密曰伊州，吐魯番曰西州，烏魯木齊曰庭州。其書卷首有和瑛自序，次目錄。卷一沿革門，疆域門，山川門，卷二官制門，建置門，卷三庫藏門，倉庫門，戶口門，賦稅門，卷四屯田門，俸廉門，糧餉門，卷五營伍門，馬政門，台站門，卷六禮儀門，旌典門，學校門，流寓門，卷七，卷八藝文門，卷九藝文門，物產門。大體門分類別，條理秩然，而詞意典雅，敘事賅腹，應詳者纖悉無遺，(庫藏門記存銀實數，戶口門雖窮鄉僻壤均予採錄，且注年度。)應略者不濫列其目，(人物因無特殊事蹟可記，寧從略，而獨立流寓一門，以達官顯宦落職後遣戍於此者甚多也。讀者或將責以喧賓奪主，而不知此固無背於志例也。)且取材宏富，約舉之出於案牘者半，由於調查者半，舉凡五十餘年來三州之名勝古蹟，文物制度，無不旁搜博采，以爲之記，(自乾隆二十年至嘉慶十二年所記事蹟最詳)大足以表彰一地方之特性，誠研究邊事者所當資以參攷也。惟卷端無疆域沿革圖，使覽之者不能詳其方位里數，未免白璧之瑕。然尚無損於本書之價值也。其書清史稿藝文志著於錄。國立北平圖書館方志目載有二部，其一爲鈔本，其一與此本同，惟俱作「和英」撰，殆失攷。此外未有所聞，蓋流傳甚希，不可多得之珍本也。和瑛事蹟具清史稿本傳，國朝耆獻類徵初編。所著猶有回疆通志，西藏賦，易簡齋詩鈔，傳於世。

附錄：道光光澤縣志三十卷卷首一卷

清曹銜達盛朝輔修　高澍然纂　清道光二十年刊本　八冊

曹銜達字仲行，號子安，嘉善人，清道光十二年進士。盛朝輔字贊卿，安化人，道光十二年進士。二人者先後於道光十七年，十八年任光澤縣知縣，於時縣志失修已八十二年，傳志譌駁舛誤，不一而足，學者病之，乃共謀續修之舉，聘邑人高澍然爲總纂。澍然字雨農，嘉慶六年舉人，官內閣中書，雅有文名，著述甚富。是志乃其歸官後所撰，成於道光二十年，名爲官修，實則網羅編纂，皆出澍然一人之手，絕無絲毫掣肘於其間，尤屬難能可貴，宜其取材宏博，結構精嚴，遠出舊志之上。全書三十卷，分表，略，傳，錄四類。凡爲表者四，曰時事表，曰官師表，曰選舉表，曰恩例表。(以上卷一至卷四)爲略者十，曰輿地略，曰山川略，曰陂塘略，曰風俗略，曰學校略，曰武備略，曰賦役略，曰建置略，曰經籍略，曰金石略。(以上卷五至卷十四)爲傳者十二，曰儒林傳、曰文苑傳，曰孝友傳，曰忠節傳，曰良吏傳，曰武功傳，曰義行傳，曰高士傳，曰方技傳，曰方外傳，曰列女傳。（以上卷十五至卷二十六）爲錄者四，曰宦績錄，曰寓賢錄，曰雜錄，曰序錄。（以上卷二十七至卷三十）其細目亦時時散附各門，如輿地略之有疆域，關隘，形勝，城廟，都里，物產，（惜無輿圖及沿革表殊嫌疏失）賦役略之有戶口，田賦，雜稅。卷一時事表略倣至正金陵新志之通紀，乾隆永清縣志之皇言紀，而別增大事，災祥，饑穫，寇警四目，內容較爲翔實，修志者所宜取法。卷五輿地略物產類首敍一縣特產，次及與他縣相同者。其特產又大別爲八：（一）專有者，（二）間有者，（三）昔無今有者，（四）昔有今無者，（五）名遺掄者，（六）久著者，（七）因物撰名者，（八）隨稱別名者，無不各記其名稱，流別及其播植狀況，纖悉無遺，志書之載物產鮮有若是其詳者也。世之研究動植物學者若以科學方法整理之，當更有新異之發現，勿使鄭作新得專美於前也。（鄭君撰有長樂縣志中的鳥類一文，登協大學術第四期。）其他若經籍略倣朱彝尊經義攷之例，著錄甚詳，惟所收兼及謝然所著書至九種之多，甚有乖於義例，蓋方志不收生存人著述，即斷遠名流，亦不宜收入隻字，况謝然負操觚之責，何可如此昌昧；雖然，謝然著述傳世者無幾，藉此亦可以見其崖略。是志福建藝文志著於錄，近人薩士武君福建方志攷略亦載及之，惟作道光二十一年刊，咸豐二年補刊闕葉，現藏於福州協和學院圖書館。余亦藏有此書，乃虎叔陳用簡（世鎔）先生所賜，其書口有「同治庚午（九年）補版」字樣，與薩君所見者異，其他傳本頗不易覩，特書此以誌得書源流，并以就正於虎叔陳用簡先生。友人顧起潛（廷龍）先生爲題簽并作跋文，多詳人之所不能詳，爰逐錄之，以爲覽是書者一助云。

（按任振采先生頃亦購得此書，已入綜錄補編）

附顧起潛先生光澤縣志跋

自來邑志成於一人之手，至難至少，蓋秉筆者不易其選，必德高望重，學博文雅，乃堪勝任，明康對山武功縣志之爲後學企重者在此。凡合纂之志，意見紛歧，言人人殊，多所牽掣，下筆無準。一人所撰，則體例既可謹嚴，而行文亦自純正。有清一代二百年中，所成方志，不爲不多，而出一人之手者有幾何哉。就余所知，洪稚存之寧國府志，固始縣志，章實齋之和州志，永清縣志，然皆客籍之人，代上作政，終不若邑人之爲親切也。其有出之邑人一手者，則惟此高謝然之重纂光澤縣志是也。謝然字雨農，號子，嘉慶六年舉人，官內閣中書，深於春秋之學，又好治古文辭。告歸後，道光九年與修通志，中途以館局停，成稿亦失。十五年由謝然纂成，又以貲乏未付剞人。晚年以邑兩志纂輯爲病，重纂此志。謝然學殖重於鄉里，深明尼父褒貶之義，雅擅董狐良史之筆，自能抗衡康洪章諸家，而優於他志也。盛氏賢卿序，於邑人獨纂志乘之不易，言之甚悉。是志體例確遵史法，歷時二年半，成四表，十略，十二傳，四錄，都三十卷。其四表之中所撰時事一表，尤有卓見。考前此各志未備其例，若雍正深澤縣志，道光鉅野縣志皆有編年，但志而非表；萬曆安邱縣志之總紀，乾隆曲阜縣志之通編，亦皆編年志類，惟乾隆商始縣志成於離存手，乃有大事表。商君任之近纂川沙縣志，皆云一般方志，偏於橫剖，而缺於縱貫，則因果之效不彰，必將若干年間事實羅列焉，其同時者並列焉，以玩其彼此先後間之消息，爰增大事年表，此事極關重要，不知百年以前謝然固已先見及之矣。昔無今獨，是誠創獲，乃後之纂志者未能做其例，殆以其書之流行未廣歟？故是志爲邑人一手所成而志例又精到，可貴一也。公私藏家尚未見有著錄者，其傳本難得，可貴二也，南方卑溼，板易蠹蝕，道光庚子迄同治庚午，三十年間已經補鐫，收藏不易，可貴三也。謝然所著甚富，有詩書十五卷，春秋釋經十二卷，論語私記二卷，福建歷朝宦績錄四十卷，獨水綱目十二卷，圖一卷，河防三編各一卷，抑快軒文集七十三卷，韓文徵十二卷，習之先生文讀十卷，均不多覯，不知曾刊行否？

（士嘉按抑快軒文集有同治年間瑞楓山莊鈔本，僅存二十卷，李習之先生文讀有同治十年福州刊本，乃先后的顧頡剛先生所藏，現歸燕京大學圖書館，見燕大學術第三期念四館善本書錄氏書庫善本書誌解題。）惟汪先生專於方志之學，所見甚廣，已成地方志綜錄一書，風行中外，而於是志尚未收及，一朝得之，珍如球璧，而亦可爲此書得所慶。余幸獲覽讀，率附所見，知汪君必將有以益我也。二十六年除夕吳縣顧廷龍記。

燕京大學引得編纂處出版書籍（二）

春秋經傳引得 特刊第十一號

民國二十六年十二月出版　四巨冊

定價：道林紙本二十五元，報紙本十五元。

春秋經傳爲治古史及詞章訓詁者不可不讀之書。引得編纂處爲便利學者計，因據錦章書局影印阮刻十三經注疏本，將春秋經傳全文，標明章節句讀，重爲排印，並逐字逐詞爲之引得，用爲檢查之助。經傳全文以經文爲綱，繼列三家傳文。經文以公羊爲主，穀左二家文字偶不同者，亦予注明。傳文排列，首公羊，次穀梁，次左氏；其左氏之與經無關者，則以「左附」二字別之。書前附洪煨蓮教授序言，關於春秋經文可信之程度，及三家經文授受源流與夫各傳之成書時代，均有極精湛之論據，足破兩千年來諸家聚訟之癥結，留心學術史者，尤不可不一讀也。

食貨志十五種綜合引得 引得第二十二號

民國二十七年三月出版　一厚冊

定價：道林紙本五元五角，報紙本三元五角。

正史有二十五之目。其中或有志或無志，唯志食貨者僅有史記（稱平準書），漢書，晉書，魏書，隋書，兩唐書，舊五代史，宋史，遼史，金史，兩元史及明史等十四種。食貨志爲研究我國經濟制度史不可暫離之書。唯門類紛繁，檢查不易，引得編纂處因取各食貨志並益以清史稿食貨志，綜合爲之引得，用節學者翻檢之勞。

三國志及裴注綜合引得 引得第三十三號

民國二十七年十二月出版

定價：道林紙本六元，報紙本四元。

陳壽三國志，典雅凝鍊，爲史學名著。裴松之注，網羅繁富，更爲陳氏功臣。引得係據五洲同文書局石印本，將志注綜合排列，足爲學者檢査之助。

北平隆福寺街文奎堂總代售

讀漢金文小記

顧廷龍

以銅鑄器，秦前爲夥。禮樂燕饗，鐘鼎盤匜，公卿大夫之家，往往各有所置。器銘文字，足補史乘，自始皇收天下兵，銷以爲鍾、鐻、金人，其風遂絕。今傳秦金，權衡度量以及詔版皆出官府，別無所見。逮漢興，除秦禁，銅器之製，遂亦復行，而制作之式，爲之不變。鼎壺鐙錠，鉤鋗盤洗，每有款識，而鑄銅之官，製器之數，物用之家，件造之年，皆所詳及。千數百年之古物，一鱗一爪，可貴何如？自來藏家多專注於商周之器，雖及兩漢，實視附庸。故文字之橅刻，亦僅散見於各籍。昔龔定盦嘗爲專錄曰漢器文錄，其書未見傳本，而有序文載於集中，定盦之言曰：『余嘗攷漢氏雖用徒隸書，書一切奏記，而宮府崇尚篆學，非兼通倉頡以來篆體不得爲史。君后通史書者，班謝皆濡筆以紀，夫亦可以知其貴重矣。金玉刻辭，視刻碑尤所特加意也』。其論漢金文書體之足重甚辨。至近年容希白師始總匯成漢金文錄，乃稱大備。攷漢代文字，方篆隸嬗變之際，叔重遂發『詭更正文，變亂常行』之歎，故異文時見，非盡合於正者也。觀諸器之作，當以元朔三年龍淵宮鼎爲最早，乃孝武即位之十五年。蓋孟堅所謂：『至於武宣之世，以興廢繼絕，潤色鴻業。是以衆庶說豫，福應尤盛』。又謂：『竊見海內清平，朝廷無事，京師脩宮室，浚城隍，而起苑囿，以備制度』。當國家隆興之時，規模宏麗，隨足以見富庶之象也。今存漢器，以洗爲最多，而未有西京所遺者，殆其制即始于東京之世邪？凡款識所題，徵之史書。若離宮別館，可知其所在之地，大都出自中原，而屬京兆尹，左馮翊，右扶風者爲尤多。近畿之區，薰風易漸，故用具亦繁，一器之作，多至累百。至侯王主家之遺聞，世系可溯，封斥有紀，或承喬木餘蔭，流澤孔長；或見故家凌替，數傳而絕。展誦遺文，前事歷歷，千百年間猶目覩也。漢器之足爲往籍以考證者如此。若爲古今權衡度量之較，亦增異閒，備據各器所鐫容積重量，衡以今權，必可得其今昔之比。呂微仲考古圖云：『好畤鼎刻曰，「九斤一兩」今重一斤六兩』，歐陽永叔集古錄云：『谷口甬刻曰，「重四十斤」今重十五斤』，則已發其端倪矣。余所見古物略備，惜皆借觀他人，未遑從容考核，深以爲憾。檢讀所記，疏陋或多，何敢附著述之末，謹就有道而正之。

龍淵宮鼎

龍淵宮銅鼎容一斗五升并重十斤元朔二年工禹造守嗇夫掾成介光尉定省器文　龍淵宮第六十二蓋文

漢書武帝紀，元光三年，救決河，起龍淵宮。服虔曰：宮在長安西，作銅飛龍，故以冠名也。如淳曰：三輔黃圖云，有龍淵宮，今長安城西有其處。沈欽韓曰：此武帝所自作廟，服如說是也。長安志：漢武帝龍淵廟在興平縣東北十七里，元和志：漢龍泉廟在興平縣東北二十四里，武帝廟是也。水經注，渭水篇，成國故渠，又東逕龍泉北，渠北故陂北，即龍淵廟。是龍淵宮當在長安。水經注又云：衛縣河南有龍淵宮，蓋武帝起宮於決河之旁，龍淵之側，故曰龍淵宮也。劉攽曰：予謂救決河，起龍淵宮，各自一事，非因決河且起宮也。然則衛縣別有一龍淵宮或因決河話而誤傳爲一者與？此鼎造于元朔二年，武帝即位之十五年，起宮之七年也。蓋文六十二者，器之數也。

谷口鼎

谷口太初四年造

薛尚功有谷口甬，文曰：『谷口銅甬，容十升，始元四年，左馮翊造。谷口銅甬容十升，重四斤，甘露元年十月計掾章平。左馮翊府，北方故甬。』漢書地志：谷口，左馮翊領縣，九嵕山在西，有天齊公，五牀山，仙人，五帝祠四所。孝文後三年置邑，見將相名臣表。

楊鼎

楊廚，銅一升鼎重十一斤二兩地節二年十月造

漢地志：河東郡領縣。唐書宰相世系表周宣王子尚父封于楊。

博邑家鼎

博邑家銅鼎容一斗，重十一斤。永光五年十一月河東平陽造

博邑，疑即東郡之博平。春秋時，齊博邑亦曰博陽。戰國齊博陵見田齊世家，地近衛，趙濟清河則至博關，見蘇秦

張儀傳。平陽河東郡之領縣也。疑河東平陽人出守博邑者所作也。

上林鼎 器三蓋二

上林十湅銅鼎容一升重十斤陽朔元年六月庚辰工夏博造四百合第百一十七（一）

上林銅鼎容二斗并重十六斤六兩陽朔二年三月工李駿造五百合第二百九十八（二）

上林第二百六十蓋　上林銅鼎容一[ ]斗[ ]并重九斤十兩陽朔二年二月工鍇駿造七百合第四百 器（三）

上林第十六蓋

三輔黃圖、漢上林苑，即秦之舊苑也。漢書云：武帝建元三年，開上林苑，東南至藍田，宜春鼎湖御宿昆吾，旁南山而西，至長楊五柞，北繞黃山瀕渭水而東，周袤三百里，離宮七十所，皆容千乘萬騎。上苑規模廣大，用器自繁。容量多寡不同之鼎，數計累百，此數器皆苑中物也。湅即鍊、段玉裁曰：湅，治絲也；練，治繒也；鍊，治金也；皆謂湅欲精，非簡冶之而已。按冀州從事郭君碑，服職鍛湅，以湅爲之。是其證。十湅者，銅經鍊冶至精之謂也。漢器用此二字甚多，如永始乘輿鼎，元延乘輿鼎均曰「乘輿十湅」。

雲陽鼎

雲陽一斗九斤三兩鑒者　尙[ ]五十六　今安陵一斗六斤二兩　元年四月受雲陽　廚第五十六甲

漢書武帝紀：太始元年，徙郡國吏民豪傑于雲陽。外戚傳：孝武，鉤弋趙倢伃從幸甘泉，有過見譴，以憂死，因葬雲陽。師古曰：在甘泉宮南，今俗呼爲女陵。

安陵鼎蓋

蓋共一斗一升半升十斤十九　今安陵二升　一斤十四兩　今安陵容二升重一斤十四兩　元年四月受雲陽　廚第卌六甲

安陵，以惠帝安陵所在，故名。漢地志：右扶風，安陵，惠帝置。黃圖，惠帝安陵去長陵十里。本紀，惠帝七年八月戊寅崩于未央宮，葬安陵，在長安城北三十五里。

汝陰侯鼎

女陰侯鋗容一斗四升重十斤五兩十二朱六年女陰庫守訢工[ ]造

漢功臣表，汝陰文侯夏侯嬰，以令史從降沛，爲太僕，常奉車，竟定天下，及全皇太子，魯元公主，侯六千九百戶。六年十一月甲申封，三十年薨，位次第八。孝文九年戾侯竈嗣，七年薨。十六年共侯賜嗣，四十一年薨。元光三年侯頗嗣，十八年元鼎二年坐尙公主，與父御姦，自殺。元康四年，嬰玄孫之子，長安大夫信詔復家。此器僅志六年，不可攷其何世，而西京遺物，固無疑也。鍚即鼎，鼎有飼鍚，加金旁以爲別，殆漢時諸生競說字解誼之所爲與。

商鼎

商一字

商，邑名，漢地志：弘農郡，商，秦相衛鞅邑也。王先謙曰，春秋楚邑以封子西爲公，見左傳文。劉注左傳，少習縣東之武關。丹水注，丹水自上雒來，東南過商縣南，契始封商。

西鼎

西一字

西，邑名。漢地志，西，隴西郡領縣。禹貢，嶓冢山，西，漢所出。南入廣漢泉，東南至江州入江，過郡西行二千七百六十里。

譙鼎蓋

譙一字

譙，地名。漢地志，譙，沛郡領縣。周紀，武王封神農後於譙。左僖二十三年傳，秋楚成得臣帥師，伐陳，遂取焦夷城。杜注焦，今譙縣也。

平陸鼎

平陸一斗少半斗

平陸，邑名。漢地志，平陸，西河郡領縣。吳卓信曰，平陸侯劉禮，應劭韋昭並以爲此縣誤也。按東平國有領縣，東平陸，應劭曰，古厥國，今有厥亭是。王先謙曰，西河有平陸，故此加『東』。景帝封楚元王子禮爲侯國，見表，後漢因續志，六國時曰平陸，有闞亭，戰國屬齊，齊策云，魏攻平陸也。稱敗齊于此，見田齊世家。趙成侯與齊宋會此，見趙世家。汶水注，禹貢汶水自無鹽來，西南逕東平陸縣故城北下，仍入無鹽。一統志，故城今汶上縣北。寰宇記云，中都縣，漢爲東平陸縣，亦古之厥國地。今邑界有厥亭。此器王子侯國之故物，平陸疑即東平陸也。

柴是鼎

柴是一斗范陽侯

『是』，即『氏』。覲禮，『太史是右』，注云：『古文是爲氏』。曲禮，『五官之長曰伯是』，職方注云，『是或爲氏』。漢地志，西河有覛是，說文作覛氏。是氏古通用字。柴是，當即柴氏也。疑棘蒲將軍柴武家物也。

宣曲鼎

甲宣曲六斤八升半升

宣曲，邑名。漢功臣表宣曲齊侯丁義。又宮名，漢書東方朔傳上大驩樂之，後乃私置更衣，從宣曲以南十二所，中休更衣投宿諸宮，長楊五柞倍陽宣曲尤幸。顏師古曰，宣曲宮在昆明池西。黃圖，宣曲宮在昆明池西，孝宣帝曉音律，常于此度曲，因以爲名。按此鼎當爲侯國之器，非宮闈遺物也。

臨菑鼎

臨菑斗五升十一斤十兩

臨菑，邑名。漢地志，臨菑齊郡領縣。師尙父所封。如水西北至梁鄒入泲，有服官鐵官。

櫟鼎

櫟尉九臨竹一斤十二兩

櫟疑即櫟陽，邑名。漢地志，櫟陽，左馮翊領縣。秦獻公自雍徙，蘇林曰，櫟音樂。高紀，項羽立秦將司馬欣爲王都櫟陽。

杜陽鼎

杜陽十斤容一斗大半升

杜陽，地名。漢地志，杜陽，右扶風領縣，杜水南入渭。王先謙曰，渭水注，武水發杜陽縣大嶺側，俗名大橫水，疑即杜水矣。東逕杜陽縣故城，世謂之『故縣川』。

濕成鼎

濕成銅鐎蓋重四斤蓋　濕成銅鐎容三斗重八十二斤器

濕城，地名。漢志，西河郡有濕成。王子侯表，武帝封代共王子爲侯國，濕成侯忠，元朔三年正月封，後更爲臨氏，侯雜，亡後。王先謙曰，濕當爲隰，隰成爲西河縣。按鼎文正作從水之濕，是王氏之言未然也。

脩鼎

脩十一斤十二兩一斗少半

『脩』，貞松堂集古遺文標誤作『犄』，漢金文錄釋文正之，釋作脩是也。脩，邑名。文帝封周爲侯國，脩爲信都國之領縣也。惟周亞夫傳迺封爲條侯，字作條。師古曰，縣在勃海，地理志作脩字，其音同耳。景紀，條侯，周亞夫下獄死，亦作『條』。按續志『脩』，後漢改屬勃海。

迎光宮鼎蓋

蒲反迎光宮銅鼎蓋第十一

蒲反下二字，漢金文錄釋迎光，按漢地志，蒲反，河東郡領縣。雷首山在南，故曰蒲，秦更名。武紀，元封元年封禪後夢高祖坐明堂朝羣臣，於是祀高祖于明宮，以配上帝。六年冬，行幸回中，春，作首山宮。應劭曰，首山在上郡，於其下立宮廟也。文穎曰，在河東蒲坂界，師古曰，尋此下詔文，及依地理志文說是也。據此，蒲坂所有之宮，其名首山，而此鼎款識題蒲反迎光宮甚晰，但不詳其處，讀武帝元封六年三月，詔曰，『朕禮首山，昆田出珍物，化或爲黃金。祭后土，神光三燭。』竊疑當禮首山之時，恭迎神光，或嘗以『迎光』名其宮。迎光宮者，殆即首山宮之異名歟？

平陽鼎蓋

平陽容一斗二升重十斤七兩

平陽，邑名。漢地志，河東郡領縣。韓武子玄孫貞子居此。有鐵官。

廣陽鼎蓋

廣陽二十六容二升重二斤二兩

廣陽，邑名。漢地志，廣陽國領縣。高帝燕國，昭帝元鳳元年爲廣陽郡。宣帝本始元年更爲國，諸侯王表廣陽，本始元年，頃王建以燕剌王子紹封，傳四世。泥封有『廣陽相章』。

中水鼎

中水鼎容一斗并重十斤十兩

中水，邑名。漢地志，涿郡領縣。應劭曰，在易滱二水之間曰中水。汪士鐸曰，據後漢孝明八王傳注，在樂成縣西北，則滱虖池二水之中，非易滱二水之中也。王先謙曰，高帝封呂馬童爲侯國，見表。續志，後漢改屬河間。統志故城今獻縣西。

宜陽鼎

二斤九兩□參□蓋宜陽十二斤六兩二斗十二斤七兩

宜陽，邑名。漢志弘農郡領縣。在黽池，有鐵官。今河南宜陽縣當其地也。

西鄉鼎蓋

西鄉鼎蓋重三斤四兩第二

西鄉，邑名。漢志，涿郡領縣，侯國。王先謙曰，廣陽頃王子容國，元帝封。

滎陽鼎

滎陽百三一斗四斤十四兩十四朱

滎陽，邑名，漢志，河南郡領縣。應劭曰，故虢國，今虢亭是也。

美陽鼎

美陽共厨金鼎一合容一斗並重九斤

美陽，邑名。漢志，右扶風領縣。禹貢，岐山在西北，中水鄉，周大王所邑，有高泉宮，秦宣太后起也。長安志，高泉宮在美陽城中。

汧鼎蓋

汧共厨銅一斗鼎蓋重二斤一兩第八

汧邑，邑名。漢志，右扶風領縣。吳山在西，古文以爲汧山，雍州山。北有蒲谷鄉弦中谷，雍州弦蒲藪。汧水出西北入渭，芮水出西北東入涇，詩，芮阸雍州川也。

南皮侯家鼎

南皮侯家鼎容一斗重七斤三兩第二

漢外戚傳，孝文竇皇后，景帝母也。景帝立，皇后爲皇太后，乃封廣國爲章武侯，長君先死，封其子彭祖爲南皮侯。吳楚反時，太后從昆弟子竇嬰俠爲士爲大將軍，破吳楚，封魏其侯，竇氏侯者三人。按竇后兄曰長君，弟曰廣國，字少君。恩澤表，南皮侯竇彭祖孝文後七年六月乙卯封，二十一年薨。南皮勃海縣。

菑川鼎

菑川金鼎容一斗并蓋十六斤第六

菑川，漢王國，地志，故齊文帝十八年別爲國，後併北海。錢坫新斠注，『十八年別爲國，應作十六年。是年文悼惠王子賢，十一年反，誅。景帝四年徙濟北王。後并北海，在建武十三年。錢大年云，又漢諸侯王表齊悼惠王子賢封菑川王至王莽篡位而廢』。此鼎不知爲甾川何王造，要是西漢物也。

盩厔鼎

□□五斗鼎盩重□□斤第十三 盩厔共鼎容五斗重廿八斤

第廿一 山陵造

盩厔，邑名。漢志，右扶風領縣。有長楊宮，有射熊館，秦昭王起。靈軹渠，武帝穿也。

好畤鼎

好畤共厨金鼎容二斗重六斤十三兩第卌八

好畤，邑名。漢志，右扶風領縣。垝山在東，有梁山宮，秦始皇起。

雝棫陽鼎

雝棫陽共厨銅鼎一合容一斗并重十二斤

長安志，棫陽宮，昭王起。畢沅云，橐泉棫陽二宮，並在雝縣。蘇武傳，從至雍棫陽。地理志，雍右扶風領縣。此雝棫陽共厨銅鼎，乃宮中故物也。

郿鼎

郿容一斗一升重六斤十四兩今五斤十四兩

郿，說文所無。蒼頡廟碑陰，郿令，郿門字均如此作，當即衙字無疑。郿字从邑，爲許氏所未見，或係後起，而蒼頡廟碑已有用之。碑立于延熹四年，其字殆始行于東京。郿鼎一器，順帝以後之器歟？衙，邑名也。漢地志，衙，左馮翊領縣，如淳曰，音牙。國語，范無宇云，秦有微衙。憲公出子葬此。

安邑鼎

安邑共厨宮銅鼎容一斗重八斤十兩第十二

安邑，邑名。漢志，河東郡領縣。巫咸山在南，鹽池在西南。魏絳自魏徙此。至惠王徙大梁。

平陽鼎

第七平陽共鼎一合容二斗并重十二斤二兩　第廿平陽共鼎一合容一斗二升并重十斤

平陽宮鼎

今汧共厨平陽宮金鼎一名十一 雝宮一斗重九斤八兩

雝鼎

雝一斗重六斤六兩□百六十八雝膴府容一斗重五斤十二兩

名才六二百卅七

雝平陽宮鼎

卅五第廿二平陽共雝平陽宮蓋□□□七十八斤十兩一斗一升雝平陽宮鼎容一斗一升重十斤□兩名五十二今十斤一兩器

橐泉宮鼎蓋

雝橐泉宮金鼎蓋一容二升重一斤八兩名百卌二杜陽五十四斤十兩

長安志，平陽宮、郊祀志，雍大兩壞平陽宮垣。黃圖，平陽封宮武公二年伐彭戲氏至于華山下，居於平陽封宮。史記正義帝王世紀，秦寧公都平陽。沈欽韓曰，岐山縣有平陽鄉，鄉內有平陽聚。括地志云，平陽故城在岐州岐山縣西四十六里，秦寧公徙都之處。宮在岐州平陽城內。攷水經注渭水篇，汧水東南逕郁節縣平陽故城南。史記，秦寧公二年，徙平陽。徐廣曰，故郡之平陽亭也。今以此志核之，則云在岐山縣者是也。元和志，鳳翔府岐山縣本漢雍縣之地。地志，雍有扶風領縣，秦惠公有五畤，太昊黃帝以下祠三百三所。橐泉宮孝公起，蘄年宮惠帝起，棫陽宮昭王起。渭水注、胡城，俗名也。蓋秦惠公故居，所謂蘄年宮，孝公又謂之橐泉宮。崔駰云，穆公冢在橐泉宮，蘄年觀下。皇覽又同。劉向言穆公葬無邱隴處。惠公孝公並穆公後子孫，無由起宮於祖宮之墳陵，知二證非實也。蘄一作蘄，見始皇紀，蘇輿云，黃圖蘄年宮，穆公所造，與志異。或穆公起而惠公更修之歟？紀要橐泉宮在今鳳翔府內城東南隅，本名蘄年宮，蓋孝公重修更名，或云今東湖即橐泉遺迹。文紀後二年夏，行幸雍棫陽宮。晉灼曰，黃圖在扶風。案平陽橐泉棫陽三宮，俱在雍邑，但地處相距，無可攷耳。

安成家鼎

安成家銅鼎容一斗重十五斤半第十五至十六　器安成家銅鼎容一斗蓋重十五斤第十六　蓋

漢王子侯表，武帝封長沙王子蒼為侯國。地志，安成長沙國領縣，廬水東至廬陵入湖漢。此器殆即蒼家故物乎。

藍田鼎

第五十七藍田共容一斗二升重八斤八兩卌八

藍田，邑名。漢地志，京兆尹領縣，山出美玉，有虎候祠，秦孝公置也。王先謙云，六國表，秦獻公六年縣藍田，孝蓋獻之誤。

頻鼎

頻一斤四兩二升頻共今一斤八兩十二朱二升半升蓋頻六斤

一斗頻共鼎

頻，邑名。漢志，左馮翊領縣，秦厲公置。應劭曰，在頻水之陽。

新成鼎

新成一斗四斤十兩共今四斤十二兩共厨名曰五十

新成，邑名。漢志，河南郡領縣，惠帝四年置。蠻子，故戎蠻子國。

杜鼎

杜共第九十八鼎蓋重一斤八兩名曰九十八百廿八杜宜共蓋

一斗十斤西共左鼎

封禪書，於杜亳有三杜主之祠，（杜誤作社）壽星祠而雍菅廟亦有杜主祠。杜亳者，徐廣注，京兆杜縣有亳亭也。郊祀志，作五杜主，師古曰，杜即京兆杜縣也。地志，京兆尹領縣，杜陵故杜伯國，宣帝更名，有周右將軍杜主祠四所。

按宣紀，元康元年春以杜東原上為初陵，更名杜縣為杜陵。是器當為宣帝元康以前之物矣。

中私府鍾

中私府銅鍾容一石重卅六斤四兩十年正月甲寅造中宮屬今

平邑家第十九五十

陶齋吉金錄作中和府鍾，漢金文錄正之是也。續漢書百官志，中宮私府令一人，六百石。本注曰，宦者，主中藏幣帛諸物，裁衣被，補浣者皆主之。丞一人，本注曰，宦者。此鍾欵識曰。『中私府銅鍾』，又曰『中宮屬今平邑（漢金文錄邑釋邑似誤。）家』……是中私府即中宮私府也。平邑侯國，故屬琅邪。有蹇鄉，北海國之領縣也，見郡國志。

祝阿侯鍾

李是鍾容十斗　祝阿侯鍾容十斗重卌斤

漢功臣表，祝阿孝侯高色，（史表色作邑，祝阿，平原縣。）以客从起齧桑，以上隊將入漢，以將軍擊魏太原井陘，屬淮陰侯，將度軍破項籍及豨，侯，千八百戶，（史表無上有以字，八百上無千字）高帝十二年正月己卯封，廿一年薨。孝文五年侯成嗣，十四年，後二年，坐事國人過律免。元康四年，色玄孫長陵上造弘詔復家。此鍾未識年月，不知誰作。

平都家主鍾

平都主家銅鍾容五斗重廿三斤二兩第七

外戚傳，孝元傅昭儀產一男一女，女爲平都公主，男爲定陶恭王。主尚何人，無攷。

長沙鈁

口廟漆鈁容四斗重十八斤十二兩長沙元年造

長沙，邑名。漢地志，長沙國，秦郡，高帝五年爲國。諸侯王表，長沙定王發，景帝子，二年立，傳五世亡。初元三（表作四，據王先謙說改。）年孝王宗以剌王子紹封，傳三世。

鄂邑家鈁

鄂邑家趙容四斗重十七斤一兩第武八十一

漢昭紀太子即皇帝位，謁高廟，帝姊鄂邑公主，益湯沐邑，爲長公主。應劭曰，鄂縣名，屬江夏。公主所食曰邑。

駘蕩宮壺

駘蕩宮銅壺太初二年中尚方造鑄工廣

黃圖，駘蕩宮，春時景物，駘蕩滿宮中也。在建章宮中。長安志，建章宮有駘盪殿。

范陽侯壺

范陽侯壺范陽侯壺

漢功臣表，范陽靖侯，范代以匈奴王降，侯，六千二百戶（史表戶千一百九十七）中三年十二月丁丑封，十四年薨。元光二年，懷侯德嗣，四年薨。亡後。元始二年，玄孫政詔賜爵關內侯。水經易水注，范陽漢景帝中二年封匈奴降王代爲侯國。史表，端侯代以景帝中三年封。王先謙云，代上「范」字疑誤衍，匈奴不得范姓也。史表鄭注范陽之封爲中二年，漢表獨作三年，疑誤。此器無年月，不可考知誰作。

池陽宮行鐙

池陽宮銅行鐙重十二兩甘露四年工庶德造

黃圖，池陽宮在池陽南上原之阪，有長平坂，去長安五十里。漢宣紀，甘露三年上自甘泉宿池陽宮。（長安志作二年誤）此鐙製于甘露四年，是在宣帝行幸之後。

林光宮行鐙

林光宮銅行鐙重二斤一兩建昭元年工非光造護工卒史惲臨

黃圖引關輔記曰，林光宮，一曰甘泉宮，秦所造，今在池陽縣西故甘泉山，宮以山爲名，宮周匝十餘里，漢武帝建元中增廣之，周十九里，去長安三百里，望見長安城，黃帝以來圜丘祭天處。關中記曰，林光宮一曰甘泉宮，秦所造，在今池陽縣西北，故甘泉縣甘泉山上，周四十餘里，漢武建元中增廣之，周回十九里一百二十步，有宮十二，臺十一。武帝常以五月避暑于此，八月乃還。郊祀志，晨鼃災林光宮門，孟康曰，甘泉一名林光，師古曰，林光，秦離宮名也。漢又於其旁起甘泉宮，非一名也，沈欽韓曰，黃圖林光宮胡亥所造，縱廣各五里，在雲陽界。元和志，雲陽宮即秦之林光宮，漢甘泉宮在雲陽縣西北八十里。此鐙作于建昭元年，爲元帝即位之十一年，林光被災，疑在成帝之時，是納劫前遺物也。

桂宮鴈足鐙

桂宮銅鴈足鐙高六寸重二斤十二兩竟甯元年考工輔爲內者造護建佐博嗇夫福掾光主右丞宮令相省第三十

黃圖，桂宮漢武帝造，周回十餘里，三輔作漢武帝太初四年秋起，周回十餘里，在未央宮北。漢書，桂宮有紫房複道，通未央宮。又成帝爲太子，初居桂宮。關輔記云，桂宮在未央北，中有明光殿，土山複道，從宮中西上城，至建章神明台蓬萊山。三秦記，未央宮漸台西有桂宮，北宮在長安城中，近桂宮，俱在未央宮北，周回十里。

萬歲宮高鐙

萬歲宮銅鐙高二尺重廿斤元延四年工駟賞造掾武守史奢主解右尉豐省

黃圖，萬歲宮武帝造，汾陰有萬歲宮。宣帝元康四年幸萬歲宮，神爵翔集，以元康五年爲神爵紀元。宣紀，服虔注曰，萬歲宮在東郡平陽縣，今有津。晉灼曰，黃圖，汾陰有萬歲宮，是時幸河東。師古曰，晉說是。

延壽宮高鐙

延壽宮銅鐙高尺六寸重十八斤元延四年正月工張譚造掾武守令史奢主解右尉豐省

長安志，甘泉宮有延壽館。史記封禪書作觀延壽宮注即延壽館也。

降盧家連釘

降盧家連釘第六

漢功臣表降慮克侯周竈，王先謙曰降慮，河內縣，亦見洹水注。史表，克作哀，以卒從起碭，以連敖入漢，以長鈹都尉擊項籍侯。如淳曰，『連敖』楚官，左傳，楚有『連尹莫敖』其後合爲一官號。師古曰，長鉟，長刃兵也，爲刀而劍形。史記作長鈹，鈹亦刀耳。七年正月丁未封之，三十九年薨，位次三十四。孝文後三年，侯通嗣。十二年孝景中元年有罪，完爲城旦，元康四年，竈玄孫陽陵公乘詔復家。又後書后紀，皇女迎（迎或作延）二年封降慮公主，（降慮縣屬河內郡）適牟平侯耿襲。襲，耿弇弟，舒之子也。此釘未刻年月，惟視其款識僅曰『降慮家』當爲侯國家具，如屬皇女家者，將曰，降慮主家矣，疑此釘爲西京遺物也。

步高宮高鐙

步高宮工官造溫

黃圖，步高宮在新豐縣，亦名市邱城，秦宮名也。又有步壽宮，在新豐縣步高宮西。按漢有步壽宮，其地與秦異，漢之步高宮未聞所在。

天梁宮高鐙

天梁宮銅鐙重五斤十二兩高一尺二寸太初四年工畢方造

黃圖，天梁宮，梁木至于天，言宮之高也，在建章宮。按梁篆作樑，說文梁從木從水办聲，此办之刃旁兩一，皆下移，遂與木旁相接，非從米也。

信都食官鐙行

信都食官銅行鐙容一升重二斤建始二年六月工樹騎造廿枚

漢志，信都國，景帝二年爲廣川國，宣帝甘露三年復。故百官表成帝永始二年有信都太守，是廣川削國除爲信都郡矣，此鐙作于成帝即位之二年，乃永始二年之前十六年，爲宣帝復故後之二十年也。官疑即館，食官者，殆即高紀注所云『停留行旅宿食之館』之義歟？

壽春鈁

壽春容四斗六升重廿五斤二兩名對

壽春，邑名。漢志，九江郡壽春邑，楚考烈王自陳徙此。

山陽邸鐙

山陽邸銅二尺鐙建武廿八年造比廿一

山陽，邑名。漢志，河內郡領縣。東太行山在西北。漢功臣表，山陽侯張當居，父尚以梁相，王戊反，不聽，死事。子侯，中二年四月乙巳封，二十四年元朔五年坐爲太常擇（史表作稱）博士弟子故不以實，完爲城旦。

土軍侯高足豆

土軍侯燭豆八斤十二兩

漢王子侯年表，土軍侯郢客，師古曰，土軍西河之縣，說者以爲洛陽土軍里非也。代共王子，元朔四年正月壬戌封，後更爲鉅乘侯，坐酎金免。按其地，先封宜義。

曲成家高錠

曲成家銅錠一重一斤十兩第六

漢王子侯年表，曲成侯萬歲，中山靖王子，元朔五年二月癸酉封，十二年元鼎五年坐酎金免。都涿。王先謙曰，索隱引表注同。案涿郡有成縣無曲成。東萊曲成縣封蟲達孫皐柔爲侯國，元鼎二年方免。無一地同封二人之理。且與中山亦非毗連，是涿別有曲成縣，殆侯免後併省者乎？

汲絽家行錠

汲絽家銅行錠重二斤二兩第十一

「絽」紹字也。漢功臣表，汲紹侯公上不害，史表紹作終。濟水注，汲作波，皆誤。汲，河內郡領縣，高祖六年爲太僕，擊代豨有功，侯，千二百戶，爲趙太僕（史表太僕作太傅，二百作二百。）高祖十一年二月乙酉封，二年薨。（史表作己巳）位次百二十三。孝惠二年夷侯武嗣，孝文十四年康侯通嗣，建元二年侯廣德嗣，九年元光五年坐妻大逆棄市，元康四年不害玄孫安陵五大夫常，詔復家。

陽平家鐙

陽平家工乙　工乙

漢外戚恩澤侯表，陽平節侯蔡義，陽平東郡縣，以丞相侯，前爲御史大夫，與大將光定策益封，凡七百戶。元平元年九月戊戌封，三年本始四年薨。亡後，國除。後封王禁。

富平侯家鋗

富平侯家一斗鋗重七斤富平侯家銅溫酒鐎一容一升重二斤

富平侯家溫酒鐎

六兩元延二年十二月辛未造第一

漢書外戚恩澤侯表富平敬侯張安世以右將軍光祿勳輔政勤勞侯，以車騎將軍與大將軍光定策益封，凡萬三千六百四十戶，昭帝元鳳六年十一月乙丑封，十三年薨。昭紀，六年，右將軍張安世宿衞忠謹封富平侯。史記，建元以來侯者年表，富平張安世家在杜陵，以故御史大夫張湯子武帝時給事尚書爲尚書令，事昭帝，謹厚習事，爲光祿勳右將軍。輔政十三年，無適過，侯，三千戶。及事宣帝，代霍光爲大司馬用事，益封萬六千戶，子延壽代立，爲太僕侍中。外戚侯表，元康四年愛侯延壽嗣，十一年薨。甘露二年繆侯勃嗣，四年薨。師古曰，自勃以下至純皆延壽之嗣也。初元二年共侯臨嗣，十五年薨。思侯放嗣，三十年薨。按臨即尚敬武公主者，延壽傳，臨尚敬武公主，薨，子放嗣。鴻嘉中上欲遵武帝故事，與近臣游宴，放以公主子開敏得幸。放爲侍中中郎將，監平樂屯兵，置莫府，儀比將軍，與上臥起，寵愛殊絕。常從爲微行出游，北至甘泉，南至長楊五柞，鬥雞走馬長安中，積數年。上諸舅皆害其寵，白太后，太后以上春秋富，動作不節，甚以過放，時數災異，議者歸咎放等。於是方進奏請免放歸國，以銷衆邪之萌，厭海內之心。上不得已左遷放爲北地都尉。數月復徵入侍中，太后以放爲言，出放爲天水屬國都尉。永始元延間，比年日蝕，故久不還放，璽書勞問不絕，居歲餘徵歸第視母，公主病，數月有瘳，出爲河東都尉。上雖愛放，然上迫太后，下用大臣，故常涕泣而遣之，後復徵放爲侍中光祿大夫，秩中二千石，歲餘丞相方進奏放，上不得已免放。賜錢五百萬遣就國。數月成帝崩，放思慕哭泣而死。放子純嗣侯，恭儉自修，明習漢家制度故事，有敬侯遺風。按此器造於元延三年，當放由天水屬國都尉見徵歸第之時，天顏重接，享樂如故，是溫酒器之所以作歟？銅無紀年，驗兩器字體相似，當出同時所製。班孟堅曰，漢興以來，侯者百數，保國持寵未有若富平者也。於此知張氏遺澤孔長，簪胄奕葉，用器之作，宜其精且美也。

敬武主家銚

敬武主家銅銚五升二斤九兩初元五年五月河東造第四富平家

漢張湯傳，臨尚敬武公主。師古以爲元帝妹也。臨爲湯之玄孫，安世曾孫，延壽孫，勃子也。外戚侯表，臨以初元，二年嗣侯。此器實初元五年，乃嗣侯之三年，或主下嫁之初年也。後主改適薛宣。宣傳，初宣復封爲侯時，妻死，而敬武長公主寡居，上令宣尚焉。表記宣以鴻嘉元年封高陽侯，永始二年免，其年復封。是主之改適，當永始二年矣。則此器爲嗣富平侯張臨家物也。與富平侯家銅溫酒鐘爲一家之器，父子先後所作耳。

魏其侯盆

霍氏魏其侯銅盆容一石重十八斤八兩

魏其，琅琊縣，先封周止，繼封竇嬰，後封膠東王子昌。漢功臣表，魏其嚴侯周止（史表止作定）以舍人从起沛，以郎中人漢爲周信侯，定三秦以爲騎郎將，破項籍東城，侯千戶。六年六月丁亥封，十八年薨。高后五年，侯簡嗣。二十九年，孝景三年謀反，誅。元康四年止玄孫長陵不更廣世詔復家。外戚侯表魏其侯竇嬰以將軍屯滎陽扞破吳楚七國，侯。皇太后昆弟子，景帝三年六月封，二十三年元光四年有罪棄市。竇嬰傳，嬰王孫，孝文皇后從兄子也。父世，觀津人也。王子侯表魏其煬侯昌（史表作暢），膠東康王子，武帝元封元年五月封，本始四年原侯傳光嗣，甘露二年孝侯禹嗣，八世至頃侯蟜嗣，九世侯嘉嗣。此器未知年月，不可考定誰作。

昭臺宮扁

昭臺宮銅扁容八升幷重十五斤十二兩元康二年考工工賢友繕作府嗇夫建護□長賞時令賀省

黃圖，昭臺宮在上林苑中。漢書外戚傳，孝宣霍皇后立五年，廢處昭臺宮。後十二歲徙雲林館，迺自殺。宣紀地節四年八月巳酉，皇后霍氏廢。是器爲元康二年所造，宣帝即位之十一年也，時則霍后方廢居宮中，在移徙雲林之先，故尚得制器自享也。

杜陵東園壺

杜陵東園銅壺容二斗重十五斤永始元年供工長造護譚守嗇夫宗掾通主守左丞博守令並省

是器造于永始元年。杜陵，宣帝陵也，許皇后葬南園、霍皇后葬東園。漢外戚傳，霍皇后永始元年崩，合葬杜陵，稱東園。師古曰，雖同塋兆，而別爲墳。王后陵次宣帝陵東，故曰東園。凡帝后陵次，皆置園邑令長丞奉守。此器供工造之；護守，嗇夫，掾，主守，左丞，守令等省之。是霍后初崩，陵邑新置之時器也。供工，即考工也，屬少府。百官公卿表載漢舊儀制，置少府，掌山海地澤之稅，以給共養。有六丞，考工室其屬焉。武帝太初元年，更名考工室爲考工。王莽改少府曰共工。劉輔傳，河間宗室劉輔爲諫大夫，會成帝欲立趙倢伃爲皇后，先下詔封倢伃父臨爲列侯。輔上書極諫，使御史收縛繫掖庭祕獄，後得辛慶忌等乞予省察，上迺徙繫輔共工獄，共工，蘇林曰，考工也。師古曰、少府之屬官也。周壽昌曰，百官表少府屬有考工室，王莽始改少府曰共工。輔獄在成帝時，此共工應仍曰考工爲是。按成帝欲立趙倢伃爲皇后，事在封其父侯之後。外戚傳，上立，封趙倢伃父臨爲成陽侯後月餘，乃立倢伃爲皇后。外戚侯表，成陽節侯趙臨，永始元年四月乙亥封，則立后之事，當在五六月間，是輔獄亦起其時，則共工之稱已有之矣。今觀永始二年三年乘輿鼎款識，間有署考工者，疑官名初更，尚多沿襲耳。是器造于永始元年，署共工，元延乘輿鼎亦署共工，供工即共工也。微知供工之稱，非始于新莽，實起于成帝。周壽昌之謂共工仍曰考工，實有未然，今得古器款識之證，是可信矣。

燕京大學引得編纂處兩種引得出版預告

一、四十七種宋代傳記綜合引得

四十七種宋傳爲：

(1)宋史　(2)宋史新編
(3)東都事略　(4)南宋書
(5)隆平集　(6)琬琰集
(7)琬琰集刪存　(8)宋史翼
(9)戊辰修史傳　(10)南渡十將傳
(11)五朝名臣言行錄　(12)三朝名臣言行錄
(13)皇朝名臣言行錄　(14)四朝名臣言行錄
(15)道學名臣言行錄　(16)伊洛淵源錄
(17)昭忠錄　(18)宋遺民錄
(19)東莞遺民錄　(20)宋季忠義錄
(21)督府忠義傳　(22)元祐黨人傳
(23)慶元黨禁　(24)京口耆舊傳
(25)桐陰舊話　(26)萬柳溪邊舊話
(27)南宋院畫錄　(28)聖朝名畫評
(29)皇宋書錄　(30)蘇祠從祀議
(31)淳熙薦士錄　(32)宋詩鈔
(33)宋詩鈔補　(34)宋大臣年表
(35)中興三公年表　(36)學士年表
(37)學士院題名　(38)中興館閣錄
(39)中興館閣續錄　(40)提轄官題名
(41)東宮官僚題名　(42)北宋經撫年表
(43)南宋制撫年表　(44)修唐書史臣表
(45)紹興十八年同年小錄　(46)寶祐四年登科錄
(47)宋人軼事彙編

引得分兩部：(1)字號引得，舉凡被傳人之字、號，別字，別號，綽號，謚號，以及小名、小字，凡見於此四十七種書中者，罔不收入。(2)姓名引得，下繫其諸字號及所在各書之卷頁數。全書約三百頁，本年三月中可以出版。

二、杜詩引得

此書分兩部：(1)杜詩本文，係據郭知達九家集注杜詩排印。(2)引得，以一句爲主，句中各詞各字皆爲引得。全書約一千五百頁，本年六月中可以出版。

經籍要目答問

容媛

本年三月間，得博晨光教授從美國來函，囑予與洪煨蓮教授商量擬一中國國學基本書目，版本不拘，惟價格須廉，而合於國外公私小圖書館之用者。予既請教於洪教授，遂先擬一草稿。竊謂吾國載籍浩博，國學圖書館圖書總目總經史子集志圖六部，都三萬七千一種，五萬九千一百二十八部，四十七萬八千八百二十八卷，猶未盡也。昔張之洞以諸生好學者請問應讀何書，書以何本為善，偏舉既嫌絓漏，志趣學業亦各不同，因作書目答問以闢塗徑。分別條流，慎擇約舉，又於其中詳分子目，以便類求，期令初學者易買易讀，不致迷罔眩惑，意至善也。然欲盡得此編所具之書，已非十萬金以上不辦，況答問成于光緒元年，于今越六十年，近來所出，勢須增選，故范氏希曾有補正之作也。即郡邑圖書館，猶患財力不足，難以據目盡索，遑論私人。近人胡適博士所擬一個最低限度的國學書目，分一工具之部，二思想史之部，三文學史之部，謂此書目不只為私人用，還可以供一切中小學校圖書館及地方公用圖書館之用。然于史記，漢書，資治通鑑等史部皆未列入，故梁啟超先生訶其罣漏過多，博而寡要。及其自擬國學入門書要目及其讀法分甲修養應用及思想史關係書類，乙政治史及其他文獻學書類，丙韻文書類，丁小學書及文法書類，戊隨時涉覽書類，然于金石類書僅收一語石，美術類書皆未收。夫以胡梁兩先生之淵博，所擬猶有偏見之嫌，況不學如予，而欲斟酌恰當，不亦難乎！圖書館亦如百貨商店，欲使入門者各得其所欲而歸，則網羅廣布，凡粢盆盎，園菜果蓏，或服飾所需，皆所必備。然以財力所限，彼集股設肆者，鋪有大小，貨有等差，不能同也。今拙稿亦竊用此意，姑擬資力之豐嗇為四等，而為之設計焉。固不僅答博教授之問，或亦足供國內私人書室及各地方圖書館之參考也。稿成，請洪煨蓮，鄧文如，顧起潛，裴開驥，齊致中，福穀珊諸先生及家兄希白為之審定。齊先生並囑登載史學年報。因敍其始末，海內外學者希指正之。

(一)甲乙二種除十三經，二十四五史及幾種工具書外，均取用國學基本叢書本，以其價格適合最廉條件。惟該書乃用報紙刊印，不耐久藏。丙丁二種則多取用各種叢書及叢書之單行本，亦以其價廉，最適合於小圖書館之用。至于專門書籍及宋元版本，則非本表範圍所及。

(二)本表備注欄之甲，乙，丙，丁符號，乃代表四種價目之用。購者可按其財力適合何種按表購買。

甲約二百五十元　　乙約五百元

丙約二千元　　丁約六千元

(三)內容略異者，如中國古今地名大辭典及中國地名大辭典；版本不同者，如四部叢刊多收古本，四部備要多收注本，故並列之。

(四)凡各書已注甲乙本，而不注丙丁本者，因各書已收入四部叢刊或四部備要中也。

(五)書價一項，多數取用書店之定價，購者可與書店或發行所商量折扣。

(六)本表所列之書籍，其重要叢書子目酌為列出。惟種數過多，如二十五史補編及四部叢刊，四部備要等，該出版書店已有詳細書目刊行，故不詳列。

(七)凡卒於民國及現在人者，均稱近人。

民國二十七年八月十五日序于哈佛燕京學社

書名	著(或編注者校勘)者	發行所	價目	備注
經部				
十三經注疏四百十六卷附校勘記四百十六卷	清阮元	脈望館石印本	16.00	甲乙
周易正義十卷	唐孔穎達			
尚書正義二十卷	同上			
毛詩正義七十卷	同上			
周禮注疏四十二卷	唐賈公彥			
儀禮注疏五十卷	同上			
禮記正義六十三卷	唐孔穎達			
春秋左傳正義六十卷	同上			
春秋公羊傳注疏二十八卷	唐徐彥			
春秋穀梁傳注疏二十卷	唐楊士勛			
論語注疏二十卷	宋邢昺			
孝經注疏九卷	同上			
爾雅注疏十卷	同上			
孟子注疏十四卷	宋孫奭			
五經彙解三十二冊	清扶經心室	光緒鴻文書局	2.60	丙丁

周易姚氏學八卷	清姚配中	國（即商務印書館國學基本叢書本下同）	.25	乙
周易引得一冊		引（即燕京大學哈佛燕京學社引得編纂處下同）	2.50	丁
讀易會通八卷	清丁壽昌	國	.25	乙
尚書今古文注疏三十卷	清孫星衍	國	.40	甲乙
尚書通檢一冊	近人顧頡剛等	哈佛燕京學社北平辦公處	2.00	丁
詩毛氏傳疏三十卷	清陳　奐	國	1.50	甲乙
毛詩引得一冊		引	3.00	丁
毛詩注疏引書引得一冊		引	.80	丁
周禮正義八十六卷	清孫詒讓	國	1.90	乙
儀禮正義四十卷	清胡培翬	國	1.20	乙
儀禮引得附鄭注引書及賈疏引書引得一冊		引	2.00	丁
禮記集解六十一卷	清孫希旦	國	1.10	乙
禮記引得一冊		引	5.00	丁
禮記注疏引書引得		引	.70	丁
春秋左傳詁二十卷	清洪亮吉	國	.55	甲乙
穀梁補注二十四卷	清鍾文烝	國	.65	乙
公羊義疏七十六卷	清陳　立	國	1.60	乙
四書章句集注五冊	宋朱　熹	國	.45	乙
論語正義二十四卷	清劉寶楠	國	.50	甲乙
孟子正義三十卷	清焦　循	國	.85	甲乙
爾雅義疏二十卷	清郝懿行	國	.45	甲乙
白虎通引得一冊		引	.80	丁
經學通論	清皮錫瑞	國	.30	甲乙丙
經學歷史一卷	同　上	商務印書館排印本	.25	丙丁
通志堂經解	清納蘭成德	同治十二年粵東書局本	200.00	丁
皇清經解二十四冊	清阮　元	光緒十一年點石齋縮印本	40.00	丙丁
皇清經解續編三十六冊	近人王先謙	光緒三十二年蜚英書局石印本		
皇清經解縮版編目	近人陶治元	光緒十七年鴻寶齋石印本	1.00	丙丁
皇清經解檢目	近人蔡啟盛	光緒十二年刊本	4.00	丙丁
春秋經傳引得四冊		引	25.00	丁
春秋經傳注疏引書引得一冊		引	.75	丁
經義述聞三十二卷	清王引之	國	1.10	乙
十三經索引一冊附十三經經文斷句一冊	近人葉紹鈞	民國二十三年開明書店本	7.50	甲乙丙丁
經傳釋詞十卷	清王引之	蘇州文學山房聚珍本	4.00	丙丁
經籍纂詁一百〇六卷附補遺	清阮　元	光緒上海鴻寶齋石印本	5.00	丙丁
古書疑義舉例叢刊四種		民國十三年長沙關文書社及楊氏家塾刊本	2.00	丙丁
古書疑義舉例七卷	清俞　樾			
古書疑義舉例補一卷	近人劉師培			
古書疑義舉例續補二卷	近人楊樹達			

古音疑義舉例校錄一卷	近人馬叙倫			
馬氏文通一册	清馬建忠	商務印書館	1.20	丙丁
馬氏文通刊誤	近人楊樹達	商務印書館	1.10	丙丁
音學五書	清顧炎武	湖南刊本	4.00	丙丁
音論三卷				
詩本音十卷				
易音三卷				
唐韻正二十卷				
古音表二卷				
說文詁林及補遺	近人丁福保	石印本	127.00	丁
說文解字注三十卷六書音韻表五卷	清段玉裁	國	2.70	甲乙
澤存堂五種			6.00	甲乙丙丁
羣經音辨七卷	宋賈昌朝			
玉篇三十卷	陳顧野王			
廣韻五卷	宋陳彭年			
字鑑五卷	元李文仲			
佩觿一卷	宋郭忠恕			
續刻三種		光緒刊本	15.00	丁
集韻十卷	宋丁度等			
類篇四十五卷	宋司馬光等			
禮部韻略五卷	宋丁度			
甲骨文編十四卷附錄二卷	近人孫海波	哈佛燕京學社北平辦公處	14.00	丙丁
金文編十四卷附錄二卷器目一卷檢字一卷	近人容庚	民國十四年石印本	10.00	丙丁
金文續編十四卷附錄一卷采用文字一卷檢字一卷	同上	民國二十四年涵芬樓石印本	2.20	丙丁
隸辨八卷	清顧藹吉	同治坊刻本	4.00	丙丁
草字彙十二卷	清石　梁	道光刊本	2.00	丙丁

史部

二十四史三千二百四十三卷		圖書集成館印白紙本	140.00	乙
史記一百卅卷	漢司馬遷			
漢書一百廿卷	漢班固			
後漢書一百廿卷	宋范蔚宗			
三國志六十五卷	宋裴松			
晉書一百三十卷附音義三卷	唐房喬			
宋書一百卷	梁沈約			
南齊書五十九卷	梁蕭子顯			
梁書五十六卷	唐姚思廉等			
陳書三十六卷	同上			
魏書一百十四卷	北齊魏收等			
北齊書五十卷	唐李百藥等			

周書五十卷	唐令狐德棻等			
隋書八十五卷	唐魏徵等			
南史八十卷	唐李延壽			
北史一百卷	同上			
舊唐書二百卷	晉劉昫等			
新唐書二百二十五卷	宋歐陽修等			
舊五代史一百五十卷目錄二卷	宋薛居正等			
新五代史記十四卷目錄一卷	宋歐陽修			
宋史四百九十六卷	元托克托等			
遼史一百一十六卷	同上			
金史一百三十五卷	同上			
元史二百一十卷	明宋濂等			
明史三百三十六卷	清張廷玉等			
二十五史九册附人名索引一册	漢司馬遷等	開明書店	72.00	甲
二十五史補編六册	清汪　越等	同上	60.00	丙丁
食貨志十五種綜合引得一册		引	5.50	乙丙丁
漢書補注一百卷	近人王先謙	光緒二十六年長沙王氏本	20.00	丙丁
		石印本	6.00	乙
後漢書集解九十卷續志集解三十卷	同上	民國四年長沙虛受堂王氏校刊本	35.00	丙丁
新元史二百五十七卷	近人柯劭忞	刻本	50.00	丁
		開明書店本	10.00	乙丙

蒙兀兒史記一百六十卷	近人屠　寄	民國二十三年武進屠氏結一宦刻本	50.00	丁
通鑑目錄三十卷	宋司馬光	商務印書館四部叢刊本	6.00	乙
資治通鑑綱目前編二十五卷正編五十九卷續編二十七卷	清張廷玉等	光緒石印本	2.00	乙丙
資治通鑑二百九十四卷	宋司馬光	商務印書館鉛字本	14.00	乙
續資治通鑑二百廿卷	清畢　沅	中華書局四部備要本	26.00	乙
新唐書宰相世系表引得一册		引	3.00	丁
五朝紀事本末五百零九卷		江西局刊本	40.00	丙丁
左傳五十三卷	清高士奇			
通鑑二百卌九卷	宋袁　樞			
宋史一百九卷	明陳邦瞻			
元史二十七卷	同上			
明史八十卷	清谷應泰			
通鑑紀事本末四十二卷	宋袁　樞	國	4.50	甲乙
宋史紀事本末廿六卷	明陳邦瞻	國	.80	甲乙
元史紀事本末四卷	同上	國	.30	甲乙
明史紀事本末八十卷	清谷應泰	國	.80	甲乙
八十九種明代傳記綜合引得三册		引	20.00	丙丁
清史稿五百二十四卷	清趙爾巽等	民國二十五年金縣石印本	160.00	丁
國語二十一卷	吳韋昭	國	.25	甲乙

戰國策三十三卷	漢高誘	國	.30	甲乙
繹史百六十卷世系圖一卷年表一卷	清馬驌	浙江圖書館刻本	20.00	丙丁
崔東壁遺書十九種二十冊	清崔述撰 近人顧頡剛標點	民國二十四年亞東圖書館排印本	12.00	丙丁
十七史商榷百卷	清王鳴盛	廣雅書局	8.00	丙丁
廿二史劄記三十六卷	清趙翼	集益學社	5.00	乙
廿二史攷異百卷	清錢大昕	廣雅書局	12.00	丁
文史通義八卷校讎通義三卷	清章學誠	國	.35	甲乙
中國歷史研究法一冊	近人梁啟超	商務印書館	.70	甲乙丙丁
中國歷史研究法補編	同上	同上	.52	甲乙丙丁
古史辨一至六編	近人顧頡剛 羅根澤	北平樸社(一至五編) 開明書局(六編)	14.10 3.40	丁
中華二千年史四冊	近人鄧之誠	商務印書館	10.00	丁
讀史年表附引得一冊		引	3.00	丁
清代徵獻類編廿九卷	近人嚴懋功	民國二十一年安徽無錫民生公司排印本	特價4.80	丁
碑傳集一百六十卷末二卷	清錢儀吉	光緒十九年江蘇書局刊本	28.00	丙丁
續碑傳集八十六卷	近人繆荃孫	宣統二年刊本	約24.00	丙丁
碑傳集補六十卷末一卷	近人閔爾昌	哈佛燕京學社北平辦公處	20.00	丙丁
歷代名人年譜十卷附存疑一卷	清吳榮光	國 光緒南海吳氏刊本	.55 4.00	甲乙 丙丁
史姓韻編六十四卷	清汪輝祖	光緒甲申蘇餘樓石印本	5.00	丁
疑年錄彙編十六卷分韻人表一卷	近人張惟驤	民國刊本	7.00	丁
歷代名人生卒年表一冊	近人梁廷燦	商務印書館	3.00	甲乙丙丁
三十三種清代傳記綜合引得一冊	近人杜聯喆 房兆楹編	引	5.00	丙丁
歷代名人年里碑傳總表一冊	近人姜亮夫	商務印書館	3.00	甲乙丙丁
水經注四十卷	後魏酈道元	國	1.30	甲乙
水經注引得二冊	近人鄭德坤	引	10.00	丙丁
歷代地理志韻編今釋二十卷	清李兆洛	刻本 國	6.00 .60	丙丁 甲乙
歷代輿地沿革圖三十四冊	近人楊守敬	刻本	40.00	丁
中國地方志綜錄三冊	近人朱士嘉	商務印書館	2.80	丙丁
中國分省新圖一冊	近人丁文江等	上海申報館	2.50	甲乙丙丁
中華民國新地圖一冊	同上	同上	2.50	丙丁
中國地學論文索引二冊續編二冊	近人王庸 茅乃文	北平師範大學	2.00	丁
大清一統志六十冊	清和珅等	光緒二十三年杭州竹簡齋刊本	12.00	丙丁
小方壺齋輿地叢鈔一千四百三十三種	清王錫祺	光緒十七年上海著易堂刊本	50.00	丁
中國古今地名大辭典	近人臧勵龢等	商務印書館	8.00	甲乙丙丁
中國地名大辭典一冊	近人劉鈞仁	國立北平研究院	15.00	丁
徐霞客遊記三冊	明徐宏祖	國	1.40	甲乙
歷代職官表六卷	清永瑢等	商務印書館 國	6.00 1.70	丙丁 甲乙
歷代紀元編三卷	清李兆洛	國	.25	甲乙
光緒大清會典三十六冊	清崑岡	商務印書館石印本	20.00	丁
十通十種		商務印書館萬有文庫本	75.00	丙丁

通典百五十卷	唐杜　佑			
續通典百五十卷	清高宗敕撰			
清朝通典百卷	同上			
通志二百卷附考證三卷	宋鄭　樵			
續通志六百四十卷	清高宗敕撰			
清朝通志百卷	同上			
文獻通考三百四十八卷	元馬端臨			
續文獻通考二百五十卷	清高宗敕撰			
清朝文獻通考三百卷	清高宗敕撰			
清朝續文獻通考三百二十卷	清劉錦藻			
史通通釋二十卷	清浦起龍	國	.25	甲乙
西漢會要七十卷	宋徐天麟	光緒福建本	8.00	丁
東漢會要四十卷	同上	同上	8.00	丁
唐會要百卷	宋王　溥	同上	30.00	丁
五代會要三十卷	同上	同上	8.00	丁
宋會要稿二百册	清徐　松	國立北平圖書館影印本	140.00	丁
明會要八十卷	清龍文彬	廣雅書局刊本	12.00	丁
清代學術概論	近人梁啟超	商務印書館民國廿一年國難後第一版	.65	甲乙丙丁
中國哲學史一册	近人馮友蘭	商務印書館	3.20	甲乙丙丁
中國文學史四册	近人鄭振鐸	同上	6.50	甲乙丙丁
中國小說史略一册	近人魯　迅	北新書局	.65	甲乙丙丁
宋元戲曲史一册	近人王國維	商務印書館	.45	甲乙丙丁
中國繪畫史二册	近人俞劍華	商務印書館	3.60	甲乙丙丁
陳氏中西回史日曆二十卷	近人陳　垣	國立北京大學研究所國學門叢書	16.00	丁
二十史朔閏表一册	同上	同上	2.00	丙丁
書目長編二卷	清邵瑞彭等	民國北平鉛字本	.50	丁
書目答問一册	清張之洞	國	.15	甲乙
書目答問補正五卷	近人范希曾	景印本	1.60	丙丁
四庫全書總目二百卷附簡明目錄未收書目	清紀昀等	商務印書館	10.00	乙丙丁
四庫簡明目錄標注廿卷附錄一卷	清邵懿辰	宣統三年仁和邵氏刊本	20.00	丙
小學考五十卷	清謝啟昆	光緒十四年浙江書局刊本	6.00	丁
中國通俗小說書目一册	近人孫楷第	中國大辭典處國立北平圖書館	1.50	丙丁
金石書錄目十卷附錄二卷	近人容　媛	民國二十五年商務印書館鉛字本	1.20	丙丁
書畫書錄解題十二卷	近人余紹宋	北平圖書館鉛印本	4.00	丙丁
道藏目錄詳註四卷附續道藏目錄	明白雲霽	退耕堂據文津閣四庫全書影印本	1.50	丁
閱藏知津四十八卷	清智　旭	光緒金陵刻經處刊本	4.00	丁
許學考二十六卷	近人黎經誥	民國十六年排印本	6.00	丁
叢書書目彙編四册	近人沈乾一	民國十八年上海醫學書局	4.80	丙丁
叢書書目彙編補一册	近人杜連喆	民國二十年北平宣東印書館	.40	丙丁
叢書子目書名索引一册	近人施廷鏞	清華大學圖書館	3.00	丙丁

叢書書目拾遺一册	近人孫殿起	北平通學齋	3.00	丙丁
八史經籍志三十卷	清張壽榮輯	光緒八年刊本	4.00	丁
漢書藝文志一卷	漢班固			
隋書經籍志四卷	唐長孫无忌			
舊唐書經籍志二卷	後晉劉昫			
唐書藝文志四卷	宋歐陽修			
宋史藝文志八卷	元脫脫等			
宋史藝文志補一卷	清盧文弨			
補遼金元史藝文志一卷	清盧文弨			
補遼金元史藝文志一卷	清金門詔			
元史藝文志四卷	清錢大昕			
明史藝文志四卷	清張廷玉			
藝文志二十種綜合引得四册		引	20.00	丁
江蘇省立國學圖書館圖書總目正續編		民國二十五年江蘇省立國學圖書館	28.00	丁
郘亭知見傳本書目八册	清莫友芝	民國十二年上海掃葉山房石印本	2.00	丙丁
殷契佚存一卷釋文一卷	近人商承祚	金陵大學中國文化研究所	14.00	丙丁
增訂殷虛書契考釋三卷	近人羅振玉	東方學會	6.50	丙丁
卜辭通纂一卷攷釋三卷索引一卷	近人郭沫若	日本文求堂影印本	12.00	丙丁
博古圖錄三十卷	宋王黼等	乾隆亦政堂刻本	20.00	丙丁
武英殿彝器圖錄二册	近人容庚	哈佛燕京學社北平辦公處	22.00	丙丁

愙齋集古錄二十六册	清吳大澂	民國七年涵芬樓影印本	30.00	丙丁
古泉匯六十四卷續十四卷補遺二卷	清李佐賢	李氏石泉書屋刻本	15.00	丙丁
十鐘山房印舉十二册	清陳介祺	民國十二年涵芬樓石印本	20.00	丙丁
金石索十二卷	清馮雲鵬	道光刻本	30.00	丙丁
金石萃編百六十卷	清王昶	原板	30.00	丙丁
八瓊室金石補正百三十卷	清陸增祥	劉氏希古樓刊本	45.00	丁
寰宇訪碑錄十二卷	清孫星衍等	國	.50	丁
補寰宇訪碑錄五卷附失編	清趙之謙	同治中刊本	3.00	丁
再補寰宇訪碑錄二卷	近人羅振玉	光緒十九年[illegible]石印本	4.00	丁
語石十卷	近人葉昌熾	刻本	3.00	丙丁
		國	.30	甲乙
金石學錄四卷	清李遇孫	民國三年西泠印社聚珍版本	2.00	丁
金石學錄補三卷	清陸心源	光緒刻本	2.00	丁
金石學錄續補二卷附錄一卷	近人褚德彝	民國石畫樓仿宋鉛字本	2.00	丁

子部

荀子集解二十卷	近人王先謙	國	.30	甲乙
老子本義二卷	清魏源	國	.10	甲乙
莊子集解一卷	近人王先謙	國	.20	甲乙
墨子閒詁十九卷	清孫詒讓	刻本	4.00	丙丁
		國	.45	甲乙

管子校正廿四卷	清戴　望	刻本 國	16.00 .60	丁 甲乙丙
韓非子集解廿卷	清王先慎	國	.70	甲乙
淮南集證廿一卷	近人劉家立	中華書局	3.60	丙丁
呂氏春秋集釋二十六卷附攷一卷	近人許維遹	清華大學	6.00	丙丁
鹽鐵論十卷考證三卷	漢桓　寬	國	.15	甲乙
論衡三十卷	漢王　充	國	.35	甲乙
齊民要術十卷	後魏賈思勰	國	.20	甲乙
廣羣芳譜百卷	清聖祖敕撰	國	2.00	乙丙丁
天工開物一冊	明宋應星	石印本 國	5.00 .25	丙丁 甲乙
農政全書六十卷	明徐光啟	清道光刊本	8.00	丁
植物名實圖考三十八卷附索引	清吳其濬	商務印書館	9.60	丙丁
陶說一冊	清朱　琰	國	.10	甲乙丙
脈經十卷	晉王叔和	國	.20	乙
靈樞經十二卷	佚名	國	.15	乙
本草綱目五十二卷圖三卷	明李時珍	光緒合肥張氏味古齋重刊本	24.00	丙丁
飲膳正要三卷	元忽思慧	國 商務印書館石印本	.15 1.20	乙 丙丁
數理精蘊五十三卷	清聖祖敕撰	國	1.30	乙丙丁
疇人傳四十六卷	清阮　元等	國	.75	乙丙

樂律全書九冊	明朱載堉	明刊本	80.00	丁
佩文齋書畫譜百卷	清孫岳頒等	刻本 同文書局	30.00 10.00	丙丁 甲乙
式古堂書畫彙攷	清卞永譽	石印本	40.00	丁
藝舟雙楫九卷	清包世臣	刻本 國	2.00 .15	丙丁 甲乙
廣藝舟雙楫一冊	近人康有為	光緒十九年鉛字本	.60	甲乙丙丁
畫論叢刊六冊	近人于海晏	中華印書館鉛字本	6.50	丙丁
書法要錄六卷卷首一卷	近人余紹宋	中華書局	2.40	甲乙丙丁
歷代畫史彙傳七十二卷	清彭蘊璨	刻本 民國十一年錦章圖書局石印本	5.00 2.00	丙丁 甲乙
美術叢書四十集		神州國光社	60.00	丁
宋元學案百卷	清黃宗羲	國	2.40	乙
宋元學案人名索引一冊	近人鄧元鼎　王默君	商務印書館	1.50	丁
明儒學案六十二卷	清黃宗羲	國	1.00	乙
宋學淵源記一冊	清江　藩	國	.05	乙
漢學師承記二冊	同　上	國	.15	乙
國朝學案小識十四卷	清唐　鑑	國	.45	乙
近思錄集註十四卷	清江　永	國	2.00	乙
困學紀聞廿卷	宋王應麟	國	1.00	乙
日知錄三十二卷	清顧炎武	國	1.10	乙
羣書治要五十卷	唐魏徵等	國	.75	乙丙

太平廣記五百卷	宋李昉	石印明許氏本	40.00	丁
太平廣記引得		引	3.00	丁
太平御覽引得		引	9.00	丁
淵鑑類函四百五十卷	清張英 王士禎等	同文書局石印本 通行本	26.00 38.00	丙 丁
佩文韻府一百卷拾遺百五卷	清孫致彌等	萬有文庫本	24.00	丙丁
駢字類編二百四十卷	清聖祖敕編	光緒十三年同文書局 雍正年間殿本	24.00 90.00	丙 丁
古今人物別名索引	近人陳德芸	嶺南大學圖書館	6.00	丁
國學論文索引四編	北平圖索引組 劉修業	中華圖書館協會	4.05	丁
文學論文索引三編	陳璧如 劉修業等	北平圖書館	4.80	丁
說苑引得		引	.80	丁
世說新語引得附劉注引書引得一冊		引	1.00	丁
中國人名大辭典一冊	近人方毅等	商務印書館	8.00	甲乙丙丁
康熙字典十二卷附檢字補遺備考	清張玉書等	商務印書館	1.60 3.00	甲乙 丙丁
辭源正編二冊 續編一冊	近人等 正陸爾奎 續方毅等	商務印書館	7.50 正續編丁種 14.00 同上丙種 20.00 同上乙種	甲乙 丙 丁
辭通上下二冊	近人朱起鳳	開明書店	9.00	丙丁
佛學大辭典九冊	近人丁福保	民國上海醫學書局再版	12.00	丁
中國醫學大辭典二冊	近人謝觀等	商務印書館	12.00	丁
中國藥學大辭典二冊 中國藥物標本圖一冊	近人陳存仁	世界書局	20.00	丁
音樂辭典一冊	近人梁得所	上海良友圖書印刷公司	1.00	丁
植物學大辭典一冊	近人杜亞泉等	商務印書館	8.00	甲乙丙丁
動物學大辭典一冊	同上	同上	12.00	甲乙丙丁

集部

楚辭十七卷	漢王逸章句	金陵局刊本	3.00	甲乙
陶靖節集三冊	晉陶潛	國	.20	甲乙
庾子山集十六卷	北周庾信	國	.70	乙
李太白集三十卷附錄六卷	唐李白	國	1.80	甲
杜少陵集詳註四冊	清仇兆鰲註	萬有文庫本	3.50	甲乙
白香山集四十卷	唐白居易	國	.85	甲乙
韓昌黎集四十卷外集十卷附遺文及韓集點勘四卷	唐韓愈	國	1.20	甲乙
柳河東集四十五卷外集二卷附補遺及附錄	唐柳宗元	國	1.20	甲乙
王臨川集一百卷	宋王安石	國	1.80	甲乙
歐陽永叔集十八冊	宋歐陽修	國	3.80	甲乙
蘇東坡集十八冊	宋蘇軾	國	3.60	甲乙
欒城集八十四卷	宋蘇轍	國	1.00	甲乙
陸放翁集二十四冊	宋陸游	國	2.00	甲乙

河南程氏遺書二十五卷附錄一卷	宋朱熹等	國	3.00	乙丙
張子全書三冊	宋張載	國	.35	乙丙
象山先生全集卅六卷	宋陸九淵	國	.45	甲乙丙
元遺山先生集五十卷	金元好問	光緒京都翰文齋重印本	5.00	乙
滹南遺老集四十六卷	金王若虛	國	.25	乙丙
遜志齋集廿四卷	明方孝孺	國	.70	乙
震川先生全集正集三十卷別集十卷	明歸有光	國	.60	乙
王文成公全書三十八卷	明王守仁	國	1.00	甲乙丙
曝書亭集八十卷附錄一卷	清朱彝尊	國	1.20	甲乙
惜抱軒詩文集十六卷	清姚鼐	國	.35	甲乙
潛研堂文集八冊	清錢大昕	國	.90	甲乙丙
養一齋文集廿卷	清李兆洛	光緒四年重刊本	5.00	丙丁
大雲山房文稿四冊	清惲敬	國	.35	甲乙
洪北江詩文集六十七卷	清洪亮吉	國	1.10	乙丙
戴東原集十二卷	清戴震	國	.50	甲乙
定盦文集四冊	清龔自珍	國	.30	甲乙
飲冰室合集	近人梁啟超	中華書局聚珍本	20.40	丙丁
胡適文存三集	近人胡適	上海亞東圖書館	5.78	丙丁
文選六十卷考異十卷	唐李善注	國	1.20	甲乙
文選注引書引得		引	2.50	丁
古詩源一冊	清沈德潛	國	.20	甲乙
唐詩別裁二十卷	清沈德潛	國	.45	甲乙丙丁
宋詩別裁一冊	清張景星等	國	.15	乙丙丁
元詩別裁一冊	同上	國	.15	乙丙丁
明詩別裁十二卷	清沈德潛 周準	國	.25	丙丁
清詩別裁四冊	清沈德潛	國	.65	乙丙丁
湖海文傳七十五卷	清王昶	道光間經訓堂刊本	5.00	丁
全上古三代秦漢三國六朝文七百四十六卷	清嚴可均	丁福保鉛印本 原刊本	50.00 20.00	乙丙丁
全上古三代秦漢三國六朝文作者引得一冊		引	.40	丁
古文辭類纂七十四卷	清姚鼐	中華書局四部備要本	4.50	甲乙
續古文辭類纂廿八卷	清黎庶昌	中華書局四部備要本	7.80	乙
宋文鑑百五十卷	宋呂祖謙	光緒江蘇書局刊本	19.00	丁
遼文存六卷附錄二卷	清繆荃孫	光緒來青閣影印本	3.24	丁
金文最一百廿卷	清張金吾	光緒粵雅堂刊本	12.96	丁
文心雕龍十卷	梁劉勰	國	.15	甲乙
詩品三卷	梁鍾嶸	國	.50	甲乙
宋六十名家詞五冊	清毛晉	國	1.20	甲乙
玉函山房輯佚書百廿本	清馬國翰	光緒十八年湖南思賢書局本	30.00	丁
黃氏逸書考一百冊	清黃奭	懷荃室刊本	65.00	約 丁
漢魏遺書鈔百十二種	清王謨	清刊本	21.00	丙丁
古今圖書集成	清聖祖敕編	光緒上海圖書集成公司鉛印本	500.00	丁
四部叢刊初編二編三編		商務印書館	1250.00	丁
四部備要		中華書局	900.00	丙丁
叢書集成		商務印書館	700.00	丁

德氏前漢書譯注訂正

王伊同

Pan Ku's History of the Former Han Dynasty: A Critical Translation with Annotations. By Homer H. Dubs. Vol. I. Baltimore, U. S. A., 1938.

子　引言

民國十八年，美國學術團體理事會（The American Council of Learned Societies）諸君，議廣集學者，譯吾載籍。事決議矣，進展甚緩。會該會得嘉氏、（The Rockfeller Foundation）及克氏兩基金團（The Carnegie Corporation）之資助；國內學者，有自請參與譯事者。二十一年，經韓氏（Clarence H. Hamilton）施氏（Nancy Lee Swann）賈氏（Charles S. Gardner）議定，先譯漢書，延德氏（Homer H. Dubs）董其事。是書之成，氏之力也。

德氏嘗英譯荀子，精哲理之學，於吾國學藝，致力甚勤。依其原意，擬分譯漢書爲五册：自一至三册，爲諸帝本紀。四册，譯班氏敘傳，兼評班書體例，及諸注家得失。其末册，詮釋字義，調詁名物，名曰語彙。總數載而首册成，計高惠呂后文景諸紀，共五卷。卷首有導論，卷末附附錄，其內容體例蓋若是。

初，法儒沙畹（Édouard Chavannes）嘗譯史記（譯至孔子世家）。德氏譯漢書，國人潘崔任三君佐之。荷人戴文達（J. L. Duyvendak），爲之修正。其書以王先謙補注爲藍本，更博采中外諸家之說。故譯述愼密，注釋精詳，文直事覈，甚符史體。雖然：予讀其書，猶未愜然。其導論意有所晦，輒爲增補；譯文不無遺誤，則爲考正；注釋有所出入，則爲讎校；附錄有所未及，則爲添益。逐句推敲，稍近苛碎。意者西人爲學，咸尙實實：德氏謙遜，或能假借寬容，不以吾言爲過乎？

丑　導論之部

甲　楚漢之爭

德氏論高祖所以得天下云：

"First. Kao tsu made the people feel that he was governing in their [the people's] interests. Secondly, there was probably a general fellow feeling among the common people for this commoner who was aspiring to the supreme position. In the third place, Kao tsu introduced not only new ideas but also new blood into the government." pp. 23–25.

其言固當。雖然，猶有疑。按高祖之成帝業，有得之人事者，有得之地利者。夫秦政苛暴，賦役煩劣，故陳涉首倡，天下影附。當是時，豪傑蠭起，六國之後，因勢自立；獨高祖寬仁大度，起自豐沛，皆從酈食其之謀，襲陳留；又使張良略韓地。既入武關，因懈大敗秦兵；約束士卒，毋鹵掠。子嬰降，赦之，以屬吏。更封秦重寶財物府庫，還軍霸上。蕭何盡收秦丞相圖籍文書，因具知天下阨塞，戶口多少。與諸縣豪桀，為三章之約，其餘秦苛法，悉除去。秦民大喜，爭持牛羊酒食獻享軍，又讓不受。咸陽富麗，帝安之，用樊噲張良諫，乃舍去。已而項羽入關，背約自王，以善地王諸將，而三分關中。帝怒，欲攻之，蕭何進諫，遂止。更用張良計，燒絕棧道，示不復東。拔韓信於微細，拜為上將軍。二年，為義帝發喪，以令諸侯。令彭越將三萬人來歸，遂拜越為魏相國。更令謁者隨何，說英布，使畔楚。三年，使陳平將四萬金間楚君臣，范增遂以被遠恚卒。四年，勞問士卒，死事者給棺衣，轉送其家。及與項羽相距滎陽，使韓信下齊臨其亢，英布據九江搤其背，彭越為遊兵苦其糧道；卒以破楚。若此皆以人事成功，德氏言之甚詳，然非予所謂地利也。夫秦阻山帶河，縣隔千里，持戟百萬，地富且強，十倍天下。（漢書卷一下高紀）其視諸侯，猶居高屋之上建瓴水也。故婁敬說高祖曰：「秦地四塞以為固，卒然有急，百萬之眾可具。因秦之故資甚美，膏腴之地，此所謂天府。陛下入關而都之，山東雖亂，秦故地可全而有也。夫與人鬭，不搤其亢，拊其背，未能全勝。今陛下入關而都，按秦之故，此亦搤天下之亢而拊其背也。」（漢書卷四十三婁敬傳）蓋關中左殽函，右隴蜀，沃野千里；南有巴蜀之饒，北有胡苑之利。阻三面而固守，獨以一面東制諸侯。諸侯安定，河渭漕輓天下，西給京師；諸侯有變，順流而下，足以委輸。寧非所謂金城千里，天府之國歟？（漢書卷四十張良傳）故高祖據關中，起蜀漢之兵，驟三秦，出關而責義帝之負處，收天下之兵，立諸侯之後，降城即與共其利，得賂則以分其士。豪英賢材，皆樂為之用。諸侯之兵，四面而至，蜀漢之粟，方船而下。（漢書卷四十三酈食其傳）距楚五歲，兵敗勢危，然而蕭何為丞相，留收巴蜀，計戶轉漕，使餽軍食，山東雖亡，而關中嘗全。（漢書卷三十九蕭何傳）曠日持久，卒以敗楚；形勢利而地理便也。錢氏概置不論，疏矣。

又按：秦失其鹿，天下並逐，唯楚漢為強。楚嘗勝，漢嘗敗，而終其歸，楚終見滅。個中消息，有足言者。高祖五年，詢群臣楚漢得失之由。王陵對曰：「陛下嫚而侮人，項羽仁而敬人。然陛下使人攻城略地，所降者因以與之，與天下同利。項羽妒賢嫉能，有功者害之，賢者忌之；戰勝而不與人功，得地而不與人利，此其所以失天下也。」（漢書卷一下高紀）按羽本世家子，恭敬禮人，士之廉節重義者多歸之。至於行功賞爵邑，重之，士以此不附。漢高嫚而少禮，士之節義者不至，然能饒人以爵邑，士之頑鈍嗜利無恥者爭附焉。（漢書卷四十陳平傳）唯節義，故勝而驕心生，終以致敗；唯頑鈍，故敗而銳氣不作，卒以取勝。夫楚漢大小百數十戰，（漢書卷四十三婁敬傳）漢數敗，然而忍辱負恥，收集殘亡，軍復振。烏江之圍，楚徒受屠，未為大敗，然項羽高傲不下人，勢挫自刎，視若宜然。是則兩性不同，而成敗繫焉；此一事也。楚起江東，士卒皆故舊，諸項用事。然而項莊之勇，不及樊噲；項伯之忠，豈若張良。計其骨鯁之臣，僅亞父鍾離昧龍且周殷之屬數人耳。（漢書卷四十陳平傳）然陳平進間，遂相誅伐，亞父恚憤，疽發背而卒。且韓信、仕楚數年，官不過郎中，言不聽，策不用；歸漢，乃佩將軍印。（漢書卷三十四本傳）英布王九江，居形勢地，而不能肯待。陳平有智數，不致之高位，終皆畔去；此又一事也。初，懷帝之遣諸將入關也，諸長老皆曰：「項羽為人，慓悍猾賊。嘗攻襄城，襄城無噍類。所過無不殘滅。不如更遣長者，扶義而西，告諭秦父兄。秦父兄苦其主久矣，今誠得長者往，毋侵暴，宜可下；項羽不可遣，獨沛公素寬大長者。」卒不許羽，而遣沛公。（漢書卷一上高紀）則羽之殘忍可見。懷帝初以宋義為上將軍，羽為魯公、為次將，范增為末將，北救趙。羽乃殺義，並誅其子。（漢書卷三十一項羽傳）既入關，坑秦降卒二十餘萬人。（仝上）引兵屠咸陽，殺秦降王子嬰，燒秦宮室，火三月不滅。（漢書卷一上高紀）陰使九江王英布殺義帝於郴。（仝上）齊已降楚，楚焚其城郭，齊人復畔去。（仝上）於時漢王竝關中，爲義帝發喪，扶義以令諸侯，遂無敵於天下；此又一事也。夫關中搤形勢，阻山帶河，足以臨制諸侯。彭城四戰之地，多磽确。有齊梁腹心之患，九江後顧之憂。羽但見秦中破殘，遂思東歸；狃於故習，曾無遠圖；此又一事也。秦失其政，諸侯並起。羽入關，自立爲西楚霸王，更立沛公爲漢王，章邯爲雍王，司馬欣爲塞王，董翳爲翟王，申陽爲河南王，司馬卬爲殷王，英布爲九江王，共敖爲臨江王，吳芮爲衡山王，田安爲濟北王，魏豹爲西魏王，韓廣爲遼西王，臧荼爲燕王，田市爲膠東王，田都爲齊王，趙歇爲代王，張耳爲常山王。（漢書卷一上高紀）由是遊士解體，歸事其主。（漢書卷四十張良傳）且羽多徙諸侯善地，以王諸將，諸侯不服，自相誅伐，羽爲盟主，乃往來征討。逮漢王已兼三秦，出關中，收河南，屯滎陽，使盧綰劉賈入楚地，絕其糧道。（漢書卷一上高紀，卷三十一項羽傳，卷三十四韓信傳彭越傳，卷三十五劉賈傳）韓信破齊，英布舉九江兵，與楚降將周殷會齊梁於垓下。而羽兵弱助少，遂見誅夷；此又一事也。德氏略之，失輕重矣。

乙　漢初封建

德氏論漢初之特點有二：一曰舊日貴族階級之崩潰。（其二見下節。）其言曰：

"In the first place, it marks the final breakdown of the ancient aristocracy." p. 13.

"The families he ennobled became as aristocratic as the old nobility had been. But there was a great difference, for the Han nobility was under the thumb of the emperor." p. 15.

其論固當，然猶可議。夫楚漢之際，諸侯蠭湧，羽封十八諸侯，多六國後。漢定一尊，代以功臣；當其時，六國舊族，如齊諸田、楚昭屈景、燕、趙、韓、魏後，猶多至十餘萬戶。（漢書卷四十三婁敬傳）則其潛勢可知。今姑不論，即高祖功臣言之。王者八國，（張耳吳芮彭越黥布臧荼盧綰與兩韓信）咸割裂疆土，南面稱孤。（漢書卷三十四韓彭英盧吳傳贊）論勢則關中軍旅，不及韓信。（漢書卷四十陳平傳）論權則天子以羽檄徵天下兵，諸侯抗命不至。（漢書卷一下高紀）論地則天子所領，僅三河、東郡、潁川、南陽，自江陵以西至巴蜀，北自雲中至隴西，與京師內史，凡十五郡，而公主列侯，頗邑其中。藩國大者夸州郡，連城數十，宮室百官，制同京師。（漢書卷十四諸侯王表序）然此猶天下初定，事多草創，因利乘便，以封有功也。高祖六年，立劉賈爲荆王，交爲楚王，喜爲代王，（七年，廢爲代頃侯。）肥爲齊王。七年、冬十二月，立王子如意爲代王。九年、春正月、徙如意爲趙王。十一年、冬、以王子恆爲代王。三月，以王子恢爲梁王，友爲淮陽王。秋七月，立長爲淮南王。十二年、冬、十月、立濞爲吳王。春三月、以王子建爲燕王。高祖創業，日不暇給，孝惠繼統，享國日淺，高后攝位，海內晏如。方其時，趙王張敖舉田叔爲郎中。（漢書卷三十七田叔傳）淮南王長自爲法令，廢漢法，不聽天子詔，居處無度，乘輿擬天子，自以郎中爲丞相，收聚漢諸侯人及有罪亡者匿之。（漢書卷四十四淮南厲王長傳）薄昭爲將軍，諫之曰：「法二千石缺，輒言漢補。大王逐漢所置，而請自置二千石。」（仝上）百官：御史主、中尉主，衛尉大行主，內史縣主，皆備。（仝上如淳注）是諸侯得自除御史大夫羣卿以下衆官如漢朝，漢獨爲置丞相而已。（漢書卷三十八高五王傳贊）其威福專擅蓋如此。吳王濞尤驕縱，都沛、王三郡、五十三城。孝惠高后時，郡國諸侯得自拊循其民，吳有章郡（原作豫章郡，今依韋昭說言豫字。顧炎武日知錄卷二十六史法、史文衍字條、同。）銅山，即招致天下亡命，盜鑄爲錢，伐江陵之木以爲船，煮東海之水以爲鹽。百姓無賦，國用饒富　時存問茂材，賞賜閭里，郡國吏欲來捕亡人，禁不與　卷三十五吳王濞傳，卷四十四伍被傳）四方游士：鄒陽嚴忌枚乘等皆歸之。（漢書卷五十一鄒陽傳）

乘進諫曰：「吳有諸侯之位，而實富於天子。有隱匿之名，而居過於中國。夫漢并二十四郡、十七諸侯，方輸錯出，運行數千里，不絕於道，其珍怪不如東山之府；轉粟西鄉，陸行不絕，水行滿河，不如海陵之倉；修治上林，雜以離宮，積聚玩好，圈守禽獸，不如長洲之苑；游曲臺，臨上路，不如朝夕之池；深壁高壘，副以關城，不如江淮之險。」（漢書卷五十一枚乘傳）及其謀逆，精兵五十萬，金錢徧天下，日夜用之不能盡。（漢書三十五吳王濞傳）蓋其富強又如此。然則韓氏謂漢天子據京師，四方諸侯，咸受驅策者，誤矣。朝廷知諸侯之強，欲削弱之。孝惠元年，除諸侯相國法。（漢書卷三十九曹參傳）文帝用賈誼計，分齊趙。（漢書卷四十八賈誼傳）晁錯言吳過可削，書數十上。（漢書卷四十九晁錯傳）爰盎亦諫諸侯太驕，必生患，可稍削地。（漢書卷十四諸侯王表序，卷四十九爰盎傳）文帝寬仁，不忍罰。景帝即位，錯爲御史大夫，說以論罰侯削諸侯。（漢書卷四十二申屠嘉傳）三年，削楚趙，方議吳，吳王恐削地無已，（漢書卷三十八吳王濞傳）因與楚、趙、四齊、連兵反，西鄉京師；漢軍遮諸侯，破之。（漢書卷四十七梁孝王武傳，卷四十八賈誼傳）斬首十餘萬級，追斬吳王濞於丹徒，膠西王卬、楚王戊、趙王遂、濟南王辟光、菑川王賢、膠東王雄渠、皆自殺。（漢書卷五景帝紀）於是諸侯王不得復治國，天子為置吏，改丞相曰相，省御史大夫、廷尉、少府、宗正、博士官，大夫、謁者、郎 諸官長丞，皆損其員。（漢書卷十九百官公卿表序）以梁孝王屬吏韓安國為梁內史。孝王方寵公孫詭，請代安國，竇太后詔不許。（漢書卷五十二韓安國傳）禁令稍嚴。然而孝王置侍中、郎、謁者、著引籍，出入天子殿門，與漢宦官亡異。（漢書卷四十七梁孝王武傳）與漢大臣爰盎有隙，使刺者十餘曹偵之。（漢書卷四十九爰盎傳）其宮室制度，侔於京師，出蹕入警，多作兵弩弓數十萬，而府庫金錢且百萬，珠玉寶器，富踰內府；及薨，庫餘黃金四十餘萬斤。（漢書卷四十七梁孝王武傳）則郡國驕富猶然也。武帝即位，衡山王賜驕恣，為置二百石以下。（漢書卷四十四衡山王賜傳）損郡國郎中令、秩千石，改太僕曰僕，秩亦千石。（漢書卷十九百官公卿表序）令主父偃奏：以為「今之諸侯，或連城數十，地方千里。緩則驕奢，易為淫亂，急則阻其彊而合從，以逆京師。今以法割削，則逆節萌起。願陛下令諸侯，得推恩分子弟，以地侯之。」上從其計，（漢書六十四上主父偃傳）元朔二年、春、正月、詔曰：「梁王城陽王親慈同生，願以邑分弟，其許之。諸侯王請與子弟邑者，朕將親覽，使有列位焉。」於是藩國始分，而子弟畢侯。（漢書卷六武紀，卷四十四淮南王安傳）其後設左官、附益、阿黨之法，諸侯唯得衣食租稅，不與政事，貧者或乘牛車。（漢書卷十四諸侯王表序，卷三十八高五王傳贊）更令王子侯，歲以戶口酎黃金於漢廟，皇帝臨受獻金，以助祭，大禮曰飲酒酎受金，金少不如斤兩，色惡，王削縣，侯免國。（史記卷三十平準書如淳注）元鼎五年、九月、列侯坐獻黃金酎祭宗廟、不如法、奪爵者、百六人。（漢書卷六武紀）於是藩國名存實亡。元封五年、四月、初置刺史部十三州，以秋分行部，郡國各遣一吏，迎之界上，察以六條。（漢書卷六武紀師古注引漢官儀）於是郡守專權，封建解體，漢室一統，方抵完成。德氏乃謂漢初封建，權歸中朝者，殆不然矣。

丙　儒學施政不始於漢

德氏謂高祖始以儒學施政，其言曰：

"The Han Dynasty became the first great patrons of Confucianism and under Emperor Wu that philosophy became an important influence in the theory of government and in the training of government servants. It has always been realized that this Confucian influence began with Kao-tsu." p. 18.

"Thus the victory of Confucianism was only a gradual growth, yet it was a natural continuation of the development in Kao-tsu's own thought." p. 22.

謂高祖時，儒學已行，固宜。然必謂其勢力之根植，始

於漢初，則非盡然。昔孜孔子之學，發揚於孟子，而集成於荀子。德氏嘗言之曰，

"And in Hsüntze we find ancient Confucianism coming to its fullest expression." (*The Works of Hsüntze* [H. H. Dubs, tr., London, 1928], p. 30.)

其論甚卓。荀子有言：「其〔大儒〕爲人上也，廣大矣。志意定乎內，禮節脩乎朝。法則度量正乎官，忠信愛利形乎下。」（荀子、四部備要本、卷四、儒效篇、葉二下）又曰：「大儒者，善調一天下者也。用百里之地，而不能調一天下，制彊暴，則非大儒也。用百里之地，而千里之國，莫能與之爭勝，笞捶暴國，齊一天下，而莫能傾也。是大儒之徵也。」（全上、葉九上）又曰：「法後王，一制度，隆禮義，而殺詩書，其言行已有大法矣。然而明不能齊法教之所不及，聞見之所未至，則知不能類也。知之曰知之，不知曰不知，內不自以誣，外不自以欺，以是尊賢畏法，而不敢怠傲；是雅儒者也。法後王，（原作先王，依注改。）統禮義，一制度，以淺持博，以今持古，（原作以古持今，依注改。）以一持萬，苟仁義之類也，雖在鳥獸之中，若別黑白。倚物怪變，所未嘗聞也，所未嘗見也。卒然起一方，則舉統類而應之，無所儗怍。張法而度之，則晻然若合符節，是大儒者也。」（全上、葉十上至下）又曰：「故人主用大儒，則百里之地久。而後三年，天下爲一，諸侯爲臣。用萬乘之國，則舉錯而定，一朝而伯。」（全上、葉十一上）按論語曰：「先王之道斯爲美，小大由之，有所不行，知和而和。不以禮節之，亦不可行也。」（學而章）孟子曰：「人皆有不忍人之心。先王有不忍人心，斯有不忍人之政矣。以不忍人之心，行不忍人之政，治天下，可運之掌上。」（公孫丑章）而荀子法後王，似與孔孟不同。然孔子主大一統，與荀子調一之旨合。則殊途同歸，未爲牴牾矣。李斯者，楚人也，嘗從荀子遊。（史記卷七十四孟子荀卿列傳）學帝王之術，學已成，度楚王不足事，而六國皆弱，無可爲建功者，欲西入秦，辭於荀子曰：「斯聞得時無怠。今萬乘方爭時，游者主事。今秦王欲吞天下，稱帝而治，此布衣馳騖之時，而游說者之秋也。」因入秦。說秦王曰：「夫以秦之彊，大王之賢，由竈上騷除，足以滅諸侯，成帝業，爲天下一統，此萬世之一時也。」秦王悅，拜爲長史。（史記卷八十七李斯傳）後爲丞相，治民三十餘年，攻滅六國，建皇帝之號，置郡縣，改官制，一法度、衡、石、丈、尺，車同軌，書同文字，荀子大儒之效，於斯徵見。始皇崩，趙高用事，下李斯獄，斯從獄中上書曰：「臣爲丞相，治民三十餘年矣。逮秦地之陝隘，先王之時，秦地不過千里，兵數

十萬，臣盡薄材，謹奉法令，陰行謀臣，資之金玉，使游說諸侯，陰修甲兵，飾政教，官鬬士，尊功臣，盛其爵祿，故終以脅韓弱魏，破燕趙，夷齊楚，卒兼六國，虜其王，立秦為天子；罪一矣。地非不廣，又北逐胡貉，南定百越，以見秦之彊；罪二矣。尊大臣，盛其爵位，以固其親；罪三矣。立社稷，修宗廟，以明之賢；罪四矣。更剋畫平斗斛度量文章，布之天下，以樹之名；罪五矣。治馳道，興游觀，以見主之得意；罪六矣。緩刑罰，薄賦斂，以遂主得衆之心，萬民戴主，死而不忘；罪七矣。」（史記卷八十七李斯傳）斯所自罪，實隱然陳功績，冀以悟上。其所施政，如同一律度量衡，與仲尼之學合。（晉書卷五十一摯虞傳云：「唐虞之制，同律度量衡；仲尼之制，謹權審度。」書舜典云：「協時月正日，同律度量衡。」周禮秋官司寇大行人云：「同度量。」禮月令云：「日夜分，則同度量，平權衡，正鈞石，角斗甬。」）且高祖之并天下，行反間，樹有功，緩刑制，皆師斯故技。既正位，百官制度，一本於秦。築未央，逐匈奴，亦秦舊法。秦營驪山，而漢建長陵諸陵；秦聚天下豪傑，居之關中，漢盡收六國之後十餘萬戶，處之畿輔。始皇焚諸經，孝武罷百家；始皇巡天下，刻石頌功德，孝武登泰山，行封禪。然則秦漢為政，類同者衆矣，未必漢崇儒而秦尚法也。德氏乃謂儒學始行於漢，豈篤論哉？

丁　漢初大臣有權

德氏論漢初政治曰：

"The accession of Kao-tsu marks the victory of Confucian conceptin that the imperial authority is limited, should be exercised for the benefit of the people, and should be founded upon justice, over the legalistic conception of authority and absolute sovereignty." p. 15.

"The Han rulers also recognized the principle that the empire belonged, not to Kao-tsu alone, but also to his fellowers and associates, for they had helped him to conquer it." p. 17.

"This custom, that the ruler acts at the suggestion of his important subordinates, was a real and often effective limitation upon the imperial power." p. 16.

"He [Hsiao Ho] nominated Kao-tsu's great fighter, T'sao T'san, as his sucessor, thus emphasizing the tradition since the empire had been conquered by Kao-tsu's personal followers, it should be ruled by them." p. 168.

謂漢初大臣有重權，天子不甚專裁；固當。然遂謂爲儒學之影響，則殊未必。今考漢初諸臣，唯張良五世相韓，出身最貴。（漢書卷四十本傳）其次則張蒼，秦御史。（漢書卷四十二本傳）叔孫通，秦博士。（漢書卷四十三本傳）次則吳芮，秦番陽令。（漢書卷三十四本傳）蕭何，沛主吏掾。（漢書卷三十九本傳）曹參，獄掾。（漢書卷三十九本傳）任敖，獄吏。（漢書卷四十二本傳）周苛，泗水卒史。（漢書卷四十二周昌傳）周緤，沛舍人。（漢書卷四十一本傳）酈食其，里監門。（漢書卷四十三本傳）夏侯嬰，沛廄司御。（漢書卷四十一本傳）申屠嘉，材官。（漢書卷四十二本傳）傅寬，魏騎將。（漢書卷四十一本傳）其餘陸賈、（漢書卷四十三本傳）王陵、（漢書卷四十本傳）陳平、（漢書卷四十本傳）靳歙、（漢書卷四十一本傳）酈商、（漢書卷四十一本傳）盧綰、（漢書卷三十四本傳）皆白徒。灌嬰，睢陽販繒者。（漢書卷四十一本傳）樊噲，以屠狗爲事。（漢書卷四十一本傳）韓信，家貧無行，不能治生，常從寄食。（漢書卷三十四本傳）黥布、彭越爲羣盜。（漢書卷三十四黥布傳、彭越傳）周勃，織薄曲爲生，常吹簫給喪事。（漢書卷四十本傳）婁敬，輓輅爲業。（漢書卷四十三本傳）咸遭興風會，位躋將相。蓋高祖本亡賴，以布衣得天下，其所結納，類皆白身；氣運然也。高祖微時，諸將皆與爲編戶民，迫北面爲臣，心常鞅鞅。（漢書卷一下高紀）故高祖六年，春正月，已大封功臣二十餘人，其餘爭功未行封，帝居南宮，從復道見諸將耦語，以問張良。良曰：「陛下與此屬共取天下，今已爲天子，而所封皆故人所愛，所誅皆平生仇怨。今軍吏計功，以天下爲不足偏封，而恐以過失及誅，故相聚謀反耳。」（漢書卷一下高紀）帝懼，封素所惡者一人，以安之。叔孫通定朝儀，正君臣之位。帝歎曰：「今日知爲天子之貴也。」則當朝儀未定，羣臣飲酒無時可知。（漢書卷四十三叔孫通傳云：「高祖悉去秦儀法爲簡易，羣臣飲爭功，醉，或妄呼，拔劍擊柱；上患之」。）然則帝之寬容諸臣，推誠相與，誠以同出細微，故倚相好，初與儒家無涉也。故漢興二十餘年，天下初定，公卿皆軍吏。（漢書卷四十任敖傳）高祖崩，孝惠仁弱，高后女主，皆加優容。及后崩，諸將倚元勛，懼不自保，乃曰：「高帝與呂后共定天下，劉氏所立九王，呂氏所立三王，皆大臣之議，事以布告諸侯，諸侯以爲宜。」（漢書卷三呂后本紀）其誅戮諸呂，迎立代王，亦緣心懷恐懼，內不自安。（漢書卷四十周勃傳）雖著定策之功，終顯專擅之迹。故文帝即位，周勃幾不免。景帝時，周亞夫平六國，有大功，然不得其死。蓋諸臣專制，帝不能堪，故加譴抑。繼之郡國驕恣，則有削地之議，推恩之令。統一增強，天子權集，大勢所趨，理有宜然；初與儒學乎何有？

戊　文景之治

德氏論文景之治云：

"Thus the people secured a rest, the population could increase and the country became prosperous." p. 168.

"The decay and fall of the dynasty was eventually produced by this deterioration. Emperor Ching indulged his petty personal feelings, allowing his likes and dislikes to guide him in his choice and treatment of ministers. He showed in practice an acute distaste for frank admonitions, and allowed palace intrigues to influence the government." p. 297.

其言殊當。然文景儉約，萬世所稱，政尚無爲，亦一代大事，未宜過略。按漢興，踵秦之弊，丈夫從軍旅，老弱轉糧饟。作業劇而財匱。（史記卷三十平準書）故曲逆戶口，秦時三萬，兵起亡匿，祇餘六一。（漢書卷四十陳平傳）其餘大城名都，民人散亡，戶口之數，裁什二三。（漢書卷十六高惠高后孝文功臣表）方楚漢相殘，歲大饑，米石五千，人相食，死者過半。高祖令民得賣子，就食蜀漢。（漢書卷一下高紀，卷二十四上食貨志）天下既定，民亡蓋藏，自天子不能具醇駟，而將相或乘牛車。（漢書卷二十四上食貨志）海內初離戰國之苦，君臣俱欲休息乎無爲。（史記卷九呂太后本紀贊）是以孝惠拱手，高后女主，制政不出房闥，天下晏然，刑罰罕用。民務稼穡，（漢書卷三高后本紀贊）輕田租，什五稅一，量吏祿，度官用，以賦于民。（漢書卷二十四上食貨志）孝文即位，躬修玄默。勸趣農桑，減租稅賦，而將相皆舊功臣，少文多質，務在寬厚。（漢書卷二十三刑法志）減省苛刑，與民更始。（仝上）在位二十三年，宮室、苑囿、車騎、服御，無所增益。有不便，輒以利民。嘗欲作露臺，召匠計之，直百金，帝曰：「百金，中人十家之產也，吾奉先帝宮室，常恐羞之，何以臺爲？」身衣弋綈，所幸愼夫人，衣不曳地，帷帳無文繡，以示敦朴，爲天下先。治霸陵，皆瓦器，不得以金銀銅錫爲飾，因其山，不起墳。斷獄四百，幾致刑措。（漢書卷四文紀贊）更下詔賜民十二年租稅之半。明年，遂除民田之租稅。（漢書卷二十四上食貨志）孝景遵業，二年，令民半出田租，三十而稅一。（漢書卷二十四上食貨志）値國家無事，非遇水旱，則民人給家足。都鄙倉庾盡滿，而府庫餘財，京師錢累萬，貫朽不可校。太倉之粟，陳陳相因，充溢露積於外，腐敗不可食。衆庶街巷有馬，阡陌之間成羣，乘牸牝者，擯而不得會聚。守閭閻者食粱肉，爲吏者長子孫，居官者以爲姓號。（史記卷二十五律書，漢書卷二十四上食貨志，卷六十四貨殖之傳）五六十年間，至於移風易俗，黎民醇厚。此則無為政治之極效也。考之紀傳：陳平少時，好治黃帝老子之術。（漢書卷四十本傳）曹參為齊相，聞膠西蓋公善治黃老，使人厚幣請之。既見蓋公，蓋公為言治道貴清靜，而民自定。推此類具言之。參於是避正堂，舍蓋公焉。其治要用黃老術，故相齊九年，齊國安集，大稱賢相。蕭何薨，參代為相國。舉事無所變更，壹遵何之約束。擇郡國吏長大訥於文辭謹厚長者，即召除丞相史，吏言文刻深欲務聲名者，斥去之。（漢書卷三十九本傳）文帝時，田叔學黃老術於樂鉅公。（全上卷三十七本傳）鄭當時亦好之。（全上卷五十本傳）景帝時，竇太后好黃帝老子言。帝在濟邸，與諸竇皆讀其書，尊其術。（漢書卷四十九外戚世家）竇嬰、田蚡、趙綰等務隆推儒術，貶道家，是以竇太后滋不悅。（全上卷五十二田蚡傳）王生者，善為黃老言，嘗召居廷中，公卿盡會立。（全上卷五十張釋之傳）孝武時，汲黯學黃老言，為東海太守，治官民，好清靜，擇丞史任之，責大指而已，不細苛。黯多病，臥閨閤內不出，歲餘，東海大治稱之。（全上卷五十本傳）楊王孫亦學黃老之術。（全上卷六十一楊王孫傳）孝元為太子，好儒，請稍減文法吏，而孝宣謂漢家法度，以霸王道雜治，不聽。（全上卷九元紀）蓋漢初君臣，咸尊黃老，清靜休養，國以富強。孝武新其陰害，乃得馳騁方外，鞭笞四夷。（全上卷六十四賈捐之傳）此亦讀史者所應及，德氏略之，何哉？

己　呂后之政（附）

呂后以女主君天下，論史者多貶之。實則呂后特專權多嫉，未為大惡；甌北之論當矣。（趙翼廿二史劄記、四部備要本、卷三、呂武不當並稱，葉四上至九下）德氏未論，今補述之。后有幹材，佐高祖定天下。及後誅韓信，殺彭越，皆后計。（漢書卷三十四盧綰傳）高祖大漸，后問安危計。高祖曰：「蕭相國既盡，曹參可代。」問其次，曰：「王陵可。然少戇；陳平可助之。陳平智有餘，然難獨任；周勃重厚少文，然安劉氏者，必勃也；可令為太尉。」（漢書卷一下高紀）帝崩，孝惠二年，秋七月，蕭何薨，以曹參代為相國。六年、十月，以王陵為右丞相，陳平為左丞相，周勃為太尉。是呂后所用諸大臣，皆如高祖遺命，其存心社稷可見矣。且高祖在日，議廢太子，周昌強諫，后為跪謝。更就張良請計，計行，太子得不廢。則母子之間又可見。孝惠崩，后始以呂祿為上將軍，居北軍，呂產為相國，居南軍。又戒之曰：「高祖與大臣約，非劉氏王者，天下共擊之。今王呂氏，大臣不平。我即崩，恐其為變。必據兵衛宮，慎毋送喪，為人所制。」（漢書卷九十七上外戚傳）是后知諸呂之王，非大臣意，第大權去，則舉族危。與其釋權見誅，不如擅勢自保。且后主朝政，用事諸臣，若王陵、陳平、審食其、任敖、張蒼輩，皆高祖故將，是其居心，務全諸呂；未嘗有篡奪之迹也。高祖八男，后所出唯孝惠；其餘齊悼惠王肥、孝文帝、趙隱王如意、淮南厲王長、趙共王恢、燕靈王建，皆他姬子。高祖崩，后殺趙王如意，以其嘗有寵，幾成奪嫡之禍也。（漢書卷三十八趙隱王如意傳）然文帝封代，則薄太后隨之國。（漢書卷四十周勃傳）淮南厲王母自殺，帝命呂后母之，卒無恙。（漢書卷四十四淮南厲王長傳）齊悼惠王肥入朝，后欲酖之，肥獻城陽郡，奉尊魯元公主為太后，后喜，乃歸故國。（漢書卷三十八齊悼惠王肥傳）則其本心，又可知也。趙共王恢后，呂產女，從官皆諸呂，擅權，王有愛姬，不得親幸，遂自殺。（漢書卷三十八趙共王恢傳）趙幽王友以諸呂女為后，不愛，愛他姬，諸呂怒，讒之於后，遂幽死。（漢書卷三十八趙幽王友傳）燕靈王建早薨，美人有子，太后使人殺之。（漢書卷三十八燕靈王建傳）是諸王之薨，多以婦人，正見后以呂配劉，欲令常相親，共享富貴，非欲誅劉氏，祭私門也。且肥子章，妻呂祿女，入宿衛，侍飲，為酒吏，諸呂有一人亡酒，章追拔劍斬之。由是諸呂忌憚，雖大臣，皆倚章為重。使呂后必欲危劉氏，當正其罪，收殺之；然而不為也。是知后雖專權，王諸呂，未嘗有不軌之心。世乃加之阿詆，予以醜辭，非公論矣。

寅　譯文之部

甲　譯誤

德氏譯文，大抵愜切。間有與原文相出入者，分論之。

（先引原文，次德氏譯，次改正。又本節所引諸家說，除另行註明者外，皆出前漢書補注）。

1　人曰：「嫗子何為見殺？」 The man said, "How did your son come to be killed?" p. 23. 「何」、謂何以，非如何也。應譯為 The man said, "Why did your son come to be killed?"

2　及壯試吏。When he grew up, he took the tests for officials. p. 29. 瀧川龜太郎、史記會注考證高祖本紀（卷八頁五）引史記集解：『應劭曰：「試補吏。」』前漢書補注、先謙曰：『史記「試」下有「為吏」。』1A:13a 應譯作 When he grew up, he tried to be an official.

3　高祖常繇咸陽。Kao-tsu was frequently made to do fatique duty in Hsien-yang. p.30. 劉攽曰：『「常」作「嘗」。』先謙曰：『史記亦作「常」。』1A: 3b. 案：攽說為優。應譯作 Kao-tsu was ever made to do fatique duty in Hsien-yang.

4 高祖乃心獨喜。 Then Kao-tsu privately rejoiced in heart. p. 36.「獨」，謂衆以爲異，高祖獨喜之也。應譯爲 Then Kao-tsu [himself] alone rejoiced in heart.

5 無爲也。"...Do not allow [that to happen]". p. 39. 無爲，言不應然耳，意甚明。應譯爲 Never do that.

6 於是少年豪吏，如蕭、曹、樊噲等，皆爲收沛子弟。 Because of this [fact] all the younger braves, like Hsiao [Ho], T'sao [T'san], Fan K'uai, and others, gathered together the youths of P'ei [for Kao-tsu] p.41. 於是，乃轉辭，譯文語氣過重。應譯 Thus….

7 雍齒雅不欲屬沛公。 Yung Ch'ih had not previously wanted to be subordinate to the Lord of P'ei. p. 43. 雅，甚也。應譯爲 ...had definitely not wanted….

8 以爲楚地不足憂。 He thought that the troops in the region of Ch'u were not worth serious attention. p. 47. 憂，慮也。應譯爲 ...not worthy [serious] anxiety.

9 獨羽… 奮勢願與沛公西入關。 [Hsiang] Yü alone ... was seething with energy and wanted to go west and enter through the pass with the Lord of P'ei. p. 47. 勢，謂氣勢也。應譯爲 ...was seething with prowess….

10 吾視沛公大度。" ... As I see it, the Lord of P'ei has the greatest plans [of them all]." p. 50. 大度，言氣度不凡也，非謂多心計也。應譯爲 "...As I see it, the Lord of P'ei has the broadest mind [of them all]."

11 今足下留守宛。"...[But] at present your honor is held [here] by the defenders of Yüan." p. 53. 守，鎮守，謂高祖屯軍於宛，覆險取之也；非謂宛人嚴衛戍，以抗高祖也。應譯爲 "...[But] at present your honor is held [here] to watch [the city of] Yüan."

12 足下前則失咸陽之約，後有彊宛之患。"...If your honor does the former, then you will lose [the benefit] of the covenant concerning Hsien-yang; if you do the latter, you may suffer misfortune because of this strong place, Yüan." p. 53. 前後，謂思前顧後也。應譯爲 "... Looking forward, your honor will lose [the benefit]...; looking backward, you will cause anxiety from this strong [city] of Yüan."

13 爲足下計，莫若約降。"...For your honor

there is no plan as good as that of making a covenant regarding its surrender." p. 53. 計，謂爲足下計利害，莫若約宛人衆城降也。當譯爲 "...For your sake, there is no way so good as that...."

14 酈生不拜，長揖。Master Li did not prostrate himself, [but] made a deep bow. p. 51. 師古曰：「長揖者，手自上而極下。」1A: 15b. 應譯爲 Master Li did not prostrate himself, [but] lowered down his hands to the utmost extent.

15 誹謗者族。"...Those who spoke ill or criticized [the government] have been cruelly executed with their relatives...." p. 58. 族，與夷三族異，謂舉其家盡殺之耳。應譯爲 "...executed with their families...."

16 非信，無可與計事者。"...Except for [Han] Hsin, there is no one else who can plan for you." p. 69. 計事，謂高祖與韓信共計議耳，非謂信一人能爲高祖定大計也。應譯爲 "...Except for [Han] Hsin, there is no one else with whom you can discuss matters."

17 時良徇韓地。At that time, Chang Liang was traveling about the regions of Han. p. 72. 蘇林曰：「徇，音巡撫其民人也。」孟康曰：「徇，略也。」師古曰：「孟說是。」1A: 30a. 按：其時良爲高祖收韓地，孟說爲優。應譯爲 ... Chang Liang was subduing the regions of Han.

18 以告之諸侯，爲此東伐。... In order to announce [your purpose], and the nobles will for this reason march eastwards to chastise [Hsiang] Yü, p. 76. 劉攽曰：「此告之「之」字衍。」1A: 31b. 應譯爲 In order to announce [your purpose] to the feudal lords [and explain to them] for which reason you march eastwards to chastise [Hsiang Yü].

19 大戰彭城靈壁東，睢水上，大破漢軍。... and fought a great battle at P'eng-ch'eng and east of Ling-pi. On the Sui River he completely routed the army of Han. pp. 78–79. 按：睢水上當連上讀，項羽傳可證。應譯爲 and fought a great battle, routed completely the army of Han at P'eng-ch'eng, east of Ling-pi and on the Sui River.

20 漢王往從之。The King of Han went to him. p. 80. 王念孫曰：『「往」字後人所加。景祐本無，史記

高祖紀亦無「」。1A: 33b. 應譯爲 "The King of Han followed him."

21　雍州定，八十餘縣 … and the province of Yung was subjugated. some eighty odd prefectures. p. 81. 齊召南曰：「蓋因廢丘降，總言之。」1A: 34b. 應譯爲 … and the province of Yung was subjugated, some eighty odd prefectures [altogether].

22　以時祠之 "…At the [proper] time to sacrifice [regularly] to them." p.82. 以時祠之，謂祀其時，行祀典也，譯文迂複。應改爲 "…to sacrifice to them at proper time."

23　不勝。… did not defeat them. p.83. 不勝，猶言無功耳。應譯爲 … without success.

24　以魏地萬戶封生 "…I will apponit you, Master [Li, with the income of] ten thousand families in Wei." p. 82. 封，畀其地予之，以爲采邑也。應譯爲 "…I will enfeoff you, Master [Li], with [the income of] ten thousand families in Wei."

25　漢與楚相距數歲。"…Han and Ch'u have opposed each other at Jung-yang for several years…." p. 85. 史記會注考證高祖本紀（卷八頁五十二）引梁玉繩曰：「漢以二年五月屯滎陽，三年五月出滎陽，連閏計之，首尾纔十四月，何言數歲乎？當作歲餘爲是。上文因有歲餘之語也。」應譯爲 "… Han and Ch'u have opposed each other at Jung-yang more than one year…."

26　臨河南，鄉軍小脩武。… He approached the [Yellow] River, and going southwards, he encamped at Hsiao-hsiu-wu, intending to engage in battle again. p. 87. 錢大昕曰：『鄉當讀爲饗。漢紀作「王饗師河南。」』先謙曰：「錢說是也。」1A: 37a. 應譯爲 …He approached south of the [Yellow] River, giving a feast for his armies at Hsiao-hsiu-wu.

27　張良彊請漢王起行勞軍。… [But] Chang Liang strongly begged the King of Han to arise, go about among the army and allay [their disquietude.] p. 91. 彊，勉強也。應譯爲 [But] Chang Liang urged the King….

28　與齊王信、魏相國越，期會擊楚，至固陵不會。He had arranged for a meeting with the King of Ch'i, [Han] Hsin, and with the Chancellor of State in Wei,

[P'êng] Yüeh. to attack Ch'u; but even when he reached Ku-ling, they did not meet him. p. 95. 按：會，猶會戰也，會諸侯兵，共擊楚也。高紀下文云：「諸侯兵不從，奈何？」韓信傳云：「西與大王會於滎陽」，是其證。應譯爲 He had arranged [a meeting] with the King of Ch'i, [Han] Hsin, and with the Chancellor of the State in Wei, [P'êng] Yüeh, [with their troops], expecting to make a joint attack upon Ch'u; [but even] when... .

29　於是諸侯王及太尉長安侯臣綰等三百人，與博士稷嗣君叔孫通，謹擇良日。Thereupon the vassal kings and "your servants, the Grand Commandant and Marquis of Ch'ang-an, [Lu] Wan, and others, [altogether] three hundred persons, together with the Erudit and the Chi-szu Baronet Shu-sun T'ung, carefully selected a favorable day." p. 102. 引號（"　"）及 "your servants" 應除去。

30　背公立利，守尉長吏教訓甚不善。"...For a [Commandery] Administrator, a [Commandery] Commandant, or a Chief Official to act contrary to public interests and for the interests of private persons is a kind of teaching and instruction that is extremely bad." pp. 105–106. 詳本句意，謂郡尉令長，背公立利，爲政不平，所施教訓甚不善也。意甚顯。譯文不甚切合。應譯作 ... [Thus they are acting] contrary to public interests and for the benefits of private persons, [and what] a [Commandery] Administrator, a [Commandery] Commandant, or a Chief Official teaches and instructs is utterly bad...."

31　稱吾意。"...[in order to] conform to my wishes." p. 106. 師古曰：「稱，副也。」1B:5b. 應譯爲 "...[in order to] accord my wishes."

32　「夫」運籌帷幄之中 p. 106. 「夫」齊 p. 111. 「夫」農，天下之本也 p. 242. 「夫」以朕之不德 p. 258. 「夫」度田 p. 261. 「夫」四竟之外 p. 203. 「夫」吏者 p. 324.: 諸「夫」字皆譯作 "now" 似不若 "as to" 於義爲切。

32　初，田橫歸彭越。Originally T'ien Hêng had gone over to P'êng Yüeh. p. 107. 初，謂前者耳，或作發語辭。應譯爲 ...Previously....

33　上壯其節，爲流涕。The Emperor admired his faithfulness and wept for him. p. 108. 壯，意壯也，故爲流涕。無嘉歎之意。應譯作 The Emperor was moved by his faithfulness [and] wept for him.

34 上令周昌選趙壯士。The Emperor ordered Chou Ch'ang to select some of the valiant gentlemen of Chao. p. 126. 壯士，謂趙之壯健者耳。非士人之士。應譯作 The Emperor ordered Chou Ch'ang to select some of the valiant men of Chao.

35 馬邑不下，攻殘之。.. [But] Ma-yi would not submit, [so] he attacked and massacred its [people.] p. 128. 師古曰：「殘，謂多所殺戮也。」1B: 16. 應譯作...[so] he attacked and massacred a great number of its people.

36 羣臣請…。His subjects [the kings and chancellors] begged that... p. 135. 羣臣，猶言百僚也，蓋統舉之辭。應譯爲 His officials begged that... .

37 然安劉氏者，必勃也。"...Yet the one who will assure the peace of the house of Liu must be [Chou] P'o." p. 143. 安，謂扶危靖亂也。應譯爲 "...Yet the one who will stabilize the house of Liu [from danger] must be [Chou] P'o.

38 誠如是。"...If [the situation] is really like this, ... p. 144. 誠如是，謂呂后誠誅戮大將，則社稷必傾耳。應譯爲 "... If [she] really does [execute the generals], ..."

39 必連兵聚衆，以攻關中。"... They will certainly turn about face their troops in order to attack Kuan-chung." p. 145. 師古曰：「鄉，或爲嚮。嚮，猶言反嚮，內猜也。」1B: 24a. 應譯爲 ..."They will certainly unite their troops, turn against [the Dynasty], and attack Kuan-chung."

40 功最高。His achievements were very great. p. 145. 功最高，謂高祖之功，最爲崇績，無可比者。應譯爲 His achievements were the greatest.

41 命蕭何定律令。...He commanded Hsiao Ho to set in order the [criminal] laws and orders..., p.146. 令，乃法令之令，非通稱命令之令也。應譯爲 He commanded Hsiao Ho to set in order the [criminal] laws and ordiances.

42 北遷日淺，墳墓在豐鮮焉。The period since his moving [to Feng] had been brief, [for] there are few mounds or graves [of the Family] at Feng. . 149. 非本句意，謂其徙遷之日淺，故在豐墳墓甚鮮耳。非謂在豐墳墓鮮，乃知其徙遷之未久也。應譯爲 The period...brief,

[thus] there are few mounds or graves [of the family] at Feng.

43 德祚已盛。"... Its virtues and the happiness recompensing it are already great." p. 150. 祚，訓福，壽，年，位，譯文近之，然不密合。應譯爲... Its virtues [and the] fortune [recompensing it] are already great.

44 高祖初爲漢王。...Kao-tsu first became King of Han. p. 173. 始，方也，甫也。應譯爲 Kao-tsu just became King of Han.

45 中郎，郎中。The Gentleman-of-the-Household and the Gentlemen-of-the-Palace. p. 174. 次序譯倒。應譯爲 The Gentleman-of-the-Palace and the Gentlemen-of-the-Household.

46 執楯，執戟。Guards, spear-bearers, p. 174. 執楯，執戟，雖同爲宮衞，然所持兵器異，不應獨以執楯當衞卒。應譯爲 Shield-bearers, spear-bearers.

47 三十日罷 p. 181, 三十日罷 p. 183, 皆譯作 "In thirty days." 按三十日罷，謂徭役期滿。始罷之也，當譯爲 "After thirty days."

48 迺立。... Moreover she established ... p.192. 迺，猶言於是也，遂也，非訓且也。當譯爲 Thereupon she established....

49 帝令謁者持節勞章。...The Emperor ordered an Internuncio bearing a credential, to congratulate [Liu] Chang. p. 208. 師古曰：「慰勉之。」3:7b. 當譯作 The Emperor ordered an Internuncio, bearing a credential, to comfort and thank [Liu] Chang.

50 民務稼穡。... The people were busy in sowing and havesting. p.210. 務，謂專心爲之，不圖他事也。當譯爲 The people minded [nothing but] sowing and havesting.

51 多謀詐。"...and [use] many stratagems and deceits." p. 22?. 多，謂富有，非謂善用謀詐權變也。當譯爲 "and [possess] many strategems and deceits...."

52 是重吾不德也。"... to speak of appointing my Heir-apparent beforehand is to double my lack of virtue." p. 234. 師古曰：「重，謂增益也。」4:6a. 當譯作 "...is to aggravate my lack of virtue." 又 p. 258「是重吾不德也，」同。

53 其安之。Be satisfied [with the present situation.] p.234. 師古曰：「安，猶徐也。言不宜遽遽耳。」

4:6a. 當譯爲 Let it be discussed later.

54 孝悌，天下之大順也。"The Filially Pious and the Fraternally Respectful are the most advantageous [persons] in the world...," p. 253. 順，順從也。當譯爲 "The Filially Pious and the Fraternally Respectful are the most obedient [persons] in the world."

55 以全天下元元之民 "...in order to conserve the good people of the world." p. 264. 師古曰：「元元，善意也。」4:17b. 當譯爲 "...in order to conserve the good-willed-people of the empire."

56 惟年之久長，懼于不終。"In truth, as the years have lengthened out, [We] have been afraid of coming to a bad end." p. 268. "In truth" 原文無之，當作 [In truth]。

57 然後祖宗之功德。"... Then only the glory and virtue of the founder and examplar will be exhibited. ..." p. 307. 然後，謂必如是，祖宗之功德始顯也。當譯作 "... By which way the glory and virtue of the founder and examplar will thus be exhibited...."

58 朕甚憐之。"...(We pity them greatly.) p. 323. 朕甚憐之，乃詔中語，當作 "...We pity them greatly."

59 姦法爲暴，甚亡謂也。"...They violate the laws and act tyrranously. That is utterly unspeakable." p. 323. 詳其語氣，兩句應緩連，未宜斷。當作 "... That they violate the laws and act tyrranously is utterly unspeskable."

60 輒讞之。... [the case] should be specially referred to a superior." p. 323. 輒，謂以此爲常也，爲常法也。當作 ... [Let the rule be established that the case should be] regularly referred to a supeior."

61 改諸官名。...He changed the names of the officiers. p. 323. 官名，謂官號耳，當作 [the Emperor] changed the titles of some officiers.

62 奉憲 "... using the sanction of the law." p. 325. 奉憲失中，謂酷吏左右法令，背公主私，失平準耳。當譯作 "... makeing use of the constitutional [power bestowed to them]."

乙 譯述

德氏譯文，有掛漏未盡原意者，編舉之。

1 沛中子弟或聞之，多欲附者矣。When some of

the young men in P'ei heard of it, many wanted to attach themselves to him. p. 37.「矣」，此處非虛辭，遺譯。... and *from this time onwards*, many wanted to attach...;

2　降枳道旁。...surrended beside Chih-tao. p. 56. 蘇林曰：「枳道，亭名也。」師古曰：「亭在霸城觀西四里。」1A: 19b. ...surrended beside Chih-tao [*Pavilion*].

3　悉發關中兵。 We have sent forth the troops of Kuan-chung. p. 77.「悉」，遺譯。 We have sent forth *all* the troops of Kuan-chung.

4　復大振。... he became powerful again. p. 87.「大」，遺譯。he became *greatly* powerful again.

5　軍吏卒會赦其亡罪。"...as to the officers and soldiers in the army who have been pardoned ...." p. 104.「會」，失譯。"...as to the officials and soldiers in the army who have *previously* been pardoned...."

6　非七大夫以下。"...all those below [the noble rank of] Seventh [Rank] Grandee. p. 104.「非」，遺譯。"...all those who are *not*, and below...."

7　將軍劉賈，數有大功，及擇寬惠脩絜者，王齊荊地。"General Liu Chia has several times performed great deeds; select him and some other persons who are large-hearted and kind and pure, to rule over regions in Ch'i and Ching." p. 112.「及」，失譯。"...*and* select him and other persons...."

8　是何治宮室過度也。"...why are you building these palaces and halls beyond measure?" p. 118.「也」，失譯。"*thus* why...."

9　且夫天子。"...Moreover the Son of Heaven...." p. 118.「夫」，失譯。"... Moreover *as to* the Son of Heaven, He...."

10　令諸侯王，通侯，常以十月朝獻。"... Henceforth vassal kings and marquises shall regularly pay court and make offerings to [Us, the Emperor,] in the tenth month ...." p. 130.「令」，失譯。"... [The Emperor] *ordered* that...."

11　吾特以其為雍齒故。"...But I [cannot exempt it] because it formerly revolted against me for the sake of Yung Chih..." p. 138.「特」，遺譯。"...I *specially* [can not exempt it]...."

12　因各敕以職任。"...Let everyone be therefore

diligent in his office and duties." p. 241.「敕」，道譯"... Let everyone be therefore *ordered* to be diligent in his office and duties."

13 朕既不能遠德，故懰然念外人之有非。"...Since We are unable to [spread the influence of Our] virtue to distant [regions], with anxiety [We] reflect on the iniquitous conduct of foreigners...." p. 242.「故」，未譯。"...Since... [regions], *therefore* with anxiety ...."

14 三老，衆民之師也。"...The *San-lao* are the teachers of the people..." p. 254.「衆」，未譯。"...are the teachers of the *common* people...."

15 世功莫大於高皇帝。"In achievements, no one has been greater than Emperor Kao-[tsu] ..." p. 308.「世」，未譯。"In *worldly* achievements...."

16 或地饒廣薦草莽。"... [whereas] in other [commanderies and kingdoms] there are fertile and broad regions abundant in tall grass. ..."p. 309.「薦」，未譯。周壽昌曰：『趙充國傳：「今虜亡其美地薦草。」唐書契苾何力傳：「逐薦草美水以爲生。」此言草莽之薦，水泉之利，古人變文以對舉也。』5:2b-3a. "...abundant in tall and *profitable* grass. ..."

17 改諸官名。He changed the names of the officials. p. 323.「諸」，未譯。[The Emperor] changed the titles of *some* officials.

丙　譯文從注

德氏爲書，以先謙補注爲本；故其譯文，多採諸家舊訓，且十九齊明所自出，法至善也。但亦有採用前人成說，而未注明出處者，茲擇舉之於下。

1 母媼，嘗息大澤之陂。師古曰：「蓄水曰陂。蓋於澤陂隄塘之上，休息而寢寐也。」1A:2a. One day the old dame, his mother, was resting upon the dyke of a large pond.... p. 28.

2 已而有娠。先謙曰：「史記正作有身。」1A:2b. After that she was with child. ... p. 29.

3 高祖爲人，隆準而龍顏。應劭曰：「隆，高也。準，頰權準也。顏，額顙也...。」沈欽韓曰：『齊語韋注：「顏，眉目之間。」沈彤釋骨云：顏在髮際前者曰額，顙亦曰額。額之中曰顏，曰庭。眉目間本通曰顏。』1A:2b 3a. Kao tsu was a man with a prominent nose and a dragon forehead. p. 29.

4 謁入。史記會注考證高祖本紀（卷八頁八）引何休曰：「 、謁以札書姓名。若今之通刺，而兼載錢數也。」 when his card was sent in .... p. 31.

5 沛公左司馬，得，殺之。王鳴盛曰：「史記得下有泗川守壯四字。則得者，得其人殺之；非人名。」 1A:10b–11a. The Lord of P'ei's Junior Major captured and killed him. p. 43.

6 其父呂青爲令尹。臣瓚曰：「諸侯之卿，唯楚稱令尹；其餘國稱相。時立楚之後，故置官司，皆如楚舊也。」 1A:13b. ... his father, Lü Ch'ing, was made Chief Chancellor. p. 47.

7 沛公攻破東郡尉於成武。孟康曰：「尉，郡都尉也。」師古曰：「本謂之郡尉。至景帝時，乃改曰都尉。」 1A:14b. The Lord of P'ei attacked and routed [the troops of] the Military Governor of the Tung Commandery at Ch'eng-wu. p. 49.

8 食其說沛公襲陳留。臣瓚曰：「輕行無鍾鼓曰襲。」 1A:15b. [Li] Yi-chi advised the Lord of P'ei to make a surprise attack upon [the city of] Ch'en-liu. p. 51.

9 瑕丘申陽下河南。服虔曰：「瑕丘，縣名。申姓，陽名也。」 1A:18a. Shen Yang of Hsia-ch'iu subjugated [the region] south of the [Yellow] River. p. 54.

10 亞父范增說羽曰。如淳曰：「亞，次也。尊敬之，次父。猶管仲爲仲父。」 1A:21a. His Second father, Fan Tseng, advised [Hsiang] Yü, saying .... p. 60.

11 毋特俱死。蘇林曰：「特，但也。」師古曰：「蘇說是也。但，空也。空死而無成名。」 1A:21b. ... and not merely to die with [the Lord of P'ei]. p. 61.

12 從杜南入蝕中。李奇曰：「蝕音力，在杜南。」如淳曰：「蝕，入漢中道川谷名。」 1A:28a. From Tu he went south and entered [the gorge of] Li. p. 68.

13 袒而大哭三日。師古曰：「袒，謂脫衣之袖也。」 1A:31b. ... he uncovered his arm and wailed loudly; [the whole army] mourned and lamented for three days. p. 76.

14 收三河士。韋昭曰：「河南河東河內也。」 1A:31b. ... and collected warriors from the three Ho [Commanderies]. p. 77.

15 漢王輟飯吐哺。師古曰：「輟，止也。哺，口中所含食也。」 1A:35b. The King of Han stopped eating

and spit out what he had in his mouth. p. 84.

16 漢王跳。如淳曰：「跳音逃，謂走也。史記作逃。」1A:37a. The King of Han fled. p. 87.

17 梟故塞王欣頭櫟陽市。師古曰：「梟，縣首於木上。」1A:39a. He exposed on a post in the market place of Yüeh-yang the head of the former King of Sai. [Szu-ma] Hsin. p. 92.

18 北貉燕人來致梟騎。應劭曰：「北貉，國也。梟，健也。」張晏曰：「梟，勇也。」1A:39b. People of the northern Mo and Yen come [sic.] bringing intreprid cavalry to assist Han. p. 93.

19 不因其幾而遂取之。周壽昌曰：「幾，猶會也。…」1A:40b. If you do not profit by this opportunity and take [the Kingdom of Ch'u.]... . p. 94.

20 從百粵之兵。服虔曰：「非一種，若今言百蠻也。」1B:4a. ... followed by the troops of the many Yüeh. ... p. 102.

21 謂之番君。師古曰：「番，音蒲何反。」1B:4a. ... calling him [merely] the Barnonet of P'o. p. 103.

22 其歸者半之。師古曰：「各已還其本土者，復六歲也。」1B:4b. ... those who have already returned [home are exempted for] half [that period.] p. 104.

23 不書名數。師古曰：「…名數，謂戶籍也。」1B:4b. ... whose names and numbers have not been enregistered. p. 104.

24 及戶勿事。應劭曰：「不輸戶賦也。」如淳曰：「事，謂役使也。」師古曰：「復其身，及一戶之內，皆不徭賦也。…」1B:25a. ... and their households will not be required to do public service. p. 105.

25 行田宅。蘇林曰：「行，音行酒之行：猶付與也。」1B:5b. ... should be given fields and habitations. p. 105.

26 背公立私，守尉長吏教訓甚不善。師古曰：「守，郡守也。尉，郡尉也。長吏，謂縣之令長。」1B:5b. For a [Commandery] Administrator, a [Commandery] Commandant, or a Chief official to act contrary to public interests and for the interests of private persons is a kind of teaching and instruction that is extremely bad. pp. 105–106.

27 且廉問有不如吾詔者。師古曰：「廉，察也。

廉字本作規，其音同耳。」1B:5b. Moreover there will be inspection and examination. ... p. 106.

28 填國家…給餉餽。師古曰：「填與鎮同，鎮，安也。餽，亦餉字。」1B:6b. ... in pacifying a state, ... in supplying pays and provisions ... p. 106.

29 荊王臣信等十人。如淳曰：『「荊亦楚也。」賈逵曰：「秦莊襄王名楚，故改諱荊，遂行於世。」』晉灼曰：『詩曰：「蠻伐荊楚」，自秦之先，故以稱荊也。』師古曰：『晉說是也。左傳又云：「荊尸而舉」，亦已久矣。』1B:7a. "The King of Ching, your servant, [Han] Hsin," and others. ... p. 108.

30 其復以爲諸侯，師古曰：「爲國以封諸侯王。」1B:9b. Let it again become [a state with] a nobility. p. 112.

31 民產子，勿復事二歲。師古曰：「勿事，不役使也。」1B:12b. ... and that people who had sons born to them should be exempted from public service for two years. p. 118.

32 令士卒從軍死者，爲槥。應劭曰：「小棺也。今謂之櫝。」1B:13a. ... [the Emperor] ordered that the officers and soldiers who had died when with the army should be put in provisional coffins. p. 119.

33 不如仲力。服虔曰：「力，勤力也。」1B:13b. "... who was not as industrial as [my brother] Chung. ..." p. 121.

34 吾知與之矣。劉攽曰：「與，猶待也。」劉攽曰：「知與之者，知所以與之之術也。」1B:16a. "Then I know how to deal with them." p. 127.

35 民疾之。師古曰：「諸侯王賦其國中，以爲獻物，又多於郡，故百姓疾苦之。」1B:17a. ... [with the result that] the people suffer from it. p. 130.

36 豈特古之人乎？師古曰：「特，獨也。」1B:17b. ... Why should only men of ancient times [be capable]? p. 130.

37 上乃發…巴蜀材官。應劭曰：「材官，有材力者。」1B:19b. The Emperor thereupon mobilized ... skilled soldiers from Pa and Shu. p. 135.

38 上破布軍于會甀。孟康曰：「音倫保，邑名，屬沛國蘄縣。」蘇林曰：「甀音墜。…」師古曰：「會音工外反，甀音丈瑞反：蘇音是也。」1B:19b. ... the

Emperor routed [the army of Ch'ing] Pu at Kuei-chui. p. 136.

39 上留止張飲三日。張晏曰：「張，帷帳也。」1B:20b. The Emperor stopped and stayed [there], and banqueted them in a tent for three days. p. 138.

40 極不忘耳。師古曰：「極，至也。至念之不忘也。」1B:20. "I could not forget it." p. 138.

41 與館居，去來歸者，赦之。師古曰：「先與館居，今能去之來歸漢者，赦其罪。」1B:21b. "...to those who have been [in revolt] with [Lu] Wan [but] leave and come to return [to their allegiance to me], I will grant pardon." p. 141.

42 同安輯之。師古曰：「輯，與集同。」1B:22b. ... together we have pacified and reunited it. p. 141.

43 必連兵還鄉，以攻關中。師古曰：「鄉讀曰嚮。還嚮，猶言反嚮，內嚮也。」1B:24a. ... they will certainly turn about face with their troops in order to attack Kuan-chung. p. 145.

44 已下。鄭氏曰：「已下棺也。」1B:24b. When [the coffin] had been put in place.... p. 145.

45 撥亂世，反之正。師古曰：「反，還也，還之於正道。」1B:24b. ... he established order in a troubled generation, and turned it back to the right [path.] p. 145.

46 陶唐氏既衰。師古曰：「...許慎說文解字云：「陶，丘再成也，在濟陰。」夏書曰：「東至陶丘。」陶丘有堯城，堯嘗居之，後居於唐，故堯號陶唐氏。」斯得之矣。」1B:25a. "When the T'ao and T'ang family had lost its power, ..." p. 147.

47 中郎。蘇林曰：「中郎，宮中郎也。」2:1a. ... and the gentlemen-of-the-palace..." p. 174.

48 外郎。晉灼曰：「...外郎者，外廷郎也。...」2:1a-b The Gentlemen-outside-the Household. ... p. 174.

49 騶。師古曰：「騶，本廄之御者，後又令騎，因謂騶騎耳。」2:2a. ... and Grooms. ... p. 174.

50 未央宮凌室災。師古曰：「凌室，藏冰之室也。...」2:5b. ... there was a visitation [of fire] in the Ice Chamber of the Wei-yang Palace. p. 182.

51 織室災。師古曰：「主織作繒帛之處。」沈欽韓曰：「織室，在未央宮。又有東西織室，織作文繡郊廟之服。」2:5b. ... there was a visitation [of fire] in the

Weaving Chamber. p. 182.

52 日有食之，既。師古曰：「既，盡也。」2:6a. There was an eclipse of the sun and it was total. p. 185.

53 衣食滋殖。師古曰：「滋，益也；殖，生也。」3:8a. ... and clothing and food multiplied and were abundant. p. 210.

54 大横庚庚。宋祁曰：『江南本注文服虔曰下有「横，謂無思不服。庚，更也。更更，言在諸侯而即帝位也。」二十字。』4:2b. "The 'great transversal' [means] a great change." p. 225.

55 太尉勃進曰：「願請間。」師古曰：「間，容也。猶今言中間也。請容暇之頃，當有所陳；不欲於衆顯論也。他皆類此。」4:3a. The Grand Commandant. [Chou] P'o. advanced and said "I wish to beg for a word in private." p. 226.

56 間者。師古曰：「間者，猶言中間之時也。他皆倣此。」4:4b. In the interval [since the last legitimate ruler], ..., p. 230.

57 或阽於死亡。錢大昭曰：「阽，臨危也。」4:7a. "...and some at the point of death." p. 236.

58 匄以啟告朕。師古曰：「匄音蓋，匄亦乞也。啟，開也。言以過失開告朕躬，是則於朕爲恩惠也。…」4:9a. "... We beg that you will inform and tell Us of it." p. 241.

59 其開籍田。應劭曰：「古者天子耕籍田千畝，爲天下先。籍者，帝王典籍之常也。」4:9b. "... Let the sacred field be opened." p. 242.

60 以給宗廟粢盛。師古曰：「黍稷曰粢，在器曰盛。…」4:10a. "... in order to provide millet and grain offerings for the [imperial] ancestral temples,..." p. 242.

61 是從事焉尚寡。師古曰：「從事，從農事也。」4:14a. "... This [shows that] those who apply themselves to [agriculture] are still too few." p. 253.

62 今匱身從事。晉灼曰：「匱古勸字。」4:14b. "... Now if [anyone] personally follows this pursuit diligently,..." p. 235.

63 傳納以言。師古曰：「傳讀曰敷。敷陳其言而納用之。」4:16a. They set forth in [written] words their ideas for adoption. p. 259.

64 夫度田。師古曰：「度，謂量計之。…」4:16b.

"Now when the fields are measured, ..." p. 261.

65 非能勝識。師古曰：「勝識，盡知之。」5:2a. "... [We] are not able to know everything." p. 307.

66 作陽陵邑。張晏曰：「景帝作壽陵，起邑。…」5:5a. [the Emperor] built the Yang Tomb and the town [of Yang-ling.] p. 315.

67 大行。臣瓚曰：「大行是官名，掌九儀之制，以賓諸侯者。…」5:5b. the Grand Messenger.... p. 317.

68 遣光祿大夫弔襚祠賵。應劭曰：「衣服曰襚。祠，飲食也。車馬曰賵。…」5:6a. ... an Imperial Household Grandee shall be sent to condole, provide graveclothes, sacrifical food, funeral horses and carriages .... p. 318.

69 輒讞之。師古曰：「讞，平議也。」5:7b. "... [the case] shall be specially referred to a superior." p. 323.

70 車騎衣服，宜稱。師古曰：「稱其官也。」5:7b. "... It is proper for their carriages and quadrigae, their clothes and robes to be proportionate [to their station]. ..." p. 324.

71 又惟酷吏奉憲失中。先謙曰：「惟，思也。」5:8b. He moreover reflected that cruel officials, using the sanction of the law might depart from equity. ... p. 325.

丁 「天下」

德氏譯「天下」，有 the empire, the country, the world 之別，今依次議其得失。

1 「天下」同苦秦久矣。作 "the world." p. 39. 按當作 "the country"。

2 秦富十倍「天下」。作 "the world." p. 59. 按當作 "the country"。

3 「天下」已定。作 "the country." pp. 69-70. 按尚妥。

4 吾取「天下」必矣。作 "the empire." p. 80. 按甚妥。

5 「天下」所不容。作 "the world." p. 91. 按甚妥。

6 君王能與共「天下」。作 "the world." p. 95. 按當作 "the empire"。

7 漢王引「天下」兵。作 "the empire." p. 97. 按甚妥。

8 今「天下」事畢，其赦「天下」。譯作 "the

world," p. 99, 按當作 "the empire"。

9 「天下」誅之。……於「天下」功最多。皆作 "the world," p. 100, 按當作 "the empire"。

10 幸以爲便於「天下」之民。作 "the world," p. 101, 按當作 "the empire"。

11 陛下取「天下」。作 "the empire," p. 108, 按甚妥。

12 大赦「天下」。作 "the world," p. 108, 按當作 "the empire"。

13 今「天下」縣邑城。作 "the empire," p. 109, 按甚妥。

14 其赦「天下」。作 "the world," p. 110, 按當作 "the empire"。

15 以「天下」爲不足稱封。作 "the world," p. 113, 按當作 "the empire"。

16 大赦「天下」。作 "the world," p. 129, 按當作 "the empire"。

17 上赦「天下」。作 "the world," p. 136, 按當作 "the empire"。

18 上赦「天下」死罪以下。作 "the world," p. 136, 按當作 "the empire"

19 「天下」不安。作 "the empire," p. 144 按甚妥。

20 大赦「天下」。作 "the world," p. 145, 按當作 "the empire"。

21 不定「天下」。作 "the world," p. 145 按當作 "the country"。

22 赦「天下」。作 "the world," p. 182, 按當作 "the empire"。

23 大赦「天下」。作 "the world," p. 192, 按當作 "the empire"。

24 凡有「天下」。作 "the world," p. 197, 按當作 "the empire"。

25 亂「天下」始。作 "the world," p. 197, 按當作 "the empire"。

26 不可屬「天下」。作 "the empire," p. 198, 按甚妥。

27 與太后爲「天下」計。作 "the world," p. 198, 按當作 "the empire"。

28 赦「天下」。作 "the world," p. 198, 按當作

"the empire"。

29　大赦「天下」。作"the world," p. 201, 按當作"the empire"。

30　開於「天下」。作"the world," p. 229, 按當作"the empire"。

31　雖「天下」諸侯萬民皆以為宜。作"the world," p. 229, 按當作"the empire"。

32　北赦「天下」。作"the world," p. 231, 按當作"the empire"。

33　今縱不能博求「天下」賢聖有德之人。作"the empire," p. 233, 按甚妥。

34　不忘「天下」也。作"the empire," p. 234, 按甚妥。

35　明「天下」之義理多矣。作"the world," p. 234, 按當作"the empire"。

36　「天下」之福也。作"the empire," p. 234, 按甚妥。

37　非所以愛「天下」也。作"the empire," p. 235, 按甚妥。

38　「天下」之大義也。作"the world," p. 235, 按尚妥。

39　因賜「天下」民。作"the empire," p. 2…, 按甚妥。

40　施惠「天下」。作"the world," p. 241, 按當作"the empire"

41　「天下」治亂，在于一人。作"the world," p. 241, 按當作"the empire"。

42　古之治「天下」。作"the world," p. 243, 按當作"the empire"。

43　農，「天下」之大本也。作"the world," p. 245, 按當作"the country"。

44　其賜「天下」民。作 the empire," p. 246 按甚妥。

45　秋「天下」。作"the world," p. 250, 按當作"the empire"。

46　朕親率「天下」農。作"the world," p. 253, 按當作"the empire"。

47　孝悌，「天下」之大順也。作"the world," p. 253, 按當作"the empire"。

48　朕親率「天下」農。作"the world" p. 255,

按當作 "the empire"。

49 農，「天下」之本。作 "the world," p. 255, 按當作 "the country"。又 p. 331「農，天下大本也，」同。

50 敎「天下」。作 "the world," p. 258, 按當作 "the empire"。

51 令「天下」大酺。作 "the empire," p. 260, 按甚合。

52 以全「天下」元元之民。作 "the world," p. 264, 按當作 "the empire"。

53 勸勞「天下」。作 "the world," p. 264, 按當作 "the empire"。

54 赦「天下」。作 "the world," p. 265, 按當作 "the empire"。

55 蓋「天下」萬物之始。作 "the world," p. 267, 按尙妥。

56 謂「天下」何？…託於「天下」君王之上。皆作 "the world," p. 267, 按當作 "the empire"。

57 布告「天下」。作 "the world," p. 270, 按當作 "the empire"。

58 爲「天下」先。作 "the world," p. 273, 按當作 "the country"。

59 請宣布「天下」，作 "the world," p. 309, 按當作 "the empire"。

60 赦「天下」。作 "the empire," p. 310, 按甚合。

61 大赦「天下」。作 "the empire," p. 314, 按甚合。

62 赦「天下」。作 "the world," p. 315, 按當作 "the empire"。

63 赦「天下」。作 "the world," p. 317, 按當作 "the empire"。

64 赦「天下」。作 "the world," p. 322, 按當作 "the empire"。

65 赦「天下」，作 "the empire," p. 326, 按甚妥，

66 布告「天下」。作 "the empire" p. 329, 按甚妥。

戊 「諸侯」

「諸侯」、「列侯」、「諸侯王」，亦有異譯，依次論之。

1 「諸侯」並起。作 "the nobles," p. 39, 按應作 "the feudal lords"。

2　且吾所以軍霸上，待「諸侯」至，而定要束耳。作"the nobles," p.59, 按應作"the feudal lords"。

3　「諸侯」罷戲下，各就國。作"the nobles," p. 67, 按應作"the feudal lords"。

4　漢王以故得劫五「諸侯」兵。作"the nobles," p. 77, 按應作"the feudal lords"。

5　而複劫「諸侯」兵。作"the nobles," p. 90, 按應作"the feudal lords."。

6　從「諸侯」誅殘賊。作"the nobles," p. 91. 按應作"the ferudall ords."。

7　「諸侯」不從，奈何？作"the nobles," p. 95, 按當作"the feudal lords"。

8　「諸侯王」幸以爲便天下之民。作"the vassal kings" p. 101, 按甚妥。

9　以佐「諸侯」誅暴秦。作"the nobles." 102, 按當作"the feudal lords"。

10　於是「諸侯王」及太尉長安侯綰等「諸侯王」。作"the vassal kings," p. 102, 按甚妥。

11　「諸侯子」在關中者。作"the members of the noble families," p. 103, 按當作"the members of the feudal lords' families"。

12　「諸侯」伐秦。作"the nobles," p. 103, 按當作"the feudal lords"。

13　會「諸侯」於陳。作"thes nobles," p. 109, 按當作"the feudal lords"。

14　徙「諸侯子」關中。作"the members of noble families," p. 109, 按當作"the members of the feudal lords' families"。

15　有功者「侯」。作"the marquires," p. 110, 按甚妥。

16　北以下兵於「諸侯」。作"the nobles," p. 110, 按當作"the. feudal lords"。

17　其復以爲「諸侯」。作"a nobility," p. 112, 按應作"a feudal lord"。

18　立「諸侯」。作"a nobility," p. 115, 按應作"a feudal lord"。

19　而「諸侯王」尤多。作"the vassal kings," p. 130, 按甚妥。

20　令「諸侯王」「通侯」常以十月朝獻。作"the vassal kings, and marquires," p. 130, 按甚妥。

21　下「諸侯王」。作"the vassal kings," p. 131，按甚妥。

22　徵「諸侯」兵。作"the nobles," p. 136，按當作"the feudal lords"。

23　上致之王，次爲「列侯」。作"the marquies," p. 141，按甚妥。

24　「諸侯王」議可立爲燕王者。作"the vassal kings," p. 141，按甚妥。

25　或爲「列侯」，…爲「列侯」食邑。兩「列侯」皆作"the marquies." p. 142，按甚妥。

26　「公孫」「耳孫」。作"the great-grandsons of marquies or kings," p. 176，按當作the great-grandsons of marquies and vassal kings"。

27　令郡「諸侯王」立高廟。作"the vassal kings." p. 178，按甚妥。

28　「諸侯王」，「列侯」。作"the vassal kings and marquies," p. 181，按甚妥。

29　爲「列侯」。作"as marquies," p.192，按甚妥。

30　爲「列侯」。作"were made marquires," p. 194，按甚妥。

31　逮次「列侯」，…其與「列侯」。兩「列侯」皆作"the marquires," p. 195，按甚妥。

32　「諸侯王」。作"the vassal kings," p. 201，按甚妥。

33　爲大臣「諸侯」所疑。作"the nobles," p. 203 按當作"the feudal lords"。

34　使天下「諸侯」萬民皆以爲宜。作"the nobles," p. 229，按當作"the feudal lords"。

35　「諸侯王」。作"the vassal kings," p. 234，按甚妥。

36　「諸侯王」。作"the vassal kings," p. 235，按甚妥。

37　古者「諸侯」。作"the nobles" p. 240，按當作"the feudal lords"。

38　今「列侯」多居長安，…而「列侯」亦無繇教訓其民。兩「列侯」皆作"the marquies," p. 240，按甚妥。

39　請立王子爲「諸侯王」。作"the vassal kings," p. 243，按甚妥。

40　詔「列侯」之國，…其爲朕率「列侯」之國。

兩「列侯」皆作 "the marquies," p. 246, 按甚妥。

41　封齊悼惠王子七人爲「列侯」。作 "the marquies," p. 249 按甚妥。

42　「諸侯王」。作 "the vassal kings," p. 249, 按甚妥。

43　「諸侯王」子。作 "sons of vassal kings," p. 250, 按甚妥。

44　「列侯」。作 "the marquies," p. 262, 按甚妥。

45　託於天下「君」「王」之上。作 "above the world's princes and kings" p. 267, 按甚妥。

46　「諸侯王」。作 "the vassal kings," p. 271, 按甚妥。

47　「列侯」。作 "the marquies," p. 307, 按甚妥。

48　郡國「諸侯」。作 "the nobles," p. 308 按當作 "the feudal lords"。

49　「諸侯王」「列侯」使者。作 "delegates from the vassal kings and marquies," p. 308, 按甚妥。

50　「列侯」幸、及「諸侯」太傅初除之官。作 "when marquies and when the nobles' Grand Tutors are first appointed and go to their offices", p. 317, 按當作 "when marquies and when the feudal lords' Grand Tutors...."

51　「列侯」幸。作 "the marquies." p. 319, 按甚妥。

52　皆爲「列侯」。作 "the marquies" p. 320, 按甚妥。

53　罷「諸侯」御史大夫官。作 "the offices of Grandee Secretaries were abolished in [their courts of] the nobles", p. 320 按當作 "...of the feudal lords"。

54　更名「諸侯」丞相爲相。作 "the titles of nobles", p. 322, 按當作 "the titles of the feudal lords"。

55　賜「諸侯王」「列侯」。作 "the vassal kings and the marquies", p. 332, 按甚妥。

己　分段

德氏以行文之便，同一事，或分書兩節；事不同，又或合隸一節，殊不醒目。似可援成例，每月起一節，庶依年月之先後，具事物之首尾。今依次述之。p. 42「沛公還軍亢父，至方與，趙王武臣爲其將所殺」。譯文「方與」以下，斷爲一節，應連「十二月」以下別爲一節。（以下凡數目字皆據夏數，為節省計，不復書"P."）45「八月」，46「九月」，51「三月」，52「四月」、「六月」，54「九月」，67「夏四月」，71「六月」、「八月」，74「二月」，82「九月」、「十二月」，84「五月」，86「六月」，92「春二月」、「八月」，93「九月」，102「二月」，103「夏五月」，108「九月」，112「春正月」，113「三月」，117「十二月」，118「二月」，119「夏四月」、「春三月」，123「春正月」、「二月」124「秋七月」，125「八月」，141「春二月」，144「夏四月」，180「七月」，182「秋七月」，193「二月」、「夏五月」，194「秋、桃李華」，196「六月」、「七月」，197「秋、晨晝見」，198「五月」、「秋八月」、「夏四月」，199「六月」、「春正月」，200「秋九月」，201「夏、江水漢水溢」，238「四月」、「六月」，246「七月」，248「秋七月」、「八月」，249「夏五月」、「九月」，250「十一月」、「夏四月」、「六月」，252「春正月」、「夏六月」、「二月」，259「五月」、「秋九月」，260「春三月」，262「六月」，265「五月」、「三月」、「五月」，303「九月」，313「六月」，314「二月」，315「六月」、「秋七月」、「十月」、「夏」，316「春正月」，320「夏四月」，321「秋九月」，322「六月」，324「夏四月」，326「秋七月」、「夏」、「秋七月」，332「二月」：──悉當別起新節。

庚　分頁

德氏書，中英文並列，所以便比校，利省覽也。然原文在甲頁，而譯文在乙頁，甚或丙頁者，往往有之。此雖排印之病，然譯者原情稍僞矣；今綜列之，其譯文錯簡不滿行者，不書。（凡數目字皆指頁數，例同上。）「漢元年，冬十月，」在56，而譯文在55。「爲治粟都尉，亦亡去；蕭何追還之。」在69，而譯文在68。「擊之，大破楚軍，盡得楚國金玉貨賂。大司馬咎、長史欣，自剄汜水上。漢王引兵渡河，復取成皋，軍廣武。」在89，而譯文在88。「里之外，吾不如子房；填國家，撫百姓，給餉饋，」在107，而譯文在106。「夏五月，丙午，詔曰：人」在114，而譯文在115。「其將曼丘、臣王黃，共立故趙」在115，而譯文在116。「兵車騎馬」在121，而譯文在120。「今獻未有程，吏或」在130，而譯文在129。「史、中執法下郡守，其有意稱明德者。」在132，而譯文在131。「次爲列侯，下乃食邑。」在142，而譯文在141。『贊曰：「春秋晉史蔡」』在147，而譯文在146。「皇太后、呂氏將，綏」。在174，而譯文在173。「又曰：吏所以治民也，能」在177，而譯文在178。「民有罪，得買」在178，而譯文在179。「三年春、發」在181，而譯文在180。「四年、冬十月」，在182，而譯文在181。「五年、冬十月、」在183，而譯文在182。「之誅、則懼然納」在186，而譯文在185。「遺呂太后」在187，而譯文在186。「帝言欲除三族」在193，而譯文在192。「諡、施後世，今欲差次列侯功。」在195，而譯文在194。「民四千餘家。」在196，而譯文在197。「能纘嗣奉宗廟守祭祀，不可屬」在198，而譯文在197。「六年、春、星孛見。夏四月、赦天下，秩長陵」在199，而譯文在198。「賜將爵關內侯，食邑。夏、江水漢水溢，流民萬餘家。」在201，而譯文在200。「何疑？何不速歸將軍印，以兵屬太尉，請梁王」在204，而譯文在203。「王、大王勿疑也。」在225，而譯文在224。「爲大逆、欲」在231，而譯文在230。「爲忘賢有德者，而專於」在235，而譯文在234。「不宜、子啟最長，敦厚慈仁。」在236，而譯文在235。「二年、冬十月、丞相陳平薨。」在240，而譯文在239。「善之旌、誹謗之木。」在244，而譯文在243。「其賜天下。」在245，而譯文在246。「二千石、無得擅徵捕。夏四月、赦天下。六月、癸酉、未央宮東闕罘罳災。」在251，而譯文在250。「長子四人爲列侯。有長星出於東方。九年、春、大旱。十年、冬、行幸甘泉。將軍薄昭死。」在252，而譯文在251。「十二年、冬十二月、河決東郡。春正月，賜諸侯王女邑各二千戶。二月、出孝惠帝後宮美人，令得嫁。三月、除關無用傳。」在253，而譯文在252。『「莫之省、將何以勸焉？其賜農民今年租稅之半。」又曰：「孝悌、天下之大順也；力田，爲生之本也，三」在254，而譯文在253。「道民焉。十三年、春二月、甲寅、曰：朕親率天下農耕、以供粢盛。后親桑，以奉祭服。其具禮儀。」在255，而譯文在254。「異也。其於勸農之道未備，其除田之租稅、賜天下孤寡布帛絮，各有數。十四年、冬、匈奴寇北地都尉，」在256，而譯文在255。「申教令、賜吏卒、自欲征匈奴，羣臣諫不聽。皇太后固要，上乃止。於是以東陽侯張相如爲大將軍，建成侯董赫、內史欒布皆爲將軍，擊匈奴，匈奴走。」在257，而譯文在256。「昔先王遠施、不求其報，望祀、不祀其福。右賢左戚，先民後己，至明之極也。」在258，而譯文在257。「平設五廟，請在郊祀志。夏四月、上幸雍，始郊見五帝。赦天下，脩名山大川。嘗」在259，而譯文在258。「子六人，淮南厲王子三人，皆爲王。秋九月、得玉杯。刻曰：人主延壽。」在260，而譯文在259。「詐覺、謀反、夷三族。春三月、孝惠皇后張氏薨。」在261，而譯文在260。「何其民食之寡乏也？夫度田、非益」在262，而譯文在261。「二年、夏、行幸雍棫陽宮。六月、代王參薨。匈奴和親。」在263，而譯文在262。「今朕夙興夜寐。」在264，而譯文在263。「三年、春二月、行幸代。」在265，而譯文在264。「六年、冬、匈奴三萬騎入上郡，三萬騎入雲中。以中大夫令免爲車騎將軍、屯飛狐；故楚相蘇意」在266，而譯文在265。「倉庾、以振民、民得賣爵。七年、夏六月、己亥、帝崩於未央宮。遺詔曰：朕」在267，而譯文在266。「何。朕獲保宗廟、以眇眇之身，託於天下君王之上，二十有餘年矣。賴天之靈，社稷之福，方內安寧，靡有兵革。朕既不敏。」在268，而譯文在267。「其奚哀念之有？其令天下吏民、令到、出臨三日，皆釋服。無禁取婦、嫁女、祠祀、飲酒、食肉。自當給喪事、」在269，而譯文在268。「無布車及兵器、無發民哭臨宮殿中。殿中當臨者、皆以旦夕各十五舉音，禮畢、」在270，而譯文在269。「纖七日釋服、佗不在令中者，皆以此令比類從事。布告天下，使明知朕意。霸陵山川，因其故、」在271，而譯文在270。「爲復土將軍。發近縣卒萬六千人，發內史卒萬五千人，藏郭穿復土、屬將軍武，賜諸侯以下至孝悌、」在272，而譯文在271。『百金。上曰：「百金、中人十家之產也。吾奉先帝宮室，常恐羞之，何以臺爲？」』身衣弋綈。」在273，而譯文在272。「兄弟、以德懷之、佗遂稱臣。與匈奴結和親，後而背約，入盜，令邊」在274，而譯文在273。「日太宗，太后，皇后曰皇太后。九月、有星孛於西方。」在304，而譯文在303。「有德制禮樂、各有由。歌者、所以發德也。」在305，而譯文在304。「舞者，所以明功也，高廟酎」在306，而譯文在304。「奏武德文始五行之舞。」在306，而譯文在305。「美人、貴絕人」在306，而譯文在307。「昭德之舞、以明孝文皇帝之盛德，皆臣嘉等愚所不」在307，而譯文在308。「請宣布天下，制曰，」在308，而譯文在309。「而不得徙。其議民欲徙寬大地者，聽之。」在309，而譯文在310。「與匈奴和親。五月，令田半租。秋，七月。」在310，而譯文在311。「受其故官屬所」在311，而譯文在312。「菑川王賢、膠東王雄渠，皆舉」在313，而譯文在314。「宣、立平陸侯劉禮爲」在315，而譯文在314。「六年、冬十二月、雷、霧雨。秋九月、皇后薄氏廢。七年、冬十一月、庚寅、晦。」在316，而譯文在

531。「王氏、丁巳、立膠東王徹爲皇太子。賜民爲父後者，爵一級。中元年。」在317，而譯文在316。「之國、大鴻臚奏謚誄策。列侯薨，及諸侯太傅初除之官、大行奏謚誄策」在318，而譯文在317。「誄策、王薨，遣光祿大夫弔襚祠賵，視喪事，因」在319，而譯文在328。「許之。十月，午戊，日有蝕」在321，而譯文在322。「千石至六百石」在324，而譯文在325。『夏四月，詔曰：「雕文刻鏤，傷農事者」』327，而譯文在328。

辛　「公」「太公」及其他

「公」，德氏亦異譯。p. 75「新城三老董公」，譯作 "the Great Excellency Tung." p. 85「樅公」，譯 "his excellency T'sung." p. 86「破殺薛公」作 "the lord of Hsieh"；「終公」，作 "the old gentleman Chung." p. 94「侯公」作 "his excellency Hou." p. 125「滕公」，作 "the Lord of Teng."「楚令尹薛公」作 "his excellency Hsieh." 按六朝以先，非三公，不得稱公。「薛公」、「滕公」，楚之遺名也，應譯 "the lord." 其餘諸公，史闕其名，故公之；以 "the old gentleman" 爲是。（見日知錄，四部備要本，卷二十，稱文，非三公不得稱公，葉二下至三下。）

p. 51「酈生不拜，長揖，」p. 88「齊王烹酈生，」p. 85「韓生說漢王：」皆作 "master." 趙翼云曰：（廿二史劄記，四部備要本，卷三，先生或只稱一字，葉十一上）「古時先生二字，或稱先，或稱生，不必兩字並稱。」則斯譯甚當。

「太公」譯音作 "Tai Kung"，或用斜體字，或否，按「太公」既譯音不譯義，自當一以斜體。p. 79「審食其從太公呂后間行反，」作正楷者，誤。

p. 112「文信君」「宣信侯」，p. 127「奉成君」皆音譯，用斜體字。按他處譯者侯皆音譯作正楷，此處未可獨異。

p. 75「三老」，p. 181「單于」，p. 254「三老」，p. 264「單于」皆音譯，亦以斜體，頗與「太公」之例合。

卯　注釋之部

甲　引諸家注

先謙補注，廣引諸家說，德氏譯述，多假借之。其注明出處者，共百數十事。（有謂某家引某者，即直錄原書文義者）。然用人成說，未爲標注者，亦頗不少。乍視之，若德氏之發明；細按之，殆不然矣。按諸史法，似有未宜；今編擧之。爲節約計，但擧頁數、注號、與先謙書之卷葉相對照。欲觀其詳，覆按可得；原文譯文，概不備列。

1　p. 28.1. 本吳仁傑引春秋傳說。1A:1b.

2　p. 29.1. 本王先謙引史記，漢紀，本書賈山傳說。1A:2b. 又據史記索隱說。（史記會注考證高祖本紀、卷八頁四）。

3 P. 29.3. 本顏師古說。又本劉壽昌據北堂書鈔引風俗通說。及先謙引史正義說 1A:3a.

4 P. 30.2. 本先謙引史記說。1A:3b.

5 P. 30.4. 本師古說。1A:3b.

6 P. 31.1. 本師古說。1A:4a.

7 P. 32.2. 本先謙引史記說。1A:5a.

8 P. 33.1. 本錢大昭引史記、論衡、說文說。及先謙引荀紀說。1A:5a.

9 P. 35.1. 本先謙據官本、及壽昌據監本、凌稚隆本說。1A:6b.

10 P. 36.1. 本先謙引史記說。1A:7a.

11 P. 37.1. 本王先慎說。1A:7b.

12 P. 38.3. 本先謙引史記說。1A:8a.

13 P. 39.2. 本大昭據南監本、閩本、史記、及先謙據官本說。1A:8b.

14 P. 39.4. 本大昭據南監本、閩本、及先謙據史記及官本說。1A:8b.

15 P. 42.2. 本文穎及先謙說。1A:10a-b.

16 P. 42.3. 本何焯引本書地理志、大昭引圖經傳及先謙說。1A:10b.

17 P. 42.4. 本齊召南引章懷說。1A:10b.

18 P. 43.2. 本先謙引史記說。1A:11a.

19 P. 46.1. 本師古說。1A:13a.

20 P. 48.1. 本王念孫引一切經音義及漢書循吏傳說。1 A: 14a

21 P. 48.2. 本如淳說。1A:14a.

22 P. 48.3. 本召南引通鑑胡注、史記、及本書曹參傳說。1A:14b.

23 P. 50.1. 本大昭據閩本及史記、又先謙據乾道本、汪本、及史記說。1A:15a.

24 P. 50.2. 本先謙引史記說。1A:15a.

25 P. 50.3. 本沈欽韓引公羊宣十五年何注說。1A: 15b.

26 P. 52.1. 本先謙引史記說。1A:15b.

27 P. 52.1. 本先謙引史記說。1A:26a.

28 P. 52.5. 本念孫據景祐本及史記說。1A:16b

29 P. 55.2. 本先謙引史記說。1A:18b.

30 P. 56.2. 本欽韓引戰策、及五代史劉守光傳說。1A: 19b.

31 p. 57.1. 本先謙據史索隱引楚漢春秋說。1A: 19b.

32 p. 59.1. 本先謙引史記及南本說。1A:20b-21a.

33 p. 60.1. 本壽昌引張良傳、及藝文類聚引楚漢春秋說。1A:21a.

34 p. 62.1. 本大昭據南監本、閩本、念孫據史記項羽紀、高祖紀、通鑑、漢紀、及壽昌據景祐本、乾道本、汪本諸說。1A:22a.

35 p. 68.2. 本召南引史記高紀及韓王信傳說。1A: 28b-29a.

36 p. 70.1. 本大昭據南監本、閩本、及先謙據官本說。1A:29a.

37 p. 70.2. 本先謙引史記說。1A:29a.

38 p. 70.3. 本先謙引史記說。1A:29a.

p. 71.1. 本先謙引史記高紀、項羽紀、田儋傳、及月表說。1A:29b.

40 p. 71.2. 本服虔說。1A:29b.

41 p. 71.3. 本仁傑及先謙引史記月表、本書異姓諸侯王表說。1A:29b.

42 p. 78.1. 本先謙引官本考證說。1A:33a.

43 p. 79.1. 本師古說。1A:33b.

44 p. 81.5. 本召南引史記說。1A:34b.

45 p. 84.3. 本先慎引史記說。1A:36b.

46 p. 87.1. 本李奇說。1A:37a.

47 p. 92.1. 本宋祁說。1A:39a.

48 p. 94.1. 本大昭引荀紀、欽韓據文選注引楚漢春秋、及先謙據官本說。1A:40a.

49 p. 98.1. 本先謙據官本說。1B:1a-b.

50 p. 100.1. 本應劭說。1B:3a.

51 p. 103.2. 本先謙引閻若璩說。1B:3b 4a.

52 p. 103.2. 本先謙說。1A:4a.

53 p. 104.1. 本先謙引史記說。1B:4b.

54 p. 104.4. 本何焯說。1B:4b.

55 p. 106.1. 本大昭引史記說。1B:6a.

56 p. 107.1. 本宋祁據南本、及先謙引史記、漢紀、通鑑說。1B:6b.

57 p. 108.2. 本何焯、及先謙引通鑑、史記高紀、月表、荀紀說。1B:8a.

58 p. 110.3. 本先謙引王啟原據墨子經說及論語說。1B:8b.

59 p. 111.2. 本先謙據史索隱引虞喜說。1B:9a.

60 p. 112.1. 本錢大昕說。1B:10a.

61 p. 118.3. 本先謙據官本說。1B:13a.

62 p. 119.1. 本先慎引史記說。1B:15a.

63 p. 124.1. 本先謙引通鑑及考異說。1B:13a.

64 p. 125.1. 本先謙據官本引宋祁說。1B:15b.

65 p. 127.2. 本先謙引史記說。1B:16a.

66 p. 131.4. 本仁傑據文選王融曲水詩序李注引漢書說。又本大昕說。1B:19b.

67 p. 135.1. 本大昭據南監本、閩本說。又本先謙據官本說。1B:19b.

68 p. 137.1. 本先謙據官本引宋祁及史記說。1B:20a.

69 p. 137.2. 本先謙據史集解引風俗通義說。1B:20a.

70 p. 137.4. 本先謙引史記說。1B:20a.

71 p. 142.2. 本宋祁據脩本、越本說。又本念孫據景祐本、及史記說。1B:22b.

72 p. 144.1. 本欽韓據通典引漢舊儀說。1B:23a.

73 p. 145.1. 本大昭據閩本，先謙據史記、荀紀說。1B:24a.

74 p. 149.4. 本應劭、文穎說。1B:26a.

75 p. 175.1. 本先謙據官本說。2:3a.

76 p. 177.1. 本欽韓引漢舊儀說。2:2a.

77 p. 177.1. 本先謙引荀紀說。2:3b.

78 p. 178.5. 本大昕說。2:3b.

79 p. 179.1. 本念孫引本書高紀、太平御覽封建部、北堂書鈔封爵部說。2:4a.

80 p. 179.3. 本先謙引通鑑說。2:4a.

81 p. 181.4. 本欽韓引三輔黃圖說。2:5a.

82 p. 182.2. 本王鳴盛說。2:5a.

83 p. 182.3. 本張晏說。2:5a.

84 p. 182.6. 本先謙據官本說。2:6a.

85 p. 184.2. 本先謙說。2:6a.

86 p. 185.2. 本先謙據史集解引皇甫謐說。2:6a.

87 p. 198.3. 本韋昭、全祖望、及先謙引荀紀、通鑑說。3:4a.

88 p. 199.1. 本應劭說。3:4a-b.

89 p. 200.2. 本大昭引荀紀、蘇輿引史記、通鑑、荀紀說。3:5a.

90 p. 204.1. 本先謙引史記、荀紀、通鑑說。3:6a.

91 p. 209.2. 本先謙據官本說。3:8a.

92 p. 209.3. 本壽昌、先謙引史記說。3:8a.

93 p. 223.1. 本師古說。4:2a.

94 p. 229.1. 本先謙引通鑑胡注說。4:4a.

95 p. 231.2. 本何焯引後漢書注姚察說。4:4b.

96 p. 235.3. 本先謙引史記、通鑑、荀紀說。4:6b.

97 p. 241.2. 本先謙引史記說。4:9a.

98 p. 242.5. 本宋祁引廣雅說。3:9b.

99 p. 246.3. 本大昭引南監本、閩本，先謙引官本、史記說。4:11a.

100 p. 246.4. 本大昕說。4:11a.

101 p. 本先謙說。4:11b.

102 p. 248.5. 本欽韓引西京雜記說。4:12.

103 p. 259.3. 本應劭說。4:16a.

104 p. 260.1. 本先謙據史記索隱引汲冢竹書說。4:16b.

105 p. 262.1. 本師古說。4:16b.

106 p. 263.1. 本先謙引史記說。4:17a.

107 p. 264.2. 本先謙引史記及官本說。4:17b.

108 p. 266.7. 本先謙據史記索隱引崔浩說。4:18b.

109 p. 289.2. 本大昭據南監本、閩本、及漢紀說。又本先謙據官本及史記說。4:20a.

110 p. 270.3. 本劉攽引翟方進傳說。4:20b.

111 p. 270.4. 本應劭說。4:20b.

112 p. 307 2.5. 本先謙據史記說。5:2a.

113 p. 315 4.5. 本先謙引史記說。5:4b.

114 p. 321 6.11. 本臣瓚說。5:6b.

115 p. 322 7.4. 本師古說。5:7a.

116 p. 325 8.3. 本師古、劉攽說。5:8a.

117 p. 326 8.5. 本先謙說。5:8b.

118 p. 328 9.5. 本欽韓引說苑及賈誼說。5:9a.

乙　雜識

德氏注釋體裁，間有可議。其一：引書無版本，而有卷頁，則將何以按查，殊非史法。其二，凡訓詁名物，當於初見處注之。既注，無須更贅。「天下」初見於 p. 39「天下同苦秦久矣」句，則注釋當符於此。乃德氏於 p. 93「羽與漢約中分天下」句注之。("The Chinese thought of their country as comprising the (known) world" and the Emperor regluarly spoke of his territory as 'the world' 天下 • p. 93.5.) 又 p. 111「賜金五百斤」，於漢黃白金之義，博引諸家說。然 p. 84「與平黃金四百金，以間疏楚君臣，」則不注。前後輕重，兩失之。其三：諸家謂臣瓚姓氏郡縣，無可考。或命以傅氏，亦未可盡據。然德氏於 pp. 104, 221, 266, 319, 320, 328, 312, 引氏說，均稱「傅瓚」(Fu Tsan)。苟無新証，亦欠精愼。又鄭氏，謂鄭德也，先謙補注皆直謂鄭氏而不名。德氏於 pp. 175, 181, 既作 "Mr. Cheng" 矣，而 p. 251 又作 "Cheng Te (fl. dur. 265–317)"。前後差異，體例不純。其四：p. 28 引史記正義春秋握成圖云云，譯作：Ch'un-ch'iu Wu-ch'eng (now lost, written before 386.) (28:2), 則「握」字未譯。p. 68 據先謙引宋書樂志「深難以逝」(1A:28b.) 云云，譯曰："and difficult to reach," (68.3) 則「逝」譯未切。p. 90「掘始皇帝冢，」注曰："As a severe punishment of the First Emperor." (90.1) 按下文云：「收私其財」，則羽之發陵，志在財貨可知，未必為正秦罪。又姚察云：「漢之仕進，大抵郎侍、及仕州郡、府辟召、三途 (5:10a)。德氏譯辟召云："or by an imperial summons" (329 9.9)。按兩漢公卿守牧，皆置掾屬，得自辟徵，初不必朝廷為然；（天子曰特詔，公卿辟舉，與公卿牧守之辟召異。）斯譯失攷。其五：p. 173 有注五處，而正文中無 "5" 之註號，不知德氏所誤者，抑手民所遺植。其六：自高紀至文紀，每頁注數，皆以 1.2.3. 排列，而景紀獨用 1.1. 1.2. 2.3. 之類。體例駁雜，殊屬不倫。其七：德氏於習見名物，皆加注，所以便西人之治漢學者，用意甚當。然 p. 127 之「樂毅」、p. 143 之「扁鵲」、p. 147 之「孔甲」，皆無注，若此之倫，不一見。輕重失當，亦有非是。又全書於地名概未注。初學將何所憑歸，雖篇末附地圖，亦復何益？此等注釋，概宜增補。

辰　附錄之部

德氏每卷末，多有附錄。高紀附東京五星議、漢初曆法考、日蝕推算術、高祖時日蝕表。孝惠呂后紀各附當年之日蝕表。文紀附漢度量衡法、藉田議、孝文時之日蝕表、漢初五十年之日蝕表。景紀附賞文攷、孝景時之日蝕表。篇末附漢疆域圖；計先後共一十二篇，而有關天文推算者，居其八。按漢用秦曆，以十月為歲首，至孝武元封七年，始議造漢曆格之說，因造太初曆，以正月為歲首。然後建寅之制，垂為千古不易之定規。（漢書卷二十一上律曆志、卷六武帝本紀）其說簡質已詳，無待辭費。今德氏於「漢初曆法考」章，（pp. 154–160.）廣徵詳引，以申建亥之說。然予觀其引證二十二條，本之王念孫者十五；王先謙者三，文穎如淳者一。其所增，止得二款。而結論又本之陳振先。至於「藉田議」章，（pp. 281–283.）亦全據應劭韋昭臣瓚顏師古王啟原王先謙（4:9b–10a）。然則謂之因承舊說，無所發明可矣，彼硜硜然者何為乎？其論日蝕，多本之J. K. Fotheringhan, J. K. Ginzel, P. V. Nangehaner; 日月計核，則本之P. Hoang, E. Chavannes諸氏。裒集成說，無所獨創，不幾於勦說雷同乎？其「漢度量衡法」，（pp. 276–280.）多取材於兩清古鑑、觀堂集林諸書，而馬衡劉復復助之。然後「中西對校」，得以寫定。按隋書[illegible]傳（卷五十一）云：「將作大匠陳[illegible]，掘地得古尺。尚書奏：今尺長於古尺，宜以古為正。潘府以為習用已久，不宜復改。」是隋尺視前已大。資暇錄（學津討原本、卷一、江左度量尺皆唐制、葉十下至十一上）云：「唐時一尺比六朝時一尺二寸也。」是唐尺又增於前。夢溪筆談（四部叢刊本、卷三、辨證一、葉九下）云：「予考樂律，及受詔改鑄渾儀，求秦漢以前度量斗升，計六斗當今一斗七升九合；秤三斤當今十三兩、（原注：一斤當今四兩三分兩之一。一兩當今六銖半）為升中方。古尺二寸五分十分分之三，今尺一寸八分百分分之四十五強。」又曰：（仝上辨證一葉一上至下）「鈞石之石，五權之名。石重百二十斤，後人以一斛為一石，自漢已如此。飲酒一石不亂，是也。挽蹶弓弩，古人以鈞石率之，今人乃以粳米一斛之重為一石。凡百石以九十二斤半為法，乃漢秤三百四十一斤也。今之武卒蹶弩，有及九石者，計其力，乃古之二十石。比魏之武卒，人當二人有餘。弓有挽三石者，乃古之三十四鈞。比顏高之弓，人當五人有餘。」又曰：（仝上葉八上至下）「然漢之一斛，亦是今之二斗七升。……或謂石乃鈞之石、百二十斤，以今秤計之，當三十二斤，亦今之三斗酒也。」是宋之度量，視秦漢已三倍而強。日知錄云：（四部備要本、卷十一、權量、葉一上至二下）「三代以來，權量之制，自隋文帝一變。杜氏通典言：「六朝量三升，當今一升；秤三兩，當今一兩；尺一尺二寸，當今一尺。」左傳定公八年正義曰：「魏齊斗稱，於古二而為一。周隋斗稱，於古三而為一。」隋書律曆志言：「梁陳依古斗，齊以古升五升為一斗；周以玉升當官斗一升三合四勺。開皇以古斗三升為一升。大業初，依復古斗。梁陳依古稱，齊以古稱一斤八兩為一斤。周玉稱四兩當古稱四兩半。開皇以古稱三斤為一斤。大業初，依復古稱。」今攷之傳記，如孟子以舉百鈞爲有力人，三十斤爲鈞，百鈞則三千斤。晉書成帝紀：「令諸郡舉力人、能舉千五百斤以上者。」史記秦始皇紀：「金人十二，重各千石，置宮廷中。」百二十斤爲石，千石則十二萬斤。漢舊儀：「祭天養牛五歲至二千斤。」晉書南陽王保傳，自稱重八百斤；不應若此之重。考工記曰：「爵一升，觚三升，獻以爵而酬以觚，一獻而三酬，則一豆矣。」禮記：「宗廟之祭，貴者獻以爵，賤者獻以散。尊者舉觶，卑者舉角。五獻之尊，門外缶，門內壺，君尊瓦甒。」注：「凡觴一升曰爵，二升曰觚，三升曰觶，四升曰角。壺大一石，瓦甒五斗。」詩曰：「我姑酌彼金罍。」毛說：「人君以黃金飾尊，大一碩，每食四簋。」正義：「簋、瓦器，容斗二升」；不應若此之巨。周禮：「舍人喪紀共飯米。」注：「飯所以實口。君用粱，大夫用稷，士用稻，皆四升。」管子：「凡食鹽之數，一月，大夫五升少半，婦人三升少半，嬰兒二升少半。」史記廉頗傳：「一飯斗米。」漢書食貨志：「食、人月一石半。」趙充國傳：「以一馬自佗負三十日食，爲米二斛四斗，麥八斛。」匈奴傳：「計一人三百日食，用糒十八斛」；不應如此之多。史記河渠書：「可令畝十石。」嵇康養生論：「夫田種者，一畝十斛謂之良田。」晉書傅元傳：「白田收至十餘斛，水田至數十斛。」今之收獲，最多亦不及此數。鹽鐵論：「人食一日中五升。」既夕禮：「朝一溢米，莫一溢米。」注：「二十四兩曰溢，爲米一升二十四分升之一。」晉書宣帝紀：「問諸葛公食可幾何？對曰：「三四升。」會稽王道子傳：「國用虛竭，自司徒以下，日廩七升。」本皆言少，而反得多。是知古之權量比之於今，大抵皆三而當一也。史記孔子世家：「孔子居衛，奉粟六萬。」索隱曰：「當是六萬斗。」正義曰：「六萬小斗，當今二千石也。」比唐人所言三而當一之驗。蓋自三代以後，取民無制，權量之屬，每代遞增，至魏孝文太和十九年，詔改長尺大斗，依周禮制度，班之天下。隋煬帝大業三年、四月、壬辰、改度量權衡，並依古式。雖有此制，覺不能復古。至唐時猶有大斗小斗、大兩小兩之名，而後代則不復言矣。」又曰（仝上葉三下）：「是則今代之大於古者，量爲最，權次之，度又次之矣。」（言今古度量衡者，復有閻若璩、（潛邱劄記、乾隆間眷西堂刊本、卷一，二。）錢大昕（十駕齋養新錄、長沙龍氏潛研堂全書本、卷十九。）諸氏。然詳審不逮顧氏，不俱引。）諸家推考權衡沿革遞遷，甚精且詳，而寧人尤淹博可據。顧氏既取漢制，以與西法對校，倂此略之，何哉？

己　尾語

西人治漢學，好作小攷證，支離破碎，無涉宏旨。其能作具體之研究，通篇之譯述者，寡矣。今德氏之書，雖或出入原旨，且譯工未細，或傷文氣。其注釋之部，多所剽竊，以為發明，尤失史家公正之態度。然大抵譯筆忠實，首尾貫穿，注疏精詳，考證明確；賢乎時輩遠矣。氏嘗譯荀子，文筆艱澀，不可卒解。且出入原意者甚夥。戴文達氏譏之。(J. J. L. Duyvendak, "Notes on Dubs' Translatoin of Hsün Tzŭ," *T'ong Pao,* 1932.) 今與是書相對校，乃知謹慎卓精，遠逾疇作。其致力之勤，學藝之進，概可想見。雖然：戴氏有言：

" compliment the author, who, I understand, is not a professional Sinologist, on the way in which he has completed a very arduous task." Duyvendak, 前引文，頁一。

是論甚允。德氏譯漢書，亦云：

"They are mentioned here to show the extraordinary wealth of the imformation contained in the encyclopedic history and to urge the reader to go behind the the 'Annals' to the real history of the reign which is often to be found in 'Memiors'." pp. 300–301.

閱戴氏之論，可知譯述之艱難；觀德氏之言，可知史學之深邃。異國學者，儻盡此一編書，以為漢初得失興衰之迹，因以大明，而孤傳志於不顧，豈不失之管窺蠡測哉？依德氏原議，書共五冊，今甫成其一，則有待氏之努力者，正深且切。方今以漢學家自命者，間或學殖荒蕪，而抵掌空談。儻藉氏書，而憬乎學問廣大，非侈談方法者所克奏功；然後追蹤前賢，潛心研讀；相互砥礪，篤志發揚。則德氏之功不朽矣。

戊寅冬於燕京大學。

影印漢學西書目錄

出售處：北京隆福寺文殿閣

SINOLOGICAL WORKS REPRINTED AND SOLD AT WEN DIEN KUO BOOKSTORE, LUNG FU SZE, PEKING, CHINA

LES

MÉMOIRES HISTORIQUES

DE

SE-MA TS'IEN

PAR

ÉDOUARD CHAVANNES

法譯本 史記 六册 第一、二、三册已出版，四、五册影印中

西人論中國書目 法國考狄輯 上等洋宣紙十六開本 不裝 五册 $84.00

Henri Cordier—Bibliotheca Sinica.

4 Vols. et Supplément.

東域紀程錄叢 英國裕爾編譯 法國考狄補訂 洋宣紙二十開本 不裝 四册

Colonel Sir Henry Yule & Henri Cordier—Cathay and the Way Thither.

4 Vols.

v. 1 實價七元五角(郵費壹角六分) v. 2 實價五元(郵費壹角叁分) 待印

成吉思汗傳 法國克羅亞著 洋宣紙三十二開本 實價六元(郵費壹角叁分)

Petis de la Croix—The History of Genghizcan the Great.

蒙古史 霍渥斯著 洋宣紙二十開本 不裝 五册

Henry H. Howorth—History of the Mongols, from the 9th to the 19th Century.

5 Vols.

v. 1 實價拾六元(郵費貳角叁分) v. 2 實價拾叁元(郵費壹角六分) v. 3 實價九元五角(郵費壹角六分)

蒙古源流譯註 史密德著 洋宣紙十六開本 不裝 實價拾六元(郵費貳角叁分)

Isaac J. Schmidt—Geschichte der Ost-Mongolen und ihres Fürstenhauses.

『魯布洛克』東遊記 洛克希爾譯註 洋宣紙二十開本 不裝 實價六元五角(郵費壹角六分)

William W. Rockhill—The Journey of William of Rubruck to the Eastern Parts of the World, 1253–55.

元明人西域史地論考 布勒士奈得著 洋宣紙二十開本 不裝 二册

E. Bretschneider—Mediaeval Researches from Eastern Asiatic Sources.

2 Vols.

實價八元(郵費二角六分)

中國研究錄 偉烈著 洋宣紙二十開本 不裝 實價拾元(郵費壹角六分)

Alexander Wylie—Chinese Researches.

大唐西域記譯註 瓦特斯著 二册 洋宣紙二十開本 不裝 實價八元五角(郵費貳角叁分)

Thomas Watters—On Yuan Chwang's Travels in India, 629–645 A. D.

2 Vols.

中國耶教藝術 勞弗爾著 洋宣紙十六開本 不裝 實價壹元四角(郵費壹角壹分)

Barthold Laufer—Christian Art in China.

早期之中俄關係 法國加恩原著 英國李治譯英 實價壹元叁角(郵費壹角壹分)

W. Sheldon Ridge—Some Early Russo-Chinese Relations by Gaston Cahen.

女真語言文字考 葛魯貝著 洋宣紙十六開本 不裝 實價四元(郵費壹角叁分)

Dr. Wilhelm Grube—Die Sprache und Schrift der Jučen.

蒙古語文法 史密德著 洋宣紙十六開本 不裝 實價叁元六角(郵費壹角叁分)

Isaac J. Schmidt—Grammatik der Mongolischen Sprache.

滿文文法 穆麟德夫著 洋宣紙十六開本 不裝 實價叁元貳角(郵費壹角壹分)

P. G. Von Möllendorff—A Manchu Grammar.

清史稿纂修之經過

張爾田講稿
王鍾翰序錄

民國三年。開清史館。趙爾巽爲館長。聘總纂、纂修、協修。先後百數十人。而名譽總纂、纂修、顧問不計焉。館中執事者。有提調、收掌、校勘等職。是時遺老有主張修史者。有以爲不當修者。卒之應聘者多。繆荃孫爲國史館總纂前輩。以史事自任。巍然爲之魁率。體例未定。建議者蠭起。梁啟超所言尤繁夥。然多不中義例。卒從荃孫之議。用明史體裁。而略加通變。先排史目。凡本紀十二。曰太祖、太宗、世祖、聖祖、世宗、高宗、仁宗、宣宗、文宗、穆宗、德宗。而宣統紀初擬爲今上本紀。後改定。（梁啟超言主立孝欽本紀。未用其說。）志十六。曰天文、災異、時憲、地理、禮、樂、輿服、選舉、職官、食貨、河渠、兵、刑法、藝文。初擬有國語、氏族、外教三志。後皆刪去。但新增交通、邦交兩志。表十。曰皇子、公主、外戚、諸臣封爵、大學士、軍機大臣、部院大臣、疆臣、藩部。初以大學士與軍機合稱宰輔。後改定。復新增交聘一表。列傳十五。曰后妃、諸王、諸臣、循吏、儒林、文苑、忠義、孝義、遺逸、藝術、列女、土司、藩部、屬國。初擬有明遺臣、卓行、貨殖、客卿、叛臣諸目。後皆刪併。但新增疇人傳。其取材則以實錄爲主。兼采國史舊志及本傳。而參以各種記載。與夫徵訪所得。摘鈔彙輯。須各注出處。先成長編。然後加以考異。有潤飾而無改竄。且不得率增辭句。妄下褒貶。然後來與事者亦未能盡遵也。自民國六年以後。政府財政艱窘。屢減經費。以至于無。遂全局停頓。至十六年。爾巽乞款于張作霖、吳俊陞。而袁金鎧爲之介。果得款。于是趕緊加速編輯。預定三年告成。甫逾半年。而爾巽以病逝。全史刪定成書。恐不及待。遂納金鐘刊稿待正之議。再求款于作霖。即命金鐘總理發刻。而以金梁任校勘。期一年竣事。未幾。爾巽卒。柯紹忞代之。與袁、金意又不合。不閱史稿。即付金手。金幾執全權。隨校隨刊。十七年夏。南軍北進。監閉禁城。史館在東華門內。校刻未竣者尚十之一二。金乃移歸私寓。續成之。不免多所改竄。而運至奉天者。又由金加入張勳一傳。遂有關內本關外本之別。既而國民黨以史稿中多有違礙。謂非信史。忽禁發行。乃海內外學人。訪購益衆。故近年復有要求解禁、及縮印小本之舉。亦供不應求。而廣州明德社以史稿行世甚少。刊忠義、孝義二傳。（意在提倡中國固有之道德。）可知清史一書。雖倉卒成書。繆誤不免。而士林欲得之心。不爲之稍減也。（以上皆孟劬師講辭。）孟劬師自民國三年入館。中更丁憂重來。至十年始行離館。所成書樂志八卷。刑志一卷。地理志江蘇一卷。圖海李之芳列傳一卷。成議嚴有義法。時吳伯宛先生修后妃傳。稱長編不半。累以屬師。既刪稿。復增吳稱未備者十之三四。歸而刪定。成列朝后妃傳稿二卷。世尤重之。今我史學系諸同學。以吾師熟悉清代掌故。復預修清史有年。學問道德。足爲後輩矜式。故特敦請演講修史經過。師乃據章式之先生手寫清史館館員名錄爲藍本。就金梁當刻本補錄。加以簽注。編爲此錄。復邀夏閏枝先生爲之改正。敘述十餘年館中沿革。至爲詳審。鍾翰幸得拱聽。筆錄爲此篇。以清史之修。迄今垂三十年。舊人存者不過二三人。言當時史事者。已不免影響模糊。得吾師據實事爲之釐正。庶免淆惑。亟用刊布。後附夏先生所作史館滿洲三君傳。亦留心清史者所必欲參攷者也。二十七年十二月王鍾翰謹識。

清史館館員名錄

民國三年開館・至十年止・每人所任館課・但就所知者書之・闕略尚多・須得館中功課單詳對之方可・

此清史館館員名錄。從章式之先生手寫過錄。先生開館時。即預聘書。所錄皆初次敦聘者。今補錄續聘諸人。其每人所任館課。就所知者亦分注之。斷自民國十年爲止。復請夏君閏枝看過。中有改補數處。則夏君筆也。

館長　章錄失載・

趙爾巽　次珊

提調　章錄失載・

陳漢第　仲恕

李經畬　憬吾

金還　仍珠

周肇祥　養安

邵章　伯褧　最後到館・專提調・整理列傳事・

總纂

郭曾炘　春榆　未到館・（初印本不載・夏補到館數年方去・未有成稿・）

沈曾植　子培　未到館・（兩刻本均不載・）

寶熙　瑞臣　未到館・（兩刻本均不載・）

樊增祥　雲門　未到館・（兩刻本均不載・）

柯劭忞　鳳孫　任天文・時憲等志・史稿結束時・曾代理館長・

吳廷燮　向之　任諸大臣年表・本紀・

繆荃孫　筱珊　定傳目・任儒林・文苑傳・及各朝大臣傳・土司傳・（夏改各朝爲康熙朝・刪仍字・）假亦其原稿・

纂修兼總纂

李家駒　柳溪　未到館・（初印本不載・夏補到館數年方去・未有留稿・）

勞乃宣　玉初　未到館・（兩刻本均不載・）

于式枚　晦若　有意見書・未到館・　曾擬請其總閱・旋病故・（初印本不載・）

金兆蕃　籛孫　任太祖・太宗・順治朝列傳・列女傳・　今史稿中后妃傳亦其原纂・（夏於順治下添康熙・雍正・乾隆六字・）

吳士鑑　絅齋　任地理志叙古・宗室世系表・（夏補藝文志初稿・）

纂修

李瑞清　梅庵　未到館・（兩刻本均不載・）

耆齡　壽民　未到館・（兩刻本均不載・）

陶葆廉　拙存　未到館・（初印本不載・）

于式棱　淵若　未到館・（兩刻本均不載・）

王乃徵 聘三 未到館。（兩刻本均不載。）

謝遠涵 靜盦 未到館。（兩刻本均不載。）

朱鍾琪 仰田 未到館。（兩刻本均不載。）

溫肅 毅夫 未到館。（兩刻本均不載。）

楊鍾羲 子勤 未到館。（初印本不載。）

袁勵準 珏生 （夏補任列傳。全未用。）

萬本端 莫生 任列傳。（夏補任禮志。輿服志。刪列傳。）

鄧邦述 孝先 任太祖。太宗本紀。光宣朝大臣傳。

秦樹聲 右衡 任地理志直隸。後地志均歸其重纂。今史稿中隸序一篇。爲王樹枬作。尚謂口北七廳。不知何人所補。

王大鈞 伯益 任列傳。禮志。（又於列傳上添嘉慶二字。）

章鈺 式之 任乾隆朝列傳。忠義傳。藝文志。（夏刪乾隆朝列傳五字。）

王式通 書衡 任刑法志。未作。後由張采田作纂。祇成一卷。今史稿中則又另一人重纂。非本來面目矣。（夏補未有留稿。）

顧瑗 亞遽 復辟後辭館。（初印本不載。）

協修

朱書升 晉之 未到館。（兩刻本均不載。）

唐晏 元素 未到館。（兩刻本均不載。）

宗舜年 子戴 未到館。（兩刻本均不載。）

李葆恂 文石 未到館。（初印本不載。）

安維峻 曉峯 未到館。（兩刻本均不載。）

張仲炘 次山 未到館。（夏補到館即去。未有留稿。）

俞陛雲 階青 任兵志。列傳。

姚永樸 仲實 任列傳。

羅惇曧 掞東 任交通志。

吳廣霈 漢濤 任邦交志。

袁金鎧 潔珊 （夏補未有留稿。後復到館司校刊。）

吳懷清 蓮溪 任列傳。（夏改列傳爲志。）

張書雲 輔五 任列傳。禮志。（夏刪列傳二字。）

張采田 孟劬 一名爾田。民國三年升纂修。任地理志江蘇。樂志。刑法志。后妃傳。丁憂去館。後復回館。整理列傳。與夏孫桐同定康熙朝大臣傳目。復成圖海李之芳傳一卷。

張啓後 燕昌 任食貨志。列傳。禮志。（夏刪去之。補任選舉志。交通志。）

韓樸存 力畬 任地理志東三省。（夏補屬國傳係其一手所作。）

陳敬第 叔通 （夏補到館。未有留稿。）

陳毅 士可 未到館。（初印本不載。）

袁嘉穀　樹五　任地理志雲南。（關外本不載。夏補未有留稿。）

藍鈺　石如　到館未久即去。（夏删未久即去。補有留志稿。記不清七字。）

李岳瑞　孟符　任列傳。

校勘兼協修

王慶平　紹出　未到館。（兩刊本均不載。）

齊忠甲　迪生　未到館。（初印本不載。）

吳璆　康伯　未到館。

葉爾愷　柏皋　任外教志。（初印本不載。夏删任外教志。補未到館二字。）

田應璜　子琮　（夏補到館。未有留稿。）

李景濂　右周　任列傳。（夏補甲寅去。亦未用。）

傅增淯　雨農　（夏補無留稿。）

何葆麟　壽臣　任樂志。樂器一卷。後歸張采田重纂。

成昌　子蕃　任列傳。

徐鴻寶　森玉　（夏補未見留稿。）

趙世駿　聲伯　到館未久即去。

楊晉　誦莊　（夏補到館後去。）

金兆豐　雪孫　任地理志。選舉志。假初任地理志。不記何省。（夏删去之。補任職官志、光宣朝列傳。）

胡嗣芬　宗武　任輿服志。

朱希祖　逖先　後辭退。

李哲明　惺園　任列傳。（夏補終止同初本記。）

朱方飴　甘孺　到館未久病故。（初印本不載。夏補無留稿。）

後來添聘者　以下皆章鈺所未載。

馬其昶　通伯　任咸同朝大臣傳。儒林文苑傳亦經其整理。（夏改咸同儒先止。）

唐恩溥　天如　任地理志廣東。（夏補任列傳。）

劉師培　申叔　任出使大臣表。後因事辭退。（關外本不載。）

黃翼曾　鶴塵　任列傳。

夏曾佑　穗卿　任外教志。（夏補無留稿。僅作一文論[illegible]篇。未用。）

王樹枏　晉卿　任各朝大臣傳。（夏改各朝爲咸同朝。）

夏孫桐　閏枝　任嘉道朝列傳。循吏傳。藝術傳。（夏補終止咸同列傳。）

吳昌綬　印臣　任后妃傳。後閱訂。其后妃傳則張采田所纂。但任職長編。今史稿中后妃傳。即據初本改纂者。

奭良　召南　任列傳。（夏補校訂本紀。）

瑞洵　景蘇　任本紀。

姚永概　叔節　任食貨志鹽法。食貨志子目甚多。亦係數人分纂者。其詳待攷。（初印本不載。夏删去之。補任忠義傳。未有留稿八字。）

戴錫章 海珊 （夏補任邦交志。）
朱師轍 少濱 後來藝文志歸其整理。
邵瑞彭 次公 （夏補未有留稿。）
檀璣 斗生 到館未久病故。
劉樹屏 葆良 到館未久病故。（夏補任邦交志。未有留稿。）
何震彝 鬯威 到館未久病故。（兩刻本均不載。夏補未有留稿。）
陳曾則 慎光 （夏補任列傳。稿未用。）
陳田 松山 到館未久病故。

收掌

謝緒璠 魯卿 （兩刻本均不載。）
黃葆奇 乃濟 （兩刻本均不載。）
尹良 莘香 （初印本不載。）
王文著 錫棠 （關外本不載。）
尙希程 靜齋 （關外本不載。）
容濬 伯涵 （兩刻本均不載。）
曹文燮 堯和 （兩刻本均不載。）
文柄 叔寅 （兩刻本均不載。）
孟昭墉 崇如

此後所列。就金梁兩刻本補錄。然大都未到館、及到館未久、或在館外者。附載之備考。金梁校刻後記。尙有在館外者三人。許受衡。陳年。吳燕紹。今不更列。

簡朝亮 未到館。（初印本不載。）
袁克文 未到館。（初印本不載。）
朱孔彰 （夏補任列傳。）
王崇烈
陳能怡
方履中
商衍瀛
秦望瀾
史恩浩 病故。
唐邦治 （關外本不載。夏補任年表。）
陳曾矩 未久去。（初印本不載。）
呂鈺 （初印本不載。夏補無傳。）
余嘉錫 以上二人皆在館長家。（初印本不載。）
王以慜 （初印本不載。夏補未列。）

董清峻
周仰公（關外本不載。）
秦化田
金　善
劉景福
趙伯屏
史錫華
仲恕傳（關外本不載。）
諸以仁（初印本不載。）
恩　澂（初印本不載。）
胡慶松
劉　濟（初印本不載。）
伍元芝（初印本不載。）
錫　蔭（初印本不載。）
張玉藻（初印本不載。）
金　梁

此外名譽纂修顧問等尚多。不復列。聞日本內藤虎次郎到館參觀。亦有清史館修纂表。登載某雜志。與此或各有詳略。若金梁清史稿後記。則多語焉不詳。甚或遠反事實。彼於民國十六七年間史稿結束時。始任校刻。於開館情形。全未深知。當時館員。除病故外。大半星散。貪天之功。以為己力。其言殊不足以徵信。讀者勿為所惑可也。

史稿結束時。夏君曾預其事。且在館最久。所改補數條。自較可信。然余在館所見吳懷清、張書雲諸人。實皆有傳稿。此即夏君信中所謂第一期人自為戰者。故傳稿中不合用者。皆未用。亦無從記憶出于誰手也。余整理列傳時。情形即已如此。特附記之。

夏君來信。論史稿結束時情形甚詳。原函今附於後。

孟劬我兄賜鑑。城闉遙隔。久疏晤談。居驪近復多病。杜門不出。馳念時深。頃起潛兄傳述　尊意。並示史館分任一單。乃開館之初。情形與後來迥不相符。姑就所知。遵加注語。倉猝之間。恐難盡合。執事請授生徒。將來傳播。即成掌故。茲特詳布十餘年館中沿革。以備　採擇。竊維修史經過。約分二期。第一期全無條例。人自為戰。如一盤散沙。後迺議整理。先從列傳着手。是爲第二期。選人任之。始分類擬定傳目歸卷。柯鳳孫、金籛孫、奭召[少]南、任鳳初。繆藝風、吳綱[綱]齋任順、康。綱[綱]齋未到。藝風未畢事而作古。執事後至。即加入此段之內。金籛孫獨任雍、乾。弟任嘉、道。而王伯荃、朱少濱助之。王晉卿任咸、同。馬通伯任光、宣。而鄧效[孝]先、金雪生[孫]助之。當時議定凡例。而有選有不選。兩年畢事。其中咸、同、光、宣四朝。皆不合用。同人公推鳳孫與弟再加整理。鳳老旋又推諉。以籛孫代之。時當時局紛紜。館中議論亦不定。弟與籛孫皆未動手。旣而時局益亂。經費不給。遂全局停頓。久之館長別向軍閥籌欵。稍有端倪。於是議重加整頓。以求結果。是爲第三時期。館中同事已多他去。留者重行分配。本紀柯鳳孫、奭召[少]南、李愷瀛。志王晉卿、吳蓮溪、俞階青、金雪生[孫]、戴海珊、朱少濱。袁吳向之。列傳弟與金籛孫分任之。籛孫任乾隆以前。弟任嘉慶以後。然傳則弟任循吏、藝術。章式之任忠義。柯鳳孫任儒林、文苑、畸人。餘皆歸籛孫。預定三年告成。甫逾半年。館長忽欲全稿付印。弟則極力爭爲不可。而同人附和館長者多。相持久之。而館長病矣。病中尤急不可待。袁潔珊力任印稿之事。招金息侯爲總校。而事遂決。弟所任各門中。咸、同事最繁重。王君之稿。核之實錄。訛誤太多。且立傳太濫。卷帙太繁。直是重作。期限旣促。光、宣兩朝。斷不能兼。推歸他手。亦無人肯接。遂由金息侯以袁爲之。館長旣歿。柯老代之。與袁、金意不合。交稿不閱。即付金手。金幾執全權。弟斷斷相持。手中者未曾干涉。及印書將畢。尚餘曾、左、李、彭傳。未成。金乃以初稿付印。至紀、志、表。弟全未寓目。且館中始終無總閱之人。故傳有重複。且遺漏要人。而總校者。亦未留意及此。是可異也。至志中之詳略當否。更無人知。總之未成之稿。遽以流傳。此等情形乃必不能免者。執事爲館中人。言論所及。後生將據爲典要。不可不表明真相。以免誤傳也。率書不覺縷縷。伏希　鑒之。敬頌　著安不一。　弟孫桐頓首十月初六日

復夏閏枝先生書

閏枝道長兄尊右。前病侵尋。閉戶塊處。豈如寄子之人。闃然寂對。我勞如何。起潛兄來。清史館館員錄承加簽注。極感。比又奉到　惠告。尤爲欣慰。館員錄係從章式之師遺墨過錄。此爲歷史同學。擬請僕演講修史經過。姑即錄此爲藍本。然所錄皆初期情形。後來已多

變化。（僕自丁巳復來。至民國十年。始行離館。故結束時。僕未在場。言之恐易錯誤。）偶取金梁清史稿校刻記。一爲翻閱。則與僕所見所聞。竟大有不同。即如地理志。當初本係每人分纂。後始歸秦右衡師一人。今地志中江蘇一卷。尚是僕之原稿。（一字未動。惟首行順治上。增一清字。既爲清史。則此字本可從省。个不知何人所加。）后妃傳初稿。亦是僕與吳印臣合纂。吳輯長編。僕任撰文。金記皆未詳敍。且遺漏印臣之名。此但就僕一人經過者言之。已多不符事實。他人更可想而知。又金係辦理校刻之人。（初印本結銜如是。）後來私印本竟添入總閱二字。居然以總裁自命。尤爲有意欺人。他若所撰清帝外紀、清后外紀等。殆無一而不妄。（清后外紀大半鈔撮后妃傳初稿。而又不言其所自。其銀妃一條。似本之近出梵天廬叢錄。眞僞尤無從證明。）聞近日又出筆記多種。無非大吹其修史之功。新學小生。以其係旗人。熟悉滿洲掌故。頗多有信其說者。今得　惠書。大明真相。演講時當詳告諸生。無使金一人居功。而我輩代爲之分謗也。僕篤目時艱。草間偸活。已不復措意於文字。所以不憚饒舌者。則以館員存者。不過三數人。今若不言。異日謬種流傳。恐更無有知其底蘊者矣。小詞二章附往。　張爾田頓首

附史館滿洲二作傳

奭良

奭良。字召南。貴州按察使承齡之子。雖學而不工制藝。困於場屋。起家爲奉天縣令。洊擢山海道。恃才招忌。屢蹶屢起。歷任山西河東道、湖北荊宜施道、江蘇徐州道。遭國變去官。性豪侈。歷官皆稱肥腴。揮霍無餘貲。去官後賣宅猶得萬餘金。未二年已罄。趙次山尚書領史館。招備纂閱。於滿洲文獻。十朝掌故。矢口指陳。不待翻檢陳籍。惟論事刻深。尋與人立異。又文筆孱弱。不長於編纂。至討論之事。則時有獨到也。余纂嘉、道、咸、同四朝列傳。脫稿後屢與商榷。甄校成帙。多獲其益。其偏宕之論。亦未從之。及史事訖。趙尚書先已薨逝。途無聊賴。自其祖子久先生以辭章顯。冰蠶詞尤爲世所重。家學相承。亦嗜倚聲。詩文皆斐然可觀。友人助貲印行。孫君益韓爲之作序分傳。遺貲千金。年逾八十病卒。賴戚友殯葬。後嗣凌替。無能紹家學者。

瑞洵

瑞洵。字景蘇。大學士琦善之孫。烏魯木齊都統恭鏜之子。少能文。慷慨尚氣。娶侍郎崇厚女。及崇厚出使俄

國、議交還伊犂劃界失當獲罪。爲清議所不容。洵在室亦痛詆不已。其妻憤曰。我父誠有過。然世人皆可詆之。獨君不可。試問本朝洋務之敗壞始於何人耶。蓋指道光時琦善在粵東喪地屈和事以相抵。乃語塞不能對。光緒丙戌成進士。朝考首選。入詞林。志欲有所建樹。喜議論時事。人目爲狂。循資平進。洊至內閣學士。出爲科布多參贊大臣。時綏遠將軍貽穀素與不協。嗾人摭其赴任騷擾台站劾之。自具疏抗辯。愈拂上意。褫職下刑部訊究。坐失察僕從。無大罪。遂廢置不復用。家貧幾至饔飧不繼。史事已將闌。趙尙書憫其窮。招助編纂。獨成德宗本紀。寂處一室。不與人晤對。有時賡座默無一言。因其弟瑞澂爲湖廣總督僨事。寖至亡國。內愧於心也。後益貧困以歿。素耽吟詠。不知遺稾尙存否。

成昌

成昌。字子蕃。山東布政使崇保子。光緒戊子舉人。初官兵部郎。遷御史。掌河南道。以京察出爲四川夔州府知府。少懸門閥。交游徵逐。裘馬甚都。性耽風雅。從王半唐游。入詞社。余於半唐座上識之。屢共文酒之會。庚子八月。招半唐及張瞻園、朱彊邨諸同社。飲於西華門外酒樓。余亦在座。席散同游旃檀寺。觀古佛像。未幾。義和拳亂起。聯軍入京師。寺燬於火。佛像亦歸灰燼。此尤足係人追念者也。瞻園、半唐先後南游。彊邨亦出視學粵東。風流雲散。余遂未與復見。後乃共事史館。則已攖鋒落機。無復曩時意氣。知其去官北歸。購田宅於京西淶水。避囂隱迹。續娶少艾。家政爲所持。隻身寄居正陽門外逆旅。藉館穀自給。布衣疏食。同於寠窶。每見輒話舊游。唏噓不已。居恆鬱鬱。史事未終病卒。無子。家亦就燬矣。

夏孫桐曰。洵君素以博雅名。與先世有舊誼。承其不棄。相知頗深。瑞君共事三載。未交一談。然心識其畸行。成君雖夙非摯交。而有文字之緣。舊時蘭錡世家。類多結習。二君者。尙非脂韋濡涊一流。末路遭遇可慨。頃吳中顧君起潛從事燕京大學圖書館。購得成君家藏書籍。并遺稾多册。詢知余與有舊。屬跋其行誼。俾免煙沒勿彰。因索述之。滄桑之感。亦有不容已於言者爾。

書評

評議覆條陳鐵路奏疏後

趙豐田

議覆條陳鐵路奏疏，鉛印本，不著輯印人姓名及出版處所。全書凡收光緒戊巳間諸臣條陳並議覆津通盧漢鐵路奏疏二十八篇。其條陳之部有余聯沅、屠仁守、洪良品、徐會灃、翁同龢、奎潤、游百川、文治、黃體芳、張廷燎等奏，除黃張兩摺外，大抵皆就津通不宜築路而言。其議覆之部有慶裕、定安、曾國荃、卞寶第、裕祿、張之洞、劉銘傳、崧駿、德馨、奎斌、王文韶、陳彝、黃彭年及海軍衙門諸奏，就中除海軍衙門及張之洞各摺彙議津通與盧漢兩路外，其餘皆議津通路事，然而議論雜糅，意見紛歧，甚或全無主張，至有謂「平昔亦未講求，事關國政，不敢憑空揣摩附會」云云者。[1]全書原分條陳與議覆兩部，而條陳之部有卷上之目，無卷下之目，議覆之部亦然，讀者非逐篇細閱，不知全書之次第與夫所討論之問題。就全書之情形觀之，似當光緒十四五年間清廷議築津通盧漢鐵路之時，議論紛紛，朝野注目，有司因從諸摺付印，用供京外官閱覽參攷者，此全書大略情形也。[2]

考晚清新興事業中，以有關交通諸端如輪船、鐵路、電報、郵政等數事為最要，就中尤以鐵路一項最有關繫於國計民生以及思想文化之發達。惜其倡議遠在同治初年，直至光緒中葉以後始次第興築，蓋阻撓者多，施行之不易也。綜其倡議之經過，可分以下數時期：

同治二年夏滬上洋商二十七家聯名向江蘇巡撫李鴻章請願築滬蘇鐵路，翌年秋英國鐵路工程家斯蒂文生（Sir Mac-Donald Stephenson）向清廷建議次第興築全國幹路及枝路，皆遭拒絕。[3]四年，滬上英商復有吳淞鐵路公司之組織，擬建一上海至吳淞間之鐵路，中經若干波折，始於光緒二年舖軌行駛。乃未幾忽以軋斃華人一名激起國人之反對，當局因即勒令停駛。[4]最後由我國以銀二十八萬兩購回，廢棄不用。[5]是為外人創議築路時期。

同治季年、海防議起，直隸總督李鴻章數爲執政者陳鐵路之利，事不果行。光緒三年、李氏以開採開平煤礦奏請建築鐵路以便運煤，經奉旨俞允，始有唐山至胥各莊運煤鐵路之建築，然猶橫遭議阻，初僅允用騾馬拖載，不准行駛機車[6]。此爲國人創議築路之始，是爲第二時期。

光緒六年、劉銘傳入覲，疏言自強之道，其機括在於速造鐵路。並謂若未能一時並舉，可先修清江至京一路，俾與擬設之電綫相爲表裏。事下直督李鴻章江督劉坤一議覆。鴻章頗贊其說，坤一則以妨礙民生釐稅爲言。而侍講學士張家驤言興修鐵路有三大弊，清廷因復下其疏於鴻章，李氏仍力主銘傳議。會臺官合疏力爭，侍講張楷言九不利，御史洪良品言五害，語尤激切，始詔罷其議[7]。是爲清季創議築路第三時期。

光緒十一年、政府既與法國議和，念海防不可弛，復詔諸臣切籌善後。李鴻章仍以鐵路爲言。大學士左宗棠條上七事，亦以鐵路爲一要端，惜王大臣雖善其言而不能用。至十三年春、以海軍衙門王大臣奕譞曾紀澤等亦力持築路之說，始有議展開平閻莊間鐵路至大沽天津之議。十四年路成，粵商陳承德等更請接造天津至通州鐵路，鴻章以聞，已如所請矣；於時舉朝駭然，工部尚書翁同龢、內閣學士文治、學士徐會灃、及御史余聯沅、洪良品、屠仁守等交章諫阻，乃下其事於各省將軍督撫，最後准依張之洞議，停築津通，改建蘆漢。是時鴻章之洞主持於外，醇親王奕譞贊助於內，其事始定，浮議亦漸息。雖廷臣尚多不以蘆漢爲然者，但已不敢昌言反對，故通政使黃體芳僅謂築路不可借洋債以自累，而臺官亦有言黃河橋工難成者[8]。此爲清季創議築路第四時期。其後全國各路之建築，或鑒於軍務之急需，或迫於外力之壓迫，或由政府籌款，或借外債，或官辦，或商辦，雖未必皆能順利進行，然絕少根本阻撓反對者矣。

以上所述清季創議築路之經過，其第四時期即本書各摺奏所條陳議覆者也。細閱條陳津通不宜築路各疏，其議論之膚淺，見識之狹陋，即當日有識者觀之，已覺其迂謬。綜其諫阻之大端，不外資敵、擾民、失業三者，海軍衙門議覆疏中已能痛駁無遺[9]。而各省將軍督撫議覆各疏，除臺灣巡撫劉銘傳議由津沽造路至京師、護蘇撫黃彭年議先辦邊防漕路緩辦腹省及沿江沿海各省、及粵督張之洞請緩辦津通改建蘆漢等三摺尚各有見地外，其餘大抵皆如當日上諭所謂偏執成見[10]，不達時勢，或另籌辦法尚未合宜者。如盛京將軍慶裕議覆摺中有云：

可否請旨飭下直隸總督李鴻章明定章程，出示曉諭，何項貨物撥歸火車運轉，何項貨物仍歸舟車載運，使食力之民知其不失本業，中外得以相安。必如此則火車方可添設，而舟車亦不偏廢，庶軍事民生兩無窒礙。[10]

又如閩浙總督卞寶第摺中有云：

惟勝負兵家之常，禁設軍地不得不備加顧慮。萬一事機不測，偶有挫敗，彼一經登岸，則萬騎之東不難挽運。外國槍礮猛烈，前驅者飲以藥酒，臨陣有進無退，我無地勢以遏之，兵士身當礮火，倘有時站立不住，彼必乘機衝突，佔我鐵路，或致措手不及，千慮一失，何可不防？且安設鐵路，非用洋匠即悉洋務之人，彼與洋人親密日久，難保無漢奸錯雜其中，臨事更難設想。[11]

其議論迂闊而遠事情，大率類此。此外或為變通之說，如江蘇巡撫衞榮議就南北適中之地自保定至王家營先行安設，謂先由腹地創建，統俟試行有效，再行推廣盡利。或作兩可之論，如湖南巡撫王文韶謂：「以為必不可行者，專主培養之議，於時局或未能深究，要足見憂危忠愛之誠；以為必當行者，力求富強之方，於時議或未必盡孚，要實為窮久通變之計。大抵非常之原，動關時會，事之成否，殆非偶然，不及其時，往往多所隔閡，迨時之既至，亦遂習見相安。[12]」此皆日疆臣大吏議覆鐵路之一般情形也。若夫京僚奏官諸摺所條陳，尤多譏所不達時勢之論，如御史余聯沅摺中有曰：

「竊維興天下之大利者，必豫防天下之大害，苟計利而不先明其害，則其為利亦僅矣，謀國者不可不兼權而並籌也。……由天津至通州接造鐵路，……某李鴻章以為大利所在也，……竊就近日所聞於眾論者，博採兼收，祇言其害未見其利。……夫中國之害外洋之利也，朝廷之害奸民之利也。中國自隆古以來，政教修明，府庫充溢，無所謂鐵路也。迨至中外通商，洋人以奇巧稱麗之物，歸什伯倍蓰之利，尚慮得氣達外，祇有鐵路未與耳，故不惜金錢買通奸民，其呈招股，以逞其耽耽之欲。而奸民亦即引類呼朋，因緣以為利。其言以為為國家開自強之計，實圖牟利，仰邀俞允，殊不知所謂自強者，正所謂自弱也。乘險要而肆彼馳驅，糜財力而充彼府庫，數十年後洋人之足跡將遍於山陬海澨，而小民之耳目盡濡染夫異類殊形，萬一有事，誰為皇上之腹心，孰為朝廷之干城乎？[13]

又如御史屠仁守與吳兆泰摺中有曰：

臣維自強之策不務修道德明政刑而專恃鐵路，固已急其末而忘其本。……況聞商人陳承修等京稱唐山已成之路，其出息供費則有餘，還本則不足，故須接造津通鐵路收取運腳，以廣利益，是徒以利言也。有限之利，不過計運腳之錙銖，莫大之害，乃竟視國事爲孤注，果孰輕而孰重？即其報效於海軍經費，雖稱爲有著之款，究所從來，非自天降，非自地出，又非能取之外夷，猶然吾民之脂膏也。剜肉補瘡，無裨於自強之計，李鴻章有何苦不得已而必成此萬有一危之舉乎？[14]

凡所議論，大抵如此。餘如給事中洪良品等謂在他處且不可嘗試爲之，而況此地？密邇宮廷，宗廟社稷在焉，故以爲鐵路之開，此地決不可以嘗試，雖有百利，不能償此一害。[15]侍讀學士徐會澧則稱：「舟車失業之民或可別謀生理，沿途墳墓無故遷徙，有主者子孫銜沒齒之悲，無主者魂魄抱暴骸之痛。」[16]而內閣學士文治至謂：「其所謂利者，乃臣下之利，非君上之利，乃外洋之利，非中國之利，乃一二人之私利，非千萬人之公利。[17]」其迂闊荒謬，至於如此！此當日清流寮議條陳鐵路之一般情形也。

夫中西之交通，發端甚早，遠且勿論，自鴉片戰爭迄於是時，約四十年之久。西人方當工業革命之後，凡百事業，莫不蒸蒸日上，精益求精，而我國士大夫方且巍然自大，不肯講求，將何術以與虎狼列強爭奇鬪勝而競存於國際之林乎？吾人每觀我國近代維新運動，輒疑其發端不遜於他國，而成效殊落乎人後。當日朝廷不乏求治之心，達人志士復多自強之計，而其結果乃滿社遂屋，善政未樹。考求其故，我國數千年來思想文化以及政治經濟教育制度之積弊因爲根本之原因，所謂致弊已深積重難返者是也。然而士大夫居四民之首，文化學術之盛衰，國家民族之安危，莫不繫之。乃彼守舊之輩，或於世界大勢一無所知，或於西洋學術深閉固拒，其不如渴沃雪自致滅亡者幾希。今讀茲編，實不勝今昔之感，噫！

1　見議覆條陳鐵路奏疏安定檔案 2b。

2　案：本書流傳甚少，余所據爲北平圖書館藏本，八冊，題議覆鐵路奏疏，以原書題簽分作條陳鐵路奏疏與議覆鐵路奏疏，故改今名。八冊中其一爲海軍衙門議覆會奏事宜總的奏摺單各事宜一摺，與鐵路無關，疑全書裝配有誤也。

3　See Kent, Percy Horace. *Railway Enterprise in China* (London, 1907), pp. 2-7; Couling, Samuel, *The Encyclopaedia Sinica* (Shanghai, 1917), p. 470。

4　See Kent, *Railway Enterprise in China*, pp. 9-15。

5　參曾鯤化中國鐵路史（民國十三年北京燕京印書局印）頁 29-31。

6　參清史稿（趙爾巽等修民國十八年出版）交通志頁 1a; 曾鯤化中國鐵路史頁 32-33。

7 參清史稿交通志叢 1a-2a。
8 參同書交通志叢 2a-6a。
9 詳參議覆條陳鐵路奏疏海軍衙門議覆路事第一摺。
10 見同書原摺叢 2a-b
11 見同書原摺叢 2a-b。
12 見同書王氏原摺叢 2a-b。
13 見同書原摺叢 1a-3b。
14 見同書原摺叢 1a-2b
15 參同書洪氏等原摺叢 1a-2b。
16 見同書徐氏等原摺叢 1a-2a。
17 見同書文治原摺叢 2b。

元代社會階級制度（燕京學報專號之十六）

蒙思明著　民國二十七年北平燕京大學哈佛燕京學社出版定價二元

杜洽

元人起於朔漠，文化低下，至成吉思汗出，聚會斡難河上，即位號，立教條，舉兵四征，近取乃蠻，遠攻回紇，略地遠至歐洲，復渡黃河以滅西夏，更南踰居庸關，威脅中原，繼之以太宗窩闊台及世祖忽必烈，滅金亡宋，歐亞大陸，太半爲其所有。元人挾雄威之武力，入主中國，統治斯土，將近百年，其文物、制度、風俗、習慣，與中國迥乎不同。在此兩種不同文化複合之際，社會情形自有不少之變更。元代社會結構究有若何更動，誠爲中國史上之大問題，因之對於元代社會之研究，實爲一必需切要之工作。

邇來研究元代社會者，頗不乏人，論元代社會一般情形者，則有吳晗君之元代之社會，李子君之元代社會狀況的研究（中山文化教育館季刊二卷二號）；研究種族待遇者，有黃現璠君之元代被壓迫階級之漢南人，箭內亙君之元代蒙漢色目待遇攷，有高巖君之元代奴隸考；研究諸色戶計者，有黃現璠君之元代佃戶之生活（前部），有高巖君之元代農民之生活，鞠清遠君元代係官匠戶之研究（食貨半月刊一卷九期）。此外有陶希聖君之讀元史隨筆，先後發表於食貨半月刊中，類皆能別闢蹊徑，發前人之所未發。惜或過於武斷，或失於誤解，似猶未能令人完全滿意。而其他各方面有待於繼續研究者尚多也。

蒙思明君即爲從事於此種工作之一人，其最近所著元代社會階級制度一書，爲章五，爲頁二百餘，其所討論之中心問題，雖僅限於階級制度，而其關涉所及，實概括元代社會之一般情形。第一章述元前社會原有之階級。以爲宋之階級實以經濟爲骨幹，蓋中國社會階級形態，至隋唐爲一大轉變，由血緣世襲之身份階級，變為科舉取士之局。故自唐以後，社會階級厥以經濟勢力為決定之因素。宋承唐制，亦承唐之社會。政府之社會政策，在均稅而不在均貧富，故官僚富戶，日以興起，豪強兼併，至政府有不得不以法律承認之勢。迄乎南宋，外見逼於異族，內姑息於將帥，官僚剝削，日甚一日，富豪兼併之土地，所在皆是，宋之社會儼然分為地主與貧民兩階級，此種階階之構成，實以經濟力之強弱決定也。至於金之社會階級，與宋又有不同，除經經外復參有種族問題。金人入主中原，中國舊有社會階級，並未有若何改變，仍以經濟力之強弱為依據。惟女真人多藉政治權力之獨攬，取得經濟地位。故一方有漢人中貧富之對立，他方有女真漢人間之對立，此外更有漢族豪富與女真豪富之對立也。元人入主中土時，金宋之經濟階級，大都皆未被破壞，漢人有產階級，皆因助元滅金，官至顯貴，不特獲有地位保存，而更得一發展之機會，而金人之經濟權則因政治權之廢除同時消逝。蘇是蒙古地主遂代女真地主興起矣。第二章專討論元代特創之種族階級。元朝所創之種族四階級制，以蒙人居上，色目人次之，漢南人為最下。據蒙君考証之結果，此四階級之區分，並無精密之規定，而所代表之種族，亦頗混淆不清。蓋所謂蒙人者，必為與蒙古皇族有血族姻緣，營共同生活者也。所謂色目人，統稱西域與歐洲之人種也。至於漢南人則汎指契丹女真中國人而言。據蒙君之研究，蒙人色目居統治之地位，漢南人則被排斥於統治集團之外，法律待遇亦復不平。通元一代，雖無完整之法典，而四級差等待遇之法律則可明確找出。此種法定種族階級與乎差等待遇、究其要旨，實欲削減被征服者之反抗勢力，以維持其既得權利，因而保持蒙古人之優越地位也。第三章說明種族階級與經濟階級間之衝突與混合。蒙君謂元代社會結構之顯著特色，即經濟階級與種族階級之並存是也。元滅金宋，全恃其超越之武力，而金宋之亡，亡於武力不競，非亡於社會組織本身之變更，故蒙古代金宋統治中國，係統治權之轉移耳，於原有階級並無若何摧毀。經濟階級既不因種族階級之興而消亡，亦不可企望其相互協調也。蓋蒙人雖因政治力取得若干之享受權，於理財方面，則不能不藉助於漢族豪富之力，甚至被制於若輩，而自甘屈服，再加之宗教團體超越種族而存在，更與被征服者以若干庇護，於是純粹種族階級不能絕對保持。而元代政治，又復「疏闊簡單，模野放任」，僧侶因佛事釋重囚，富民因乞護持璽書而依倚以欺貧戶，官吏豪富，因緣為姦。此皆使豪強加速發展其經濟勢力，巧避賦稅，擴拓財富，更進而儕列於統治階級之林矣。而蒙人反因貧困執賤役於漢南人之下，更有淪為商品被賣於國際人口市場者矣。蒙人為保護其優越地位，遂不得不假政治之力，與以若干阻碍與限制。蒙古貴族則藉官力而獲得優越經濟地位，以與漢人富室相抗衡。於是社會上，一方有漢南人富室以經濟力守護種族制度之進攻陣線，他方有蒙古官貴以經濟力守護種族制度之防禦壁壘。兩種勢力相激相蕩，由反趨合，而調和混合之現象以生。種族階級系統與經濟階級系統，皆不復完整存在矣。第四章敘述兩階級系統調和後元代階級之實況，為本書最長之一章，亦本文中心問題之所寄。蒙君謂混合後之元代社會階級，大別之計有三等：一曰上層階級，貴族、官僚、僧侶、地主、富商屬焉。此五種人之間，又相互勾結，以固其地位，要之皆為元代之統治階級也。二曰中間階級，元代謂之諸色戶計，其管理機關各異，故其待遇也亦互殊，有民戶、軍戶、站戶、匠戶、儒戶、醫戶、獵戶、鹽戶、竈戶、……等，各依其從事之職業而命名。此諸色戶計，生活雖較優於奴隸，實亦為被剝削之階級，備受苛虐者也。唯醫戶生活，較優於諸戶，蓋元人重工故也。三曰下層階級，下層階級厥為奴隸，元人謂之奴婢，或稱驅口，有官奴私奴軍奴之別。其來源不外家生、籍沒、俘虜、抑掠、拘收、自賣、數途。元代奴隸之數幾居天下之半，大都用於生産，亦用以代替軍役，效死疆場。至其身分待遇，不與良民同，無法律地位之一特殊階級也。其有法律地位，而遭遇與奴隸同者，佃戶是也，在元代亦為下層階級，備受虐待壓迫者也。末章敘述元代階級制度崩潰之經過，更述及明初之社會情形。元末革命運動，固一般人公認為民族革命者；蒙君則以為非純粹漢人反對蒙人之革命，而別立新見。謂元末革命，蜂起雲湧，雖其成果卒驅蒙人於塞外。然當時連年天災，民多飢荒。發軔革命者，羣衆與領袖皆為飢寒交迫之貧民，初並無反抗蒙人之口號也。而壓制革命者之主力，猶多出漢南人中之豪富，蒙人官軍反皆不能為用，建立功勳者實為豪富募集之義軍。故知元末革命非種族仇視之運動。迨元廷失策，壓抑漢人，種族仇視之見復燃，勢不能支，朱元璋故意袒護富豪階級，遂轉變革命對象為種族鬥爭，元祚鮮是崖矣。惟其如此，故有明之初，經濟階級仍得以存留不滅，其豪霸為虐，亦不遜於元代，但僧侶商賈豪霸稍遜耳。而高利盤剝之風，則仍存焉。

蒙君之持論，大略如此。吾人於蒙君取材之豐富，涉獵之廣博，組織之清晰完整，立論之審慎，惟有贊歎；不寧如斯，本文體裁又有便利于讀者之處，即以史實之考訂，皆列入小注中，於正文中僅提出主要之證據與結論。吾人試檢其細注，即可見蒙君於元代史料，徵引殆遍；而於近人著述，亦頗能擇取其精萃，其搜羅之廣用力之勤，實堪欽佩。絕非時下研究中國社會者史事不明，典籍不知，偶得一二兔園册子即侈談「演變」、「矛盾」，所可望其背項，可謂十年來研究中國社會最精湛詳贍之著作，以後研究此項問題之所應取法者也。雖然，吾人於蒙君之持論，亦非能完全首肯，蓋其涉獵既廣，取擇網羅難周，疏略謬誤，勢所難免。如蒙人入塞之後，見倉庫無斗粟尺帛之儲，於是羣臣咸言，雖得漢人亦無所用，不若盡殺之，使草木暢茂，以為牧地。耶律楚材諫阻之，告以理財計劃，其議始罷。事在太祖時，唯其實行則在太宗之朝。蒙君誤解其文，遂云其事在太宗之世。（頁七五）又論蒙人宗教云：「蒙人宗教信仰，極為廣汎，初則專崇喇嘛……」（頁九五）。殊不知蒙人初信珊蠻教，（秘史、多桑蒙古史、霍渥斯蒙古史，言之甚詳）崇信喇嘛，猶在以後也。又關於蒙古史料，西方史家記述甚夥，波斯與阿剌伯史家之撰述，尤為貴重之材料。如拉斯特青，於蒙古氏族之來源、居地，述之甚詳。英人俄人蒙古史之研究，成績亦甚卓著，可供吾人取材者實多。而蒙君皆未徵引，故在第二章述蒙人氏族時，僅據中文材料，而中文材料又復錯誤太甚，無怪其無法解決也。以上就耳目所及，列陳數言，要皆不足為本文病。總之，是書實為精心之作，非不知而作者可比，雖有微瑕，究不掩其瑜矣。

中國舊史學

朱士嘉

CHINESE TRADITIONAL HISTORIOGRAPHY.

By Charles S. Gardner. Cambridge, U. S. A.. Harvard University Press. 1938. pp. 105.

中國舊史學一册，美國哈佛大學中國史教授賈德納先生著。全書分七章：第一章導言，略述十八世紀以來中國新史學之起源，及其發達之經過與影響，第二章作史動機，第三章校勘學，第四章史料批評，第五章史之組織，第六章史之體裁，第七章史部之分類。全書材料大都取自泰西學者之論文，搜羅尚屬詳盡，惜于中國典籍，徵引較少。顧中國典籍，浩如烟海，西洋學者雖竭全力以事稽攷，然於其最重要之著作，似亦不應忽略。如劉知幾史通，於唐初以前史書之流別體例，評騭最詳，為研究中國史學者所必讀，著者似未曾涉獵。其他如杭世駿之諸史然疑，章學誠之文史通義，張爾田（原名采田）之史微，劉咸炘之史學述林，亦討論中國史書最重要之著作，著者似亦未加注意，此其取材之可議者也。

至於中國史學之發展，則秦漢以前有編年史，有國別史，自漢至唐史籍甚富，其最著者厥惟紀傳體，創於司馬遷，其史記分紀、表、書、傳四類，其體相沿，至今不變。自史記至於三國志皆成於一人或一家之手，其內容與體例，甚多不同於後來官修之史。至宋而編年史盛行，其內容豐富而攷證精詳者，則有司馬光之資治通鑑，李燾之續資治通鑑長編，李心傳之建炎以來繫年要錄等書。此外袁樞又患編年之分，而合之以本末，朱子又患通鑑之雜稽，而析之爲綱目，皆爲史學另闢途徑。明人以著野史勝，頗可補正史之缺。清代史學家輩出，其著述有長於攷證者，王鳴盛之十七史商榷，錢大昕之廿二史攷異是也；有長於注疏者，惠棟之後漢書補注，汪士鐸之南北史補注是也；有長於校勘者，盧文弨之魏書禮志校補，勞格之晉書校勘記是也；亦有長於補正史之未備者，萬斯同之歷代史表，洪亮吉之補三國疆域志是也。此不過舉其較爲重要者，其他類此之書，尚不可以數計，要皆可與正史相輔而行。至於崔述之考信錄發前人所未發，開後來疑古之風，又爲清代史學別樹一幟。此外若以派別言，則浙東史學，至有清一代，尤負盛名，其中如黃宗羲萬斯同全祖望章學誠等人皆各有其特殊之貢獻，此又究心中國舊史學者所應注意者也。撰是書者宜若何就各時代之重要史籍，溯其源流，辨其派別，而究其體例？乃作者此之不論，而僅就校勘學分類法等問題略加論列，似屬捨本逐末，隔靴搔癢！此其研究之對象可議者也。

以上僅就其大端言之，至於本書之內容與體例，則可議之點尤多，略舉一二，如下：

（一）材料分配之失當。例如第二章校勘學多至四十六面，幾佔全書二分之一（全書一〇五面），尚不免於疏略（說詳後）。夫校勘學不過目錄學之一部，而目錄學又僅史學之一部，乃著者斤斤於此，反覆討論，此雖足以表示著者對此問題興趣之濃厚，無如其似未甚合於著書體例也。又第三章作史之動機，首論清代史學家，次及史遷，則先後失其次序，於例亦有所未安焉。

（二）事實之未公。

（甲）錯誤之處

（1）中國史學史至今未有述作（頁二）。按討論中國史學史者如劉勰之文心雕龍史傳篇，劉知幾之史通，章學誠之文史通義等書，皆於中國史學源流，論述甚詳，不得謂至今尚無人注意及之。

（2）孔夫子乃最高之官銜（頁十一注）。按「夫子」乃普通尊敬之稱，並非官名也。漢追封孔子爲褒成宣尼公，唐又追封爲文宣王，至元去王，稱「大成至聖文宣先師」，清順治朝又去「文宣」二字，改稱「至聖先師孔子」，此乃孔子之官名耳。

（3）通鑑綱目乃朱熹所撰（頁十四）。按通鑑綱目非朱子所自撰，大抵出於其門人之手，特發凡起例，乃朱子所定，不得謂爲朱子所作也。

（4）中國史學家對於檔册均認爲極可信之史料，而不加以審定與選擇，與西洋史學家之觀點不同（頁六四）。按中國舊日史學鉅著如通鑑攷異及明史考證攈逸等書，於史料辨別去取，極爲精審，不得謂舊史家對於檔册皆輕信不疑也。

（5）官修書皆列撰人姓氏，其中第一人往往無與纂修之役，讀者至不能辨其究屬何人所著（頁六六）。按此在有經驗之讀者觀，尚不若是困難。

（6）中國史學家對於史事之可能性甚少加以精審之估計（頁六七至六八）。按此說全非，蓋修史者敍述一事，必聚若干種不同之材料，而加以比較，攷訂其曲直是非，而後筆之於書；卽達官顯宦之事蹟，亦必有所依據，非若著者所云，彰善隱惡，一唯人君之馬首是瞻也。

（7）中國史學家於著作中不復標明材料之來源，亦無引用書目，以供讀者參攷（頁七五）。按此說亦不盡然，著者試檢邵晉涵所輯舊五代史（嘉業堂劉氏刊本）則知其所引徵之書，因納脈脈在目。卽以方志而論，其出於名人之手者，亦無不各注所出（如錢大昕乾隆鄞縣志，洪亮吉嘉慶涇縣志）。且吾讀舊日西洋史籍其不注出處者甚多，蓋時代不同，體例亦隨之而異也。

（8）隋書經籍志有四部目錄之分（頁八六）。按四部目錄之分，始於魏鄭默之中經，荀勗因之復作中經（隋書經籍志史部簿錄類作晉中經十四卷，此據隋志序），分甲、乙、丙、丁四部，而子猶先於史。李充爲著作郎，重分四部，而經、史、子、集之次始定，隋唐以來，志經籍藝文者，咸用其例（錢大昕元史藝文志序）。著者於四部源流，未加論述，似屬失當。

（9）西洋學者稱正史爲斷代史，其所載史事，大抵互相連續（頁八七）。按史記所載，始自上古，至於漢武，非以一代爲限，實爲通史；斷代史蓋自漢書始，厥後遞相撰述，代各有史，然而其間如南史北史新舊五代史所記皆非止一代。此外亦有重複者，如漢初之事，既見於史記，又見於漢書，漢末之事，既見於後漢書，又見於三國志。正史之中，此例甚多，亦不得謂各史皆互相銜接也。

（10）皐史彪（頁九三），按「皐史彪」係「皐史箴」之誤，應改正。

（乙）遺漏之處

（1）崔東壁遺書有民國十三年重印本（頁四）。按此書初刊於嘉慶二年，自後屢有增訂本，多至八九種，詳洪師煨蓮崔東壁書板本表。惟其最稱完善者，爲民國二十五年上海亞東圖書館鉛印本，內有東壁書鈔、詩稿、菽田賸筆、與崔邁遺集四種，七卷，爲他本所無，著者似未注意及之。

（2）墨翟論及周燕宋齊各國春秋（頁十二）。按墨子又謂「吾見百國春秋。」見隋書李德林傳，及史通正史篇，雖爲今本墨子所無，但亦應加徵引。

（3）修發政治道德，乃修史之唯一動機（頁十三）。按關于中國舊日史家，作史之動機，史通書事篇言之頗詳：「昔荀悅有云，立典有五志焉，一曰達道義，二曰彰法式，三曰通古今，四曰著功勳，五曰表賢能。干寶之釋五志也，體國經野之事則書之，用兵征伐之權則書之，忠臣烈士孝子貞婦之節則書之，文誥專對之辭則書之，才力技藝殊異則書之。」又太史公自序亦云：「且余掌其官，廢明聖盛德不載，滅功臣世家賢大夫之業不述，墮先人所言，罪莫大焉。」固非限於政治道德也。

（4）第三章論校勘學而不及清代。按中國校勘之學，至有清一代而極盛，其間如何焯盧文弨鮑廷博吳騫吳翌鳳陳鱣孫星衍顧廣圻臧庸錢儀吉錢泰吉勞格至竭其畢生精力，拾殘補闕，刊謬正誤，其有功於史學家，今著者棄而不論，誠未足以窺中國是學之全豹也。又第四十二頁中國圖書館系統表亦有不少遺誤，例如澹生堂祁氏（承㸁）天一閣范氏（欽）書鈔閣蔣氏（鳳藻）萬卷樓馮氏（日暐）均爲當時極著名之藏書家，而著者未加著錄；又如持靜齋丁氏（日昌）書大部得自藝海樓顧氏，（沅）詳藏書紀事詩（[illegible]本卷六頁五四），作者亦宜叙及。

（5）康有爲謂劉向歆改左傳，以媚王莽，著者據馬伯樂Maspero之說以正其誤（頁六四），固是，然而康氏之說，已經錢穆先生所辨正，詳其所著劉向歆父子年譜。錢氏此文撰於一九三〇年，付在燕京學報第七期發表，較Maspero所發表者（在一九三二年）爲早，亦應詳加徵引。

（6）葛洪西京雜記係僞書，見伯希和所撰論文（在一九三〇年通報第二十七期，中國舊史學頁八八至八九）。按此說已詳四庫提要，不始自伯君。

（7）著者謂後世中國史多係官修，並舉明史爲例（頁九七）按廿四史中官修之史，始於唐人撰晉書，此爲中國史學變遷之一大關鍵，著者宜詳加申論，似不得僅以明史爲例。

（8）關於明史纂修委員會之組織，可參考黃雲眉之明史編纂攷略（頁九七）按劉承幹之明史例案、李晉華之明史纂修考（民國二十二年鉛印本）視此書尤爲詳贍，亟宜參攷。又倫明著有清修明史攷稿（發表與否未詳），陳守實著有明史稿攷證（國學論叢第一卷第一號）見李君自序，及謝國楨跋。

中國舊史學範圍甚廣，恐非僅僅一小册所能容，竊以爲與其概括的敍述各時代之史學，不如區分爲數時期，依次撰述，或先擇其中之較重要者，加以深討，成功易而收獲鉅。雖然，著者以一人之力撰成此書，在東方學方興未艾之美國，又多一種新著作，其精神固自可欽。他日倘能更進而增補缺漏，訂正謬誤，俾成完善之書，則尤鄙人之所深望者也。

歐洲最近擴軍問題

劉子建

THE CAISSONS ROLL — A MILITARY SURVEY OF EUROPE. By Hanson W. Boldwin. New York 1938. XVI + 322 pp.

著者包爾溫原係美國紐約泰晤士報及泰晤士雜誌之駐歐記者。此書首章敍述歐局混亂之情形及關係。末二章描寫未來戰爭並指出其特點。中間七章，分述各國軍備軍擴等。歐洲各國，不分大小，均記載。而英，法，德，意，俄諸強國，皆專立一章。內分有（一）軍費及擴軍費，（二）一般情形，（三）陸軍，（四）海軍，（五）空軍，（六）本國防禦（Home Front）。書末殿以列強實力比較表凡四。全書敍述清楚。軍費均合成美金計算，並注意當地之生活程度，予人以極明晰之觀念。其推論未來之戰爭，以爲海軍仍較空軍爲重要。陸軍方面防禦能力超過攻擊能力，戰術不致有急劇變化。蓋各國陸軍，無一能完全機械化。敵方之國防線炮壘工事等建築，又皆非常堅固，復可以逸待勞。空軍轟炸，擾動後方，未必有巨大影響。毒氣亦不能決勝。其他新利器是否有効，更不可知。如此，則戰爭必入於長期之陣地戰，持久戰。而原料食糧之供給，極爲重要。海軍之能否勝任，幾可決定勝負矣。夫海軍之建造，遠較空軍爲緩，技術問題頗爲繁難。著者由此推定，短期內無戰爭危機，縱有，亦當在一九四〇年左右，以彼時各國軍擴始克完成也。根據以上所云，著者認爲英國確有平衡國際衝突之能力。因不滿足之國家，既缺食糧原料，復乏強力海軍故耳。而英國在現階段態度之所以不能強硬，其原因有二：（一）指揮不一致，軍事組織不如德義。（二）軍事弱點在義阿戰爭時暴露，尚未彌補完畢。

著者對於捷克事件似有先見之明。謂捷克內部伸人聯境，必有問題。法國財政，社會立法均有內部糾葛。俄國工業尚在模仿時期，且國內公路太少，一旦有事，俄軍亦無法運至捷克。捷克又缺乏油站及飛行場，空軍聯絡，亦感困難。各國自身，忙於擴軍，不願有戰。有「全民族國家」組織者，自可以戰爭相威脅，而獲暫時之勝利。如此則捷克之被犧牲，不待言矣。

史學年報十年來之回顧

齊思和

史學年報創刊於民國十七年七月，至今整歷十載。同學僉主增加篇幅，刊印專號，用資紀念。又以史學年報之創刊，余曾預其事，於其以往之經過，略有所知也，囑爲文以紀之。余維本刊自創刊以來，爲時不過一紀，出版僅至十期，以視歐西各著名史學雜誌，直嬰兒之於彭祖耳。脩途迢迢，前程方遠。今即舉行慶祝，寧非過早？惟十年來海內鼎沸，四郊多壘，舉國無一日不在風雨飄搖之中。在此非常時期，本刊猶能維持至今，未嘗間斷，且內容逐漸充實，銷路日有增益。反視國內其他同類刊物，或發刊數期而中途夭折，或曇花一現而寂焉無聞。及至今日，惟本刊碩果僅存，巍爲靈光，實非始願所及，則同人亦不得不私自慶幸矣。爰將十年來本刊創刊編印之經過，略加叙述，儻亦關心本刊者之所樂聞也。

史學年報爲燕京大學歷史學會所主辦。歷史學會創始於民國十六年。是時因人數不多，精神散漫，成立不及一年，遂無形消滅。翌年校中各學會紛紛出現，歷史系同學遂亦重整旗鼓，再行組織，不一週而學會告成，此燕京大學歷史學會組織之經過也。學會成立後，同學咸主編印年報，刊佈本會會員研究之結果，以就正於海內外同好。同學中徐琚清，梁佩貞、李崇惠、李靑存、韓叔信諸君主持最力。當時學系主任王克私博士，教授王嶧山（桐齡）、張亮塵（星烺）諸先生皆熱心指導。並允灑賜鴻文，惠捐印款。史學會遂選舉出版委員會專司其事。第一期職員名單如下：

編輯主任	齊思和	李靑存
印刷主任	翁獨健	
會計主任	韓叔信	
校對主任	余宗武	梁佩貞
廣告主任	楊 質	

經一年之籌備，遂於十八年七月正式出版，皆諸先生同學熱心贊助之力也。

第一期既出版，徐琚清君、梁佩貞女士、李齊春君諸創辦人皆畢業離校，編刊之事遂大部由韓叔信君與余負責。根據第一期之經驗，力求內容之充實與校印之改良。時顧頡剛先生方自南來，講學上庠，於本刊之編刊，多所擘劃。第三期之改由景山書店出版，亦先生之力也。

第二期出版，雖承海內外學者不棄，紛紛訂閱，然內容形式，俱去同人之理想尚遠。而徵集稿件，捐募印費，接洽出版，經理銷售，條理萬端，紛至沓來。同學等皆在求學時期，功課繁忙，閒暇有限，漸感覺能力之不足。幸洪煨蓮（業）先生自美歸來，主持系務，於本刊深所贊許，力命同學繼續編印，並於刷新內容，增加篇幅，改進印刷，籌措經費之道，皆細加指示，諄諄不倦，同學等得此鼓勵，益為奮勉，遂秉承師意，進行編刊，事事請教於先生，得以稍免隕越焉。

同時鄧文如（之誠）先生亦於是年經學校敦請，來校擔任「魏晉南北朝史」一課，循循善誘，同學獲益良多。翌年（民國二十年）先生移來西郊，專任本校講席，同學親炙之機會益多。先生誨人不倦，於本刊尤熱心指導，同學所深為感謝不置者也

民二十年夏韓叔信先生畢業離校，余亦離校赴美求學。本刊編刊之事，遂改由歷史學會主席兼出版股主任朱士嘉君負責。是時創辦人幾皆以畢業離去。朱先生既任編輯，於內容形式皆大加刷新改良。由第五期起本刊又由鄧嗣禹翁獨健兩君負責編輯，內容益善，銷路益廣，蓋本刊已由創始時代而入於發展時代矣。鄧翁兩君負責本刊編輯甚久，成績卓著，本刊之得有今日，二君之功，不可沒也。

其後翁君於民國二十四年赴美遊學，鄧君則於二十六年應美國國會圖書館之聘，擔任編輯，先後離校。本刊編刊之責，遂改由同學蒙思明君王鍾翰君擔任，第二卷第三期為蒙君所主編，第四期則為王君之所負責編印。

本年同學等以本刊出版已歷十年，實非初願所及，欲主刊印專號，以資紀念。由侯仁之、王鍾翰二君分任其事。而余亦以是時重返母校，獲參末議。回首十年，猶如昨日，而昔時友好，已多星散。緬懷舊雨，使人興感！所幸諸位師長都健在，諸多指導；而後起同學才學能力，俱遠出余輩之上，本刊之必能年有進步，定無疑義，此則個人之所引為深幸者也。

惟是本刊自出版以來，雖疊經改進，力求完善，而能力有限，缺欠尚多。謬蒙海內外學者不棄，妄加獎飾，益增慚愧。惟有力求進步，藉副雅意。自本期起擴充每期篇幅，藉以增加讀者興趣。至下卷一號起，更擬謀徹底之刷新，苟環境允許，必繼續出版，不使間斷。惟是同人等學識淺薄，見聞未周。所望四海賢達，時加指導，匡其不逮，則幸甚矣！

歷史學會十年來職員名錄

歷史學會創始於民國十六年。史學年報發刊於民國十七年。迄今年爲止。均逾十載。向例每年秋季改選一次。其中亦有寒假畢業離校者。則最初舉出職員又不無更動。歷年既久。苦難盡憶。自民國二十二年以前。但就每期年報所載職員表過錄。二十二年而後。則依現存記錄補入。倘有漏遺。俟後再斠改。

編者附識

民國十七年度職員

主席　韓叔信
文書　楊績
財務兼庶務股　余宗武
演講股　翁獨健
參觀股　楊實
研究兼出版股　齊思和

民國十八年度職員

主席　韓叔信
文書　穆潤翠
財務兼庶務股　趙豐田
演講股　翁獨健
參觀股　馮家昇
研究兼出版股　齊思和

附出版委員會職員

編輯主任　齊思和
　　　　　李書春
印刷主任　翁獨健
廣告主任　楊實
會計主任　韓叔信
校對主任　余宗武
　　　　　梁佩貞

民國十九年度職員

主席　韓叔信
文書　穆潤翠
財務兼庶務股　趙豐田
演講股　翁獨健
參觀股　馮家昇
研究兼出版股　齊思和

民國二十年度職員

主席　朱士嘉
文書　翁獨健
財務兼庶務股　余鴻發
演講股　宋玉珍
參觀股　李延增
研究兼出版股　朱士嘉

民國二十一年度職員

主席　鄧嗣禹
文書　梁煥章
財務兼庶務股　王育伊
演講股　馮家昇
參觀股　朱士嘉

研究兼出版股　翁獨健

民國二十二年度職員

主席　葛啟揚
文書　周一良
財務兼庶務股　吳維亞　翁獨健
演講股　劉選民
參觀股　王育伊
研究兼出版股　張維華　鄧嗣禹

民國二十三年度職員

主席　周一良
文書　劉選民
財務兼庶務股　鄺平樟　王育伊
演講股　張維華
參觀股　張家駒
研究兼出版股　翁獨健　鄧嗣禹

民國二十四年度職員

主席　劉選民（周一良辭職）
文書　張家駒（陳絜辭職）
財務兼庶務股　熊維航　趙宗復
參觀股　朱南華（劉選民辭職）
演講股　朱寶昌
研究兼出版股　周一良（張家駒辭職）
陸欽墀（侯仁之辭職）
蒙思明（張瑋瑛辭職）

民國二十五年度職員

主席　劉選民
文書　程世本（陳絜辭職）
財務兼庶務股　張瑋瑛
黎秀偉（王懷中離校）
參觀股　陸欽墀
演講股　張誠孫
研究兼出版股　徐秦真（熊維航辭職）
李金聲（趙宗復辭職）
王鍾翰

附出版委員會職員

主席　王鍾翰
文書　王伊同
發行兼財務　徐秦真
廣告兼推銷　蒙思明
校對　李金聲

附稿件審查委員會

主席　王鍾翰
委員　洪煨蓮先生
鄧文如先生
顧頡剛先生
鄧嗣禹先生
徐秦真　李金聲

附歷史學會成立十週年暨史學年報創刊十週年紀念籌備委員會

李宗瀛
榮思聰
劉選民
羅秀貞（陳絜辭職）
湯瑞琳（侯仁之辭職）

民國二十六年度職員

主席　陸欽墀
文書　程世本
財務兼庶務股　許純懿　杜洽
參觀股　蒙思明
演講股　劉選民
研究兼出版股　齊思和　侯仁之
王鍾翰

民國二十七年度職員

主席　侯仁之
文書　王伊同
財務兼庶務股　羅秀貞
陳瑜（杜洽辭職）
參觀兼演講股　許純懿　劉選民
研究兼出版股　齊思和　譚其驤
王鍾翰

本刊第一至十期綜合引得

(一)撰人引得

六畫

七畫

八畫

(二) 篇目引得

本刊啓事四則

(一)本期封面承林志鈞先生題字特此致謝

(二)本期爲排版之便利計對稿件之次第皆以收到之先後爲準不以已見評定甲乙區分先後對文字評定之全權一以付之讀者

(三)本期原定十月出版乃因稿件擁擠校對頗需時日未能如願直至本年年底始克與讀者相見其先期來函定購諸君未能早日奉上特此致歉

(四)此次本刊第十周年紀念特刊承校內外本系師長及先後畢業同學寵賜鴻文共二十六篇都五六十萬言要爲精心結撰之作洵空前未有之盛舉也自後更當力求上進方不負前輩締造之苦心敢以此自勉更勉本會同人

中華民國二十七年十二月出版

史學年報 第二卷第五期(總數第十期)

(第十周年紀念特刊)

每冊定價 道林紙二元 新聞紙一元四角

國內郵費，每冊另加一角，掛號費在外。

編輯者 燕京大學歷史學會

出版兼發行者 燕京大學歷史學會

印刷者 引得校印所 平西成府六羊胡同一號

總售處 燕京大學歷史學系

HISTORICAL ANNUAL

TENTH ANNIVERSARY NUMBER

VOL. 2, NO. 5. DECEMBER, 1938

CONTENTS

PUBLISHED BY THE HISTORY SOCIETY OF YENCHING UNIVERSITY

Price: special ed. $1.60 general ed. $1.30 (U. S. Currency, Postage included)